Erich Kuby, 1910 in Baden Baden geboren, studierte Volkswirtschaft und wurde im Oktober 1939 zu den Waffen »gerufen«. Seit seiner Rückkehr aus der amerikanischen Kriegsgefangenschaft Ende Juni 1945 arbeitet er als Journalist. Er war Chefredakteur des »Ruf«, engagierte sich als Redakteur der »Süddeutschen Zeitung« in den fünfziger Jahren gegen die deutsche Wiederaufrüstung, war seit Anfang 1958 vorübergehend in der Redaktion der »Welt« tätig und von 1963 bis 1980 beim »Stern«. Seit 1980 lebt Erich Kuby in Venedig. Für die »Berliner Zeitung«, den »Freitag« und die »Frankenpost« (Hof) schreibt er Wochenkolumnen.

Von E. K. erschienen mehr als 20 Bücher, an weiteren zehn ist er als Herausgeber bzw. Mitautor beteiligt. Mit dem Buch »Das ist des deutschen Vaterland« (1957) etablierte er sich als Schriftsteller, der Roman »Rosemarie. Des deutschen Wunders liebstes Kind« (1958) wurde ein Welterfolg (17 Übersetzungen) wie der Film »Das Mädchen Rosemarie«, zu dem er das Drehbuch schrieb; weitere Werke: Verrat auf deutsch. Wie das Dritte Reich Italien ruinierte (1982); Als Polen deutsch war. 1939–1945 (1986); Mein ärgerliches Vaterland (1989); Der Preis der Einheit (1990); Deutsche Perspektiven. Unfreundliche Randbemerkungen (1991); Lauter Patrioten. Eine deutsche Familiengeschichte (1996); Der Zeitungsleser. In Wochenschriften durch die politische Landschaft 1993–1945 (1996); Hör- und Fernsehspiele.

Als degradierter Obergefreiter schrieb Erich Kuby Tag für Tag Briefe, Tagebucheintragungen und Kalendernotizen. Der Band enthält nur einen kleinen Teil der etwa 10 000 Blätter. Kubys präzise Betrachtungen fesseln von der ersten Zeile an. Schon am 4. September 1939 prognostizierte er: »Es wird lange dauern – sehr lange, glaube ich [...] Wir können die andern nicht erschöpfen, schlagen erst recht nicht; die andern werden uns auch nicht schlagen, aber vielleicht können sie uns ›aushöhlen‹ – das dauert sehr lange. Polen ist ganz unwichtig.«

Erich Kuby

Mein Krieg

Aufzeichnungen aus 2129 Tagen

Aufbau Taschenbuch Verlag

ISBN 3-7466-1588-7

1. Auflage 1999
Aufbau Taschenbuch Verlag GmbH, Berlin
© Aufbau Taschenbuch Verlag GmbH, Berlin 1999
Umschlaggestaltung Preuße & Hülpüsch Grafik Design
Foto im Vordergrund: Anonym,
im Hintergrund: private Feldpostbriefe
Druck Elsnerdruck GmbH, Berlin
Printed in Germany

Erich Kuby (links) vor dem Übergang über die Aisne, 16. 6. 1940

Wort für Wort abgedruckt, würden meine im Krieg geschriebenen Briefe, Tagebücher, Kalender-Notizen, denen die hier veröffentlichten Teile entnommen sind, vielleicht fünf oder sechs Bände zu je 1000 Seiten füllen. Etwa ein Zehntel davon ist für den Druck übrig geblieben.

Das Prinzip der getroffenen Auswahl ist primär handwerklicher Art: es mußte ein lesbarer Text entstehen. So habe ich nahezu alles gestrichen, was sich auf Familie, Kinder, Behördenkrieg oder Geldsachen bezieht - kurz, was die privat-bürgerliche Sphäre im engeren Sinn widerspiegelt. Ferner strich ich Situations- und Landschaftsbeschreibungen, soweit sie nichts weiter sind als eben dies. Durch Kürzungen solchen Umfanges hat, was ich zwischen 1939 und 1945 schrieb, eine Stringenz der Aussage gewonnen, die so den Originalen nicht eigen ist. Ich habe damals alles geschrieben, was ich hier vorlege, und doch nicht dieses Buch. Es ist durch einen Prozeß der Verdichtung entstanden, vorgenommen mit dem Rotstift. Ihm fiel kein Satz, ja kein Wort zum Opfer, dessen Unterdrückung eine nachträgliche Korrektur, in welchem Sinne auch immer, bedeutet hätte.

Unvermeidliche Erklärungen hielt ich so kurz wie nur möglich, sie stehen in eckigen Klammern. Sofern kein Adressat genannt ist, handelt es sich um Auszüge aus Briefen an meine Frau oder aus tagebuchartigen Aufzeichnungen. Zwischen beiden Quellen streng zu unterscheiden, für den Leser erkennbar, war umso weniger notwendig, als die Briefe selbst häufig, und zwar je länger der Krieg dauerte desto mehr, tagebuchähnlichen Charakter annahmen. Außerdem führte ich, meist in Stichworten, einen Notizkalender; Abdrucke daraus sind gekennzeichnet.

In kursiver Schrift ist alles gesetzt, was Freunde oder Bekannte an mich geschrieben haben. Steht hinter dem Datum die Abkürzung E.K.-Sch. (Edith Kuby-Schumacher), so handelt es sich um Auszüge aus Briefen, die meine Frau an mich geschrieben hat. E.K.

Zu dieser Ausgabe

Mit diesem Taschenbuch kehrt »Mein Krieg« auf den Markt zurück und erreicht, wie ich hoffe, eine neue Generation von Lesern. 1975 ist die erste Ausgabe bei der Nymphenburger Verlagshandlung in München erschienen. Diesem Verlag hatte ich seinen Namen gegeben, als ich in einem Büro der ICD (Information Control Division) tätig war (1946), an dessen Tür auf Wunsch »meiner« US-Offiziere Mr. Kuby stand, was ich nicht hatte verhindern können. Sie waren ausnahmslos deutsche Immigranten und sprachen noch immer fließend deutsch. Eben deshalb waren sie für die Zulassung bayerischer Verlage ausgesucht worden.

Der Text dieses Buches ist nicht am Schreibtisch entstanden, sondern Tag für Tag, während ich großdeutscher Soldat im untersten Mannschaftsstand im Zweiten Weltkrieg gewesen bin. Das ist der nachfolgend abgedruckten Vorbemerkung »Zur Orientierung des Lesers« aus der Urausgabe zu entnehmen. Ich war im Oktober 1939 zu den Waffen geeilt worden, glücklicherweise, denn die Wehrmacht war die einzige Organisation des »Dritten Reiches«, in der ein Mann meiner Denkungsart eine Chance hatte zu überleben, die ich als Zivilist nicht gehabt hätte.

Die erste Ausgabe wurde von rund hundert Rezensenten positiv wahrgenommen, unter ihnen von Heinrich Böll, der seiner Besprechung in der »Süddeutschen Zeitung« die Überschrift »Ein Nestbeschmutzer von Rang« gegeben hatte. Im Laufe der Jahre ist dieser Titel wieder und wieder zitiert worden, »die Kassandra vom Dienst« wurde ich erst in den achtziger Jahren genannt.

Als solche habe ich mich ausgewiesen mit etwa 30 Büchern, die alle die sogenannte »deutsche Frage« zum Drehpunkt haben, desgleichen mit einigen tausend journalistischen Arbeiten, von denen viele zwischen 1961 und 1980 in Nannes »STERN« erschienen sind, dessen Redaktion ich angehörte. Heute beliefere ich drei Zeitungen mit Wochenkolumnen und sitze über einem neuen Buch, sicherlich meinem letzten, das im Aufbau-Verlag erscheinen wird.

Aus diesem Meer von subjektiven Protokollen zur Zeitgeschichte – den Autor könnte man auch einen negativen Nationalisten nennen – ragt »Mein Krieg« als ein Fels in der Brandung empor, während alles andere an jeweils aktuellen Ereignissen und Entwicklungen festgemacht ist, mit ihnen altert oder auch veraltet. »Mein Krieg« ist hingegen ein zeitloses Buch, und zwar deshalb, weil dieser Zweite Weltkrieg, gleich dem Ersten von uns vom Zaun gebrochen und verloren, die Landkarte nicht nur Europas verändert hat und mit deutschen Verbrechen verbunden ist, die alles andere waren als übliche Begleiterscheinungen militärisch legitimierten Massenmordes. Ich bewege mich auf dünnem Eis, weil es ein halbes Jahrhundert nach 1945 mannigfache Bestrebungen gibt, uns dieser Last der Erinnerung und des Gedächtnisses zu entledigen, und ich mache mir nicht vor, daß nicht auch diesem Buch in ferner Zukunft geschehen könnte, was mit dem Komplex »Auschwitz« geschehen soll: fort damit, wir wollen wieder ein ganz normales Volk sein. Ich bin mir jedoch sicher, daß wir selbst dann kein »ganz normales« Volk wären, wenn es den Holocaust nicht gegeben hätte – darüber schreibe ich das erwähnte Buch und betrete damit ein weites Feld, das zu groß ist, als daß ich mich hier darauf einlassen könnte. Nur soviel – es hat doch etwas Geheimnisvolles, daß ein paar hunderttausend deutsche Soldaten bis Stalingrad marschierten und daß die Hölle, in die sie dadurch geraten sind, ihnen so wenig Eindruck gemacht hat, daß sie bayerische Dörfer noch im April 1945 glaubten verteidigen zu müssen.

Ihrem »Führer« ins Unglück gehorchten sie, bis er sich erschoß. Wir haben zu erkennen, daß dieser windstille Teich der EX-BRD, diese Ferien von uns selbst, nur möglich geworden waren unter den »Vorbehaltsrechten« der Sieger.
»Mein Krieg« war nie eine deutsche Lehrstunde, soll nach wie vor keine sein, aber doch eine deutsche Bestandsaufnahme, die mit »aber es war doch Krieg« weder ausreichend zu begründen noch zu entschuldigen ist. Von »Politikverdrossenheit« wird gesprochen und geschrieben. Vielleicht kann dieses Buch Politikinteresse wecken.

1939

Berlin, 27. August 39. Mein für Urfeld angemeldetes Gespräch wird erst morgen zustande kommen – wenn überhaupt. Ab morgen geht der private Verkehr auf der Bahn nicht mehr. Hier sind viele Leute durchaus optimistisch, darunter auch Dein Vater. Um 12 Uhr sollte es eine Regierungserklärung geben, aber sie wurde schon mehrfach verschoben. Man sagt, der polnische Außenminister sei hier. Man sagt viel.

Mein Zug kam auf die Minute pünktlich an, ich habe kein Wort geredet, mit niemand. Eine recht nette Frau, die aus dem Urlaub kam, vermutete, ihren Mann nicht mehr anzutreffen, und machte ihrem Herzen Luft. Transporte sah man überall.

In der Frankfurter Zeitung stand heute, man könne die Stimmung in Paris am besten dadurch kennzeichnen, daß man sage, »die Leute gingen auf Zehenspitzen«. So war's hier auch, eine unwahrscheinliche, beinahe ländliche Stille am Anhalter Bahnhof, und in den Straßen kein Hupen, zwischen Passanten kein lautes Wort. Es war aber vielleicht gar nicht ungewöhnlich, sondern nur das Wochenend. Aber es paßte so gut. Diese seltsame Stille schien mir auch viel überzeugender als das Hurrageschrei und Blumenwerfen, von dem man uns aus dem Jahre 14 erzählt. Das Kriegerischste auf der Fahrt, kriegerischer als Kanonen, waren die Reservistentransporte – in Zivil noch – in den offenen Viehwagen. Die Leute winkten, aus unserem Zug wurde zurückgewinkt – ganz still.

Ich habe also noch keinen Befehl. Du weißt ja, daß ich glaube, daß ich recht alt werde, und ich glaube auch jetzt, daß wir auf jeden Fall durchkommen werden. Wie, das ist daneben ganz gleichgültig. Solange ich nichts anderes höre, schreibe ich zum Walchensee – gehst Du dort weg, so mußt Du sorgfältig die postalische Kette knüpfen, möglichst ohne der Geschicklichkeit und Zuverlässigkeit der Post zuviel zuzumuten.

Heute früh wurden Brotkarten und Karten für alle Lebensmittel, Fleisch, Seife usw. ausgegeben, für Rasierseife und Schuhsohlen braucht man besondere Karten – und ich Esel kaufte gestern abend noch Rasierklingen, aber keine Seife.

Und noch ist kein Krieg.

Urfeld, 27. August 39 [E. K.-Sch.]. Ich versuche Dich anzurufen, was aber gar nicht glücken will, so überlastet ist das Fernamt. Bis eben war ich voller Zuversicht, aber nun heißt es im Radio, daß England die Bedingungen, unter denen kein Krieg von uns geführt würde, nicht annähme. Das leuchtet mir ein. Das Haus hier wurde vollständig eingerichtet übernommen. Corinths Atelier ist jetzt das Schlafzimmer. [Zu Kriegsbeginn befand sich E. K.-Sch. bei ihrer Schwester (Lisel), der Frau des Physikers Werner Heisenberg, der kurz zuvor den ehemaligen Besitz des Malers Lovis Corinth in Urfeld am Walchensee von dessen Erben erworben hatte.]

Lisels beide Mädchen wollen, wenn's Krieg gibt, fort. Die eine will an Stelle ihrer Mutter in eine Pulverfabrik, die andere zum Roten Kreuz. Der wahre Grund ist wohl, daß sie die Berge bedrücken. Es ist ihnen zu einsam, die Küche zu eng, die Kinder schreien zu viel, und es gibt viel Arbeit. Ich ginge lieber nach Salem [Schloß-Schule und Internat Salem beim Bodensee, wo E. K.-Sch., als Bildhauerin ausgebildet, kunstgewerblichen Unterricht gegeben hatte], *müßte aber Lisel helfen, bis sie Ersatz hätte! Im Radio hörte ich, daß bereits Bezugscheine für viele Sachen nötig sind (damit nicht gehamstert wird).*

Berlin, 28. August 39. Ich war bei Jeanne [Malerin Jeanne Mammen, die heute wie damals, und das seit 50 Jahren, in ihrem Atelier am Kurfürstendamm lebt, eine nahe Freundin], sie sah recht frisch und vergnügt aus, aber ich glaube, das täuscht, im Grunde ist sie so hoffnungslos wie die Lage. Wir sitzen hier völlig in der Luft. Jeder meint, es ginge noch gut, aber wie viele Leute werden das am 30. Juli 1914 gesagt haben! Indes, man verhandelt, und so ist Polen nicht, noch nicht verloren. Die Buchvertreter, die bis jetzt sehr ordentlich verkauft haben, habe ich, nachdem wir darüber eine Sitzung hatten, telegrafisch erst mal stillgelegt. Es hat jetzt keinen Sinn. Der Verlag ist im großen und ganzen noch intakt. Redaktionen sind jedoch gelichtet, bei der Bauzeitung war heute früh niemand mehr. Die Einberufungen kommen telefonisch nachts zwischen 12 und 5 Uhr und sind so gut wie fristlos. Ich könnte Dich vielleicht nicht mehr anrufen. Dann bitte ich Flöhrchen, es zu tun. [Buchhändlerin Helene Flohr, Bücherkabinett Berlin, ebenfalls befreundet.]

29. August 39. Das allgemeine Stimmungsbarometer ist heute um viele Striche gefallen. Die Radio- und Zeitungspolitik ist kaum zu verstehen. Man zeigt heute ein Bild in der BZ, von einem Kurfürstendammkaffee, in dem unter anderen auch ein Fliegeroffizier sitzt. Unterschrift: Völlige Ruhe in Deutschland. Man wundert sich! Ich bekam doch noch zwei Tuben Rasierkrem. Schuhe und Kleider brauchen wir nach dem Text der Verordnung auf Jahre nicht zu kaufen – wir bekommen nämlich keine. Die Frauen sind geschlagen: zwei Kleider, zwei Paar Schuhe pro Jahr. Sie haben sich gestern wie närrisch hier angestellt, haben 12 Lippenstifte und 20 Flaschen Gesichtswasser gekauft. Bei Michels war zum Schluß für 25 Mark noch ein seidenes Höschen im Schaufenster, um 10 Uhr kam eine Dame und wollte es haben, aber in diesem Augenblick wurde der Verkauf verboten. Das Höschen blieb Michels erhalten. Statt Kaffee bekommt man Tee soviel man will. Ich besorgte einen kleinen Vorrat.

Die Neutralitätserklärung Amerikas bedeutet gar nichts. Geht's England schlecht, helfen sie ihm doch. Japan scheint sich mit England erst mal zu einigen. Der Verlag will sich noch ein Reklameblättchen aufhängen lassen, damit die Maschinen was zu fressen haben. Ich schlage als Titel vor: Von der Maas zum Kreml. Wahrscheinlich soll es »Die jungen Völker« heißen. Du siehst, ich weiß nichts zu schreiben. Man weiß nichts und hilft sich so durch den Tag.

Urfeld, 29. August 39 [E. K.-Sch.]. Ich bin hier sehr gut aufgehoben. Die Stille und die Notwendigkeit, daß ich helfe! Im schlimmen Fall müßte ich immer mutig und fatalistisch sein wegen Lisel und ihrer Kinder. Ich komme durch. Bis zum 26. glaubte ich das Gegenteil. Zähneknirschend komme ich durch.

Gestern hatten wir ein langes Gespräch. Werner [Heisenberg] und Du, Ihr wäret Euch wohl wörtlich einig. Wir haben so lange geredet, bis einige Ordnung in meinem Kopf entstanden ist. Mir ist zuletzt doch immer nur mit Worten beizukommen, und für mich gibt es nur die Dinge, die gesagt werden können. Mein vieles Reden wird etwas eingeschränkt, und manchmal denke ich, daß hier zu uferlos geredet wird. Damit will ich Deine sonstige Stummheit nicht beschönigen. Die Gesprächigkeit Deiner Briefe tut mir sehr wohl.

*Werner hat die Schule von Mies van der Rohe bei Chicago be-
sichtigt und sehr interessant davon erzählt. Diese Dinge rücken
jetzt weit von uns weg.*

30. August 39. Da sitze ich wieder im Büro – noch im Räuber-
anzug, Kniehosen, graues Hemd, grünliche Jacke – und kein
Krieg ist. Sie haben 20 Leute gebraucht als Funker und haben
dafür ungefähr 200 einberufen. Ist das nicht ein Skandal? Wieviel Aufregung, Kosten, Mühe – nur weil ein Major gesagt hat:
na, berufen Sie mal eine ordentliche Portion ein, da nehmen wir
dann die geeignetsten. Man rief aber auch solche ein, die, wie ich,
überhaupt nicht als Funker in Frage kommen konnten. Wenn ich
mich sehr gedrängt hätte, würden sie mich vielleicht behalten
haben. Es war natürlich eine Chance, in die Funkabteilung des
OKW zu kommen, denn dort wird voraussichtlich wenig geschossen.

Es ist mir nach dieser Geschichte nun ganz unmöglich, noch ernsthaft zu glauben, es könne Krieg geben – obschon das natürlich
unbegründet ist. Aber man kann nur einmal so auf den äußersten
Punkt der Spannung kommen – jetzt ist es mir lächerlich, und
was ich da sah und hörte heute früh, trug nicht dazu bei, mich
mit dieser Art Tätigkeit anzufreunden, weiß Gott nicht.

Es ist langweilig im Büro und die Zeit schleicht. Es gab gestern
abend noch eine Komödie. Ich war am späten Abend zur Behandlung bei Frau W. [Zahnärztin, Frau des Bildhauers Wam-
per] und ging dann noch mit anderen dort zu einem Glas Bier.
Als ich in unsere Straße bog, ging gerade der Telegrafenbote aufs
Haus zu. Ich wußte sofort, was er wollte, und fragte sehr gleichmütig: Zu wem wollen Sie denn? Zu Kuby, sagte er. Ja, sagte ich,
der wohnt hier. Indes er zu Fuß die Treppen hinaufging, fuhr
ich mit dem Lift bis zum Dach durch, wartete, bis er weg war,
und hatte somit für alle Fälle Zeit gewonnen. Doch nun also
Kommando zurück! Ich werde die Wohnung sehr liebevoll betrachten, wenn ich nach Hause komme – und denken, daß sie besser ist als ein Viehwagen. So bekommt man rasch neue Maßstäbe
für die Freuden des zivilen Lebens.

Du fährst auf keinen Fall zurück, bevor nicht Danzig und was
wir sonst für unsere nationale Wohlfahrt benötigen, in unserem
Besitz ist – und wenn es Monate dauert ...

Urfeld, 30. August 39 [E. K.-Sch.]. Das war also blinder Alarm! Was Du nun alles wieder zurückorganisieren mußt! Ich weiß nicht, ob ich nach Berlin kommen soll oder nicht. Es kann ja eine Reihe von Tagen noch so hin und hergehen. Einstweilen bleibe ich hier. Du kannst ja morgen schon wieder eingezogen werden.

Dein Vater hat sich zur Verfügung gestellt. Seine Motive kann ich nicht begreifen.

Ordnest Du Deine Papiere? Haben die Eltern etwas gesagt, daß wir bei ihnen einstapeln können im Fall der Fälle? [Der Vater war der inzwischen verstorbene Nationalökonom Hermann Schumacher. Die Familie bewohnte in Berlin auf dem Fichteberg, hinter dem Botanischen Garten, ein Haus.]

Ich höre, es wäre gelungen, ein Atom zu zertrümmern. Ungeheure Energien würden dabei frei. Vielleicht gelingt es in einiger Zeit eine größere Quantität von diesem Explosivstoff herzustellen, dann kann man eine Stadt wie New York in Weißglut versetzen. Da taucht also das Ende dieser Kriege auf! Wer das findet (vielleicht die Franzosen?), der kann die Welt erpressen!!! Ich bin recht froh um diese lieblichen Aussichten auf Zerstörungsmöglichkeiten.

Auf dem Herzogstand befindet sich eine Flakstellung zum Schutz des Walchenseewerkes. Im Corinthhaus ist aber ein ganz guter Keller. Werner las vor, was er im Mobilmachungsfall mitzubringen hat. Dasselbe mußt Du wohl auch dabeihaben? Wo nimmst Du die Decke und die Tourenstiefel her? Sind Deine Skischuhe in Weilheim?

Schreibe mir gelegentlich die Kündigungsfristen für die Berliner Wohnung.

31. August 39 [Telegramm nach Urfeld]. Gemeinde muß Lebensmittelschein ausstellen ohne Ummeldung nach dort. Maßgebend ist nicht Wohnsitz, sondern Aufenthaltsort. Siehe Reichsgesetzblatt. Briefe dauern jetzt vier Tage von Dir zu mir.

31. August 39. Mein Telegramm wirst Du haben. Vielleicht ist die Marken-Versorgung in Urfeld nicht so glänzend organisiert wie hier. Es soll ein dreibändiges Werk in Vorbereitung sein »Über den Gebrauch und die Verwendung von Lebensmittelmarken samt einem Nachwort, was man essen soll, wenn es keine Lebensmittel mehr gibt«. Ich beherrsche vorerst nur die Anfangs-

gründe. Die Stimmung hier ist brillant, vor allem bei den Hausfrauen, weil sie endlich Gelegenheit haben, ausführlich miteinander zu schwätzen, wenn sie sich anstellen. Manche sind darüber so erfreut, daß sie in laute Rufe ausbrechen und sich die Haare raufen – aber man hat Verständnis für so überschwengliche Gefühle und läßt sie gewähren. Die Herbstmode dieses Jahres ist auf das nächste verlegt. Niemand hat weniger als zwei Kleider, also sind die ausgestellten nur zum Anschauen da. Bei Tietz, wo ich mit der Bezugskarte nach der Textilwurst warf, waren ernste Männer emsig beschäftigt, die Stoffe auszumessen. Verkauft wurde nirgends. Ein Zeichen der Zeit ist auch das Auftauchen der alten Rentenmarkscheine, neu gedruckte Noten. Die Ausgabe erfolgt aus rein ästhetischen Gründen und nicht etwa, weil silbernes Kleingeld gehamstert würde. Das tun nur, wie man erfährt, die Polen, die gemeinen charakterlosen Schufte.

Heute abend gehe ich zu Sch. und bringe mein Essen mit – so ist das nun schon. Man glaubt es kaum, dauert die Geschichte doch erst drei Tage. Das nenne ich Vorbereitung! Die ursprünglich (wann?) festgesetzten Quantitäten sind bereits Wunschträume. Post aus England und Danzig kam gestern noch an. Was soll ich schreiben? Ich warte!

1. September 39 [Erster Kriegstag]. Da haben wir den Salat! Hört Ihr Radio? Hört bloß nicht zuviel, das verzerrt die Verhältnisse und macht dumm. Ich höre kein Wort. Lese eine Zeitung, um auf dem laufenden zu sein, eine hiesige, und die Frankfurter, die jeweils drei Tage später ihre Meinung sagt, oder was man als Meinung bezeichnen könnte. Man schießt, und es ist doch noch kein Krieg. Ob es einer wird? Die Engländer sagen, sie hätten von nichts gewußt. Die Italiener sind gar still.

Als ich gestern von Sch. zurückfuhr, mußten wir Ende Heerstraße die Bahn wechseln. Man baut dort Tag und Nacht und rammt enorme Eisenschienen mit unvorstellbarem Lärm in die Erde. Die Umwohner fallen bei jedem Stoß aus den Betten. Es war ein Bild der Kraft und der Arbeit, Dampf zischte usw. Ein Arbeiter aus dem Norden, der mit seiner Frau von einem Grunewaldausflug kam, sagte: »Das ist recht, sollen die reichen Leute hier auch mal gewahr werden, wie wir schaffen.«

Ich will Dich hier nicht abmelden. Aus gutem Grund ist Juno rund. Die Bayern scheinen doch noch hinterm Mond zu leben.

Wie angenehm! Brieftelegramme sind nicht mehr möglich ...
Der See muß schön sein jetzt im Herbst.

Urfeld, 1. September 39 [E. K.-Sch.]. *Eben haben wir die Reichstagsrede, also die Kriegserklärung gehört. Soll ich versuchen Dich anzurufen? Der Andrang wird wieder groß sein auf der kleinen Post im Dorf. Schreibe mir, was mit der Wohnung ist, wann wir kündigen können? Du wirst viel Schlimmes durchzustehen haben, aber wenn das einer kann, ohne Schaden an seiner Seele zu nehmen, dann bist Du es. Fritz* [einer von drei Brüdern, lebt in England] *wird es viel furchtbarer angreifen, und ich bin froh, daß er nicht da ist. Umsonst hat man sich ja doch nicht mit dem Krieg all die Jahre, seitdem man denken kann, herumgeschlagen. Man quält sich nicht mehr um Sinn und Ethos ab. Ich brauche nur an Deinen »Gleichmut« zu denken, diese Deine »moderne« und charakteristische Eigenschaft, um ihn auch zu gewinnen. Er muß sich auf mich ausdehnen, wenn Du wirklich in den Krieg kommst, er Dich von mir wegtragen wird.*
Wir sind hier dem möglichen Chaos der Großstädte entrückt. Besseres kann nicht sein. Nicht wahr, kalt bis ans Herz, das sei! Spucke auf diese Welt!

2. September 39. Ich sitze in der verdunkelten Wohnung. Vorhin sprach ich mit S. am Telefon, sie hat beinahe eingehängt, als ich sagte, das sei noch nicht der Krieg. Warum lassen uns die andern Zeit, Positionen zu gewinnen? Damit sie's schwerer haben, uns wieder hinauszuwerfen? An den übrigen Grenzen gehen die Truppen noch gar nicht vor.
Den freundlichen Mann im Geschäft neben dem Fleischer fragte ich: »Sind Eier eigentlich frei?« – »Frei«, sagte er. »Haben Sie welche?« fragte ich. »Nein«, sagte er. Es war ein wunderbares Nein, das übersuperultra Nein, ganz ruhig und ein bißchen ironisch.
Die schönste Antwort gab mir unser guter Gärtner, dem ich sagte, ich wollte die Blumenkästen bei ihm lassen, im Tornister seien sie unpraktisch. Er sagte, es könne ihn auch noch erwischen, er habe früher gedient und könne zwei Sprachen, eine slawische. »Ja«, sagte er, »Alter schützt vor Torheit nicht!«
Ich habe vorhin Geige gespielt, Briefe geordnet und solchen Kram gemacht. Jetzt will ich noch ein bißchen durchs dunkle Städtchen

gehen, es ist eine so seltsame Atmosphäre. Bei Kranzler war's gestern wie im Leichenhaus. Aber man redete mit den Leichen per Radio. Ich werde an die DAZ [Deutsche Allgemeine Zeitung] einen Leserbrief schreiben: Damen, die Anschluß suchten, sollten eine kleine rote Lampe tragen, man kennt sie sonst nicht mehr heraus im Finstern. Ich höre, Papa sei Kompanieführer geworden. Ich wußte immer, daß der Krieg eigentlich seine beste Zeit war. 1914 hatte er einen großen Hof zu Hause. Heute die bürokratische Arbeit gegen Soldatenarbeit besserer Art zu vertauschen, muß ihm eine Befreiung sein.

Heute war noch kein Alarm.

Urfeld, 2. September 39 [E. K.-Sch.]. Unten in Kochel ist man ungeheuer optimistisch. Deine Stimmung am Telefon gestern war mir sehr unverständlich. Glaubst Du wegen der zurückgenommenen Einberufung nicht mehr an den Wolf? Oder weißt Du mehr als wir? Hier wissen wir unheimlich wenig. Wenigstens wird Lisel nächstens sich eine Zeitung halten und sich aus der Leipziger Wohnung einen Atlas kommen lassen. Jetzt mußt Du alle Tage verdunkeln! Ob wir hier überhaupt erfahren, wenn es einen Luftangriff auf Berlin gibt?

3. September 39. Ich gehe, eine Karte von Polen zu kaufen. Als ich das Geld an Dich einzahlte und mir der Postbeamte gerade die Quittung aushändigte, gab es Alarm, und wir stürzten in den Keller. Eine halbe Stunde später war's zu Ende. Ob Ernst, ob Scherz, weiß niemand. Schreibe mir unter keinen Umständen in Briefen Nachrichten, die nur aus einem ausländischen Sender stammen können – das sind *alle* Nachrichten, die für uns abträglich sind.

Die Postkontrolle ist nur noch eine Frage von Tagen.

Gestern früh hat Sibylle ihre Zugehfrau, die langsam arbeitet, ermahnt. »Ach«, sagte die Frau, »entschuldigen Sie, aber es ist mir so lächerlich, da soll ich nun putzen und morgen schlägt eine Bombe ein.«

4. September 39. Zunächst sind Einberufungen gestoppt, da das Ausrüstungsmaterial knapp wird, aber das ändert sich natürlich in wenigen Wochen. Außerdem brauchen sie in den folgenden Jahren ja auch noch Leute. Es wird lange dauern – sehr lange, glaube ich, weil nicht einzusehen ist, wie es beendet werden soll.

Wir können die andern nicht erschöpfen, schlagen erst recht nicht; die andern werden uns auch nicht schlagen, aber vielleicht können sie uns »aushöhlen« – das dauert sehr lange. Polen ist ganz unwichtig.

Ich kündige zum Ersten die Wohnung – das heißt, kündigen kann ich sie ja nicht, wir haben den Vertrag, aber ich suche jemand, der sie nimmt. Außerdem würden wir eben einfach ausziehen, das andere fände sich. Keinesfalls hierbleiben.

Du stellst Betrachtungen an über meine Reaktion auf den Krieg. Es wird in mir gar keine Reaktion geben. Wir sind gezwungen – und das ist meine einzige Verbindung zu allem, was jetzt geschieht. Schlimmstenfalls fängt man nachher noch mal von vorne an.

Das wichtigste ist, Neugierde auf Nachrichten, ich meine auf Nachrichten unseres Rundfunks und unserer Presse, zu verlieren, kein Radio zu hören und sich nur hin und wieder über die Situation informieren.

Du wirst erst in einiger Zeit einsehen, wie wichtig das ist, und H.s sehen es vielleicht überhaupt nicht ein. Die Folge wird sein, daß Euer Radio doch läuft. Das untergräbt alle Ruhe, verhindert Distanz gewinnen und etwas Gelassenheit. Die Nachrichten sind ja nicht dazu da, etwas mitzuteilen, sondern eine gewisse Seelenstimmung zu schaffen, die als notwendig betrachtet wird für die Fortsetzung des Krieges. Man lese nur die Berichte und Blätter der letzten acht Tage! Übrigens versuche ich die Zeitungen zu sammeln und etwas ausführlicher Tagebuch zu führen. Ich bitte Dich, es auch zu tun. Es wird später gut sein, die Zeit zu verfolgen, die wir nicht zusammen waren.

5. September 39. Im Schlafanzug auf dem Bett. Ich las ein paar Seiten in dem neuen Giono, Taube Blüten, vier Novellen. Vorher holte ich die Kisten aus dem Keller. Es ist noch nicht lange her, daß ich sie hinuntertrug.

Was das Packen angeht, kann ich wohl sagen: gelernt ist gelernt. Es gibt immer wieder Augenblicke, in denen ich nicht geneigt bin zu glauben, daß unser bisheriges Leben ganz und gar zu Ende ist. Ich räume zwar die Schränke und Regale aus, lasse aber zunächst das große Zimmer, die Diele und die Küche noch in Ordnung.

Wenn Dir Urfeld als der ruhigste Ort erscheint, so bleibe dort. Wo immer Du Distanz legen kannst, da bleibe. Ich gewinne sie ganz unabhängig von den äußeren Umständen – und ich werde zu meinem eigenen Erstaunen lernen, sie mir in jeder Lage zu erhalten. Es ist ohne Sinn und ohne jede gute Wirkung, teilzunehmen. Es ist uns aufgezwungen – das ist die einzige Verbindung, die es gibt. Zu viel Vorsorgen schafft eine künstliche Atmosphäre, etwas Lebensfeindliches entsteht. Vielleicht ist es eine notwendige Erfahrung, einmal ganz gründlich im Dreck zu sitzen – ich meine in ganz realem Unglück, nicht in solchem, das sich aus Seelenschmerzen zusammensetzt, die zum Teil eingebildet sind, weil nur Konventionen dahinterstehen.

Ich kaufte heute früh noch fünf alte Kisten und fange nun richtig zu packen an.

6. September 39. Im Büro. Es ist so wunderbares Wetter, daß man kaum glauben kann, daß sie sich rundherum schießen. Aber sie tun es wohl doch. Ich bin so weit von Propaganda angekränkelt, daß ich noch immer einen ganz kleinen Rest von Hoffnung habe, daß es die Engländer nicht ganz ernst meinen, sondern aus Prestigegründen mobilisiert haben. Das würde bedeuten, daß man, wenn wir in Warschau sind, verhandelt. Aber freilich glaube ich nicht wirklich daran. Eine alte Angestellte kommt eben zu mir und macht mich darauf aufmerksam, daß vor einem Geschäftshaus nebenan drei Lastwagen vorgefahren sind, einer mit Schutzpolizei, zwei leer. Nach einer Weile seien die beiden leeren mit jungen Zivilisten gefüllt gewesen und abgefahren. Auf diese Weise möchte ich nicht gern einberufen werden.

Gestern abend aß ich mit Jeanne, die merkwürdigerweise noch immer einen Rest Optimismus hat – der Strohhalm, an den sie sich hält.

Wir warten hier im Betrieb auf Gesetze betr. Kürzung der Gehälter. Einen Antrag auf Unterstützung kannst Du erst stellen, wenn ich einberufen bin. Schreibe, was ich schicken soll. Mit den paar Sachen, die Du dort hast, kommst Du nicht über den Winter. Die Lastwagen haben mir die Schönwetterlaune verdorben.

Wir könnten die Möbel bei Knauer [große Speditionsfirma in Berlin] einstellen, das kostet nicht die Welt.

[An die Mutter, die in Weilheim, Oberbayern, im eigenen Haus und Garten lebt. Einige Wohnungen sind an andere Familien vermietet, die Felder verpachtet, der Stall ist leer.]

11. September 39. Ich wollte nicht, daß die Mandeln mir beim Militär Ärger machen, und ging zum ersten Spezialisten hier, Prof. Döderlein, der mir zunächst ein Attest ausstellte. Dann wartete ich Edith [die aus Urfeld nach Berlin gekommen war] ab und begab mich heute, von ihr begleitet, nach Potsdam-Nedlitz zur Kaserne. Dort gelang es mir dank einer ganzen Reihe von Glücksfällen, abends um 6 Uhr das Tor als Zivilist wieder zu durchschreiten mit einem Aufschub bis nach der Operation, das ist etwa bis in 14 Tagen.

Uniform und Stiefel, die ich bekam und zwei Stunden später wieder abgab, paßten kein bißchen, waren zum erstenmal 1870 getragen und seither auch nicht gereinigt worden. Was ihnen an Material und Farbe fehlte, ersetzten sie durch eine feuchte, etwas seifige Schicht. In 14 Tagen ist wahrscheinlich alles besser organisiert, und für die Frontfreuden wird's wohl neues, sauberes Zeug geben. Soviel vom Krieg.

Es ist unwahrscheinlich, daß E. zu Dir kommen wird. Sicher ist nur, daß wir die Wohnung auflösen und sie aufs Land geht, wo es wahrscheinlich doch leichter sein wird mit Ernährung. Nach Urfeld ginge sie nur zurück, wenn sie müßte, das heißt, wenn ihre Schwester für ihre drei Babys gar kein Mädchen mehr bekommt. Eine bessere Lösung wäre vielleicht Salem, dort unterrichtend, falls es Schule bleibt, oder pflegend, wenn es Lazarett wird. Vielleicht aber Holzschuhe schnitzen, vervielfältigen, verkaufen. Das hat gewiß eine große Zukunft in den lederlosen Jahren.

Du bist wahrscheinlich in der glücklichen Lage, rein wirtschaftlich gesehen durch den Krieg nicht viel verlieren zu können. Wir andern tun gut daran, uns auf eine sehr lange Zeit einzurichten – dazu gehört auch, keine Zeitungen zu lesen oder nur selten, und nicht Radio zu hören, sonst hält man es nicht aus. Bücher werden viel gekauft bzw. ausgeliehen werden. Trotzdem wird vielleicht der Verlag etwas einschlafen, vor allem, wenn Dr. M. [Dr. Friedrich Minssen, Cheflektor] auch einberufen werden sollte. Ich fand beim Aufräumen einen Brief vom November 1933, in dem ich die Entwicklung des Nat. Soz., wie sie jetzt durch den Russenvertrag und den Krieg sich bestätigt hat, genau beschrieben habe. Ich fürchte, auch in allem andern recht zu behalten. Der polnische Krieg bedeutet für den ganzen Krieg überhaupt nichts.

Was wird Lisl [die einzige, 12 Jahre jüngere Schwester] tun?

[Von Elsa Bernstein, die später in das KZ Theresienstadt kam und es als achtzigjährige, blinde Frau überlebte]
München, 29. September 39. O Zerstörung, Zerstörung, und auf lange hinaus. Denn ich bin ganz Deiner Ansicht – auf Jahre!

[Am 15. 9. wurde ich operiert, am 22. 9. verließ ich die Klinik, und da kein genauer Termin für die Rückkehr in die Kaserne befohlen war, machten ich und meine Frau eine ›Erholungsreise‹ nach Weimar und durch den völlig leeren, stillen Thüringer Wald. Am 5. Oktober kamen wir »bei sehr trübem Wetter« nach Berlin zurück. Unter der Post befand sich die Mitteilung, ein Einschreibebrief läge auf dem Postamt. Am 6. Oktober um 10 Uhr vormittags holte ich diesen Brief ab: eine Mitteilung, ich würde als Fahnenflüchtiger behandelt, wenn ich mich nicht umgehend in der Kaserne meldete. Der angegebene, letzte Termin war der 6. Oktober früh 8 Uhr. Ich telefonierte mit der Kaserne und fuhr sofort nach Potsdam-Nedlitz, um mich bei der 1. Kompanie der Nachrichtenabteilung der 3. Inf. Div. zu melden. Das Telefongespräch mit dem Hauptfeldwebel dieser Kompanie war mein erster massiver Zusammenstoß mit einem militärischen Vorgesetzten.]

[Aus dem Notizkalender:]
6. Oktober 39. Fahre mittags nach Potsdam. Das zivile Leben ist zu Ende. Einkleidung. Erste Nacht in der Kaserne. – 7. Oktober 39. Dienst. 1/26 Uhr aufstehen. Kameraden ganz ordentlich. 10 auf der Stube. E. kommt um 4 Uhr, wir sitzen zwei Stunden in der Kantine und reden Geschäfte. – 8. Oktober 39. Kaserne. – 9. Oktober 39. Gerücht, daß wir zur Erntearbeit kommen sollen. Zunächst sehr ruhiger Dienst. Abends gelesen. – 10. Oktober 39. Zur Erntearbeit. Abends um 17 Uhr auf Lastwagen nach Buberow bei Bauer Krause mit noch einem Mann einquartiert. Federbetten und Butter. – 11. Oktober 39. 150 Ztr. Kartoffeln geerntet. Ziemlich kreuzlahm. Abends mit E. telefoniert und dann Dorfkneipe.

[Zur Kartoffelernte in Buberow, nun in Uniform, bis 25. Oktober. Dann zurück in die Kaserne Nedlitz bei Potsdam, Nachrichten-Abteilung 3, Fernsprechkompanie. In die Eifel abgestellt wurde ich am 2. November. Am 4. November steht im Kalender: »Kriegsbrief Nr. 1 geht ab.« Ich hatte für mich und meine Frau sogenannte Durchschreibebücher, wie sie reisende Vertreter benützen, mit numerierten Seiten und Kopie-Blättern, besorgt in der Erwägung, daß die Feldpost unzuverlässig sein und viel verlorengehen werde. Das hat sich in den fünfeinhalb Jahren Krieg nicht bestätigt. Dennoch blieben wir, wenn es irgend anging, bei dieser Methode, Familienleben als Korrespondenz zu führen.]

6. November 39. Kommen nachts 12 Uhr in Daleiden an [bei Prüm in der Eifel]. Heute hat das Soldatenleben angefangen, romantisch zu werden. Nachdem wir die Nacht ziemlich ungut in einer Scheune geschlafen hatten und die Stimmung morgens trotz Sonne unfreundlich war, kam gegen Mittag die Weisung, daß wir einige alte Baracken zu beziehen hätten, die unweit des Dorfes im Walde versteckt lägen, beim Friedhof. Es erwies sich, daß es sich um eine große und um zwei kleine Baracken handelt, die an steilem, bewaldetem Abhang vor kurzem vom Militär gebaut worden sind, aber nicht fertig wurden. Mein Bautrupp der Fernsprechkompanie – dies ist die Einheit, in der ich mich hinfort für alle Arbeiten befinde – besteht aus neun Mann und einem Unteroffizier, der durchaus akzeptabel ist; alle waren in Polen und der Uffz. hat das EK II von dort . . . mein Trupp also wählte eine der kleinen Hütten, bestehend aus einem Raum. Hier bauten wir nun aus Drahtnetzen, Balken, Stroh, Zeltbahnen usw. Betten; Tische fanden sich, fehlende Fensterscheiben wurden durch Bretter ersetzt, ein eisernes Öfchen aufgestellt, auch Koks »beschafft«, das Öfchen glüht, zwei Karbidlampen geben Licht, Bier wurde aus dem Dorf hergefahren: kurz, eine durchaus freundliche Umgebung geschaffen, auch mir ist es behaglicher als in der Kaserne. Die Leute sind, obschon keiner darunter ist, mit dem ich ein Wort reden könnte, hinzunehmen, und keiner scheint bösartig zu sein von Natur. Sie sind zum Teil seit Mai zusammen. Decken, Teppiche, Kochtöpfe, Säbel – was sie alles aus Polen mitgebracht haben!
Ich versuchte mir im Dorf beim Arzt, Dr. Wippfelder, ein Zimmer zu mieten als Rückzugsklause, aber es ist unmöglich. Das Dorf hat sechsmal weniger Einwohner als Soldaten. Ich denke, wir bleiben hier vier bis fünf Tage.
7. November 39. Mitternacht. Ich sitze in unserem Mercedes und habe die Wache auf dem Parkplatz übernommen. »Schlafwache« nennt man das, ich dürfte schlafen, aber es ist nicht gerade be-

quem. Ich habe eine Lampe im Auto aufgehängt und lese schon eine Stunde im »Grischa« [Arnold Zweig, Der Streit um den Sergeanten Grischa, ein antimilitaristischer Roman]. Die Wagen stehen auf einem der höchsten Punkte weitum, und die Konturen der Eifelberge sind rundum gegen den Horizont zu sehen, selbst jetzt. Überall sind kleine Lichtinseln eingestreut, hier scheint man es mit dem Verdunkeln nicht ernst zu nehmen. Auch meine Lampe muß auf Kilometer zu sehen sein. Zwei sind aus dem Urlaub zurückgekommen und sind schlechter Laune, weil sie die Freuden häuslichen Lebens gerade wieder genossen haben. Für alle diese Leute, die sich eigentlich nur wohl fühlen, wenn sie in ihrem Gleis sind und Freude nur aus ganz primitiven Genüssen gewinnen, ist eine solche Soldatenexistenz viel schwerer als für mich. Sie müssen laut sein und renommieren, um es überhaupt durchzustehen. Dann kommt der Augenblick, wo die Wut darüber, Soldat sein zu müssen, umschlägt in die Wut auf den Feind. Ergebnis: der gute Soldat. Immer feige und gelegentlich »mutig«. Es ist mir hier noch keiner begegnet, der ruhig und gelassen und ein wenig sportiv das kriegerische Handwerk betriebe – nachdem er sich dem Zwang gebeugt hat. Wäre die Masse hierzu fähig, es gäbe sogleich keine Soldaten mehr, nur noch ein paar ehrgeizige Führer. Es wäre unmöglich, daß ein Volk, das in seiner Gesamtheit zu denken fähig geworden wäre, noch Kriege führte. Übrigens beweisen das die Juden.

Man braucht nicht General zu sein, um zu wissen, daß einige Siege, und zwar bequeme Siege, not tun als eine Art Impfung gegen die Vernunft.

8./9. November 39. Es ist einer da mit einer großen Ziehharmonika und macht Musik – er kann gut spielen. Wir waren gerade im Ort, um Bier zu holen – was natürlich verboten ist mit dem Wagen –, und nun, 10 Uhr abends, hebt sich die Stimmung sichtlich. Nach volkstümlichen Begriffen ist es urgemütlich. Eben hat Hitler gesprochen, wir haben es in unserer Hütte nicht gehört, aber es wurde gesagt, er habe angedeutet, es ginge los. Da vor uns frontwärts nur noch die kleinen, dickummauerten Zimmerchen mit kleinen Öffnungen für Schießwerkzeuge sind [= Bunker des »Westwalls«], so kann ich mir ausrechnen, daß wir in Kürze auch bald darin sitzen werden.

10. November 39. Wir liegen friedlich in unserem Waldheim und

verbessern es täglich. Unten im Tal ist eine Quelle, an der ich mich jetzt immer wasche. Wenn man denkt, wie es noch werden wird, ist das hier paradiesisch.

Das Attentat [im Bürgerbräukeller in München] ist natürlich gestern abend Gespräch gewesen. Es wird die Stimmung gegen England erheblich steigern, da ja nur die Engländer Anstifter einer solchen Tat sein können.

Noch immer lese ich im »Grischa«. Unser unerschöpflicher Bauwagen enthält auch eine Geige aus Polen. Sie ist ganz ordentlich. Mit dem Ziehharmonikaspieler habe ich musiziert, es klang geradezu nach Konzert. Jeder spielte, was ihm einfiel, und der andere fand sich dazu.

10. November 39. Auf unseren Briefen darf nicht »Funker« stehen, weil daraus auf die Waffengattung geschlossen werden könnte. In Zukunft also nur noch »Soldat K.«. Post wird gelegentlich zensiert. Vermutlich eher die an uns als die von uns. Wir haben nichts zu berichten, aber Ihr könnt »Stimmung« verraten.

17. November 39. Gestern abend, nachdem sich der Sturm gelegt hatte, habe ich im Dunkeln noch einen langen Spaziergang gemacht. Unterhalb des Hügels ist der Bach, dem der Regen viel Mut gemacht hat, von Buchenwald und Tannen eingesäumt. Ich legte mich an einer trockenen Stelle unter eine Tanne und leuchtete manchmal mit der Taschenlampe in ihre Zweige hinauf, die dann scharf gezeichnet gegen die Dunkelheit standen. Ein stilles schönes Spiel, aber es ist von Übel, sich in zivile Seelenzustände zu versetzen. Es ist mir sogar zuwider, den Roman in der Frankfurter zu lesen, obschon er nicht schlecht ist. Den »Grischa« schicke ich morgen zurück. Ich habe ihn gestern beendet, es ist kaum ein verstaubtes Wort darin.

[An Jeanne Mammen]

17. November 39. Liebe Jeanne, ja, wir leben friedlich und denken, es bleibt so den Winter durch. Wir verschönern unser Heim, Villa »Eifelblick«, ich bemale Lampenschirme.

Der Trupp ist beim Saufen im Dorf. In zehn Minuten wird die Horde da sein. Etwas so Buchstabengläubiges wie diese Leute, obschon mit gutem Verstand versehen für ihre eigenen Dinge und nicht einmal ohne eine gewisse Urteilsfähigkeit, haben Sie gewiß nie erlebt.

24. November 39. Seitdem Reif über den Feldern liegt, profilieren sich die Linien der Landschaft viel deutlicher. Ich will ein paar Skizzen machen. Es ist kaum möglich zu schreiben, eine allgemeine Unterhaltung über nichts ist im Gange. Auch ist es schrecklich heiß im Büdchen. Ich habe die F. Z. [Frankfurter Zeitung] gelesen – hast Du unser großes Inserat [der Steiniger-Verlage] in der vorletzten Nummer gesehen? Es war recht gut gemacht. Ich will mal an Hausenstein schreiben, er könnte mir Bücher zum Besprechen schicken, solche Arbeit ließe sich vielleicht hier machen. Sonst sieht es trüb aus mit Schreiben mangels Ruhe.

[An Helene Flohr in Berlin]

27. November 39. Ich war übers Wochenend bei Vatern in Remagen am Rhein. Er, der Vater, nicht der Rhein, ist dort ein höherer Soldat. Meine bescheidene Funkerschaft wurde fürstlich behandelt, schlief im Bett, verwendete Wasser aus einem Hahn. Gegen 4 Uhr heute früh kam ich wieder in der Waldhütte an und sah beim Kerzenschein Deinen Brief und das Buch. Wir warten bis die Blümlein sprießen und die Deutschen schießen. Wir werden bald in ein Städtchen auswandern, da kannste dann hinkommen zwecks Betrachtung Deines Soldaten.

27. November 39. Wir tun heute gar nichts, sitzen in der Hütte und pflegen den Eifelkoller, abgekürzt EK, in drei Klassen, auch am Halse zu tragen, dann irrenhausreif. Ich habe weder diesen noch andere Orden zu erwarten. Kopf, Magen und so weiter befinden sich bei guter Laune. Es ist heute so föhnig und warm, daß wir die Fenster aufgemacht haben, und das will etwas heißen bei diesen Leuten, die die Zug-Angst haben. Drei lesen, einer schläft, zwei holen Essen, einer ist in Prüm mit dem Wagen zur Reparatur, der Uffz. in Berlin, und ich schreibe. So werden wir nicht die Weltherrschaft erringen.

Habt Ihr an dem Abend bei Vs. sehr klug geredet? Fehlen mir solche Abende wirklich? Ich glaube nicht. Der Gang der Dinge ist unerbittlich. Sie kritisch bedenken, motiviert Ohnmachtempfindungen.

29. November 39 [Umzug der Truppe nach Prüm]. Wir haben das Innere der Hütte ausgeleert, ein Anblick wüster Zerstörung. Ich hatte nicht wenig Gepäck, dreimal so viel wie die andern, demnächst muß ich es mal sichten. Unser Wagen war randvoll.

Um 9 Uhr ging's los. Hohe Vorgesetzte hatten hier einen Parkplatz ausgesucht, der sich als Sumpf erwies, und die schweren Wagen steckten bis zur Achse im zähen Lehm. Den letzten Wagen zogen, o klägliche Technik, zwei schwere belgische Pferde aus dem Morast.

Wir sind im Internat des Bischofs für seine Zöglinge untergebracht. Es nennt sich Konvikt. Jetzt ist es zeitgemäßeren Zwecken zugewendet. Im Seitenflügel treiben noch einige Nonnen ein abseitiges Dasein, die haben den Schlüssel zur konvikteigenen Kirche, und mein erster Gang war zur Frau Oberin, die mir den Schlüssel freundlich gab. Die Orgel, mit viel Geld gebaut, hat zwei Manuale, ist klein, aber gut. Ich brauste gehörig und fächelte dann wieder sänftiglich. Die Kehrseite ist, daß wir nun zu 17 unter dem Dach in einer Stube mit schrägen Wänden liegen. Ehemals diente der Raum acht Schülern. Vorläufige Strohlager sollen in dreistöckige Betten verwandelt werden.

Der Film »Verwehte Spuren« steht sogar auf dem Dienstplan, kostet 40 Pfennige Eintritt, natürlich gehe ich nicht hin, d. h. ich bezahle die 40 Pfennige und tu nur so als ob. Gehe statt dessen zur Orgel. Will sehen, daß ich Noten auftreibe.

30. November 39. Im Wachlokal am Tor, das keine Torflügel hat, nur ein Loch in der Mauer ist, schreibe ich stehend an einem Schülerpult. Und habe also Wache. Das ist eine neue Nuance meines Dienstes fürs Vaterland, ich denke, sie wiederholt sich künftig häufiger. Dies ist der einzige Ort, wo ich Ruhe habe, und hier ist Schreiben eigentlich verboten.

Ich werde Dr. Minssen schreiben, ob er nicht den Verlag bestimmen kann, mich zu reklamieren. Diese Art Krieg ist zu dumm. Ich habe heute mindestens zweieinhalb Stunden Orgel gespielt und war dann so müde wie sonst nicht bei den Soldaten. Ging dann ins Kino, wachfreier Soldat, der ich war, die Vorstellung lief schon eineinhalb Stunden, und sie sangen gerade alle im Dunkeln, weil der Film gerissen war. Das sind so die revolutionären Aufwallungen dieses Volkes, aber auch dazu muß es dunkel sein. Er riß noch zweimal und die Vorstellung dauerte insgesamt vier Stunden. Im Konvikt will man einen richtigen Kasernenbetrieb aufziehen mit Wecken, Flurfegen, Achtung-rufen, usw.

3. Dezember 39, Sonntag abend. Heute früh kam ich auf unver-

mutete Weise zu einem Stadtbummel. Es wäre eigentlich Dienst gewesen, aber unser stellvertretender Hauptwachtmeister griff mich im Flur auf und sagte, ich solle mich stadtfein machen und drei Kameraden nachgehen, die sich eben zur Kirche abgemeldet hätten. Er aber glaube nicht, daß sie zur Kirche gingen. Stell Dir vor, er erwartete, daß ich Spitzeldienste täte! Na, ich ging los, fragte, freilich vergeblich, nach Post und erkundigte mich bei dem Schaltermenschen nach der evangelischen Kirche. Er sagte: »Die Gnadentankstelle kenne ich nicht, ich bin von der Partei.« Derart belehrt, ging ich weiter und traf die drei Sünder auf dem Marktplatz vor dem katholischen Münster. Es war halb neun, der kath. Gottesdienst sollte um 10 Uhr anfangen. Also gingen wir alle vier ins Hotel Gebauer zum Kaffee, oder was sich so nennt.

5. Dezember 39. Je länger ich mit den Leuten meines Trupps zusammen und überhaupt in dieser Kompanie bin, desto mehr mißfallen sie mir. Durch die Umstände kommen die schlechten Eigenschaften mehr und mehr heraus. Ihre Kameradschaftlichkeit ist nur eine äußerliche. Es sind jedoch »meine« Leute durchaus nicht die schlimmsten. Sie sind im bürgerlichen Sinne anständig, ehrlich, und so weiter. Aber sie sind unfähig, irgendeinen selbständigen Gedanken zu fassen. Kurz, sie sind wirklich Masse, ein Ausdruck, den ich nicht mag, aber mögen muß. Kindisch auch in der unmittelbaren Art zu reagieren. Als Gesamterscheinung sind sie mir lächerlich, d. h. sie wären es, wenn sich nicht eben von ihnen die ganze Struktur des Staates herleiten würde; sie sind es doch, um die ER buhlt.

Eben kam ein Junge mit der Lokalzeitung. Ich werfe hin und wieder einen Blick hinein, ohne gescheiter zu werden, aber auch ohne mich noch zu ärgern. Ob wir den finnischen Krieg mit so großer Begeisterung registrieren, wie wir vorgeben, erscheint mir zweifelhaft.

Wenn wir hierbleiben, will ich mich doch um ein Zimmer im Ort bemühen, so kann es nicht bleiben, immer mit 17 Leuten in einem Loch von Raum.

9. Dezember 39. Notiere doch alle die Bücher, die Du in der F. Z. anstreichst. Im Frieden kaufen wir sie dann – vielleicht. Ich sitze hier im Gebauer-Saal, wo Wehrmachtskonzert ist. Das beweist Dir, wie toll gemütlich es im Konvikt ist, wo ich floh. Ich bin

durch die Hintertür herein und warte drauf, hinausgeworfen zu werden. Ich habe keine Karte. Das Volk strömt in Massen.

17. Dezember 39. Also Weihnachten zusammen in Bonn, wenn es mit dem Urlaub klappt. Und dann kommst Du hierher, obwohl Ehefrauen und Bräute hier streng verboten sind, damit die Nester nicht noch mehr überlaufen. Da würde sich ja das Reich in die Eifel verlagern.

Ich zeichne Weihnachtspostkarten, die auf dem Vervielfältigungsgerät der Kompanie zweifarbig abgezogen und verteilt werden. Die Wachtmeister wollen auch Karten haben. Dergleichen ist immer mit Vorteilen verbunden.

[Von Dr. F. Minssen]
Berlin, 20. Dezember 39. ... Mögen wir alle das nächste und die folgenden Jahre in einem immer größeren, mächtigeren, schöneren usw. Reiche verbringen, und unsere Führer alle für ihre Verdienste die ihnen zustehende Anerkennung ernten! Wenig zu sagen ist über Ihren in einem Ihrer letzten Briefe gemachten Vorschlag [»Reklamation« vom Militärdienst]. Es sind sogar für unseren Betrieb lebenswichtige Spezialisten wie Ätzer, Offsetdrucker etc. nicht freigekommen ...

[Aus dem Notizkalender:]
23. Dezember 39. Um 7 Uhr früh nach Bonn über Köln. Zu Pütters [Verwandte]. E. ist schon da. Das Haus liegt schön unmittelbar über dem Rhein. Jugend vorhanden, Vettern und Kusinen von E. – 26. Dezember 39. Um 4 Uhr abgefahren nach Prüm mit E. – 27. Dezember 39. E. bei Wollwerth in der Hindenburgstraße einquartiert. Orgelkonzertvorbereitungen. – 28. Dezember 39. Nach Trier bei großer Kälte im Wagen mit dem Hauptwachtmeister. Kino, Rühmann. Ich bekomme »Stadt«-Urlaub über Neujahr. Wir feiern Neujahr in der Hindenburgstraße, machen weite Spaziergänge.

1940

[Aus dem Notizkalender:]
1. Januar 40. Neujahrsmusik in der Konviktskirche. Der General ist auch da. – 2. Januar 40. Wieder im Dienst – aber ohne Dienst zu machen. Die ganze Woche nur Orgel üben, Vorbereitung für das zweite Konzert, Programm vervielfältigen lassen bei der Kreisleitung. – 4. Januar 40. Erstmals Musik beim Landrat mit dem Ortskommandanten. – 6. Januar 40. Wir üben den ganzen Tag.
[Seit meinem zehnten Jahr hatte ich Geigenunterricht. Klavierspielen fing ich neben der Mutter an. Orgel hatte ich mir in der evangelischen Kirche von Weilheim ein bißchen beigebracht. Ein »Orgelkonzert« in der Konviktskirche zu Prüm am 1. Januar 1940 für die Truppe zu veranstalten, war Hochstapelei, wäre unverantwortlich gewesen, wenn es nicht dem Zweck gedient hätte, mir Freizeit vom Dienst zu verschaffen in dieser Phase des Krieges. Mit dem Lazarettarzt v. Kusserow als 2. Geige, einem Notar aus Halberstadt, der in Prüm Ortskommandant war, als Bratschist und einem Berufs-Cellisten aus dem Musikkorps der Division bildete ich dann ein Streichquartett. – Hier folgt der Text einer in der ganzen Stadt verbreiteten Einladung zum zweiten Konzert:]

Eine Nachrichtenkompanie   Eintritt 1.– Reichsmark.
     Einheit 13048

Musikalische Morgenfeier
zu Gunsten des Kriegs – WHW,
»ORGELMUSIK AUS VIER JAHRHUNDERTEN«

am Sonntag, dem 7. Januar 1940, vormittags 11 Uhr
im Konvikt zu Prüm/Eifel.

Die Kompanie einer Nachrichtenabteilung veranstaltet in dem stimmungsvollen Kapellenraum des Konvikts ein Orgelkonzert. An die Bürgerschaft der Stadt, an alle, die gern eine Stunde ernster Musik hören, richtet sich unsere Einladung.

Von dem altitalienischen Orgelmeister Frescobaldi spielen wir eine Canzona; von Bach das wunderbare Preludium in gis-moll und das berühmte Orgelkonzert in d-moll. Es folgt eine Suite von Händel und drei Stücke für Geige und Orgel von Corelli, Händel und Lotti. Werke neuerer Zeit (Reger) bilden den Beschluß.

Programm

Canzona	Girolamo Frescobaldi
Präludium	J. S. Bach
Suite	G. F. Händel

Prelude – Allemande – Sonatina – Chaconne

Drei Stücke für Geige und Orgel

Adagio	Corelli
Bourée	G. F. Händel
Aria	Antonio Lotti
Orgelkonzert in d-moll	J. S. Bach
Ave Maria	Reger
Orgelphantasie	Nikolaus Fux

Die Einladung gilt auch als Eintrittskarte. Der Reinertrag der Veranstaltung fließt dem Kriegs-WHW zu.

15. Januar 40. Die Orgel hat das Konzert nicht gut überstanden, aber nun geht sie wieder. Etwas gespielt. Abends Quartett beim Ortskommandanten. E. hat eine Werkstatt gefunden und schnitzt in der Kälte Schuhmodelle.

17. Januar 40. Abends Quartett. Frl. Becker, E.s Hausgenossin bei Wollwerths in der Hindenburgstraße, schenkt mir einen Notizkalender für 1940, der im ganzen Ort nicht aufzutreiben war. So führe ich ab heute das neue grüne Büchlein in gutem Leder. Glücklicherweise enthielt das vorige noch den Januar.

Musik beim Ortskommandanten. Sehr kalt. Mittags eine Stunde skigelaufen.

[Aus dem Notizkalender:]

18. Januar 40. Geige geübt für das Konzert am 4. Februar.

25. Januar 40. Wache bei sehr großer Kälte und Mondschein.

30. Januar 40. Adolf H. spricht abends ohne Neuigkeiten.

31. Januar 40. Musik mit Studienrat Klein. Bachkonzert.

4. Februar 40. Vormittags muß noch ein Ofen gesetzt werden, denn es ist zu kalt in der Aula. Abends mit großem Erfolg das Konzert. Anschließend bis 1 Uhr beim Ortskommandanten. Wir spielten die Quartette Haydn, op. 77/1, das Adagio aus Beethoven op. 18/6, und KV 387 von Mozart. Ich nach der Pause, begleitet von Studienrat Stein, das a-moll von Bach. [Die Überschüsse, 4. und 8. 2. (Wiederholung), in Höhe von 145,55 lieferten wir für das WHW (Winterhilfswerk) bei der NS-Kreisleitung ab.]

6. Februar 40. Erfahre von Hpt. Ritter, daß Edith abreisen muß, es wissen zu viele jetzt, daß sie hier ist. Abschiedsbesuche, packen. Nachts in der Hindenburgstraße ohne Urlaubsschein.

7. Februar 40 (Aschermittwoch). Bringe E. zum Zug um 8.10. Die Schuh-Modelle gehen mit der Post. Ziemlich flau zumute.

8. Februar 40. Das Konzert mit großem Erfolg vor vollem Saal wiederholt. a-moll gut gespielt.

[Dem Krieg, den Umständen in Prüm verdankte ich für Monate eine hohe Konzentration aufs Musizieren. Weder vorher noch nachher habe ich musikalisch etwas reproduziert, das so, wie Bachs Geigenkonzert am 8. Februar 1940, dem nahekam, was man Musik nennt. Nach dem Krieg habe ich die Geige weggelegt.]

19. Februar 40. Ich bin ab heute zum normalen Vermittlungsdienst eingeteilt, der jeweils acht Stunden dauert. Die Vermittlung befindet sich im Konvikt, hier laufen alle Felddienstleitungen und einige Amtsleitungen der Division zusammen.

Ich schreibe auf der Stube, und es ist wieder große Unruhe. Ich weiß nicht, was ich tun würde bei diesem Radiogetöse ohne das Wollwerthsche Zimmerchen. Ich stelle alle zwei Minuten ab, die andern immer wieder an. Es ist eine Krankheit, eine schlimme und unheilbare, sich vor Stille zu fürchten. [Wegen des Radio-Mißbrauches kommt es eines Tages, von mir ausgelöst, in der Unterkunft zu einer schweren Schlägerei, nach der ich zum Arzt muß und genäht werde.]

[Vom 27. Februar bis 12. März 40 bekomme ich Urlaub, wir verbringen ihn in der bereits halb ausgeräumten Berliner Wohnung. In diese Tage fallen verschiedene Begegnungen mit Dr. Jürgen Eggebrecht, Lektor der Hanseatischen Verlagsanstalt vor dem Krieg, 1940 jedoch bereits Zensor im OKW als Kriegsverwaltungsrat mit goldenen Kragenspiegeln. Im Dom-Hotel in Köln habe ich in diesen Tagen ein langes Gespräch mit dem Leiter des Insel-Verlages, Prof. Kippenberg, darüber, ob es eine Möglichkeit gebe, die Zeit realistisch darzustellen und die Darstellung dennoch unter den gegebenen Verhältnissen zu veröffentlichen.]

3. April 40. Sehenden Auges und daher unverzeihlich rannten Bertram und ich gestern abend in unser Unglück, in den Soldatenfilm »Das Gewehr über!«. Wie schön war es, danach in das Städtchen, in eine menschliche Umgebung hinauszutreten aus der Höhle. Der Film war ein Alpdruck, er zeigte das heitere Militär und das erzieherische Kasernenleben.
[In diesen Wochen beginnt die einzige enge Freundschaft, die ich in diesem Krieg knüpfte, mit dem jungen Bildhauer Hansheinrich Bertram aus Peine.]

KRIEGSREISE DURCH FRANKREICH

9. Mai 40. Du wirst durch Frl. B. telefonisch Nachricht bekommen haben, und hoffentlich auch Mama und R.s [Verwandte, Agnes und Robert Ruoff, in München-Pasing] verständigt haben. Noch wissen wir ja nicht, ob sie nicht schneller durch die Zeitungen informiert werden und ob sich nicht die Aufmerksamkeit der Welt jetzt auf uns richten wird. Du wirst eine angefangene Zeichnung [vom Dom in Prüm] bekommen, eine Glorifizierung des friedlichen Winters. Ich zeichnete gerade daran und hatte Dienst an der Vermittlung. Es war gar kein Betrieb auf den Leitungen, als ein Blättchen Papier kam, dessen Inhalt wir hinausjagten an die ganze Division, worauf wir uns dann selbst in Bewegung setzten. Ich fahre in einem kleinen, wendigen BMW mit offenem Dach sehr bequem, fotografierend und Tee trinkend. Weit ging's nicht, nun ist es Abend, wir biwakieren, und der Morgen wird Klärung bringen. Der Augenblick ist nicht ohne Spannung und Reiz. Der lakonische und trockene Beginn so extremer Ereignisse, die Selbstverständlichkeit, mit der sie anrollen, ist eine neue Erfahrung.
10. Mai 40. Ich sitze im Auto und warte. Wir warten alle. Es ist 11.45 Uhr. Die Sonne scheint, die Kolonne steht am Waldrand,

die Sonne spielt im Laub junger Buchen und wirft Schatten aufs Papier. Blauer Himmel mit hochgetürmten Wolken. Motorengeräusche, manchmal Flieger, früh im ersten Licht große Geschwader. Wir warten darauf, daß die Straße frei wird. Im übernächsten Wagen ist ein Kofferempfänger in Betrieb, die Situation ist bereits durch Radio-Verkündung seit drei Stunden geklärt. Wir sind etwa 5 km von der Grenze entfernt. Meine private, nach der Karte gebildete Meinung ist, daß wir durch den Nordzipfel Luxemburgs und an der Nordgrenze Frankreichs entlangziehen werden zum Meer. Ich glaube nicht, daß wir nach Frankreich gehen. Die holländische Mobilmachung ist uns bekannt. Das Radio spielt Tannhäuser. Einzug in Walhall wäre zu anzüglich. Die Nacht war schön, ich hatte die erste Wache. Eben kommen Flugblätter von oben, ich vermute deutsche für die Neutralen. Es wird lange dauern, bis wir uns wiedersehen. Eben wird der Tagesbefehl von A. H. im Radio verlesen. Ich will versuchen, den Brief noch loszuwerden. Nein, es geht nicht mehr, wir fahren. Stahlhelm auf! Motor an!

10. Mai 40. Ich will wieder numerieren. Brief Nr. 1 (neue Zählung) ging vor einer Stunde ab, es ist halb acht abends. Wir haben seit 12 Uhr 5 km (!) zurückgelegt, sind immer noch in Deutschland. Wir halten an einem steilen Hügel. Die Pferdekolonnen sind an uns vorbeigezogen. Wenn wir erst aus dem Nachschub heraus sind, wird es schneller gehen. Wo unsere Division ist, wissen wir nicht. [Wenn ich im folgenden »die Division« oder »das Regiment« usw. schreibe, ist immer der Gefechtsstand ihrer Führungen gemeint, nicht ihre Masse an Soldaten und Waffen.] Es ist völlig ruhig, keine Artillerie. Vor uns Luxemburg, etwas weiter nördlich Belgien. Sauerkraut mit Fleisch wird ausgegeben, die Feldküche ist bei uns.

11. Mai 40, 11.30. In einem belgischen Buchenwald. Wir fuhren während der ganzen Nacht mit gelöschten Lichtern auf steilen Straßen im Schneckentempo und überschritten um 1.40 Uhr die luxemburgische Grenze. Die Nacht war prachtvoll klar. Seit dem Aufbruch aus Prüm habe ich noch nicht geschlafen. Eben wurde ein Flugzeug abgeschossen, die Flak steht nebenan in der Wiese. Jetzt sind wir mitten im Krieg. Vom tiefen Rollen schwerer Artillerie bis zum Bellen der Maschinengewehre ist alles vereinigt. Dazu die Flieger. Der Abschuß [des Flugzeuges] erregte natür-

lich große Begeisterung. Mein Trupp ist nach wie vor nicht in Aktion, wir harren der Befehle. Viel hohes Getier läuft hier herum. Der Feind, Belgier, Franzosen, Engländer?

13. Mai 40. Ich bemerke, daß Zeit- und Ortsangaben eigentlich störend sind in der Wiedergabe dessen, was wir hier treiben. Sie spielen gar keine Rolle. Alles fließt ... Wann wir wo sind – das ergibt sich aus den Entschlüssen unserer und der französischen Führung; ich habe allerdings den Eindruck, zunehmend nur durch unsere Entschlüsse. Das Kaninchen erwartet den motorisierten Adler.

Irgendwo gingen wir auf Quartiersuche. Ich kletterte auf einer Leiter in den 1. Stock eines Bauernhauses, trat ein Fenster ein und war drin. Wer hätte gedacht, daß ich einmal fremder Leute Häuser so betreten würde. Ein komisches Gefühl, durch die verlassenen Zimmer zu gehen. Aller Kram ist verstreut, Wertvolles aus den Laden gerissen und mitgenommen. Die Besitzer handeln wie Räuber, wir wie Besitzer, indem wir Ordnung machen, ein bißchen Ordnung, um schlafen zu können und um einen sauberen Tisch zu haben fürs üppige Essen, das auch nicht gekauft ist.

14. Mai 40. Wir sind vorgefahren durch ein enges Tal zu einem kleinen Schloß. Wir bauten beim Wartehäuschen einer Kleinbahn 300 m von dem Schlößchen entfernt unseren Vermittlungsladen auf, wobei wir Feuer erhielten von den Höhen. Drei Stunden später: wir sind zurückgegangen und müssen wieder vor. Wieder drei Stunden später: ein lebhafter Tag, von La Cachette, so heißt das Schlößchen, zurück auf der Vormarschstraße in eine ordentliche Feuertaufe. Ich stellte fest, daß sie mich kalt ließ. Ich bediente einen Telefonanschluß neben einem Bauerngehöft, dicht neben der Straße und so hoch gelegen, daß ich den Verkehr unter mir vorbeiziehen sah. Die Artillerie bezog Stellungen, Panzer kamen, die Infanterie ging vor, die Flieger brausten über uns weg, und es schoß gewaltig. Um 4 Uhr wieder nach La Cachette. Man sah recht längliche Gesichter und einige zögerten so herum. Aber dann fuhren wir natürlich und kamen gut durch. Tote Pferde, umgestürzte Wagen, zerstörte Häuser, die Straße selbst heil. Vor und nach uns gab es Verluste. Wir sollen afrikanische Divisionen vor uns haben. Man hat ein Gefühl großer Hilflosigkeit, wenn man ein feindliches Flugzeug auf sich zurasen sieht.

15. Mai 40. Noch in La Cachette. Vor uns ist die Maas, es wird

recht erbittert um den Übergang gekämpft. Man kann es hören. Unsere Verluste sollen beträchtlich sein. Die bisher versuchten, über den Fluß zu kommen, sind tot. Das Tal soll jetzt durch Flieger künstlich eingenebelt werden. Die linke und die rechte Nachbardivision ist schon drüben. Das wird unsern General wurmen. [Er hieß Lichl.] 4 m vor unserem BMW, in dem ich sitze, hat er sich, rotleuchtend, 2 m lang, in die Sonne gelegt.

Es ist Kohlhases Regiment, das vorne kämpft. [Organist Kohlhase, Straub-Schüler, der bei den Prümer Konzerten mitwirkte.] Weil's nicht weitergeht, wird unser Wägelchen zweimal von La Cachette nach Neufmanille geschickt, um für die Feldküche »einzukaufen« – Olivenöl, Essig, Nudeln, Kaffee, Tee, herrliche Marmeladen in kleinen irdenen Töpfen aus einem reichen Privathaus. Ist befohlenes Plündern Plündern? Ich gestehe, mein Gewissen schlägt nicht. Die hinter uns kommen, werden dieses Freßparadies ausleeren. Über die Marmeladen war Pergament gezogen, rundum ordentlich abgeschnitten, datiert. Wie Gottfried Kellers Schwester das Brennholz zu überwintern pflegte, hat diese Bäuerin ihre Marmelade geschont, die Hälfte ist Ernte 1938. Für den Trupp habe ich einen Gasherd mit Gasflasche mitgenommen. Wir werden unabhängig von der Reichsversorgung.

Der Übergang ist immer noch nicht geschafft. Der arme v. Hiller, der musikalische Offizier aus Prüm, ist sehr schwer verwundet. Man konnte ihm lang keine Hilfe bringen, der Zufahrtsweg lag unter Feuer. Der General ließ ihn mit einem Panzer holen. Am 9., heute vor einer Woche, traf ich ihn im Kaffee Endres, und er erfuhr durch mich, daß die Division alarmiert sei.

Abends gegen 11. Man baut jetzt eine Brücke. Eine Brücke ... eine Brücke ... Wir werden morgen laufen müssen, um wieder aufzuholen. Ich sah heute Panzer neuer Konstruktion, sie sahen kräftig und elegant zugleich aus. Wir wollen den Krieg nehmen wie andere Unannehmlichkeiten.

16. Mai 40. Ich höre, ab 1. Juni würden alle Kleinbetriebe geschlossen und die Frauen in die Fabriken befohlen. Schlimmstenfalls laß Dich nach Weilheim schicken als landwirtschaftliche Hilfe auf schwiegerelterlichen Boden. Besser als Fabrik wäre das auf jeden Fall. Ich denke, mit den allerdümmsten Vorschlägen, wenn sie nur ins Schema passen, Landwirtschaft paßt immer, kommt man am leichtesten durch.

17. Mai 40 [dem Kurierwagen in Iviers am 18. Mai mitgegeben].
Freitag. Dorf La Férée, auf einer Weide unter einem Kirschbaum.
Sonne, heiß, doch kühler Wind. Ich bin etwas betrunken von Rotwein, den ich zu sieben Rühreiern getrunken habe. Essen statt
Schlaf. Ein großes Stück vorangekommen. Züge Gefangener wandern an uns vorbei, völlig unbewacht, wie es in Polen auch gewesen sein soll. Die Leute sind total erledigt; als wir sie kreuzten,
waren sie, wie mir einer sagte, schon 30 km unterwegs. (Ein Infanterieregiment von uns ist gestern 22 Stunden marschiert, fast
80 km weit. Aber als Sieger oder als Gefangener marschieren, das
ist zweierlei.) Ich holte mit einem aus dem Trupp Kisten mit
Äpfeln und Mineralwasser aus einem Lagerkeller herauf und
verteilte sie an etwa 200 bis 300 Gefangene.
[Diese Stelle gewann später merkwürdige Bedeutung. Sie war
wörtlich in meinem Manuskript »Kriegsreise durch Frankreich«
enthalten, das der Verlag Paul List, Leipzig, 1941 veröffentlichen wollte. Dem OKW, nach der für jeden Autor in Uniform
geltenden Vorschrift, zugeleitet, wurde es schließlich sogar dem
Chef, General Jodl (in Nürnberg hingerichtet) vorgelegt. Er
machte mit Grünstift Bemerkungen und Striche; so z. B. durch
diese Sätze, auf deren Erhaltung ich u. a. in meiner Stellungnahme beharrte. Wohin dieser von mir gleichsam im Nebel geführte Streit – ich hatte keine Ahnung, wer im OKW mitlas –
mich brachte, berichten die Aufzeichnungen vom Sommer 1941.]
Alle Franzosen sagen dasselbe: wir wissen nicht, warum wir
kämpfen, die Engländer sind an allem schuld, unsere Generäle
sind gekauft. Gott sei Dank, für uns ist der Krieg aus!
18. Mai 40. Hannogne, 25 km südlich vom letzten Ort: Iviers.
Schau auf die Karte, dann siehst Du, wir haben in den letzten
zwölf Stunden eine große Flankenschwenkung vorgenommen
und haben eine nach Süden gerichtete Verteidigungsstellung bezogen. Ich denke, das ist ein kritischer Moment des Feldzuges. Die
Franzosen scheinen noch etwas in der Tasche zu haben. Ihre
Panzer sollen eingreifen.
Wir kamen durch Rozoy, gestern eine Stadt, heute brennende
Ruinen. Auf dem kleinen Marktplatz war die Straße eine Furt
durch die Trümmer. Überall lag das zerquetschte, rauchende Blech
von Autos herum. Deutsches Militär drängte über die Schuttberge
hinweg nach vorne. Wir hielten einen Augenblick. Ein alter Mann

stocherte in der Asche herum. Familien mit Säuglingen und Greisen waren auf dem Rückweg zu ihren Wohnungen, hoffend, sie noch heil zu finden, aber zweifelnd, ob es der Fall sei. Sie fürchteten uns und drängten sich trotzdem an uns vorbei. Stiegen über tote Pferde hinweg. Die toten Menschen sind immer schon von irgend jemand zugedeckt worden. Ob es dafür ein Kommando bei uns gibt – zwecks Verringerung der Kriegsschrecken?

Ich schaute mir die Karte an und sah, wir sind der vorderste Punkt der ganzen Front vom Süden bis zum Meer. Wie ein Sack hängt unser Abschnitt nach Frankreich hinein. Über die Aisne, zu der es nicht mehr weit ist, kommen wir allein nicht hinüber. 70 km südlich von uns liegt Reims. Ob wir nach Westen abdrehen, Richtung Paris?

Wenn ich hinter die Scheune gehe, liegt das Land weit und friedlich in Wellen vor mir, genau wie es im »Deutschen von Bayencourt« beschrieben ist – das Buch spielt ja nicht weit von hier. [Dem Verfasser, Adam Kuckhoff, war ich in Berlin begegnet. Er wurde gegen Ende des Krieges hingerichtet.] Im Friedhof und in der Kirche wurden heute Gefangene gesammelt, darunter die ersten zehn Engländer. Sie benahmen sich zurückhaltend, beantworteten Fragen einsilbig oder nicht. Manche hatten keine Schuhe mehr. Es bedurfte nur eines geringen Anstoßes, damit die Gefangenen, die zwei Paar hatten, eines abgaben. Auf den Grabsteinen in der Sonne sitzend, entwickelten die Franzosen ein fröhliches Schuhtausch-Geschäft, indes die Engländer lässig und stumm für sich blieben.

19./20. Mai 40, nachts 3 Uhr. Die Lage ist kritisch, vorne wird schwer gekämpft. Vor allem um das Dorf Asfeld südlich der Aisne. Rote Leuchtkugeln – ein Zeichen, daß die Franzosen Panzer eingesetzt haben. Die Artillerie schießt seit Stunden.

Es ist Krieg – nun ja. Wenn sich die Schwerkraft plötzlich änderte, würden wir uns anders bewegen, andere Fahrzeuge bauen, andere Häuser, alles wäre anders, nichtsdestoweniger würden wir nicht unentwegt über die Schwerkraft reden oder auch nur daran denken. Das schliffe sich ein und basta. Krieg – alles ist verändert. Das schleift sich ein und basta.

Natürlich ist es Unsinn, so etwas zu schreiben. Der Krieg schafft moralische Probleme, was die Schwerkraft nicht tut. Diese lösen sich vermutlich nach dem Prinzip: mitgefangen, mitgehangen.

22. Mai 40. Das ist ein merkwürdiger Krieg, der Eindruck entsteht, daß sie drüben keine rechte Lust haben, sich zu schlagen. Sie könnten uns sonst doch ziemlich in Verlegenheit bringen, hier und im ganzen Abschnitt, es ist ziemlich dünn bei uns, die richtige Familienvorstellung findet wohl derzeit in Belgien statt.

Ich traf einen alten Franzosen, der lebt hier seit seiner Geburt, und er sagte, im vorigen Krieg sei monatelang gerade um dieses Uferstück gekämpft worden, an dem wir liegen. Beim Graben eines Loches wurden ganz in unserer Nähe Gasmaskenteile und Stahlhelme von 1917 gefunden.

Sind meine Briefe sehr leer? Ich habe mir überlegt, daß ich von diesem Waldloch aus mit Dir telefonieren könnte. Technisch wäre es ohne weiteres möglich. Über meinen Kasten lief schon ein Gespräch bis nach Koblenz.

23. Mai 40. Der Straßburger Sender brachte heute: Die Mordbuben des Generals Lichl sind an der Aisne völlig aufgerieben worden. Das sind wir. Von den Mordbuben d. G. L. war in der ausländischen Propaganda schon während des Polenfeldzuges die Rede, die Division hatte an der Einkesselung polnischer Armeeteile bei Kutno erheblichen Anteil. Ob der Sachverhalt, der die Bezeichnung Mordbuben rechtfertigt, ebenso irreal ist wie die Feststellung, wir seien aufgerieben?

Ich will jetzt lesen (Montaigne und »Les Ardennes et leurs écrivains«, nämlich Michelet, Taine, Verlaine, Rimbaud).

24. Mai 40, früh halb vier. Das Land wird schon leer, und wir sind doch eben erst gekommen. Bilder ganz sinnloser Zerstörung bietet jedes dritte Haus. Im Dorf nach St. Quentin (le petit) war eine Kneipe, in der es aussah, als habe Meyerhold »Unordnung« inszeniert. Das Radio brachte uns heute alle zum Lachen, ja, zum Lachen, als es meldete, »die französischen Kolonialsoldaten, abziehend, hätten in Belgien schrecklich gehaust, Schränke aufgebrochen, alle Wäschestücke verstreut, die Spiegel zerschlagen« u. s. f. Einer meinte, bei solchen Nachrichten sollte vorher ein Sprecher sagen: Nicht für Soldaten an der Front. Nun, wir wissen jetzt jedenfalls, wer hier so gehaust hat. Mit der gestrigen Post kam auch eine DAZ [Deutsche Allgemeine Zeitung] vom 9. 5. (!), die auf der ersten Seite groß bringt, die englische Presse schreibe, zwei deutsche Armeen bewegten sich mit großer Geschwindigkeit auf Holland zu. »Dieser militärische Blödsinn

stammt natürlich aus dem britischen Lügenministerium . . .« usw.

Ich bin gegen halb 10 aufgestanden und war dann mit Schönberg, dem wackeren BMW-Fahrer aus Neukölln, auf Kaperfahrt. Als wir gegen 5 Uhr zurückkehrten, schwankte der Wagen hochbeladen. Es war Zeit, unsere Vorräte waren dahingeschmolzen. Feldküche findet überhaupt nicht statt.

Es ging durch die Dörfer von gestern, ohne fündig zu werden. Sie sind wirklich leer. Dann suchte ich auf der Karte vereinzelt liegende Güter abseits von den großen, ausgezeichneten Straßen. Reizvoll sind die Äcker, auf denen der weiße Kreidegrund zutage tritt. Es ist alles wie von Cézanne gezeichnet und gemalt, licht und klar, und in dieser Sonne wie entmaterialisiert. Die Güter, große Komplexe von Ställen und Scheunen, ohne Herrenhäuser, vorgestern noch von französischem Militär belegt, waren entweder ausgeräubert oder von unseren Einheiten belegt. Ich befürchtete schon einen Fehlschlag unserer Expedition, wir fuhren aber noch weiter nach Westen und befanden uns längst im Abschnitt einer anderen Division. In Sisson fanden wir das unberührte Lager einer Straßburger Bier-, Wein- und Spirituosenfirma.

Hier läuft jetzt ein Grammophon, Chansons von Maurice Chevalier. Ich lese weiter im Montaigne, Reise nach Italien, und trinke Cognac von 1910, mit mir geboren. Esse dazu trockenes Schwarzbrot. So siegen wir, wir Deutschen! Das wird den Leuten nicht mehr aus dem Gefühl gehen.

26. Mai 40, Sonntag früh. Der Krieg, als Phänomen bedacht, ist eine ungeheure Sache, ihn abschaffen wollen für immer, sich dafür stark machen, vermittelt das Erlebnis eigener Schwäche. Aber dieser praktisch erlebte Krieg, in den ich unwillentlich hineingeraten bin, wird Menschen nicht verändern, jedenfalls nicht Menschen meiner Art. Nein, ich werde mich nicht verändern durch diesen Krieg. Ich sage das nach 14 Tagen, ich werde es aber auch noch nach vier Jahren sagen.

26. Mai 40, abends. Nr. 15. Eine 100-km-Sonntag-Nachmittag-Fahrt liegt hinter Schönberg und mir. Wir sind bis Laon gekommen. In der Stadt standen Posten an allen Straßen. Unter Bewachung mußten Gefangene die Läden ausräumen, die bei dieser Beschäftigung äußerst vergnügt waren, ununterbrochen aßen und

tranken. Ein Armee-Oberzahlmeister leitete die Aktion. Den suchte ich auf und sagte, wir brauchten Nahrungsmittel. Er meinte, das ginge so nicht. Natürlich meinte er das. Wir fuhren die steile Straße den Kirchenberg hinauf, und oben stieß ich auf einen netten Wiener Leutnant, der mit fünf Franzosen gerade einen Delikatessenladen ausräumte. Von dem bekam ich nicht nur Marmeladen und Kekse, sondern auch den Hinweis, wo sich das Zentrallager aller requirierten Waren befände. Eine Stunde später hatten wir den Wagen voller Herrlichkeiten. Dann ließen wir uns Zeit und besichtigten die Kathedrale. Als ich sie fotografieren wollte, kamen drei Posten gesprungen, um es mir zu verbieten. Ich fotografierte, während sie auf mich einredeten. Die Farbe der Fassade ist ein silbernes Grau.

28. Mai 40. Heute kam sogar die Frankfurter vom 20. und wurde gelesen. Diese Art Propagandakonsum mag noch hingehen. Aber ich weiß nicht, ob es eine gute Methode ist, die Wochenschauen anzusehen. Es ist bestimmt viel grausiger, sich aus dem Klappstuhl ein verwüstetes Dorf, ein Gefecht, Tote und dergleichen anzusehen, in einer filmischen Wiedergabe, die darauf abgestellt ist, Eindruck zu machen, als selbst dabei zu sein, mit der Möglichkeit, sich zu schützen, zu fühlen und zu verändern.

Die Nachtigallen lassen sich von den über uns rasenden Fliegern nicht stören.

31. 5. 40. Auf dem Gut Tremblat Ferme. Nein, ein Verdun 1916 wird das hier auf keinen Fall. Nicht unmöglich, daß wir jenseits der Aisne auf die Maginotlinie einbiegen, um sie von hinten zu nehmen, dann wird der Schreckensname Verdun auftauchen. Aber keine Sorge, das wird diesmal anders verlaufen. Diese Franzosen sind fabelhafte Leute, die haben einfach keine Lust, in die Partie, die wir ihnen liefern, richtig einzusteigen. Sie werden fürchterlich aufwachen, wenn es zu spät ist.

Meine gute Mutter schreibt, sie wolle mir Geld schicken, wenn ich dafür hier Kaffee oder Tee *kaufen* könnte. Das fugenlose Ineinander von bürgerlichen Vorstellungen und Barbarei (d. h. die Nichtzurkenntnisnahme selbiger, was auf das gleiche hinauskommt) hat für mich schon lange etwas Faszinierendes.

3. Juni 40. Deine letzten Briefe haben unsere Südschwenkung (wie lange liegt sie für mich zurück?) noch gar nicht zur Kenntnis genommen. Unsere »größten Schlachten der Geschichte« kommen

erst noch. Hier sind ausschließlich aktive Divisionen zusammengezogen worden, und ich denke doch, daß wir die Maginotlinie von hinten aufrollen sollen, was zweifellos angenehmer sein wird als von vorne. Im übrigen machen mich diese Superlative lachen.

4. Juni 40. Wochenschauen sind gewiß keine gute Information. Darüber habe ich schon geschrieben. Deine Prognosen verraten, daß sogar Du ein Opfer der Propaganda bist. Wir wollen uns nächstes Jahr wieder darüber unterhalten.

6. Juni 40, abends. Die Frau von Schönberg schrieb ihm, er solle ihr in den Briefen auch »gute Worte« sagen. Auf einer Ansichtskarte, die ich heute in der Kirche von La Malmaison fand, stand zu entsprechenden Bildern der Vers:

Qu'il vente, qu'il pleuve, je prends un parapluie.
Quand il pleut des baisers, je ne crains pas la pluie.

Auf der Karte stand handschriftlich: »Ma fois tu a bien fais, tu n'a pas besoin d'avoir peur car j'ai confiance en tois.« Ich empfahl Schönberg, sich diese Karte für die guten Worte zur Vorlage zu nehmen.

7. Juni 40. Wenn Du hörst, daß ich heute schon wieder in Laon war und diesmal sogar auf der Orgel in der Kathedrale spielte, wirst Du denken, wir machten überhaupt keinen Krieg mehr. Aber gerade heute abend hat er wieder angefangen, und wir haben in einem Trupp drei Verwundete und einen kaputten Wagen. Vorgestern nacht ging am rechten Flügel bei Laon die Offensive los und hat die Franzosen auch bei uns nervös gemacht. Sie versuchen, mit Artillerie unsere rückwärtigen Verbindungen zu stören. Im nächsten Dorf bekam ein Auto Beschuß, vier Mann saßen drin, drei waren tot, der vierte blieb völlig unverletzt. Man muß der vierte sein.

8. Juni 40. Flohr schickte mir den »Nachtflug« von Exupéry. Ich lese darin, das sind so modische Sachen. Fein und dumm, strohdumm. Ich hasse diese Kleisterstreicher, diese Zukleisterer.

9. Juni 40. Villers devant Le Thour. Nun hat der Krieg wieder angefangen. Um 12 Uhr heute nacht sind wir umgezogen in das nächste Dorf und haben uns da im Keller etabliert, unweit der Kirche. Er ist klein und luftlos und überfüllt. Trotzdem schlief ich zunächst einige Stunden ganz gut, bis genau um 4 Uhr 45 die Sache losging. 200 Geschütze begannen zu feuern, es war ein unbeschreiblicher Lärm. Die Franzosen antworteten sehr viel

schwächer, aber gut gezielt. Im Keller durfte man sich sicher fühlen, um 6 Uhr aber waren wieder einige wichtige Leitungen zerstört und kein Störungssucher mehr da. Da ging ich mit dem kleinen Friseur aus Köpenick los, der ziemlich Angst hatte. Dies war nun in der Tat richtiger Krieg, es heulte und pfiff und man verstand sein eigenes Wort nicht. Ich suchte unsere Strippe ab und war noch keine 300 m weit, da fand ich auch die Ursache der Störung. Zugleich aber begannen die Franzosen so lebhaft und nahe sich zu äußern, daß ich den Schatten eines Baumes aufsuchte, d. h. den Schutz seines Stammes. Der Friseur mit dem heiteren Namen Brodschelm befand sich 20 m weiter hinten, und ich rief ihm zu, er solle schauen, daß er herkäme. Es bedurfte lebhaften Geschreis, bis er kam, er hatte dort nämlich auch einen Baum vor sich. Jedoch, kaum war er bei mir, da war jener Baum plötzlich weg und statt dessen war ein Loch in der Erde. Nun meint Brodschelm, ich hätte ihm das Leben gerettet – auf zweifellos mühelose Weise. Wir machten dann hinter unserm Baum im Liegen so etwas wie Indianertanz, je nachdem, wo es um uns herum einschlug. Einmal ging's gerade ins Kirchendach, darin ist jetzt ein Loch, durch das ein Lastwagen fahren könnte. Nach einer halben Stunde reichte es den Franzosen und Brodschelm auch. Unsere Strippe kriegte ich heil.

Jetzt ist es nachmittags 4 Uhr. Das Trommelfeuer dauerte vier oder fünf Stunden, unsere Infanterieregimenter gingen mit ziemlichen Schwierigkeiten über die Aisne (Du kennst Klein-Lieschens Aufsatz: Der Dreißigjährige Krieg war ziemlich schrecklich), kleine Teile dann auch gleich über den Kanal, der sich parallel zum Fluß durch Gehölz zieht. Wir haben nicht viel erreicht, der Lichl hat kein Glück, die Nachbardivision ist 4 km vorangekommen. Er hat aber auch immer die unangenehmsten Abschnitte, in Polen, an der Maas und jetzt hier.

10. Juni 40. Guten Morgen – nach einer sogar durchschlafenen Nacht. Ich blieb nicht im Keller und lebe doch noch. Französische Flieger schossen Leuchtkugeln, die an Fallschirmchen hingen – hübsch, sehr hübsch in der Sommernacht. Sie warfen auch Bomben. Die Franzosen wehren sich jetzt verzweifelt. Gestern schossen in unserem Abschnitt fast 1000 Kanonen. Fernsprecher erfahren so etwas. Gegen Abend bin ich einfach aus Daffke mit dem zu allem bereiten Schönberg so weit vorgefahren, daß wir den Fluß

sehen konnten. Die Aisne! Indes ist die Nachbararmee auch an einem Fluß angekommen, der Marne! Unser Heldenkeller sieht aus wie Fidelios Gefängnis.

Heute hat Italien wirklich den Krieg erklärt. Auf die offizielle Begründung bin ich gespannt. Wie heruntergekommen ist dieses charmante Volk! Im ersten Krieg schicke Verräter der schlechten Sache, stürzen sie sich jetzt in – die gute.

Es ist abends 10 Uhr. Das Grammophon steht auf einem runden Tisch vor dem Kellereingang. Ich sitze, mit einem frischen Hemd und einem roten Halstuch bekleidet, aufreizend zum Klassenhaß, in einem goldenen Empirestuhl am Weg, rauche Chesterfield-Zigaretten, aus Snobismus, und kritzle ein wenig. Andere Landser hören dem Radio zu und genießen den Abendfrieden. Eine andere Division zieht durchs Dorf und geht nach vorne. Seit zwei Stunden kriecht die Schlange vorbei, Autos, Autos, Autos.

Ich habe eine Flasche Sekt kaltgestellt, für die der dankbare Brodschelm gesorgt hat. Er feiert, noch am Leben zu sein.

Bazancourt, 11. Juni 40 [mit der Schreibmaschine geschrieben]. Wir sind auf dem Marsch und ich schreibe auf einer Maschine! Ein Wachtmeister hat sie gefunden und mitgenommen. Ich darf sie benützen. Hier fanden sich alte Zeitschriften, mir ist wichtig ein Sonderheft von »Illustration« zum Münchner Abkommen, Fotos, die man bei uns nicht gesehen hat. Aber auch ein französisches Soldatenblatt mit Propaganda, darin eine Phantasie-Reportage »Hitler und die Frauen«, unser Führer umgeben von lauter halbnackten Mädchen, die ihn auszuziehen versuchen. Daß man in Frankreich Vermenschlichung für Antipropaganda hält ...

Man hat mich übrigens soeben zum Gefreiten befördert wegen der Störungssuche neulich in Villers. Jaja, so werde ich denn peu à peu General. Die Beförderung erfuhr ich dadurch, daß der Kompaniechef am Ende einer Unterhaltung plötzlich scherzend fragte: »Wie heißen Sie?« Ich sagte: »Soldat K.« – »Nein«, antwortete er, »Gefreiter K.«

Wir hören, Reims sei wirklich genommen und die Deutschen stünden 20 km vor Paris. Wenn der Krieg so weitergeht, werde ich einen Salonkrieg erlebt haben. Das Unangenehme ist ja nicht, daß man dann und wann in Gefahr kommt. Unangenehm ist, mit nassem Zeug irgendwo in einem nassen Graben liegen zu müssen, unangenehm ist, sich nicht waschen zu können, unangenehm sind 30- und 40-km-Märsche.

12. Juni 40. Wir sind wieder ins Rennen gekommen – für die Infanterie schlimm. Die Lahmen und Ausgepumpten hängen immer in Trauben an unseren Wagen. Unser Trupp und ein anderer, vier Fahrzeuge, halten ohne einen Befehl zu haben am Rhein-Marne-Kanal bei Alliancelles, es wird lebhaft mit Maschinengewehren geschossen, und nach und nach kommen sie aus den Wäldern heraus, Franzosen ohne Waffen. Artillerie und bespannte Teile der Infanterie holen das Äußerste aus den Pferden heraus, fahren Trab, weil sie sonst das Tempo nicht halten könnten. Wir sollen, so hieß es vage, unseren Divisionsstab finden, aber wo wir hinkommen auf der Vormarschstraße, ist er schon durch. Diese Erfolge lassen immerhin an die Möglichkeit denken, daß die Trennung sich verkürzt.

Sermaice les Bains, 15. Juni 40, Nr. 35. Ich schreibe unter komfortablen Umständen in einem gepflegten Garten. Das Dorf verließen wir gestern gegen Abend, zuvor hatte ich ein Klavier entdeckt, Bach-Suiten lagen herum, ich spielte ein bißchen. Das ist nicht die Art Musik, mit der man hier Zuhörer gewinnt. Es hieß gleich: Spiel doch mal was Richtiges.

Die Flüchtlinge fangen an, uns um Essen zu bitten. Was sie bekommen, stammt aus ihren Häusern. Nichtsdestoweniger werden sie heiter, zutraulich und satt, und im Gespräch mit ihnen wird der Krieg unversehens zu einer über ihnen wie über uns stehenden detestablen Sache, gleichsam vom Schicksal verfügt.

Ich trage seit zwei Tagen graue Flanellhosen, weil meine Militärhosen zerrissen sind. Habe ich den Militärrock ausgezogen, so ist nichts mehr vom Soldaten an mir, denn statt der Militärschuhe trage ich gelbe Sandalen. Zu einem grauen Sporthemd kommt noch ein Strohhut in der Form eines Tropenhelms. So laufe ich auf Rastplätzen herum, und wenn ich Französisch spräche wie ein Franzose, brauchte ich nur 50 m vom deutschen Haufen mich zu entfernen und könnte mich unter die Besiegten mischen.

Abends. Der Krieg scheint Rücksicht darauf zu nehmen, daß heute Sonntag ist. Wir befinden uns auf einer Kraft-durch-Freude-Reise ins Blaue Frankreichs. Ein siegreicher und glatt beendeter Krieg – glatt würde ich auch sagen, wenn er in einem Jahr zu

Ende ginge – würde sogar, dessen bin ich sicher, in den Köpfen unserer Freunde Verwirrung anrichten. Wir müssen uns dann auf einige elementare Einsichten zurückziehen und auf diese Weise ausmachen, wohin wir gehören. Wir würden versuchen müssen, auf dem Lande zu leben; seit Rousseau sind in letzter Zeit einige Gründe dazugekommen, die dafür sprechen. Ländliche Umgebung würde sich wie eine Art Stoßdämpfer auswirken.

Im Durchlesen bemerke ich, daß nur jeder dritte gedachte Satz auf dem Papier steht, aber ich rede trotz dieser Sprunghaftigkeit immer vom selben Thema.

So phantastisch es klingt, es sieht aus, als gingen wir auf Straßburg zu. Der Kessel, der sich dadurch bildete, enthielte etwa fünf Armeen.

18. Juni 40. Du wirst auf Extrablättern gelesen haben, daß Marschall Pétain um die Friedensbedingungen gebeten hat. Es könnte der Fall eintreten, daß die Kammer den Marschall absetzt und erklärt, das Volk kämpfe weiter. (Das glaube ich nicht.) Es könnte der Fall eintreten, daß die Bedingungen derart unannehmbar sind, daß sie auch von Pétain nicht unterschrieben werden. In beiden Fällen würde höchstens noch eine Woche gekämpft werden müssen. Ein Schritt wie der Pétains trägt die Niederlage schon in sich. In nicht ganz sieben Wochen wurde also Frankreich »so oder so« erledigt. Für uns wird eine Zeit beginnen, die viel unangenehmer sein wird als die bisherige. Eine zweite Auflage von Prüm. An eine Verschiffung unserer Division nach England glaube ich auch nicht. Besatzungstruppen in Frankreich? Ein anderer Kriegsschauplatz? Beides im Bereich des Möglichen. Erwarte jedenfalls nicht ein baldiges Wiedersehen.

20. Juni 40. Villecomte, Dept. Côte-d'Or. Daß dies hier Feindesland ist, vermögen wir uns schon seit Tagen nicht mehr vorzustellen. Die allgemeine Lage ist uns undeutlich. Müssen wir ganz Frankreich besetzen, fahren wir bis in die Gascogne in einer Jahreszeit, in der dort vor Hitze die Vögel tot von den Bäumen fallen?

Zunächst ging es heute früh nach Dijon, wo ich in einem Gespräch mit dem Oberleutnant für den ganzen Haufen einen Aufenthalt von zwei Stunden herausschlug. Diesmal kaufte ich nur für mich ein, seidene Hemden, andere Wäsche, einen weißen ärmellosen Pullover, Sporthosen, Parfüms für Dich. Da ich sie nicht ausprobieren konnte, kaufte ich drei Sorten. Die Fläschchen schicke ich bei nächster Gelegenheit ab, zusammen mit Tee. Hemden kosten 50 bis 60 frs. (= 2,50 bis 3,– RM), es ist unglaublich, und es wird sich ändern.

21. Juni 40. Eine außergewöhnliche Sache ist an uns vorbeigegangen – um ein Haar wären wir nach Italien abkommandiert worden. Eine militärische Formation – ich weiß nicht wie stark, ich weiß nicht, ob aus Prestigegründen oder ob die Italiener tatsächlich Hilfe brauchen (gegen dieses Frankreich?) – geht in den Süden. Wäre der Motor unseres großen Wagens nicht so schlecht, wir wären bei dem Kommando dabeigewesen.

Wir hören, Hitler persönlich habe im Walde von Compiègne nach einleitenden Bemerkungen von Keitel die Waffenstillstandsbedingungen übergeben, an derselben Stelle, an der der Waffenstillstand 1918 im Eisenbahnwagen geschlossen wurde. Ich habe die Marmortafel in diesem Wald einmal gesehen. Schlägst du meinen Lukas, schlag ich deinen Lukas, altes bayerisches Sprichwort.

Die Weltgeschichte schreibt zur Zeit Klartext. Vermutlich wird irgendwo eine Demarkationslinie vereinbart, die wir dann besetzen.

24. Juni 40. Ich höre, daß Berlin bombardiert wurde.

26. Juni 40. Schloß St. Romain bei Dorf Perrecy-les-Forges im Dept. Saône et Loire. Es ist tiefe Nacht. Unser großer Wagen, in dem ich bei einer Kerze sitze, erstens weil ich Nachtdienst mache,

zweitens weil die elektrische Lichtanlage kaputt ist, steht im Park des Schlosses in einem schmalen Gang zwischen fast 4 m hohen Taxushecken. Dieses Schloß zeichnet sich vor allen, die wir mit unserem Besuch beehrten, dadurch aus, daß es fabelhaft instand ist, es stinkt nach Reichtum. Der Herr Graf, er ist fort, unterhält hier einen Reitstall und einen Hundezwinger. Manche glauben, hier werde es nun eine lange Ruhezeit geben. Hm . . . ich könnte mir sogar eine afrikanische Expedition denken.

St. Romain, 26. Juni 40. Briefe, die ich bekomme, sind wirklich erstaunlich. Natascha B. schrieb mir aus München; ihr Brief ist entweder ein Dokument beginnender Zersetzung des Gehirns oder, wie ich hoffe, reine Ironie. Über die Waffenstillstandsbedingungen wird hier bekannt, sie seien vernünftig. Es steht zu erwarten, daß Deine Hoffnungen berechtigt sind, man darf indes nicht vergessen, daß dieser Krieg kein Endpunkt in einer Entwicklung ist, sondern eine Episode – wenn auch eine wichtige. Finde es nicht dumm, wenn Du den Satz lasest: »in diesen Monaten und Jahren . . .« Wir sind noch keineswegs am Ende, und noch ist Amerika nicht im Krieg. Wenn es England gelingt, den Krieg bis nach den Präsidentenwahlen zu führen, dann kommt Amerika, so sicher wie $2 + 2 = 4$ ist, in den Krieg. Und ich komme nicht nach Hause, bis der Krieg wirklich aus ist. Das ist gewiß schlimm, und es sich vorzustellen fast unmöglich. In Wirklichkeit wird man es eben irgendwie überstehen.

Ich liege auf einer Couch, spiele mir Platten von Lucienne Boyer vor, die ich heute früh in Montceau-les-Mines gekauft habe. (In diesen Orten sind Kohlengruben.) Die Couch steht in dem Raum, in dem der Graf seine Sättel, Trensen und dergl. aufbewahrte. Er hat wohl mehrere solche Besitzungen, dies ist ein Jagdschloß. Die Hundezwinger sind voll, die Ställe seit der Mobilmachung leer.

Ich werde von der Kompanie als General-Quartiermacher benützt, da ich angeblich wenn nicht am besten, so doch am erfolgreichsten französisch spreche. Das ist keine angenehme Funktion. Nach zwei Sätzen packen die Frauen oder die alten Männer ihre Sorgen aus, sie sind völlig ohne Nachrichten über die Ihrigen. Die Männer dieser Gegend waren in der Maginotlinie eingesetzt.

28. Juni 40, St. Romain. An einem Kanal saßen viele Männer beim Angeln, und einige Schiffer treidelten ihre Lastkähne mit Pferden. Die Pferde haben auf den Booten einen Verschlag, in

dem sie wohnen, wenn sie nicht ziehen müssen. Wir begegneten Arbeiter-Trupps, die auf dem Wege in ihre Heimatorte waren, teils zu Fuß, teils zu Rad, und ein Blinder konnte sehen, daß es Soldaten waren, die ihr Militärzeug weggeworfen hatten. In einer Dorfschenke, wo wir einkehrten, rasteten gerade Grubenarbeiter aus Valenciennes (an der belgischen Grenze), die dorthin per Rad kommen wollen. Ich stiftete eine Flasche, wir tranken auf allerlei Aktuelles, den Frieden, die Zukunft, und so weiter. Die Arbeiter verhielten sich freundlich, aber im allgemeinen mehren sich diejenigen, die nur von der Furcht gezügelt werden und aus ihrem Haß auf uns kein Hehl machen. Frankreich erwacht zur Wirklichkeit.

Ich habe die 24 Punkte [der Waffenstillstands-Bedingungen] gelesen und sehe, daß sie für den Frieden noch gar nichts bedeuten. Der Waffenstillstand ist stellenweise der von 1918 – mit umgekehrten nationalen Vorzeichen. Was die Italiener besetzen werden, scheint noch nicht ausgehandelt zu sein.

Das Land ist kahlgefressen. Heute früh bin ich zu Fuß zum See gegangen, es war der längste Weg, den ich in diesem Krieg gelaufen bin. Um 1 Uhr holte mich Schönberg wieder ab. Jetzt liege ich nackt in der Sonne auf einer Parklichtung. Heute ist Kriegsrat beim Korps. Da wird eine Entscheidung fallen, wo wir hinkommen.

In Génélard gibt's eine Bäckerei, in der Bäckerei eine Bäckerstochter mit graublauen Augen, in die es sich sehr lohnt, hineinzuschauen. Ich fahre dorthin, um Brot zu kaufen. Heute war das Mädchen nicht im Laden, sondern der Vater, ich setzte mich vor die Kneipe zu einem Glas Wein, da kam die Schöne auf dem Rad vorbei, fuhr Brot aus, Couronnes genannt, Brotringe, die hingen über der Lenkstange. Wir folgten ihr. Sie war ärgerlich.

Ich fand eine weggeworfene Postkarte, die der französischen Volksschule nicht gerade ein glänzendes Zeugnis ausstellt:

Ma chère femme, je suie arriver a bon por mai tu me donnera les nouvelle de ma petit Fernande car tu sai sa me fait de la peine devoire come je les vue tu me dira si elle a bien dormie je termine car je va toute de suie aux rasemblement je termine en anbrassant bien fort sur la bouche recoie mes plus doux baiser mes meilleure tendresse embrase bien doi petit Fernand pour moi reçoie mes meillieure baise sur ta gentie geule chérie bon baiser Fernande.

1. Juli 40. Ich warte in der Kirche von Perrecy auf den Militärpfarrer, es soll Gottesdienst abgehalten werden, und ich habe Befehl, die Orgel zu spielen. Es ist 11 Uhr vormittags. Die Kirche ist noch leer, Dämmerlicht erfüllt sie. Die Steinwände haben die Farbe des Altars, die keine Farbe ist, weder weiß noch gelb, noch grau, etwas Unbenennbares dazwischen. Neben dem Ortsgeistlichen, einem hageren Herrn mit klugem Schädel, an dem alle Knochen hervortreten, ist noch ein anderer, aus dem Elsaß hierhergeflüchteter Geistlicher hier, eine hohe Gestalt mit Prophetenbart. Beide erschienen soeben und öffnen das große Tor im Mittelschiff, durch die ganze Kirche hindurch kann ich von meinem Platz aus in das sommerliche Licht hinausschauen. Im Türrahmen stehen die schwarzen Silhouetten der Männer. Die Soldaten strömen herein.

Der Besitzer »unseres« Schlosses ist gestern angekommen, er ist ein eleganter junger Mann mit viel Nase im Gesicht, sein Name ist de Megré, er soll österreichischer Abkunft sein. Der Kommandant des Stabsquartiers, ein Hauptmann, ließ dem Grafen durch seinen Gärtner (!) sagen, im Schloß sei jetzt kein Platz für ihn, er möge sehen, wo er unterkomme.

2. Juli 40, St. Romain. Gestern kam Bertram noch herüber, der in einem Bauernhaus in der Nähe wohnt. Wir feierten seine kürzlich geborene Tochter Heide mit ein paar Flaschen Champagner. Heute stand ich schon gegen halb acht auf, weckte Bertram telefonisch und ging mit ihm zum Baden. Am Waldsee ist es in den Morgenstunden am schönsten. Wir blieben bis elf und waren fast die ganze Zeit allein. Zurück holte uns der Wagen, das war gut, denn es ist glühend heiß.

5. Juli 40, St. Romain. Wir bleiben, so scheint es, doch als Besatzungstruppe in Frankreich. Unsere Division bekommt einen langen Abschnitt an der Demarkationslinie. Jenseits der Demarkationslinie erscheinen französische Zeitungen, je ein Blatt schwach. Ich habe mir heute in Montceau-les-Mines Le Nouvelliste, La Tribune, Le Progrès und Lyon Républicain gekauft und daraus folgendes erfahren:
1. Syrien hat sich nach einem von Franzosen und Türken in Ankara gefaßten Entschluß zur selbständigen Republik Syrien erklärt – das ist nicht unklug von den Franzosen. 2. Herr Weygand hat sich nach Beirut begeben, wahrscheinlich um die Weygand-

Armee aufzulösen. 3. Die engl. und franz. Schlachtschiffe haben sich irgendwo im Mittelmeer beschossen, weil die Engländer die Franzosen nicht nach Hause lassen wollten. 4. Die franz. Regierung hat sich nach Vichy begeben, in die Stadt, aus der das Wasser kommt, und die Vichyaner sind darob sehr stolz und feiern Tag und Nacht (im Gegensatz zu den anderen französischen Städten). 5. Die Russen besetzen Bessarabien, ohne daß die Rumänen das Schwert ziehen (das wird die Italiener wenig freuen). 6. An der ungarisch-rumänischen Grenze riecht es nach Krieg. 7. Pétain will die franz. Nationalversammlung einberufen und die Verfassung ändern. 8. Zwischen den Amerikanern und den Japanern sieht es auch sehr trüb aus. 9. Bei Shanghai scheinen sich Kämpfe zu entwickeln, wer gegen wen bleibt unklar. 10. Von den, ich glaube, 96 Departements sind 42 ganz und 10 teilweise von uns besetzt. 11. Die Engländer waren in Kiel und haben dort im Hafen erheblichen Schaden angerichtet, auch die »Scharnhorst« wurde beschädigt.

Ich könnte die Liste noch eine Weile fortsetzen. Daraus folgt, daß nur hier in Frankreich, im Schloß St. Romain, Friede herrscht, sonnen- und sommerträchtiger Friede ohne Verdunkelung, ohne Flieger, ohne Propaganda. Auf ins Dept. Saône et Loire zur Sommerfrische! Sanfte Hügel, Felder, anmutig von Hecken umkränzt, stille Wälder, silberne Badeteiche, Kanäle mit Anglern, deren Anblick jedes nervöse Gemüt besänftigt. Billige Preise! Hochherrschaftliche Unterkunft in Schlössern mit garantiert echtem Gespenst, zuweilen dargestellt vom leibhaftigen Besitzer des Schlosses, der in versteckten Alleen wandelt und eine Hütte sucht, sein Haupt zu betten, denn in den Zimmern seines Schlosses wohnen unter anderen auch die Schreiber- und Bürokreaturen, welchselbe sonst Hinterhof, 4. Stock, 2. Türe links molchartig hausen – in Deutschland.

Le Creusot, 9. Juli 40. Unsere Lebensumstände haben sich wieder einmal von Grund auf gewandelt. Bei schönem Wetter ging es heute die 25 km nach Le Creusot, ein Schwarm von Arbeitersiedlungen umgibt den schüchternen Versuch, ein Stadtzentrum zu bilden. Die Eisenbahn zerreißt, was man Stadt kaum nennen kann. Auf der höchsten Erhebung liegt die Villa der Schneider-Familie, angefüllt mit Kunstschätzen und schönen Möbeln. Einen solchen Gebäudekomplex mit Seitenflügeln, Vorhöfen und Innenhöfen in einem weiten Park müßte man eigentlich ein Schloß nennen, aber es ist eben doch nur der großzügige Wohnsitz eines reichen Bürgers. Nicht so maßlos wie Krupps »Villa Hügel«. Im Schloß wird der Divisionsstab vermutlich Quartier beziehen. Uns erwartet eine moderne Mädchenschule im Stadtteil St. Charles, wir haben sie bezogen. Die Anlage erlaubt, ja ist darauf abgestellt, einen perfekten Kasernenbetrieb einzurichten, und so wird es auch kommen. Über den drei Stockwerken liegt ein flaches, begehbares Dach. Hier also wird ein zweites Prüm entstehen, und ich habe schon manches unternommen, um der Entwicklung einen erträglichen Dreh zu geben. Vor allem kaufte ich mir ein ballonbereiftes Fahrrad für 22.50, das zwei Übersetzungen hat. Nach vorwärts tritt man im ebenen Gelände, nach rückwärts, wenn's bergauf geht. Ein ziemlich ulkiger Mechanismus. Mit dem Rad fuhr ich die Stadt ab, zusammen mit Bertram – der Riese auf der Querstange, aber das Ding hielt es aus! Wir tranken Kaffee zwischen Spiegeln und weißen Wänden und besichtigten das Schloß. Dort gibt es zwei merkwürdige Bauten, stumpfe Kegel, mit Schindeln bedeckt, zwischen 8–10 m hoch; sie haben die Form von Köhlermeilern, die Schneiders haben diese Form nachgeahmt, ihr Reichtum, scheint's, hat mit dem Brennen von Holzkohle in Meilern angefangen – ich weiß es nicht genau, aber irgendeine Familiensentimentalität steckt dahinter. In dem einen der Kegel, die vor der Fassade des Hauptbaues stehen, rechts und links von der Auffahrt, ist gerade ein Musiksaal mit einer viermanualigen Orgel im Bau, leider nicht fertig. Der andere enthält ein Theater mit allen technischen Erfordernissen der Bühne. Hier kann man Wilhelm Tell spielen oder Konzerte geben, mit Bertram entwarf ich kühne Pläne, die ihn amüsierten.

Le Creusot, 10. Juli 40. Ich bin ziemlich erfolgreich darin, mich in der Kompanie unsichtbar zu machen. Musik, Sprachkurs, dolmetschen . . . Gestern wurden vom Schloß zur Postzentrale einige Leitungen gelegt, ich vermittelte die Unterhaltung mit den Postbeamten. Heute wird es damit weitergehen, aber vorerst warten wir ab, es regnet nämlich. Herr Wachtmeister wollen nicht naß werden.

Ich hatte mich gestern nachmittag mit Kohlhase an einem Badesee verabredet, das Wasser war fast zu warm. Wir blieben nicht lange, fuhren in die Stadt und besuchten M. Laurent, den Organisten der gleichnamigen Kirche: St. Laurent. Die Gemeinde ist dank dessen, daß die Schneiders zu ihr gehören, eine der reichsten Frankreichs. M. Laurent ist ein älterer Herr, der von Schneider aus Lyon hierhergeholt wurde als Organist und das ortsübliche Niveau weit überragt. Wir redeten alle drei wie die Wasserfälle. Laurent nahm uns mit zu einem blinden Freund, auch einem Musiker, der mir seine Geige leihen wird. Ich spielte ein bißchen aus dem Gedächtnis, und Kohlhase improvisierte auf dem Klavier dazu. Am Samstagnachmittag wollen wir in der Kirche spielen. So fangen wir also an, uns einzurichten, aber ich habe keine Spur Lust dazu. Ich habe es satt.

12. Juli 40, Le Creusot. In Schneiders Theater steht ein Klavier, ich spiele dort zuweilen vor dem leeren Zuschauerraum mit Polstersitzen.

Schönberg geht morgen »ins Reich« zurück, Mechaniker werden gebraucht. Ich habe den falschen Beruf. Man müßte jetzt der Frage der Reklamation durch Steiniger, unter Einschaltung von Eggebrecht, wieder nähertreten.

Die Franzosen erhöhen hier die Preise und unser Einkommen sinkt, die Kriegszulage ist bereits bei der letzten »Gehaltszahlung« gestrichen worden.

Quatorze Juillet 40, der für die Franzosen diesmal kein Feiertag ist. Und der »Progrès« schreibt, es wäre wohl der Kalender von 1940 der letzte, in dem der 14. Juli als Nationalfeiertag stehe, es sei der Feiertag der III. Republik, und die sei zu Ende.

Trotz Sonntag und 14. 7. ist es ein ruhiger Tag. Vormittags schrieb ich in einem Café Briefe, aß dann mit Bertram und fuhr mit ihm zum Badesee, wir zwei Riesen auf dem kleinen Rad. Ein halbes Dutzend fischende Franzosen saßen am Ufer und machten ein Palaver mit mir. Bertram versteht zu seinem Kummer nur ein paar Worte. Ich werde französische Stunden nicht bei Frl. Reguin (der charmanten Tochter des blinden Musikers) nehmen, sondern bei M. Laurent, bei dem ich viel mehr lernen kann. Er ist ungewöhnlich geistreich und säße bei uns längst hinter Gittern. Gestern waren wir alle vier in der Kirche St. Laurent. Kohlhase hat gespielt und Bewunderung geerntet, obwohl er selber unglücklich darüber war, so viel verlernt zu haben. Laurent gab ihm ein Thema, und er phantasierte mit großem Elan eine halbe Stunde darüber, zum Schluß in strenger Form.

17. Juli 40. Ich habe eine dreistündige Unterhaltung mit M. Laurent hinter mir über komplizierte Themen. Da streikt mein Französisch. Als Zuhörerin wirkte ein anmutiges Mädchen namens Tatjana Léontieff, Tochter eines wahrscheinlich toten weißrussischen Offiziers, Enkelin eines Generals, also mit der allzu üblichen Vergangenheit einer russischen Emigrantin. Dieses Mädchen von 16½ vereinigt russische und französische Reize. Ihre Augen sind so: [kl. Zeichnung] so schräg stehen sie wirklich, ich untertreibe eher. Sie machte einen tiefen Knicks, als sie mir Guten Tag sagte. Sie spricht Russisch und Französisch gleich gut und ist Schülerin bei Laurent. Übermorgen habe ich bei Laurent wieder französische »Stunde« – das werden endlose Schwätznachmittage werden, bei denen jeder gleich viel profitieren wird.

18. Juli 40. Meine Lage hat sich verbessert. Aus meiner Anregung, ein Büchlein der Kriegsfahrt zu machen, ist ein Befehl der Abteilung, also unserer nächsthöheren Befehlsstelle, geworden, eine Chronik des Krieges nicht nur für die Kompanie, sondern für die ganze Abteilung, das sind ungefähr drei Kompanien, zu schreiben. Ich werde eine kleine Arbeitsgemeinschaft, Schreiber, Zeichner, Fotografen usw., zusammenbringen, eine Wohnung beschlagnahmen, eine Druckerei ausfindig machen und den militärischen Dienst Dienst sein lassen für die andern.

[Ich durfte in Urlaub fahren »ins Reich« und kehrte am 17. August 1940 nach Le Creusot zurück.]

18. August 40. Die Wohnung, die ich am Tage vor dem Urlaub für unsere Kriegschronik-Gruppe besetzte mit Erlaubnis der Kommandantur, ist wieder von Franzosen bewohnt. Vier Erwachsene redeten auf mich ein, als ich vor der Tür stand, und vier Kinder machten runde erschrockene Augen. Ich stellte mein Zeug ab und ging zum Parkplatz, wo mir Pfarrer Manteufel – Bertram war gerade nicht da – sagte, die Ortskommandantur wünsche nicht, daß wir auszögen; es vertrüge sich nicht mit dem Prestige des deutschen Militärs, vor Zivilisten, die kein Recht auf beschlagnahmte Räume hätten, zurückzuweichen. Die beiden Familien sollten sich mit der linken Wohnung auf der Etage begnügen, drei Zimmer und Küche, wir die rechte behalten. Ich aber werde versuchen, ein anderes Unterkommen zu finden, ein stilleres Haus.
Die Kriegschronik-Gruppe, das sind also Bertram (Bildhauer),

Manteufel (Pfarrer), Prestel (Schauspieler), Fehrmann (Ufa) und ich.

Ich genieße Laurents Höflichkeit und aller anderen Franzosen, mit denen wir in Berührung kommen. Fehrmann sagte, als wir nach Hause gingen, es sei ganz gleichgültig, ob uns diese Leute eigentlich haßten und ihre Höflichkeit nur aufgesetzt sei. (Was soll sie sonst sein?) Er sagte: »Lieber schlechte Gedanken und gutes Benehmen als gute Gedanken und im schlechten Benehmen eine Tugend sehen. Und außerdem steht dahin, ob die Gedanken gut sind.« Seine Mutter ist Engländerin, sein Vater ein halber Russe, er lebte bis 1924 in Rußland – das Beiseitestehen und Die-Dinge-von-außen-sehen-Können, bei mir eine Folge der Denkungsart, hat er von Hause aus durch Erziehung mitbekommen. Er spricht gut Russisch. Wir gingen abends den Hügel hinauf, der Marolles heißt; da wohnen Schneiders russische Arbeiter, vor Jahrzehnten emigriert. Auf tief ausgetretenen Pfaden stiegen wir hinauf, kamen ins Gespräch mit einer alten Frau, die ein hübsches Kind spazierentrug. Sie brachte Stühle aus dem einzigen Raum herbei. Bald versammelte sich, von überall her wie durch ein Signal gerufen, eine Menge Leute, Russen oder Deutschrussen, ein alter Kaukasier, der etwas Kroatisch konnte. In zehn Minuten war eine slawische Welt hingestellt mit wenigen Sätzen. »Oh, ihr lieben Herrchen«, sagte die Alte, »habt ihr nicht Wäsche, bringt sie uns, wir müssen ein wenig verdienen, man gibt uns keine Arbeit, Fremde sind wir nun plötzlich, erst kommen die eigenen Leute, ach, diese Franzosen, sie sind wie Juden, alles fürs eigene Volk, für uns nichts mehr. Sie werfen uns vor, wir essen ihr Brot. Bis zum Krieg war es gut hier, aber jetzt! Mein Schwiegersohn hat eine Harmonika zu verkaufen, wissen Sie nicht jemand, der sie kauft?«

19. August 40. Ich bin auf der Suche nach einer Bleibe und habe mit dem Bürgermeister gesprochen. Er versucht, etwas zu finden. Heute früh war ich auch beim Divisionsstab, weil ich mit dem Hauptmann v. Bissing etwas über die Chronik zu reden hatte. Es ergab sich, daß er auch mit mir etwas zu reden hatte. Ein Schriftsteller namens Mende (er heißt a. mende und zeichnete früher im Simplizissimus Beiträge mit »am ende«) hat dem General 12 Briefe »geschenkt«, die er während des Krieges geschrieben hat. Von Bissing fragte, ob wir – Steiniger – diese Briefe als

kleines Buch veröffentlichen wollten. Ich bat ihn, mir das Manuskript zu besorgen. Die Division will einen Absatz von 500 Exemplaren garantieren. Außerdem schreibt auch im Divisionsstab jemand Kriegsgeschichte, und er fragte, ob vielleicht auch dafür verlegerisches Interesse bestünde. Nur zu – es braucht aus nichts etwas zu werden, aber es diene mir als Floß!

Bei Laurent heute, ich war schon fast im Gehen, erschien ein Freund von ihm. Französische Männerfreundschaften in ihrer Distanziertheit haben viel Charme. Dieser, ein Techniker aus den Schneiderwerken, aber Sohn eines Literaturprofessors und sich sehr poetisch gebend, fing plötzlich an – über mein Gesicht und meine Hände zu meditieren, als sei ich nicht im Zimmer. Das war seltsam. Schon wieder ein Mensch. In diesem Kaff so viele Menschen, Russen, Kaukasier, Franzosen, Organisten, blinde Geiger. Bertram auch, o ja!

20. August 40. Mit Fehrmann und Prestel am Marolles Omelett und gefüllte Tomaten gegessen. Wir sprachen über die Chronik, und irgendwie müssen wir uns mit der Sache doch beschäftigen; sie nur als Tarnung benützen, das wirkt nicht überzeugend genug. Ich führe einen Kleinkrieg gegen die militärischen Instanzen, um uns Luft zu schaffen, und höre dann Fragen wie: Warum können Sie eigentlich nicht das Kompanie-Exerzieren mitmachen, auch wenn Sie an dieser Sache arbeiten? Ja, was soll man da antworten?! Heute kam ein Auto voller Leutnants angefahren, die sich unseren Laden ansehen wollten. Zehn Minuten früher hätten sie uns schlafend gefunden. Ich sah den Wagen kommen, wir spielten eine gute Szene »Arbeitseifer«.

Byrrh-Casis, gemischt im Verhältnis 1 : 4, wird mein Lieblingsgetränk. Es ist noch sehr ungemütlich hier, aber ich fange nicht an, es behaglicher zu machen, bevor wir nicht eine bessere Bleibe gefunden haben. Ich werde mich nicht langweilen: die Geige, die Stunden bei Laurent, Musizieren mit anderen, die Chronik und, darauf brachte mich ein Gespräch mit Bertram, meine eigenen Briefe durchsehen und auf ihre Möglichkeit prüfen, ob sich etwas daraus machen läßt . . . Zeichnen und zum Baden fahren nicht zu vergessen. Fast hätte ich gesagt, Blumen auf einen Misthaufen pflanzen, aber das ist ja der beste Platz, dort wachsen sie am üppigsten.

19. August–6. September 40 [eine diese Tage zusammenfassende

Eintragung im Notizkalender]. Die neue Wohnung finden wir gegen Ende der Woche bei Madame L'Henry in der Avenue de la Republique. Wir haben den denkbar größten Ärger mit den Militärs wegen unserer »Chronik«, aber auch in dieser Hinsicht kommen die Dinge gegen Ende der Woche ins Lot. Bekomme auch mit Madame L'Henry Krach, weil sie unverschämt ist, was mir einleuchtete, wenn es sich dabei um eine Äußerung von Patriotismus handelte, in Wahrheit aber fühlt sich diese reiche Witwe eines Holzhändlers einfach gestört, und M. Laurent sagte: Die ist nur reich und sonst gar nichts und benimmt sich auch gegen Franzosen, wenn sie arm sind, gemein. Nun, ein zorniger Brief, in dem ich mich nicht scheute, von unserer »qualité d'un soldat allemand« zu sprechen, hat Ruhe im Haus geschaffen. Die Madame hat auch vorher nur die Beletage bewohnt. Wir hausen in den fast leeren Zimmern des Erdgeschosses, inmitten eines großen Gartens, um den sich eine Mauer zieht. Ich verbringe halbe Nächte draußen im Liegestuhl, schreibe viele Briefe, spiele mit Laurent Händel-Sonaten. Er hat aber zu Händel und Bach kein richtiges Verhältnis. Das Wetter ist immer strahlend schön und zuweilen heiß. Wir tun so gut wie nichts an unserer »Chronik«. Tatjana Léontieff mit den schrägsten Augen, die ich je sah, und ihre nicht minder reizvolle Freundin Vera Popoff kommen zu uns in den Garten. Bertram richtet sich in der leeren Garage von Madame ein Atelier ein und beginnt einen Kopf von Tatjana. Die Eltern fürchten, ihre Tochter komme ins Gerede, und machen Schwierigkeiten. Tatjana macht keine. Wir sehen viele Russen bei uns und haben täglich Gäste, darunter auch einen jungen Franzosen, mit dem ich eifrig deutsch-französischen Sprachaustausch betreibe. Gerüchte, die Division werde verlegt, verdichten sich. Am 6. 9., also heute, werde ich alarmiert und soll mit einem Vorkommando der Division nach Avallon, wo ich als Dolmetscher für die Quartiermacher fungieren muß. Bertram, Prestel und Fehrmann bleibt die Arbeit, unser Domizil aufzulösen. Ich habe gerade noch Zeit, mich von M. Laurent zu verabschieden.

Avallon, 8. September 40. [A. ist eine französische Kleinstadt im Dpt. Saône et Loire, die in ihrer Lage und in ihrer Architektur ein französisches Rothenburg ob der Tauber darstellt. Die Tauber von Avallon heißt Cousin, der sich zu Füßen der Stadt mit einem zweiten Flüßchen, der Cure, vereinigt.]

Jetzt bin ich ganz und gar aus dem Häuschen. Den gestrigen Vormittag verbrachte ich damit, in der Stadt zu fotografieren, soweit ich nicht beim Bürgermeister wegen Quartieren verhandeln mußte. Mittags stand ich vor der Kirche, St. Lazare, als ein Priester und ein intelligent aussehender Zivilist aus dem Portal traten. Ich sprach sie an und erkundigte mich, ob ich auf die Empore hinaufdürfte, um mir die Orgel anzusehen. Der Zivilist ist ein M. Alix, Organist von Notre-Dame in Paris, evakuiert hierher! Er gab mir seine Karte. Wir verabredeten uns für Donnerstag bei der Orgel, sie hat ein uraltes, mechanisches Werk. Wir sprachen eine Stunde miteinander, in der mittagstillen Straße auf- und abgehend, zwischen und auf den Steinen aus sechs Jahrhunderten.

Nach Tisch gelang es mir, den »Horch« allein zu bekommen, ich fuhr die 15 km auf der Höhenstraße nach Vézelay, mich erinnernd, daß Pinder in seinem Crêpe-de-Chine-Kolleg gesagt hatte, Vézelay sei die schönste romanische Kathedrale der Welt. [Pinder, Kunsthistoriker, hielt Anfang der dreißiger Jahre im Auditorium Maximum der Universität München Vorlesungen, die dank der rhetorischen Eleganz von den Hörern aller Fakultäten besucht wurden.]

Zu beschreiben ist es kaum, wie der Berg mit der Kathedrale auf der wuchtigen Kuppe allmählich sichtbar wird und wie die gewaltige Masse des Baues allmählich über der kleinen Stadt, eigentlich ein Dorf heute, sich auftürmt höher und höher. Ich ging hinein und fand, daß die Bauern Teile der Schiffe zum Heutrocknen verwenden, es lag teils ausgebreitet auf dem Steinboden, teils in hohen Haufen.

Um 5 Uhr war ich wieder in Avallon, und dort lag ein Befehl vor: das Ganze halt!, zurück nach Le Creusot. Das veranlaßte mich, spornstreichs zum Pfarrer zu gehen und ihm zu sagen: Hochehrwürden, ich muß morgen schon wieder weg, könnten Sie mir nicht heute noch den Schlüssel für die Orgel geben? Ich bekam ein Instrument unter Hände und Füße, an dem jedes Register ein Klangwunder für sich ist und dessen Bässe Urgewalt ich so überhaupt noch nicht gehört habe. Ich spielte, was an Noten herumlag, Bach, César Franck und einen modernen, miserablen Franzosen namens Videaux oder so ähnlich, nicht wert, sich den Namen zu merken. In meiner auf die Spitze getriebenen Begeisterung spielte ich viel besser, als ich spielen kann, und der Herr Erzpriester hatte mir einen jungen Hilfsgeistlichen mitgegeben, der in einer halben Stunde lernte, geschickt zu registrieren nach meinen Andeutungen. Was für ein Krieg!

9. September 40, Avallon. Gelobt seien die Launen des Militärs: wir bleiben hier! Meine erste Maßnahme als Quartiermacher war, mir mein eigenes Quartier zu suchen. Ich habe es am Stadtrand gefunden, dort, wo die Felsennase, auf der Avallon liegt, fast senkrecht zum Fluß hin abfällt. Ich brauche nur zehn Schritte vor meine Tür zu machen – die Tür eines in sich abgeschlossenen Appartements, dessen Existenz die Kompanie nie erfahren wird – und habe einen freien Blick in eine veritable Freischütz-Landschaft. Meine Wirtin heißt Madame Dubreuil. Ich habe einen Wohnraum, einen Schlafraum, eine Kleiderkammer, eine Besenkammer, Wasser und Gas. Der Fußboden besteht aus roten Ziegeln. Die Tapeten sind braun, die Möbel aus Mahagoni. Die Schreibmaschine steht auf dem Tisch.

19. September 40. Wir werden »ins Reich« verlegt! Gestern abend haben Bertram und ich unseren privaten Abschied von Frankreich gefeiert. Wir sind gegen 8 Uhr ins Cousin-Tal gewandert, es war noch nicht ganz dunkel, einige sanft hingestrichene Schleierwolken ließen das Blau des Abendhimmels nur um so tiefer erscheinen. In der »Moulin Ruat« [Gasthaus, berühmt für seine Küche] werde ich schon als Freund des Hauses empfangen. Sohn und Bruder der Besitzerin dieses Zauberlokals am rauschenden Fluß besitzen in Paris bekannte Eßlokale. Doch ist der Sohn im Augenblick in Gefangenschaft, in die er als Koch eines Generals geriet. Auf diese Idee müssen unsere Generale erst noch kommen: sich französische Köche halten! Wir wurden »nach Art des Hauses« bewirtet: Suppe, Forelle in brauner Butter, Pommes frites, Butterbohnen und Salat, ein Omelett confiture, dazu eine Flasche Chablis. Dann Käse und einen uralten Cognac, der in gewaltigen Schwenkern serviert wurde. Die Rechnung machte für uns beide 63 Franken, das sind umgerechnet 1,50 RM für jeden. Wir bezahlten stumm und hätten uns fast entschuldigt. Ich sagte zu Bertram: Denk dran, wenn wir wieder in der deutschen Wüste sind, und auch dann, wenn sich die Wüste bis hierher ausgebreitet hat. Frau Bertier zeigte uns ein paar Zimmer, eines hübscher und verspielter als das andere, und ich sagte, wir würden im nächsten Sommer mit einem Baby zu ihr kommen.

Gegen 10 Uhr brachen wir auf, das ganze Haus versammelte sich zum Abschied, es war Nacht geworden, ein Fast-Vollmond stand über dem Tal. Die Felsen sahen wie Knochengebilde aus, und was tagsüber lieblich und romantisch wirkte, empfanden wir jetzt als großartig und geheimnisvoll. Einige leere, verlassene Gehöfte am Weg sahen wie Schlösser aus. Der Fluß glänzte silbern. Avallon lag schimmernd hoch oben auf seiner Felsenterrasse.

19. September 40, Avallon (abends). Ein nachgelieferter Hochsommertag. Ich ergatterte einen Wagen und machte mit Bertram eine Fahrt, zunächst zur »Moulin Ruat«, dort tranken wir Kaffee, zu dem uns Madame Bertier einlud. Auch erklärte sie uns einen besonders schönen Weg nach Vézelay, der uns zu der herrlichen Stelle im Cure-Tal führte, wo eine alte römische (unter einer hochgeschwungenen modernen) Brücke die steilen Talufer verbindet. Auf dem Rückweg besuchten wir das Schloß Castellux, und als ich es auch von innen sehen wollte, lernten wir nicht, wie erwartet, einen Verwalter kennen, sondern den Herzog persönlich, der so unsagbar degeneriert war, daß ich ihn aus Angst, er fiele unter einem direkten Blick auseinander, gar nicht anzusehen wagte.

Zum letztenmal dürften 1787 Tapezierer in Castellux tätig gewesen sein. Wir versuchten, der Führung schon im Parterre Einhalt zu tun, denn so hatten wir uns den Besuch nicht vorgestellt. Ich fürchte, es war unsere Sieger-Qualität, die meine dringenden Bitten, zum Ausgang zurückzukehren, unwirksam machte – einmal aufgezogen, schritt die Puppe lautlosen Schrittes, aber pausenlos Erklärungen abgebend, vor uns her durch alle Stockwerke. Irgendwo mußte sich eine bewohnbare, von diesem Gespenst bewohnte Höhle befinden, aber die bekamen wir nicht zu Gesicht. Ich hätte zu gern die Küche der Frau Herzogin gesehen.

Als wir zum Wagen zurückgingen, waren wir in einer zwiespältigen Stimmung: einerseits kamen wir uns wie die boches aus dem Bilderbuch vor, andererseits war der Herzog doch eine hochgradig lächerliche Figur. Auf dem ganzen Weg bis Avallon machten wir ihn nach, bis Bertram vor Lachen fast in den Graben gefahren wäre.

20. September 40, Vézelay. Der Krieg bekommt noch einmal einen schönen Akzent. Heute wurde ich durch den Befehl aufgestört, nach Vézelay zu kommen, ich sollte dort Orgel spielen, der

General wünsche es. Der Melder, der diese Nachricht überbrachte, hatte eine beinah hellseherische Findigkeit bewiesen, er fand mich nämlich, als ich im Cousin-Tal in der dortigen Lederfabrik Sohlenleder kaufte, mit dem künftig unsere Schuhe besohlt werden – ich meine die nichtstaatlichen Schuhe, die wir im »Reich« tragen mit Löchern. Was hat eigentlich »Reich« mit »reich« zu tun? Ich kehrte in die Schreibstube zurück, wo man mir auch nichts anderes sagen konnte, als daß ich mit einem Bautrupp, der nach Vézelay verlegt werde, dorthin umziehen solle und daß ich nicht mit der Kompanie nach Deutschland zurückkehren würde, sondern, wie jener Bautrupp, erst im Gefolge des Divisionsstabes. Glücklicherweise war es der Trupp, in dem Bertram den großen Wagen fährt, so daß wir das Ende in Frankreich zusammen erleben wie den Anfang.

Abends gegen 6 Uhr waren wir in Vézelay, und ich meldete mich beim General, der beim Pfarrer, unmittelbar neben der Kathedrale, einquartiert ist. Irgend jemand hat aus der Generalsmücke einen Elefanten gemacht. Lichl sagte, einen Befehl habe er nicht gegeben, nur angeregt, daß ich am Sonntag beim Schlußgottesdienst für die Soldaten in der Kathedrale die Orgel spielen solle. Er setzte die Mütze auf und ging mit mir hinüber, wollte etwas vorgespielt haben, es war aber nicht möglich, es gab keinen Strom für den Blasbalg. Der General war aber offensichtlich in der Laune, sich zu unterhalten, ging mit mir durchs halbe Dorf und erzählte mir von seinem Besuch bei Romain Rolland, den er am Tage zuvor gesprochen hatte. Rolland wohnt seit drei Jahren hier, in der Nähe ist er geboren. Der General war durch Zufall in das Haus gekommen, nicht ahnend, wen er antreffen würde, und als er es erfuhr, konnte er nicht mehr zurück. Es schien ihm ein wenig peinlich zu sein, da er etwas von deutschfeindlichen Äußerungen Rollands hatte läuten hören.

Wir kamen überein, daß ich morgen mit ihm nach Avallon führe und ihm nachmittags dort auf der Orgel etwas vorspielen würde. Er wird mich dann wieder hierherbringen, und am Sonntag spiele ich bei beiden Pfarrern in ihren Frankreich-Ende-gut-alles-gut-Gottesdiensten. In dieser Kathedrale! Als mich der General verabschiedet hatte, ging ich zum Pfarrer, erstens um wegen der Orgel mit ihm zu sprechen (nur der Tretbalg wird funktionieren), und zweitens, um ihm ein empfehlendes Wort für R. R. zu entlocken, das er sofort schrieb. Das bedeutet, daß ich am Sonntag bei Rolland Tee trinken werde.

22. September 40. Mit dem General war ich gestern in Avallon und spielte ihm eine Stunde Bach vor – es war der Abschied von dem vertrauten, herrlichen Instrument. Am späten Abend spielte ich bei Kerzenschein in der Vézelay-Kathedrale die Toccata und Fuge in d-Moll. Die Kerzen beleuchteten nur die nächste Umgebung. Während des Spiels hörte ich manchmal die Klänge durch den Raum entschweben, der sich im Dunkeln in die Unendlichkeit verlor.

Jetzt entsteht noch ein ruhiger Augenblick im Durcheinander des Aufbruchs. Es ist die letzte Stunde in Vézelay, ich bewache den einzigen Apparat (den des Ia), den die Division hier noch am Netz hängen hat. Um 9 Uhr spielte ich im katholischen, um 10 Uhr im evangelischen Gottesdienst. Der ev. Pfarrer sprach ganz gut, der kath. sehr schlecht, und außerdem schenkte er mir drei Zigaretten »als kleine Aufmerksamkeit«. Solche Leute haben eine erstaunliche Fähigkeit, Blödsinn zu machen.

Die Stunde nachmittags bei Romain Rolland war schön. Er sah wunderbar aus, aber so angegriffen und zerbrechlich, daß es zum Erbarmen war. Er sprach in der Hauptsache von seinem Werk über Beethoven, das er vor Jahrzehnten begonnen hat. Vier Bände liegen vor, er zeigte sie uns (Bertram war mit, der nicht Französisch versteht und deshalb mehr Muße hatte, den wie aus Marmor gebildeten Kopf zu betrachten). Die kostbaren Drucke enthalten viele Faksimile. Im fünften Band, an dem er arbeitet, will er von den letzten Werken sprechen. Er lebt ganz in dieser Arbeit und beteuerte immer wieder, daß die Idee, mit der er vor Jahrzehnten, als er noch Musikprofessor an der Sorbonne war, daran zu arbeiten begonnen habe, tragfähig geblieben sei bis heute. Er bedauerte, daß die weitere Übersetzung ins Deutsche nicht mehr erlaubt sei. Dieses Werk, sagte er, trägt doch zum Ruhme Deutschlands bei. Ich versprach, einen Versuch zu machen, ob daran etwas zu ändern sei. [Das geschah ohne jedes Ergebnis im Winter 1940/41.]

Von außen unterscheidet sich sein Haus in nichts von den anderen, die grau und heruntergekommen die ansteigende Hauptstraße von Vézelay bilden. Neben dem unscheinbaren Tor befindet sich ein Papierwarenlädchen. Eine alte Frau öffnete, wir traten in einen kleinen Innenhof. Ich gab meinen Empfehlungsbrief vom Pfarrer ab, wir warteten. Es dauerte nicht lange, bis die Alte wiederkam. Sie führte uns durch die Küche in einen kleinen Flur, von da in ein großes Eßzimmer mit hellgelben Tapeten, das ohne Tür mit einem Bogen ins Musikzimmer übergeht. Hier bilden unverglaste Bücherschränke eine ganze Wand. Davor steht, fast in die Mitte des Raumes gerückt, ein großer, mit seidener Decke verhangener Konzertflügel, später zeigt sich: ein Erard. Einige Sessel, ein niederer Tisch vollenden die Einrichtung. Vor den Fenstern steinerne oder gemauerte Säulen, die einen Balkon im 1. Stock tragen. Der Ausblick war großartig und weit wie von allen Stellen des die Kathedrale tragenden Berges.

R. R. stand wartend im Eßzimmer, als wir eintraten. Er führte uns ins Arbeitszimmer, die Frauen des Hauses hielten sich verborgen. Wir kamen ohne jede Schwierigkeit ins Gespräch dank seiner sich lange im Unverbindlichen haltenden Freundlichkeit. Ich saß ihm ganz nahe, er sprach leise und litt an Atemnot. Offenbar hatte ihm der Geistliche gesagt, daß ich Musik triebe. Bei Beethoven blieben wir lange. Jetzt im Alter, sagte er, nähere ich mich der Alterswelt Beethovens. Ich gebrauchte in diesem Zusammenhang das deutsche Wort »Entmaterialisierung«, woraufhin er lebhafter wurde und aus seiner Unverbindlichkeit heraustrat. Später erschien jene Dame, die der General »eine Engländerin« genannt hatte, sie stellte Tee und Gebäck auf das Tischchen, dann verschwand sie mit ein paar höflichen Worten. Unsere Unterhaltung wurde . . .

[An dieser Stelle bricht die originale Niederschrift, auf kaum postkartengroße Blättchen durchsichtigen Papiers geschrieben, ab. Veröffentlichte Versionen von dieser Begegnung mit Romain Rolland, deren eine in meinem Roman »Sieg! Sieg!«, sind »Gedächtnisprotokolle«, die erst im Winter 1940/41 in Frankfurt/Oder entstanden sind und demzufolge hier nicht aufgenommen werden können. Es sei nur erwähnt, daß ich versuchte, das Gespräch mit dem einst politisch so eminent engagierten Romain Rolland auf Zukunftsvorstellungen hinzulenken, wobei der Greis Erwartungen hinsichtlich der jungen Generation beider Völker äußerte. Seinen Optimismus konnte ich nicht teilen. In einem aus Alttucheband (bei Frankfurt/Oder) vom 27. 9. 40 datierten Brief heißt es über die Begegnung mit dem Dichter: »Vom Schicksal seines Landes sprachen wir nicht. Was hätte ich ihm, was er mir sagen können? Da saß ich in meiner Uniform, die riesigen Schaftstiefel auf dem weinroten Teppich, ein Soldat, einer von Millionen, ein Deutscher, und erst hinter der Verkleidung ein Mensch – er dagegen in Haltung, Gebärde und Erscheinung das Spätbild eines Menschen, von weither zielbewußt und künstlich zu dieser Vollendung entwickelt – was hätten wir erst wegräumen müssen? Er war, was er darstellte. Ich nicht. Ich wußte viel von ihm, er nichts von mir. Ich habe ihn gelesen, und einmal begeisterte mich jedes Wort, das er Thomas Mann im Ersten Weltkrieg um die schwarzweiß-roten Ohren geschlagen hatte – ich aber konnte für ihn nicht sein, was ich bin.«]

HEIM INS REICH

25. September 40, Alttucheband bei Frankfurt/Oder. Eine gute Sache, daß die Post jetzt nur noch zwei Tage unterwegs ist – ganz normale Post, in einen ganz normalen Kasten geworfen. Ich habe mit dem Adjutanten des Stabs gesprochen, der meint, daß ich Anfang Oktober in Arbeits-Urlaub fahren könnte. Kaum zu fürchten, daß etwas dazwischenkommt.

Am Sonntag ist große Parade der Division in Frankfurt vor dem General. Ich werde also wahrscheinlich am Mittwoch fahren können.

Der bisherige Stabsadjutant ist heute Kompaniechef bei uns geworden, und aus diesem Anlaß sind wir mit Stahlhelm und Gewehr im Gutshof angetreten. Einige Dörfler hatten das militärische Schauspiel eines schlampigen Parademarsches.

In der Sonne, die derzeit scheint, sieht die Gegend ganz hübsch aus. Aber die Veränderung gegenüber Frankreich, was Menschen und Landschaft betrifft, und das, was die Menschen in die Landschaft hineingesetzt haben, ist ganz unbeschreiblich. Die Zeit, in der die Leute noch auf Bäumen saßen, scheint viel näher zu sein als etwa in Avallon, ja, in Avallon kann man sich überhaupt nicht vorstellen, daß es dort überhaupt einmal keine Kulturlandschaft gegeben hätte. Hier, daß es jemals eine geben könnte.

Obschon unseres oder meines Bleibens hier gewiß nicht lange ist, habe ich mir doch bei der Gärtnerin Tietz eine Stube gemietet, als Rückzugs- und Rettungsplatz. Diese Menschen hier sind mir so fern und so fremd wie ein Eisbär im Zoo. Ich sitze jetzt in Frankfurt in einem Kaffee, wo ein »Künstlertrio« zum Erbarmen sich abquält. Der Cellist guckt sich in den Pausen seine Zähne in einem Taschenspiegel an.

27. September 40. Die starken Einschränkungen, die in unserer Ernährung fühlbar werden gegenüber Frankreich, bessern die Stimmung nicht. Alles ist in Vorbereitung für die Parade. Bertram hat gesagt: »Wir parodieren am Sonntag.« Ich war heute beim Stab, um die Schreibmaschine und die Akten der »Kriegschronik« zu holen, und überhaupt tue ich alles, damit diese Arbeit wieder in Gang kommt. Bertram wird uns in Berlin besuchen.

Ich soll bei der Parade Aufnahmen machen – also nicht in der Kompanie mitmarschieren. Erstens brauchen sie wirklich Bilder, und zweitens fürchten sie vermutlich, und zwar mit Recht, daß ich ihnen das flotte Bild versauen würde.

1. Oktober 40, Alttucheband. Die Untätigkeit und die Aussicht, einen zweiten »Eifel-Winter«, diesmal am andern Ende des Reiches, verbringen zu müssen, liegt schwer auf allen. Da haben wir so fein gesiegt – und nun? Bertram rettet sich kaum noch in Galgenhumor, und ich fühle es ihm nach. Die Dauer des Krieges wird täglich unabsehbarer.

Die Kinder Berlins werden evakuiert.

[An Dr. Jürgen Eggebrecht, Oberkommando der Wehrmacht]

1. Oktober 40. Verehrter Herr Eggebrecht, halten Sie es für möglich, daß die im Frühjahr besprochenen Pläne irgendwie während meines Berliner Aufenthaltes Wirklichkeit werden könnten? [Ich wollte »reklamiert« werden.]

Der Start wäre jetzt sogar besser als im Frühjahr, ich habe den Feldzug mitgemacht, wodurch mein Soldatensein doch immerhin einen Sinn bekommen hat, und das hier entstehende Buch [gemeint: die »Kriegschronik« der Truppe] könnte man vielleicht auch ein wenig dafür aktivieren. Wollen Sie mir ein Wort sagen . . .?

[Aus dem Notizkalender:]

3. Oktober 40. Umzug von Alttucheband nach Frankfurt. Denk-

bar größten Ärger mit der Kompanie. Ich komme erst um 2.15 weg und verliere einen Urlaubstag. Abends in Berlin.

[Der Arbeitsurlaub, den der Verfasser in Berlin verbringt, zum Teil im Büro des Verlages (24. Oktober: »Im Verlag gute Entwicklung«), dauert bis zum 31. Oktober. Eine Bitte um Verlängerung wird von der Truppe abgelehnt. Für November und Dezember setzen die täglichen Eintragungen im Notizkalender aus. Statt dessen sind die vorgesehenen, datierten Seiten des Kalenders über die Tageseinteilungen hinweg mit zwei zusammenhängenden Eintragungen gefüllt. Die erste bedeckt die vorgedruckten Seiten vom 31. 10. bis 30. 11. 40 und wurde an diesem Tage geschrieben:]

Ich fuhr am 31. 10. nach Frankfurt zurück und zog bei Krabo, Buschmühlenweg 71 c, ein, wo die »Kriegschronik« arbeitete. Bei Krabo bewohnte ich mit Prestel, dem Schauspieler, die Mansarde, Bertram kam nur über Tag, er wohnte oben auf dem Berg beim Wasserturm. Manteufel, der sture Pastor, Gott sei seiner armen Seele gnädig, bewohnt das Zimmer im ersten Stock allein. Wir verachten ihn und machen uns über ihn lustig, aber er hat ein dickes Fell. Ich versuche noch einen weiteren Urlaub durchzudrücken, aber die Abteilung will nicht. Am Kriegsbuch [Chronik] tue ich gar nichts, statt dessen schreibe ich an meinen Briefen [Kriegsreise durch Frankreich] weiter. Täglich gehen wir zweimal zum Antreten der Leichten Kolonne über den Berg und die Gleise hinauf und verlieren damit viel Zeit. Aber im ganzen führen wir ein ruhiges Dasein. Hin und wieder sind harmlose Luftalarme, und wenn wirklich einmal geschossen wird, steht Frau Krabo auf und kräht wie ein kastrierter Hahn durchs Haus: »Agathe, es schießt! Kommen Sie runter!« Wenn Agathe, das Dienstmädchen, nicht kommt, ruft sie: »Kommen Sie, wir sind verantwortlich, wenn etwas geschieht.« Das Leben des Mädchens wäre ihr völlig gleichgültig. Wir gehen höflich miteinander um, aber sie gehört zum denkbar widerlichsten deutschnationalen Gesindel. Bertram gießt Gipsmasken von Prestel und mir, wobei ich bei zwei mißlungenen Abgüssen fast ersticke. Der dritte gelingt gut, ich bringe ihn E. mit. Wochenends fahre ich nach Berlin, zweimal sogar von Freitag bis Montag früh.

Die Wochen verlaufen völlig ruhig. Auf der Wiese neben uns im Odertal bildet sich ein großer Überschwemmungssee. Ich registriere für Kohlhase die Orgel in der Marienkirche, er gibt am 20. 11. ein Orgelkonzert mit Orchester für die Frankfurter Garnison. Die Proben gehen gut. Während des Konzertes, in der Mitte des Programms, bleibt eine Pfeife hängen, sie heult Dauerton; das Konzert muß abgebrochen werden. Ein zweites soll in einer anderen Kirche stattfinden.

Wir sahen ein paar Filme, der harmloseste und hübscheste: »Kleider machen Leute« nach Keller mit Rühmann und Käutner als Regisseur; der entsetzlichste, von mir betitelt: Die Rote Kuh, mit Zarah Leander als Maria Stuart. Der absolute Tiefstand! Wir biegen uns vor Lachen.

Es geht das Gerücht um, wir müßten umziehen, und am 17. 11. ist es wirklich soweit. Die 30 Mann der Kolonne [eine technische Einheit der Nachrichten-Abt.], der wir angehängt sind, weil wir dort am wenigsten Unruhe stiften, werden in einen Saal des Wirtshauses »Sanssouci« verlegt. Mir gelingt es jedoch, durchzusetzen, daß ich zur »Bewachung der Akten« im Büro der Arbeitsgemeinschaft »Kriegschronik« schlafen darf. Dieses Büro befindet sich im Hause des Schulrats Kretschmann, dort in einem schönen großen Zimmer. K.s sind gebildete, großzügige Leute, und ich bin gut bei ihnen untergebracht (Luisenstraße 27a). Mit E. telefoniere ich jede Woche ein paarmal. Gegen Ende des Monats besuche ich das Musikheim und dessen Leiter, Prof. Goetsch. Das Musikheim ist eine moderne Institution. Ich höre bei G. eine Vorlesung und knüpfe musikalische Beziehungen an.

Unser Mit-Chronist, Pfarrer Manteufel, findet mit seinen 30 Jahren, und vielleicht auch infolge des Umgangs mit uns, er müsse heiraten. Er gibt ein Inserat in der Odertante [Lokalzeitung] auf und – 24 Mädchen melden sich! Nun hat er die Wahl. Wir suchen sieben aus, die andern bekommen sofort Absagen. Morgen (geschrieben am 30. abends) fängt er an, sich mit den sieben zu treffen. Nur wenige Briefe der Bräute waren orthographisch richtig.

Meine Kriegsbriefe machen Fortschritte. Ich bin auf Blatt 140.

Glücklicherweise lassen die Alarme in Berlin sehr nach, die Engländer konzentrieren sich auf Westdeutschland. Am vorigen Sonntag waren wir bei Dr. Traub [Ufa] eingeladen mit einem der erfolgreichsten Schriftsteller der Gegenwart, Heinrich Spoerl, und einem wichtigen Mann, der viel weiß und sehr pessimistisch

war. Wichtigste Einheiten der ital. Flotte sind in Tarent vernichtet worden, in Griechenland haben die Italiener schwere Verluste. In Polen herrscht Hungersnot.
[Die zweite summarische Eintragung, geschrieben am 25. 12. 40 in Berlin, lautet:]
Habe wieder einen Monat lang nichts aufgeschrieben. Es lohnt sich vielleicht auch nicht mehr. In Frankfurt geht alles seinen ruhigen Gang, am Kriegsbuch ist nicht viel geschehen. Im Musikheim habe ich mit einer sehr guten Blockflötenspielerin, Frl. B., musiziert und bei einer Hausmusik im Hause Trowitsch mitgewirkt. Tr.s sind reiche Leute in Frankfurt mit Kunstsinn. Mutter mit zwei aparten Töchtern, Vater ist seit zehn Jahren tot. Verleger und Drucker. Zweimal war ich zum Wochenend in Berlin.
Ich bekomme am 17. 12. weitere drei Wochen Urlaub nach Berlin. Wir richten die Wohnung in der Ruhlaerstraße wieder ein, im großen Zimmer steht wieder ein Flügel. Das Kind wird im April geboren werden. Unter den Weihnachtsgeschenken sind schon viele Sachen für dieses Kind.

[An Carl Rothe. Der Schriftsteller C. R., im Freundeskreis Aki genannt, lebte mit Familie in einem schönen Haus auf der Rehmenhalde bei Überlingen am Bodensee. Im Haus daneben mieteten wir später durch Rothes Vermittlung eine Dachwohnung, in der meine Frau und der älteste Sohn Thomas, 1944 kam Gabriele dazu, die weiteren Kriegsjahre verbrachten. Auf der Rehmenhalde entwickelte sich um Rothe, Friedrich Georg Jünger und andere künstlerische Existenzen eine kleine Kolonie Gleichgesinnter, die sich gegenseitig halfen. Vom Überlinger Kreisleiter der NSDAP ist der Satz überliefert: Man braucht nur einen Zaun herumzuziehen, dann ist das KZ fertig. Carl Rothe ließ sich als »Generalsekretär« einer offiziösen Schriftstellerorganisation mißbrauchen und machte »Kulturreisen« in besetzte Länder. In seinem Selbstverständnis war er ein radikaler Gegner des NS-Regimes und für uns ein zuverlässiger, hilfsbereiter Freund.]
30. November 40, Frankfurt/Oder. Lieber Herr Rothe, ich stelle fest, daß noch ein Dank offensteht für Ihre Maria-Theresia-Briefe. Zu geruhsamem Lesen hatte ich allerdings in den vier Wochen Arbeitsurlaub, die vorgestern zu Ende gegangen sind, keine Zeit. Jeder Morgen sah mich gegen 8 Uhr bereits im Verlag.

Ein paar Dinge können wir zu Weihnachten vorzeigen: Weltkriegsbriefe des Generals v. d. Marwitz; ein Bändchen Briefe aus diesem Krieg, von einem Pionierleutnant meiner Division geschrieben, wohltuend, wenn man sie vergleicht mit üblichen Erzeugnissen dieser Art. Unpathetisch und nicht so verlogen. Der alte Kuhn [Sinologe] hat seine chinesische Kuh, dieses leistungsfähige Rindvieh, wieder gemolken und dreizehn chinesische Liebesgeschichten herausgebracht. Eine so umfangreiche Sache wie die »Internationalen Beziehungen im Zeitalter des Imperialismus« – Dokumente – konnte durch einen Band russischer Akten fortgesetzt werden, und das erste Japan-Handbuch, ein umfangreiches, zuverlässiges Werk für 30 RM, erscheint zu Beginn des kommenden Jahres.

Aber dies alles läuft, intern gesehen, nur so mit neben den minder erfreulichen Produkten, die den engen Beziehungen zwischen dem Unternehmen und den Ministerien und Kriegslenkern ihr Dasein verdanken und die Sie in jedem Papierladen, auch in Überlingen, werden liegen sehen: Kriegsbücherei der deutschen Jugend, Kolonialbücherei. In Vorbereitung Erlebnisbücherei, Mädelbücherei usw. Schauerliches Zeug.

In den Kompanien weht ein scharfer Wind, weil allen die Situation zum Halse heraushängt und jeder seinen Grimm an jedem ausläßt. Dem bin ich glücklicherweise ferngerückt. Schon seit Le Creusot liefert mir die Abfassung einer Kriegschronik der Abteilung die Begründung für ein Ausnahmedasein. Man teilte mich und die von mir dafür vorgeschlagenen »Mitarbeiter« einer Instandsetzungskolonne zu, einem Appendix der Abteilung, wo es schon immer sehr ruhig zugegangen ist. In diesem Haufen nehmen wir nun wiederum eine Sonderstellung ein, und so ist die Lage nur lächerlich und unangemessen, aber keinesfalls unangenehm.

Meine »Mitarbeiter« sind ein Bildhauer, ein Schauspieler und ein Pfarrer. Diesen nenne ich »Schlattenschammes«. Wir meiden ihn, aber er ist sehr brauchbar, er sammelt das Material, das wir sogar mit einer Fragebogenaktion aus der Truppe herausholen wollen, und verbreitet den Geruch von Arbeit. Der Bildhauer zeichnet den Schauspieler und macht Gipsabgüsse von uns, der Schauspieler, der Aussicht hat, zur Ufa zu kommen als Regisseur, schreibt an einem Filmtreatment, und ich werde, wenn ich länger hierbleiben sollte, was Gott verhüten möge, meine Kriegsbriefe redigieren unter dem Gesichtspunkt einer Veröffentlichung. Wie unter solchen Umständen die Kriegschronik zustande kommen soll, der wir dieses Dasein verdanken, ist unklar, aber es ist auch gleichgültig.

Ja, lieber Herr Rothe, so leben wir. So leben einige Millionen Soldaten, so und noch viel schlechter. Wenn meine Briefe durchredigiert sind, würde ich sie Ihnen gern schicken, damit Sie sagen, ob man dergleichen veröffentlichen soll. Ob man es kann, ist eine ebenso offene Frage, und je länger ich darin lese, desto weniger möglich erscheint es mir, weil die Individualität des Gefreiten K. darin die Anmaßung hat, sich gegen den ganzen Kriegs- und Zeitschematismus zu stellen – worin jedoch wiederum auch der Reiz der Sache besteht. Über das »kann« soll unser Freund Eggebrecht urteilen.

[An Frau Dr. Elisabeth W., eine Freundin aus Universitätsjahren]
Soweit ich darüber hinaus Gedanken habe, werden sie von umfangreicher Lektüre gefesselt, indem ich die vielfache Gunst des Augenblicks nutze, die stillen Nächte und eine glänzende Bibliothek. Ich bin auf die Romantik gekommen, der Katalog umfaßt unter diesem Stichwort volle sechs Blatt. Ich habe davon nicht allzuviel gewußt und bemerke, was es hier an Zeitbezügen gibt, eine Art Modernität, modern für die wenigen, höchst unzeitgemäß für die vielen. Außerdem fördere ich meine Briefe, will sie in diesem Urlaub abschließen, im nächsten bevorworten und versuchen, sie irgendwo herauszubringen.

[An Carl Rothe]
Frankfurt, 15. Dezember 40. Lieber Rothe, wir haben hier gestern Adventsmusik bei Kerzen und Kaminfeuer gemacht. Am 3. Februar geht im Musikheim ein neuer Kurs an. Ohne Zweifel ist manches im »Musikheim« dilettantisch – dieser Zug zur Universalität steht Goetsch und jedermann, der wie er im goethischen Sinn ein Dilettant ist, gut. Aber Goetsch will seinen meist durchschnittlichen Schülern in sechs Wochen etwas von dieser Universalität mitgeben, das geht natürlich nicht.

[Aus dem Entwurf eines Briefes an Goetsch]
Sie sollten sich darüber im klaren sein, daß Sie keine Gegenposition von Ihrer »Universalität« her aufbauen können. Gerade unter diesem Stichwort wird doch der ganze Rummel hier gestartet, und obschon ich weiß, wie Sie es meinen: Es ist gefährlich, überhaupt mit einem Ganzheitsbegriff zu arbeiten, ganz gleich, welchen Inhalt man da hineinpackt. Der »zersetzende« Intellektuelle wird benötigt. Nicht umsonst ist das ein Schimpfwort. Die Ganzheit auseinanderreißen, damit man sieht, was drin ist . . .

[Von Dr. Jürgen Eggebrecht]
Berlin, 27. Dezember 1940. Sehr geehrter Herr Kuby! Eine Möglichkeit, Sie nach Berlin zu holen, um Ihnen innerhalb meines Arbeitsgebietes ein Tätigsein zu schaffen, besteht gegenwärtig zu meinem Bedauern nicht.
Ich teile Ihnen das auf Ihr freundliches Schreiben vom 29. Oktober d. J. deshalb so spät mit, weil ich insgeheim immer noch hoffte, Ihnen einen günstigeren Bescheid geben zu können.
Wenn Sie wieder einmal in Berlin sind, rufen Sie mich doch an.
Mit den besten Wünschen für ein gutes neues Jahr Ihnen und Ihrer Frau ergebener Eggebrecht.

[An Carl Rothe]
Berlin, 31. Dezember 40. Wir haben einen Tisch erworben, einen soliden, einfachen, geeignet zum Essen wie zum Arbeiten. Da wir immer an dem niedrigen Couchtisch gegessen hatten, kommen wir uns jetzt herrschaftlich vor. Der Flügel nimmt wenig Platz weg, die Hobelbank, an der E. ihre Schuh-Modelle schnitzt, wurde im Keller aufgestellt, Porzellan und Vasen, auch Bücher wieder ausgepackt. Kurz, wir machen das Gegenteil von dem, was alle anderen Berliner tun, wir richten uns ein; die anderen überlegen, wohin sie ausweichen sollen. Aber das ist ja doch nur für den Winter. Wenn im Frühjahr das Kind kommt, wird die Bude hier dichtgemacht, und zwar wahrscheinlich für immer. Anfang März, denke ich, wird unsere private Liquidation Berlins stattfinden.
Wir machten Musik bei uns und in Frankfurt; ich spiele jeden Tag, solange ich hier bin.

[In diesem »Arbeitsurlaub«, und während ich an einem Manuskript meiner eigenen Kriegsbriefe arbeitete, besorgte ich die

Buchausgabe der Briefe jenes schon erwähnten Leutnants Mende, der kein Hurra-Schreier war, aber ein Soldat und brav. Für den Verkauf des Buches bei der Truppe ließ ich einen Prospekt herstellen, dessen Text ich verfaßte. Er tönte wie folgt:]

Die Wochen vergingen, das Pionier-Bataillon lag irgendwo in einem kleinen Ort des Departements Saône et Loire, und der Leutnant Mende hat keine Zeit, sich um das weitere Schicksal seiner Briefe zu kümmern.

Da entstand ein Gerücht, die Division werde nach Deutschland verladen, es verdichtete sich zur Wahrscheinlichkeit, und eines Tages wurde es Gewißheit. Der Herr General war inzwischen mit einem Teil seines Stabes nach Vézelay umgezogen, und an einem der letzten Tage befahl er den Gefreiten K. der Nachrichtenabteilung zu sich. Dieser Befehl hatte zunächst mit den Briefen des Leutnants Mende nichts zu tun.

Aber während des Gespräches mit K. erinnerte sich der General plötzlich, daß K. im bürgerlichen Leben in einem Verlag tätig sei. »Sie sind doch Verleger«, sagte der General zu K., »ich habe da eine Sammlung von Briefen bekommen, man sollte sie veröffentlichen. Im allgemeinen bin ich nicht für derartige Literatur, aber diese Briefe sind gut. Sie machen keine unnötigen Worte und sagen doch mehr über die inneren Voraussetzungen für unseren großartigen Sieg in Frankreich als alle Kriegstagebücher. Wollen Sie sich das Manuskript ansehen?«

»Jawohl, Herr General«, antwortete der Gefreite K. Eine Woche später war die Division in Deutschland, und das Manuskript lag auf dem Schreibtisch unseres Lektorates. »Diese Briefe sind gut« – das war auch unser Urteil. Und wie ungewöhnlich es auch sei, jetzt, da wir noch mitten in diesem Krieg stehen, ein solch persönliches Dokument zu veröffentlichen, so sprach doch alles dafür, es zu tun.

Nun wird das Buch zu diesem Weihnachtsfest in den Schaufenstern aller deutschen Buchhändler liegen und wird seinen Weg zu vielen Lesern finden. Vor allem aber geht dieses Buch die Division an, in deren Reihen der Leutnant Mende marschierte. Ihr inneres Erlebnis bildet seinen Inhalt, und ihren Männern bahnten die Pioniere des Pionier-Bataillons, zu dem der Verfasser gehört, den Weg über die Maas und über die Aisne.

1941

[Aus dem Notizkalender:]

4.–10. Januar 41. An Rothe in Überlingen geschrieben, ob er eine Wohnung für uns finden kann. Die Evakuierungen aus Berlin werden immer planmäßiger durchgeführt, und alle Welt erwartet eine starke Welle von Angriffen im Frühjahr. R. antwortet sehr freundlich, und E. wird dort bestimmt gut unterkommen.

In Frankfurt (Oder) erwarten mich völlig unveränderte Verhältnisse. Ich schreibe sogleich intensiv am Brief-Ms. weiter und bin nach einer Woche fertig. Das Ms. geht an Rothe und andere. Auch am Kriegsbuch [der Truppe] wird weitergearbeitet. Man spricht von einer baldigen Änderung unserer Lage, aber Hptm. v. Bissing versichert mir, »das Ei sei noch nicht gelegt«. Wir haben noch kaum einen neuen Wagen für unsere Motorisierung. Das schlimmste wäre eine Umsiedlung auf den Truppenübungsplatz Wandern (40 km ostwärts von Ffo.). Unser neuer Vers: Solche, die im Trüben fischen, wird der liebe Gott erwischen. – 13. Januar 41. Ich bin nach Abschluß der Briefe in einem luftleeren Raum. – 14. Januar 41. Lese Klages, Graphologie. – 15. Januar 41. Es deutet sich die Möglichkeit an, daß ich ins Heeresarchiv (nach Potsdam) muß, um Akten abzuschreiben. Das bedeutet längeren Sonntagsurlaub. – 16. Januar 41. Es klappt mit Potsdam, ich fahre morgen (bis Mittwoch) nach Berlin. – 20. Januar 41. Sehr zustimmender Brief von Rothe zum Manuskript. – 23. Januar 41. Ganz gleichmäßiges Leben in Ffo. Immer am Aisne-Kapitel der »Kriegschronik« geschrieben. Kino »Operette« mit Willi Forst. Lese Napoleonbriefe, Emil Ludwig: Wilhelm II., Renn: Der Krieg!!! (viel besser als Remarque), Rolland, Proust. – 27. Januar 41. Mit Bertram in den ausgezeichneten Film »Der Postmeister« mit George und Hilde Krahl. – 29. Januar 41. Aisne-Kapitel abends fertig, Gott sei Dank. Werde Freitag nach Berlin fahren können. – 3. Februar 41. Mittags kommt das Ms. von Rothe mit kleinen Änderungsvorschlägen zurück. Ich bringe es zum Abschreiben weg. Ich lese die Herzogin von Guermantes [Proust] und bin fasziniert. – 5. Februar 41. Unser Leutnant Meyer besucht uns überraschend, findet uns bei der Arbeit. Ich soll auf seiner Hochzeit die Orgel spielen. Grund für einen Urlaub.

[Von Carl Rothe]

*Überlingen, 16. Januar 41. Kurz, daß ich gestern Ihre »Briefe«
erhielt. Ich las sie noch in der Nacht – bei den letzten Seiten, wo
Sie die Begegnung mit Romain Rolland schildern, von Schauern
des Kummers, ja mehr noch . . . geschüttelt. Ich habe nämlich
noch immer nicht den zehnten Mai [Beginn des »Frankreich-Feld-
zuges«] verwunden, und wieder und wieder jagt mich die Frage,
warum alles dies so kommen mußte – mußte? Ihre Briefe rie-
fen alles wieder wach. Ihre sehr schönen und inhaltsreichen
Briefe. Ich werde sie noch einigemal lesen und Ihnen sehr bald
ausführlich schreiben. Vielleicht bin ich ein schlechter Kritiker für
Sie, denn ich habe eine große Schwäche für die Art, wie Sie die
Dinge anleuchten.*

Dieses Manuskript wird Ihnen aus der Hand gerissen werden.

[Aus dem Notizkalender]:

6. Februar 41. Bekomme einen Brief von der Reichsschrifttumskammer wegen Buchhändler-(Verleger-)Examen und beantrage
vier Wochen Urlaub. Deshalb schon wieder nach Berlin. – 14. Februar 41. Heute nachmittag nach Berlin mit neuem Urlaub bis
Mittwoch, teils, weil ich auf der Hochzeit des Leutnants Orgel
spiele, teils um zu arbeiten für das Examen bei der R.S.K.
[Reichsschrifttumskammer]. – 16. Februar 41. Im Grand-Hotel
in Potsdam zum Geburtstag von Traub eingeladen. Viele fremde
adelige Leute, Unterhaltung mit H. v. Mackensen, dem Sohn
des Feldmarschalls. Abends v. Nasow [Schriftsteller] kurz bei
uns. – 17. Februar 41. Mittags kommt Bertram und zeichnet die
Braut des Leutnants. – 18. Februar 41. Bild gerahmt für die Braut.
Um 3 Uhr Frankfurter Allee, dann Glaubenskirche in Lichtenberg, Trauung, Schleier und Uniform. Ich spiele Pastorale und
Schlußfuge. Zum Kaffee mit vielen Torten eingeladen. – 28. Februar 41. Nachmittags nach Berlin mit Urlaub bis 1. April. Jetzt beginnen die Vorbereitungen für die Umsiedlung nach Überlingen.

An Nachrichtenabteilung 3 (mot), Frankfurt/Oder

6. Februar 41

Betr.: Beurlaubung zum Zwecke der Berufsausbildung.

Laut Mitteilung der Reichsschrifttumskammer vom 4. 2. besteht
die Möglichkeit, daß ich die Gehilfenprüfung als Buchhändler in
Rücksicht auf meinen Wehrdienst ohne vorherigen Besuch der

Reichsschule des Deutschen Buchhandels am 29. oder 30. 3. 41 vor dem Landesleiter der Reichsschrifttumskammer in Berlin ablege. Gemäß den bestehenden Bestimmungen ist die weitere Ausübung meines Berufes nach Beendigung des Krieges von dieser Prüfung abhängig, durch die ich ordentliches Mitglied der Reichsschrifttumskammer (Gruppe Buchhandel) werde. Es ist daher für mich von größter Wichtigkeit, von dieser Gelegenheit Gebrauch machen zu können, um nicht nach Jahren der durch den Krieg verursachten Unterbrechung der Berufsausübung weitere Zeit durch den Besuch der Reichsschule zu verlieren.

Ich bitte daher die Abteilung, unter Bezugnahme auf die für die Wehrmacht geltenden Bestimmungen betr. Förderung der Berufsausbildung während des Krieges, mich zum Zwecke der Vorbereitung auf das Examen vom 1. März bis 1. April zu beurlauben.

[An Dr. Jürgen Eggebrecht]
Berlin, 15. Februar 41. Sehr verehrter Herr Dr. Eggebrecht, mit diesem Brief übergebe ich Ihnen ein Manuskript, das unter dem Arbeitstitel »Kriegsfahrt durch Frankreich« eine redigierte Zusammenstellung meiner Kriegsbriefe enthält. Noch während ich in Frankreich war, hat meine Frau in Freundeskreisen aus diesen Briefen vorgelesen, und als ich zurückkam, wurde ich von den verschiedensten Seiten angeregt, eine Veröffentlichung vorzubereiten. Nun, da die Briefe in dieser geschlossenen und gereinigten Form vorliegen, meine ich selbst, daß das Buch einige Leser finden wird, und ich bin zufrieden, daß mir der Winter Zeit zu dieser Arbeit gelassen hat.

Es wäre mir auf jeden Fall wertvoll und wichtig gewesen, von Ihnen ein Wort über das Manuskript zu erfahren; ich bedauere sogar, daß Ihre amtliche Eigenschaft es mir untunlich erscheinen läßt, in diesem Falle die persönlichen Worte zu finden, die ich sonst diesem Manuskript mitgegeben hätte. Aber ich darf Ihnen versichern, daß es nicht nur der Zensor ist, dem ich diese Briefe vorlege.

Es ist jedoch auch der Zensor, den ich bitte, sich der Mühe zu unterziehen, diese Seiten zu lesen und mir die Unbedenklichkeit zu bestätigen oder mich auf Wendungen aufmerksam zu machen, die zu Mißdeutungen Anlaß geben könnten, so daß ich dem Verleger diese Mühe der Zensurvorlage durch einen Brief von Ihnen abnehmen kann und so den Vorgang der Buchwerdung beschleunige. Meine Truppe wird wohl demnächst wieder in Bewegung kommen und ich hätte doch gerne vorher das Ms. unter Dach und Fach gehabt – man kann ja nicht voraussehen, was geschieht.

[An den Paul List Verlag, Leipzig]

Berlin, 22. Februar 41. Sehr geehrte Herren, ich übergebe Ihnen mit diesem Brief ein Manuskript, das unter dem Arbeitstitel »Kriegsfahrt durch Frankreich« eine redigierte Zusammenstellung meiner Briefe aus Frankreich enthält. Ich bitte Sie, sich durch die Flut derartiger Veröffentlichungen nicht davon abhalten zu lassen, das Titelblatt des Ms. umzuschlagen. Zum mindesten unterscheidet es sich in der Haltung von jeder Form des heldischen Geschwätzes.

Sollten Sie eine Veröffentlichung in Erwägung ziehen, so ist es nicht notwendig, daß Sie sich über die Stellung des Zensors zu diesem Ms. Gedanken machen. Dessen Zustimmung hoffe ich auf unmittelbarem Wege einholen zu können.

Ich wäre Ihnen für eine baldige Antwort dankbar, da sich meine Truppe in nächster Zeit zur Eröffnung ihrer Frühjahrskriegssaison in Bewegung setzen wird und ich das Buch gerne vorher unter Dach und Fach hätte.

[Die im Jahre 1975 zur Veröffentlichung ausgewählten Teile meiner Kriegsaufzeichnungen und -briefe sind selbstverständlich nicht identisch mit jenen, die ich im Winter 1940/41 für »Kriegsreise durch Frankreich« zusammenstellte. Es findet sich dort kein Satz, der mich durch seinen Inhalt, seine verbal faßbare Aussage der Staatspolizei ausgeliefert hätte. Aber es konnte sich darin auch kein Satz finden, der den Tonfall gehabt hätte, in dem die Deutschen öffentlich und privat sprachen.

Indem ich zustimmende Freundes-Urteile von damals in die Texte dieses Buches aufnehme, könnte man mir vorwerfen, ich lieferte für die Kritik eine Sprachregelung gleich mit. So ist es gewiß nicht gemeint. Es würde aber das Bild der Zeit, das dieses Buch vermittelt, verzerren, wenn ich den Eindruck erweckte, ich hätte alleingestanden.]

4. Februar 41. Von Rothe heute einen neuen, drei Seiten langen Brief zum Manuskript. Was er an einzelnen Korrekturen vorschlägt, ist vernünftig, manches hatte ich ganz ähnlich im Sinn.

Aus dem allgemeinen Schmus folgende Zitate:

»... so führt das persönliche Erlebnis doch noch eine besondere Sprache, und das ist das Fundament Ihrer schönen und – ja! – rein dichterischen Briefe ... Man vergißt darüber den Krieg, der Anlaß zu ihnen gab. Die Dosis, mit der Sie Ihre Meinung aussagen, ist wirklich so, wie Sie mir in einem Brief schrieben: daß kaum Zensur die Schlupfwinkel aufstöbern können wird. Und schließlich das verdiente und genialische Glück der Begegnung [mit Romain Rolland], mit der Sie schließen – der Geist behält das letzte Wort auch über diesen Krieg. Sie zitieren zweimal Cézanne und zweimal Bach, von beiden haben Ihre Briefe das Bedingende, Farbe und Ton.«

Mir ist es komisch, so etwas über mich zu lesen, come down möchte ich sagen. Nicht daß ich nicht wüßte, wie ich in dieser Landschaft stehe, aber ich sehe das nicht literarisch, sondern existentiell. Gut, ich schreibe, aber das sind Briefe, die meisten an Dich, und während ich schreibe, denke ich nicht eine Sekunde daran, Formen hinzustellen. Ich teile etwas mit, der Unterschied zwischen Briefen Tante Olgas an eine Kaffeefreundin und meinen ist nur der, daß ich mir bewußt bin, daß Fakten, manchmal auch Stimmungen und Meinungen, festgehalten werden müssen nicht nur, damit Du sie erfährst, sondern auch, weil sie Verhältnisse widerspiegeln, die unter gar keinen Umständen spurlos verschwinden dürfen. Bräche nachher das Paradies aus, dürften, sollten wir alles so rasch als möglich vergessen. Das Paradies bricht aber nicht aus. Das Ende dieser Herrschaft zerbricht nicht die Linien dieses Jahrhunderts. Das Individuum bleibt ausgeliefert, Vernunft Mangelware, nicht mal auf Karten zu haben.

[An Carl Rothe, Überlingen]

4. Februar 41. Die Morgenpost hat Ihren Brief gebracht. – Sie haben mich in Dankesschulden gestürzt. Daß Sie den Briefen Lobendes nachsagen, freut mich. Mehr noch die Kritik im einzelnen, die ich beherzigen werde. Einen Titel will ich erst ausbrüten, wenn ein Verleger gewonnen ist.

Wir stehen ohne Zweifel am Vorabend der Ereignisse. Leider ist der Kanal [der Ärmelkanal] so tief, man kann ihn mit Leichen nicht füllen und darübermarschieren. Wir trafen Leute, die ziemlich nahe dem oberen Ende der Pyramide sind und auch sonst nicht ganz dumm, die sehen es rein als militärisches Problem, die Sache dauere diesmal zwölf Tage und dann sei Schluß [Besetzung Englands]. In Hamburg werden bereits Firmen für Export nach Südamerika gegründet, einer hat eineinhalb Millionen in dieses Geschäft gesteckt, im Herbst soll der Handel blühen. Dem, der mit uns sprach, machte gerade das Eindruck, daß die Kaufleute, die doch so genau Bescheid wüßten, sich auf die optimistische Seite würfen. Ich sagte ihm, daß die Kaufleute die größten Esel immer gewesen seien in außergewöhnlichen Zeitläufen, Gründerkrach, Schwarzer Freitag in den USA, usw. – Beispiele dafür, daß Kaufleute, mögen sie in ruhigen Zeiten noch so geschickt sein, gar keine tieferen Einsichten haben.

6. Februar 41. Du scheinst nicht bemerkt zu haben, daß der wertvollste Inhalt Deines Briefes das Schreiben der Reichsschrifttumskammer ist. Da bahnt sich ein Urlaub an gemäß den Bestimmungen über Förderung der Berufsausbildung. Vom 1. März bis 1. April – wär das nichts? Die Arbeit für die Prüfung würde mich keine Woche beschäftigen. Ich muß das Formular jetzt zum Verlag schicken. Steiniger kann es an die Kammer weiterleiten.
Ferner will die Organisation eine Liste von zehn Büchern, die ich in letzter Zeit gelesen habe. Wenn ich diese Liste wahrheitsgetreu aufstelle, werden sie an meiner weiteren Berufsausbildung kein Interesse mehr haben. Ich koche ihnen einen schönen Brei zusammen, unter anderem wird »Michael« von Goebbels draufstehen; diese expressionistische Jugendsünde hat mit dem N. S. inhaltlich nichts zu tun, aber gegen den Verfasser können sie nichts haben, und ich möchte wetten, daß der Kammer noch von keinem Kandidaten eine Liste vorgelegt wurde, auf der »Michael« genannt ist. Das Buch ist längst nicht mehr im Handel.
[Die hier abgedruckte, für die Reichsschrifttumskammer bestimmte Liste zeigt, daß ich »Michael« dann doch nicht aufgenommen habe.]
Frankfurt, 20. Februar 41

10 Bücher,
die ich in den letzten Monaten gelesen habe:
(Ich zitiere die Titel aus dem Gedächtnis und wahrscheinlich unvollständig, da ich im Militärdienst stehe und keine Gelegenheit habe, nachzuschlagen.)

22. Februar 41. Heute war ich mit Bertram im Film »Sieg im Westen« – Du mußt ihn Dir wegen einer Szene anschauen: es wird ein Soldat gezeigt, der auf der Orgel der Kathedrale von Laon spielt. Ich bin es nicht, aber Du hast genau die Situation, in der ich mich befand. Der Soldat spielt etwas anderes, als der Ton wiedergibt. Das läßt die Stellung der Hände und die Bewegung der Finger erkennen. Nicht einmal in einer so einfachen Sache können sie zuverlässig sein.

Im Kriegsfilm waren kleine Schulkinder, und als ein Dorf, von schweren Bomben (oder Granaten) getroffen, in der Luft herumwirbelte, hatten sie viel Spaß, als wären sie im Kasperletheater.

Bertram hat in unserem Arbeitsraum Fotos von Maillol-Plastiken aufgehängt. Von den Wänden herab wirken sie noch stärker, als wenn man nur die Mappe durchblättert.

[Meinen »Arbeitsurlaub zwecks Abschluß der Berufsausbildung« (März 1941) benützen wir, um die Berliner Wohnung aufzulösen, bleiben aber im Vertrag. Die kleine Wohnung am Bodensee übernehmen wir möbliert. Die eigenen Sachen und den umfangreichen Besitz von emigrierten Freunden, den ich bis dahin in Berlin eingelagert hatte, darunter zwei Flügel, verstecken wir in Zimmern verschiedener Bauernhäuser im Dorf Ricklingen bei Salem, die wir auf Kriegsdauer mieten. Wir suchen diesen Ort auf einer Generalstabskarte aus, weil er weder an einer Eisenbahn noch an einer Durchgangsstraße liegt und für Bombenflieger demnach uninteressant ist. Die Holzschuhproduktion meiner Frau wird zunächst von meiner Schwester in Berlin weitergeführt, dann nach Überlingen verlagert, bis die Schwierigkeiten so groß werden, daß sie eingestellt werden muß. Doch gerade in der Zeit, in der wir

Berlin verlassen, entwickelt sie sich gut, Modezeitschriften bringen Berichte darüber.]

[An die Mutter]

Berlin, 2. März 41. Bestelle für den 14. bitte schon jetzt Zimmer für uns in der Pension A. [in München], die Menge der norddeutschen Auswanderer läßt es ratsam erscheinen. In Überlingen ist alles gut vorbereitet, ein vorzüglicher Arzt vorhanden und durch Rothes eine freundliche Umwelt. Rothe hat sogar aus dem Manuskript meiner für die Veröffentlichung vorbereiteten Kriegsbriefe in einer größeren Gesellschaft vorgelesen, um, wie er sagte, Edith einen guten Startplatz zu bauen. Was wir dort haben werden, ist nur eine ausgebaute Mansarde, aber hoch über dem See schwebend mit Blick bis zum Säntis hinüber. Weinberge nebenan.

29. März 41, Berlin. Heute früh von 10–1 mußte ich fünf Klausurarbeiten in der Hardenbergstraße nachschreiben, und heute nachmittag von 2–6 war mündliche Prüfung. Sie haben gar keinen dummen Kram gefragt (Politik etc.), sondern nur Verlagstechnisches, Gesetze usw., ich war erstaunt, was ich alles wußte. Im ganzen war es vernünftig. Man sagte mir nachher etwas Lobendes und gab mir das Zeugnis.

Mit Jugoslawien wird es doch Krieg geben, d. h. ich vermute, die Kroaten rufen eine Separatregierung aus, unterstellen sich »deutschem Schutz«, das übrige Land besetzen wir per kleinem Krieg.

In der Wohnung fand ich drei oder vier Anfragen von Bildfirmen, sie wollen Aufnahmen von Deinen Schuhen machen, aber nur mit Dir zusammen für Berichte: Deutsche Frau im Krieg. Da Du nicht da bist, könnte vielleicht Lisl figurieren, sie sieht so teutsch aus.

30. März 41, Berlin. Ich sitze im großen oberen Eckzimmer auf dem Fichteberg [Haus der Schwiegereltern] nach gutem Abendessen und etwas Unterhaltung. Der Krieg mit Rußland, allen Leuten, die ein wenig informiert sind, als nahe bevorstehend gewiß, wirkt auch hier deprimierend. Daran, daß Einzelentwicklungen des Krieges solche Wirkung tun, ermesse ich, wie sich doch die meisten noch optimistischen Erwartungen hingeben. Als wäre die Entwicklung eine militärische Frage. Daß die wenigen Nicht-Verrückten nicht begreifen, daß das Volk verrückt geworden ist, bedeutet eigentlich, daß sie auch verrückt sind.

Übermorgen geht Ernst [jüngster Bruder von E. K.-Sch., der mit 18 in Rußland fiel] zum Regiment – das liegt Deinen Eltern sehr auf. Dich an einem der ruhigsten Plätze der Welt zu wissen, ist doch sehr gut. Ein Beweis für die allgemeine Verrücktheit ist auch, daß uns viele für verrückt halten, weil wir glauben, man dürfe nicht länger in Berlin bleiben. Der allgemeine Schwachsinn ist ein bedeutender, würde eine bedeutende Person des Reiches sagen, wenn sie die Natur des Schwachsinns begriffe. In diesem Fall hätten wir in Berlin bleiben können. Ich frage mich manchmal, ob Irrenärzte durch ihren Beruf zur Ironie neigen.

Wie mir Lisl sagt, finden sich für Deine Schuhe ganz feine Kundinnen ein: Frau v. Collande, Gisela Uhlen – also von der Sorte.

Eggebrecht ist aufgerührt durch das Manuskript und scheint jetzt besser zu ziehen. Er will mich dem obersten Kommandeur der Propagandakompanien empfehlen, und ich diktiere heute früh vom Fichteberg aus seiner Sekretärin telefonisch meinen Lebenslauf, der mögliche Zuhörer in anstoßenden Zimmern nicht schlecht amüsiert haben dürfte. Was ich wirklich tun würde, wenn Eggebrechts Initiative in dieser Richtung Erfolg haben sollte, kann ich mir überhaupt nicht vorstellen. Aber ich hätte mir ja vor Prüm auch nicht vorstellen können, daß ich dort einen Winter lang Musik machen würde, statt das Vaterland zu verteidigen. In unseres Herrn Narrenhaus sind viele Wohnungen und Notquartiere.

[Aus dem Notizkalender:]

Wieder Frankfurt, 3. April 41. Ich halte abends einen Vortrag über die politisch-militärische Lage im Gasthaus, wo die Leichte Kolonne einquartiert ist, und nur für diese. Ich sage ziemlich offen meine Meinung.

[Zu diesem »Vortrag«, dem einzigen, den ich bis zur Gefangenschaft als Soldat gehalten habe, liegen handschriftlich aufgezeichnete Stichworte vor. Ich sagte offen, ich glaubte an Krieg mit Rußland. Wäre ein Offizier anwesend gewesen, so wäre mir diese Äußerung nicht durchgegangen. Nur die völlige Inkompetenz meiner Zuhörer bewahrte mich vor unabsehbaren Konsequenzen. Hier die Stichworte:]

Politische Lage

Jedes Teilproblem steht im Zusammenhang mit der gesamten Weltlage.

Im Brennpunkt steht im Augenblick Jugoslawien
Agram Bauernpartei, Nationalpartei
Einigungsbestrebungen, Alexander, Innenpolitik.
Heißes Eisen, da eigentlich italienische Einflußsphäre. Noch 1938
wäre jedes Eingreifen in Ju. ein Kriegsgrund für England gewe-
sen.
Von allen Seiten Einmarsch. Serbisches Landheer ausgezeichnet.
Marine unwesentlich: 6 U-Boote, 1 moderner 10 000-t-Kreuzer, 3
kl. Kreuzer, 2 Hilfskreuzer, Schulschiffe.

Hauptproblem Rußland und der Balkan:
Änderung des Gesamtplanes seit vorigem Herbst. Vorläufige Aufgabe des Invasionsplanes [gegen England], da Flotte und Luft-
flotte noch intakt. Versuch der Blockade. Zerstörung der engl.
Macht im Mittelmeer versucht. Ziel: Sperrung des Suezkanals und
der Straße Sizilien–Afrika, Abtrennung der östl. Hälfte.
Rücken- und Flankenbedrohung durch Rußland – das zentrale
Problem.
Massierung deutscher Truppen an der russ. Grenze. Bau des Ost-
walls, Bau der Luftschutzeinrichtungen. Ukraine und Ölquellen
am Kaukasus.

Griechenland: wahrscheinlich rücken die Bulgaren ein. Schutz der
bulg. Grenze durch unsere Panzer.

Türkei: Papens Tätigkeit möglicherweise erfolgreich – durch
jugosl. Widerstand neuerdings versteifte Haltung.

Spanien: eine Öde, auf der die letzten Reste eines kriegerischen Volkes hungernd und frierend herumirren.
Widerstand der Falange (radikal) gegen Franco.

Italien: Deutschenhaß geringer geworden, seit wir in Afrika helfen. Baut aber weiter an der Befestigung
längs der Alpenfront. Fängt erst an, Karten für
Wollstoffe und einige Lebensmittel einzuführen.

Schweiz: sehr vorsichtig geworden. Presse antideutsch.

Frankreichs Schwäche ist während des Krieges seine Stärke. Flotte
und Kolonialheer intakt. Marokko prodeutsch, Sy-
rien wankelmütig, hat de Gaulle empfangen. Bau
der Saharabahn. Lebensmittelhilfe.

Indochina durch Japan auf unserer Seite gehalten, gestattet aber
Durchlaß von Kriegsmaterial nach China.

Holland, Belgien, Dänemark, Norwegen führen Listen über die
Familien, die mit Deutschen verkehren. Ernährungslage noch gut.

Schweden: Erhöhung der Wehrkraft um 100%. Liefert Eisen-
erze, wenig Nahrungsmittel.

Das OKW entdeckt den Gefreiten E. K.

20. April 41. Der Verlagsvertrag [über »Kriegsreise durch Frankreich«] von List ist heute gekommen. Der Begleitbrief beginnt:
»Sehr geehrter lieber Herr Kuby« – das geht ein bißchen schnell
mit der Familiarität! Wenn das Buch, wie vorgesehen, für 6,20
verkauft wird, verdienen wir an den ersten 10 000 Exemplaren
brutto etwa 5700 Mark.

Seit einem halben Jahr habe ich, heute zu H.s Geburtstag para-
dierend, zum ersten Male wieder ein Gewehr in der Hand gehabt und damit komische Bewegungen ausgeführt.

Gestern bei Froweins in Berlin [Freunde, die auch nach Überlingen
gingen] lag Rothes Weimarer Rede gedruckt auf dem Tisch. [Carl
Rothe hatte auf einer großen Schriftsteller-Tagung in Weimar
die Festrede gehalten.] Owei, owei, nein, da tu ich nicht mit. Und
das von ihm, der von früh bis spät in der Antithese lebt! Wer
zwingt ihn denn dazu? Stil und Inhalt ganz dürftig, das auch
noch, der erste Satz wie einer der umständlichsten Schreibsätze
von Thomas Mann, 15 Zeilen lang, niemals ein Rede-Anfang,
und verworren dazu! Diesen Th. M. vergleicht er dann mit Carossa, beschimpft Th. M., verhimmelt C., und so geht es fort.
Laß Dir den Text doch geben, und sei dann diplomatisch. Er ist
doch – ich wollte sagen: ein grundanständiger Mensch, natürlich
ist er das, und doch zögerte ich. Warum, um Himmels willen, hält
er so eine Rede??

21. April 41. Zu Deinen Haushaltssorgen muß ich Dir eine Stelle
aus den Hofmiller-Briefen abschreiben. Ich schicke Dir alle Bände,
sobald ich sie fertig gelesen habe. 1920 schreibt er an seine Frau,
die, obwohl noch erholungsbedürftig, zurückkommen will des
Haushalts wegen: »Alles in der Hand haben wollen ist's, was

Dich nervös macht. Du mußt Dich drein finden, daß nicht jede Arbeit zu Deiner Zufriedenheit ausfallen kann. Was liegt denn dran? Das menschliche Dasein besteht aus lauter Leuten, die, vom Standpunkt der absoluten Richtigkeit aus, ihre Sachen falsch machen. Es wird falsch regiert, es wurde falsch Krieg geführt, die Preisregulierung ist falsch, Bruno Walter dirigiert Beethoven falsch, ich gebe meinen Unterricht falsch, meine Schüler machen ihre Aufgaben falsch, der Postbote bringt falsche Post, alle Welt macht ihre Sache falsch, und dabei besteht die Welt gemütlich weiter. Es scheint zu ihren Existenzbedingungen zu gehören, daß alles falsch gemacht wird und doch im großen und ganzen klappt. Drum reg Dich nicht auf. Ich hab mir als Lehrer seit zwanzig Jahren das Bereden und Nörgeln abgewöhnt. Ich nehme es als selbstverständlich, daß die Schüler ihre Sache falsch machen, und verbessere sie, ohne mich zu erregen, und sieh, es geht, es geht sogar besser, es geht so überhaupt am besten . . .«

25. April 41. Wir hatten einen Marsch von 25 km gemacht, um neun kam ich nach Hause mit schweren Beinen. Frau Schütte sagte: Oben liegt ein Telegramm, und zwinkerte. Es gibt viele Telegramme, aber eben: sie zwinkerte, und es war dann auch das wichtigste Telegramm von der Welt [Sohn Thomas geboren].

Ich denke, daß ich eine Woche Urlaub herausschlagen werde. Daß man Kinder kriegt und ein Telegramm: »Mutter und Kind wohl«, ist nichts so Besonderes, aber immerhin, es könnte auch anders sein. Trotz der unmenschlichen Zeit wächst uns das Leben unter den Händen. Wie mühsam und beschwerlich es in unserem Land ist, dieses eigene Leben den allgemeinen Verhältnissen abzugewinnen, vergesse ich glücklicherweise manchmal. Aber als Flohr neulich von ihrer Zeit in Kalifornien erzählte, und als jetzt der Brief von G. W. aus Newark [USA] kam, da war mir's doch, als wären diese Botschaften gar nicht von unserer Welt, und es wurde mir bitter. Thomas – das Kind liefert Kraft, Dir wie mir, und später finden wir vielleicht ein Hintertürchen.

Er muß Griechisch und Lateinisch lernen, nicht nur auf der Schule, sondern mit Selbstverständlichkeit von klein auf, wie unsere Mütter bei ihren Erzieherinnen Französisch und Englisch lernten. Die Einsicht, daß ihm dann HJ-Erziehung nichts mehr schaden kann, verdanke ich Hofmiller. Außerdem soll er nicht so ungebildet bleiben wie sein Vater.

26. April 41. Im ganzen müssen wir der Automobilindustrie dankbar sein – wäre die Motorisierung der Division nach Plan durchzuführen gewesen, so befänden wir uns jetzt in Jugoslawien, und nichts wäre es mit acht Maitagen am Bodensee. Gestern ging ich, des Kopfwehs nicht achtend, ins Kino, um die neue Wochenschau zu sehen, wo man Hitler nahe und mit Ruhe betrachten kann – und vor Verwunderung ganz krumm wird, wie die Mitte Europas dieses Gesicht sein kann. Vorher lief ein Film: Die englische Krankheit. Eine staunenswerte Leistung der Propaganda – man knüpfte nämlich an den Namen der Krankheit an: seht, die Engländer! Vor dem Hintergrund des geographischen Bildes der Insel zogen in Reihen verwachsene Kinder vorbei. Das ganze Kinovolk dachte: Diese verkrüppelten Nichtse sind unsere lächerlichen Feinde!, und bei keinem dieser Rindviecher reichte es dazu, daß es sich gewundert hätte, als wenige Minuten später in der Wochenschau gefangene englische Offiziere gezeigt wurden, kerzengerade Gestalten, lachend, strahlend, männlich.

[Das Manuskript »Kriegsreise durch Frankreich« kam vom OKW zurück, trug auf der 1. Seite den Stempel: Gesperrt!, mit dem handschriftlichen Zusatz von Dr. Eggebrecht: »In dieser Form«, und mit seiner Unterschrift. Hierdurch sah ich mich veranlaßt, über eine andere Form nachzudenken, und studierte die anonymen Randbemerkungen, Striche, Ausrufungszeichen, Fragezeichen usw., die, wie an den verschiedenen Farben der verwendeten Schreibgeräte erkennbar, auf mehrere Leser im OKW zurückgingen. Daß der grüne Stift bedeutete, General Jodl habe das Manuskript gelesen, wurde bereits erwähnt. Dr. Eggebrecht klärte mich darüber nicht auf.]

17. Mai 41 [E. K.-Sch.].
Ganz vergaß ich zur Ablehnung des Ms. etwas zu sagen, weil's mir so natürlich erscheint. Sie haben so völlig recht und treffen mitten in die Pointe, wenn sie sagen: ein am Kriege ganz Unbeteiligter . . . (das ist ihre façon de parler). Dies Buch kann erst erscheinen, wenn in den Straßen Plakate mit »Nie wieder Krieg!« hängen. Die Tagebuchform fände ich auch viel besser, denn das sind ja wirklich keine Briefe mehr. Wie Du sie gekürzt hast, enthalten sie nichts mehr von der anderen Seite. Ich glaube also nicht, daß Du etwas in Berlin erreichst, und wenn, dann wird das Buch

verboten, wenn's erscheint. Es ist doch von A bis Z nichts als der
private Boykott des Krieges – das aber ist untragbar (!).

[An den Paul List Verlag, Leipzig]

20. Mai 41. Sehr geehrte Herren, ich komme soeben aus Berlin
und habe Ihnen nichts Gutes zu berichten. Ein General fand sich,
der den Militarismus in meinem Buch vermißt. Wie er heißt, wird
mir nicht gesagt. Die Ansicht von Dr. Eggebrecht kommt dagegen
nicht durch, er ist kein General, sondern nur Kriegsverwaltungsrat. Ich hingegen bin nur Gefreiter – d. h.: ich kann beim OKW
nichts mehr tun; daß ein Gefreiter mit einem General über die
Nützlichkeit militärischer Entscheidungen diskutiert, kommt
nicht vor. Man wollte das Ms noch ans Propamin [Propaganda-
Ministerium] weitergeben, das aber hätte die Lage für uns noch
verschlechtert, ich habe es verhindert.

Das Ms, das ich vom OKW zurückbekam, ist mit vielen grünen
Strichen verziert. Manche kann man hinnehmen, andere nicht. Ich
werde in dieser Woche nach diesen grünen Strichen Änderungen
vornehmen – was dabei herauskommt, ist der äußerste mir mögliche Kompromiß. Vielleicht versuchen sie mit diesem Ms dann, ob
sie noch etwas erreichen können? . . .

Obgleich ein General die unbegreifliche politische Instinktlosig-
keit besitzt, die Stelle zu streichen – unter vielen anderen –, wo
ein deutscher Soldat Äpfel an Gefangene verteilt (!!), wollen wir,
meine ich, unser Fähnlein nicht sinken lassen und nicht mit Monaten rechnen. Diese Äpfel stehen auf der Aktivseite des historischen Fazits – manche Heldentaten hingegen werden unter Schul-
den gebucht.

[Vom Paul List Verlag, Leipzig]

23. Mai 41. Besten Dank für Ihre Schreiben vom 20. und 22. d. M.
sowie das frisierte Manuskript. Nach einer raschen Überprüfung
bin ich dafür, daß wir unser Fähnlein nicht sinken lassen. Wir
werden also das Manuskript in der neuen Fassung dem OKW
wieder einreichen und zwar unmittelbar an die Adresse von Dr.
Eggebrecht. In dem Begleitbrief erwähnen wir Ihrer Anregung
entsprechend, daß eine Kopie Ihrem Disziplinarvorgesetzten vor-
liegt und dessen Einwilligung zur Veröffentlichung nachgereicht
wird. Das Mskr. werden wir an das OKW morgen zur Absen-
dung bringen.

Und nun wünsche ich Ihnen recht viel Glück, wenn es zu einem Aufbruch kommen sollte. Mit freundlichsten Grüßen Ihr E. W. List.

[An Oberkommando der Wehrmacht, Berlin]
25. Mai 41. Sehr verehrter Herr Dr. Eggebrecht, der Herr Referent lehnte es leider ab, mir die wirklichen Gründe für die Entscheidung zu sagen; als jedoch das Manuskript hier ankam, enthielt es die Striche und Bemerkungen der Zensoren, und ich konnte mich mit jedem einzelnen Einwand vertraut machen. Dabei zeigte sich, daß bis auf zwei oder drei Stellen nur solche Absätze und Seiten gestrichen bzw. angestrichen waren, die ich entweder selbst zum Nutzen des Ganzen unterdrückt hätte – die »Kaperfahrten« nehmen einen unverhältnismäßigen Raum ein – oder die in anderer Weise für das Buch unwichtig sind. Zwei Striche allerdings berühren den Kern des Buches so stark, daß, sofern darüber die Zensoren nicht anderen Sinnes werden könnten, das Schicksal des Buches für die nächsten Jahre entschieden wäre. Es bliebe dann in der Schublade liegen.

Diese Stellen sind: die Verteilung von ein paar Äpfeln an erschöpfte französische Gefangene und meine Reaktion im Anhören des Schmerzensgebrülls eines Verwundeten. Die letzte Entscheidung über diese beiden Stellen hat für mich eine unvergleichlich viel größere Wichtigkeit als die Frage des Erscheinens oder Nichterscheinens des Buches. Ich glaube vorerst nicht, daß es höchste Absicht ist, den deutschen Soldaten als eine mechanische, gefühls- und empfindungslose Holzpuppe hinzustellen, dem jede menschliche Geste fremd sein muß. Aus welchen Reserven sollten wir denn diesen Krieg bestehen, wenn unsere Überlegenheit nur zur Vernichtung und nicht auch zur großzügigen, selbstsicheren Ritterlichkeit führen darf? Ich weiß wohl, daß mein militärischer Rang es mir im Augenblick verbietet, mit den Zensoren in eine Diskussion zu kommen. Aber ich werde nicht immer Soldat sein.

Mir ist gestern die Schrift von Bruno Brehm: »Deutsche Haltung vor Fremden« in die Hand gekommen, die Sie natürlich kennen. Darin steht auf 30 Seiten nichts anderes, als was mir (selbst in Andeutungen) gestrichen wurde. Ich sagte irgendwo, wir müßten lernen, Herren zu sein – Herr Brehm sagt seitenlang, der deutsche

Reisende habe sich nicht zu benehmen gewußt, er habe angebetet oder verachtet, aber nicht die ihrer selbst sichere Mitte des Urteils gefunden – ist das etwas anderes? In demselben Manuskript, das Ihnen vorlag und das mit grünem und grauem Stift die Striche der Zensoren enthält, habe ich nun mit Tusche meine Striche eingetragen, so daß ein Blick genügt, um zu sehen, inwieweit sie sich überdecken. Herr Dr. List schreibt mir soeben, er werde das Ms. in dieser Form nochmal an Sie schicken.

Eine Kopie des Ms. liegt jetzt meinem Disziplinarvorgesetzten vor, dessen Einwilligung zur Veröffentlichung ich durch den Verlag nachreichen werde.

Wo immer ich mich befinde, werde ich versuchen, diese Kriegsjahre ohne Stillstand in der eigenen Existenz zu überstehen. Ich glaube, wie der einzelne damit fertig wird, das entscheidet über sein künftiges Leben, denn schon jetzt beginnt dieser Krieg – wie der Weltkrieg – nicht mehr nur eine Zäsur zwischen zwei historischen Perioden zu sein, sondern er schafft sich selbst sein Zeitalter, seine Menschen. Wir müssen bereits auf der Hut sein, daß er unsere Substanz nicht angreift. Das ist merkwürdig genug angesichts der geringen Opfer, die er bisher vom Volk gefordert hat.

Oberkommando der Wehrmacht

1 t 12 J (III b)   *Berlin W. 35, den 30. Mai 1941*
2445/41   *Tirpitzufer 72–76*

Betr.: Manuskript »Kriegsfahrt durch Frankreich« – Kriegsbriefe von Erich Kuby

Bezug: Dort. Schreiben Scho vom 24. 5. 41.

An den Paul List Verlag, Leipzig.

Zum Bezugschreiben wird zunächst grundsätzlich mitgeteilt, daß

1. jeder Verlag gehalten ist, Manuskripte, welche die Wehrmacht betreffen, über das für ihn zuständige Reichsministerium für Volksaufklärung und Propaganda dem Oberkommando der Wehrmacht/Abt. Inland zuzuleiten,

2. er gleichzeitig mit dem Manuskript das Genehmigungsschreiben von des Verfassers Disziplinarvorgesetzten vorzulegen hat und

3. Schriften, welche die Erlebnisse einer Einheit schildern, nur für die betreffende Einheit freigegeben werden, sofern sie nicht überdurchschnittlichen Wert haben.

Das vorliegende Manuskript hat dem Oberkommando der Wehrmacht/Abt. Inland bereits zur Prüfung vorgelegen und ist mit Schreiben 1 t 12 J (III b) Nr. 2445/41 vom 15. 5. 41 der Einheit des Verfassers zugesandt worden mit dem Bemerken, daß die Veröffentlichung militärisch unerwünscht ist. Diese Stellungnahme kann sich nicht dadurch ändern, daß der Gefreite Kuby

1. das gesperrte Manuskript durch den Verlag vorlegen läßt und
2. die Streichungen und Änderungen der Zensoren »anerkennt«.

Wäre eine Veröffentlichung bei Berücksichtigung der Textverbesserungen möglich gewesen, wäre dies dem Verfasser über seine Einheit zur Kenntnis gebracht worden.

Anliegend wird das Manuskript zurückgesandt.

Der Chef des Oberkommandos der Wehrmacht
Im Auftrage

Anlage: gez. Graf v. Rothkirch
1 Manuskript

2. Juni 41. In der Anzeige, mit der Du ein Hausmädchen suchst, darf nicht stehen, daß es sich nur um ein Baby handelt und der Haushalt klein ist. Das zöge wohl die Kandidatinnen für diese Arbeit an, aber auch die Aufsichtsbehörden. Sie würden Dir auf den Kopf kommen. Ich glaube, erst von neun Kindern an aufwärts hat die deutsche Frau, die nicht raucht, Anrecht auf einen dienstbaren Geist, und wenn Du die Begründung gäbest, daß Du Schuhe machen mußt, würden sie vielleicht sagen: warum eigentlich? Ihre Schuhe sind doch Luxus.

3. Juni 41. Eiligst, eiligst. Mein Gepäck ist bereits im Auto. Ich fahre spätestens übermorgen nach Insterburg, nordöstliches Ostpreußen. Weiter kann ich in Deutschland nicht von Dir entfernt sein. Gewiß nur Zwischenstation. Denke an südöstlichen Kurs von dort aus.

Schon mein nächster Brief wird mit der Hand im Kopierbuch geschrieben werden - Du solltest Dich der Kopierbücher jetzt möglichst auch wieder bedienen. Vielleicht ist morgen doch noch Zeit zu einem längeren Brief. Von Papa ein paar Worte, daß er auch nach Osten geht, wie jetzt alle. Glücklicherweise gehöre ich zum Vorauskommando, der Stab bleibt noch hier. Das verheißt eine freiere Beweglichkeit und weniger Arbeit. Es wird schön sein, bei diesem Wetter durch dieses Land zu fahren. Das ist auch eine Betrachtungsweise.

4. Juni 41. Es ist glühend heiß. Wir haben 80 km hinter uns und werden heute noch Schneidemühl erreichen, mir nur dadurch bekannt, daß dort vor Jahren ein großes Eisenbahnunglück stattfand. Der Kompanie ist der Ort in freundlicher Erinnerung, weil sie dort im August 39 einen Monat lang in Privatquartieren lag. So schließen sich die Kreise! Morgen Graudenz-Ostpreußen. Ich fahre in einem Simca, ein viel zu kleiner Wagen für vier Männer. Ich sitze hinter dem Fahrer, neben diesem der Unteroffizier, neben mir ein netter Mann namens van Almsick. Etwas pedantisch und ohne Schwung, aber anständig und in manchem gleichdenkend. Er hat fünf (!) Brüder im Krieg - sie verständigen sich durch vervielfältigte Rundbriefe. Mein Buch - wie klug von Dir vorausgesehen - ist zum zweiten Mal abgelehnt worden, diesmal mit einem Brief an die Abteilung, scharf im Ton, ich habe ihn noch nicht gelesen. Er soll zehn Punkte enthalten, von denen ich drei im Kopf behielt: 1) Beobachter, nicht Teilnehmer, 2) militärisch unzulässige Informationen, 3) politisch nicht erfreulich.

[Vom Vater]
4. Juni 41. Die Woche vorher mußte ich meine fehlenden Sachen [für seine Einheit] *aus Europa zusammenholen. Zwei Wagen aus Paris, Sanitätssachen aus Würzburg, Bekleidung aus Ingolstadt*

und Maschinen aus Augsburg. Leute und Wagen waren immer unterwegs und telefonierten von überallher, daß es nicht glatt-gehe. Jetzt ist alles da, verladen, es kann jede Stunde losgehen.

5. Juni 41, am Ende des zweiten Reisetages. Das Erlebnis dieses Tages ist der Unterschied zwischen den 150 km, die wir durch das ehemalige Polen fuhren, und den 100 km in Ostpreußen, das hier allerdings Westpreußen heißt. Staubige, schlechte Straßen, armselige Dörfer, eine in ihrer Weite großartige Landschaft, aber wie der Rohguß einer Landschaft, ohne Anmut [in Polen]. Die Stimmung in Graudenz seltsam zwiespältig, schroff die einen, unterwürfig die andern. Die Orte ohne Mitte, der Markt kein Zentrum, rasch zerbröckeln die Häuserzeilen. Hier dagegen unter dichten alten Alleen Asphaltstraßen, das Land bearbeitet und geformt bis in den letzten Winkel, die Dörfer freundlich, die Leute gleichmäßig unfreundlich oder wenigstens zurückhaltend. Die Leute im Trupp sind nett, der Unteroffizier jedoch ein voll-kommener Schafskopf in seinen Meinungen. Darüberhinzuhören, habe ich gelernt. Es ist kein strenges Dienstverhältnis zwischen uns, er lag als Gefreiter schon in Prüm mit mir auf einer Stube. Ich hörte eine herrliche Antwort. Einer fragte: Was wird denn nun?, und meinte im allgemeinen unsere militärische Zukunft. Sagte ein anderer strohtrocken und ruhig: Ach, die werden noch so lange weitermachen, bis sie den Krieg gewinnen!

Die Fernsprech-Vermittlung wird in die Nähe eines Schlosses kommen, nicht weit von hier. Ruhige Tage sind uns gewiß. Hübsch ist es bei Petroleumlicht.

Kein Mensch weiß, wozu wir hier sind. Das Rätselraten ist all-gemein und gänzlich fruchtlos. Ich beteilige mich nicht, oder doch nur insoweit, als ich sage, wohin wir vermutlich nicht gehen wer-den von hier aus: nach England und nach Afrika.

6. Juni 41, Altkelken, Ostpreußen. Hier ist nichts, was der Mensch gemacht hat, größer oder eindrucksvoller als das Land selbst, die Natur. Ich verstehe, daß die Deutschen es sich so viele Leben und Mühe haben kosten lassen, damit es ihnen gehöre. Und ich ver-stehe, warum uns die Leute hier mit einer verborgenen Angst in solchen Massen auftreten sehen. Abends spielte einer Harmonika im Dorf, als ich nach Hause ging. Der Wald stand als Scheren-schnitt gegen den noch hellen, aber nicht mehr leuchtenden Him-

mel (es war 11 Uhr), und die beiden Störche kamen nach Hause gesegelt als riesige ausgereckte Schatten und ließen sich auf dem Rand des Nestes nieder, das ebenfalls scharf sich gegen den Himmel abhob. Frau Storch setzte sich auf die Eier nieder, Herr Storch blieb stehen wie ein Wächter.

7. Juni 41. Rechne, daß mich Post bis etwa 16. Juni hier erreicht und vom Bodensee gewiß drei Tage unterwegs ist. Wohin dann – nobody knows, d. h. ohne Zweifel – ohne Zweifel für mich – verschlucken uns die östlichen Weiten.

Im nahen Mohrungen ist Herder geboren, bei meiner Mutter hängt ein Medaillon von ihm »aus der Zeit«, ererbt, weil wir irgendwie mit ihm verwandt sind. Der Postmeister fing von sich aus an, von Herder zu sprechen, recht stolz war er auf den Landsmann.

[An Wilhelm Hausenstein, Schriftsteller, Redakteur des Literaturblattes der »Frankfurter Zeitung«, nach dem Krieg erster Botschafter der Bundesrepublik in Paris]

Schloß Groß Bestendorf, Kreis Mohrungen, Ostpreußen, 11. Juni 41. Mein Buch ist inzwischen unter, wie mir scheint, sehr ehrenvollen Begründungen verboten worden. Trotzdem habe ich meiner Schwester, die beauftragt ist, Ihnen eine Kopie zu schicken, keine andere Weisung gegeben, denn möglicherweise mögen Sie darin blättern, ohne an Ihr Amt und die Frankfurter Zeitung zu denken. Auch sind die Zeiten kurios, und es möchte sein, daß wir eine militärische Allianz mit den Franzosen eingehen – sofern wir sie nicht schon haben –, und die freundlichen Äußerungen eines Soldaten über Frankreich kämen dann vielleicht der Frankfurter zupaß. (Ich denke dabei an die letzten 30 oder 40 Seiten, Avallon, Vézelay, Begegnung mit Romain Rolland.)

Das ist recht vorgegriffen, aber ohne Zweifel wird für mich auch die postalische Verbindung in Kürze auf einige Zeit abreißen, und zum andern ist gewiß, daß wenig Anständiges und Pro-Französisches im Krieg geschrieben worden ist.

[An Dr. List, Leipzig]
Schloß Groß Bestendorf, Kreis Mohrungen, Ostpreußen, 11. Juni
41. Es ist gar kein Zweifel darüber möglich, daß meine armen
Briefe an hoher Stelle Empfindlichkeit hervorgerufen haben, und
ich möchte fast die Stelle bezeichnen können, die daran schuld ist.
Nun wollen wir Gras über die Sache wachsen lassen, später will ich
gelegentlich Dr. Eggebrecht nach den Hintergründen fragen.

Ich denke an die Möglichkeit, daß Sie einem maßgebendem Mann
aus der politischen Propaganda gerade in dem Augenblick begegnen könnten, in dem wir Schulter an Schulter mit unseren französischen Brüdern irgendwo siegen. Im übrigen wollen wir, meine
ich, alle Betriebsamkeit lassen und unsere Zeit abwarten. Dr. Hausenstein schreibt mir heute einen interessanten Brief über die
Arbeit. Falls die Frankfurter die letzten 30 Seiten abdrucken will
und Sie damit einverstanden sind, so mag sie es tun. Ich betreibe
das aber nicht weiter.

Ich sitze manche Stunden bei einem Windmüller in seiner Mühle,
zeichnend und nichts tuend; es ist eine großartige Beschäftigung,
eine launenhafte Naturkraft sich dienstbar zu machen, das mächtige alte Gebälk zittert unter dem Druck des Windes, aber es hält
und tut was es soll wie seit jeher.

Außer Pascal, Le Bon und Lichtenberg habe ich keine Bücher mitgenommen. Dabei fällt mir ein, daß ich seinerzeit bat, mir ein Exemplar des Lawrence [Die Sieben Säulen der Weisheit] zu reservie-
ren; möglichst nicht gebunden, könnte es an meine Feldpostnum-
mer auf den Weg gebracht werden.

[An W. E. Süskind, Schriftsteller, Journalist, Freund und entfernt
verwandt]
Ostpreußen, 12. Juni 41. Mein bescheidenes geistiges Kind haben
sie mir nun doch endgültig verboten - endgültig, soweit man dieses
Wort heutzutage überhaupt gebrauchen kann. Ich ändere aber eine
Anweisung an meine Schwester, Dir eine Kopie zu schicken,
nicht. Vielleicht macht Dir die Sache Spaß. Ich hörte nicht ungern
ein Wort von Dir darüber.

12. Juni 41. Wenn Du diesen Brief hast, kannst Du keinen mehr

hierher schicken, es wird zu ungewiß, wie lange wir noch in Ruhe bleiben. Mache Dir wegen meiner Mitteilsamkeit keine Sorgen - das Militär handelt nie logisch und konsequent. Auch liegt der Punkt, oder die Punkte, an denen das Briefmanuskript diese Herren vom OKW bis zur Kompanie herunter berührt hat, nicht auf der Linie, die in letzter Konsequenz bei der politischen Polizei endet. So blöd war ich denn doch nicht. Sie sehen - mit Recht - nicht das Reich durch mich in Gefahr, sondern sie sind beleidigt, ohne genau sagen zu können, womit ich sie beleidigt habe. Wenn sie den einzelnen Satz nehmen, gleitet er ihnen durch die Gehirnwindungen. Ich hätte nahezu wörtlich dasselbe schreiben können und wir würden jetzt ein gedrucktes Buch haben, wenn in gewissen Abständen Sätze vorgekommen wären, die ihrem Selbstverständnis entsprochen hätten. Daß nichts davon drinsteht, das bringt sie auf. Es ist aber verdammt schwer, jemandem, der ein paar hundert Seiten geschrieben hat, nur vorzuwerfen, was er nicht geschrieben hat. Um das zu tun, müßten sie formulieren, was ihnen fehlt, sie müßten sozusagen ihr eigenes Buch schreiben - ach du lieber Gott! Dieses ihr Buch schreibt doch jede Wochenschau, jede Zeitung, jeder PK-Bericht. Sollen sie sagen: wir vermissen, daß Sie nicht geschrieben haben, was schon geschrieben ist. . .? Also, der langen Rede kurzer Sinn: die kommen nicht auf die Idee, A und B zusammenzuzählen, und sich zu sagen: der hat doch dieses Manuskript geschrieben, und zwar Tag für Tag in Frankreich, was schreibt denn der *jetzt*? Wenn dieser Hebel in ihren Gehirnen einrastet, dann höre ich das, sei sicher. Und dann allerdings werde ich anfangen, der Fische Nachtgebet abzuschreiben [ein nur aus Zeichen bestehendes »Gedicht« von Christian Morgenstern].

13. Juni 41. Heute nacht, als ich Dienst hatte, zogen auf der Chaussee vor dem Haus endlose Radfahrabteilungen vorbei, jedes Rad mit einem Lämpchen - ganz still zogen sie dahin, nur ein leises Rauschen und ab und zu ein halblautes Wort waren zu hören ...
Ich war in der Windmühle - sehr schön!, zeichnend und fotografierend. Sinnvoll, riesig, klobig. Die Windmüllerin klug. Ihre Kinder klettern auf den Flügeln bis zum obersten Punkt, wenn die Mühle steht.

14. Juni 41. In Syrien ist richtig englisch-französischer Krieg. Ich lese nichts, ich höre nichts, aber dieses vorläufige Hauptereignis ist doch bis zu mir gedrungen. Still und verschwommen ist die Kriegs-

welt, eine schauerliche Stille. Das Blatt muß jetzt zu Herrn Hallmann herunter, er sortiert schon eifrig und macht die abgehende Post zurecht. Die Hallmanns sind 1914 zweimal geflohen, und nun erwarten sie wieder einen Ostkrieg. Freilich, sie glauben nicht, daß sie noch einmal fliehen müssen. Ich weiß nicht, ob Ostkrieg oder nicht, ich habe keinerlei Anhaltspunkte - in den Diskussionen kriegen die Leute das zu hören. Mein »Vortrag« vor der Leichten Kolonne scheint vergessen zu sein.

In meiner Stube hängen Genrebilder, für die ich eine ausgesprochene Schwäche habe. Ein Junge mit Matrosenanzug und Reifen schaut einer Spreewälder Amme zu, die das Schwesterchen stillt. Unterschrift: Eine merkwürdige Begebenheit. Oder das große Bild von Tausendschönchen, es windet einen Kranz, lächelt, sitzt zwischen Rosen. Im Forsthaus hängt Willi II. mit Familie in bunt. Etwa 1910 aufgenommen.

15. Juni 41. Unsere Divisionsherren sind jetzt alle da, etwa 40. Sie telefonieren und das Netz reicht nicht aus. Wir brauchten eine zweite Vermittlung. Ich mache sehr viel Dienst am Schrank [der Vermittlung] und lasse mich nicht aus der Ruhe bringen, aber unser Unteroffizier ist leider ohne Ruhe, man braucht ihn von oben nur anzutippen, dann gerät er in Unrast und Liebedienerei. Erfreulicherweise ist Bertram heute zu uns gestoßen, er gehört nun zum Trupp. Der kleine französische Wagen war doch zu klein, statt seiner bekamen wir einen Horch, und was für einen, ein Generaldirektorsgefährt mit blauen Polstern, Plüsch, Deckenbeleuchtung, Aschenbecher, Vorhängen, Zwischenscheibe zum Chauffeur, usw. Bis vor einer Woche war er Direktionswagen einer Hamburger Schiffahrtsgesellschaft, Bertram hat ihn selbst dort abgeholt. Das gute Stück - nun kommen unsere Tornister hinein, Gewehre, Apparate, von unsern Stiefeln zu schweigen und den Wegen, die er wird fahren müssen, er, der doch nur Reichsstraßen und Autobahnen gewöhnt ist. Mir soll's recht sein, kein Regen, kein Staub wird uns erreichen, und die Beine kann ich ausstrecken so lang wie ich bin.

Bertram - weit neigt sich jetzt die Schale im Trupp auf unsere Seite. Eigentlich ist außer dem Unteroffizier nur einer ganz und gar fragwürdig. Leider ist eine Kopie meines Manuskriptes noch immer hier beim Stab der Abteilung. Zu mir hat noch niemand ein direktes Wort gesagt, aber Bertram sprach mit einigen, die sich getroffen fühlten. Nun ist Krieg, wird Krieg und die Sache wird vergessen. Ich will auch zum Stab hinüberfahren und mir das Ms. zurückholen.

16. Juni 41. Im fahrenden Wagen kurz hinter Mohrungen. Wir fahren so langsam, daß ich in dem glänzend gefederten Wagen schreiben kann. Ich will einen Code für unsere Briefe ausarbeiten für die wichtigsten Informationen. Datum und Unterschrift bedeuten etwas besonderes, wenn sie unterstrichen sind. Wenn sie nicht unterstrichen sind, bedeuten sie im Sinne dieses Codes nichts, ganz gleich, wie sie abgefaßt sind. Ich wähle als Beispiel das heutige Datum:

16.6.41 = wir sind noch in Deutschland (Ostpreußen)

16.6.1941 = wir überschreiten die russische Grenze friedlich zum Durchmarschieren in südöstlicher Richtung

16/6/1941 = wir marschieren durch Rußland weiter

O.U. [Orts-Unterkunft], 16.6.1941 = wir verlassen Rußland und gehen in den Irak

O.U., den 16.6.1941 = wir sind in einem Lande südlich von Rußland in Kämpfe mit den Engländern verwickelt

O.U., den 16.6.1941 ! = es ist ein ziemlich lebhafter Krieg im Irak

16.VI.41 = wir sind in Syrien und kämpfen Richtung Suez-Kanal

16.VI.1941 = wir sind in der Ukraine (friedlich)

16.VI.1941! = wir halten die Ukraine besetzt gegen den Willen der Russen aber ohne eigentlichen Krieg

O.U., 16.VI.1941 = wir sind in Kämpfe um die Ölgebiete verwickelt

O.U., den 16.VI.1941 = wir sind in der Türkei ohne Krieg

O.U. den 16.VI.1941 (also ohne Komma) = wir sind gegen den Willen der Türken in ihrem Land und marschieren durch

16.6.41 (mit Wellenlinie unterstrichen) = wir werden über die Ostsee eingeschifft

16.6.1941 (Wellenlinie) = wir sind in Schweden

16/6/1941 (Wellenlinie) = wir sind in Norwegen

16.VI.41 (Wellenlinie) = wir sind am Angriff auf England beteiligt.

Jedes Datum, das ich in ein viereckiges Kästchen setze, bedeutet, daß Du sehr sorgsam lesen mußt, Du findest dann feine Pünktchen unter einzelnen Buchstaben, die, zusammengesetzt, eine Mitteilung ergeben.

Ein feiner Katalog! Wofür ich nichts vorsehe, weil es darüber keine

Geheimhaltungsvorschriften geben könnte: wir machen diesen nächsten großen Krieg.

Unterschrift, wenn unterstrichen (so, als gehöre die Unterstreichung zum Namenszug): Erich = militärisch schwierige Situation

Dein Erich = kommen nicht vorwärts, starker Widerstand

Dein Erich. (mit Punkt dahinter) = Rückzug

E. = neben Engländern auch Amerikanern gegenüber.

Na, runden wir's ab:

16. Juni 1941 (gerade unterstrichen) = wir sind auf russischem Gebiet in kriegerischen Aktionen

16. Juni 41 = sehr ernsthafte Kämpfe in Rußland.

(Für das Brüllen der Welt entwerfe ich einen Code!)

18. Juni 41. Wir waren eben mit unseren Wagen am Fluß - dem größten des Landes, an dem auch die Hauptstadt liegt. Er schlängelt sich blau durch die Wiesen. Die nächtlichen Fahrten sind schön. Es lag Nebel über den Talgründen und ich hielt ihn oft für Wasser, die Bäume spiegelten sich sogar darin. Ich fuhr nicht in der Angeberlimousine, sondern in einem offenen, kriegsmäßigen Horch, im geschlossenen Wagen wurde ein erkrankter Soldat mitgenommen. Ich bin dem Land viel näher (und dem Krieg) im offenen Wagen mit seiner harten Konstruktion. Der Horch de luxe ist ein Zeichen dafür, daß unser Weltkrieg aus der hohlen Hand improvisiert wird. Der Fall dürfte selten sein, daß Luxus Mangel verkündet, und das Wort, das man Marie Antoinette nachsagt: ich verstehe gar nicht, daß die armen Leute hungern; wenn sie kein Brot haben, sollen sie Kuchen essen - ist offenbar ein ausführbares Rezept.

Ich kann mich schlecht konzentrieren, neben mir liegen ein paar im Gras und führen eine Diskussion über die allgemeine Lage. Die Spannung ist groß und die Gemüter sind aufgewühlt. Ich bekomme wenig Zeitungen zu sehen, aber in den wenigen sagt jeder Satz, was er verhehlen will: wohin die Reise geht. Es gibt nichts, was in einem andern Sinn spräche. Und trotzdem, trotzdem will es mir nicht in den Kopf. Aber das ist nichts als sentimentale Verehrung für den gesunden Menschenverstand und bedeutet gar nichts. An Dich ist ein langer, handgeschriebener Brief aus dem Kopierbuch unterwegs, dessen Empfang Du mir recht bald bestätigen solltest [der »Code«-Brief].

Gott hat uns mit einem blödsinnigen Unteroffizier geschlagen. Er ist so voll innerer Unrast und von solcher Haltlosigkeit, daß er dauernd Wirbel um sich herum erzeugen muß. Dabei wäre der Trupp tadellos, es sind alles eingearbeitete Leute, die ihre Sache verstehen. Solange noch kein richtiger Krieg ist, nehmen wir dieses Getue hin, im Einsatz werden wir ihn zu bremsen wissen. Es ist entsetzlich mit einem Menschen umgehen zu müssen, der ohne Gelassenheit ist und immer nur danach ausschaut, was die andern von ihm denken, über ihn sagen. Dazu ist er geistig so wirr, daß man nicht einen vernünftigen Satz mit ihm sprechen kann. Aber wir werden ihn schon hinkriegen.

19. Juni 41. Auf der Bank vor einem gelben Häuschen, hingeduckt unter großen Bäumen, dennoch mitten in einer Kleinstadt, der Mitte eines großen Bezirks (Breitenstein). Es gibt hier sogar ein Hotel, Bertram und ich haben dort Zunge, Meerrettich und Bratkartoffeln gegessen. Seit gestern früh habe ich nicht geschlafen. Wir fuhren die ganze Nacht im Schneckentempo. Wir waren schon weit über dieses Städtchen hinaus, als ein Melder auf seinem Krad angeschwirrt kam, den Zettel mit dem Befehl zwischen den Zähnen: wir sollten sofort umkehren und die Vermittlung hier übernehmen. Der Morgen, aus einer nie ganz dunklen Sommernacht in den neuen Tag führend, war herrlich. Nebel über den Weiden, darin, als schwömmen sie, die Herden. Bald kamen die Melker mit den Eimern, das Vieh strömte in die gewohnte Ecke am Zaun, die Kühe wendeten den Kopf und schauten die melkenden Männer zufrieden an. Wenig später, an anderer Stelle, begegneten wir dem Wagen mit den Milchkannen.

In einer ausgeräumten Schule gab es gleich eine Menge Arbeit, die bis 3 Uhr nicht abriß. Nun ist Ruhe. Im Hof hinter dem gelben Häuschen sitzen auf den Stufen des gegenüberliegenden Pfarrhofes andere Soldaten, Badenser aus Weingarten und Ravensburg, ihr Dialekt zieht mir den Bodensee heran. Bertram sitzt neben mir und schreibt auch. Die Zeitungen bringen die Nachricht von dem türkischen Vertrag. Das ist der Punkt aufs i. Die Konsequenzen für uns, die wahrscheinlich lange Trennung, haben wir ja erwartet, und diese Perspektive auf die kommenden Dinge aus der persönlichen Ecke ist es nicht, die mich schaudern macht. Du weißt, ich nehme solche Worte nicht gern in die Feder oder ins Maschinchen, aber demgegenüber ... Warum muß ich in ein Volk hineingeboren worden sein, das aus Wagneropern Geschichte macht?

Es wird zu dunkel zum Schreiben. Mich erwartet ein weiß überzogenes Bett – das kommt nicht alle Tage vor.

19. Juni 41. Noch in demselben Ort. Wie Du siehst, habe ich hier ein neues Farbband bekommen, so daß, wenn Du eines geschickt hast, es als Vorrat dienen wird. Auch eine Orgel gibt es hier. Es traf sich, daß unser Kriegspfarrer te Reh nebenan im Pfarrhaus wohnt und mich mit dem Pfarrer des Ortes bekannt machte. Ich spielte eine Stunde, und zwei kleine Jungen, die sich nachher Eis kaufen durften, mühten sich schrecklich mit den Bälgen ab, denn es war mir nach viel Luft = viel Lärm zu tun, und die Finger liefen ordentlich, die Füße auch. Von Telemann waren kleine Fugen da, von Bach lag nichts herum.

Aus dem Fenster sehe ich das Kriegerdenkmal, auf dessen Mauer Bertram sitzt und Hyperion liest. Ich habe heute eine »Aussprache« im Trupp vom Zaun gebrochen, sie dauerte dann eine Stunde und hat die Luft etwas gereinigt, die sehr dick geworden war. Nun wird es eine Weile gehen, und wenn die Geschichte hier ernst wird, dann regelt sich vieles von selbst.

Ich sitze auf der Bettkante, und wenn ich mich zurücklegen würde, schliefe ich im gleichen Augenblick. Es wäre häßlich, wenn es in der kommenden Nacht wieder nur Dienst gäbe. An den Wänden hängen Öldrucke mit Schutzengeln, die kleine Kinder über Brücken und an Abgründen entlang geleiten. Die Engel haben riesige Flügel und blauwallende Gewänder mit nach oben (!) fallenden Wogefalten an. Ich habe immer noch keine entschiedene Meinung über die bevorstehende Entscheidung, ich muß über mich selber lachen, daß ich mich so standhaft weigere, diese rückhaltlose Auslieferung unseres Volkes an die Irrationalität auch nur zur Kenntnis nehmen zu wollen. So verstehe auch die ulkigen Chiffren, die Du inzwischen bekommen haben wirst, die Phantasie beschäftigt sich mit den absurdesten Möglichkeiten, d.h. also Unmöglichkeiten, um das eigentlich Unmögliche und dennoch sich Ereignende auszusparen.

Nun ist schon der nächste Morgen, der 20. Ich habe eine Aufnahme von meinem Waschzeug gemacht, es lag glitzernd in der Sonne. Das Frühstück entsteht und scheint üppig zu werden. Die Wirtin hilft dazu, unser Geschmuse in den Läden und ein Rest von Marken. Bläue über dem roten Kirchendach. Der Pfarrer des Ortes begegnete mir, als ich vom Orgelspiel kam. Bertram war dabei. Es begann ein Gespräch, in dessen Verlauf uns der Pfarrer, eine mächtige Gestalt, er heißt Moderegger, in seine Kirche führte, und dort begannen wir ein fröhliches Planen, denn er will den Bau renovieren. Ein 400-jähriges Jubiläum in zehn Jahren soll der Anlaß sein; Geld ist, wie hier überall, in Menge vorhanden. Der Raum ist schön, ein ausgewogenes Rechteck, eine breite Empore, von roten Säulen getragen, Ziegelboden. Wir schlugen vor, die Wandflächen knallweiß zu streichen, die Säulen in einem noch leuchtenderen Rot. In einer kleinen Vorhalle ist eine schöne Wand für eine Holzplastik. Lebendigster Punkt der Kirche ist die Kanzel, auf der ein einfacher Handwerker des Barock zwei Apostel, ferner Moses, Johannes und Christus, dargestellt hat, grob, fehlerhaft, naiv, Moses mit einer gewaltigen Judennase und wulstigen Lippen. Wir lobten die Plastiken sehr - sie sind stark im Ausdruck - und warnten davor, sie durch neue zu ersetzen. Derartiges schwebte dem Herrn Moderegger nämlich vor. Sodann meinten wir - Bertram und ich fanden uns in unserer Ästhetik -, daß der später gebaute rote Ziegelturm verputzt werden sollte, einige Ecken pseudogotischer Art abzuschlagen wären, und das Eingangstor ganz erneuert und dabei vereinfacht werden müßte. Wir redeten eine ganze Stunde über diese Dinge unerachtet der Zeitläufte, die so weite Pläne gewagt erscheinen lassen, und hatten großen Spaß, am meisten der Pfarrer, der sich immer mehr als eine Persönlichkeit offenbarte. Er hat eine frappante Ähnlichkeit mit Reger, in der Art die Schultern vorzuwölben, darin, wie die Arme schlenkernd in den Schultern sitzen, wie der Kopf horchend etwas vorgeneigt ist, und die Haare sich in keiner Richtung bändigen lassen.

Wir aßen dann vor unserm Häuschen zu Abend, gingen wieder zu ihm und führten ein hochpolitisches Gespräch in den weitesten Aspekten, das bis 2 Uhr morgens dauerte. Bald fanden sich die beiden Divisionspfarrer ein, der evangelische und der katholische, die aber nicht viel sagten, die Unterhaltung ging im wesentlichen zwischen Moderegger und mir. Ich war nicht schlecht im Zug, und die außerordentliche Situation, Ort und Stunde, in der wir sprachen, verbot, daß sich das Gespräch im Seichten verlor, die ungeheuerlichsten Möglichkeiten stehen ja greifbar vor uns. Unsere Geister schieden sich, da, wie wir es formulierten, ich mehr ein Thomasianer, er mehr Augustiner ist, wobei mir die glückliche Wahl des Namens für Thomas [der älteste Sohn, geb. 1941] ganz deutlich wurde, dessen Patron, Thomas von Aquin, sich ein Halbrund in den Tisch schneiden ließ ob der Fülle seines Bauches, die unterzubringen war, und zwar bequem beim weiteren Füllen. Hier nahm es die Wendung, daß der Pfarrer die »Staatsqualle« für möglich hält, eine Staatsorganisation, in der jeder seine bestimmte Funktion hat und um des Ganzen willen und gezwungenermaßen auf eine Ausbildung seiner natürlichen Fähigkeiten verzichtet. Es zeigte sich, daß ich in dieser einzigen Hinsicht Optimist bin, indem ich an die Unveränderlichkeit der menschlichen Natur glaube.

Dies aber war nur ein kleiner Teil des Gespräches, von dem mehr zu schreiben zu - umständlich wäre. Der katholische Pfarrer blühte immer mehr auf und sog sich voll, der evangelische litt ganz schrecklich, er hatte Angst, logisch zu denken. Wo die Logik hätte einsetzen müssen, war bei ihm ein sentimentaler Nebel.

Die Pfarrer verabschiedeten sich, weil sie für 3 Uhr früh bereits einen Marschbefehl hatten, wir drei gingen noch im schönen Pfarrgarten spazieren und lüfteten unsere Gehirne. Es fällt mir eben ein, daß ich Luther als einen geistigen Vorfahren Hitlers bezeichnete, von solcher Zuspitzung waren alle meine Formulierungen.

Nun gibt es Frühstück. Die Hühner bedrängen uns. Zur Marmelade und Butter hat sich Schinken gesellt. Dem Pfarrer Moderegger fielen zu meinen mehr abstrakten Darlegungen immerzu die glänzendsten Geschichten ein.

Es ist mittags, 21.6. Ich habe Dienst, es ist wenig los, ich kann schreiben. Die Frankfurter Zeitung, ohnehin eine Woche alt, bringt nichts Neues. Ein Artikel über eine weitere Steigerung der Rüstungsproduktion liegt auf der Linie aller Äußerungen zur neuen Wendung der Politik und des Militärischen. Ich bedauere sehr, daß ich Dir von der nächtlichen Unterhaltung nicht das wirklich Wesentliche mitteilen konnte, aber das ginge denn doch zu weit. Konzipiert man den Gedanken einer Vergrößerung des europäischen Raumes bis zum Ural, so bedeutet das nicht nur die Auflösung der UdSSR und eine Eingliederung ihrer Einzelstaaten in das deutscheuropäische System, sondern man muß dann auch unterstellen, daß eine geistige Union zwischen unserer und der östlichen Weltanschauung für möglich gehalten wird, scharf ausgedrückt zwischen Rosenberg und Marx. Ich glaube nicht, daß wir dort nur das Viertelpfund Butter und das Pfund Fleisch suchen gehen, die uns jetzt pro Nase und Woche fehlen. Ruft das Militärische die politische Konzeption hervor - oder umgekehrt?

Später. Es war doch nicht Zeit, weiterzuschreiben. Ich gehe jetzt zum Pfarrer zum Kaffee. Du verstehst gewiß, was dieses Gestammel sagen will. Meine Gedanken sind keine anderen geworden über die nun anscheinend Wirklichkeit werdende Entwicklung. Ich rede nicht von dem, was einmal sein wird, après, aber was jetzt ist, und was die, die es anstellen, sich dazu denken - das hat doch auch seine Bedeutung. Mit meiner après-Orientierung gerate ich in Gefahr, die Diskontinuität überzubewerten. Das verträgt sich weder mit meiner Überzeugung, der Mensch sei wie er sei (was nicht heißt, daß er nicht zu allerhand zu bringen ist), noch mit der anderen, daß das Demokratische in dieser Diktatur überhaupt nicht überschätzt werden kann, die Zustimmung, der Jubel, die Paßform, der Maßanzug. Der Jubel ist hier im Augenblick gedämpft. Aber warte nur, balde -

DER KRIEG BEGINNT WIEDER

22. Juni 41 früh 7 Uhr im Horch an einem Waldrand. Ein herrlicher Morgen, kühl und klar, Tau auf den Wiesen.

Nun weißt Du es also auch, d.h. vielleicht im Augenblick noch nicht, denn gewiß schlieft Ihr noch bei der ersten Verlesung [der Erklärung zum Rußland-Krieg] um halb sechs. Aber bald wird Frau Schultze heraufkommen, und sie wird erschrocken sein. Du wirst mit Thomas in den Garten gehen und zärtlich mit ihm darüber sprechen, daß ich auch hier wieder herauskommen werde. Wenn Du erschrickst, so mag es allgemeinere Gründe haben.

Wir verabschiedeten uns gestern nachmittag gegen 6 Uhr vom Pfarrer, nachdem sich das Gespräch der Nacht fortgesetzt hatte, ohne die vorige Intensität wieder zu erreichen. Ich hatte mir zudem den Magen verdorben und war nicht in Form. Dann bauten wir unseren Laden ab und hatten noch eine halbe Stunde Zeit, im »Hotel Januscheid« zu Abend zu essen, wobei ich meine letzten 100 g Fleischmarken loswurde. Wir fuhren in den Abend hinein. Die Wälder rückten näher. Kaum ein Fahrzeug war unterwegs, nach dem Trubel der letzten Wochen lag die Stille vor dem Sturm über dem Land. Der Himmel war gelb und rot, schwarz standen die Umrisse der Wälder davor, und bald auch die der Panzer, die in langen Reihen warteten. Wir erreichten ein Gehöft, dessen Scheunen und Ställe um einen quadratischen Hof herumgebaut sind. Nicht eine unruhige Linie war in dem Bild. Die langen Waagrechten der Dächer mit dem schräg ab ... [hier fehlt ein Blatt] ... Front von Kirkenes bis zum ägäischen Meer kann sich sehen lassen. Aber die Entfernung Berlin-Wladiwostok auch.

Wir haben inzwischen das Gehöft verlassen, kreuzten den Fluß des Deutschlandliedes, dessen vier geographische Markierungen ich somit kenne, und haben nun im Garten einer Försterei eine kleine Vermittlung aufgebaut. Die Aussprache im Trupp hat genützt, es klappt jetzt ordentlich. Es mag 10 Uhr sein - so alt ist der Tag schon, und es ist erst 10 Uhr vormittags! Nun hast Du das Radio bestimmt gehört. Rothe wird manches dazu zu sagen wissen. Welch Glück, Dich jetzt nicht in Berlin zu wissen. Da ist also wieder Krieg – schrecklich genug sagen zu müssen: gar nichts besonderes. Wir werden fahren, sanft geschaukelt von den guten Federn unseres Wagens, fahren, fahren, fahren, und wir werden von Zeit zu Zeit in heftige Kämpfe verwickelt werden, deren jeder Öl in das Feuer des russischen Nationalgefühls gießen wird. Man wartete, bis die Frühjahrsbestellung erledigt war, denn was hätten uns die leeren Felder genützt?

Durch die Rückscheibe sehe ich den General in einem Korbstuhl sitzen, daneben v. Bissing in einem Liegestuhl. Es ist richtiges Hitler-Kriegswetter. Der General [Jahn] sieht ganz sympathisch aus, Ähnlichkeit mit Lichl in der Art sich zu geben, aber geschliffener als dieser, möglicherweise kultivierter. In der Ferne schießt es. Vögel singen im Garten. So hebt ein Kriegszug an, der ohne Beispiel ist an Umfang und Schicksalsträchtigkeit.

Vielleicht gibt es gar keine Postsperre, man hat damit schlechte Erfahrungen gemacht.

22. Juni 41 [E.K.-Sch.]. *Dies ist der erste richtige Kriegsbrief! Ach je! Ganz am Ende hast Du erst an diese Möglichkeit gedacht. Jetzt bist Du also mitten drin! Mir sind heute früh auch die Augen aufgegangen, daß das End ... [unleserlich] ist. Halt Dich dran. Wir haben's hier gut, können hier immer bleiben. Hoffentlich bleibt das Glück Dir treu und Du erlebst nichts zu Schlimmes. Die russischen Weiten werden einen anderen Krieg bringen als in Frankreich und*

ein »Vorn« gibt's dort sicherlich so gut wie gar nicht. Grüß Bertram -
ich bin froh, daß Ihr zusammen seid.
Mein Herz zittert auch um Ernst [Bruder]. So jung Offizier - kann
das gut gehen?
Es ist Hochsommer.
Abends 10 Uhr.
Immer wieder fällt es mir neu ein, daß schwerer Krieg ist und Du
dabei.

22. Juni 41, mittags. Noch immer ist dieser Tag kaum über seine
Höhe gegangen, inzwischen habe ich geschlafen auf dem Rasen,
mich gewaschen und rasiert an der kalten Pumpe, und Kaffee gekocht auf dem Herd des Oberforstmeisters. Von ihm weiß ich, daß
Litauen ein sehr billiges Land sei in dem Milch und Honig flösse.
Die Litauer waren, solange sie sich ihrer Selbständigkeit erfreuten,
sehr bockbeinig gegen Vorschläge, mit uns zusammenzuarbeiten.
Nach 1 1/2 Jahren russischer Herrschaft werden sie uns möglicherweise als Befreier begrüßen und schließlich ein Protektorat werden.
Die nationalen litauischen Führer sollen vor den Russen damals
nach Deutschland ausgewichen sein, die werden wir jetzt verwenden. Leider habe ich keine ordentliche Karte dieser Gebiete. Unsere
Panzer sollen bis jetzt 70 km hinter sich gebracht haben. Die Russen
wären dumm, wenn sie sich stellten, und wahrscheinlich sind sie
nicht dumm.

[An Dr. List, Leipzig]
22. Juni 41. Ihr Brief erreicht mich nicht mehr in Bestendorf und
also auch nicht der Lawrence, den ich mit Vergnügen und Dank annehme. Dem Postmeister in Bestendorf werde ich sogleich schreiben, den Lawrence an Sie zurückzuschicken, und Sie bitte ich, das
Buch schonungslos in soviele Teile zerlegen zu lassen, als die Feldpost es nötig macht.
Wir haben also den Krieg, den ich seit langem erwartete, seit heute
früh um 3 Uhr, die Woge rollt schon tief im fremden Land, 14 Stunden sind vergangen, seitdem Donnern der Flakgeschütze und der
Kanonen sich erhob. Ich hatte meinem Verstand und manchem
Wissen bis zum letzten Augenblick Stille geboten und in einer beinahe katholischen Simplizität auf das Wunder gehofft, von dem
Lichtenberg mit recht sagt, das Wunderbare daran wäre, daß es zuweilen geschähe. Es geschah aber nicht, und nun sind die Maße er-

reicht, die keine Vergrößerung mehr kennen, weil die Erde nicht größer ist.

Ich mache denselben Dienst wie in Frankreich bis jetzt und wünsche kaum eine Änderung, denn ich befinde mich an einem Punkt, von dem aus Übersicht möglich ist und ich doch nicht irgendwo hinten bin in der Langweile.

Nun wollen wir sehen, wo es uns hinträgt.

22. Juni 41. Gerade als wir ein stattliches Picknick auf Bertrams blauer Decke ausgebreitet hatten zum Abendbrot, kommt der Hauptwachtmeister, mit ihm die Feldpost, mit ihr zwei Briefe von Dir. Seit heute früh wirst Du in Unruhe sein, hoffentlich hast Du bald Post von mir. Ich werde Nachtdienst machen und habe dabei Zeit zu schreiben. Wenn ich nicht zu müde bin, werde ich auch lesen, Kügelgen, Erinnerungen eines alten Mannes, irgendwo herbekommen, so fern, so sternenfern der gegenwärtigen Welt und Umwelt, und doch findet sich in mir beides leicht und einfach zusammen. Die Schnakenplage ist wieder groß.

List hat mir den Lawrence geschenkt - er ging nach Bestendorf. Nun muß ich sehen, wie ich ihn herkriege.

24. Juni 41. Als ich den letzten Brief an Dich expedierte, waren wir noch ein paar Kilometer von der Grenze entfernt. Ich hatte bis 2 Uhr Nachtdienst gemacht, mich in einer Scheune schlafen gelegt, wurde nach einer dreiviertel Stunde wieder geweckt. Ich wurde nicht richtig wach und mußte alle Energie zusammennehmen, um über die Leiter vom Heuboden herunterzukommen. Wir fuhren dann 500 m weit und standen an dieser Stelle mehr als 12 Stunden auf der Straße. Das funktioniert also noch nicht so richtig. Ich schlief neben der Straße unter Birken. Gegen Abend kamen wir schließlich in Bewegung und waren bald an der Grenze. Ein paar Stacheldrahthindernisse, sonst keine Befestigungen, ab und zu ein zerschossener, gepanzerter Lastwagen (für Mannschaftstransporte). Keine Zerstörungen an den Häusern. Die Zivilbevölkerung ist geblieben, und im ersten Städtchen kamen Mädchen, und zwar hübsche, mit Blumen an den Wagen, und aus den Häusern hingen die Nationalfahnen: gelb, dunkelgrün, altrot - eine harmlose Farbkombination. Vor 1 1/2 Jahren hatten sie diese Fahnen wahrscheinlich versteckt. Die Häuser einstöckig, aus Holz, grün oder dunkelrot angestrichen, oder rohes Holz, silbergrau. Hohe, schön gefüg-

te Dächer, manchmal aus Stroh. Brunnen mit hochragenden Schwenkbalken - sehr malbar! Kurz, noch keine 10 km hinter der Grenze ein durchaus östliches Landschafts- und Siedlungsbild, so wird es nun bleiben ein paar tausend Kilometer weit. Die Leute saßen vor den Haustüren und betrachteten sich das Schauspiel.

Nachts schlief ich, und gerade bevor ich einschlief, hörte ich den Unteroffizier H. sagen: Schon wieder so eine Saukirche! Rechts auf der Höhe war der Schattenriß zweier Türme zu erkennen. Den Unteroffizier ärgern nämlich Kirchen, er weist auf den Gegensatz zwischen den einfachen Hütten und den stattlichen Gotteshäusern hin und sieht darin »den Betrug der Pfaffen am Volk«. Diese Kirche, die ich vor dem Einschlafen etwas vor uns erblickte, liegt jetzt 600 m hinter uns. Das ist die Marschleistung der Nacht. Bertram ist bei solcher Fortbewegung zu bedauern.

Der Deutschlandliedfluß fließt hier genau nach Westen und ist breiter als ich ihn mir vorgestellt habe. Das diesseitige Ufer fällt als ein Sandstreifen kaum 2 m tief zum Wasser ab, jenseits säumen ihn Hügel. Dort sieht man »soweit das Auge reicht« Kolonnen in Bewegung.

Zwei Stunden später. Wir sind vorausgefahren und halten in einer Ortschaft. Auf dem Strom Dampferverkehr, die Schiffe zeigen die deutsche Flagge, die Dampfer ziehen Lastkähne zusammen, um aus ihnen eine Brücke zu bauen. In der Ferne, wohl nahe der Hauptstadt Kowno, eine hohe Rauchsäule. Die Häuser am Ufer schmutzig, mit jüdischer Bevölkerung. Das eigentliche Dorf liegt oberhalb des Steilufers. v. Almsick ist gestern schon hier gewesen und hat uns Seife gekauft.

Inzwischen fahren wir wieder am Strom entlang. Bei passender Gelegenheit werde ich Sprüche und Redensarten unseres Unteroffiziers aufschreiben. Daraus wird das Bild eines typischen Deutschen von 1941 entstehen. Er stammt aus kleinen Verhältnissen und hat in Berlin irgendeinen Posten bei der Rentenbank. Als alter SA-Mann betont er sein Rowdytum, seine proletarische Gesinnung und blickt mit Mißgunst auf die gebildeten Stände. Manchmal tut er auf fein, dann ist er am schlimmsten. Er kam zu einer bürgerlichen Frau, macht seinen Schwiegervater, von dem ich allmählich glaube, daß er seinen SA-Schwiegersohn nicht gern sieht, mit jedem dritten Wort lächerlich, doch mit jedem vierten gibt er mit ihm an, z.B. mit dessen Auto. Bis vorgestern betonte er, der genialen deutschen Außenpolitik werde es gelingen, die Spannungen mit Rußland beizulegen. Jetzt schreit er herum: ganz fabelhaft, ganz raffiniert, der Mohr hat seine Schuldigkeit getan, jetzt bekommt er Prügel, usw. Alles außerhalb Deutschlands ist Schmutz und Dreck, irgendwelche nicht materiellen Motive existieren für ihn nicht. »Der Zweck heiligt die Mittel« zitiert er jeden Tag. Er hat keine Ahnung, was ein Mensch ist. In seinem Charakter ist er, glaube ich, keine Verbrechernatur, und er wäre erstaunt, wer wäre es nicht, wenn man ihm sagte, daß er sich in seinen Handlungen und in seiner Denkweise von einem Verbrecher nicht unterscheidet. Die Methoden, mit denen sich seine SA auf der Straße durchgesetzt hat, glaubt er allgemein auf den zwischenmenschlichen Verkehr anwenden zu dürfen. Dabei ist er ängstlich - sogar vor Hunden - und sentimental. Ehrgeizig, ich möchte sagen: schandgeizig, streberhaft, Lakai gegenüber jedem Wachtmeister. In seiner Unnatürlichkeit ist er untypisch, ja einzigartig. Er würde in der Einsamkeit nicht natürlich sein und noch vor einem Eichhörnchen posieren. Noch nie sah ich so eine Schrift: [folgen Schriftproben, auch des Namenszuges, nachgezeichnet].

Alles Gute auf der Welt ist ganz umsonst für ihn da, und das Merkwürdigste ist, daß er trotz allem nicht ohne Idealismus ist - aber wie irregeleitet ist der! Du wirst verstehen, daß es mir mißfällt, mit so einem Kerl in dieses fremde Land zu fahren. Die stillen, Bertram, v. Almsick, kommen nicht gegen ihn auf.

Wir halten noch immer. Sonne auf dem blauen Fluß. Sturmartillerie geht, in Staubwolken gehüllt, vor. Wir betrachten mit dem Glas das jenseitige Ufer, wo berittene Truppen und Infanterie vorgehen. Auf halber Höhe sieht man wartende Lastwagenkolonnen. Kurzum, sagte Bertram plötzlich trocken, überall ein fröhliches Treiben. Ich muß jetzt wieder lachen, wenn ich es hinschreibe; als er es sagte, bekam ich fast einen Lachkrampf.

Gegen Abend. Wir haben den Strom, in dessen überraschend warmem Wasser wir kurz gebadet haben, verlassen, fuhren ein kurzes Stück nach Norden, jetzt bewegen wir uns wieder gen Osten. Eine weite Ebene, verstreute Gehöfte, über allen Straßen Staubwolken. Überall die Kolonnen der Automobile. Das Vermögen unseres Volkes rollt über diese Straßen als Einsatz für eine bessere Zukunft ... Wir halten im Gefolge des Divisionsstabes an einem Gehöft. Es ist schmutzig und armselig. Meine These, daß diese Bauern im Gegensatz zu einem Arbeiter in Berlin N nicht zu bedauern seien, findet keinerlei Anklang. Wir wissen nichts über die allgemeine Lage. Man sagt, der Feind sei 10 km vor uns, aber das wird nicht stimmen. In großer Höhe ziehen vereinzelt russische Flieger vorbei, von der Flak vergeblich beschossen. Es ist wie am Meer, das ununterbrochene Rauschen der Motoren nimmt man wie ein natürliches Geräusch hin.

25. Juni 41, 49 km hinter Kowno. Abends gegen 7 Uhr. Wir fuhren die ganze Nacht mit großen Pausen und erreichten am Morgen Seta, das radikal zerstört ist. Gerade wo wir hielten, lag eine tote Frau in Uniform - einer von der Vorausabteilung erzählte, sie habe geführt, und mit ihr hätten sich die letzten russischen Soldaten erschossen, als der Widerstand aussichtslos wurde. Nachher hat sie aber wohl noch ein Geschoß getroffen, ihr Körper war aufgerissen. Wenn es der sowj. Führung gelingt, die Parteimitglieder zu solchem Fanatismus aufzustacheln, das übrige Rußland national zu bewegen, so werden wir uns durchbeißen müssen.

Hinter Seta bauten wir in einem Gehöft eine kleine Vermittlung auf. Ich war außer Betrieb gesetzt durch heftige Magenschmerzen, legte mich auf eine Wiese, nun geht es wieder.

Wir fahren. Die Straße ist miserabel, Bertram lenkt den Horch, der viel zu tief liegt für diese Zwecke, sorgsam durch die zahllosen Löcher und Bodenwellen. Der Staub stört uns nicht, ein frischer Wind treibt ihn weg. Malerisch ist alles. Da und dort arbeiten die Bauern wieder auf den Feldern. Die Russen hinterlassen nichts, kein zerstörtes Fahrzeug liegt am Straßenrand.

Vor Seta sahen wir Flüchtlinge aus der zerstörten Stadt. In einem so dünn besiedelten Bauernland kann das Flüchtlingselend niemals die Formen annehmen, die es in Frankreich hatte. Die Bauern laden Vorräte auf einen Wagen und ziehen in den Wald.

Der Nachschub wird im Augenblick andere Sorgen haben als die Beförderung der Feldpost. Ich schreibe unkonzentriert, Du merkst es. Die Nervosität unseres Unteroffiziers teilt sich mir mehr mit als gut ist. Er ist sichtlich enttäuscht, daß hier zwar vielleicht Milch und Honig, aber keine Damenstrümpfe und Schuhe »fließen« wie in Frankreich, und daß die Politik verbietet, in diesen Randstaaten wie ein Feind aufzutreten. Er wäre gern SA-Mann zwischen Untermenschen, die reich sind. Ich sage ja, ein typischer Deutscher.

Wir durchfahren eine größere Ortschaft, Wilkomir, hier haben die

Russen Kasernen und Schulen gebaut, sie sind nicht zerstört, die haben sie jetzt für uns gebaut. Das Krieger- oder »Befreiungs«-Denkmal besteht aus Betonklötzen.

26. Juni 41. Morgens. Wir sind nun die dritte Nacht durchgefahren. Auch tagsüber nur wenig Schlaf. Die Nächte sind kurz, aber während drei Stunden ist es doch stockdunkel, und in dieser Zeit ist es reines Glück, wenn wir nicht im Graben landen. Im Staub ist das abgeblendete Rücklicht des Vorwagens selbst dann kaum zu sehen, wenn die Stoßstangen sich fast berühren. Gegen 7 Uhr schlief ich neben Bertram am Straßenrand; als ich aufwachte, lag neben mir auf der Decke Dein Brief vom 15. Juni mit der Schilderung der Einladung bei Rothes. Ich lese so etwas ohne zu denken: wie schade, daß ich da nicht dabei war. Du verstehst, natürlich möchte ich bei Euch sein. Aber meine Sehnsucht gilt nicht dem Silber, den Kerzen und dem Essen. Die Wirklichkeit hat mich dermaßen in den Klauen, daß mir ein irreales Milieu - und dazu würde ich solche festlich hergerichteten Stunden auf unseres lieben Vaterlandes Boden rechnen - nicht ohne Fatalität ist. Après moi le déluge - das hat etwas Gesundes, verglichen mit dem derart charakterisierten Verhalten in der Sintflut selbst. Aber das ist nun wirklich eine unerlaubt übertriebene Reaktion auf etwas durchaus Hübsches und Harmloses, und ich meine es eigentlich eher so im allgemeinen und sage es zur Beschreibung meiner inneren empfindlichen Verfassung.

Die Kraftfahrer werden, soweit möglich, für Stunden ausgewechselt, sie können nicht mehr. Vielleicht gibt es aber heute Fahrpause, weil uns das Benzin ausgeht. In Seta hatten die Russen ein Benzinlager, aus dem diese Heerwürmer soffen, und jetzt haben sie es erfolgreich bombardiert. Zwei der abgelösten Kraftfahrer dürfen in den Samtpolstern des Horch schlafen, v. Almsick und ich sitzen im offenen Kübelwagen eines Leutnants und werden vom Staub weiß wie die Müller.

Wir fahren doch weiter. Hier sind die Bauern wieder fleißig am Winken. Man denkt kaum an Krieg, die Russen ziehen sich zurück, eine gekonnte, saubere Sache. Ich habe jetzt eine vorzügliche, von Kirkenes bis Rumänien reichende Karte, östlich bis zum Ural. Die reicht für eine Weile zur Übersicht über die Gesamtlage, über die ich mehr weiß als das Radio sagt, das nichts sagt.

28. Juni 41. Im Wagen am Geburtstag, morgens gegen 7 Uhr. Wir warten auf einen Flußübergang. Die Brücke ist noch nicht fertig.

Zwischen sandigen Ufern ist der Fluß fast 100 m breit. Es ist kühl und beginnt zu regnen. Wann schrieb ich zuletzt? Ich kann nicht nachsehen, der Briefordner ist hinten in einer Kiste, und ich packe sowieso den ganzen Tag ein und aus, der Wagen ist überfüllt mit Kram. Inzwischen sind die Wege so schlecht geworden, daß wir sehr oft aus dem Wagen springen und schieben müssen. Immerhin haben wir es bis zum Boden nur ein paar Zentimeter, vor uns aber fuhr längere Zeit ein hochbordiges Ding der Pioniere, und die 15 Mann, die dort in luftiger Höhe saßen, mußten auch alle Viertelstunde abspringen, um ihre Riesenkarre wieder flott zu machen. Es war auch ihre vierte durchwachte Nacht, und sie waren völlig erledigt. Bei drei Stunden Dunkelheit haben die Flieger 21 Stunden Frist, sich mit uns zu beschäftigen, und das tun sie nach Strich und Fadenkreuz. Wir können bemerken, daß dies vorerst ein russischer Luftraum ist. Sie fliegen herum als machten sie Übungen, aber sie treffen nicht viel mit ihren Bomben.

Wir warten noch immer, haben die Wagen getarnt, Tarnung ist das Gebot der Stunde. Wir sehen Fahrzeuge auf einer Fähre über den Fluß schwimmen. Die Brücke wird weiter unten gebaut. Merkwürdigerweise war die große Brücke bei Dünaburg unversehrt, man erzählt sich allerlei Verkleidungsmärchen, wie man sie in Besitz genommen habe. Durch die Motorisierung der ganzen Division - und aller Teile, die hier eingesetzt sind - hat sich für uns die Art der Kriegführung verändert. In Frankreich hatten wir das Gefühl der Leichtfüßigkeit gegenüber der marschierenden Infanterie, die wir nach Belieben und Befehl überholten. Hier bewegen wir uns langsam in geschlossenen Kolonnen vorwärts. Ich werde mich bei nächster Gelegenheit auf den Horch einüben und Bertram dann von Zeit zu Zeit ohne viel Aufhebens ablösen. Ein solcher Staatswagen mit seiner gar nicht auszuschöpfenden Motorleistung ist nicht schwer zu fahren.

Wir sind jetzt schon im nächsten Ländchen, Estland, und der Unterschied zu Litauen ist beträchtlich. Statt der Holzhäuser, die sich in die Landschaft einkuschelten, dem zivilisatorischen Unverstand unserer Massen aber Zeichen des sozialen Tiefstandes waren, gibt es hier gemauerte Kästen von enormer Scheußlichkeit. Die Landwirtschaft hat einen industriellen Einschlag.

Unser Infanterieregiment 29 ist jenseits des Flusses eingeschlossen.

1. Juli 41. Die schlechte bunte Skizze zeigt Dir den See, an dem wir seit heute mittag liegen und an dem wir auch die Nacht verbringen werden. Ich hatte nachtsüber Dienst, das war in Frankreich immer die Zeit zu den stillsten Briefen, aber hier fügt es sich nicht. Man könnte glauben, die Herren telefonierten auch deshalb nachts miteinander, weil sie sich vor diesem Land fürchten.

In einem Bauernhaus habe ich wegen des Nachtquartiers verhandelt. Ich fand eine komplette Familie - geradezu ein Wunder: Frau, Mann, der geschwätzige Vater, ein schüchterner Sohn von etwa zehn Jahren und drei kleine grüne Entenkücken mit schwarzen Schnäbeln. Der Hund habe ihre Mutter vor ein paar Tagen umgebracht. Mit Kroatisch und dem kleinen russischen Lexikon, das mir F. geschickt hat, kamen wir ganz gut zurecht. In diesen Holzhäusern, an denen alles stimmt, stehen oft Fabrikmöbel, an denen nichts stimmt.

2. Juli 41. In den letzten Minuten dieses langen Tages noch schnell ein Wort. Nach dem Bad im See zogen wir uns in den Bauernhof zurück zu den fünf gelben und den drei grünen Kücken und redeten noch lange mit dem Bauern - das ging zäh. Immerhin wurde klar, daß unsere Pioniere zur Reparatur einer Brücke einen Stapel Bretter von seinem Hof weggeholt haben, ohne ihm einen Quittungsschein dafür auszustellen, so daß ihm niemand den Schaden ersetzen werde. Darüber war er sehr traurig, und ich gab ihm zum Trost, im vollen Bewußtsein der Lächerlichkeit solchen Tuns, 100 Rubel (10.- Mark). Die Familie so nett, der Hof so friedlich, die Kücken nicht zu vergessen, die Art, uns ein Nachtlager zu bereiten, und ein solider Tisch, auf den man 100 Rubel legen kann, Kriegsgeld, Eroberergeld, wo gedruckt? Soll ich sagen: die Stimmung war so? 100 m weiter war die Stimmung nicht so, da suchten die Frauen in der Asche ihres Hauses nach Resten und fanden nur noch ein paar Töpfe.

Wir gingen um 11 schlafen und wurden um 12 alarmiert, fuhren nach vorn und bauten in der ersten Morgendämmerung unsern Laden in einem Gehölz auf. Es regnete kräftig, Hügel und Wälder waren nebelverhangen, es wurde eifrig geschossen, es sah wie Krieg aus und hörte sich so an. Wir arbeiteten bis Mittag, dann fand ich eine halbe Stunde Schlaf, aus der ich müder zurückkehrte, als ich hineingegangen war. Wir bauten in Hast ab, eilten weiter, bauten wieder auf, Wanderzirkus. Es geht vorwärts.

3. Juli 41. Eine Ruhepause am Straßenrand abends gegen 8 Uhr. Straßenränder, Höfe, Waldstücke, Scheunen - das sind die Orte unseres Verweilens, verbunden durch Straßen, hügelan, hügelab, staubüberwölkt, oder, nach Regengüssen, wie mit Seife überzogen, das mag unser Horch nicht.

Vor einer halben Stunde, gerade als wir unsern Laden abbauten, kam einer und brachte mir Deinen Brief vom 23.6. - den ersten Kriegsbrief. Fast einen Monat werden also Brief und Gegenbrief unterwegs sein. Ja, nach des Japaners Reise glaubte ich an eine Entspannung, die wahrscheinlich auch für eine nach Tagen zu messende Zeit eingetreten war. Das werden wir erst später erfahren. In jenem Vortrag vor meinem Haufen in Frankfurt - das Manuskript mit den Stichworten muß unter den Papieren sein - habe ich vom Krieg mit Rußland gesprochen, und vorgestern war ich bei diesen Leuten, um Gerät abzuholen, und da sagten sie zu mir: Du hast recht gehabt. Sie waren begierig auf neue Prognosen, deren ich mich aber enthielt. Bertram, der mich hinfuhr, sagte: Fragt ihn nicht, sonst schlaft ihr nicht mehr.

Von den verbrannten Bauernhäusern bleiben die Grundmauern, die etwa einen halben Meter aus dem Boden ragen, und der Kamin stehen. Ganz unglaublicherweise stand in einem Haus, das wir vor kurzem verlassen haben und das ein Klassenzimmer und die Lehrerswohnung enthielt, ein fast neuer Flügel, auf dem ich eine Viertelstunde spielte. Der Unteroffizier, dessen Psycho-Porträt deshalb nicht gelingen will, weil die meisten seiner Aussprüche mir schon nach einer halben Stunde durchs Ohr gerutscht sind, und dieser Grad von geistiger Deformation nur durch die allergenaueste Wiedergabe mitgeteilt werden könnte, Herr Hahn aus Berlin also, sagte, als ich von dem Instrument aufstand: Ein SA-Kamerad von mir kann die Revolutions-Ouvertüre von Liszt aus dem Kopf.

Sie quatschen um mich herum, das tut dem Brief nicht gut. Um nicht Vernunft und Klarheit zu verlieren, muß ich mit List und Tücke mir Stunden des Alleinseins verschaffen. In dieser Schwemme von Gerede und Getratsch geht alles unter. Gegen unsern Trupp ist oder war eine Kompanie-Hetze im Gang, weil wir nicht sehr eilig waren, ein gewisses Leutnants-Waschwasser herbeizutragen, und dauerndes Dreinreden eben dieses Leutnants beim Aufbau der Vermittlungen zurückwiesen. Mit welcher Raffinesse eine solche Hetze aufgezogen wird, kann man sich schwer vorstellen. Ich glaube, bei einem Infanterieregiment, d.h. bei den Kompanien, wäre etwas Derartiges doch nicht möglich. Bei uns gibt es aber nicht eingesetzte Teile, die hinten herumsitzen und nichts zu tun haben, und es gibt vor allem eine Menge beschäftigungsloser Wachtmeister, in Kasernenjahren haben sie sich zu Meistern der Intrige entwickelt. Gegen mich war oder ist noch eine spezielle Hetze im Gang, die Gründe sind nicht benennbar, vielleicht ist ihnen nachträglich aufgegangen, daß ich den ganzen Frankfurter Winter ein mehr oder weniger ziviles Dasein gelebt habe, und nun sind sie im Nachhinein neidisch. Aber wozu nach Gründen suchen: ihrer Dummheit, sich selbst nicht zu erkennen, Kehrseite ist ihr Scharfsinn, das Fremde zu bemerken. Solange ich dienstlich unangreifbar bin, können sie wohl nichts machen. (Das »machen« bestünde wahrscheinlich in der Versetzung zu einem Bautrupp, wo ich zum Beispiel mit Sicherheit meine Schreibmaschine nicht benützen könnte. Die Briefe würden kürzer.) Ich denke, es wird nicht passieren, ich decke mich ab, und der Trupp, ich schätze 80 %, das heißt 8 von 10, den Unteroffizier nicht gerechnet, dem nichts lieber wäre als mich mit der Kabelrolle durch die Gegend laufen zu sehen, ist auf meiner Seite. Ist er's? Ich sprach mit Bertram darüber, wir gingen die einzelnen durch und kamen zu dem Schluß, daß es davon abhinge, von welcher Stelle und wie stark »Druck« gemacht würde. Die bei mir »Heldengeist« vermissen, sind keine Helden.

Nun fahren wir schon, es soll 100 km weitergehen, es wird eine anstrengende Nacht. Wir biegen nach Norden ein. Ich höre auf, es ist zu mühsam, im fahrenden Wagen zu schreiben.

Am nächsten Vormittag. Nicht 100, nur 50 km sind wir weitergekommen. Nur?! Daß man solche Wege mit schweren Fahrzeugen bewältigt, nachts und ohne Licht! Hätte es geregnet, wären wir liegen geblieben. Es gab steile Hügel zu überwinden. Wir passierten mehrere Seen, den größten als es schon hell war, silbern glänzte die Fläche.

Ich schlief auf einem Ackerweg und wachte unter der brennenden Sonne gegen 10 Uhr auf. Nun bin ich gewaschen, habe meine Beulenpest mit Jod, Niveakrem, Kölnisch Wasser und Talkumpuder behandelt - lauter Mätzchen ins Blaue hinein. Seit fast einer Woche essen wir kaum etwas anderes als dick mit Butter bestrichenes Brot - zu viel Fett und kein Gemüse, kein Obst. Eben kommt der Ruf durch die Reihe der wartenden Wagen: Fertigmachen!

[An die Mutter]

5. Juli 41. Nachts wird gefahren auf unergründlichen Straßen, und der Schlaf wird stundenweise zusammengekratzt. Das bringt allerorten Nervosität hervor, und eine ziemlich unglückliche Kombination von Leuten in meinem Trupp tut das ihre dazu, daß ruhige Augenblicke selten sind. Lisl [die Schwester] hat Papa nicht im Sudetenland, sondern in Lübben im Spreewald getroffen - das entnahm ich einem Zettel, der mich noch in Ostpreußen erreichte. Ich weiß nicht, wo Papas Division liegt, wahrscheinlich ein gutes Stück südlicher als wir. [Der Vater ist, 64 Jahre alt, freiwillig als Hauptmann bei der 19. Panzerdivision.]

Ich habe nicht wenig lachen müssen, daß Du mir zum Obergefreiten gratuliert hast. Das wird man, wenn man das Vergnügen hat, länger als zwei Jahre Soldat zu sein. Dagegen läßt sich nichts tun, dafür auch nicht viel. Wer viel dafür tut, wird dann gleich Unteroffizier und so weiter. Ich weiß nicht, was ich nach fünf Jahren werde, vielleicht Oberstabsgefreiter. Solche Leute nennt man dann alte Frontschweine. Dahin, fürchte ich, werde ich's bringen.

6. Juli 41. Dieser Zettel muß weg in aller Eile, freundliche Urlauber nehmen ihn mit. Hier ist ein kleiner Fluß, in dem wir baden. Das hilft leider nicht gegen Hautausschlag infolge einseitiger Ernährung (vermute ich). Vielleicht Vitamin C? Kannst Du einen Arzt fragen, was ich nehmen soll? Ich brauche meine ganze Elastizität, um oben schwimmen zu bleiben - nicht wegen des Krieges, sondern wegen des menschlichen Milieus. So einen Krieg, nein, den Krieg so können nur Deutsche führen, verdammt, die Sprache...: nur Deutsche können diesen Krieg so führen - wie Postangestellte Schalterdienst machen. Aber ich denke, es wird ihnen noch vergehen. Sie sehen die Raben nicht. Da haben sie doch diesen Groß-Raben-Vater Wagner und pilgern nach Bayreuth, alle Jahre wieder dämmern ihre Götter, ihnen dämmert aber nichts. Der Postmensch in Schmargendorf, am Schalter ganz rechts, schau ihn Dir an - mit solchen Leuten erobern wir Rußland.

[Frau Elsa Bernstein an E. K.-Sch.]

Harlaching, Hochleite 2, Pilotyhaus, 5. Juli 41. Und nun hat sich die Welt in diesen letzten drei Wochen wieder verwandelt, noch häßlicher, noch verzerrter, Uferlosigkeit kulturunwürdigen Geschehens... Hast Du Nachricht von Erich? Ahnung, wo er sein könnte? Baronin L. aus dem 1. Stock, die mich vor ein paar Tagen besuchte, hat ihren Sohn draußen, in Rußland, bangt, und glaubt noch an eine lange Dauer dieses Kriegsgrauens.

6. Juli 41. Ich schlief in einem Holzschuppen, in den Häusern ist die Luft unerträglich. Noch ganz verschlafen, legte ich mich eine Weile in das warme weiche Wasser des Flüßleins. Solange ich drin war, ließ das Hautjucken nach. Der Doktor gab mir Kalktabletten, sie schmecken nach Pfefferminz, und das ist wahrscheinlich ihr einziger Vorteil. Schrieb ich, daß ich die Jugenderinnerungen von Kügelgen aus einem zerstörten Schulhaus mitgenommen habe? Dieses stille, besonnene Buch nehme ich seitenweise ein wie Medizin. Würde man für Gedanken bestraft - man wird ja! -, so müßten sie mich immer mal wieder wegen Fahnen-, ja wegen Kriegs- und Gegenwartsflucht einsperren. Die aktiv nicht zu führende Auseinandersetzung, das heißt also: was an Auseinandersetzung nur im Bereich der Empfindungen und des inwendigen Monologs stattfindet - davon dispensiere ich mich zum Beispiel durch solche Lektüre, durch die Skizzen und . . . ja, sonst gibt's kaum neutrale Augenblicke, wenn ich den Schlaf nicht rechne, den immer guten. Was ich aufschreibe, ist, glaube ich, auch dort, wo es reine Beschreibung, reiner Report ist, eher der Auseinandersetzung als den Ferien davon zuzurechnen, obschon, das ist eine vertrackte Ambivalenz, der Vorgang des Schreibens und Aufschreibens an und für sich jenen Rest eigenen aktiven Lebens darstellt, ohne den ich verkäme oder verrückt würde. Zur dritten naheliegenden Möglichkeit, Amok zu laufen, fehlt mir - jede Disposition, wollte ich sagen, zögerte aber einen Augenblick, überlegend, ob das so absolut gesagt zutrifft. Heute gab's übrigens noch eine gelungene Flucht: ich ging abends ein paar Schritte unter den Weiden des Ufers am Fluß entlang. Das Wasser strömt über große, glatt geschliffene Steine, ich konnte mir vormachen, ich sei in Finnland. Die Sterne spiegelten sich dort, wo das Gewässer tiefe Gumpen bildet und stillzustehen scheint.

7. Juli 41 [Zu einer Zeichnung]. An diesem Bach nach ein paar vergeblichen Ansätzen zu zeichnen. So ein idyllisches Durcheinander von Weiden und Buchen, die großen abgeschliffenen Steine im Flußbett und ein paar Hausgiebel samt Brücke und Wasserfall - das ist kein Thema für mich. Ich kann es mit Geduld hinkriegen, aber

nachher ist doch nichts auf dem Papier, was zusammenläuft. Du siehst die gespreizten Ansätze...

Wir sind nun den vierten Tag hier, und es kommt mir weiß Gott wie lang vor. Heute ist es endlich mal ein bißchen stiller im Telefonnetz, und während der nächsten Tage, so scheint es, werden wir überhaupt nicht eingesetzt. Das brauchen wir. Gestern erreichten die Zwistigkeiten zwischen dem Leutnant, der diesen Fernsprechbetrieb überwacht, und uns einen solchen Grad, daß sogar unser Unteroffizier ein Wort der Opposition wagte, etwa des Inhalts: Mit Bürokratie gewinnen wir den Krieg nicht. (Der Leutnant hatte nämlich anläßlich eines fehlenden Punktes hinter einer formelhaften Abkürzung gesagt: »Dieser Trupp macht nicht Betriebsdienst, sondern treibt Sabotage.«) Hier hakten wir ein, und der Unteroffizier legte sich wortreich ins Zeug - was auch falsch war, und beide Seiten nahmen solchen Unsinn ernst. Menschen, die durch solche Mühlen sich drehen lassen, ohne sich darüber klar zu werden, was eigentlich mit ihnen geschieht, werden es nie wieder zu einem vernünftigen Verhalten bringen. Der Leutnant, der Unteroffizier und die Hälfte vom Trupp sind keine 25 Jahre alt. Gesetzt den Fall, sie überleben den Krieg, wozu wären sie noch brauchbar?

Nein, unsere Erwartungen sind nicht eingetroffen, dieser Krieg trägt mich nicht, und ich spüre jeden Tag als sinnlos vertan. Eine fruchtbare Negation ist nicht möglich, auch sie nicht. Nichts, was ich hier erfahre, würde ich wünschen, in meinem eigenen Leben verwenden zu können. Den Ekel vor unserem Volk brauche ich nicht zu lernen, dafür gab's ja vorher schon Kurse. Er allerdings erreicht hier und jetzt Höhen. Bei so lebhaften und eindeutigen Empfindungen neige ich dazu anzunehmen, sie bewirkten auf irgendeinem geheimnisvollen Wege Veränderungen. Das hieße: hier herauskommen. Darauf zu hoffen, gibt es nicht den mindesten realen Anlaß.

Das Idyll ist mir ärgerlich. Das sagte ich zu B., als wir, begleitet von unseren Mondschatten, durch die Felder gingen. Nanu, sagte er, in Frankreich hast du das Daueridyll genossen? Damit hatte er recht, und ich sagte, dieses Vorspiel habe in jeder Hinsicht eine andere Dimension gehabt. Jetzt finge ein ganz anderes Stück an, und ich könnte von der Direktion erwarten, daß sie es nach seiner Bedeutung inszeniere. Zum Beispiel den Mond verhängen, sagte Bertram.

8. Juli 41. An einer Landstraße, einer russischen Landstraße, schnurgeradeaus, miserabel, rechts zwei Reihen, links eine Reihe Telegrafenstangen und -drähte, nach allen Seiten Ebene bis zum Horizont. Die Erde ist doch eine Scheibe! Das Gras von schmutzigem Grün ist längs der Straße gepudert vom Staub, weiß und tot. Wir sind nicht nur den ganzen Nachmittag, sondern auch die ganze Nacht gefahren, mehr als 100 km. Es war mühsam. Ich hielt mich fest und verspreizte mich zwischen Sitz und Lehne vor mir, um nicht gegen die Decke geschleudert zu werden. Laut Karte ist das eine Straße erster Ordnung. Dank des Vollmondes wurde es nie ganz dunkel. Plötzlich spritzten Garben von Leuchtspurmunition zum Himmel. Wir ergriffen die Stahlhelme, sprangen aus dem Wagen und liefen ins Feld. So die ganze Kolonne. Zwei russische Flugzeuge waren über uns, warfen Bomben und schossen. Nach einer halben Stunde kamen sie noch einmal. Ich hatte mich in ein Kornfeld geworfen, drehte mich auf den Rücken und schaute in das Feuerwerk. Instinktiv möchte man sich mit dem Gesicht nach unten auf Mutter Erde drücken, aber das ist ein blöder Reflex.

Seit gestern sind wir abgelöst und fahren mit den anderen, nicht eingesetzten Teilen der Kompanie im Nachtrab. Auf ihn haben es die wenigen Flugzeuge abgesehen, die der Iwan aufbietet. Der Iwan, die Krautfresser, die Katzelmacher... Zwölf Tote zählen die Nachschub- und Versorgungseinheiten bis jetzt, schon vier mehr als während des französischen Feldzuges.

Wir haben unsere Fahrzeuge unter ein paar kümmerliche Birken gestellt, die um ein noch armseligeres Gehöft herumstehen. Es gibt ein paar Millionen solcher Gehöfte, verteilt über den Riesenraum, der Rußland heißt, und darin steckt eine Krisenfestigkeit, die allen denen entgeht (= allen) die meinen, das machen wir auch so mit der linken Hand. Nach dem ersten Schock - es war einer - heißt es jetzt: noch drei Wochen, und im August gibt's wieder Urlaub. Das russische Heer werde nicht mehr zentral geleitet, die Revolution stünde vor der Tür. Träte alles dies ein, träfe es zu, so wäre damit Rußland noch immer nicht unser, selbst dann nicht.

Die Postsperre scheint bis zum 28.6. gedauert zu haben. Heute habe ich zwei FZ [Frankfurter Zeitung] und Briefe von L. und F.

Die Kinder der Bauern spielen mit einem jungen gezähmten Fuchs. Er hat ganz helle Augen und faßt sich schön an. Ich dachte an die Novelle von D.H. Lawrence [Titel: Der Fuchs].

9. Juli 41. Ich wusch mich mit einer halben Schüssel Wasser aus dem Loch, das, von einem Balkengeviert eingefaßt, auf der Wiese den Treffpunkt der Bauersfrauen aus den nächsten Höfen bildet. Sie gehen mit einer Wippe über den Schultern hin, an beiden Enden hängt ein Eimer. Die Verwahrlosung ihrer Hütten, die keine Folge dieser paar Kriegswochen sein kann, läßt für ein überhebliches deutsches Gemüt wirklich nichts zu wünschen übrig, und die Leute, jeden menschlichen Begriffs bar und als Maßstab WC's und Fabrikmöbel mit Schleiflack in sich tragend, verfehlen nicht, die Segnungen zu preisen, die sie den armen Russen bringen werden. Jetzt sieht man auch Flüchtlinge auf den Straßen, nicht lange Züge wie in Frankreich, aber immer wieder Gruppen von zwei, drei Fahrzeugen, kleinen leichten Wagen mit einem sehnigen Pferdchen davor, und hochbeladen mit Säcken. Hausrat sieht man so gut wie nie, es gibt keinen, der beweglich wäre.

Gestern abend ließ ich mich, meine Rußlandkarte ausbreitend, auf eine Diskussion ein. Eine Menge Soldaten lagen herum in dem bißchen Schatten von drei Birken. Die allgemeine Meinung ist, der Krieg werde im August zu Ende gehen, indem wir bis dahin die Ukraine und den nördlichen Teil bis etwa zur Linie Leningrad-Moskau besetzt haben; dadurch werde die Revolution in Rußland ausbrechen (sie meinen: die Gegen-Revolution) und ein weiteres Vorgehen werde sich damit erübrigen. Auf meine Frage, wie man sich, ohne starke Truppen an dieser »Ostlinie« zu konzentrieren, der vor uns zurückgewichenen Armeen und der noch gar nicht eingesetzten Fernost-Armee erwehren wolle, antwortete keiner. Mir hingegen erscheint es gar nicht als unmöglich, daß unsere Führung über Rußland auf dem Landweg Indien zu erreichen hofft, um damit England von dieser Seite her weich zu kriegen.

Die Besetzung Islands durch die USA und die Entsendung amerikanischer Schlachtschiffe in Richtung Europa ist sicherlich der Beginn des Krieges mit den USA. Die Berichte Kirchers [Chefredakteur] in der Frankfurter aus Italien sind das Kläglichste, was ich in diesem Blatt gelesen habe. Aber wie gern und genau liest man es dennoch, ich habe nichts anderes. Die Russen werden uns den Weg nach Leningrad mit allen Mitteln, die sie aufbringen können, verlegen wollen. Gelingen kann es ihnen nicht, da sie von Finnland her zugleich angegriffen werden. Wenn sie's freilich bis zum Winter hinziehen können, sehe ich mich noch nicht in der Eremitage. So ein

Jammer, daß ich mit den Bauern nicht reden kann – schneiten und frören wir hier irgendwo ein, müssen ein Wörterbuch und eine Basisgrammatik her.

[An Natascha B. in München, eine Russin]

10. Juli 41. Da geht die Sonne über Ihrem Land unter, glutrot in Wolkenschleiern, nachdem der Tag glühend heiß war und die Hitze in brennenden Tropfen herabfiel in die weite Schale der Ebene. Ein Kartoffelacker, gänzlich verwahrloste armselige Gehöfte mit ausgefransten Strohdächern, des Tags ein schmaler Schattenstrich neben dem Haus oder unter einer Birke - das ist die nähere Welt. Die Hälfte des Dorfes ist verbrannt, nach Aussage der zurückgebliebenen Einwohner von Russen selbst angezündet auf Befehl der Kommissare. Im Staub der Straßen wälzen sich die endlosen Prozessionen unserer Fahrzeuge vorwärts, vom Panzer bis zum Rad. An den Spitzen der Marschsäulen wird mit Erbitterung der Krieg geführt. Ich werde zum Gespött der Leute, weil ich mich manchmal nicht enthalten kann, auszurufen »schön« - was natürlich für Augen, die Schönheit nach Wasserspülung und Radio beurteilen, nicht sichtbar sein kann. Meine Versuche, diese Schönheit in Skizzen ein wenig festzuhalten, mißlingen vorerst gänzlich. Ich beneide Sie sehr darum, dieses Land aus seinem innersten Wesen begreifen zu können, ich beneide Sie noch mehr darum, daß Sie die Sprache sprechen - hätte ich doch, kann ich nur sagen, hätte ich doch mit Ihnen Russisch getrieben! Die kleinsten Kinder sind mir an Ausdruckskraft über, stumm geht man vorbei, und wieviel möchte man wissen! Der Winter wird ja lang genug werden, Russisch zu lernen. Haben Sie Adressen in Petersburg oder Moskau von Ihren Leuten, die ich grüßen könnte, so schreiben Sie mir. Die erstgenannte Stadt werde ich ziemlich gewiß berühren. Das ist ein ganz anderer Krieg als der französische, mir setzt er sehr zu, es kommt zutage, daß ich auf dem Lande aufgewachsen bin - ein zerstörter Bauernhof, die Not dieser Bauern greifen mich an und finden mich wehrlos.

10. Juli 41. Unser Wagen steht an einer Scheunenwand, zwischen ihm und dem vorstehenden Strohdach ist ein schmaler Schattenstreifen, ein Rückzugsplatz vor der Hitze, die den Acker ausglüht. Viele Höfe sind abgebrannt, die Straße zwischen den Gehöften ist von Bombentrichtern zerrissen. In den Resten der Häuser wohnen die zurückgebliebenen Bauern, die Kinder. Ein paar Frauen wa-

schen für uns Hemden unten am Wasserloch, am Anfang der Ebene. Das Dorf ist auf einen Hügelrücken gesetzt, ringsum wölben sich die flachen Schalen der Weiden, zur Hitze hin geöffnet, sie einsaugend, einschlürfend, in Selbstverbrennung. In der Nähe von Wassertümpeln gibt es noch einen Rest des Viehs. Wir haben zwischen 5 Uhr nachmittags und 3 Uhr früh in mühseliger Stuckelei 60 km zurückgelegt, im Vollmondschein rollten wir durch die weißen Staubwolken. Wenn wir anhielten und die Motoren nach einem letzten Druck des Gaspedals aufheulend stehenblieben, sprang uns die Stille aus den Gehölzen und aus den nebeligen Wiesengründen entgegen. Der Himmel, im Süden vom Mond, im Norden von der unterm Horizont hinschleichenden Sonne erhellt, war von einem gleichmäßigen, sanft verfließenden Teppich aus Schäfchenwolken bedeckt, die im Westen aus einer dunklen Wolke geboren wurden. Es war schon wieder heller Tag, als wir hier ankamen, unser Trupp hatte Wache.

Es ist, als ob wir gegen Bäume und Äcker Krieg führten, und als wir auf der Dorfstraße hielten und ringsum Bemerkungen laut wurden, man wolle und solle hier fotografieren und die Bilder zu Hause zeigen als Dokumente vom segensreichen Wirken des Kommunismus, ließ ich mich zu dummem Widerspruch hinreißen, der zu gar nichts führt. Es fehlen alle Verständigungsmöglichkeiten gegenüber den Urteilen einer Menge, die mit Begriffen aus einem Warenhauskatalog argumentiert.

Die Verhältnisse hier machen es ihr allerdings leicht. Du machst Dir keine Vorstellung von der Armseligkeit und Primitivität, in der diese Bauern leben, in einem Katenraum, niemals gelüftet und halbdunkel, mit zahlreichen Kindern; das Strohdach ist schadhaft oder halb eingefallen, unter ihm wohnen auch Kuh und Pferd, Schwein und Hühner. Die Gärten jedoch sind in Ordnung, meist findet sich beim Haus auch ein Kartoffelfeld und Getreide. Dann beginnt das unbestellte Land, Weiden, Sümpfe, Gehölze.

Von 4 bis 6 ging ich mit einem andern in Stahlhelm und mit Gewehr als Wache durchs Dorf. Wir konnten auf den Runden beobachten, wie bei einem Wagen die Beamten und Offiziere, die unserer Kolonne zugeteilt sind, einen Steinhägerkrug kreisen ließen. Nach einer Stunde war es so weit, daß sie mit erheblichem Lärm, untergehakt, die Dorfstraße heraufkamen. Vor einer der Katen hatte gerade einer der verängstigten Bauern seinen Pflug bereitgestellt und kam mit seinem dürren Gaul von der Weide, um ihn einzuspannen. Er wollte seine Kartoffeln häufeln - darüber hatten wir uns schon mit ihm unterhalten, soweit Gesten und fünf Worte eine Unterhaltung ergeben. Den heranreitenden Bauern sehen, ihn anbrüllen, er solle absteigen, sich mit Geschrei auf das Pferdchen schwingen, war für einen der betrunkenen Herren selbstverständlich; ein anderer tat es ihm nach. Der Bauer stand da, Verzweiflung, Angst, aber auch Verachtung, Wut im Blick. Nach zehn Minuten hatte er seinen Gaul wieder und ging zur Arbeit. Eine Lappalie! Und doch - das scheußliche Gefühl beim Zuschauen weckte nicht der Vorgang selbst, sondern die Tatsache, daß die gemeinsame Uniform mich zum Komplizen macht und mir verbietet, irgend etwas dagegen zu tun. Wo wäre der Punkt erreicht, an dem die Komplizenschaft aufgekündigt werden müßte, sofort und ohne Rücksicht auf die Folgen? Verbrechen, die ich nicht sehe, sind sie deshalb nicht meine Verbrechen, weil ich sie nicht sehe?

Als ich die Angst und die Wut des Bauern sah, empfand ich das Bedürfnis, ihm zu verstehen zu geben, nicht alle, die diese Uniform trügen, seien vom gleichen Schlag. Es gibt keine erbärmlichere Reaktion. Die Besoffenheit eines Zahlmeisters genügte schon, den Schlammgrund meiner Existenz aufzurühren.

Hunderte verbrannter Höfe lagen diese Nacht an unserem Weg. An einer Brandstelle, wo wir anhielten, saßen neben den Trümmern, d. h. neben den niederen Stümpfen der gemauerten Fundamente, die allein übriggeblieben waren von der Kate, die Bauersleute mit vier Kindern. Sie hatten sich mit ein paar Brettern über einem Erdloch ein Notdach gebaut. Darunter saßen sie, zu sechst, und aßen reihum aus einem deutschen Kochgeschirr, das ihnen ein Soldat gab.

Jeder ist überzeugt, daß von einer Überwinterung nicht die Rede sein kann (wie sie sich das vorstellen?) und daß der Feldzug bald zu Ende sei. Eine Ahnung davon, daß in diesem Riesenreich, unter diesen primitiven Menschen eine gemeinsame Bindung besteht, aus der ganz leicht ein fanatisches Nationalgefühl entwickelt werden kann - unabhängig von der Regierungs- und Gesellschaftsform -, hat niemand.

11. Juli 41. Es ist Freitag laut dem Kalender im Wagen, auf dem täglich ein Spruch steht, heute z. B.: »Mit Taten schmückt sich Treue, nicht mit Worten.« Was sie nur immer mit ihrer Treue haben - wer

von einem fahrenden Schiff aus nicht ins Meer springt, ist der treu?
Seit gestern früh 4 Uhr sind wir keinen Meter vorgerückt. Ich schlief
unter einem Baum. Raupen ließen sich an Fäden auf mich herab -
weniger unangenehm und leichter zu erwischen, wenn sie kitzelten,
als Mücken, wenn sie gestochen haben.

Es kam abends zu einem kleinen Volksfest. Die Russen stellten außer Mädchen und Frauen nur alte Männer und Kinder, sowie eine
Gitarre, wir die stämmigen Mannsbilder und eine Ziehharmonika.
Nach viel konkurrierender Musik und gemeinsamem Singen wurden ein paar Tänze gewagt.

Rothe soll Dir keine Schauergeschichten erzählen. Von Hecken-
krieg ist hier keine Rede - weit und breit gibt's hier keinen wehrhaf-
ten Russen mehr, die Truppen ziehen sich fast durchweg geordnet
zurück und lassen nicht einmal Gewehre liegen für Heckenschüt-
zen. Das mag sich ändern, aber derzeit ist die Front eine reinliche
Scheidelinie zwischen vorne und hinten. Heute nacht fielen rundherum Bomben. Es scheint, daß in Angriff und Verteidigung
gleichviel Energie gesteckt wird. Warum wir eigentlich dieses Leningrad haben müssen, verstehe ich nicht - Himmel, ist das eine alberne Bemerkung, als ob überhaupt irgend etwas zu verstehen sei!
Aber immerhin, hier fehlt mir sogar der relative Sinn - aber es
scheint so zu sein, daß, je mehr wir uns darauf kaprizieren, desto
wilder verteidigen die Russen ihre Zarenstadt. Am Sonntag dort zu
sein, war die erklärte Absicht.

12. Juli 41. Aus einer Sumpfwildnis kamen vorhin vier estländische
Offiziere mit einer weißen Fahne heraus. Sie liefen über. Gestern
sahen wir schon zwei Kompanien dieser Leute in tadelloser Zucht
an uns vorbeiziehen, die Offiziere voraus. Im Ganzen soll sich in
unserem Abschnitt ein Bataillon der Estländer freiwillig ergeben
haben, aber das mag ein Gerücht sein. Ganz glaubhaft ist, was eifrig
seit gestern beredet wird: wir sollten nach Ankunft in Leningrad
verladen werden - und wohin? Zu Salazar! Die paar tausend Kilometer bis dorthin - eine Kleinigkeit per Schiff durch die Ostsee,
durch den holsteinischen Kanal und unter Englands Küste entlang.

Briefumschläge bekam ich heute beim Kantinenwagen - Du
brauchst also keine zu schicken.

[An den Vater]

12. Juli 41. Es wird Zeit einmal ein Wort hören zu lassen. Von Lisl weiß ich, daß Du sie auf dem Weg nach Osten noch in Lübben getroffen hast, wo ich 14 Tage vorher mit meinem Divisionspfarrer war, um bei seinem Gottesdienst die Orgel zu spielen. Wir sind wohl erheblich weiter im Norden als Du, ich hörte, obschon mein Telefonohr manchmal über den Bereich des Korps hinausreicht, noch nichts von Deinem Verband [19. Panzerdivision]. Wir sind durch die Randstaaten gegangen und wenden uns nun der zweitbesten Stadt in diesem Lande zu mit erheblicher Konzentration von Kräften. Hier erscheinen manchmal, eine weiße Fahne schwingend, Soldaten und Offiziere aus den baltischen Ländern, in Deinem Bereich werdet Ihr mit den Ukrainern vielleicht ähnliche Erfahrungen machen. Im übrigen ziehen sich die Russen in vorzüglicher Ordnung zurück, und es ist nicht viel an den Vormarschstraßen zu finden. Die Prognosen über die Kriegsdauer sind sämtlich phantastisch, es wird mit innerrussischen Entwicklungen gerechnet, eine Annahme, für die alle Anhaltspunkte fehlen.

Es geht mir gut, die Umstände sind soso, der Bildhauer Bertram, mit dem ich freundschaftlich stehe, ist auch in meinem Trupp. Heute kam ein Schreiben vom Propagandaministerium, ein Formular, das ich ausfüllen soll, wegen einer Versetzung zu einer Propagandakompanie, das hat wohl seinerzeit Eggebrecht eingefädelt; es geht langsam seinen Dienstweg und kann nichts werden.

14. Juli 41. In einem Dorf an der breiten Mittelstraße. Ich habe mir einen Tisch vors Haus gestellt und sitze auf der Bank, auf der sonst die Frauen und die alten Leute abends ihren Nachbartratsch machen. Ein paar Häuser weiter sitzt tatsächlich ein alter Mann vor dem Haus, wie aus dem Bilderbuch: Mütze, großer grauer Bart, eine rote Überfallbluse. Aber er redet mit niemand, er ist allein, das Dorf ist fast leer. Die Leute haben sich in die Wälder zurückgezogen. Wenn sie glauben, die Gefahr sei vorbei, kommen sie wieder heraus, mit Sack und Pack und aller Kreatur. Dann steht der Staub über den Waldwegen, aufgewühlt von einem Dutzend leichter Wagen. Ein alter Mann führt meistens das Pferd und treibt es mit fortwährenden Zurufen an, ein paar junge Burschen, manchmal auch die Mädchen, schieben von hinten, ihre Hände stemmen sich gegen das Querholz, ihre Gesichter sind zwischen den ausgestreckten Armen nach unten gebeugt, und sie sehen nichts außer dem Staub,

mehlfein, den sie einatmen. Andere schreiten frei daneben her, manche mit schweren Traglasten, aber es scheint ihnen nichts auszumachen, sie strotzen alle von Kraft, auch die Frauen. Es kommen auch Frauen vorbei, die Kinder auf dem Arm tragen, Säuglinge oder Drei- und Vierjährige. Ich denke an Euren Frieden über dem See, Thomas im Garten in seinem Körbchen, behütet von einem Gazeschleier, und stelle mir vor, daß dies, was ich hier sehe, eines Tages unsere, Eure, Deine Lage sein könnte. Kämen wir durch? Ich denke ja. Wenn ich dieses Elend sehe, erscheint es mir größer, als es diejenigen empfinden, die es zu bestehen haben; als ich es empfände, wenn ich es zu bestehen hätte. Es verhält sich damit so wie mit dem Krieg in den Wochenschauen, seiner Wirkung auf diejenigen, die in einem Polsterstuhl sitzen und nur schauen, gegenüber dem wirklichen Krieg, in den man gestoßen ist. Gewiß ist der Platz, an dem ich mich befinde, von jenem Polstersessel im Kino nicht so weit entfernt wie von einer vordersten Grabenstellung, gegen die ein russisches Regiment stürmt. Aber ich bin eben doch in der Realität des Krieges, und ich werde, was auch kommt, in jedem Augenblick sozusagen die notwendige Menge von Aufmerksamkeit, Umsicht, Lebenswillen und körperlicher Kraft zur Verfügung haben, die notwendig sind, die Situation zu bestehen. Ich würde nur durch eine zerstörende Kraft umkommen, auf die ich mich nicht vorbereiten kann. Eine Kugel kam geflogen - na ja. In gleicher Beziehung zur Realität stehen auch die fliehenden oder wieder zurückkehrenden Bauern.

Als ich vor ein paar Tagen von »Fluchtmöglichkeiten« aus der Realität schrieb, habe ich eine vergessen, die nächstliegende: der Krieg selbst bietet sie. Der arg böse Feind, je ernster er es meint, desto leichter macht er es mir, mich darüber hinwegzumogeln, daß ich in dieser Uniform in dieser Armee in diesem Krieg Soldat bin. Die Auseinandersetzung mit der Gefahr ist ein Kinderspiel gegenüber der Auseinandersetzung mit den Umständen, die diese Gefahr hervorgerufen haben. Das ist mir in Frankreich so klar nicht gewesen. Krieg ist nicht Krieg - dieser Krieg ist unvergleichbar mit allem, was Deutsche, seitdem sie als Nation auftreten, getan haben, und das meine ich nicht im quantitativen Sinn. Damit läßt sich vielleicht nur die Beschießung von Paris unter den Augen solcher Edelmänner wie dem ersten Kaiser, Bismarck und Moltke vergleichen, Gehirne voll rotem Nebel, vom nackten Zerstörungstrieb besessen.

Niemals wäre ich imstande, die Gefühle zu verstehen, mit denen sich angeblich die Jugend aus Zivilisationsüberdruß 1914 in den Krieg stürzte - damals, als auch Intellektuelle wie Thomas Mann im »Stahlbad des Krieges« idiotische Töne von sich gaben. Aber hineingezwungen, wird auch mir der Krieg gegen den Krieg helfen. Gegen das Gefühl des Ekels, in dem ich ertrinke wie in Jauche.

Wenn wir, Bertram und ich, im Sternenschein abseits unter Birken wandeln, und ich an ihn hinrede, was mir so durch den Kopf geht, derartiges also, dann ist er sehr betroffen und kann's im Innersten seines guten Herzens nicht glauben, daß dieser Ekel unseren letzten Fundus an Menschlichkeit darstellt und daß diejenigen, die ihn nicht empfinden, eben aufgehört haben, menschlich zu reagieren. Ich würde manches auch ihm gegenüber für mich behalten - gewiß nicht, weil ich seiner nicht sicher wäre, das macht ihn ja aus, den Freund, daß ich sicher sein kann bei ihm und nur bei ihm -, wenn ich nicht wüßte, daß seine immer neuen, rührenden Bemühungen, das Gute an unseren nächsten Volksgenossen zu entdecken, ja, sogar aufs Ganze der Politik und des Krieges gesehen, noch ein gutes Haar zu entdecken..., daß er darin gegen seine bessere Einsicht, gegen sein tiefstes Gefühl handelt. Er tut es deshalb, weil er nicht dafür geschaffen ist, in völliger Disharmonie zu seiner Umwelt zu leben. Ich bin es weiß Gott auch nicht, aber wenn es denn sein muß ... ausgesucht habe ich's mir nicht. Es ist merkwürdig, wie unsere Gespräche, von denen mindestens die Hälfte sich im Unprivaten bewegen, seit der russischen Grenze aus einem andern, härteren Material gemacht sind als zuvor. Das wäre beschämend, wenn dieser Krieg in Rußland sich nicht profund vom Krieg in Frankreich unterschiede. Die Verkommenheit unseres Denkens und Fühlens offenbart sich im Zusammenstoß mit dem, was sie als Untermenschen einschätzen und oft genug verbal ganz buchstäblich so bezeichnen, doch noch auf ganz andere Art als 1940.

Dieser Krieg steht kurz vor einer ersten Zäsur, wir sind im Endspurt auf Leningrad, ob wir's schaffen oder nicht, so oder so, muß es ein Halt! geben. Oh - drüben kommt der Wagen, der die Post bringt - ich gehe hin ...

...ja, viel Post, vier Briefe von Dir, einer von Ruoffs [Verwandte], Zeitungen ... kannst Du Dir vorstellen, wie Eure Bodenseewelt hierherkommt auf diese abendstille Dorfstraße mit den grau beschopften Häusern, die aus der Ferne aussehen, als seien sie wie

Pilze aus der Erde gewachsen, ebenso vergänglich, aber auch ebenso beharrlich aus einem unterirdischen Wurzelwerk sprießend, das ewig ist? Was wir wegschießen und wegbrennen, es wird wieder nachwachsen. Gewiß, auch zerstörte Städte werden wieder aufgebaut werden, aber eben aufgebaut, und Veränderungen der architektonischen Vorstellungen werden veränderte Stadtbilder ergeben - das ist ein anderer Prozeß, als wenn hier die Bauern in die Wälder gehen werden, Holz schlagen, Stämme schleppen, aufbeugen im Geviert und Moos in die Ritzen stopfen.

Die astronomischen Ziffern von Gefangenen sind mir auch schwer vorstellbar. In unserm Abschnitt haben sich die Russen geordnet zurückgezogen. Nun sind wir also, wie gesagt, im Endspurt auf Leningrad, und noch bevor dieser Brief auf der Rehmenhalde ist, wird die Nachricht gekommen sein, wir seien dort. Manche der Herren, die ihren Optimismus durch unsere Drähte jagen, sehen sich schon morgen in den Vorstädten.

[An die Mutter]

15. Juli 41. Unsere Division ist sehr mitgenommen, sie muß wohl »renoviert« werden; an diese Notwendigkeit knüpfen sich Gerüchte, die von einem Wechsel des Kriegsschauplatzes zugunsten eines Landes sprechen, wo es Orangen und Korkeichen gibt, und viel Meeresküste.

In der Nähe der Grenze war es armselig, jetzt wird es besser; ich komme auf die Vermutung, die Regierung habe als eine Art Isolierstreifen das Grenzgebiet besonders vernachlässigt.

Schicke vorläufig kein Geld hierher, dies auf Deine Frage, bevor nicht klar ist, wohin es uns treibt. Wahrscheinlich brauche ich überhaupt keins, es sei denn, ich hätte in der Stadt [Leningrad] Gelegenheit, mir eine Kamera zu kaufen. Meine ist leider gestohlen worden. Edith möchte auch gern eine 8 mm-Schmalfilm-Kamera, um damit Thomas' frühe Lebenszeiten für mich zu konservieren.

Es wäre nicht schlecht, wenn jemandem in der Familie beikäme, mir jedes Wochenende »Das Reich« zu schicken, es müßte aber mit einem Zeitungshändler der regelmäßige Bezug verabredet werden, die Nummern sind rasch vergriffen. Die Frankfurter kommt dann und wann, ich finde, es stimmt nicht, daß man gar nichts aus den Zeitungen erfährt. Zum wiederholten Male, dankbar für so viel kluge Voraussicht, lese ich Le Bon. Die Sieben Säulen der Weisheit, die mir List (als deren Verleger) geschenkt hat, sollen im Anrollen sein. Für Lesbares bin ich immer zu haben, es brauchen keine Bücher zu sein, Broschüren schicken sich leichter, ich denke etwa an »Das XX. Jahrhundert«, »Europäische Revue«, »Monatshefte für auswärtige Politik«.

Von W. E. Süskind steht im Reich ein Bericht über Münchner Theateraufführungen, ich vermute, daß Du sie alle gesehen hast, einige scheinen gut gewesen zu sein, am meisten lobt er »Diener seines Herrn«. Im Reich zu schreiben - ob das sein muß? Ich will aber ganz still sein, vor ein paar Tagen bekam ich vom Propagandaministerium einen Fragebogen, an Hand dessen sie offenbar beurteilen wollen, ob ich als PK-Berichterstatter geeignet wäre. Das geht auf die Geschichte mit dem Frankreich-Manuskript im OKW zurück. Ich habe das Formular ausgefüllt und als Anlage einen Lebenslauf dazugeschrieben. Als ich nachher las, was ich geschrieben hatte, mußte ich mich fragen, von wem eigentlich die Rede ist. Nichtsdestoweniger ist da nicht ein Schatten von Wahrscheinlichkeit, daß etwas daraus werden könnte. Ich schickte dennoch die Papiere an die Kompanie mit der Bitte um Weiterleitung auf dem Dienstweg, bei Geheimdiensten nennt man so etwas Spielmaterial, es ist nichts dahinter, aber man kann etwas erfahren. Im Reich wirst Du mich jedenfalls nicht lesen.

15. Juli 41. Vom selben Platz wie gestern. Die Nacht verbrachte ich in der Türöffnung eines halb fertig gebauten Hauses, da zog es, das mögen die Mücken nicht. Nur einige waren sportiv und gingen auf Blutjagd. Ich habe die Dorfstraße gezeichnet und schicke das Blatt mit der gleichen Post, es gefällt mir ganz gut. Die erste Skizze von vielen seit dem 22. 6., die man anschauen kann. Mit »Petersburg« ist es heute noch nichts, im Gegenteil, es geht uns ein wenig wie dem Betrunkenen, der sich um die Litfaßsäule herumtastet und schreit: Hilfe, ich bin eingemauert. Wir dürfen nicht mehr in der Badehose herumlaufen und haben die Gewehre immer griffbereit liegen.

Wir rasteten gestern in einer Scheune, in der lag altes staubiges Heu vom vorigen Jahr, in der Durchfahrt stand ein Wagen, dem ein Rad fehlte. Ich fand dort eine Holztafel, etwas größer als ein Schulheft, bemalt mit einem heiligen Georg. Nicht alt, aber schön. Sicher hat sie ein Soldat irgendwo mitgenommen und hier weggeworfen. Mir wird sie nicht lästig werden. Ich nahm den heiligen Georg mit. Wenn er je bei uns hängen wird, werde ich die Umstände nicht vergessen haben, unter denen ich ihn fand. Es war am 14. Juli 1941, als unser Marschfahrplan Ostpreußen-Leningrad in Unordnung kam.

16. Juli 41. Gestern früh sah es sehr faul mit uns aus. Der »Endspurt« auf Leningrad brach plötzlich ab, die Russen waren rund herum, auch in Dörfern, durch die wir tags zuvor gefahren waren. Inzwischen kamen neue Einheiten, es sieht schon wieder lichter aus. Wir liegen seit zwei Tagen am gleichen Platz, unzügiger Vormarsch, oder wie soll man das nennen? Gestern ein Gewitterregen, in der Folge Abkühlung und damit, da sie auch nachts anhielt, Mäßigung der Mückenplage. Wir haben uns sogar in das Bauernhaus hineingewagt, neben dem wir parkten. Wir haben eine Stube ausgeräumt, dort wird jetzt geschrieben und Skat gespielt, indes Bertram und ich alles zeichnen, was uns vor die Augen kommt, schonungslos kritisiert von unseren Modellen. Im ganzen ist es im Trupp etwas besser geworden, mag sein deshalb, weil wir nicht in Bewegung sind. Ob es wieder so nervös und unruhig wird, wenn wir neu eingesetzt werden, weiß ich nicht, aber ich befürchte es.
Ich bedaure unendlich, nicht mit den Bauern reden zu können. Das bißchen Kroatisch hilft nichts. So einfache Fragen wie die, wie der Bau eines neuen Hauses finanziert wird - ein halbfertiges steht nebenan -, kann ich mir nicht beantworten und fragen kann ich nicht.
Gestern abend haben Bertram und ich noch einen Gang zu der Kirche am andern Ende des Dorfes gemacht, von außen sah sie christlich aus, innen war sie eine Reparaturwerkstatt für landwirtschaftliche Maschinen. Jetzt aber sollen sie für den Sieg beten, die guten Kommunisten.

18. Juli 41. Gestern war es kalt und unfreundlich, als seien wir im Spätherbst. Ich bin mit Pull und Mantel auf Wache gezogen. Jetzt beginnt es aufzuklaren, der Umschwung schenkt uns einen schönen Abend. Der Himmel geht auf, die Bläue breitet sich aus. Wir haben uns in westlicher Richtung fortbewegt. Hier ist nichts verbrannt, nichts zerschossen, das Dorf ist bewohnt, jedes Haus. Zum erstenmal bekommen wir hier eine Ahnung davon, wie das Leben hier ohne Krieg sein mag. Ein 79jähriger Mann, den Bertram heute

schon zweimal gezeichnet hat, seine Stiefel reichen bis zum Knie und die Pelzjacke bis zu den Waden, sitzt neben mir und wundert sich sehr über das Klappern des Maschinchens. Er fragte mich, was das sei, er sieht fast nichts mehr, und mit Hilfe des Lexikons versuchte ich es ihm begreiflich zu machen. Aber was stellt sich jemand unter einer Schreibmaschine vor, der noch nie eine gesehen hat? Als wir anfingen, gestern, Splittergräben für den Fall eines Fliegerangriffs auszuheben, glaubten die Bauern, wir bereiteten uns mitten in ihrem Dorf auf einen Infanteriekampf vor, und sofort strebten Frauen mit Bündeln auf dem Rücken dem Wald zu. Ich schlief, soweit der Wachdienst es erlaubte, außerhalb des Dorfes in einem Heustadel mit frischem Heu. Wache stehen oder laufen ist hier nicht mehr nur Formalität wie in Prüm. Außer von der Front vor uns gibt es die Bedrohung von den Seiten, aus den Wäldern, und demzufolge habe ich auf Wache jetzt auch Eierhandgranaten am Koppel hängen. Was tagsüber eine Wiese mit Büschen ist, wird nachts eine geheimnisvolle Welt, und wenn, wie heute nacht, noch Nebelschwaden von den Talwiesen den Dorfhügel heraufkriechen, dann kann man sich vorstellen, daß man so ein Ding abzieht und auf den nächsten Busch wirft. Grundsätzlich hat sich nichts geändert; wir sind nicht weitergekommen, mußten aber auch nicht zurück. Das wäre ja auch eine neue Erfahrung. Daß wir vorneweg in Leningrad einziehen, kämpfend, dazu wird es mit Sicherheit nicht kommen. Die Regimenter der Division sind zu sehr mitgenommen. In ein paar Tagen soll eine andere Division, oder mehrere?, den Angriff übernehmen.

Ich verstumme mehr und mehr - außer gegenüber Bertram, der, umdrängt von Kindern, dort vor dem nächsten Haus eine Bäuerin zeichnet. Das Schweigen baut einen Damm gegen das dumme Geschwätz, das ich von früh bis spät hören muß. Als diese Leute noch zu Hause über ihre Geschäfte, ihre Sorgen, ihre Hoffnungen redeten, werden sie wahrscheinlich einen minder schwachsinnigen Eindruck gemacht haben, denn anders könnten sie ja sozial nicht existieren. Jetzt, der Sorge ums Fortkommen enthoben, vis-à-vis der Welt, die sie sich unterwerfen wollen, genährt mit Lügen und Gerüchten, mit Pathos und Wahn, beweisen sie, daß sie nicht um ein Gramm mehr Vernunft besitzen als ihre Vorfahren, die um einen Scheiterhaufen herumtanzten, fröhlich darüber, daß eine Hexe verbrannt wurde.

Es wird dunkel und ich gehe nun zu Heu.

20. Juli 41. Schwer zu sagen, ob wir noch im Kriege sind. Seitdem wir uns hier festfuhren, und das ist nun über eine Woche her, haben wir nur das Dorf gewechselt, sehr zum Vorteil. Die Heuhütten, leer, übers Feld verstreut, sind nicht nur nachts ein guter Schlafplatz, auch tagsüber sitze ich in ihrem Schatten, zeichnend. Da es bei diesem bewegungslosen Dasein an wechselnden Motiven gebricht, habe ich die Hütte einmal von rechts, einmal von links gezeichnet und zum Überfluß noch ein wenig die Tageszeiten durch entsprechende »Beleuchtung« hineingebracht. Wäre ich ein Maler oder Zeichner, diktierte mir ein Talent den Platz im Fluß der Entwicklung, dann dürfte ich mich dieser idyllischen Beschäftigung des Abmalens vom Sichtbaren nicht hingeben. Als reproduzierender Musiker hätte ich immer noch die Freiheit, selbst im obersten Rang, den ollen Beethoven einem Publikum so hinzuklavieren, daß es jubelte. Aber wenn ich zeichnen könnte wie Dürer oder malen wie Leibl, und das eine oder andere mit deren Zielsetzungen täte, würden die Leute sagen: verdammt begabt, nur schade, daß er so dumm ist. In der gleichen Lage ist natürlich auch der schöpferische Musiker, im gleichen Zwang, nicht von gestern zu sein. Bei uns ist es freilich anders, unsere Herren schöpferischen Künstler, könnten sie wirklich zeichnen wie Dürer, malen wie Thoma, komponieren wie Brahms, und machten sie in etwa, was jene machten, da läge die Nation ihnen zu Füßen, die sogar Herrn Breker und Herrn Padua für Künstler hält. Siehst Du, wenn ich so auf meinem Balken sitze und die Hütte wasserfärbe, und wenn ich mir vorstelle, daß, wenn ich mir nur recht Mühe gäbe, das eine oder andre Blatt wirklich im Haus der Deutschen Kunst hängen könnte, ohne daß die Leute sich kaputtlachten: da fühle ich mich doch recht erhoben. Daß diese Behaglichkeit der Blöden so unbehagliche Seiten hat: daß ich also nicht am Starnberger See Skizzen mache, sondern etliche Kilometer vor Leningrad - das zeigt, daß diese geruhsame Kunst Schwindel ist. Ich meine: im allgemeinen. Meine Blättchen sind mir teuer.

Ab 5 Uhr haben wir Schule bei unserem Herrn Unteroffizier - das ist eine Neuerung seit gestern. Da müssen pro forma Fernsprüche ausgefüllt und Leitungsskizzen gezeichnet werden, er korrigiert mit einem Rotstift und schreibt: 8 Fehler. Es ist unbeschreiblich komisch, aber ich bleibe ernst und schleife mich überhaupt so ab, daß ich einer Kugel gleich über das psychische Gelände rolle - nicht gerade das, was mir in die Wiege gelegt ist. Und so ganz glatt ist die Kugel auch noch nicht.

Zu einem Spaziergang durchs Dorf müssen wir umschnallen und das Gewehr mitnehmen. Deshalb bleibe ich besser auf der Wiese und rege mich nicht. Heute mittag wurde ein scharfer Befehl des Divisionskommandeurs verlesen, die Disziplin lasse zu wünschen übrig, niemand grüße richtig, man schnalle nicht um, usw. Er befehle den rückwärtigen Diensten, vormittags und nachmittags eine halbe Stunde Gruß-Exerzieren machen zu lassen! Offenbar war der Begriff rückwärtige Dienste so dehnbar, daß es bei uns noch nicht zum Exerzieren gekommen ist.

So also sieht es bei uns aus, und ein paar Kilometer weiter passiert, was im Heeresbericht als »besonders schwere Kämpfe« bezeichnet wird. Dort gibt es Kompanien, die keine Offiziere mehr haben. Mehr Intelligenz statt sturen Mut drüben - unseres Bleibens wäre nicht. Die Berge toter Russen, ich sah sie nicht, aber es ist verbürgt, sie liegen vor der HKL [Hauptkampflinie]. In Wellen greifen sie an, sechs, acht und mehr Glieder tief, direkt in die Maschinengewehre hinein. So unorientiert über die Lage war ich noch nie. Es kommen keine Flieger mehr, weder eigene noch russische, es ist als machten beide Seiten Erschöpfungspause.

Der Schematismus der Kriegsführung, sichtbar schon in der Art, wie wir jetzt in motorisierter Kolonne über die Straßen rollen (als wir noch rollten), ist durch die Motorisierung, diesem Ergebnis der Winterruhe, diktiert. In Frankreich war der Elan spürbarer, marschierende Infanterie ergab ein männlich-kriegerisches Bild als wie aus alter Zeit. Eigentlich müßte es ja gerade umgekehrt sein, denn mit einer voll motorisierten Division läßt sich natürlich schneller und eleganter operieren als mit Pferden und Marschkolonnen. Aber eben weil das Instrument flexibler ist, wird es zur »Kriegsmaschine«. Daß wir hier, so dicht hinter der Front, Kaserne spielen und »Unterricht« machen, bestätigt was ich meine. Dieser Unteroffizier mit seinem Rotstift - mir gelingt sein Porträt nicht. Spießbürger, der den Proleten, nicht den Proletarier herauskehrt, von einem hypertrophen Geltungsbedürfnis getrieben, so fanatisch wie feig, Le Bons fiktives Modell in Reinzucht. Der Franzose ist, ungeachtet er so gnadenlos bestätigt wird, in seiner Analyse von vorgestern, das macht die Lektüre streckenweise langweilig. Ich lese ihn in einem brennenden Haus und er informiert mich über die Brennbarkeit der

Baumaterialien, aus denen das Haus gebaut ist. Aber warum es brennt, oder, von ihm aus gesehen: warum es eines Tages brennen würde, darüber weiß er nichts.

[Von Dr. Wilhelm Hausenstein, Frankfurter Zeitung]
Tutzing, 21. Juli 41. Ich habe Ihr Manuskript an die Schriftleitung der Frankfurter Zeitung geschickt und habe einen sehr zuständigen Kollegen gebeten, sich damit zu beschäftigen. Er schreibt mir: »Ich lese darin und versuche, dem Feuilleton Vorschläge zu machen. Wenn das Material in toto auch vom OKW abgelehnt worden ist, kann doch der eine oder andere Abschnitt vielleicht gebracht werden ...«
Dies ist natürlich noch keine verbindliche Äußerung und ich werde meinem Kollegen auf alle Fälle nochmals schreiben, daß er sich mit Ihnen in Verbindung setzt, ehe etwa ein Stück abgedruckt wird.

21. Juli 41. Ich wurde zum 2. Mal gegen Cholera geimpft und der kaum eingeschlafene Hautausschlag zeigte gestern neue Ansätze. Morgen kommen wir wieder zur Division und die Sache soll wieder in Fluß geraten.
Das Manuskriptexemplar, das beim Stab war, wurde mir zurückgegeben durch einen Schreiber. Nun treibt sich nur noch eines bei der Herrenschicht herum, die sich darin nicht nach Gebühr gewürdigt findet.
23. Juli 41. Wir sind nicht mehr bei den nicht eingesetzten Teilen, sondern ein bißchen weiter vorne, allein auf weiter Flur mit ein paar Leitungen, in einem kleinen Dorf, das ganz verlassen ist. Die Front ist wieder ins Rutschen gekommen, es geht also weiter - wie weit und ob gleich bis zum vorläufigen Ziel, steht dahin, wahrscheinlich nicht. Die Russen werden in der Woche, in der wir ihnen Zeit lassen mußten, eine neue Verteidigungsstellung gebaut haben.
Das kriegerische Unternehmen und das Land, im Gegensatz zu Frankreich, funkeln gar nicht, alles ist trüb, schwer und klettenhaft - acht Tage Vormarschpause ändern daran nichts.
Ich habe gestern, eine halbe Stunde bevor wir alarmiert wurden, also zu spät für diesmal, angefangen, Dialoge aus unserm Trupp zu kleinen Szenen zusammenzufassen; das möchte, könnte ich fortfahren, ein artiges Dokument werden, mit Goethen zu reden.

[Von einer Tante von E. K.-Sch.]

Bad Schwartau, 24. Juli 41. Du wirst vielleicht schon durch E. die ersten russischen Vokabeln, die ich hier durch eine Dame, die viele Jahre in Rußland lebte, bekomme und unendlich oft abgeschrieben habe, erhalten haben. Nun wurde noch eine Fortsetzung ausgearbeitet, die sich ganz besonders für den Feldzug eignet. E. meinte, Du würdest selbst mit dieser schweren Sprache fertig werden. ...

Die Zersetzung der russischen Armeen wird vielleicht am besten zum endlichen Sieg führen. Wenn schon der Sohn von Stalin sich ergibt, weil er den Kampf für aussichtslos hält, muß sie schon tief eingegriffen haben.

Unsere Gedanken und Wünsche folgen Dir, denn wir leben natürlich nur mit unseren Herzen an der Ostfront, wo so viele junge Verwandte und Freunde für unser Vaterland Heldentaten vollführen.

24. Juli 41. Gestern nachmittag wurde unsere Vermittlung überflüssig, und so fuhren wir unerwarteterweise in das Dorf und zu unserer Heuhütte zurück. Wir kamen gerade recht zur Postverteilung, Dein Brief vom 10. 7. war dabei, in dem Du schreibst, du seist zu neun Zehntel ruhig. Und das eine Zehntel, wieviel wiegt es? Was muß alles an Dich unterwegs sein an Post, fast täglich ein Brief, Zeichnungen, Filme, zwei Päckchen, Seife und Bonbons enthaltend - der deutsche Soldat kommt nicht nur in Frankreich, nein, auch in Rußland, dem verachteten, zu Waren, die zwecks Kanonenproduktion zu Hause ausbleiben, aber wenn wir nun nicht Krieg führten, hätten wir sie dann? Heißt's nicht, wir führten Krieg, damit wir sie künftig haben (wie war das eigentlich vormals??) - also ein bißchen Seife und Bonbons sind unterwegs.

Heute früh sind wir schon um 2 Uhr losgefahren, nach sehr kurzem Schlaf, und kamen zunächst durch die bekannten Gegenden unseres zehntägigen Stillstandes. Jetzt sind die Dörfer verbrannt und zerschossen. Wir wurden falsch geführt, mußten umkehren, nähern uns jetzt einem größeren Ort an einer Eisenbahnlinie, die uns die Russen mißgönnen. Es wird lebhafter. Während gestern der wiederaufgenommene Angriff in einen fast leeren Bereich hineinstieß - das ist keine ungeschickte Taktik -, verteidigen sie jetzt Ort und Bahn zäh. Bombergeschwader mischen sich ein, russische, am Horizont stehen dunkel die Explosions- und Brandwolken, gleich riesigen Schraubenziehern sich in den Himmel windend.

Gestern zog ich mir mal die Stiefel aus, um die Reste der Socken durch neue zu ersetzen, und sah, daß die Beine wirklich übel aussehen, als hätte ich Pestbeulen. Ich werde ein paar Tage Schuhe tragen, damit Luft dran kann.

Thomas ein Vierteljahr! Ich weiß nicht, soll ich sagen: schon oder erst? Es kommt mir viel länger vor, daß sich unsere Existenz vergrößert hat. Daß ich aber aus Frankfurt aufgebrochen bin und wir nun schon einen Monat Krieg führen - kaum zu glauben. Diese vier Wochen gingen sehr rasch vorbei.

[Von der Schwester]

Berlin, den 25. Juli 41. Morgen geht, wenn ich irgendeine Möglichkeit finde sicherer Beförderung, eine Zeiss-Ikon-Kamera Tessar 2.8 für RM 373,- (6 x 6) an Dich ab. Mit viel Geduld erstanden.

Ich dachte, die beste ist am geeignetsten für Dich, ein fabelhaftes Ding, Du wirst sicher damit Freude haben, aber wenn Du glaubst, sie sei zu schade für Rußland, dann schreib um eine andere, sie läßt sich umtauschen.

Ich arbeite oft im Keller, wir haben jetzt Betten bekommen, 18 Stück fürs ganze Haus, da unten können mir die Tommys nichts tun.

[An Dr. F. M.]

25. Juli 41. Daran werden Sie nicht zweifeln, daß ich in diesem schönen Land bin und einen ekelhaften Krieg führe. Eines der beliebtesten Stücke im Radio ist die Petersburger Schlittenfahrt - die machen wir nun, sehr glatt ist das Eis nicht. Seit gestern halten wir in einem sumpfigen Gehölz, die Russen sind unangenehm, die russischen Flieger sind unangenehmer, die russischen Mücken sind am unangenehmsten. Eine frivole Steigerung, nur einem »Fernsprecher« möglich, der doch immerhin etwas vom Schuß weg ist - unsere Infanteristen, etwa die 14 Mann, die den Rest einer Kompanie bilden, würden anders urteilen.

Meine Lektüre hier ist Pascal und Le Bon ... eben kommt Post, ein nicht zu häufiges schönes Fest... ich lese erst mal... ja, lieber M., nun bin ich ganz aus dem Konzept gekommen durch ausführliche Briefe vom Bodensee, wo mein Sohn unter einem Dächlein, gebildet aus einer französischen Zeltplane, neben einer Jasminhecke liegt und vom Krieg nichts weiß - welch Glück, daß ich mich nicht sorgen muß um die beiden und daß sie in einem solchen Paradies leben können. Doch Schluß - stolze Väter werden leicht komisch. Ich lese also Pascal und Le Bon, der eine so ewig und unzeitgemäß, der andere so aktuell und bestätigt in jedem Satz. Ich fasse mich ganz dicht zusammen und glaube wohl, daß ich es überstehen werde. Noch weniger als meine französischen Briefe werden sich meine russischen demnächst drucken lassen.

Eigentlich erst seit dem Beginn des russischen Krieges, den ich ab Weihnachten befürchtete, dann eine Weile - nach des Japaners Besuch - für verhindert und dann wieder vor mir sah: seitdem erst hat dieser Krieg für mich ein ähnliches Gewicht, wie es wohl der Weltkrieg für die Generation unserer Väter hatte. Meiner macht eine Ausnahme und ist nun, 65jährig, sogar im Verband einer Panzerdivision in Rußland. Für mich ist der Krieg nun nicht mehr ein Zwischenspiel, sondern ein Teil des Lebens, der uns abgezogen wird, wenn wir ihn nicht so auszufüllen wissen, daß wir am Ende fortgeschritten sind, weiter vielleicht als im Gleichmaß des gespannten Alltags vorher. Einen Frieden werden wir ja nie erleben, so wie man sich nach 1870 Frieden vorstellte, aber die Jüngeren werden nachwachsen, und wir vermögen vielleicht unter kriegerischen Gesetzen eine private Existenz fortzuführen.

Eben kommt einer von vorne und bringt sehr ungute Nachrichten. Sind Sie im wohlverdienten Urlaub? Dann genießen Sie ihn und spielen Sie ein Stück aus dem Wohltemperierten Klavier für mich.

Das Kriegsgericht macht Ordnung

25. Juli 41. Meine Nachrichten sind minder schön. Wir sind in demselben sumpfigen Gehölz wie gestern, d. h. an seinem Rand, und hatten die Flieger ziemlich auf dem Hals, mich läßt es ja kühl, aber es ist blöde, wenn man da immer unter den Wagen kriecht, unser Horch ist viel zu niedrig, als daß ich drunterkäme, ich stecke nur den Kopf unters Schutzblech, eine rein symbolische Handlung, und dann krauchen sie also über uns hinweg, und wenn sie nah werfen, so zischt es durch die Luft, es gibt einen scharfen Knall, und dann ist es vorbei. Sie werfen erst Flugblätter und dann kleine Bomben, aber weiter vorne, am Rand der Ebene, stehen schwarze Rauchfahnen gegen den Himmel, dort meinen sie es ernster. Für die Infanterie ist

es bitter. Zwei Bataillone sind heute ein ganzes Stück vorgestoßen, aber schon wurden sie hinten abgeschnitten und müssen nun sehen, wie sie wieder heraus- und zurückkommen. Dem einen Regiment fehlt eine vierstellige Zahl von Leuten, aber es wird nicht abgelöst. Obschon es für uns auch nicht das reine Vergnügen ist - Krieg ist das nicht im Verhältnis zu dem, was vorne geschieht. Dieses »vorne« ist jetzt, je nachdem, nur noch 500 oder 800 m von uns entfernt.

Ohne Datum [mit einer Plan-Skizze]. Wir sind nicht über den Fluß, ganz im Gegenteil. Wir warteten noch ziemlich lange, und schließlich wurde die Brücke fertig. In dem Augenblick begannen die Russen anzugreifen. Wir haben uns um ein paar 100 m zurückgezogen, stehen hinter einem Gegenhang, auf dem ein Friedhof liegt - warum hier, läßt sich nicht erkennen. Das Dorf ist eineinhalb Kilometer weit entfernt. Wieder warten wir. Panzer, Pak und Kradschützen sind nach vorne, die Russen haben Panzer eingesetzt. Ich mache eine Skizze, die nur die Situation erklärt, über die Geographie nichts sagt.

Auf dem jenseitigen Ufer sind schon Teile eines Infanterieregimentes, der General und ein Teil des Stabes. Die Brücke scheint sicher in unserem Besitz zu sein. Die Schießerei läßt etwas nach. Nahe bei uns stehen die Fahrzeuge der Pioniere, die die Brücke gebaut haben, die Soldaten sagen, daß auf einem der Fahrzeuge Tellerminen verladen seien; ich schaute Bertram an und er mich und wir dachten beide, daß, wo so viel Eisen herabregnet, ein Stück auch auf dieses Fahrzeug fallen könnte, worauf wir indirekt ein Opfer feindlicher Aktion werden würden.

Das ist also wirklich einmal eine wochenschaureife Geschichte gewesen, und da zeigen sich merkwürdige Erscheinungen. Wir sind mit einem Leutnant von der Funkkompanie vorgefahren, dessen Führungstalent zu beobachten wir schon in den letzten Tagen ausreichend Gelegenheit hatten. Er verkehrt mit seinen Leuten, selbst mit seinem Fahrer nur im Äh-äh-Ton. An einem der ersten Marschtage wollte er in einem Fluß baden, ging die hundert Meter zum Ufer und rief von dort seinem Fahrer zu: Bringen Sie mir ein Handtuch! Als nun hier die Russen loslegten, sprang er auf den nächsten Kübelwagen und rief: Umkehren und zurück! Die kurze Strecke bis zu uns zu fahren, hatte er den Mut nicht, obschon er in diesem Augenblick für uns und ein paar andere Trupps die Verantwortung trug. Seither ist nichts mehr von ihm zu sehen.

Unser Unteroffizier aber, SA-Mann H., Kristallnacht-Nutznießer, wie er selbst in Prüm meckernd erzählte (ich werde es nicht vergessen), der gestern in einem besseren Dorf in einen Taumel des Plünderns verfallen war, wurde noch nervöser, als er ohnehin ist, und gab völlig blödsinnige Befehle. Er wollte keineswegs aus Mut, sondern aus Verwirrung über die Brücke fahren, die eben von den Pionieren fluchtartig geräumt wurde. Dann befahl er Halt! für beide Fahrzeuge an einer gänzlich unübersichtlichen Stelle der Straße, über die in schnellstem Tempo die Panzer und Pak vorstießen, und ich sehe ihn noch, Stahlhelm und Mütze in der Hand! (wirklich, das ist nicht erfunden), zwischen unseren Fahrzeugen hin- und herrennen. Mit solchen Leuten bin ich ungern zusammen, wenn es darauf ankommt, umsichtig zu sein. Jetzt will ich mit dem Fernglas unseren Schutzhang ersteigen und schauen, was drüben los ist. Meldungen und Befehle laufen über Funk, uns braucht man nicht. Der Wald brennt an allen Ecken und Enden.

27. Juli 41. Gestern hat sich die Spannung, die sich aus den unvereinbaren Gegensätzen zwischen mir und den Le Bon-Menschen entwickelt hatte, recht dramatisch gelöst. Äußerlich gesehen, steht die Partie 1 : 0 für jene. Der Anlaß war endlich gefunden, meine dienstliche Untadeligkeit hatte einen Sprung bekommen. Ich hatte mit einem jungen Soldaten meines Trupps Auftrag, das Waldstück, in dem wir lagen, zu umgehen und auf etwa ausbrechende Waldbrände zu achten. Nach Art des Auftrages war es keine »Wache« im strengen Sinn, wir liefen eben am Waldsaum entlang und unterhielten uns. Ein Feuer wäre uns nicht entgangen. In der Hitze traten wir für einen Augenblick bei unseren Wagen in den Schatten, und dabei wurden wir vom Unteroffizier, SA-Mann H., »erwischt«. Er erkannte seine Chance, lief zum Hauptwachtmeister, bezichtigte uns des Wachvergehens. Der Hauptwachtmeister war auch weit davon entfernt, die Sache en bagatelle zu behandeln. Es wurde eine schriftliche Meldung an den Kompaniechef angefertigt.

Wie genau H. ins Schwarze getroffen hatte, wußten weder er noch ich. Meldung und »Gegenmeldung« gingen um 3 Uhr zum Chef, und schon um 5 Uhr wurden wir hinbefohlen: H., der junge Soldat, der nicht wußte, wie ihm geschah (der sich aber tadellos benahm), und ich. Erst wurde der Tatbestand festgestellt: Ja, wir standen im Schatten und hatten die Gewehre an den Wagen gelehnt. Ob »Vergatterung« stattgefunden habe oder nicht - es läge ein Wachvergehen vor. H. hatte geschrieben, ich sei daran schuld, daß sein Trupp nicht gut arbeite. Dieses Stichwort griff der Kompaniechef auf und nun ging es los: meine Ansichten kenne man ja. Ob ich wisse, daß er, der Kompaniechef, mein Manuskript seinerzeit in Frankfurt an das Kriegsgericht weitergeleitet habe, damit ein Verfahren gegen mich eröffnet werde, und er bedaure, daß formale Gründe es verhindert hätten. Meine Ansichten über Frankreich seien gemeingefährlich. Man habe meine Arbeit auch der Division vorgelegt, die derselben Ansicht sei. Meine Ansichten über junge Offiziere seien unglaublich, usw. Nun wußte ich also, aus welcher Ecke der Wind in den letzten Wochen geblasen hatte. Ich sagte ruhig, das OKW habe sich in seiner Stellungnahme zum Manuskript anders geäußert.

Dann kam die Strafe: sechs Tage Arrest für mich, den Obergefreiten, drei Tage für den Soldaten. Das ist gerecht. Aber es war nicht alles. Ich wurde aus dem Trupp genommen und auf eines unserer beiden Kettenfahrzeuge versetzt. Das sind sehr komische Dinger, halb Motorrad mit Gabellenker, halb Kettenpanzer; vorne sitzt der Fahrer allein, hinter ihm haben zwei Mann mit Müh und Not Platz. Das Fahrzeug ist nicht viel höher als ein Fahrrad. Es hat einen winzigen Anhänger fürs Gerät und dient zum Auslegen von Leitungen in sehr schlechtem Gelände. Es fährt wirklich über Stock und Stein, wird aber trotzdem kaum je eingesetzt. Motor und Schaltungen haben Mucken, das Ding ist vermutlich eine Fehlkonstruktion, das es nur in wenigen Exemplaren bei den Nachrichtenabteilungen gibt. Aus der Horch-Limousine steige ich auf das Kettenkrad um. Den Trupp bin ich los, ich stoße zu zwei Männern, nur zwei statt zehn, die ruhige Zeitgenossen zu sein scheinen. Den Druck der Intrigen bin ich los, und den SA-Mann H. auch. Schade ist, daß ich Bertram nur noch selten sehen werde, daß ich die Schreibmaschine, aus Platzmangel, im Vermittlungswagen lassen muß, und noch so manches von meinem Zeug, Bücher, den großen Zeichenblock.

Ich bin noch gestern abend »umgezogen« und nun wieder beim Divisionsstab. Wir liegen in einem Dorf, in dem es, o Wunder, keine Mücken gibt, so daß ich herrlich unter freiem Himmel geschlafen habe. Flieger und Flak hörte ich im Halbschlaf. Als ich so unter dem Nachthimmel lag, kam ich mir doch komisch und dumm vor, zurückgefallen in eine Auseinandersetzung mit dem Nicht-Auseinandersetzbaren. Mit Händen zu greifen, daß es nicht gut gehen konnte. Klug wäre gewesen, alles im Trüben zu lassen. Aber es ging eben nicht mehr mit Klugheit, mit Diplomatie. Wie bezeichnend, daß mir die Zeit erst in einem Menschen entgegentreten mußte, der sie ideal repräsentiert, um meinen Widerspruch derart herauszufordern, daß mein Verhalten nicht mehr der Vernunft gehorcht.

Wir sind vielleicht wirklich an den Anfang eines neuen Zeitalters gestellt, von dem wir so gut wie nichts wissen, und wir machen den Anfang einfach dadurch, daß wir feststellen, wir seien anders, wir gehörten nicht zu dem, was ist. Dieses »was ist« muß viel weiter gefaßt werden, als unter einen politischen Hut gebracht werden könnte. Der stumme Protest: Zu den H.s gehöre ich nicht!, meint doch nicht den Nazi H. Der Nazi H. ist der Deutsche H., ist einer von 80 Millionen, die sich gleich ihm auf dem Weg zur Weltherrschaft wähnen, die auszuüben sie nicht mehr legitimiert wären als ein Negerstamm. Hat aber der totale Protest: Zu diesem Volk gehöre ich nicht!, hat er Sinn - für mich? Ja, er hat Sinn, obschon ich natürlich auch Deutscher bin, in dieses Volk hineingeboren, hineinerzogen in seine Sprache, seine Gewohnheiten. Aber diese mir auferlegte Solidarität zählt für mich nichts. Ich bin solidarisch mit einer Zukunft veränderter Vorstellungen, veränderter Verhaltensweisen.

Der Satz in Deinem Brief: Glaubt Ihr alle mehr oder weniger an Gott? - was soll das?! Die Gruppe »Ihr« gibt es nicht, wenn Du mich mit einbeziehst, und den »Ihr« ohne mich fehlt nicht Gott, sondern der gesunde Menschenverstand, die Vernunft, die schlichte Vernunft.

28. Juli 41. Hier geschieht zur Zeit nichts - militärisch meine ich, und soweit ich davon betroffen sein könnte. Wir liegen am Dorfeingang auf einer zertretenen Wiese, auf der viele verdorrte Äste herumliegen, die zur Tarnung von Fahrzeugen dienten. Diesem Zweck werden seit Herbst 39 ganze Wälder in Europa geopfert. Heute früh war ich zu den nicht eingesetzten Teilen, d. h. zu meinem alten Trupp zurückgefahren, weil ich dort meine Gasmaske vergessen hatte. Auch wollte ich Filme holen. Ich habe nämlich wieder einen Apparat, den billigsten Amerikaner, den es wohl gibt. Ich traf gestern Prestel und sagte ihm, daß meine Kamera weg sei, da holte er dieses Kästchen heraus und es zeigte sich, daß meine Filme von der Rolleiflex paßten. Man kann nichts einstellen, weder Entfernung noch Blende noch Belichtungszeit, man drückt ab und fertig. Bei gutem Licht wird sich schon etwas auf den Filmen zeigen.

Ich traf auch Bertram und andere vom Trupp, dort ist eine höllische Stimmung; selbst Leute, die H. seit zwei Jahren kennen, sind zum »Dienstton« zurückgekehrt und sagen »Sie« und »Herr Unteroffizier« zu ihm. Das kann ich mir auf die Habenseite schreiben, aber solche Stimmungen kommen und gehen, von wirklicher Einsicht und Parteinahme kann höchstens bei zweien die Rede sein, von denen einer Bertram ist. Wenn es im Falle des SA-Mannes H. eine Klärung gäbe, die man als gerecht, fair und moralisch vertretbar ansehen könnte, dann führten wir nicht Krieg in Rußland, dann wären die Deutschen ein anderes Volk, das sich eine andere Regierung ausgesucht hätte. Die allgemeinen Umstände haben mir diesen Kerl bis auf Tuchfühlung nahegebracht, und dadurch provozierten sie, nicht er, mich. Nun versuche ich in meiner Vorstellung ihn wieder zu entindividualisieren. Mir ist flau, weil ich mich provozieren ließ. Vor allem ist mir flau, weil mich ärgert, daß ich mich provozieren ließ. Daß der Brävste nicht in Frieden leben kann, wenn er einen bösen Nachbarn hat, ist nur natürlich und richtig. Daß er neben einem bösen Nachbarn in Frieden leben möchte - das ist fatal. Mich heraushalten - tiefer Wunsch und eine Sünde!

Aber du wirst gleich hören, daß meine guten-miesen Grundsätze wackelig sind. Auf dem Rückweg zur Division und zu meinem Kettenkrad kam ich beim Ib vorbei, bei dem auch der Kriegsgerichtsrat sitzt, oder vielmehr er stand herum vor dem Quartier. Da sprach ich ihn an und fragte, ob es möglich sei, daß ein Soldat, also ich, ein Verfahren gegen sich selbst einleiten könne, wobei ich nicht an den Volksgenossen H. dachte, sondern an des Oberleutnants Redereien über das Frankreich-Manuskript. Der Kriegsgerichtsrat, statt ja oder nein zu antworten, fragte, ob mein Kompaniechef wisse, daß ich bei ihm sei. Ich sagte: nein, ich komme hier zufällig vorbei und habe die Absicht, mich gleich anschließend beim Chef zu melden. Dann könne er mir gar nichts sagen, antwortete er und ging weg. Da merkte ich, daß er das Ms. kannte - wie es wohl die meisten Offiziere der Division kennen, wenigstens gerüchtweise, seitdem es mit dem Donnerbrief des OKW nach Frankfurt zurückkam, und daß er sich mit den »Betroffenen« in eins setzt. Und siehe da, er meldete den Vorgang sofort der Kompanie, und nun bin ich noch einmal mit drei Tagen geschärftem Arrest, im ganzen also sind es jetzt neun, bestraft worden »wegen Umgehung des Dienstweges«.

Jetzt heißt es im Mauseloch bleiben, denn dies riecht fast nach Verschwörung. Bisher war ich geschickt, und vielleicht genoß ich die Freiheit des Aals, der glatt ist. Das Manuskript ist nicht glatt, weil es ernsthaft ist, und nun ist der Widerstand geweckt. Also Ruhe, Ruhe, Ruhe, und warten, bis die Hetzstimmung verebbt. Wo, wie und wann ich diese neun Tage hinter mich bringen werde, bin ich sehr gespannt. Im Hotel Europa in Leningrad vermutlich nicht. Was ich erlebe, ist ein Ausgleich für die vielen Freiheiten des französischen Herbstes und des Frankfurter Winters.

Kuby, Obergefr.
Einheit 13048   Ljubnja, 28. 7. 41

An 1. Kompanie [der Nachr. Abt. 3]
Nachdem durch Uffz. H. selbst die internen Truppschwierigkeiten nach außen getragen wurden, halte ich es für meine Pflicht, die Wahrheit festzustellen und zum Ausdruck zu bringen, daß an diesen Schwierigkeiten zum großen Teil die Natur des Truppführers schuld ist. Das Verhalten des Trupps bei den jetzigen Vorkommnissen beweist, daß ich mit meiner Ansicht nicht allein stehe. Soldaten, die mit Uffz. H. seit zwei Jahren bekannt sind, haben gestern erklärt, in Zukunft nur noch per »Sie« und dienstlich mit ihm zu sprechen (Obergefr. Bertram, Obergefr. Horlitz, Obergefr. Drosch). Ich behaupte folgendes:
1) er ist moralisch minderwertig,
2) er ist in militärisch schwierigen Situationen unfähig zur Führung eines Trupps,
3) er zersetzt durch seine Ansichten die anständigen Anschauungen seiner Kameraden auf den meisten Gebieten.
Aus allen Erlebnissen der letzten sieben Wochen führe ich zum Beweis meiner Behauptungen folgende an (Anlage: 9 Seiten); sie können in der Regel durch die meisten Truppmitglieder bestätigt werden; nur der Gefr. Schuck stellt sich 100%ig auf Seite von H.; es ist in diesem Zusammenhang gleichgültig, aus welchen Ursachen.

Kuby, Obergefr.
13048   28./29. 7. 41

Sehr geehrter Herr Ltn. Hähnel!
Ich übergebe Ihnen den beigefügten Bericht, damit Sie event. die Wahrheit meiner Angaben nachprüfen können. Ich weiß, daß man

dies als Rache mißdeuten kann; trotzdem verbieten die Umstände, daß keine Klarheit in die Sache kommt.

Ich kann nicht entscheiden, ob es erlaubt oder zweckmäßig ist, einen solchen Bericht der Kompanie zu geben; ich bitte Sie, sehr geehrter Herr Leutnant, nach Ihrer Meinung zu handeln.

Heil Hitler

Kuby, Obergefr.

[Die ›9 Seiten‹ haben sich später nicht wieder angefunden.]

30. Juli 41. Ich schreibe mitten in der Nacht mit dem Taschenlämpchen, denn es hat sich soeben ergeben, daß ein Fahnenjunker morgen früh nach Potsdam zurückfährt. Er nimmt das Blatt mit. Wieder wirst Du es früher haben als die letzten Feldpostbriefe, die Unerfreuliches berichten - den endgültigen Zusammenstoß mit jenem oftgenannten Unteroffizier H., meine Entfernung aus dem bisherigen Trupp, usw. Noch immer zieht der Stein, einmal ins Wasser geworfen, Kreis um Kreis, die ganze Kompanie ist aufgewühlt. Nur noch nebenbei führen wir Krieg: wirklich, so sieht es aus. Ich hatte überlegt, ob ich Dir von all diesem dummen Kram schreiben soll, und zwar, weil ich fürchte, daß Du Dir Sorgen machst über mein Leben hier, aber dazu ist kein ernstlicher Anlaß. Das verebbt und versandet, und dann ist es vergessen. Die Frage ist müßig, ob es so kommen mußte. Neulich schrieb ich: mir kann hier nichts mehr etwas anhaben, aber das ist doch nicht wahr - ein solcher Mensch, mit Macht über mich ausgestattet, und was viel schlimmer ist, mit mir zusammenlebend, bringt mich aus dem Gleichmut.

30. Juli 41. Meine zwei empfindlichen Organe, Haut und Magen, mögen diesen Krieg gar nicht. Heute nacht war's übel, jetzt geht's wieder.

31. Juli 41. Ich schreibe nun doch genau alles, auch auf die Gefahr hin, daß es Dich in Angst stürzt. Rothe hat natürlich recht, so etwas geschieht »unsereinem« - ich habe es anders genannt. Wie gut, daß Du manchmal schnell Post bekommen hast. Ich bin von meinem Kettenrad wieder herunter und nun einem Bautrupp zugeteilt bei einem Unteroffizier, mit dem ein Auskommen ist. Heute »ziehe ich um«. In den nächsten Tagen gibt es noch Verhöre zu meiner Auseinandersetzung mit H., und dann wird es ruhig werden. Der Krieg geht inzwischen weiter.

1. August 41. Als die 1 in der Jahreszahl vor der 4 stand, begann die-

ser Krieg. Ich habe unter dem Wagen geschlafen, die Nächte werden schon kühl. Mein wertvollstes Kleidungsstück ist eine wattierte, graublaue Jacke aus russischen Militärbeständen, damit hat sich die ganze Kompanie versorgt. Das Lager war bei Dünaburg. Als wir diese Jacken fanden, hatte es 40 Grad im Schatten und ein Hemd war schon zuviel. Jetzt sind wir froh drum.

Du wirst viel Post haben, unerfreuliche zumeist. Das ist alles so verlogen und verdreht. Gestern redete der Abteilungskommandeur mit mir, wieder mußte das Manuskript herhalten. Es ist die Verschwörung einer Kaste, die sich betroffen fühlt. Ich will versuchen, einmal mit v. B. [v. Bissing, Offizier] zu sprechen, vielleicht weiß er, der Kaste angehörend, einen Rat, wie man da wieder herauskommt. Was immer ich jetzt tue, wirkt gegen mich. Versuche, mich zu rechtfertigen - wofür eigentlich? -, verkehren sich wie von selbst in Anschuldigungen, die gegen mich gerichtet sind. Und das im Krieg ...!

[Ich werde vor's Kriegsgericht der 3. Inf. Div. (mot) gestellt.]

3. August 41. Nimm Deine Kraft zusammen. Die Klage lautete 1. auf »Verleumdung« eines Unteroffiziers, 2. auf »Einwendung«, d.h. ich hätte zu dem Unteroffizier gesagt: wenn du das tust, tue ich das: Auf beiden Anschuldigungen stehen hohe Strafen; vor allem mit Rücksicht darauf, daß wir im Einsatz sind, auf der zweiten (der Vorsitzende: Todesstrafe ist möglich).

Um 11 begann die Verhandlung [vor dem Kriegsgericht], sie hatten das Wild vor sich und hetzten es über die Strecke bis zum späten Nachmittag. Als ein Symbol lag mein Manuskript, um das es formal gar nicht ging, auf dem Richtertisch. Von 1-2 Uhr war Pause. In der Pause kam Post, darunter Dein Brief, in dem steht: nur ja eine dicke Haut haben, und: laß Dich zu nichts hinreißen. Und: sei schrecklich tugendhaft und unangreifbar, nicht nur nach dem Gesetz, denn das gilt ja wenig im Kriege.

Diese Mahnungen kamen zu spät, aber sie hätten wohl auch nichts verhindert, wenn ich sie gekannt hätte, als Du sie vor drei Wochen schriebst. Es war schon Nachmittag, als der Anklagevertreter seine Rede hielt, und dann kam ich zu Wort. In diesem kochendheißen Raum eines russischen Bauernhauses war nun also kein Ausweichen mehr. Ich hielt mich natürlich an den Anlaß, d.h. ich war nicht so verrückt, Konfessionen abzugeben, aber im Rahmen, den das Verfahren gezogen hatte - er war groß genug -, wich ich nicht zurück.

Die Anklage hatte zweieinhalb Jahre Gefängnis beantragt, das Gericht sprach sich für ein Jahr neun Monate aus. Der General muß das Urteil noch bestätigen. Ich kann mich morgen noch schriftlich dazu äußern, was ich schreibe, geht mit Urteil und Urteilsbegründung an den General. Vielleicht ist dieser Krieg für mich erstmal zu Ende, vielleicht muß ich irgendwo arbeiten. Das Gericht hielt mir zugute, daß die Natur des Unteroffiziers wirklich Schatten aufweise!! Sie legten mir zur Last, daß ich die Disziplin (im Trupp) gefährdet hätte, es hätten sich Cliquen gebildet. Das trifft zu. Ich »als Gebildeter« hätte die Pflicht gehabt ... usw. Der Kriegsgerichtsrat, selbst ein Gebildeter, wird seine Erfahrungen haben, wie gerade die »Gebildeten« voller Pflichteifer sind.

Aus der Nachrichtentruppe bin ich heraus, mein militärisches Rängchen habe ich verloren. In Zukunft also die Briefe nicht mehr an den Obergefreiten, sondern an den Soldaten. Dies scheine ich noch zu sein. Sorge Dich nicht ...

4. August 41. Was ich gestern über »Einwendung« schrieb, ist nicht falsch, aber nicht vollständig. Diese »Einwendung« ist Teil einer »Widersetzung«, und unter diesem Stichwort wurden die Paragraphen des Militärstrafgesetzbuches zusammengesucht, abgesehen von jenen, die »Verleumdung« betreffen. Was bedeutet die Sache für unser Leben nach dem Kriege? Nichts, wahrscheinlich. Der Krieg dauert bestimmt länger, als ich im Gefängnis sitzen werde, es wird also auch unsere Trennung dadurch nicht verlängert. Solange ich noch hier bin, kann ich schreiben, ohne kontrolliert zu werden. Im Gefängnis würde sich das selbstverständlich ändern. Mut gegen die Umwelt brauchen wir nicht, nichts von dem, was geschehen ist, tastet mich an. Wie aber wollen wir es halten: wer muß, wer soll informiert werden, wer besser nicht?

5. August 41. Es ist 9 Uhr früh, ich sitze vor einer Heuhütte, der Himmel ist verhangen, hinter dem Grau ist die Sonne zu spüren, alle Farben sind matt, und über dem See heben sich Nebelschleier. Als ich mich eben am Ufer wusch, war das Wasser lauwarm. Die Bauern schneiden Korn mit Sicheln, weil sie ihre Traktoren und Maschinen mangels Benzin nicht benützen können. Es stünde uns gut an, sie damit zu versorgen, aber das paßt wohl nicht in die Linie. Störungsfeuer beiderseits, vor allem nachts. In der vorvergangenen trafen die Russen zwei Häuser, daneben stand eine Zugmaschine der Pak, ein Splitter riß den Benzintank auf, die Flammen schlugen

empor, und zwei Soldaten erwachten brennend. Sie rannten wie lebende Fackeln dem See zu, das Dümmste, was sie machen konnten, die Strecke war behindert durch Zäune, als sie sich mit der verbrannten Haut ins Wasser stürzten, müssen es entsetzliche Schmerzen gewesen sein. Ich höre, beide leben noch. Der Brand beleuchtete das Land und den Hügel mit dem reifen Korn fast eine Stunde lang, die auf der Zugmaschine gelagerte Munition explodierte, und blaue Stichflammen schossen aus dem Feuer empor.

Vielleicht bekommst Du diesen Brief vor den andern, die ich gestern geschrieben habe. Dann erfährst Du jetzt, daß man mich beim Kriegsgericht angeklagt hat wegen Verleumdung des Unteroffiziers H. und wegen Widersetzung gegen eine Diensthandlung dieses Unteroffiziers. Eine Verhandlung hat stattgefunden, und man hat mich zu einem Jahr neun Monaten Militärgefängnis verurteilt. Ist dies wirklich die erste Nachricht, die Du darüber bekommst, so wisse sofort, daß es so schlimm, wie es sich darstellt, in Wirklichkeit nicht ist. Es bedeutet nicht, daß wir länger getrennt sein werden, als wir es ohnedem auch gewesen wären - nämlich nicht länger, als der Krieg dauert. Ich bin auch weiterhin Soldat und werde als solcher, wenn auch als Gefangener, behandelt.

Friedlicher und ruhiger war es seit Beginn des Ostkrieges nicht in mir als jetzt. Als das Urteil verkündet wurde in einem Bauernhaus, dachte ich nur, was das bedeuten könnte für die Zeit nach Kriegsende - ein Zeichen, daß mir die Sache doch so viel Eindruck gemacht hatte, daß ich den Boden unserer Grundüberzeugungen unter den Füßen der Vernunft vorübergehend verlor. Ich sprach sogar, als alles vorbei war, den Vorsitzenden des Gerichts daraufhin an, der von seiner Warte aus meinte, das erledige sich innerhalb des Krieges.

Ich habe Dir seither schon zwei Briefe geschrieben, der eine ging auf dem normalen Feldpostweg und wird Dich in der üblichen Frist erreichen, er steht am unmittelbarsten unter dem Ereignis. Der zweite liegt noch in meiner Mappe und wird, wie es nun notwendig ist, auf dem Wege über die Zensur des Kriegsgerichtsrates zu Dir kommen oder gekommen sein.

Dieser dritte Brief, also der, den ich jetzt schreibe, würde dann schneller als die andern bei Dir sein, wenn ich nach Deutschland in ein Gefängnis gebracht werde. Bevor Du aber diejenigen verständigst, die wohl verständigt werden müssen, warte die andern Briefe bitte ab. Ich sage darin, Du möchtest aus allen meinen Briefen diejenigen Stellen zusammensuchen, die sich mit dem Unteroffizier H. direkt oder indirekt beschäftigen, sowie andere, die von der Rolle des Frankreich-Manuskriptes in meinem Verhältnis zur Kompanie sprechen. Wichtig sind die Briefe, die ich geschrieben habe, seitdem ich zu sechs Tagen Arrest verurteilt wurde. Das Persönliche laß aus. Dazu gehören dann die »9 Seiten«, und die vier, in denen ich mich zum Urteil äußerte. Ich glaube, das gibt ein Dokument, das einige Freunde kennen sollten - und zwar nicht meinetwegen.

Daß mich der eine H. [gemeint ist Hitler] kühl läßt, der andere H. mich aber um den Verstand gebracht hat, oder richtiger: daß mir jener H. erst in diesem H. bis auf Tuchfühlung begegnen mußte, um mich dahin zu bringen, daß ich aufhörte, mich durchzuschlängeln, das ist der springende Punkt in der ganzen Sache. Meine Zeit-Analyse geht nicht von oben nach unten, sondern von unten nach oben. Wenn alles vorbei ist, wird man nur noch das »Oben« sehen und es als geschichtlichen, in sich abgeschlossenen Tatbestand verpacken; das »Unten« bleibt, brodelt, kocht im eigenen Saft, schmutzt dahin, bleibt verantwortungslos und wird nicht zur Verantwortung gezogen. Gut, man kann nicht alle ausrotten, das wäre genau die Methode der verschiedenen H.'s, aber mit welchen Mitteln man diesen Sumpf eines aus Angst in seiner Humanität und in seiner politischen Vernunft verkümmerten Volkes austrocknen und fruchtbar machen kann - ich weiß es nicht.

Bertram sah das Unheil nicht in seinem ganzen Umfang kommen, woraus ich ihm keinen Vorwurf machen kann (das ist nur eine Redensart, ich bin weit entfernt, irgend jemand außer mir einen Vorwurf zu machen) - wir wußten beide nicht, in welchem Maße sich die Kaste angegriffen fühlte. In normalen Zeiten gelesen, werden diese Frankreich-Briefe, so wie sie für das List-Manuskript gekürzt und redigiert worden sind, fast jeder politischen Aussage bar erscheinen. Und wir haben eben normale Maßstäbe und normale Vorstellungen im Kopf. Doch diese Normalität ist derzeit Dynamit - und das ist etwas, was ich so ganz und gar nicht wahrhaben will, so daß mich sogar die Erfahrungen mit dem OKW nicht dazu gebracht haben zu wissen: ab jetzt bist du gestempelt.

Zu den 9 Seiten hat das Gericht gesagt: ich hätte sie aus Rache dafür geschrieben, daß mir H. jene sechs Tage Arrest verschafft hatte. So malt sich das in solchen Köpfen. Ich konnte nicht entgegnen: das habe ich geschrieben, weil mir in diesen Wochen die Vorstellung unerträglich geworden ist, daß die Zeit in einem derartigen Subjekt triumphieren durfte. Die Anklage hatte auch den Versuch gemacht, mich auf Grund einiger Zeugenaussagen sogenannter Kameraden politisch in den Griff zu kriegen. Aber dabei ging es wie mit dem Manuskript: die Texte sind fein gesponnen, und als mir in den Formulierungen der Zeugen eigene Aussprüche serviert wurden, da dachte ich, daß ich doch nicht von allen guten Geistern verlassen war, und begriff daran den Grad von Verstellung, zu der sich unsereiner schon so trainiert hat, daß sie mir fast natürlich ist. Das Gericht lehnte in der Urteilsbegründung ausdrücklich ab, es habe mir einen politischen Strick drehen wollen; wörtlich: »Daß der Angeklagte der Meinung ist, der Krieg dauere noch sehr lange, und daß er von Anfang an der Meinung war, dieser Krieg erstrecke sich über viele Jahre, und auch die Ansicht, wir benötigten Rußland, um die Ernährungslage in Europa zu sichern, können ihm nicht zur Last gelegt werden. Wer recht hat mit solchen Prognosen, das kann heute niemand sagen.« In meiner Verteidigungsrede hatte ich gesagt: Wer wird wohl länger durchhalten? Diejenigen, die alle drei Monate das Kriegsende herbeikommen sehen und sich von Enttäuschung zu Enttäuschung durchschlagen, oder einer, der sich darüber klar ist, daß sein ganzes Leben von dieser Auseinandersetzung bestimmt sein wird, und der trotzdem gelassen und guten Mutes seinen Dienst tut?

Sie sahen nicht, daß mich ein bloß minderwertiger Charakter nicht in diesem Maße provoziert hätte. Nirgends, weder in dem, was ich geschrieben habe, noch in dem, was Zeugen als meine mündlichen Äußerungen zitieren konnten, kam eine Andeutung davon vor, daß dieser SA-Mann H., Plünderer in der »Kristallnacht« nach eigenem Zeugnis und Rühmen (Brillanten aus dem Schaufenster eines jüdischen Juweliers in Berlin), nur um des Umstands willen, daß er das Ideal des Volksgenossen darstellt, meine Vernunft außer Funktion gesetzt hat. Hier offenbart sich meine eingefressene, unüberwindliche, unausrottbare Solidarität mit dem Volk, das ich verabscheue in dem Zustand, in dem es ist. Ihm angehörend, fühle ich mich beleidigt. Was für ein Unfug! Was gehen mich diese Leute an? Und was für ein Glück, daß weder das Gericht noch sonst jemand durchschaute, wie es um mich bestellt ist.

Oft genug während des Verhandlungstages bei 35 Grad im Schatten, desungeachtet der Kriegsgerichtsrat von mir verlangte, ich sollte im »Stillgestanden« mit ihm reden, hat er von Wehrkraftzersetzung gefaselt, und daß ich auch mit dem Tode bestraft werden könnte. Das war nur Schau und sein persönliches Engagement (das Manuskript lag nicht nur auf dem Tisch vor ihm, er hatte es auch gelesen) - aber die Sache ging doch nur so glimpflich ab, weil sie ihr nicht auf den Grund kamen. Zuweilen hatte ich sogar den Eindruck, daß dieser tobende Jurist für Minuten den NS-Lärm in seinem Gehirn abstellte und versuchte zu überlegen: was ist das eigentlich für ein Mensch, der da vor mir steht?

Als ich gerüchtweise am Samstag nachmittag erfahren hatte, daß die Verhandlung am Sonntag stattfinde, sprach ich mit Pfarrer te Reh, in dessen Gottesdiensten ich die Orgel gespielt hatte im Pfarrhaus (er war bei dem Nachtgespräch vor Beginn des Feldzuges dabei), und ich sprach mit Hauptmann v. Bissing von der Abt. Ic der Division, mit dem es in Prüm und in Frankreich zu mancherlei undienstlichen Gesprächen gekommen war. Ich wollte einen von ihnen als Verteidiger gewinnen. Beide kniffen. Es war ihnen gerade deshalb schrecklich unwohl, weil sie nicht wußten, was da etwa an politischen Gesichtspunkten behandelt würde. v. B. meinte, er kenne die Materie nicht, die Zeit sei zu kurz, sich einzuarbeiten, und der Pfarrer schaute mir treu in die Augen und sagte: Aber lieber Kuby, Sie verteidigen sich doch am allerbesten selbst. Das war ein schlechter Rat, ich wußte es, aber was blieb mir übrig? Ich ging allein in die Verhandlung.

Sie war ein Schauspiel. Es waren fast sämtliche Offiziere der Kompanie, die Pfarrer, Offiziere der Abteilung und Wachtmeister der Kompanie anwesend - eine Horde, ein Volkschor, der mit Gemurmel, Gelächter, Ausrufen die Stimmung anheizte. (Es war glühend heiß in dem verhältnismäßig kleinen Raum eines Bauernhauses.) Ich konnte kaum einen Satz beginnen, ohne angefahren zu werden, ich sollte mich genau und nicht so unmilitärisch ausdrücken. Von einem Beisitzer ließ der Kriegsgerichtsrat ohne jeglichen Anlaß, auch nur zur Stimmungsmache, den Brief des OKW über mein Manuskript verlesen. Ich stellte fest, er enthielte kein Wort, das meinen Charakter oder die sachliche Richtigkeit meiner Beschreibungen in Frage stelle. Da kam die höhnische Frage, ob ich dieses Urteil des OKW über meine Arbeit als Zustimmung empfände. (Der Saal lachte, der Saal lachte sehr oft, bös und tückisch. Der Saal, d.h. da waren noch zwei Meter Raum hinter mir bis zur Wand, vollgestopft mit den Figuren.) Als H. äußert, im Stürmer-Jargon, was er von der Kirche hält und dem Christentum, kommt auch Gelächter auf, aber da wird es dem eher konservativen Kriegsgerichtsrat zuviel, er weist H.'s Äußerungen zurück, man zieht es daraufhin vor, weniger Heiterkeit an den Tag zu legen. Überhaupt verschiebt sich das Bild, je länger die Verhandlung dauert: erstens deshalb, weil der Kriegsgerichtsrat vorweg die Zeugen auftreten ließ, deren er sich sicher war, dann die andern, Bertram ganz zuletzt, dessen Objektivität, weil er »mein Freund« sei, in Frage gestellt wurde. Zweitens weil H., je mehr er davon überzeugt war, daß ich eine schwere Strafe bekäme, sich zunehmend als Mittelpunkt empfand und die Gelegenheit benützen wollte, seine Gesinnung zur Darstellung zu bringen. Da schieden sich, was die Offiziere anging, die Geister, und nach und nach lichtete sich das Publikum.

Um 6 Uhr abends war Schluß. Ich als einziger hatte die ganze Zeit stehen müssen, Rock bis zum Hals zu, umgeschnallt. Ich ermüdete aber nicht, und meine Selbstverteidigung - Bertram meinte, ich hätte eine halbe Stunde gesprochen - war so, daß sie aufhörten zu lachen, und als die Verhandlung nach meinem Schlußwort unterbrochen wurde und wir vors Haus gehen konnten bis zur Urteilsverkündung, meinten einige: na, sie werden dir ein paar Wochen verpassen. Aber das wußte ich besser. Sie hatten diese Sache nicht so groß inszeniert, um sie ausgehen zu lassen wie das Hornberger Schießen. Immerzu hatte der Vorsitzende von »Zersetzung der Wehrkraft« gesprochen, weil durch mein Verschulden der Trupp in zwei Lager zerspalten worden sei. Nachmittags hatte ich allerdings den Eindruck gewonnen, daß der Kriegsgerichtsrat vor allem die »Widersetzung« zum Anlaß der Strafe nehmen wollte. Und so kam es auch.

Ich gab mein Seitengewehr ab - welch ein symbolischer Akt für meine Nichtteilnahme am Krieg! - und wohne bei den Feldgendarmen. Bertrams Ausspruch, als wir nebeneinander in die Mittagspause gingen: Das steht dir!, sei nicht unterschlagen. Unpassenderweise brach ich darüber vor dem ganzen giftigen Haufen in schallendes Gelächter aus.

Gestern rief der Kompaniechef meinen alten Trupp zusammen, natürlich ohne mich, aber alles spielt sich auf dieser Wiese am Dorfrand ab. Unter der Birke gelagert, hörte ich Satzfetzen, und was ich nicht verstand, ergänzte nachher Bertram. Gernert sagte, wohl keiner hätte ohne tiefe menschliche Teilnahme das Urteil gehört. Ich hätte Fehler gemacht. Sie aber - zu H. - haben schwere, bedenkliche Mängel gezeigt...usw. Ich sagte zu Bertram: Soll mich das freuen? Na hör mal, sagte er, immerhin ...! Mein Wachtmeister ließ mich nicht aus den Ohren, ich konnte B. nicht sagen, was ich dachte. Daß solche Leute wie der Kompaniechef so tun, als seien sie eine moralische Instanz, und es sogar glauben, das macht den Kohl erst fett.

[Von Hansheinrich Bertram an die Frau des Verfassers nach dem Kriegsgerichtsverfahren (gekürzt)]
5. August 41. ...Sie wissen aus seinen Briefen, wie sehr Charakter und Art des Unteroffiziers sein ganzes Wesen zum Widerspruch gereizt haben. Sein Fehler war es, diese menschliche Betrachtungsweise nicht zugunsten einer dienstlichen unterdrückt und beherrscht zu haben. Tatsächlich hat er es nie gelernt, Soldat zu sein, was ja nichts anderes heißt, als eine Zeit lang Masse zu sein oder zu scheinen. Er war vielen seit langem ein Dorn im Auge. Zunächst den Unteroffizieren und Wachtmeistern, später auch - durch seine Kriegsbriefe – den Offizieren. Dies Moment hat natürlich das Urteil wesentlich beeinflußt. ...Der Kern der Sache ist dieser: der Mensch Kuby war nicht fähig oder willens, sich der Kommißform anzupassen, der Soldat Kuby ist daran gescheitert. Dienstliche Vernachlässigungen kann man ihm von keiner Seite aus vorwerfen. Die Art jedoch, wie er alles betrieb, war zu extravagant.

[Von der Schwester]
Berlin, [ohne Datum, aus diesen Tagen]. Gestern kam das Manuskript zurück, ich habe es an W. E. Süskind weitergeschickt. Begleitbrief anbei. Mir geht es als Fabrikarbeiterin sehr gut, es ist kein Kinderspiel, und wenn Ihr mal einen Blindgänger dabeihabt, so bedenke, daß ich 1200 Zünder in einer Schicht mache. Es ist herrlich viel Technik. Nächste Woche ist Nachtschicht, von 15 - 23.30. Ich habe die L.-Arbeiter-Lebensmittelzusatzkarten und bin in dem Punkt fein heraus, während sonst in Berlin die Menschheit anfängt, sich wegen der Verpflegung zu beunruhigen. Vor den Tommies kommen jetzt auch manchmal die Russen. Ich habe im Keller ein Bett. Alles Gute, diese Woche wird Petersburg aktuell, nach der Presse zu urteilen.

6. August 41. Der Tag läuft freundlich und still dahin. Ich wusch mich vormittags am See und nachmittags badete ich. Am Vormittag kritzelte ich die Skizzen, die einem heute abgegangenen Brief beiliegen, der Dir sagt, was hier geschehen ist. Ich wollte ihn bis zur Entscheidung durch den General zurückhalten, aber die scheint noch ein paar Tage auf sich warten zu lassen, und etwas Besonderes verspreche ich mir davon nicht. Die unerträglichen Umstände der letzten Wochen versinken hinter mir. Je mehr ich's überdenke, desto klarer wird mir, daß es fast unmöglich wäre, aus der Phantasie einen Fall zu konstruieren, der so typisch für unsere Verhältnisse ist wie der, der sich aus der Wirklichkeit entwickelt hat. Es ist aber nicht so, als dächte ich den ganzen Tag über diese Sache nach. Mit großem Erstaunen las ich gestern in einem noch gar nicht alten Brief an Dich (Blatt 427): nun ist es mir aber doch genug, ich werde alles lassen, wie es ist, in dem Mauseloch bleiben, in dem ich sitze, und mich ganz fein still halten - das sind nicht die Gesetze des normalen Lebens und es bildet sich alsbald eine Verschwörung. . . also Ruhe, Ruhe, Ruhe und warten, bis es verebbt. . . so etwa schrieb ich. Am 28. Juli, vor zehn Tagen!

Diese Feldgendarmerie scheint fabelhafte Beziehungen zu haben. So erstaunliche Dinge wie Tomaten, Sprudelwasser, Ölsardinen und Schokolade empfingen sie bei ihrer Verpflegungsausgabe. Da ich nicht in ihren Listen stehe, sondern nur in ihrer Obhut, wußte der Verpflegungsunteroffizier mit mir nichts anzufangen und hatte an mich nichts auszugeben. Doch mein Wachtmeister Ziebold aus Schlesien, 42 Jahre alt, hat mir eine Tomate geschenkt. Diese Feldgendarme sind alles alte Leute, alt für soldatische Begriffe, und wenn sie antreten, stehen fast nur Wachtmeister und Stabswachtmeister im Glied, das Niedrigste, was bei ihnen vorkommt, sind ein paar Obergefreite. Ziebold war zwölf Jahre bei der Schutzpolizei, dann bekam er eine Abfindung, heiratete und machte einen Kramladen auf, wobei es ohne Krieg geblieben wäre. Er würde mich ohne jede Überlegung niederschießen, wenn ich etwas gegen sein Reglement beginge, aber die Fliegen auf seinem Käse im Laden hatten es gewiß gut. Wir verstehen uns ausgezeichnet, ohne etwas zu reden und ohne daß er eine Ahnung hätte, was der so denkt, den er bewachen soll. Nach dem Krieg will er wieder zur Schutzpolizei, das Schaf im Wolfspelz hat wieder Spaß gefunden am Blutgeruch, und weil er da nun schon so einen komischen Vogel hat, der nicht einmal mehr Obergefreiter ist, aber ganz vergnügt, wenn auch schiefäugig [ich war mit einem geschwollenen Auge aufgewacht] auf der Wiese sitzt und eine Schreibmaschine maschinengewehrschnell klappern läßt, so hat er mich gebeten, für ihn ein entsprechendes Gesuch zu tippen. Darin sagt er, daß er mit Leib und Seele Polizist gewesen sei und sich körperlich und geistig frisch genug fühle, den Dienst wieder zu machen! Dummheit ist doch das sanfteste Ruhekissen, auf dem sich ein Mensch betten kann lebenslänglich. Wäre der verhängte Weltblick nicht mit Langeweile verbunden, ich hätte Ursache, Wachtmeister Ziebold zu beneiden.

Es beginnt schon früh dunkel zu werden, nach halb zehn kann ich im Freien nicht mehr lesen. Ich habe nun in einer kleinen grünen Ledertasche insgesamt 17 Fotos von Thomas. Hier eine Kopie der Liste meines Besitzes, soweit er auch mein Eigentum ist. Dazu kommt die Ausstattung durch den Staat. Und so bei Leningrad auf einer Wiese! Unsere höhere Zivilisation (= höheren Bedürfnisse) macht uns für einen Krieg in diesem Land ungeeignet.

Kuby, Soldat   O. U., den 5.8.41

Verzeichnis des Privat-Eigentums des S. Kuby [aufgenommen, als er der Feldgendarmerie übergeben wurde]

  1 Schreibmaschine
  1 kl. Scherenfernrohr in gelber Ledertasche
  1 Wäschebeutel
  1 Leinensack
  1 feststehendes Messer mit Ledergriff und Lederscheide
  3 farbige Oberhemden
  7 Taschentücher
  3 Leinenunterhosen
  1 Baumwollunterhose
  1 wollenes Unterhemd
  3 Paar Kniestrümpfe
  3 Paar Socken
  1 Tabakspfeife
  1 Nähzeug in brauner Tasche
  2 Taschenlampen
  6 verschiedene Sprachführer (Wörterbücher)
  1 Buch (Lichtenberg, Aphorismen)

1 Paar graue Lederhandschuhe
1 blaue wattierte Jacke
1 Fotoapparat
14 Filme
Waschzeug in blauem Stoffbehälter mit Reißverschluß
1 Handtuch
1 grüne Badehose
1 gestreifter Schlafanzug
8 geographische Karten
1 Schachspiel ohne Brett
1 Haarbürste
1 russisches Ikonenbild
3 Rollen weißen Nähfaden
1 Paar gelbe Hausschuhe
1 Aluminiumdose für Lebensmittel
1 grüner Pullover
1 blauer Pullover
2 Mappen mit Papieren (Briefe, Fotos etc.)

Bestätigung

Dem Soldaten Kuby wird der Besitz der oben angeführten Gegenstände bestätigt.

Im Osten, am 9.8.41   M. Fischer, Feldwebel d. Feldgendarmerie
Feldpost Nr. 19757

11. August 41. Wir leben mit der Gewißheit, daß ich Glück haben und diesen Krieg überstehen werde - das ist die Plattform, von der aus ich nicht zögere, weiterhin zu schreiben, wie es hier ist. Da ich dies unter allen Umständen tun muß, wenn ich nicht eingehen will, zu einer doppelten Buchführung aber weder Zeit noch die geringste Neigung habe, so ist Dir eben zuzumuten, Glück hin, Glück her, auch an weniger behaglichen Lagen vom Bodenseehügel her teilzuhaben.

Wie Du an den auslaufenden Buchstaben siehst, fängt es gerade an zu regnen. Regen ist, wie manches andere, plötzlich für mich wichtig geworden. Der Natur bin ich näher. Ich lege ein paar Zweige über das Erdloch.

[Am 10. 8. war der Verfasser zu General Jahn, dem Kommandeur der 3. Inf. Div. befohlen worden, der mit ihm ein längeres Gespräch führte, in dessen Verlauf der General sagte: »Wenn ich Ihr Kompaniechef gewesen wäre, wäre das nicht passiert.« Er setzte das Urteil auf neun Monate mit Bewährung herab und befahl ihn zu einem Infanterieregiment. Die Tage bei der Feldgendarmerie waren damit zu Ende.]

Ich wollte mich gestern gerade beim Nachrichtenzug des Regiments einrichten, als ich zum Adjutanten des Kommandeurs gerufen wurde. Er sagte mir, ich käme zur 10. Kompanie, Chef sei ein Oberleutnant Gerbener, und ich sollte sehen, daß ich mit einem Kradmelder rasch nach vorne käme. Meinen ganzen Kram ließ ich beim Regimentsstab zurück und fuhr eine Stunde später auf dem Soziussitz eines Krad etwa 4 km, wir kamen in ein Wäldchen, wo der Oberleutnant neben einer abgebrannten Scheune im Gras lag. Diese 4 km waren der Übergang in eine andere Welt, in die der Infanterie. Ich brachte einen Brief vom Stab mit, in dem der Grund meiner Versetzung angegeben wurde, und es stand auch darin, wie mir der Oberleutnant sagte, man möge davon der Kompanie gegenüber nicht reden. Das mußten sie mir sagen, damit auch ich nicht davon spräche. (Ich halte von solcher Diskretion nichts, Militär ist vertratscht, sie werden es rasch genug spitz kriegen.) Das Erstaunen der Leute ist natürlich groß, daß ich aus einer »vornehmen« Divisionstruppe zur Infanterie komme, den umgekehrten Weg wünschen sich alle. Vor allem aber fanden sie es komisch, daß ein Mann ankam, während sie 40 oder 50 gebraucht hätten, um wieder leidlich bei Kräften zu sein. Ich erfuhr nämlich sogleich, daß ich bei der »berühmtesten« Kompanie des Regiments sei, seit jeher ausgezeichnet durch Leistung und Verluste. Eine Infanteriekompanie ist in Züge, diese in Gruppen zu je 1 Unteroffizier und 8 Mann eingeteilt. Es wurde lange hin und her überlegt, in welche Gruppe sie mich stekken wollten, bei jeder fehlten Leute. Bei der Entscheidung spielten sicher psychologische Gründe mit, man wollte mich zu einem älteren ruhigen Unteroffizier geben. Ich kam zur 1. Gruppe des 1. Zuges, der Unteroffizier heißt Dörr.

Als dies entschieden war, fuhr ich zum Regimentsstab zurück, um mein Zeug sicher beim Troß zu verstauen. Außer Waffen und dem sogenannten Sturmgepäck führe ich nichts mehr bei mir. Schreibmaschine, Skizzen und andere Papiere hatte ich in Bertrams Obhut schon bei der alten Kompanie gelassen. Nun kam die zweite Operation. Auch Mantel und Decke blieben zurück. Ich bin beladen mit: Gewehr, Stahlhelm, Gasmaske, Gasplane (darin steckt das Briefpapier), Seife, Rasierzeug, Reinigungszeug fürs Gewehr, Spaten, Feldflasche, Handgranaten, 65 Schuß Gewehrmunition, Zeltbahn, dem blauen Pullover, dem kleinen Scherenfernrohr aus Frankreich. Wenig - aber eine runde Last für ihrer ungewohnte Schultern. Als ich den Troß verließ und auch die Schulterklappen geändert worden waren, vom Gelb der Nachrichten ins Weiß der Infanterie, und die zwei Winkel vom Ärmel verschwunden waren (schon Tage zuvor), da hatte sich der KdF-Krieger [KdF = Kraft durch Freude, eine NS-Urlaubsorganisation] in einen Soldaten verwandelt - mindestens äußerlich. Vorher hatte ich noch in einem See gebadet, er ist von hohen Wäldern umgeben. Hier sollte man Hütten bauen können. Die Russen schossen aus Versehen mitten in den See hinein, aus der blauschwarzen Flut erhoben sich Fontänen, weißschäumend. Dazu dieser russische Himmel, größer, höher als irgendwo sonst (woran diese Täuschung nur liegt), von sturmzerrissenen weißen Wolken erfüllt, die sich an der Sonne vorbei in abgelegenere, nördlichere Segmente retteten, wo sie sich zusammenballten, dunkel und drohend Unwetter verhießen.

Gegen 6 Uhr war ich wieder bei der Kompanie und ein Melder brachte mich nun zu meinem Trupp, der auf einer Streuwiese in seinen Löchern saß. Ich erhöhte seine Stärke von 1/5 auf 1/6, immerhin ein Unterschied. Ich legte das Gewehr auf die Böschung eines der vielen unbewohnten Löcher, die Handgranaten wie in ein Osternest daneben, das übrige Zeug griffbereit hinter mich (im Loch selber habe nur ich mit Müh und Not Platz, wenn ich die Ellbogen anziehe) und war »eingerichtet«. Es dauerte zwei Minuten. Es ist ein gutes Loch mit einer Ausbuchtung Richtung Feind, es deckt mich, wenn ich aufrecht stehe, bis zu den Schultern. Es lag sogar ein Bündel Heu darin.

Ich will es Loch 1 nennen, die Nummern werden Kennmarken unseres Weges durch Wälder und Wiesen ohne Namen sein.

Die andern lagen, je zwei und zwei, im Umkreis von etwa 50 m auf der Lichtung. Der Unteroffizier kam zu mir und wir unterhielten uns. Er ist Bäcker gewesen, hatte aber nicht genug Geld, einen eigenen Betrieb zu gründen, so ließ er sich 1935 auf Schlosserei umschulen und scheint damit ganz gut verdient zu haben. Er ist in Chemnitz verheiratet, spricht aber nicht sächsisch, und hat drei Kinder, von denen er so begeistert erzählt, daß ich beinahe auch von Thomas angefangen hätte zu reden, unterließ es aber. In den zwei Jahren seit 1939 war ich beim alten Haufen eine nur allzu bekannte Figur geworden, das machte sich nicht nur so, ich habe auch das meine dazu getan. In eine solche Lage will ich nicht mehr kommen, und die individuelle Distanz fängt bei der Unterdrückung individueller Informationen an. Ich bin auch sicher, daß ich nie mehr fast zwei Jahre lang in ein und derselben Einheit sein werde. Diesen Krieg übersteht diese Armee nicht in der ausgetiftelten Friedens- und Reserveordnung.

Ich erzählte dem Unteroffizier aber, warum ich hier sei. Er machte einen vernünftigen Eindruck, und ich wollte nicht, daß er eines Tages denken würde, ich hielte eine militärische Verurteilung für einen Makel. Er ließ erkennen, daß er es nicht nur selbst schwer habe, sondern daß er auch mit seinen Leuten unzufrieden sei, sie »spurten« nicht mehr wie einst im französischen Mai, im polnischen Herbst, seit fünf Wochen müßten sie hart ran. So, frisch vom Faß wie ich bin, schien ich die Zuversicht des Schlosser-Bäckers etwas aufzurichten. Anders kann ich es mir nicht erklären, daß er fast den ganzen gestrigen Tag mit mir verbracht hat und heute seine bisherige Trupp-Ordnung umwarf. Er bezog mit mir ein Loch. Wie an einem Gummiband hängend, schnellen seine Gedanken unablässig zu den Dingen zurück, die ihm teuer sind, nicht nur zu Frau und

Kindern, auch zum behaglichen Bett, zu einem weißen Tischtuch, zur Zeitung, auf der Couch in der Wohnküche gelesen - Vergleiche und Erinnerungen, die ein russisches Erdloch nicht eben angenehmer machen. Wenn die ganze Infanterie in dieser Verfassung ist, wird man es oben wissen und spätestens nach dem Einzug in Leningrad diese Regimenter pausieren lassen.

Ich fragte Dörr, wo die Front sei, er machte eine vage Handbewegung zum Waldrand hin, meinte, manchmal sei sie überall, auch hinter uns. Nun, ich sah noch keinen Russen aus der Nähe, nur die Artillerie schoß von allen Seiten, aber selbst eine Granate, die nur 5 m abseits des Loches aufschlüge, wäre harmlos, wenn man sich nur rechtzeitig duckt.

Ich schlief in Loch 1 im Stehen zwei Stunden, erlaubtermaßen, muß ich hinzusetzen, und paßte im übrigen auf die Bäume auf. Um halb 11 nachts kam das Essen. Bei nächtlichen Mahlzeiten wird es bleiben, die Essenholer können bei Tageslicht nicht über eingesehenes Gelände kommen. Um 2 Uhr früh brachen wir auf; der ganze Zug, sechs oder sieben Gruppen, genau konnte ich es nicht erkennen, formierte sich. Einer hinter dem andern wie auf einer Neger-Safari, zogen wir leise und schweigend am Waldrand und durch Gebüsch weiter nach vorne, um andere abzulösen. Ich bekam einen Kasten mit Granatwerfermunition zu tragen, der etwa 25 Pfund wiegt. Was ich durch die Gegend transportierte, war insgesamt etwa 30 kg schwer. Glücklicherweise waren wir nach 2 km am Ziel. Hier bezog Dörr mit mir Loch 2 (in meiner Zählung); es hatte keine Ausbuchtung, war aber sehr tief. Morgenrot versprach Regen, und der kam auch. Von 6 bis 8 kroch ich aus dem Loch, in dem man sich ja nicht ausstrecken kann, und schlief unter einem Busch ausgezeichnet, obwohl die Artillerie beiderseits massiv tätig war. Gegen 9 wurde ich mit zwei erfahrenen Hasen auf einen Spähtrupp ins nächste Dorf geschickt, doch bevor wir die ersten Häuser erreicht hatten, nahm die Sache eine andere Wendung, der Oberleutnant war uns mit etwa zehn Mann nachgekommen, und in dieser Stärke gingen wir vor, gebückt, kriechend und sprungweise. Wir kamen zu einer zerstörten Gärtnerei, griffen in einem eingefallenen Gewächshaus zwei Frauen auf, die uns bedeuteten, das Dorf sei leer. Ich sollte nach links hin sichern, wo ein großes Kornfeld begann, und plötzlich kam hinter der nächsten Scheune ein ganzer Zug russischer Soldaten hervor, die ersten bewaffneten, die ich aus solcher Nähe sah. Sie kamen stur und in aufrechter Haltung auf uns zu, unser Maschinengewehr stand auf dem rechten Flügel und konnte sie nicht fassen. Der Oberleutnant wollte angreifen, aber sie waren sehr schnell, und wir hatten weder Raum noch Zeit, uns zu »entwickeln«. Es hieß: zurück!, und zwar über 150 m offenes Feld. Nun gab ich meine ersten ernsthaften Schüsse in diesem Krieg ab, denn wir schossen alle einmal das Magazin leer, bevor wir zurückrannten. Erst durch unsere Schießerei bemerkten uns die Russen und eröffneten nun auch ein Gewehrfeuer, aber es traf keinen. Am Feldrand gingen wir in Stellung und über die Wiese hin beschossen wir uns gegenseitig, ich hatte das Gefühl: weil's denn nun mal so Sitte ist. Auch die Maschinengewehre hüben und drüben kamen in Funktion, nach einer halben Stunde hatten wir genug, die andern offenbar auch. Zwei Stunden später war ich wieder in Loch 2, wo wir - immer nach 24 Stunden - kurz nach Mitternacht abgelöst werden sollen. Was wir hier treiben, und was dieses Regiment schon seit einer Weile treibt, nennt man bewaffnete Aufklärung und Verteidigung - eigentlich nicht Sache einer vollmotorisierten Infanteriedivision, die hinter den Panzern her säubern soll im schnellen Vorrücken.

Ich bin ganz müde geschrieben, seit heute früh kritzle ich schon mit Unterbrechungen. »Die Summe der Glücksempfindungen ist immer gleich groß« - so ist es. Kein Regen, ein trockenes Erdloch, ein paar Stunden Schlaf, eine deckende Geländewelle im richtigen Augenblick: der aktuelle Katalog meiner Freuden. Ich werde vermutlich schon 14 Tage so gelebt haben, bis mich von Dir ein erschrockenes Wort wegen der Strafsache erreicht - dann wird sie noch viel weiter hinter mir zurückgeblieben sein als schon jetzt.

Jetzt schreibe ich ohne Kopien. Wenn ich überlese, wie ich unseren Zusammenstoß mit den Russen am Dorfrand beschrieben habe, bemerke ich, daß ich den Sinn unseres Handelns überhaupt nicht verstanden habe. Aber wie sollte ich auch. Warum wir uns nicht einfach still davongemacht haben, wenn wir schon nicht angreifen wollten - keine Ahnung!

12. August 41. Regen! Gestern ab Nachmittag wie aus Eimern bis in die Nacht hinein. Ich lag im Wald in einem Loch, alles, aber auch alles, war tropfnaß. Die Zeltbahn kann nur benützt werden, wenn man sozusagen außer Dienst ist, d. h. nicht über den Rand nach vorne schauen muß. Die Russen ermunterte der Regen, sie beschossen uns den ganzen Tag. Gegen 10 Uhr gingen die Wolken auf, der

Mond leuchtete, der Wald dampfte. Um 2 Uhr früh kam die Ablösung; mit Tapp Tapp und hin und wieder mit leisem Klirren der Kochgeschirre näherte sie sich. Man denkt: Sind's wirklich die eigenen Leute? Manchmal klapperte auch ein Gewehrschaft gegen die Gasmaskenbüchse oder man hörte ein halblaut geflüstertes Wort. Wir kamen zuletzt an die Reihe und standen bis 4 Uhr im Wald herum, der arme Dörr fror schrecklich. Daß er fortwährend von Dingen redet, so beglückend wie fern, und deshalb bedrückend in der Wirklichkeit, das macht ihn nicht gerade zu einem einfachen Lochgenossen. Diese Leute jammern über den Krieg, der ihnen mit seinen Erfolgen außerordentlich gefiele, wenn sie zu Hause auf der Couch von ihm läsen.

Wenn ich dem guten, treu sorgenden Familienvater Dörr diese Überlegung nahebrächte, würde er mich vielleicht nicht denunzieren, aber er wäre sehr überrascht. Die Firma, bei der er und alle tätig sind, nein, das ist ja falsch, die Firma, die sie alle geschaffen haben, die treu sorgenden Familienväter, werden sie zwar für eine schlechte Firma halten, wenn sie falliert, weil sie falliert, aber doch nur deshalb. Denn wenn sie einen anderen Maßstab hätten, nach dem sie sie beurteilten, wäre die Firma nicht entstanden.

Zwischen Dörr und H. ist ein Unterschied wie zwischen Tag und Nacht, und ich nehme an, er hätte sich nicht an einem Raubzug gegen Berliner Juden beteiligt. Aber aus Chemnitz werden die Juden auch verschwunden sein, Dörr wird es wissen, und es wird ihm egal sein. Die treusorgenden Familienväter, sie wissen alles, aber es ist ihnen Wurst, solange es den andern an den Kragen geht und nicht ihnen. Es ist mit Verbrechen wie mit Geld: Von einem bestimmten Umfang an greifen die Moralgesetze nicht mehr.

13. August 41. Immer noch in und bei Loch 3 im Waldtal. Die Sonne scheint, manchmal treibt uns die russische Artillerie in die Löcher. In den Mittagsstunden war es heiß. Ich schlief drei Stunden in der Sonne, einer weckte mich und sagte, es wäre doch besser, ich verzöge mich ins Loch. Heute nacht gehen wir wieder vor (Loch 2) und sollen diesmal nicht 24, sondern 48 Stunden dort bleiben. Etwa um 2 Uhr nachts liefen im Gänsemarsch etwa zehn Soldaten an mir vorbei - Ersatz, der zehn Tage zuvor in Frankfurt/Oder aufgebrochen war. Nun wurden die Leute in die Stellung geführt, buchstäblich bei Nacht und Nebel. Ohne jede Kenntnis der Situation, so plötzlich aus einer anderen Welt gerissen (neu eingezogen,

kennen sie nur ein paar Monate Kaserne), was für Empfindungen mußten sie erfüllen, als sie hinter ihrem Führer durch die Nacht gingen, zur äußersten Vorsicht ermahnt? Sie waren in einem Schwung an den Rand der Welt bewegt worden, von der sie sagen: das ist unsere.

Neben mir spielen sie Karten. Die Abendsonne liegt auf dem Waldhang, die Birken schwanken im Wind, eine große alte Föhre steht ernst und feierlich mit kupferfarbenem Stamm gegen den blauen Himmel. Ich bin in der Infanterie nicht um eine Spur weniger unnütz als bei den Nachrichten. Daß ausgerechnet in diesem Bereich, von dem ja nicht ganz zu Unrecht gesagt wird, in ihm entfalte die Macht- und Gewaltorganisation ihre höchste Dynamik, mein Müßiggang möglich ist - wie seltsam! Überall sonst würde ich entdeckt als total unnütz. Die Armee dispensiert mich von den Zeitläuften. Wo wären wir bei sonst gleichen Verhältnissen ohne Krieg? Möglicherweise doch bereits vor Zumutungen, denen nicht mehr nachzukommen gewesen wäre, woraus dann ein Prozeß allmählicher oder auch schneller Vernichtung sich entwickelt hätte.

Sicher ist, daß ich ohne Krieg weniger genau wüßte, auf welcher Basis dieses Gebäude steht, wie die Menschen beschaffen sind, die es errichtet haben und weiter an seinem Ausbau tätig sind. Daß Bakunin [führender russischer Anarchist des 19. Jhd.], wie ich einmal bei Ball gelesen habe [Hugo Ball, der DADA-Bewegung nahestehend, Verfasser einer fundamentalen Kritik an der deutschen Intelligenz], und sein geistiger Nährvater Proudhon den sozialistischen Despotismus vorausgesehen haben - um mehr als ein halbes Jahrhundert voraus -, spricht für ihren fulminanten Scharfsinn. Aber immerhin war der Sozialismus, den sie meinten, etwas Ausgedachtes, eine Lehre, lesbar, analysierbar, sie konnten sich per Intelligenz und Logik sagen: Wenn A sich mit B trifft, wird C draus. Daß aber die stalinistische Terrorherrschaft durch eine ganz andere noch weit überboten würde, das konnten sie eben nicht voraussehen, weil diese andere keine theoretische Wurzel hat, sondern nur geschichtliche und gesellschaftliche Motivationen, durchsetzt von Imponderabilien. Da ist man erst klug, wenn man vom Rathaus kommt. Was wir an Beschreibbarem bieten im Rahmen dessen, wessen sich die Nation rühmt und was sie angenommen hat, liegt zwischen dem irrationalen Scharfsinn Hegels und dem platt-opportunistischen, inhumanen Rationalismus Bismarcks - von dieser Position aus auf die Träume und Sehnsüchte präzis zu schließen, um deretwillen wir jetzt auf russischen Waldwiesen Schutzlöcher ausheben, dazu bedarf es intuitiver Erfahrung, die auch Selbsthaß erzeugt, weil man sich denn trotzdem zur Nation zählen will und muß. Wie sie schreien werden, unsere feinen Geister, wenn die Linie von Luther bis H. gezogen wird, auf der dann noch ein paar andere deutsche Herzpinkerl liegen! Und wie sie noch mehr schreien werden, wenn man die Linie von den Arbeitslosen des Jahres 1932 zur Eroberung von Leningrad *nicht* ziehen wird! Als sei Not eine Entschuldigung für Weltzerstörung! Nur die Juden werden ihnen im Hals stecken bleiben, da werden es die Benns [Gottfried Benn, bedeutender Lyriker und anfänglich Verherrlicher des Nationalsozialismus] und Konsorten schwer haben, mit der Stempelkarte das KZ zu motivieren.

Eines der Schutzlöcher habe ich gegraben, ich sitze darin, schreibe mit winzigen Buchstaben, um Platz zu sparen, auf kariertem Papier aus einer russischen Schule und genieße in diesem Augenblick das tief Ironische meiner Lage. Ich habe auch meine Kriegsziele, zum Beispiel, die Ironie nicht zu verlieren, wenn sie kämen, die Russen, mit »Urräh!« aus ihrem Wald. Das haben sie nicht gedacht im Zirkus Krone [in München, wo Hitler frühe Massenversammlungen abhielt], daß die Antwort auf ihr Geschrei dieses »Urräh« sein wird. Was für ein menschlicher Laut, verglichen mit ihrem »Heil!«.

14. August 41 (Loch 4). Es ist Mittag und Ihr werdet Euch gerade zu Tisch setzen. Das ist im Stil meines Unteroffiziers gedacht, der bei den unmöglichsten Gelegenheiten sagt: Jetzt tun sie zu Hause gerade das und das... hinzufügend, was er tun würde, wenn er zu Hause wäre. Darunter stellt er sich ausschließlich angenehme, ja idyllische Tätigkeiten vor.

Es mußte heute eine andere Einteilung der Löcher-Besatzungen getroffen werden, ich bin mit einem andern Soldaten zusammen, Dörr liegt allein. Wir erwarteten im Laufe der gestrigen Nacht die Rückkehr zu unserer vorigen Stellung, aber da kam schon gegen 19 Uhr ein Befehl, uns marschfertig zu machen, und das bedeutete Programmänderung - welche, blieb uns noch verborgen. Auch darin ist es hier anders als bei der bisherigen Truppe, daß ich meine Funktion nicht kenne, bevor die Handlung in Gang kommt, in der ich sie auszuführen habe. Die ganze Kompanie brach auf. Die Trupps traten aus ihren Stellungen heraus, die Züge formierten sich, wir zogen,

Mann hinter Mann auf Trampelpfaden... (siehstewohl, der Regen... ich habe ein Dach übers Loch gebaut, drei Stunden geschlafen, bin noch ganz Mattscheibe -)

... auf Trampelpfaden durch Wälder. Wenn einer den schweren Munitionskasten an den Mann hinter oder vor sich weitergibt in einem bestimmten Rhythmus, entsteht immer Lärm, und »psst!« geht's durch die Reihe. Eingeschlossen in den Wald, entsteht alsbald das Gefühl, die ganze Welt sei mit Wald überzogen und wir kämen nie wieder heraus. Drohung geht von der unbekannten Dunkelhöhle aus, durch die wir uns vorwärts bewegen, und nur der Pfad scheint ein Band der Sicherheit zu sein. Es ist nicht die Möglichkeit, daß uns russische Soldaten überraschen, die ich als Drohung empfinde. Es ist die Fremde, die Unüberschaubarkeit selbst.

Zuletzt kamen wir in einen überwachsenen Sumpf und fürchteten schon, hier bleiben zu müssen, zumal wir, aus Baumstämmen primitiv gefügt, floßartige Gebilde sahen, die Soldaten (unseren, den anderen?) als Stellung gedient hatten - aber es kam besser. Wir durchquerten den Sumpf, dann bekam Dörr den Befehl, mit seinem Trupp ein Kornfeld durchzukämmen und jenseits am Waldrand einen andern Trupp abzulösen, von dem man nicht genau wußte, wo er sich befände, doch höchstwahrscheinlich nicht mehr als 500 m rechts oder links von der Stelle, zu der wir nach Durchquerung des Feldes kommen würden. Ich streifte, durchs hohe Korn mich drängend, mit der Hand Ähren ab, es roch intensiv nach Roggen. Es war schon dunkel, wir gingen den Waldrand ab, wobei uns nicht ganz wohl war. Zu sehen war nichts, unter den Bäumen konnten Panzer liegen, wir wären einfach in sie hineingelaufen. Wir waren unser acht, von allen andern durch das übermannshohe Kornfeld getrennt. Wir fanden niemand, der Unteroffizier schickte einen Mann zurück, zu fragen, wo wir ablösen oder uns eingraben sollten. Für unsere paar Mann war dieser Wald viel zu groß. Halb liegend, halb kniend, warteten wir im feuchten Gras. Eine Herde Pferde, wie wir sie in den letzten Tagen mehrfach gesichtet hatten, trat plötzlich aus dem Waldesdunkel aufs Feld hinaus; wir lagen flach auf dem Boden, die Gewehre im Anschlag, bis wir wußten, was sich da bewegte. Es zeigte sich, daß uns der Befehl falsch, mindestens ungenau erreicht hatte; die uns zugedachte Stellung lag mitten im Kornfeld längs eines Weges, der es durchschnitt, parallel zu den beiden einsäumenden Wäldern, von denen der hinter uns deutsch, der vor uns russisch war.

Ich bezog (das schon vorhandene) Loch 4, so groß, daß sich ein Mann auf dem Boden ausstrecken kann, während der andere wacht. Nachts wechseln wir uns alle zwei, tags alle drei Stunden ab. 5 m entfernt liegt ein russischer Soldat, tot, gestern hier ahnungslos in die Stellung hineingelaufen mit anderen, die auch tot sind. Dieser ist nur sehr oberflächlich mit Erde bedeckt, er stinkt, ich werde die nächste »Freiwache« benützen, ihn besser einzugraben.

Lieber drei Frankreichfeldzüge als einen russischen - auf diese häufig zu hörende Formel läßt sich die Stimmung bringen. Die französischen Betten und die glänzende Ernährung werden vermißt. Die Hoffnung, beides bald in Leningrad zu finden, bekommt Löcher: Loch 1, 2, 3, 4 und so weiter. Man hat sich das anders vorgestellt. Die großstädtischen Taxifahrer und Straßenbahner, die, wie wir ja schon vor Wochen hörten, als letzte Reserve in die Verteidigungsstellungen rings um die Stadt geworfen sein sollen, scheinen unglaublich zähe Burschen zu sein. Als gestern wieder einmal im Kreis herum argumentiert wurde, wie denn die Sache nun weitergehen werde, sagte ich, daß, falls die Leningrader Straßenbahner so gute Schaffner wie Soldaten wären, wir nächste Woche großen Spaß haben würden, wenn wir dort die Straßenbahn benützten. Bei solchen Äußerungen wird ihnen unbehaglich, aber sie wissen nicht, warum.

15. August 41. Post! Die Blätter 59 - 62, und Blatt 65 mit Fotos. Da ich alles beschriebene Papier zurückgelassen habe, weiß ich nicht, ob 59 an die Briefe anschließt, die ich schon habe. Von meiner Schwester Vitamin C - in einer Menge, von der ich nur sagen kann: echt Lisl. Von Mama, seit Kriegsbeginn unterwegs, Briefpapier (dieses) und ein Farbband. Letzteres, für mich bestimmt, jetzt, läßt mich denken, einem Neger in seiner Urwaldhütte werde ein Stromzähler geschenkt.

Schön war es, von dem Hauskonzert bei Rothes zu lesen, Frack und Kerzen - und diese Musiker! Scheck [berühmter Flötist und Initiator des Scheck-Wenzinger-Kreises, der auf alten Instrumenten vorwiegend Barockmusik konzertierte] - er ist ja für meine Begriffe etwas zu virtuos, aber auf der Flöte ist das weniger gefährlich für den musikalischen Inhalt als auf der Geige zum Beispiel. Ich beschließe in diesem Augenblick, mir einen Frack machen zu lassen.

Du siehst, ich werde von den Heimatträumen Dörrs angesteckt, mein derzeitiger Luxus ist Kleeheu in meinem Loch, darauf liegt es sich prächtig. Vorhin kam eine Katze in der Dämmerung vorbei, ich hätte sie fast erschossen, das ungewisse Licht vergrößert alles, eine unvorhergesehene Bewegung im Gelände alarmiert. Manchmal ist es eine Stunde lang totenstill, bis dann der erste Schuß einer nahen Batterie losbrüllt, dessen Echo noch lange nach dem dumpfen Einschlag zwischen den Wäldern flattert.

15. August 41. Nicht mehr mit einem Telefonapparat durch die Gegend ziehen, sondern mit Waffen - es macht sich. Eben schrieb ich an R.'s zum Geburtstag, erwähnend, sie wüßten wohl durch Dich von der Veränderung meiner Lage, aber ich meine, wir sollten sie im Glauben lassen, daß ich noch mit dem Telefon Dienst mache.

Es liegt ein wundervolles spätes Licht über dem Gerstenfeld, der Waldrand drüben ist beleuchtet, mit dem Glas sehe ich jeden Zweig, aber keine Russen. Heute nacht kommen Pioniere und legen Minen zu unserem Schutz zwischen die Stellungen und den Waldrand.

Ich erobere nichts, ich erschieße niemand, und ich werde es auch nicht tun außer in der Situation: er oder ich. Ich, Schütze E. K., 1. Trupp, 1. Zug, 10. Kompanie, III. Bataillon, Infanterie-Regiment Nr. 29, 3. Infanterie-Division (mot), Feldpost Nr. 11799 c, bar aller Kommoditäten oder Privilegien eines feineren Haufens, tiefer geht's nimmer, außer im Gefängnis, Feldstrafeinheit oder KZ - ich stehe im Ruf zu »spuren«, und kann es spurenlos tun. Meine Stiefel, diese erbärmlichsten, unbequemsten Militärstiefel aller Armeen der Welt, und das seit dem Großen Kurfürsten, sind fast eine Sonderanfertigung, Nr. 46, und mit voller Ausrüstung bringe ich leicht etwas über zwei Zentner auf die Waage, wahrscheinlich mehr - aber es ist so, als schwebte ich wie eine Elfe über diesen nordrussischen Landstrichen dahin - so nämlich, wenn man nach der Wirkung fragt, die meine Anwesenheit hat. Sie ist null. Da Feigheit, Angst, Muffeligkeit, Sturheit, Ungeschick jene Eigenschaften sind, die feige, ängstliche, muffelige, sture, ungeschickte Vorgesetzte auf die Palme treiben, wenn sie sie bei ihren Untergebenen feststellen, so habe ich, weil mit diesen Eigenschaften nicht ausgestattet, hier eine ganz gute Nummer. Gott, ist das komisch!

Ganz unvorstellbar ist, daß ich im Winter auf einem deutschen

Truppenübungsplatz Infanterieausbildung machen müßte, mit Kaserne usw.! - da hätte der Spaß ein Ende und ich würde auch neu in die Mühle kommen. Das muß ich verhindern.

Die Zeitschriften tragen mir verspätet Bilder der Münchner Ausstellung [im Haus der Deutschen Kunst] zu, über die Du Dich schon gefreut haben wirst. Den Apfel hat offenbar Thorak mit seinen drei Grazien [Urteil des Paris] abgeschossen: Titelbild der »Koralle« Nr. 32 [nicht ganz unkritische Kulturzeitschrift], Berufung Brekers und in derselben Ausgabe, S. 818, »Der Kampf des Arztes mit dem Tod« und anderes - also, das ist schon traurig, daß wir dergleichen Juxerzeugnisse nicht zusammen sehen können.

Wie seinerzeit während der Wartewochen vor der Aisne, spielen hier in diesen Wartewochen vor Leningrad alle, aber wirklich alle »17 und 4« und andere Glücksspiele, bei denen Unmengen von Geld umgesetzt werden. Tägliche Gewinne und Verluste von 60 Mark sind das Übliche. Geld kann nicht ausgegeben werden. Ich wollte einer Frau für Salzgurken 10 Rubel geben, sie nahm sie nicht, wozu auch, sie kann auch nichts kaufen. Unter unseren gestrigen Gefangenen war ein junger Jude, Medizinstudent aus Odessa, der gut deutsch sprach - der erste intellektuelle Russe, dem ich begegnet bin. Als ich ihn fragte, ob er vielleicht das Zimmer kenne, in dessen Fensternische Trotzki in Odessa drei Jahre lang studiert habe, mit dem Rücken zum Raum, in dem die übrige zahlreiche Familie hauste, war er sehr erstaunt. Es war wie eine Frage nach dem Antichrist, gedacht als Einleitung zu einem Gespräch über ideologische Vorstellungen eines jungen gebildeten Russen - aber da kam nichts. Der Soldat sah unverkennbar jüdisch aus, ich nahm ihn beiseite und sagte ihm, er sei in größerer Gefahr als seine Kameraden. Wieder war er erstaunt.

[An H. F., Buchhändlerin in Berlin]

15. August 41. Heute früh kam zum erstenmal seit meinem Umzug zur Infanterie Post zu mir, darunter Dein Brief und das Bändchen Bergengruen. Post ist mir jetzt noch wichtiger als bisher. Sie kommt aus einer fernen Welt hierher, in diesen schmutzigen Krieg, den aus dieser Perspektive kennenzulernen mir wahrscheinlich doch eine wichtige Erfahrung bedeutet. Hier gilt nichts als der Augenblick, und ganz einfache Fakten werden in ihrem Gewicht für die eigene Existenz durch nichts relativiert: ob das Schützenloch trocken ist,

ob sich ein bißchen Heu findet, es auszupolstern, ob die Sicht gut ist, ob geschossen wird und womit bei den andern, ob das Essen zu uns findet, ob in der Feldflasche etwas zu trinken ist, ob es regnet oder nicht. Das ganze Gepäck ist hinten beim Troß. Die Waffen, den Brotbeutel, ein Stückchen Seife in einer roten Schachtel aus Kunststoff und die Zeltbahn, Inbegriff der Bequemlichkeit und des Schutzes, das führe ich bei mir. Dazu Papier und einen Bleistift oder Tintenstift, der letztere ist bei Regen unverwendbar. [Aus einem Brief vom selben Datum:] Zwischen mir und der Nation liegt als Isoliermaterial Schreibpapier, pro Blatt 0,1 mm stark.

Zwischen dem Wald, in dem sich die Russen etabliert haben, und uns befindet sich ein Kornfeld, auf das wir zwischen den Zweigen hindurch, mit denen wir uns zu tarnen vermeinen, unablässig hinausspähen. Das Bergengruen-Büchlein, von mir bereits ausgelesen, geht reihum. Ach, diese deutschen Edeldenker und -fühler! Aber natürlich sehr wertvoll. Liebe, mir ist diese Innerlichkeit zum Kotzen.

Ich hatte Glück, mit meinem neuen Unteroffizier komme ich gut aus, er ist anständig und vernünftig, 30 Jahre alt, verheiratet, drei Kinder, seit dem 22. Juni läuft er wie die ganze Infanterie durch dieses uferlose Land, er und seine Leute sind abgemüdet. Es kann auch nicht mehr lange dauern, bis das Regiment abgelöst wird. Über die nahe Zukunft sind verlockende Gerüchte im Umlauf, Wunschträume werden von Mund zu Mund gehaucht. Heute scheint die Sonne, Grillen zirpen im Feld. Dieser Krieg in Rußland ist eine handgebundene numerierte Vorzugsausgabe des Krieges, ihm gegenüber befinde ich mich in einem gespaltenen Bewußtsein. Einerseits macht mich der Blödsinn lachen, andererseits ist er grauenhaft und wird von grauenhaften Folgen sein.

Um 10 Uhr kam ein Melder und fragte, wer freiwillig an einem nächtlichen Spähtrupp bis zum Fluß L. sich beteiligen würde - das bedeutete nachts 4 km zwischen den russischen Stellungen hindurch. Man erwartete nicht von mir, daß sich der Neuling dafür melden würde, und mir lag nichts ferner, als es zu tun. Ich tat es auch dann nicht, als nach einer halben Stunde der Melder noch einmal von Loch zu Loch ging, denn er hatte nahezu keine Meldung bekommen. Sie werden mich nicht bei einem Wimpernzucken überraschen, wenn ich Befehle ausführe, wenn ich tue, was alle, mit denen ich in derselben Lage bin, tun müssen - und zwar ganz egal, was da an Gefahr entstehen könnte; aber so etwas wie eine Ehrenreaktion werden sie von mir nicht bekommen. Mein Leichtsinn ist anderer Art, meine Emotionen haben eine andere Basis als preußische Begriffe von Pflichterfüllung, die nur dazu dienen, das Schlachtvieh zu mobilisieren.

16. August 41. Die Blätter 66-71 sind da. Ich schreibe in Eile, wir haben die Stellung der letzten beiden Tage verlassen, rückwärts ging's rasch 1 km weit, unsere Löcher gruben wir mitten auf einer Ebene mit verstreutem Buschwerk. Ein Feldwebel, Historiker allerneuester Prägung, soeben hat er doktoriert, unterhielt sich eine Stunde lang mit mir. Ich glaube, es ist ein wahres Glück, daß meine Umstände mich davor bewahren, mit gebildeten intelligenten Menschen, die auf solchen Gleisen laufen, zusammen sein zu müssen. Meine geistig weniger aufgemöbelten Volksgenossen scheinen mir die Idee einzugeben, daß Nationalsozialismus ein Klassenproblem sei (was er natürlich ist, aber nicht so, daß nur die breiten Schichten heute Nazi wären). Dieser Herr Dr. phil. Feldwebel war so alert, ja, er verfügte sogar auf Wunsch über etwas Ironie gegenüber dem, was ihn in Wirklichkeit derart in den Klauen hat, daß er dafür mordete. Das sagte er zwar nicht, aber es war deutlich durchzuhören, und ich mußte höllisch aufpassen.

21. August 41. Die Kirche wird nichts, die ich, auf einer Friedhofsmauer sitzend, zeichnen wollte. Da will ich Dir lieber einen Morgengruß schicken. Ich schrieb zuletzt auf dem Damm, auf dem ich lag, als eine andere Kompanie das Dorf vor uns angriff. Das war vorgestern. Wir fingen uns dort ein herumstreunendes Kosakenpferdchen ein und luden ihm, zur großen Erleichterung für den ganzen Trupp, die Munition auf. Wir marschierten etwa 7 km weit, und ich hatte große Mühe, das Tier nachzutreiben. Gewöhnt, geritten zu werden, wollte es an Hand nicht gehen. Unsere Fahrzeuge kamen nicht nach, Nebel und Kälte veranlaßten uns, aus einer Scheune ein paar Weizengarben herbeizuschleppen, um uns damit die Nacht ein bißchen angenehmer zu machen. Aufgeknüpfte Garben ließen sich als Decke verwenden. Nachts weckten uns die Essenholer, es gab einen süßen Mehlbrei, zu dem die Propagandaplakate fehlten, die man damit an die Scheunenwände hätte kleben können. Sicher, daß uns die Fahrzeuge einholen würden, hatten wir das Pferdchen laufen lassen, das war eine Dummheit, wir wurden

ohne Fahrzeuge nachts gegen 2 in Marsch gesetzt und schleppten die Munitionskästen wieder selber.

Die Russen kommen in Scharen aus den Wäldern und ergeben sich, gestern waren es annähernd 500 Mann. Sie brachten Pferdegespanne und Wägelchen mit, darauf leichte Maschinengewehre und Gewehre. Die Gefangenen wurden auf einer Wiese zusammengepfercht, hungrig, stur, stumm sitzen sie dort. Ich sehe nicht, daß man sie verpflegt.

Den Einbruch wieder auszugleichen, sind starke Kräfte aufgeboten, vor allem Flugzeuge in erstaunlicher Menge. Das Dorf liegt erhöht, wir haben rundum freien Blick, beobachteten die Angriffe der Staffeln auf andere Dörfer und gegen Panzer, die im Marsch sind. Infolge des komplizierten Frontverlaufes ist es in den letzten 24 Stunden zweimal vorgekommen, daß uns die eigenen Flugzeuge angriffen. Das erste Mal passierte wie durch ein Wunder nichts, beim zweiten Mal gab es Verluste, unter anderen ist der Regimentsadjutant tot. Der Kommandeur wurde verletzt. Wir sahen die Jagdmaschinen kommen, einwandfrei als unsere erkannt, und schauten, frei zwischen den Häusern stehend, ihnen entgegen, als plötzlich Bomben fielen. Ich warf mich unter den nächsten Wagen, die Erde zitterte, der Lärm wirkte wie Hammerschläge gegen die Ohren. Von da an mißtrauten wir allen Flugzeugen, die sich sehen ließen. Zeichen wurden mit weißen Tüchern ausgelegt und Leuchtkugeln werden geschossen, sowie sich Motorenlärm in der Luft hören ließ. Fast den ganzen Tag über wurden die noch russisch besetzten Dörfer in der Runde angegriffen.

22. August 41. Ich habe meinen Posten soeben bezogen und muß zwei Stunden bleiben. An Zeit fehlt es also nicht, an Stoff, an Kriegsstoff ebensowenig. Für die Unterhaltung des Publikums wird gesorgt. Ich hatte gestern kaum den Brief beendet, da wurden wir von unserer Kirche weggeholt und in Marsch gesetzt, zuerst auf den Fahrzeugen. Nachdem es durch unübersichtliches Gelände gegangen war, erreichten wir eine Ebene, aus Flachsfeldern zusammengestückt, durch die sich der Weg schnurgerade zog. Darauf stand schon eine dicht aufgefahrene Kolonne von Fahrzeugen, wahrscheinlich das ganze Bataillon, wir schlossen uns ihm an. Aus irgendeinem Grunde ging es nicht weiter, und bald erschienen deutsche Jagdflugzeuge, die immer wieder im Tiefflug über uns hinwegbrausten. Jäger aber müssen nach einer Stunde, in der sie bequem

von Berlin nach München fliegen könnten, zum Tanken wieder nach Hause. So verschwanden auch unsere Schutzgeister, und wir dachten, bald müsse die Ablösung da sein. Es dauerte nur zehn Minuten, da tauchte über dem nächsten Waldrand ein Schwarm auf und raste auf uns zu, und schon regnete es Bomben, und mit roten Blitzen aus den Bordkanonen und mit MG-Salven machten mir die Maschinen einen starken Eindruck. Wir sprangen von den hohen Wagen herunter, und ich lag wohl schon zwischen den Rädern, als die ersten Einschläge rundherum die Erde aufrissen. Man kann nichts tun als daliegen. Dann waren sie vorbei. Ihre Schnelligkeit macht sie im gleichen Maße zu gefährlichen wie oberflächlichen Maschinen. Gründliche Arbeit können sie nicht leisten. Wenn sie in der Luft stehenbleiben könnten und sich genau gezielt einschössen, wäre keine Chance, und man würde Angst kriegen. Aber bei 600 oder 700 km/h ist dafür subjektiv keine Zeit. Unsere MG gingen in Stellung. Wir nahmen unsere Gewehre und verteilten uns rechts und links vom Weg in die Felder. Kaum zu ihrem Empfang gerüstet, hatten wir sie wieder über uns, im ganzen vier Mal. Ich glaube, man kann es weder zeichnen noch fotografieren, wie das aussieht, wenn so ein Ding, aus allen Rohren schießend und Bomben fallen lassend - in diesem Falle Brandbomben -, heulend und zischend herangefegt kommt, es ist das wahre Symbol dieses Krieges, und den ollen Mars sollte man einmotten. Wir machten unsererseits so eine Art Pfingstschießen nach oben, ich halte es für unmöglich, daß die Piloten irgend etwas davon gemerkt haben.

Solange wir im Qualm der Bomben lagen, der bald das ganze Feld zudeckte, glaubten wir, es habe beträchtliche Verluste gegeben, aber als er, von einem leichten Wind getrieben, zum Wald hin wegzog, zeigte sich, daß der Schaden gering war. Nur ein Mann war tot, zwei der Wagen waren in die Luft geflogen und zwei Krad verbrannten. Aber auch kleiner Schaden scheint klug zu machen, massiertes Auffahren der ganzen Streitmacht wird jetzt vermieden, die Kolonne wurde von der Straße heruntergekommandiert und verteilte sich in den Feldern. Dort standen und lagen wir noch eine Weile herum, dann hieß es absitzen, eine Brücke sei zerstört, wir könnten nicht weiterfahren. Wir dachten, als wir uns in Bewegung setzten, wir sollten diese Brücke reparieren und seien nach ein paar Stunden wieder bei den Fahrzeugen. Ich nahm keine Verpflegung mit und ließ auch die Zeltbahn auf dem Wagen liegen - was ich nie wieder tun werde. Wir erreichten einen Fluß, der ein tiefes steiles Tal in eine brettebene Fläche geritzt hat, ich war sehr an die dalmatinische Küstenlandschaft erinnert. Aber die Farben sind hier anders, an der Adria graugrün, hier rot und braun. Die Brücke war in Ordnung, aber jenseits des Flusses, im steilen und engen Hohlweg versperrten vier sowjetische Lastwagen die Straße, sie mußten auf ihre Räder gestellt werden und wurden dann rückwärts zum Fluß hinuntergelenkt. Das dauerte zwei Stunden. Mitten im Fluß stand ein Bauernwagen, die dunkle samtene Strömung bildete einen kleinen Strudel um die oberen Holme seiner Seitenteile, und darauf lag ein toter russischer Soldat, quittengelb ragten Kopf, Hände und Füße aus seiner Uniform. Auf einem der Lastwagen fanden wir eine Blechkiste voll Dosen mit dicker konservierter Milch, und davon trank ich viel, obwohl sie zu süß war. Aber nach all dem Kommißbrot mit Schmalz war das eine willkommene Abwechslung für alle.

Ein 3 km-Marsch schloß sich an, und dann sollte ein Dorf gestürmt werden. Aus einem Grund, der mir dunkel blieb, mußten wir an einer nahezu senkrechten Wand wieder zum Fluß hinunterklettern, unten bewegten wir uns am Wasser 500 m weit flußauf, und dann ging es wieder hinauf. Ich hatte nichts auf den Schultern und kletterte leicht und schnell, es machte Spaß. Das Dorf erwies sich als geräumt, kein Schuß fiel, die Kompanie verteilte sich, durchsuchte Hütten und Ställe und sammelte sich am andern Ende wieder. Bei diesem Stand der Dinge hätte die Feldküche auftreten können, aber sie blieb aus. Es kam der Befehl, den nächsten Wald durchzukämmen und am jenseitigen Rand sichernd in Stellung zu gehen. Der Wald war 6 km breit. Es dämmerte bereits, als wir in ihn hineingingen, und wie immer hatte »Gruppe Dörr«, also meine, sich an die Spitze zu setzen. Schon nach 200 Schritt liefen uns zwei Russen in die Hände, sie redeten furchtbar viel, und ich sagte zu Dörr: Schade, daß wir nichts verstehen, ich habe den Eindruck, die wollen uns etwas Wichtiges erzählen. Sie mußten vor unserem ersten Mann herlaufen - und so ging es in die Tiefe des Waldes, er ist schwarz und schweiget, überall Spuren von Russen, aber keine Russen. Es war dunkel, als wir wieder offenes Gelände erreichten, in dem wir noch 200 m vorrückten. Da sah ich von links eine Gestalt sich nähern, schattenhaft, es war ein sehr überraschter russischer Hauptmann in tadelloser Uniform, ein eleganter Herr, der uns mitteilte, hinter uns befänden sich zwei russische Bataillone mit ihren Stäben und

Kommissaren. Allmählich füllte sich die flache Arena, es quoll aus dem Wald heraus, andere Kompanien der Infanterie, ein vorgeschobener Artillerie-Beobachter. Es hieß, wir blieben bis zum Hellwerden, die einzelnen Stellungen wurden bestimmt, ich begann auf diesem Feld das erste Schützenloch dieser Nacht zu graben. Der Boden war eisenhart. Bis gegen 5 Uhr morgens habe ich zwei Löcher zur Hälfte und zwei ganz ausgehoben, und zwar deshalb, weil die Positionen der einzelnen Gruppen immer wieder verändert wurden. Meine Handflächen bestehen aus Blasen und Löchern in der Haut. Ich hatte gerade die allerersten Spatenstiche getan, da eröffneten die Russen vom Waldrand her das Feuer auf uns, von jenem Waldrand, von dem wir uns gerade abgesetzt hatten.

Es entstand Verwirrung, ja Tumult. Unsere MG waren noch nicht aufgebaut. Wir wußten nicht, ob zwischen uns und dem Wald, wo das Mündungsfeuer der Russen eine blitzende Lichterkette in die Dunkelheit zeichnete, noch eigene Leute waren. Ich legte mich, das Gewehr dem Wald zugewendet, ins Gras, die Handvoll Erde, die ich mit dem Spaten ausgehoben hatte, vor dem Gesicht, ich hätte auch mein Taschentuch hinlegen können. Ich dachte, erst mal abwarten, und schoß nicht. Deutsche Befehle wurden gebrüllt, die Russen brüllten »Urräh, urräh!«, und die Leuchtspurmunition pfiff hin und her. Allmählich kam bei uns Schwung und Ordnung in die Sache, unsere Maschinengewehre fingen zu nähen an, und nach einer halben Stunde verebbte auf beiden Seiten die Schießerei. Wir hatten zwei Tote und zwei Verwundete. Ich habe mir inzwischen überlegt, was ich getan hätte, wenn die Russen aus dem Wald herausgekommen wären, und zwar habe ich mir das deshalb überlegt, weil ich in dieser halben Nachtstunde, in der sich der Krieg so drastisch realisierte, ihn erst recht nicht mehr als etwas empfand, was mich anging. Im Gegenteil, ich geriet in eine spöttische Stimmung. Es erschien mir kindisch, daß da erwachsene Leute sich auf 200 m Distanz, oder weniger, in die unsichtbaren Gesichter ballerten, wodurch entschieden werden sollte, wer auf der Wiese bleiben durfte und wer im Wald bleiben mußte. Wenn einer der Herrn Feinde mit gezücktem Bajonett auf mich losgegangen wäre, dann, so habe ich mir überlegt, würde ich versucht haben, ihn zu erschießen, bevor er mich aufspießte. Aber wenn sie nur so gekommen wären, schreiend und massenhaft, und uns einfach kassiert hätten, dann hätten sie mit mir keinen Ärger gehabt.

Sie kamen nicht, und wir setzten das emsige Graben fort. Rundherum sahen wir brennende Dörfer, Leuchtkugeln stiegen empor, da und dort wurden solche Gefechte ausgetragen wie das, was wir gerade hinter uns gebracht hatten, und zur Erhöhung der Dramatik zog eine breite Gewitterfront im Süden auf uns zu, die Sterne verschwanden, es blitzte und donnerte, dann kam der Platzregen und meine Zeltbahn war weit weg.

Wir mußten noch mehrmals »umziehen«. Als ich das dritte Loch verließ und keine 30 Schritte weiter im Licht der enormen Blitze die Stelle sah, an der ich ein neues, das vierte, graben sollte, kam diese Nacht auf ihren untersten Punkt. Ich legte das Gewehr auf die krötenhautartige, schlammige Lehmerde, kniete mich daneben in den seichten Morast, schob mit Händen und Unterarmen die leicht bewegliche oberste Schicht zur Seite und begann dann, den Spaten mit beiden Händen kurz fassend, zu graben. Ein geradezu tierisches Lebensgefühl war in mir. Daß die eigene Haut wasserdicht ist, hat man nicht immer im Bewußtsein. In dieser Stunde wurde mir nichts deutlicher, die Zuverlässigkeit dieser Maschine »Körper« empfand ich höchst angenehm.

Heißhunger überfiel mich plötzlich, ich schob die Hand in die Tasche, wo sie in Brotbrei griff, den ich mit dem Bodensatz der Tasche herausschöpfte und gierig aß.

Unangenehm waren nur die Minuten, in denen ich allmählich naß wurde. Bald durch und durch naß, dämpfte ich so dahin bei der Arbeit. Der Lehm wurde glitschig und im Loch sammelte sich der Regen. Immer wieder hellten riesige Blitze die ganze Umgebung für mehrere Sekunden auf, als würden ungeheure Scheinwerfer eingeschaltet. Wir, und ich vermute auch die Russen, wenn sie noch im Wald hockten, gewannen einen Überblick über unsere Verteilung. Es regnete zwei Stunden lang, dann kam ein ziemlich kalter Wind auf, die vollgesogene Uniform wurde wieder etwas leichter. Als es tagte, sahen wir, wie gut die Russen daran getan hatten, nicht anzugreifen, wir lagen einzeln wie ich oder in Gruppen zu zwei Mann in tiefgestaffelten Positionen.

Von den Russen war zunächst überhaupt nichts mehr zu bemerken, wir stiegen aus den Löchern heraus und marschierten in lockerer Ordnung in unserer alten Richtung weiter bis zu dem Dorf, in dem wir jetzt sind. Auch hier gab es keinen Widerstand, aber von unseren rückwärtigen Verbindungen sind wir derzeit abgeschnitten.

Der Morgen war ungemütlich, Hunger meldete sich, der Himmel hing grau über uns, es war eher kalt als kühl. Inzwischen haben wir Bienenstöcke ausgenommen und Kartoffeln gekocht. Eine Frau brachte Salzgurken. Erst aßen wir Kartoffeln mit Gurken, dann mit Honig.

An meiner Uniform war heute früh kein grüner Faden mehr. Seitdem sie trocken ist, fällt der Lehm in Stückchen ab. Rasiert bin ich seit einer Woche nicht, auch nicht gewaschen. Ich würde lügen, wenn ich sagen wollte, ich führe nicht lieber durch Rußland, als daß ich marschiere, aber die zweibeinige Fortbewegung schafft eben doch die innigste Verbindung mit dem Land. Zwischen tiefhängenden Wolken stößt zuweilen ein Keil Sonnenlicht wie ein Schwert hervor. In den Dörfern herrscht schon jetzt das grausigste Elend. Dieses merkwürdige Briefpapier stammt aus der Schule, in der wir uns einquartiert haben. [Ein Schulheft, dessen Seiten halb voll geschrieben sind mit lila Tinte.]

[Ohne Datum, Ende August 41 (E. K.-Sch.). Erste Reaktion auf das Kriegsgerichtsverfahren.] *6 Tage schrieb ich nicht. Du kennst den Grund. Auch habe ich Deine neue Nummer noch nicht, aber vielleicht morgen mit der 1. Post. Ich denke mit Schrecken daran, wie mir jetzt wäre, hätte ich Deinen letzten Brief, die 2 Worte, diese deus ex machina-Worte!, nicht. Wie eine Spritze voll Gift wirkten Deine Briefe über die Sache (und der Bertrams), die ich alle am Morgen nach meinem letzten Brief (Blatt 96) erhalten habe. 12 Stunden wiederum dauerte es, bis dann das Gift aus mir heraus war. Trotzdem werden die Nachbarn hier mich für unbegreiflich ruhig gehalten haben. Ich konnte schwätzen mit ihnen wie immer - aber es wurde doch von Tag zu Tag weniger, und am 3. Tag konnte ich Thomas kaum noch ansehen. Wir fragen uns, ob Du Dir in diesen 8 Tagen eigentlich klar warst, in was für einer Situation wir, d. h. Rothe und ich, uns Dich vorstellen zu müssen glaubten. Ich glaubte nicht, Dich gesund wiederzusehen.*
Ich schreibe, als wäre alles vorbei. Das ist gewiß falsch, Deine nächsten Briefe werden mich belehren. Daß ja außerdem Krieg ist, vergesse ich ganz. Am 23., dem Tag des deus ex m.-Briefes, an dem ich Rothe mittags entgegenfuhr, wie vor 3 Tagen, ihm die Nachricht zu sagen [von der Milderung des Urteils], *kam nachmittags Liesel W.* [eine nahe Freundin aus Universitätsjahren] *von Meersburg her-*

über. Ich war noch ganz hin. Rothe kam nachmittags herüber, und wir vollführten großen erregten Krach, so erlöst waren wir. Der Zufall hatte wohl Deine 3 besten Freunde zusammengeführt, von denen sich nur Rothe über das Desaster gewundert hat. Liesel nicht und ich nicht. Sie war gekommen mir zu sagen, daß sie fest glaube, daß Du alles überstehen kannst. Es war gottseidank nicht mehr nötig, mich zu bekehren.

Ich halte es nicht für schwer, die Sache wem immer so zu sagen, daß sie angesehen wird, wie sie ist. Ich bin ganz und gar gegen irgendwelche Heimlichkeiten. Um mich Angst habe ich tatsächlich keinen Augenblick gehabt, obwohl die Schuhe wohl sogleich sich hätten bewähren müssen [in der Annahme, der »Familienunterhalt« werde gestrichen]. Ich war entschlossen, sofort die Berliner Wohnung aufzugeben und alles herzuholen. Wohin damit, das stand noch offen. Auch jetzt meine ich, daß Berlin für uns nicht mehr existieren sollte, und deshalb frage ich: sollen wir nicht so rasch als möglich alles hier irgendwo unterstellen, eh es in Berlin in die Luft fliegt?

24. August 41. Ich habe heute meine Kalender-Notizen seit dem 22. 6. durchgelesen und mit Erstaunen festgestellt, wie einfach und übersichtlich sich unser erst stürmischer, dann zögernder, dann gebremster Vormarsch in diesen Stichwort-Eintragungen widerspiegelt, während in meinem Gedächtnis und gewiß auch in meinen Briefen sich ein Chaos malt von einander ähnlichen Dörfern, Wäldern und Straßen.

Das Jahr gleitet in den Herbst hinein, Sonne und Regen wechseln sich ab. Unsere Fahrzeuge werden nicht mehr lange die unbefestigten Straßen benützen können. Hofft man dann auf den Frost?

Dieses Dasein ist anstrengend, aber ich bin sehr zufrieden und gelassen. Der Ersatz, der jetzt aus der Garnison kommt, ist so minderer Qualität, daß ich mich in den Augen der Kompanie, für die ich ja auch »Ersatz« bin, vorteilhaft davon abhebe. Das Bedürfnis nach Leuten, die »spuren«, ist angesichts des zusammengeschmolzenen Gesamtbestandes an fronteinsatzfähigen Leuten enorm. Was unter »spuren« konkret zu verstehen ist, d. h. welche Anforderungen einer erfüllen muß, damit von ihm gesagt wird: er »spurt« - ist ein Minimum an Vernunft, eine höchst bescheidene Fähigkeit, sich im Gelände zurechtzufinden und sich praktisch zu verhalten. Wollten sie nur, diesem Anspruch könnten nahezu alle entsprechen. Aber die meisten wollen nicht, sie sind mieser Laune und haben auch dann schlicht Angst, wenn weit und breit kein direkter Anlaß dazu vorliegt. Obwohl sie alle den Krieg gewinnen möchten und sich in den Verhältnissen, die nach einem gewonnenen Krieg herrschten, wahrhaft sauwohl fühlten, tun sie dafür nichts. Ich tue auch nichts dafür, doch gibt es für die Effizienz eines Soldaten, wenn er nicht gerade ein Jagdflugzeug oder einen Panzer zu lenken hat, vor allem jenes Kriterium, das schon beim Vater vom Alten Fritz galt: alles recht ordentlich machen. Ich mache alles recht ordentlich. Meine Löcher sind perfekt, meine Zeltbahn ist so flach gespannt wie nur möglich und hat doch noch den nötigen Neigungswinkel, um den Regen in die Erde ringsherum abzuleiten; ich trage das Zeug, das getragen werden muß, ohne Murren und bin überhaupt ein heiteres Gemüt. Das genügt völlig.

25. August 41. Ein reicher, reicher Posttag. Die Blätter 63, 64, 72, 73, 74, 75, 76, 77, ein Blatt vom 5. August ohne Nummer, 79 (normales Papier, nicht aus dem Durchschreibbuch, Blatt 7 - Kopie?! - 80, 81, 86, 87, 88, 89. Dazu Briefumschläge und zwei leere Filmkassetten.

Deine Nachkriegspläne! Es kommt mir fast komisch vor, von Nach-Krieg zu lesen oder zu sprechen, indes ich hier auf einem Dach sitze als Beobachtungsposten und über die gemähten Kornfelder, auf denen die Garben in Reihen stehen, nach den Wäldern hinüberschaue, ob etwa Russen herauskommen. (Es kommen aber keine!) Aber trotzdem - wir leben ja nur für die Zeit nachher, und darüber zu sprechen verlohnt auf jeden Fall. Wir sind ganz einig: Ich möchte weder nach Berlin zurück noch kann ich mir vorstellen, wieder am schwarzen Schreibtisch bei Steiniger zu sitzen. Die ideale Lösung: eine Arbeit, die mir gestattet, auf dem Land zu leben. Siehe Hausenstein in Tutzing, wenn wir auch nie einen Garten hätten, in dem kein Gemüse wächst.

Meine russischen Briefe werde ich, sobald einmal Zeit ist, in Auszügen abschreiben und zusammenstellen. Freunde sollen sie lesen. Das ist eine merkwürdige Sache: obschon wir nun doch oft genug das Problem einer Veröffentlichung dieser Niederschriften zu behandeln hatten und ich jetzt wieder wenigstens von einer Verbreitung im engen Kreis spreche, denke ich, während ich schreibe, nicht eine Sekunde an ein anonymes Publikum, dem ich etwas mitteilen wollte. Gottseidank ist das so, denn bei den zwei oder drei Anlässen, wo ich den Monolog oder Dialog unterbrach zugunsten einer Niederschrift, zu der ich mir während des Schreibens eine Zeitung, die Frankfurter, und also ein Publikum vorstellte, war das Ergebnis grauenhaft. Kooperieren wollen mit dieser deutschen Welt - dabei bleibt offensichtlich kein Satz mehr unbefangen und lebendig. Es gibt nur die Nichtteilnahme oder die Auseinandersetzung sozusagen in offener Feldschlacht, und die letztere ist eben nur eine theoretische Möglichkeit, in Praxis hätte sie die Vernichtung zur Folge. Ich würde nicht davon sprechen, wenn nicht die Verhandlung im Bauernhaus doch so etwas gewesen wäre wie ein offener Kampf. Davon müßte man ein Stenogramm haben, denn das läßt sich nicht rekonstruieren: diese Mischung von Vorsicht und blinder, von rotglühender Wut auf dieses Gesindel angeheizter - Selbstvergessenheit, wollte ich schreiben, Selbstfindung, könnte es genau so gut heißen. Das war eine Konstellation auf des Messers Schneide. Im ganzen aber gibt es nur die Nichtteilnahme, und ich merke selbst, daß ich mir als Schutzhaltung eine Art Snobismus anzüchte, der auf keine Kuhhaut geht. Wenn sie wenigstens seelisch besoffen wären, diese Deppen, wie es die von 1914 gewesen sein sollen - aber nein, sie haben nicht einmal diese Entschuldigung. Manchmal spüre ich jetzt, daß ihnen unheimlich wird - ganz schwache menschliche Regungen sind wahrzunehmen, aber wenn sie in Leningrad einmarschierten, dann wär's wieder vorbei damit.

Nachkriegspläne ... der Krieg wird noch lange, lange dauern, und die schönen Pläne liegen tief unter dem Horizont. Ich kann mir überhaupt nur vorstellen, daß wir, 30 Jahre alt und älter, zur Disposition gestellt werden, ohne Termin beurlaubt, wenn der Krieg hier nicht mehr solche Massen braucht und verbraucht; ich kann mir aber nicht vorstellen, daß der Krieg zu Ende geht. Ich bin weit davon entfernt, den Pessimismus R.'s zu teilen, der sich ja aus Einzelheiten speist, aber ohne Zweifel läßt die Gesamtlage keinen anderen Schluß zu als: langer Kriegszustand. Deshalb führen wir ja diesen Krieg hier, um auf breiter Versorgungsbasis uns in ihm auf Zeit, auf lange Zeit einrichten zu können. Wir kämen, gewönnen wir ihn, tatsächlich in eine Machtposition in Europa, die von außen nicht zum Einsturz gebracht werden könnte. Die Welt zerfiele dann eben in zwei Blöcke, d. h. sie bliebe so zerfallen, wie sie schon ist, nur in anderer Aufteilung, und der größte Teil des Volkseinkommens würde für Rüstung und Macht ausgegeben werden.

Du schreibst, es wäre ein Fehler gewesen, das Manuskript diesen Leuten zu geben. Natürlich war das ein Fehler, aber ich war ja verpflichtet dazu nach einer Bestimmung, wonach Disziplinarvorgesetzte derartige Veröffentlichungen kennen müssen. Das OKW machte mir u. a. auch den Vorwurf, daß ich den Dienstweg nicht eingehalten hätte. Freilich, drei Tage nachdem die Abteilung das Ms. in Händen hatte, kam die endgültige Ablehnung durch das OKW, und wenn ich sie vorher gekannt hätte, wäre ich wahrscheinlich dem Gebot der Vernunft gefolgt. Aber nun ist ja nichts mehr zu ändern, und ich muß sagen, und Du siehst es aus den Briefen der letzten 14 Tage: die Veränderung hat ihre guten Seiten, und die schlechten werden sich nicht voll auswirken.

Die Kamera ist also angekommen, aber sie liegt irgendwo beim Troß. Inzwischen habe ich mit dem 2 Mark-Apparat ein paar Bilder gemacht.

30. August 41. Mir wird allmählich klar, daß wir uns gar nicht an der eigentlichen Front Richtung Leningrad herumschlagen, sondern damit beschäftigt sind, einen großen Kessel zu »bereinigen«. Indem wir in ihn eindringen, haben wir die Russen überall, rechts und links und vorne. Sie sind in einer üblen Lage und werden nicht mehr ungefangen, unverwundet, ungetötet herauskommen. Aber noch wehren sie sich, sind gut geführt, operieren noch in ihren Verbänden. Mit mehr Flugzeugen, als ich je seit 1939 auf einmal in der Luft gesehen habe, versucht die sowjetische Führung den Eingeschlossenen Hilfe zu bringen, indem sie uns bombardieren und beschießen läßt. Das ist eine neue Nuance, daß wir nun auch ständig den Himmel beobachten und bei der Anlage unserer Stellungen die Sicht von oben berücksichtigen müssen. Wir sind alle zum Umfallen müde, und ich bin in dem Stadium, wo Müdigkeit weh tut. Wenn ich den Kopf drehe, erzeuge ich einen intensiven Schmerz. Ich würde in einem Bach liegend schlafen, wenn ich nicht wach sein müßte hinter dem Gewehr und den Handgranaten. Ich kann nicht schreiben, dabei fallen mir die Augen zu.

Später. Als ich gestern abend das Essen bei dem etwa 500 m zurückliegenden Kompaniegefechtsstand holte, wurden wir wieder beschossen. Wir haben noch immer nicht herausgefunden, wo der Gegner im Wald sitzt und wie es ihm möglich ist, unsere Bewegungen zu beobachten. Es wurden daher noch in der Nacht Spähtrupps losgeschickt, bei denen ich nur deshalb nicht dabei war, weil sich der Verpflegungsempfang verzögerte und ich erst zurückkam, als die Kameraden schon losgegangen waren. Sie waren noch keine halbe Stunde fort, da schossen die Russen mit einer besonderen Waffe, die sie bereits in den letzten Tagen mehrfach in diesem Abschnitt benützt haben [die »Stalin-Orgel«]. Wir haben sie auch, und es ist daher nicht angebracht, etwas Genaueres darüber zu sagen. Mit ihrer Hilfe ist es möglich, einen Geländestreifen derart dicht zu beschießen, daß dort wirklich »kein Gras mehr wächst«. Du hörst einen rauschenden Ton, als ob Riesenfledermäuse über Dir flatterten, und hast dann ein paar Sekunden Zeit, Dich in Deinem Loch an die Erde zu schmiegen, so dicht wie es nur geht. Und dann beginnen die Explosionen der Geschosse prasselnd wie ein Monsterfeuerwerk. Auch der Anblick ist nachts recht festlich, wie ein silberner Wasserfall, 100 oder 200 Meter breit, kommen die Granaten herunter.

[Von der Schwester]
Berlin, den 31. August 41. Dein P.K.-Bericht an F. [vom 15. August 41 an H.F., die Buchhändlerin in Berlin] war eine Ergänzung zum Völkischen Beobachter, der würde sich freuen, wenn er so etwas läse, aber er hat Wichtigeres zu tun, er muß uns sagen, daß die Italiener sich daran beteiligen, Europa in Ordnung zu bringen, sonst glaubt es nämlich keiner mehr. Ich möchte jetzt kein Italiener in Berlin sein.
Von Papa habe ich lange nichts gehört. Er schrieb in den Berichten aus Smolensk ganz vergnügt. Daß ihm die Sache mit seinen 65 Jahren so Spaß macht, ist doch wunderschön. In nichts sieht er Probleme, er muß keinen Idealen nachleben - das erleichtert ihm die jetzige deutsche Geschichte sehr, nicht jeder kann es und nicht immer ist es richtig, aber er baut so sein Leben, ohne Worte zu verlieren. Ich könnte neidisch werden. Morgen trottle ich zum erstenmal nach Borsigwalde in die Munitions- und Waffenfabrik und muß künftig um 4 Uhr früh aus dem Bett.
Mach's gut, schönes Wetter, ein etwas größeres Erdloch, wenig Russen vor Euch und viel Vergnügen für Petersburg. Wenn Du Sohlenleder für ein Paar Schuhe siehst, denk an mich. Das fiel mir eben ein, T. will mir Schuhe machen, wenn er Material hat.

31. August 41. Ich wollte, glaube ich, einmal meine Schützenlöcher numerieren, sogar in römischen Ziffern, ich fürchte, ich käme jetzt

schon auf eine zeilenlange Zahl. Mein gestriger Dachbau hat sich bewährt, ich blieb trocken, die andern ersoffen fast in ihren Löchern. Die Strümpfe verfaulen langsam in den Stiefeln.

Wir haben eine Stellung im Gebiet des Nachbarregiments übernommen, sie liegt am oberen Rand eines Steilhanges. Der Boden besteht hier aus rotem Lehmpulver, in dem es sich so leicht gräbt wie in Dünensand. Ich grub für mich und den Unteroffizier unsere Bleibe aus, die Zeltbahn ist ausgespannt, es regnet pausenlos. Im Laufe der Nacht wird das Wasser auch ins Loch rinnen. Wir sichern. An Angriff ist nicht zu denken. Die Gedanken laufen mir vor Müdigkeit weg.

Umsonst gebuddelt - da kommt ein Melder, wir ziehen aus und um. Bis zum Ural so weiter - bis 1992!?

Am nächsten Morgen, 1. September 41. Wir haben eine scheußliche Nacht hinter uns, nur 300 m weiter links vom ursprünglichen Platz verbracht. Aber welche Veränderung! Kein Steilufer, kein roter trockener Sand, statt dessen ein abgeerntetes Kornfeld, der Lehm vom Regen aufgeweicht, das allmählich tiefer werdende Loch immer voll Wasser. Wir gruben zu zweit unter diesen Umständen kein Loch, sondern nur eine Mulde. Mehr im Element der Fische als dem der Menschen verbrachten wir die Nacht. Wir zehn Männer bildeten auf 200 m die »Front«, davor und dahinter war nichts, das Kräfteverhältnis soll etwa 30 : 1 zugunsten der Russen sein. Darüber scheinen sie nicht im Bilde zu sein; schon häufig dachte ich, daß sie ihre Chancen nicht wahrnehmen. Hier sollen große Minensperren angelegt und wir herausgezogen werden. Das ist die gleiche Situation wie vor 14 Tagen. Schon schießen die Abtransportgerüchte wieder üppig empor.

Am Vormittag, nachdem ich das »Reich« von vorne bis hinten durchgelesen habe. Es ist die Nummer vom 17.8. und enthält die Schilderung der Mozartaufführung in Salzburg. Was für eine ferne Welt! Mich überkommt Sehnsucht, am Flügel in der Ruhlaerstraße zu sitzen und einen Es-Dur-Akkord anzuschlagen. Eine vernichtende Filmkritik von Petersen, eine Glosse über den Stammkunden, eine ausgezeichnete Besprechung des neuen Carossa und viel über Ostasien, wo die Dinge allmählich der Explosion zutreiben - das ist mir von zwei Stunden lesen geblieben.

5. September 41. Die Kosaken machen sich auf unseren rückwärtigen Verbindungswegen sehr störend bemerkbar. Ich sah auf der

Fahrt zum Troß eine Menge der Blauhosen auf den Feldern und neben der Straße liegen. Sie brechen nachts aus den Wäldern hervor und manchmal gelingt ihnen ein Überraschungssieg. So ist ein Vermittlungstrupp meiner alten Nachrichtenkompanie von ihnen überfallen worden, und nur vier konnten sich in die Wälder retten und auf großen Umwegen nach zwei Tagen zu ihrer Truppe zurückkehren. Die übrigen sind gefallen, die Fahrzeuge wurden zerstört. Du siehst, es ist hinten auch nicht sicher. Nun will ich ein wenig auf Vorrat schlafen, die Nacht wird ganz durchwacht werden müssen. Die russischen Flieger sind lebhaft, im Tiefflug kommen sie über die Stellung, man fühlt sich im Loch sicherer als man ist. Ihre Maschinen sehen fabrikneu aus. Die Ansicht wird laut, es seien amerikanische. USA - England - Rußland - Japan - Deutschland - Italien: ein Sternbild und rundherum die vielen kleinen Trabanten, manche noch unsicher auf ihrer Bahn - fast ohne Rest die ganze Welt im Krieg!

6. September 41. Meine Stiefel wollen nicht mehr mittun. In diesem Dorf, in dem wir gerade halten, machte ich einen Schuster ausfindig. Barfuß sitze ich vor seinem Haus, während er die klaffenden Sohlen wieder befestigt. Er und seine Frau sind sicher hoch in den Siebzigern. Sie gehen freundlich, ja zärtlich miteinander um. Sie stellte ihm den Kasten mit dem Handwerkszeug hin, und er bat mich, meine verschmutzten Stiefel draußen zu säubern. Die Stube hat einen gewaltigen Schlafofen, an einer der Holzwände, aus Balken gefügt, hängt eine Pendeluhr, die geht; große Heiligenbilder hängen zwischen den Fenstern, Blumen stehen davor in Kästen. Es ist blitzsauber; als ich barfuß herumging, fegte die alte Frau dennoch mit einem Laubbesen nicht vorhandenen Staub weg. Auf dem Tisch liegt mein Gewehr, der Stahlhelm, das Koppel mit den Patronentaschen, und zum erstenmal seit dem 22. Juni sind das störende Gegenstände. Ich selber empfinde mich plötzlich schmutzig und verwahrlost, als sei ich ein Soldat aus dem Dreißigjährigen Krieg. Daß ich Strümpfe anhabe, die diesen Namen eigentlich nicht mehr verdienen, beschämt mich vor der alten Frau. Sie bot mir ein Stück Brot und eine Tasse Milch an, wobei sie sich entschuldigte, dem Gast gebühre Tee, aber sie habe keinen, es sei ja Krieg. Ich verstand plötzlich Russisch, ich verstand Wort für Wort, was die Frau sagte.

11. September 41. Von der Hügelstellung marschierten wir gestern

früh im Morgengrauen ab, zum Fluß hinab, um anzugreifen. Unsere Gruppe war wie üblich an die Spitze befohlen worden, wir bewegten uns am Rand des steil abfallenden Ufers vorwärts. Den Fluß hatten wir zur Linken. Bald erreichten wir eine Stelle, wo von rechts her ein Bach einmündete, der sich gleichfalls ein tiefes Bett gegraben hat, das uns hemmte. Dörr, der Unteroffizier, und die beiden MG-Schützen gingen auf dem linken Flügel der zur Kette ausgeschwärmten Gruppe, sie waren dem Fluß am nächsten und uns anderen ein paar Schritte voraus. Als stellvertretender Truppführer war ich der letzte Mann auf dem rechten Flügel. Dörr war den Abhang der kleinen Schlucht schon fast bis zur Hälfte hinuntergeklettert, während ich mich, an einem Busch festhaltend, erst über ihren Rand hinunterließ, als ich vom Luftdruck einer Explosion umgeworfen wurde. Unterhalb von Dörr, nahe der Mündungsstelle des Baches, schossen wie Lava aus einem Vulkan Erdreich und Steine empor. Ich brauchte einen Augenblick, bis ich begriff, daß eine Mine vor uns explodiert war. Ich rannte zu Dörr hin, der aber bereits den Steilhang liegend heraufkroch; er taumelte, als er oben ankam. Die beiden MG-Schützen waren auch übel zugerichtet. Die Uniform hing in Fetzen an ihnen herunter. Dörr berichtete, er habe ein Stück Bindfaden vor sich gesehen und es aufheben wollen. Im gleichen Augenblick sei die Mine hochgegangen. Wir stellten fest, daß es sich um eine Holzmine gehandelt hat, deren Metallfutter in stecknadelkopfgroße Splitterchen zerrissen worden ist, die die Haut der drei Verwundeten an zahllosen Stellen durchbohrt haben. Ein Glück, daß die Mine in lockeres Erdreich vergraben gewesen war. Wäre sie aus felsigem oder steinigem Grund hochgegangen, wäre die ganze Gruppe ausgefallen. Wir waren nur noch fünf Mann und mir wurde befohlen, sie zu führen. Ich drückte Dörr die Hand, ich werde ihn kaum wiedersehen, er kommt ins Lazarett. Wir marschierten weiter, vorsichtiger jetzt. Erst nach Stunden stießen wir auf Russen.

13. September 41. Zwischen zwölf und zwei und zwischen vier und sechs ging ich Wache vor unserer Stellung. Mein Trupp ist wieder aufgefüllt, wir sind neun, aber ich teilte die Neuen noch nicht zur Wache in der Dunkelheit ein, sie kommen direkt von einem Ersatzhaufen irgendwo an der polnischen Grenze. Das Gelände ist verteufelt unübersichtlich. Es regnet in Strömen. Die Arbeit des alten Schusters ist diesem Wetter und dem schwammigen Boden nicht

gewachsen. Die Sohlen hängen nur noch beim Absatz am Oberleder. Ich band sie fest. Klatsch-klatsch macht es bei jedem Schritt. Der Zugführer erschien, als es gerade hell wurde, und ich fürchtete schon, er brächte den Befehl zum Aufbruch, aber er erkundigte sich nur, ob ich nicht glaubte, daß der Trupp abgelöst werden müsse, denn wir hatten nicht nur die Wache zu besetzen, sondern auch eine Pendelstreife zu gehen über 150 m Waldgelände zur Nachbarkompanie. Ich dachte an ein festes Dach im Dorf, aber auch an den 4 km-Marsch dorthin und die Möglichkeit, nach ein paar Stunden Ruhe auf Spähtrupp geschickt zu werden - und sagte, wir hielten das schon nochmal 24 Stunden aus.

Ich habe die Zeltbahn in bewährter Manier übers Loch gespannt, die Stiefelruinen stehen auf Stroh, die Füße erwärmen sich ein bißchen. Die Stille in dem Wald vor uns gefällt uns gar nicht.

[Vom Vater des Verfassers an dessen Frau]

13. September 41. Heute kamen Deine Briefe vom 22. und 24.8. über Erich. Ein angekündigter Brief vom 21.8. ist noch nicht da. Ich glaube nicht, daß der Krieg so lange dauert, bis Erich Soldat wird. Dabei ist es so einfach. Alle reden von Anstrengungen und Aufregungen. Ich habe weder das eine noch das andere erlebt. In dem Augenblick, in dem man sich zur absoluten Wurstigkeit bekennt, ist an diesem ganzen Krieg nichts Außergewöhnliches.

14. September 41. Mit drei Gruppen sind wir in den Wald hinein. Bevor es losging, nahm der Feldwebel den Zug zusammen und sagte, dies sei unser letztes Unternehmen in diesem Abschnitt, heute abend würden wir auf die Fahrzeuge verladen und über Staraja Russa nach Porchow in Marsch gesetzt werden. Das sei zu 90% sicher. Wohin es dann gehe, wisse er nicht. Noch weniger, was wirklich im Wald stecke. Was wir darin treiben sollten, nannte er bewaffnete Aufklärung. Die Sache ist glimpflich abgelaufen, wir haben drei Leichtverwundete, und dafür reiche Beute. Als wir wirklich nach etwa 1 km im Wald auf eine Lichtung mit Russen stießen, kam es zu einem kurzen Feuergefecht, aber wir hatten keine Infanteristen gegenüber - die sich so schnell nicht ergeben hätten -, sondern Artilleristen. Sie standen zwischen ihren Fahrzeugen, Protzen und Pferden, und führten zwei 10,5-Geschütze mit sich, von denen uns absolut unerklärlich ist, wie sie die so tief in den Wald hineingebracht haben. Da sie wissen, daß er ringsum von uns umstellt ist,

sind sie demoralisiert. Wir haben etwa 60 Gefangene gemacht, und wenn wir als Infanteristen in den Wald hinein sind, so kamen wir als Kavalleristen wieder heraus, hoch zu Roß. Das ganze Unternehmen hatte etwas von Karl May. Ich habe meine Privatbeute gemacht. Auf einem Baumstumpf sah ich ein weißes, viereckiges Päckchen liegen - es enthielt Tee! Im nächsten Urlaub werden wir ihn trinken.

Während ich schreibe, zieht bespannte Infanterie vorbei. Sie übernimmt heute abend wirklich unsere Stellungen.

Ich habe dem Bataillonsarzt meine Beine gezeigt. Er besah sie sich mit Mißfallen und sagte, so ginge das nicht weiter. Die vereiterten Löcher, beiderseits vom Knöchel bis zum Knie die Waden bedeckend, schmerzen nicht mehr, aber sie nehmen zu an Umfang und Tiefe. Der Doktor sagte, ich sollte eine Woche keinen Dienst machen, Sandalen tragen, die Hosen hochkrempeln, damit Luft rankäme. Das trifft sich ausgezeichnet, die Stiefel sind sowieso hinüber, und wir werden verladen.

14. September 41 [E.K.-Sch.]. Eben las ich meine Briefe vom 31. August bis 3. September, dieselbe Zeit, aus der ich heute Deine ach so sehr angestrengten Briefe bekam. Es ist mir ein Trost, daß ich damals recht deutlich von Dir wußte und daß die Briefe, meine, gar so genau zu Deiner Situation paßten - so hoffe ich, daß an meiner Beruhigung seit dem 6. oder 7. etwas Wahres dran ist.

17. September 41. Heute, an unserem dritten Marschtage [auf Lastwagen], geht es endlich vorwärts. Bisher sind wir gekrochen und haben im Laufe von zweimal 24 Stunden keine längere Strecke hinter uns gebracht, als ein Fußgänger in derselben Zeit bequem geleistet hätte. Scharfes, fast schon winterliches Sonnenlicht füllt die ausgefahrenen Geleise und die tiefen Löcher der Straße mit harten Schlagschatten. Ein eisiger Wind kommt von vorne. Wir haben uns bis über den Kopf in Decken eingehüllt, an denen es uns infolge der vielen Verluste in der Kompanie nicht mangelt. Nachts setzen wir die eisernen Streben und breiten die fensterlose Plane über den Wagen - ein Zeichen, daß wir vom Feinde schon weit entfernt sind.

Solange die Beine in den nassen Schaftstiefeln aushalten und mich samt einer beträchtlichen Last tragen mußten, erfüllten sie schlecht und recht ihre Pflicht. Jetzt, da ich ihnen Gutes tun kann, sie mit frischen Strümpfen und leichten Sandalen bekleidet habe, die Hosen hochgerollt sind und weiße Binden den Schmutz abhalten, machen sie üble Streiche: sie sind auf das Doppelte ihres gewöhnlichen Umfanges angeschwollen, haben stellenweise die Farbe einer Trinkernase angenommen und schmerzen. Es wird nichts helfen, ich muß sie dem Doktor morgen noch einmal zeigen.

Man ist sehr freundlich zu mir. Ich erfuhr, daß ich zum Zugtrupp kommandiert sei, das heißt, einer der drei Melder des Zugführers geworden bin. Dieser Posten ist in Rußland begehrt, denn meist findet sich für den Zugführer und seine Leute doch eine Heuhütte, während die Gruppen in den Erdlöchern liegen.

SCHLECHTE FÜSSE TRAGEN NACH HAUSE

18. September 41. Wir kamen gestern, nachdem ich Dir während eines längeren Halts geschrieben hatte, noch um ein gutes Stück voran und befanden uns in einem Dorf unmittelbar vor Ostrow, als am späten Nachmittag befohlen wurde, abzusitzen. Ich mußte mir vom Wagen herunterhelfen lassen, die Beine streikten. Die 500 m zum Sanitätswagen fielen mir schwer. Der Arzt wickelte die Binden ab, besah sich die Geschichte, drückte ein bißchen daran herum, wobei Dellen in den Schwellungen zurückblieben, und entschied: »Ins Lazarett! Auf dem Marsch wird das nicht wieder gut.«

Ich schlich zur Kompanie zurück, packte meine private Habe in zwei Wäschebeutel, die ich mit einem Riemen über die Schulter hing, und meldete mich beim Chef und beim Zugführer ab. Sie wünschten mir gute Besserung, und der Oberleutnant sagte: »Kommen Sie uns bald nach!« - »Wohin?« fragte ich geradezu und bekam ebenso bündig zur Antwort: »Nach Smolensk!« Bei der alten Gruppe gab es noch ein Händeschütteln, dann verschwand ich in der Dunkelheit, meine Packen über der linken Schulter, die gerollte Decke samt Russenjacke unter dem rechten Arm.

Der Wagen mit dem roten Kreuz stand schon startbereit auf der Straße, und der Bataillonsarzt erklärte, er wolle selbst mitkommen und mich beim Luftwaffenlazarett abliefern, es sei das einzige in der Stadt.

Nach einigen Kilometern wies uns ein beleuchtetes Schild an, nach links einzubiegen. Wir hielten vor einem tempelartigen Gebäude. Säulen standen vor dem Haupteingang und eine Freitreppe führte hinauf. Es sah großartig aus. Ich setzte mich auf eine der Stufen, indes der Arzt ging, um meine Aufnahme zu erwirken. Dann fiel aus einer auf dem linken Flügel sich öffnenden Tür Licht heraus und eine Stimme rief, ich solle hereinkommen. Ich wurde angewiesen, mich im Flur auf eine Bank zu setzen. Ein Mädchen kam aus einer Tür, nicht in Schwesterntracht, sondern in einem kurzen modischen Rock und mit einer Silberkette um den Hals. Als es mich betrachtete, sah ich mich plötzlich selber, so verdreckt und verkommen wie ich war. Es trat in die Aufnahmestation, ließ die Tür offenstehen, begann zu telefonieren, mit halben Sätzen und Ausrufen, die sich um eine Verabredung drehten. Das alles kam mir sehr überraschend, und ich war ganz zufrieden, daß nachher Fieber festgestellt wurde. Es erklärte, warum mir dieser elektrisch beleuchtete Flur und dieses Mädchen einen so tiefen Eindruck gemacht hatten. Immerhin war es eine radikale Veränderung meiner Lage.

Ein Arzt kam. Ich stand auf und grüßte. Ein total übermüdeter Soldat in einer abgetragenen Feldbluse sagte zu dem Arzt im weißen Mantel: Das ist der Mann. Erst an der Stimme erkannte ich, daß ich unsern eigenen Bataillonsarzt vor mir hatte, der mich dem Stabsarzt hiermit übergab. Dieser sagte: Erst mal in die Badewanne! Im dampfenden Baderaum unter der Dusche lief der Schmutz in dunklen Bächen an mir herunter.

Im weichen Bett schlief ich miserabel, bekam Kopfweh. Seit dem 22. Juni habe ich jede Nacht unter freiem Himmel verbracht.

19. September 41. Jetzt ist der nächste Tag. Ein Regensturm fegt ums Haus. Während das Bett gemacht wurde, ging ich ans Fenster, blickte auf eine Terrasse hinaus, auf deren aufgerissenem Zementboden sich kleine Seen gebildet hatten, die der Sturm wellte. Ich dachte, daß ich eigentlich noch in einem Erdloch liegen müßte, und wie ich, wenn ich darin läge, Sturm und Regen gelassen hinnähme, während mich hier, in der Wärme stehend, mit einem Schlafanzug des Lazaretts bekleidet, die Scheiben zwischen mir und dem Wetter, allein der Anblick der windgepeitschten Regenpfützen schaudern machte bei der Vorstellung, ich wäre diesem Wetter ausgesetzt. Die innere Rüstung ist eine Frage der konkreten Umstände, in denen man sich befindet. Mitleid ist die Adaption von Leiden, die der Mitleidende stärker empfindet als der Leidende. Ich glaube, das

ist die Ursache, daß der Leidende Mitleid als Peinlichkeit empfindet.

Das Wetter erlebte ich hinter der Scheibe wie einen Film. Je mehr wir an Ereignissen teilhaben werden durch verbalen oder optischen Transport, abgetrennt von der realen Situation, desto verlogener wird unser Leben werden, desto künstlicher unsere Teilnahme schließlich sogar an konkreten Erlebnissen. Die Aufnahmekapazität wird durch indirekten Realitäts-Konsum ausgeschöpft.

Meine innere Nichtteilnahme an diesem Krieg, d. h. das In-der-Situation-Sein ohne sich ihr auszuliefern, erhöht hingegen die Aufnahmefähigkeit; meine Wahrnehmung ist um soviel schärfer, als mich das Wahrgenommene nicht berührt.

19. September 41 [E.K.-Sch.]. *Soll ich Dir wirklich auf all das antworten, was Du an meiner Reaktion auf die Augustsache nicht verstehst? Ach nein! Der Schlüssel ist, daß ich mir eine sehr schlimme Zeit für Dich angebrochen vorstellen mußte. Ich glaube, daß Du sie Dir in ihrem Grundmuster doch nicht richtig vorstellst. Menschen hätten über Dich Macht gehabt, denen gegenüber sich »gut führen« einem nicht hündischen Gemüt nicht möglich gewesen wäre. Es ist mal wieder ganz E.K., daß Du Dir über das Unausweichliche in den 6 Tagen des Wartens nicht wirklich klar gewesen bist.*

Trotz Verlegung seiner Vorlesung war Rothe nicht fertig geworden und las nur alte Sachen: die Weimarer Rede, eine Novelle »Berlin« und den Anfang der »Zinnsoldaten«. Letzteres sehr hübsch, die Novelle gar nicht gut. Die Rede ungekürzt. Ich fand sie nicht so schlimm wie Du. Glänzend in der Formulierung oft - überhaupt hat er viel mehr kritische als dichterische Fähigkeiten. Aber er meint ja, eine politische Rede gehalten zu haben, kritisch auch im politischen Sinn, und das würde jeder merken, es merkt aber doch eigentlich keiner und es ist ganz wirkungslos, denn es bläst ja kein schöpferischer Wind darin. Er kritisiert nicht anders wie Blendinger [damals Leiter der »Schloßschule Salem«] *die Jungens, wenn er sagt, sie sollen die Hände aus den Taschen nehmen.*

20. September 41. Heute früh hat eine gründliche Untersuchung stattgefunden. Der Arzt meinte, er könne die Entzündung der Beine behandeln, aber dann müßte ich zu einem Orthopäden. Die Entzündungen kämen von einer Überanstrengung der Füße. Er wisse nicht, wo die nächste orthopädische Behandlungsstation sei,

in einigen Tagen werde er mich ins Kriegslazarett nach Pleskau schicken. Er fragte, wie ich mit diesen Füßen zur Infanterie käme. Mir lag nichts daran, ihm den ganzen Roman zu erzählen, und ich sagte nur, eigentlich sei ich Fernsprecher, aber man habe Leute bei der Infanterie gebraucht.

25. September 41, Pleskau. Aus den blauen Wassern hebt sich der von mittelalterlichen Befestigungswerken umgürtete Felsen und trägt auf seinem Rücken die Kathedrale mit dem abseits stehenden Glockenturm. Mächtig und schmucklos steigen ihre Mauern auf quadratischem Grundriß empor und aus dem Dach wachsen fünf Zwiebeltürme, um deren größten sich die übrigen ohne erkennbare Ordnung wie Kücken um die Henne scharen. Über eine gedeckte Außentreppe betrat ich den Bau. Im Inneren streben vier rechteckige Pfeiler von solcher Stärke zur Decke, daß der Raum durch sie in senkrechte Schächte zerfällt. Drei Wände zeigen die natürliche Farbe des Steines und sind kahl, während die vierte, dem Eingang gegenüberliegend, vom Boden bis zur Decke mit acht oder zehn aufeinandergetürmten Reihen überlebensgroßer, auf Goldgrund gemalter Heiligenbilder bedeckt ist.

Ich bin gestern nachmittag aus Ostrow mit einem Lastwagen hier angekommen, zeigte meine Papiere im Kriegslazarett und bekam einen Vermerk darauf, daß hier eine Behandlung nicht möglich sei. Damit wurde ich an die Krankensammelstelle verwiesen, die in einer ehemaligen Volksschule untergebracht ist. Dort habe ich die Nacht verbracht. Ich stand gegen Abend eine halbe Stunde beim Haupteingang. Sanitätswagen hinter Sanitätswagen kamen angerollt und brachten die Verwundeten von der Leningrader Front. Manche hatten drei und vier Transporttage hinter sich. Bahre um Bahre wurde ins Haus getragen. Der Saal, in dem ich anfänglich fast allein gewesen war, füllte sich. Einfache Eisenbetten mit Strohsäcken standen in doppelten Reihen an den Wänden, von der Decke hing eine trüb brennende Birne herab. Im Flur stand ein schlechter russischer Lautsprecher und übertrug krächzend deutsche Unterhaltungsmusik. Als »Am Abend auf der Heide« verklang, sagte einer der neu Angekommenen in die Stille der Sendepause hinein: Hier ist es wie im Paradies.

27. September 41. Wir fuhren um 12 Uhr von Pleskau mit zwei Bussen (rot-gelb angestrichen) der Dünaburger Straßenverkehrsgesellschaft über Ostrow und Rositten nach Dünaburg. Am Steuer saß

ein lettischer Chauffeur, der ausgezeichnet fuhr. Bis abends legten wir 300 km zurück. Für Verwundete - an Armen und Beinen - war die Fahrt schwer. Doch waren alle derart stimuliert von der Vorstellung, vielleicht nach Hause und auf jeden Fall in ein richtiges Bett zu kommen, daß sie die Schmerzen kaum fühlten. Zwischen Ostrow und Rositten passierten wir die jetzt wieder in Kraft gesetzte lettische Grenze, durchfuhren eine halbfertige Bunkerlinie der Russen, die jetzt verfällt. Das Land veränderte sich hinter der Grenze schlagartig, hübsche Dörfer, kein löcheriges Dach, kein schiefer Zaun, Herden auf den Weiden. Wir benützten die Fernverbindungsstraße, die in Leningrad endet. Arbeitsdienst, deutsche Zivil-Firmen, Gefangene, Russen und Polen arbeiteten überall an der Strecke, die sich bereits in gutem Zustand befand. Man will mit dieser Ader Leningrad an's Reich anschließen.

Dieselbe Straße sind wir am 29.6. unter Beschuß gefahren, in der anderen Richtung. Zerstörte Panzer, verbrannte Lastwagen erinnerten an die Kämpfe. »Jetzt kommt das Grab unseres Kompaniechefs«, sagte einer der Verwundeten, und da lag es neben der Straße. »Diesen Wald haben wir gestürmt«, sagte ein anderer. Kaum ist einer in Sicherheit, überzieht seine Phantasie Kriegserlebnisse mit Goldstaub.

Es war längst dunkel, als wir Dünaburg erreichten. In der Zitadelle lud man uns an der Krankensammelstelle aus. Wieder sah sich ein Arzt meine Marschpapiere und meine Beine an und sagte dann, er werde mich weiterschicken. Das heißt: noch weiter zurück. Allmählich komme ich mir komisch vor. Wohin nun? Wahrscheinlich per Zug memelabwärts.

Ich machte einen kurzen Streifzug durch die Festung und kam auf einen Platz, wo gerade aus einer ungeordneten Masse von ein paar tausend russischen Gefangenen Marschkolonnen hergestellt wurden, und zwar von lettischen Polizeioffizieren in prächtigen Uniformen. Diese Herren machten sich ein Vergnügen daraus, mit ihren Gummipeitschen russische Rücken zu schlagen. Abgesondert auf einer Kirchentreppe standen fünf Mädchen in nagelneuen Militärmänteln, Russinnen, mitgefangen. Sie waren heiter, und eine war ausgesprochen hübsch. In Rositten sah ich eine Menge deutscher Soldaten mit ihren stattlichen lettischen Schätzen spazierengehen.

Soeben werden Namen aufgerufen, vielleicht geht es weiter.

Es ist Sonntag früh, der 28.9.41, und wo sind wir? In Insterburg! Es ist nicht zu glauben. Ich sitze in einem 2. Klasse-D-Zug-Wagen der französischen Linie Paris–Orléans et du Midi, der sonst fröhliche Pariser ans Mittelmeer bringt und jetzt, von uns geklaut, Teil eines Lazarettzuges bildet, in dem genau 347 Krieger, teils liegend, teils sitzend nach Deutschland fahren. Ich kenne die Zahl, denn ich habe mich erboten, im Küchenwagen mitzuhelfen und Brote zu machen, 1041 Brote abends, ebensoviele morgens, und davon sind 320 mein Anteil. Der Zug beginnt mit zwei Bettenwagen, dann kommt die Verwaltung, die Küche, der Vorratswagen, der Heizwagen, und dann etwa acht Waggons aus Frankreich für die Leichtverletzten und Kranken.

Bei Licht betrachtet, fehlt mir außer den verbundenen Beinen nichts. Statt mich ins Reich zu fahren, hätte man mich in jedem Revier ausheilen können, um mich dann einer diesen Füßen angemessenen Verwendung zuzuführen. Aber ich bin weder dazu da, Vernunft zu verbreiten, noch gäbe es jemand, der mir sie abnähme. Ein Frontsoldat aus Rußland, der nicht ›ins Reich‹ wollte, könnte nur ein Verrückter sein.

2. Oktober 41. Eine Menge Bücher in Stettin gekauft: E. v. Hartmann, Staat / Marc Aurel / Andersen, über sein Leben / Seeckt, eine Biographie, 500 Seiten dick / Coolen, Wirtshaus zur Zwietracht / Bergengruen.

Ich bin es seit langem leid, mit Bleistift zu schreiben, und habe mir deshalb jetzt Tinte und einen Federhalter gekauft. Man sollte meinen, ein Federhalter sei ein Stück gefrästes und geglättetes Holz, an dem nichts zu verderben ist; damit aber doch keine Ware bleibt, die nicht nach Ersatz aussieht, so ist dieser Federhalter mit einer klebrigen blauen Farbe angestrichen, die sicher nie ganz trocken wird. Ich habe ihn im Lazarett mit Leukoplast umwickelt, und nun ist er ein echter Kriegsfederhalter. Im Schaufenster der Buchhandlung sah ich ein Plakat mit folgendem Text:

Papier ist knapp! Spare!

Mache wenig Worte oder Postkarten!

Ich kehrte in den Laden zurück, und weil ich doch gerade einen Großeinkauf getätigt hatte, wurde ich sehr höflich empfangen: Wünschen der Herr noch etwas? Ja, sagte ich, würden Sie mir das Schild erklären, das im Schaufenster steht? Steht da ein Schild? sagte der Verkäufer, oder war es der Inhaber? Wir traten vor den Laden. Ach, sagte er, das meinen Sie? Das ist das Schild, das Plakat, sagte ich, und ich meine, was bedeutet »oder«? Er las den Text. Das bedeutet, man soll Postkarten schreiben, sagte er, wissen Sie, Briefpapier ist sehr knapp. Sehen Sie, sagte ich, das dachte ich mir eigentlich, und weil ich mir das dachte, deshalb meine Frage: wieso »oder«? Er fing an, mich für verrückt zu halten. Wenn Sie gütigst lesen wollten, was da steht, sagte ich, und las nun laut vor: Mache wenig Worte oder Postkarten! Ach so, sagte er, das meinen Sie! Es war mit Händen zu greifen, daß er nach wie vor absolut nicht wußte, was ich meinte. Also sagte ich: Ja, das meine ich. Verstehen Sie, wie beunruhigend dieses »oder« ist? Ich mache zwar jetzt viele Worte, aber bestimmt keine Postkarten. Ich kann gar keine Postkarten machen. Da kam eine Frau und ging in den Laden, und der Verkäufer sagte: Entschuldigen Sie mich!, und folgte ihr. Ich widerstand nur schwer der Versuchung, die Unterhaltung fortzusetzen.

Das kommt davon, wenn man ein beschäftigungsloser großdeutscher Reichssoldat ist in Stettin.

Lazarett Neustettin, 3. Oktober 41. Ich möchte wohl wissen, wie viele Jahre ich noch in Gesichter schauen muß, die mir widerlich sind; eine Luft atmen, die stinkt; schlechtes Essen auf eine Art zu mir nehmen, die nur noch unterboten wird von der Art, wie die andern essen; Geschwätz anhören, das mich langweilt. Und wie lange ich, das ist das Schlimmste, dieses gemeine erbärmliche Radio hören muß. Hier auf der Stube steht kein Lautsprecher, aber vom Flur her tönt es doch. Als ich in Stettin beim Essen saß – nirgends ist man davor sicher –, gingen plötzlich die Nachrichten los. Die Sprecherstimme – diese Arroganz, dieser Optimismus, diese Verhöhnung von allem, allein durch den Tonfall! Nachts irgendwo im Gelände Posten stehen, und plötzlich, nur ein paar hundert Meter entfernt, legt eine 10,5-Batterie los – das spürt man durch und durch, aber es berührt nur die Nerven, nicht den Geist, es schmerzt körperlich, aber es ist nicht ekelhaft wie der Krach aus den Lautsprechern.

In der Buchhandlung, in die ich täglich gehe, sagte ich, daß ich hoffte, bald nicht mehr hier zu sein. »Ach«, sagte die nette Verkäuferin, »drängen Sie nicht fort. Hier haben Sie's doch ruhig.« Sie verkörperte die pure Vernunft, verglichen mit mir. Noch vor drei Wochen wäre mir so ein Städtchen mit seinem See, seiner

Stille traumhaft vorgekommen. Aber es hilft nichts, ich bin sehr übler Laune (es lebe die Front, wo ich's nie bin!) und verfalle auf zwei Gegenmittel: Orgelspiel und eine Einladung an Flöhrchen, das Wochenend hier zu verbringen. Ich rief sie an und schilderte ihr den Frieden und das gute Essen im Hotel »Keun« in den lebhaftesten Farben.

[W. E. Süskind an E. K.-Sch.]

Ambach, Starnberger See, 20. Oktober 41. Gestern ist das Ms [eine Zusammenstellung der neuen Briefe aus der UdSSR] endlich an die angegebene Berliner Adresse gegangen, und gleichzeitig fiel mir ein Stein vom Gewissen, den Sie bis nach Überlingen gehört haben müßten. Wir haben die Aufzeichnungen wieder mit dem gespanntesten Interesse gelesen – außer den mündlichen Erzählungen eines Bekannten sind sie der einzige Bericht, aus dem wir uns wirklich ein Bild vom wirkenden Geschehen da drüben machen konnten. Und da jener Bekannte nur ein paar Wochen im Osten war und auch Erichs Aufzeichnungen nur über ein Vierteljahr gehen, nehme ich fast an, daß der Osten auch starke Herzen in ihrer Mitteilsamkeit und, ich fürchte sogar: ihrer Verarbeitungskraft lähmt. Der orientierungssüchtige Leser bedauert, daß es mit dem Tagebuch so früh zu Ende geht, er bedauert vor allem, daß der Erzähler nicht auch in den Süden, will sagen zum Anblick der bolschewistischen Städte gekommen ist – aber das ist ein menschlich häßlicher Wunsch. Prachtvoll sind wieder die ins Allgemeine gehenden Betrachtungen, etwa über die Wirklichkeit und über das Traumleben der kleinen Leute, überhaupt der ständige Anruf, daß Adel verpflichtet.

4. November 41 [Züllichau, Kaserne]. Die Frage, ob Du in Überlingen bleiben sollst oder nach Weilheim gehen; ob wir die Berliner Wohnung aufgeben oder was wir damit tun; ob Du die Schuhproduktion, die in keinen Behörden-Schuh hineinpaßt, weiterführen kannst, und wenn, ob es sinnvoll ist, es zu tun, ob ich und wie lange ich hier bleibe und wie ich künftig verwendet werde: alles kann sich so oder so entwickeln. Was Dein Leben betrifft, hat es wenigstens Sinn, planende Überlegungen anzustellen; das meine ist auf ein Roulette gesetzt.

Diese Kaserne macht mir den Eindruck, als sei sie von Schwachsinnigen bewohnt. Sie werden den ganzen Tag nicht wach, ihr Status als »Genesende« verhindert, daß sie scharf angefaßt werden, und nun krauchen sie so herum, müssen die Flure fegen, irgendwelches Zeug im Keller ein- oder auspacken. Das mache ich nicht mit. Gelingt es mir nicht, Arbeitsurlaub zu bekommen, so miete ich mir ein Zimmer und arbeite dort. Es soll hier einen verständigen Militärarzt geben.

11. November 41. Bitte schicke mir die Briefe alle: aus dem Schubfach im Schreibtisch, aus dem Paket, das ich in Ostrowo abschickte, und jene, die ich im schwarzen Koffer verstaut habe. Benütze nicht die Feldpost, sondern mache bitte ein dringendes Paket daraus, postlagernd hierher. Du brauchst die Papiere nicht durchzusehen und zu ordnen, es macht nichts, wenn manches doppelt ist, Original und Kopie. Ich habe hier Zeit.

Ich war beim Pfarrer, er heißt Leppin, wegen der Erlaubnis, in seiner Kirche die Orgel zu benützen. Er sagte, an jedem Dienstagabend träfen sich Soldaten im Pfarrhaus, und setzte hinzu: »Es ist ein neutraler Ort.« So etwas kann ich nicht hören, und ich antwortete: »Auf einem Ozeandampfer wurden Zuchtpferde transportiert in einer Art Stall, genau dem des Gestütes nachgebaut, auf dem sie aufgewachsen waren. Ein ganz neutraler Ort. Sie waren erstaunt, als sie den Stall in New York verließen.«

13. November 41. Hier merkt man die Nähe der polnischen Grenze schon sehr. Seit zwei Tagen stürmt es durch den noch schneelosen Ort, große Staubwolken jagen durch die Straßen. Als ich in der Kirche spielte, übertönte der Sturm die leiseren Register. Es ist

eiskalt, und ich sehe nur mit Grausen in den Hof hinunter, wo Rekruten exerzieren. Heute früh habe ich mich wieder dem Arzt vorgestellt, er hat mich – für acht Tage ins Bett verwiesen. Am linken Fuß haben sich oberhalb des linken Knöchels wieder zwei kleine Stellen gebildet, und als ich ihm sagte, so hätten im Sommer die Entzündungen angefangen, sagte er: marsch, ins Bett und den Fuß stillegen. Ich konnte vermeiden, ins Revier gelegt zu werden – ich liege auf der Stube in meinem Bett oder was sich so nennt, und da dergleichen beim Kommiß nicht vorgesehen ist, so kümmert sich überhaupt niemand mehr um mich. Ich lese die Sieben Säulen [von T. E. Lawrence], dieses Gebirge von Buch wird gerade reichen, bis die Briefe hier sind, und dann habe ich ja etwas zu tun.

14. November 41. Im Lawrence bin ich auf Seite 270. Wenn ich wüßte, wie sonst die Zeit verbringen, würde ich all die Seiten überschlagen, auf denen immerzu Kamelritte durch zweifellos großartige Landschaft beschrieben werden – aber was soll das? Sobald ich auf Tiefsinn stoße, den ich nicht durchschaue, bin ich rasch geneigt, ihn für Schwachsinn zu halten. Wenn ich etwas nicht verstehe, weil es schwierig gedacht ist, stellt sich diese Reaktion natürlich nicht ein, da hat man ja etwas zwischen den Zähnen. Aber dieser Lawrence – ich weiß nicht, vielleicht ist der Kaiser nackt und es getraut sich nur niemand zu sagen. Schreiben kann er – kein Zweifel –, aber ich trau ihm nicht, nicht seiner politischen Bedeutung, nicht seiner geistigen.

Es gibt einen neuen Modeschlager: »Wenn sich die späten Nebel drehn, will ich an der Laterne stehn wie einst, Lilly Marlen . . .« Jeder pfeift die Melodie und jeden Abend spuckt sie das Radio mir in die Ohren – offenbar muß man dieses Lied gedehnt und in kindischem Tonfall singen – es bringt mich zur Verzweiflung. Gott sei Dank ist kein Radio auf der Stube.

17. November 41. Die meisten dieser »Genesenden« kommen aus Afrika, sie sind nicht verwundet, sondern krank: Ruhr, Magen, Herz, usw. Da die Schiffe nicht mehr durchkommen, wurden sie mit Flugzeugen transportiert, und zwar bis Athen. Was sie von dort berichten, ist schauderhaft. Die Griechen bekommen 25 g Brot pro Tag, d. h. sie gehen in die Bäckerei, eine Scheibe Brot wird vom Laib abgeschnitten, die sie bereits an der Ladentür gegessen haben. Für ein Kommißbrot werden 10, 15 und 20 Mark

geboten, der Kurs steht bei 60 Drachmen gleich 1 Mark. Ein Brot kann also 1200 Drachmen kosten, einen Monatslohn. Die Soldaten sahen auf den Straßen Zivilisten umfallen vor Entkräftung und verhungernde Kinder.

Hingegen konnten sie auf der Durchfahrt in Jugoslawien Brot und Butter auf den Bahnhöfen kaufen. Die Züge fuhren mit militärischem Schutz, im südlichen Serbien ist noch oder vielmehr wieder Krieg, die Züge werden beschossen.

Frankfurt/Oder, 19. November 41. Ich bin hier, um mich morgen früh dem Orthopäden vorzustellen. Vorhin war ich eine Stunde beim General Lichl [Kommandeur der 3. Inf. Div. während des Feldzuges in Frankreich]. Er liegt verwundet im Krankenhaus und sieht recht zerknittert aus. Wir plauderten über unsere Musik in Prüm, über Vézelay, über Romain Rolland. Generale im Bett, selbst wenn sie fast 2 m groß sind, verlieren an Reiz. Braver Soldat besucht seinen alten General: unter diesem Titel mag der Besuch für ihn gelaufen sein. Ich fragte mich nachher, warum ich ihn eigentlich besucht habe, und entdeckte: braver Soldat besucht seinen alten General.

Abends. Zwei Stunden Orgel gespielt, hernach war ich blaugefroren. Morgen zur Feier des Totensonntags wird geheizt sein. Bevor im Gottesdienst die Lebensläufe der gefallenen Schüler des Alumnats verlesen werden, spiele ich die c-moll-Fuge von Bach.

Samstag abend – die Kaserne ist leer, was für ein Segen! Ich möchte wohl wissen, was der ganze Haufen von jetzt bis Mitternacht in diesem Nest tut, wo es weder etwas zu essen noch etwas zu trinken gibt, außer »Stammgerichten« und einer Plempe, mit der man Kühe vergiften könnte. Als Schreibunterlage benütze ich das letzte Heft der »Dame«, das stupide Mädchengesicht mit den verschwimmenden Augen auf dem Titel schaut mich an, wenn ich das Schreibblatt wende. Im Innern findet sich ein 4-Seiten-Lob für die Kitsch-Zeichnerin Hanna Nagel. Mit mehr Vergnügen lese ich die Jugenderinnerungen von Fallada, die fortlaufend abgedruckt werden. Das war eine Familie von Käuzen! Von der Nagel bis Fallada – Sentimentalität und Sozialromantik, unser tägliches Brot gib uns heute.

23. November 41. Ich han mein Lehen! Ich habe einen geheizten Raum im Ort, wo ich eine Schreibmaschine hinstellen und die Tür zumachen kann! Bei Herrn Ickel. Bei ihm kaufte ich täglich die

Zeitung, und gestern kamen wir ins Gespräch, Steiniger-Produkte lagen herum, mit denen er einen erheblichen Teil seines Umsatzes macht, und ich gestand, ohne rot zu werden, ja, mich dessen berühmend, meine Beziehungen zu dem Unternehmen. Da er auch Bücher verkauft, erinnerte er sich plötzlich, meinen Namen auf Rundbriefen des Verlages und unter Anzeigen im Börsenblatt gelesen zu haben. So fiel ihm denn ein, daß sich in seinem zweiten Haus in der Mansarde ein zentralgeheizter leerer Raum befinde. Hier schreibe ich im Augenblick, während das Mädchen noch den Boden scheuert und Frau Ickel die Weckgläser fortträgt, die sie hier gelagert hatte. Herr Ickel ist klein und bucklig, ähnelt etwas dem Reichsfinanzminister Funk. Vor zehn Jahren hökerte er in einem Papierlädchen und war außerdem Buchbinder. Auf den Flügeln der Konjunktur ging es rapid mit ihm aufwärts. Heute ist er NS-Propagandaleiter im Kreis, handelt mit Spielsachen, Kunstgewerbe, Büchern, Papier, Schreibmaschinen, Briefmarken, seine Buchbinderwerkstatt läuft auch. Alles ist zugeschnitten aufs Züllichauer Publikum. Er spricht vom Dienst an der Kultur und seiner allgemeinen Aufgabe, und dabei wird er stikum ein reicher Mann. Seine Wohnung ist nagelneu eingerichtet. Eben bringt Frau Ickel eine Stehlampe, Stuhl und Tisch sind schon vorhanden, damit ist die Einrichtung komplett.

24. November 41. Gestern bei Kerzenschein in der wunderschönen Kirche gespielt, es waren viele Leute da, und alle gingen zufrieden durch die Öde dieses Kaffs nach Hause. Sentimentalität und Romantik – na siehste, würde Jeanne sagen. Der olle Bach als Schmierseife, dick in die Gehirne gestrichen.

25. November 41. Nun will ich lesen, was gestern aufs Papier kam, und dann weitermachen. Die Zeit wird einmal kommen, in der der Wert einer Veröffentlichung dieser Niederschriften von der Authentizität bestimmt wird. Jetzt aber bleibt mir bei diesen Texten einfach nichts anderes übrig, als sie zu bearbeiten, denn wenn ich sie nur kürzte, blieben als vorzeigbar schließlich nur Landschaftsbeschreibungen und der übliche Kriegsquatsch übrig. Das kann nicht der Sinn eines Manuskriptes sein, das Freunde lesen sollen. Es muß etwas von der Personalität erhalten bleiben dessen, der da schaut und schreibt, und dazu muß ich dosieren, abmildern, verdünnen – also bearbeiten. Nun, das macht nichts, damit sind die Originale ja nicht vernichtet.

[An Dr. List, Leipzig. Ohne Datum (Ende November 41)]

Inzwischen habe ich einen Raum gefunden und, wie Sie sehen, auch eine Maschine. Die Zeit erliste ich mir. Ich habe bereits den Abschnitt »Aufbruch zur Grenze« geschrieben und bin gut im Zug.

Züllichau, das zwar einen Bahnhof und einen Wasserturm hat, bietet kein weibliches Wesen, das imstande wäre, die Reinschrift des Ms. zu übernehmen. Die Person, die in Frankfurt für mich schrieb, ist verschollen. Das ganze Ms., einschließlich des französischen Teils, muß neu mit drei Kopien geschrieben werden. Die Frankfurterin war billig und machte es für 40 Pf. pro Seite, Papierkosten extra. Könnte mir der Verlag eine solche Kraft vermitteln?

Die russischen Briefe sind schwerer für ein vorzeigbares Manuskript zu verarbeiten als die französischen, sie sind viel persönlicher, und die internen Beziehungen, vor allem meine Beziehung zu dem Unteroffizier [H.], nehmen einen zu großen Raum ein – ich staune, welchen Raum von Anfang an! –, das alles ist nicht zu verwenden. Jetzt jedenfalls nicht.

[An eine Bekannte in Berlin]

1. Dezember 41. Ich arbeite, ich *arbeite,* und habe in einer Woche 60 Seiten Manuskript geschrieben, das war noch nie da, und vielleicht taugt es auch nichts, vielleicht aber doch. Immerhin, die Arbeit versöhnt mich sogar mit Züllichau, ich finde meine Zeit nützlich verwendet. Bin ich mit der Arbeit fertig, diesem zweiten [russischen] Teil der Briefe, die im Ms. keine Briefe mehr sind, so wollen der Verlag und ich versuchen, ob wir uns damit einen Weg in die Freiheit bahnen können, ich meine, in die Freiheit für mich, die darin bestünde, etwas Sinnvolles zu tun.

3. Dezember 41. Heute finde ich meine Schreiberei über alle Begriffe langweilig. Alles hängt mir zum Halse heraus. Aber keine Angst, ich laß es nicht liegen. Den morgigen Tag verliere ich ganz, die NSV [Nationalsozialistische Volkswohlfahrt] lädt die Genesenden-Kompanie nach Odereck zum Mittagessen, Kaffee und Abendessen ein, der Dank des Vaterlandes sei den Plattfüßen gewiß. Ich soll den Bericht fürs Züllichauer Blättchen schreiben.

5. Dezember 41. Ich habe einen grundverlogenen Bericht über den Odereck-Ausflug für die Züllichau-Schwiebusser Kreiszeitung ge-

schrieben. Er wird gewiß erscheinen, aber auf Aktualität kommt es nicht an. Einem Igel müßten die Tränen kommen, wenn er dieses Dokument läse, in dem die Front der Heimat die Hände reicht. Es steht nichts wirklich Schlimmes drin, es wird weder die Partei gefeiert noch ihre Führer, noch ihr Führer, und daß uns »die NSV durch den Mund des stellv. Kreisamtsleiters PG Goldbach willkommen hieß«, ist ein Faktum, aber an diesem Zitat siehst Du, auf welchen Ton der Bericht gestimmt ist. »Ein Spaziergang durch die winterliche Landschaft zum Oderbogen wurde unternommen« – woher man plötzlich ein solches Deutsch nimmt? Ich kann nur sagen: es floß mir aus der Maschine, und niemand wird es für eine Parodie halten. Ich halte es auch nicht dafür. Ich habe einfach den Schmus im Ohr und kann ihn produzieren.

Wir haben fabelhaft gegessen. (Im Bericht heißt das: »Der Koch in der Kaserne möge es uns nicht übelnehmen, wenn wir sagen, daß wir schon lange nicht mehr so gut gegessen haben wie in Odereck. Wehrmachtssuppe ist gewiß nahrhaft, aber ein Rehbraten ist besser . . .«)

Mit dem Autobus fuhr ich zurück, im Schulinstitut wurde Musik gemacht – wunderschön! Unsere in Prüm war nicht besser, der Geiger am ersten Pult um Etagen besser als ich, allerdings auch ein recht bekannter Mann aus Berlin. Weiß der Teufel, wo dieses Publikum herkam, niemand davon sah ich je in den Straßen, elegant und mit Gesichtern versehen anstelle der üblichen Pfannkuchen. Der Saal war voll. Kerzenlicht. Wie ist man geneigt, sich widerstandslos so einer Stunde, so einem Raum, so einer Stimmung zu überlassen. Aber weder mit Kriegsgericht noch mit Mozart werden sie mich kleinkriegen. Nichts ist wahr als der Krieg und was er zudeckt.

[Von Hansheinrich Bertram, der nach wie vor bei der 3. Inf. Div. ist und sich mit ihr auf dem langen Weg nach Stalingrad befindet] *23. Dezember 41. Eine ungewohnte, geradezu märchenhafte Ruhe herrscht in dem kleinen russischen Kasernenstübchen, das ich seit gestern bewohne. Der Trupp ist – höre und staune! – als Sicherung eingesetzt, und nur dadurch, daß ich bis zum Abend mit dem Tankwagen unterwegs war, brauchte ich nicht mit. Wir befinden uns also am Vorabend des Weihnachtsfestes in einer gewissermaßen delikaten Situation, deren nähere Umstände ich Dir als mili-*

tärisch korrekter Briefschreiber nicht mitteilen kann. Deine Briefe bekam ich alle, und inzwischen wirst Du auch meine erste Antwort haben. Meine Schreiblust ist anhaltend gering, um so mehr freue ich mich aber über Deine Briefe. Laß Dich durch Schweigen meinerseits nicht entmutigen, mich über Deine bunten Erdenwege auf dem Laufenden zu halten. Ich denke gern an Dich. In manchem bist Du ein Vorbild, in manchem Maßstab, in manchem ein merkwürdiges Phänomen – jedenfalls aber ein Mensch, dem ich mich sehr verbunden fühle.

Die letzte Zeit des Feldzuges war entschieden die unerfreulichste, die ich erlebte. Einerseits der Winter mit bisher allerdings einmaliger Kälte von 35 Grad. Ich hasse den Frost. Du erinnerst Dich an meine bibbernde Gestalt im Kretschmannschen Chronikquartier! Dann und anderseits ein dauerndes Hin- und Hergeworfenwerden. Einrichtung von Behausungen auf weite Sicht, die dann bereits nach Tagen wieder aufgegeben werden mußten. Dann für Wochen eine ganz enge Unterkunft mit einer kleinen, von über 30 Mann belegten Stube.

Am meisten aber setzten mir kürzlich einzelne Tage zu, in denen ich mich durch begründete Aussicht auf Studienurlaub bereits zu Hause wähnte, dauernd von Hoffnung zu Enttäuschung pendelte, bis die Sache endgültig ins Wasser fiel. Mehrere Male schien die endgültige Winterruhe begonnen zu haben, Urlaubslisten wurden aufgestellt, der Platz für den Christbaum festgelegt, doch wenig später gab es eine völlig neue Lage mit Aufbruch und Umzug in tausend Variationen. Ganz zum Schluß waren wir bereits mehrere hundert Kilometer westlich gebraust, mit erwartungsvoll geschwellter Brust, wie Du Dir denken kannst. Am übernächsten Tag fuhren wir dieselbe Strecke zurück.

So spielt der liebe Gott ein bißchen Blindekuh mit uns und streichelt unsere Nerven. Das verschneite russische Land ist fraglos von erstaunlicher Großartigkeit. Teils mit idyllischem, teils mit erhabenem, teils mit unwirklich schauerlichem Einschlag. In gute Pelze gehüllt, neben Tatjana oder Natascha im Schlitten sitzend, würde ich es genießen. So muß es bei der zwischen den Zähnen hervorgequetschten und gern wiederholten Feststellung bleiben: das gottverdammte Rußland. Da nach Entwicklung der Dinge mit einer langen Kriegsdauer zu rechnen ist, beschäftigt mich die Frage, wie diese Zeit bestehen? Dein Motto: hic Rhodus, hic salta!,

ist unerhört wichtig und aktuell. Aber die Praxis! Wie sich bewäh-
ren in einer Atmosphäre, einem Lebenskreis, mit dem man keiner-
lei inneren Zusammenhang hat? Das ist mir doch alles fremd und
geht mich nichts an. Die Frage wird zu lösen sein, ich weiß noch
nicht wie. Vielleicht hilft das Schicksal dabei ein wenig. Das ist
natürlich ein billiger Trost. Für Dich scheinen sich die Wogen zu
glätten. Das sollte mich freuen.

[An Tante Agnes Ruoff in München-Pasing]
Berlin, 27. Dezember 41. Stille, gute Feiertage sind vorbei. Was
haben wir für ein Glück: das erste Kriegsweihnachten zusammen
in Bonn, das zweite in der Ruhlaerstraße, das dritte nun auf dem
Fichteberg. Die Schwiegereltern fürchteten sich vor dem Abend,
aber er verging besser, als sie gedacht hatten. Ich spielte etwas von
Bach, indes E.s Bruder H., der aus Norwegen gekommen war, die
Lichter anzündete und die Weihnachtsgeschichte las. Thomas saß
in einem alten Schumacherschen Taufkleid auf E.s Arm, machte
runde Augen und sagte gar nichts. Die Geschenke waren nicht auf
Tischen aufgebaut worden, damit nicht ein Warenhaus entstand.
Unsere hatten wir im eigenen Zimmer auf einem Tisch ausgebreitet. Was doch wieder alles zusammengekommen ist – sicher nicht
nur bei uns, in diesem Haus, in dieser Familie, sondern auch bei
Millionen. Die Zitrone ist noch nicht ausgedrückt.

1942

[Aus dem Notizkalender:]

2. Januar 42. Scharfer Dienst. Urlaubsbemühungen, die zum Erfolg führen. – 3. Januar 42. Um 2 Uhr in Berlin! 16 Tage Urlaub. Edith wiegt nur noch 107 Pfund. – 4. Januar 42. Gedrückte Atmosphäre. Berlin fängt an sich zu fürchten. – 10. Januar 42. Figaro in der Staatsoper. Ganz wunderschön. – 11. Januar 42. Konzert Berliner Kammerorchester, Vivaldi, Schubert. – 13. Januar 42. Konzert Edith Axenfeld, Wohltemperiertes Klavier, 2. Teil. Aus Gußeisen. Nachts nach Stuttgart. – 14. Januar 42. Einen Waggon Holz in 9 cm dicken Bohlen in Göppingen für die Schuhproduktion gekauft. Das Holz geht nach Weilheim und wird dort gelagert. Diese paar Stunden Süddeutschland sind erholsam, die Menschen freundlich. – 15. Januar 42. Wieder in Berlin. In der Staatsoper Zauberflöte mit der Cebotari. – 16. Januar 42. Ersten, angeblich irrtümlichen Tagesalarm auf dem Potsdamer Platz erlebt. Eine Stunde in der U-Bahn bis zur Entwarnung. Mit Tagesalarmen für Großstädte ist ein neues Stadium des Krieges erreicht.

Züllichau, 20. Januar 42. Der Arzt betrachtete sich meine Füße, die ich ihm entsprechend bewegungsgehemmt präsentierte, und entschied: Innendienst, bis die Einlagen [aus Frankfurt/Oder] da sind.

Als ich hier ankam, fand ich die Stubenbelegschaft umgezogen, weil Wanzen festgestellt wurden. Man hat die Räume vergast, in die wir gestern wieder eingezogen sind. Dennoch fingen wir abends Wanzen, und es waren die ersten, die ich sah. Ich habe am Nacken und auch anderswo juckende rote Stellen.

Nun ziehen wir wieder um, treppauf, treppab. Man erwartet, daß bis Samstag alle Wanzen tot sind. Das ist ein Training für Rußland. Ich glaube, damit rechnen zu müssen, daß wir in 10 oder 14 Tagen wieder auf die Reise gehen.

Sonntag abend, 25. Januar 42. List bekommt heute die letzten Seiten. Einen richtigen Schluß kann eine solche Sache noch nicht haben.

Zu einem längeren Brief reicht es jetzt nicht mehr, es ist zu kalt, ich will sehen, ob ich irgendwo etwas Warmes zu essen bekomme.

Heute mittag war das Essen in der Kaserne gut, Koteletts und Bohnensalat. Es sind nämlich 80 Rekruten angekommen, und die sollten nicht gleich die große Kohlrübe sehen, die über der Küche hängt.

27. Januar 42. Es ist mir grau im Gemüt, aber das geht vorbei. Beim Pfarrer wurde politisiert. Weißt Du, daß die Glocken abgeliefert werden? 30 Jahre bin ich alt und habe das nun zweimal erlebt. Dazwischen den feierlichen Augenblick der Aufhängung neuer Glocken, in Weilheim.

Meine Einlagen sind da, ich mache Dienst draußen, mein linkes Ohr ist angefroren, es sitzt am Kopf wie eine rote Blüte am Kaktus. Täglich erfrieren sich meine Mitkämpfer irgendwelche Körperteile.

[An Hansheinrich Bertram]
Züllichau, den 29. Januar 42. Ich kann mich nicht beklagen über die Behandlung – vom Spieß [Kompanie-Hauptfeldwebel] abgesehen, dem rothaarigen Sadisten, mit dem ich mehrfach zusammengestoßen bin. Es ist und bleibt merkwürdig, daß man in diesem Milieu mit Erwägungen, die man im Namen des gesunden Menschenverstandes anstellt, immer Schiffbruch erleidet, während skurrile Vorschläge (wie unsere weiland »Kriegschronik«) einschlagen und zünden. Etwas Ähnliches fällt mir aber nicht mehr ein, es gibt auch niemand, mit dem ich dergleichen andrehen und durchführen könnte.

Es macht sich jedoch bemerkbar, daß wir alte Kriegshasen sind – zu den Selbsterhaltungsmechanismen einer Kaste gehört es, lange Zugehörigkeit mit Privilegien zu belohnen. Du mußt sie Dir bescheiden vorstellen, es handelt sich nur um Nuancen im Gebrüll und um eine weniger enge und weniger häufige Berührung mit dem gefrorenen Kies des Kasernenhofes.

Du hast es nicht erlebt, Du Nachrichten- und Kraftfahrersoldat, was Infanterie-Ausbildung heißt. Wenn ich Innendienst, Urlaube, ärztliche Dispensierung zusammenrechne, komme ich auch nur auf 14 Tage Züllichauer Infanterie-Ausbildung, aber die genügen, mir einen Begriff von den zwei Jahren zu geben, in denen der Rekrut vor dem Krieg gebimst wurde. Ich finde es nicht weiter sonderlich unangenehm, draußen auf den Übungsplätzen (im Gelände) immer wieder »den Angriff« zu üben, womit eine

Stunde Hin-, eine weitere Rückmarsch verbunden sind. Aber die Kasernenhofbeschäftigung am Nachmittag ist doch bemerkenswert.

Der Dienst beginnt Tag für Tag mit »Unterricht« von 7–8: MG, Pistole, Granatwerfer, »der Infanterie-Zug im Angriff« – das sind die Themen. Etwas Kurzweil kommt dadurch in die Sache, daß wir einige Volksdeutsche haben, auf (Volks-)Deutsch gesagt: waschechte Polen, die nur wenig verstehen und noch weniger sprechen können. Dann gibt es ein paar, die sind in beiden Sprachen zu Hause. Sie müssen dolmetschen, aber sie begreifen, was sie sagen sollen, inhaltlich nicht, und Gott weiß, was sie auf Polnisch vermitteln. Deutsche Unteroffiziere befinden sich damit in einer für sie neuen Lage, mit fremden Zungen hatten sie es noch nicht zu tun, das läuft nicht nach Schema. Es kommt hinzu, daß diese Polen keineswegs dumm sind, bei weitem nicht so dumm wie unsere edelrassigen Kameraden. Nach Art gewisser Schwerhöriger verstehen sie immer dann nichts, wenn sie nichts verstehen wollen.

Diese herrliche Kompanie ist überhaupt vielgestaltig: 1. die alten Mannschaften; 2. Rekruten, im Oktober eingezogen; 3. Rekruten, im Dezember eingezogen; 4. Rekruten, im Januar eingezogen, also vor ein paar Tagen.

Die letzteren, Kinder und Greise, standen heute zum erstenmal in voller Rüstung mit Stahlhelm auf dem Antreteplatz, und ich vermißte die komischen Figuren, deren wir uns aus grauer Vorzeit erinnern. Ich vermute, dem ganzen Volk ist per Radio die Kaserne inzwischen so nahegebracht worden, daß jeder auf Anhieb richtig stillstehen kann. Wenn man nun auch noch die Volksschulen ganz abschafft, läßt sich unbegrenzt lange Krieg führen.

Samstag, wahrscheinlich der 7. Februar 42. Hier spielt sich eine neue Hetz-Kampagne gegen mich ein, die treibende Kraft ist, wie üblich, der Hauptfeldwebel. Vorhin sah er, als er im Flur an mir vorbeiging, daß von meinem Füllfederhalter, den ich in die linke obere Außentasche gesteckt habe, die Messingklammer einen halben Zentimeter unter der Taschenklappe herausschaute. Er hielt mich an und schrie: Das ist verboten, ich werde Sie melden! Es gibt noch andere Hinweise, daß sich die Mühle des Hasses auf den als fremd Erkannten wieder zu drehen beginnt. Ich muß alles daransetzen, so rasch als möglich hier wegzukommen, und da gibt es nur einen Ausgang: den in östlicher Richtung. Gleichviel ...

10. Februar 42. In meinem Kasernenkrieg habe ich heute vielleicht einen kleinen Erfolg erzielt. Obwohl ich lieber einen Vierteliter Rizinusöl getrunken hätte, als unbefohlen auf die Schreibstube zum Hauptfeldwebel zu gehen, habe ich es heute doch getan. Ich steckte alles ein, was er mir so hinwarf, wie ein Stehaufmännchen war ich immer wieder da und tastete seine Stellung nach ihren schwachen Punkten ab. Vielleicht hat es sich gelohnt. Wir trennten uns in der Erwartung, daß wir uns nach Möglichkeit nicht mehr aneinander ärgern wollten.

Am Sonntag sah ich auf der Schreibstube einen jungen Rekruten sitzen, mit dem Gesicht zur Wand. Er saß da, weil er gesagt hatte, er könne nicht singen. Das war am Vormittag. Abends saß er noch immer da. Und am Sonnabend soll er schon dagesessen haben. Er muß so lange auf dem Stuhl sitzen bleiben – schlafen und essen darf er wohl zwischendurch –, bis er dem Hauptmann etwas vorsingt, ob richtig oder falsch, ist gleich. Ich bewundere den Jungen, aber sie machen ihn fertig.

[An Wilhelm Hausenstein]

12. Februar 42. Fast glaube ich – meine letzten Berliner Aufenthalte belehrten mich darüber –, daß auf Ihnen und allen, die ihrer Arbeit weiter nachgehen können, der Krieg schwerer lastet als auf uns, deren Leben er anders beansprucht. Wenn mir der Dienst Zeit gelassen hat, des Abends einen hierfür gemieteten Arbeitsraum in der Stadt aufzusuchen und ein paar Seiten zu schreiben, so buche ich das als einen sinnvollen Tag, und der Blick auf die ins Unendliche verlängerte Perspektive des Krieges erschreckt mich dann nicht. Wir alle sind auf die einfachsten, nüchternsten Umstände zurückgeworfen, die eigene Welt setzt sich dagegen jeden Tag reiner und reicher ab. Liefe dieses Leben nicht abseits von dem der Familie, ich würde mich kaum in einem Käfig fühlen.

17. Februar 42. Ich weiß selbst, daß diese Züllichauer Kriegsepisode mir schwerer fällt als alle bisherigen von Potsdam über die Eifel, Frankreich und Frankfurt, und daß ich außen herum ganz trocken und hartschalig werde, um mich zu schützen. Ein

Sonntag, sogar 14 Urlaubstage sind nicht genug, um wieder ganz frei zu werden – obgleich eine Stunde genügen würde, wenn ich nicht in die Soldatenwelt zurückkehren müßte. Im Bewußtsein, daß ich nur kleine Pausen habe in einer unabsehbaren Zeit, versage ich in den Pausen mehr als im fremden Dasein. Vielleicht gibt es Naturen, die sich in den Zeiten der Trennung in jeder Weise aufstauen, um funkelnd und strahlend bei der Begegnung abzubrennen – meine Natur ist es nicht. Sie braucht Spielraum. Die Feste der Zärtlichkeit sind nur in freien Zuständen zu feiern.

[An den Paul List Verlag, Leipzig]

18. Februar 42. Es hat im Augenblick den Anschein, als wären mir noch drei oder vier Wochen in Züllichau beschieden, und ich möchte Ihnen das mitteilen, damit Sie, sofern es möglich ist, die Herstellung der Reinschrift so beschleunigen, daß ich selber noch die Korrekturen vornehmen könnte. Es wäre mir daran gelegen, denn immerhin führt der Weg von hier zweifellos wieder an die Ostfront, und es wäre mir eine angenehme Vorstellung, die Arbeit in einem annähernd abgeschlossenen Zustand zu wissen, von dem sie jetzt noch weit entfernt ist. Z. B. werden eine ganze Reihe der reflektierenden Stellen besser gestrichen werden, schon aus der Distanz von wenigen Wochen fühle ich, daß sie bleiern an den ungleich schwebenderen, erzählenden Seiten hängen . . .

Im übrigen wollen wir den Krieg, der uns das Leben so mühsam macht, nicht beklagen – ich nicht, falls ich an den literarischen Strickstrümpfen weiterarbeiten könnte. Ich denke dabei nicht an die Späne, die in Form der Aufzeichnungen und Briefe vom Krieg abfallen, sondern an die aus der eigenen Welt gewonnenen Prosastücke, an denen mir ja mehr liegt. Sie werden besser durch den Krieg, weil die Distanz zwischen Realität und Schau so ungeheuer groß geworden ist. Das sture dumme Leben in der Kaserne, und dazu jeden Tag stille Stunden in dieser spartanischen Klause, in der ich Post erledige und wo ich auch die Auszüge der russischen Aufzeichnungen geschrieben habe – in jeweils zwei bis drei müden Abendstunden: dies fortsetzen können, und Sie sollten sehen, was dabei herauskäme. Gedulden wir uns, vielleicht schenkt mir der Krieg wieder eine solche Zeit – in seiner Endlosigkeit liegen viele Möglichkeiten.

[Von W. E. Süskind, Ambach]

25. Februar 42, abends. Ich las Dein Buch in einem Zug, in dem bewußten »einen Zug«, der das angespannte Lesen verbürgt und den Schreiber mit dem Leser in den denkbar engsten Kontakt bringt, den am meisten Nach-schaffenden, wie ich glaube (ein Einwand übrigens gegen die echte Kunsthaftigkeit des Romans, daß man ihn unmöglich in einem Zuge lesen kann!). Man erweist durch das ununterbrochene Lesen dem Geschriebenen sozusagen die Anerkennung, daß man es für »wirklich«, für dem sogenannten wirklichen Leben gleichbedeutend und gleichlaufend ansieht, das meine ich mit »Nachschaffen«. Man wird bis zu einem gewissen Grad allerdings auch wehrlos und identifiziert sich mit dem Schreiber, aber ich halte trotzdem das Höchste von Arbeiten, die mich in diesen Lesezustand versetzen.

Dein Tagebuch hat mir ausgesprochen »etwas gegeben«, wie die Phrase lautet. Ich habe, verzeih, hinter Deiner liberalen Gebärde bisher nicht diese sichere Philosophie der Freiheit vermutet. Sie sagt mir ungemein zu, und überhaupt finde ich an Deinem Ms., das so tadellos, daß es most acutely modern ist, mit einem scharfen Stachel von Zukünftigkeit, Unerbittlichkeit, dabei aber nicht lahm, passiv, götzenanbeterisch, stur, vitalistisch, wie das Zeitbejahende so oft, sondern darüberstehend. Was man publice über diesen Krieg liest, scheidet ohnehin aus; von dem allerdings nicht vielen, was ich privatissime darüber gelesen habe, ist Dein Text bei weitem das Beste, Aufschlußreichste, Gescheiteste.

Seit mein Freund Hancke gefallen ist, fehlt es mir – trotz vieler jungen Bekannten – ganz an Menschen, aus denen mir die neue Wesensbeschaffenheit des Europäers ersichtlich würde.

Daß Dein Tagebuch nicht gedruckt werden kann, hast Du Dir wohl klargemacht, oder sollten Zeichen und Wunder geschehen sein? Das ist ja ein wunder Punkt, ein so wunder, daß wohl Deine ganze Freiheitsphilosophie und Maschenkunst hier nicht weiterhilft. So geht's, wenn eine Instanz im Besitz sämtlicher Produktionsmittel ist und diese Monopolstellung nicht mit Humor verwaltet. Ob das wohl die Formel für den Herrn ist: Macht plus Humor? Jedenfalls sehe ich, so betrachtet, noch wenig Herren herumlaufen und wünsche mir beinahe, daß Dein Buch ungedruckt bleibt, weil eine Drucklegung, fürchte ich, schier gleichbedeutend wäre mit einer Kastration. Interessieren tät's mich zu wissen, ob

unser Freund Eggebrecht das Ms. schon einmal amtlich zu ver-
arzten gehabt und wie er sich dabei bewährt hat. Was an mir
liegt, soll es auch eines Tages gedruckt werden, aber weder bei
Steiniger noch bei der DVA [Deutsche Verlags-Anstalt], son-
dern bei dem sagenhaften Wunderverlag, den wir ohne Zweifel
eines Tages einmal gründen werden, wir happy few, credente
quia absurdum. Weißt Du noch, wie Du mir einmal, es war auf
meinem Balkon in der Rosenbuschstraße [in München] und mag
12 Jahre her sein, aber ich habe es merkwürdig klar im Gedächt-
nis behalten, auseinandersetztest, Du würdest einmal ein Haus
mit privatem Orchester haben wollen? Credo quia absurdum – das
heißt, ich glaube nicht unbedingt an die buchstäbliche Erfüllung
dieser Deiner Prognose, wohl aber, bei Dir, bei mir und bei man-
chem andern, an die virtuelle Möglichkeit und Erfüllbarkeit aller
Träume und Kräfte.

[An W. E. Süskind. Entwurf, nicht abgegangen, nur dieses Blatt
blieb erhalten]
26. Mai 42. Happy few . . .! Ja, und? Wir werden eines Tages –
dann nämlich, wenn wir jenen Wunderverlag machen könnten –
mit dem Problem zu tun bekommen, daß wir mit jenen nicht kooperieren wollen, für die zu arbeiten der eigentliche Sinn öffentlicher, sozialer Tätigkeit ist, worin sie auch bestehe: für die vielen,
das Volk, die Masse, nenne es wie Du willst. Unsere Erfahrungen,
bei mir zugespitzt durch buchstäblich hautengen Kontakt, in dieser Zeit, in diesem Krieg lassen nicht zu, sie anders als mit gren-
zenloser Verachtung zu betrachten. Und zwar nicht, weil sie so
schlecht sind, womit ich mich abfinden könnte, sondern weil sie
so dumm sind. Wer sich jetzt nützlich macht, ist in seiner Vernunft disqualifiziert.
Also happy few? Das ist eben auch eine unhaltbare Position. Ich
will gar nicht happy sein, noch privilegiert »kraft eigenen Rechts«
– wir kennen die derart motivierten Privilegien. Du sprichst
selbst davon, wo Du von Monopol sprichst.
Ich sage nicht, daß ich eine Vorstellung hätte, wie aus dem Widerspruch herauskommen, wie ihn auflösen. Weißt Du, ich sehe
schon, wir werden keinen Verlag gründen, ich esse gern Austern,
aber ich schlucke ungern Kröten – wovon ich mich nun seit 1939
ernähre. Nolens volens, um denn auch ein bißchen lateinisch zu

werden. Und Verlag – der steht wie mein Orchester (hab ich das gesagt? Genau das will ich, gut daß Du mich erinnert hast!!) hier für Handeln überhaupt. Für wen? Da fängt das Krötenfressen an.

Ich muß nun meinerseits sagen: verzeih!, denn mir will in Deinem Brief nicht gefallen, wie Du die Begriffe »Besitz sämtlicher Produktionsmittel« und »Monopolstellung« verwendest, anwendest, besser gesagt, auf die gegenwärtigen Verhältnisse. Diese Begriffe stammen aus dem marxistischen Vokabular und sind, wie ich meine, von dem ihnen dort gegebenen Inhalt nicht zu trennen. Klar, daß es eine marxistische Kritik an unseren Verhältnissen gibt, aber wenn der, der kein Marxist ist, sich Bruchstücke davon zu eigen macht, verfehlt er die Realität. Und daß da dann gleich das Wort »Humor« auftaucht, stört mich besonders, inkl. der Definition, was ein Herr sei. Das geht nun wieder ins Individualpsychologische – ach Gott! Gesindel ist Gesindel – aus, Punkt. Ich gehe nicht mit unsern Führern um, aber nichtsdestoweniger mit Gesindel, und was ein Herr sein könnte, ist mir in dem Zusammenhang egal. Mir fehlt nicht ihr Humor, sondern mich stört ihre Dummheit, ihre abgründige und letzten Endes kriminelle Dummheit und

26. Februar 42. Ich finde es sehr geschickt, wie Wellen des Optimismus auf eine völlig unfaßbare Art ins Volk getragen werden, so daß nach dem Tiefpunkt an Weihnachten jetzt allerorten die Hängeohren wieder etwas in die Höhe gehen. Besonders genial, daß man das fertigbringt, ohne faßbare Motive konkret anzusprechen, wie etwa Singapur oder dergleichen, wogegen doch einer sagen könnte: nun ja, aber ...! Nein, allgemein und wie aus der Tiefe der Herzen emporgestiegen wird die Stimmung gelenkt. Ich bemerke aus einem Brief von Mama, daß die Welle auch an ihr nicht vorbeigegangen ist.

28. Februar 42. In Süskinds zweitem Brief steht, in seinem Exemplar des Frankreich-Manuskriptes seien die OKW-Anmerkungen und -Zensuren nicht enthalten. Wer hat denn nun dieses Dokument – es sollte nicht verlorengehen! Es könnte sein, daß ich Bertram nach der Gerichtsverhandlung eben dieses Exemplar, das der Richter vor sich liegen hatte und das ich zurückbekam, gab – dann ist es bei ihm in Rußland.

Unterwegs am 6. März 42. Der erste Brief wieder von jenseits der Grenze, wenn es auch heute nicht mehr gültige Grenze ist. Es ist früh 6 Uhr. Gestern mittag gegen 2 Uhr sind wir in Frankfurt/ Oder abgefahren. Sehr weit haben wir es noch nicht gebracht. Die zwei Personenwagen, in denen die 120 »Abgestellten« verfrachtet werden, sind einem Güterzug vorgehängt. Die Heizung funktioniert, aber es scheint eisig kalt draußen zu sein, es wird nicht richtig warm. Glücklicherweise haben wir Licht, von den elektrischen Lampen schraubten wir die Verdunklungstüten ab. Der Wagen wacht allmählich auf, die meisten schlafen auf dem Boden in drangvoll fürchterlicher Enge. Ich schlief recht gut in einem mit Gewehren verlängerten Gepäcknetz.

Flache Schneefelder bis an den Horizont. Wir stehen seit Stunden fern jeder Ortschaft auf dem Gleis. Jemand erzählt, es gebe Kommissionen, die in den Kasernen Soldaten suchen, die kv sind, aber lange nicht oder noch nie an der Front waren. Die Soldaten sprechen von »Helden-Greif-Kommission«.

Das ist also wieder einmal ein Blatt Nr. 1 im Kopien-Buch. Viele Nummern wird es geben, ich bin sicher.

7. März 42. Draußen scheint die Sonne, und der weiße Dampf der Lokomotive zerflattert vor den Fenstern. Ich habe mir gestern auf einer Station ein breites Brett besorgt, mit dem ich die Bank über den Zwischengang hinweg verlängern kann, darauf schläft sich's noch bequemer als auf den Gewehren im Gepäcknetz. Unsere ohnehin langsame Fortbewegung endete gegen 6 Uhr auf dem Gleisfeld – Bahnhof kann man dieses Gelände für Güterzüge nicht nennen – von K. [Kutno], einem aus dem Feldzug vom September 1939 bekannten Ort auf dem Wege nach Warschau. Ich blieb im Wagen als Wache zurück, indes der ganze Haufen eine Kantine auf dem Bahngelände aufsuchte, 20 Minuten weit weg. Währenddessen wurden unsere Wagen auf ein anderes Gleis verschoben, und die Maschine verschwand in der Dunkelheit. Es wurde augenblicklich schauderhaft kalt. Das war also gestern abend, die Nacht war sternklar, die Kälte um minus 20. Die andern fanden die Wagen nicht mehr. Als ich das merkte, tat ich etwas Verbotenes – ich dachte! Ich dachte, ich müßte jemand fin-

den, der in der Kantine Bescheid sagte, traf auf polnische Weichensteller, die auf Null geschaltet hatten. Zuletzt fand ich in einer Holzbude doch den Betriebsleiter. Er war am Ende seiner Nervenkraft, hörte mich nicht an und telefonierte immer wieder verzweifelt wegen zweier verschwundener Personenwagen, so daß ich auf die Vermutung kam, er spreche von unseren. In einer seiner Erschöpfungspausen bemerkte ich still, eben wegen dieser beiden Wagen sei ich da und ich wüßte, wo sie stünden. Warum ich das nicht gleich gesagt hätte? Dann aber verbündete er sich doch seelisch mit mir und rief, es sei entsetzlich, wenn er keine Maschinen hätte, könne er keine Züge fahren, und er habe keine. Er wurde friedlich und versprach, wir würden »gegen Morgen« in Bewegung kommen, und wenn er eine alte Lokomotive fände, die unsere Wagen wenigstens heizen könnte, würde er sie ankoppeln lassen.

Mit diesen Nachrichten fragte ich mich nach der Kantine durch und erzählte sie dem Leutnant, der den Transport führt. Er meinte, ob die Heizlokomotive käme, das wäre doch sehr ungewiß, und er bliebe mit den Leuten in der Kantine, da sei es wenigstens warm. Mir schien ein kalter, aber leerer Wagen angenehmer, ich stolperte also zurück über zahllose Gleise; da und dort standen eiserne Körbe, mit Kohlenglut gefüllt, an der sich die Bahnarbeiter im Vorbeigehen die Hände auftauten. Auf einem dieser Feuer wurde in einer Minute die Erbsensuppe heiß, die jemand vor Stunden in der Bahnküche für mich empfangen hatte. Unter einem Deckengebirge vergraben, schlief ich bis halb drei, dann kam die Heizlokomotive, gleich nach ihr die Leute, und eine Stunde später wurden wir wieder irgendwo angehängt. Der Eindruck, daß wir ganz dringend an der Ostfront gebraucht würden, läßt sich aus dieser Transportart nicht gewinnen.

Noch immer sind wir mindestens 50 km von Warschau entfernt. Die Landschaft ist unverändert seit vorgestern abend, und ich denke, sie bliebe es, selbst wenn wir bis zum Ural durchführen. Jetzt lasse ich mir an der Lokomotive ein Kochgeschirr voll heißes Wasser geben und mache Katzenwäsche. Nachts sah der Wagen abenteuerlich aus mit den unförmig vermummten Schläfern auf drei Etagen: Boden, Bank, Gepäcknetz. Ich hätte das gern gezeichnet, aber ich hatte keine Energie dafür.

8. März 42. In Warschau in einer Kaserne, die früher eine Schule

war. Früher, das heißt vor 1939. Gegen 17 Uhr gestern erreichten wir einen Güterbahnhof, und von dort bis zum Hauptbahnhof, modern, unfertig, vermutlich bei Kriegsbeginn im Bau gewesen, brauchten wir bis 23 Uhr. Ich sah auf dem Weg in die Kaserne keine Zerstörungen, ich habe also noch nichts von Warschau gesehen.

Der Druck des Wassers in dieser Unterkunft reicht nur bis zum ersten Stock. Aber auch die darüberliegenden Stockwerke sind belegt, und wie dort die Klos und die Waschräume aussehen, will ich lieber aus Schonung für unsere Kulturnation nicht beschreiben. Warschau – wie das klingt! Dieses Paris des Ostens, fest in deutscher Hand, präsentiert sich mir als eine mißbrauchte Schule, in der es nicht einmal mehr nach Schule riecht, sondern schlicht und überall nach Scheiße.

Abends. Wir liegen noch fest und durften »in die Stadt«. Ich nehme Abschied von der Zivilisation, Schauplatz der Abschiedsfeier ist das Café »Europa« am »Adolf-Hitler-Platz« – so heißt jetzt der große zentrale Platz Warschaus. Ein Volk, ein Land, an denen man sonst kein gutes Haar läßt, sind doch gut genug den Namensgebern, auch verbal zu vereinnahmen, was sie mit Bomben und Artillerie erobert haben. Das Café ist hübsch, Glaslüster, Messingtische, blaue Stuhlbezüge – solid und nicht heruntergekommen. Der Tee ist echt, die Butterkremtorte war 1932 im Bristol am Ku-Damm nicht besser. Für vier oder fünf Tische ein Kellner oder eine Kellnerin, jener in weißer Jacke, diese – nun, sie sind gänzlich verschieden von ihren normalen Berufskolleginnen. Damen sind es hoffentlich nicht, aber sie sehen so aus, gepflegt, die Haare hochgesteckt, sie tragen individuelle Kleider, von guten Schneiderinnen gemacht, tadellose Seidenstrümpfe über meist tadellosen Beinen, und einige gehen in einem Dreiviertel-Mantel zwischen den Tischen umher. Die mich bedienende Dame trieb die Extravaganz so weit, daß sie das Portemonnaie mit dem Wechselgeld in einem kleinen Muff mit Reißverschlußtasche bei sich führt, den sie von der linken Hand kokett an einem schwarzen Band herabhängen läßt. Klösterliche Tugenden sind diesen Frauen sicher fremd, aber sie würden hier nicht arbeiten, wenn sie durch Kollaboration mit der Besatzung auf andere Art ihr Geld machen wollten. Das Ganze ist schlimm. Der Stehgeiger trägt einen Frack, die vier anderen Musici Smokings. Das Publikum: etliche Offiziere, wenig Soldaten, deutsche Beamte, deren Frauen (oder was auch immer) von weitem als reichsimportiert zu erkennen sind, dazwischen gutgekleidete Polen und Polinnen. Wie die imstande sind, die inflationären Preise zu bezahlen, ist mir so dunkel, wie ihre Geschäfte sein mögen. Ich kann mir ja überhaupt nicht erklären, warum nicht alle Polen bettelnd auf den Straßen stehen. Wahrscheinlich liegt das Einkommen der Arbeitenden so nahe dem Existenzminimum, daß die Bevölkerung wie auf einer dünnen Eisschicht über das Meer ihres Unglücks dahinschleicht. Viele Soldaten betrachten das Getto als eine Sehenswürdigkeit, wie vor Zoogittern mögen sie an den Eingängen zu dem sehr großen Bezirk stehen und sich das Gewühl ansehen, das bewegt und gelenkt wird von Stäben aus Gummi in der Hand polnischer Polizei, die überall in Funktion ist, aber den Soldaten nichts zu sagen hat. Ich schenkte mir diesen Programmpunkt. Auf der Fahrt passierte gestern auf dem Nebengleis in langsamem Tempo ein Zug voll deportierter Juden, meist Frauen und Mädchen, es war nicht mehr zu sehen als eine zusammengepferchte Menge mit gelben Sternen auf Brust und Schulter, aber es war *das* Bild, in das sich nun alles Gewußte einfügt.

Zur Abrundung noch die Preise im Café: das Glas Tee fast normal 75 Pfennig, die Torte, ein kleines Stück, 2,50, ein Berliner Pfannkuchen 1,50. Die DAZ von heute ist hier zu haben, auch das »Reich«. Die Zerstörungen sind viel geringer, als ich mir vorgestellt hatte, große Ruinenblöcke sind da und dort eingesprengt in eine herabgekommene Stadt, die im Ganzen etwas Abenteuerliches und Grausames hat. Abenteuerlich und grausam – das Leben hier! Es ist halb sechs, durch einige Fenster fällt Sonnenlicht, andere sind bereits verdunkelt, und die Glaslüster glitzern festlich. Die Musik ist sanft. Die Sprache der Polen auch. Bevor Rußland beginnt, gibt sich Westeuropa auf dieser künstlichen Insel im Elend pariserisch, o Graus.

[Von Pfarrer Dr. R. Moderegger]
Breitenstein (Ostpr.), 9. März 42. Haben Sie Dank für Ihren Brief aus Züllichau v. 3. 3. Also hat unsere Quartierfreundschaft doch eine Fortsetzung gefunden! Hatte dies von mir aus auch im Sinn und wollte mich bei Eintritt ruhigerer Zeiten über Ihre Ver-

lagsfirma an Sie wenden und Sie zur Mitarbeit an einem volks-
missionarischen Schriftchen bewegen, etwa mit dem Titel: Quar-
tiergespräche im Pfarrhaus über Ewigkeitsfragen – fortgesetzt
im Briefwechsel.
Ich hätte vorgeschlagen, daß wir es so machen wie Mitja Kara-
masow vor seinem Prozeß: »Ach was, mein eigenes Schicksal!
Es ist mir leid um Gott!«, und einen gemeinschaftlichen Brief-
wechsel über die letzten Fragen herauskristallisieren. Aber wann
werden diese »ruhigen Zeiten« kommen?
An Ihrem harten Schicksal habe ich tiefsten Anteil genommen.
Daß Sie trotzdem an einen höheren Sinn und eine innere Richtig-
keit in allem Geschehen glauben, ist mir eine rechte innere Stär-
kung.
Was sonst mein persönliches Ergehen angeht, so werden Sie ja
meine Klause mit ihren angenehmen äußeren Seiten noch im Ge-
dächtnis haben. Daß ich darin noch immer mein Leben fristen
darf in schwerer Kriegszeit, ist ja Glück genug. Was die Innen-
seite anlangt, so gibt es schweren Druck zu tragen.

[Auf diesem Brief vermerkte ich handschriftlich:]
Wieso ist M. auf die Idee gekommen, ich sähe Sinn und innere
Richtigkeit in allem Geschehen? Ich sehe in allem Geschehen das
Wirken von Verrückten. Wer mir sagen würde, diese Verrückten
seien nur verrückt, weil wir keine sowjetischen, also kommunistischen Verhältnisse haben, der sieht nicht, daß die großartige Dynamik des Marxismus weniger auf seiner Richtigkeit als vielmehr
auf seinem Grundfehler beruht: einer falschen Annahme, was
der Mensch sei und wolle. Die Katholischen sind eigentlich doch
klüger: sie nennen die Differenz zwischen dem Ist-Wert und dem
Soll-Wert des Menschen Sünde, und mit ihr spielen sie herum,
wohl wissend, daß kein Zustand erreicht werden kann, in dem
sie mangels Sünde das Spiel einstellen müßten. Weil das, was ich
erlebe, der Ist-Wert der Deutschen ist, hat das antithetische Sein
von unsereinem natürlich einen Sinn. Vielleicht meint der Pfarrer
etwas in dieser Richtung.

11. März 42, Berlin [E. K.-Sch.]. *Was sagst Du zu dem Brief von*
Pfarrer Moderegger? Hatte ihn mir anders gedacht, Du wohl
auch. Der Süskindsche, trotz des Literatentons, gefiel mir sehr.

[Von van Almsick, nach wie vor Fernsprecher in der Nachr. Abt. der 3. Inf. Div. (mot)]

11. März 42. Dein Brief vom 4.2. erreichte mich am 8.3., zwei Tage, nachdem ich Dir schrieb. Bertram war gerade zu Besuch gekommen, um mich zu zeichnen. Du kannst Dir nicht vorstellen, wie mich das Zusammensein mit einem vernünftigen gereiften Menschen erfreut. Die Tage mit B. verzeichne ich in meinem Kalender, es sind Festtage. Denn obwohl ich mich bemühe, geistig regsamer zu sein als im Sommer, fehlt doch sehr oft die Begegnung mit einem Menschen. Was in unserem Trupp ist an Geist, beschränkt sich auf die Bauernlogik, die so treffend im »Wirtshaus zur Zwietracht« geschildert ist. Wir haben 3 Bauern im Trupp, 1 Pferdehändler, 1 Weddinger Kleiderhändler, 1 Bäcker aus der Kleinstadt und 1 Schneider von 87 Pfund brutto mit Bettstelle. Unterhaltung ist reines Geschwätz, das die Nerven mitnimmt, auch wenn man nur mit halbem Ohr zuhört. Das Tollste liefert Kleiderkrämer Wulff. Ich weiß nicht, ob Du diese Summierung von Stumpfsinn noch erlebt hast.

Zur Erlernung der russ. Sprache gehört viel Arbeitsaufwand, für den die andern kein Verständnis haben und darum oft Schwierigkeiten machen. Aber Du sagtest doch: Vox populi ... Ganz reell zahle ich alles zurück auf Heller und Pfennig mit meinem Anteil an der allgemeinen Arbeit, aber das merken die andern nicht. Dein Rat, nicht klein beizugeben, kam zur richtigen Zeit. Nicht, daß ich hätte aufgeben wollen, aber es war eine gewisse Schlappe eingetreten, aus der ein richtiges Wort wieder heraushalf. Deines. Ich habe jetzt mehr als die Hälfte des Langenscheidt-Lehrbuches durchgenommen mit Kolai, einem intell. russ. Gefangenen. Ab Ostern werden wir wahrscheinlich Originaltexte lesen. Dazu würde nur mein Universal-Wörterbuch nicht ausreichen. Ich wäre Dir dankbar, wenn Du mir ein Langenscheidtsches Wörterbuch besorgen könntest, wenn möglich das in zwei Bänden zu je 4,30 RM. Ich glaube nicht, daß meine Eltern es besorgen können, sie haben zu wenig Beziehungen.

Noch ein Satz aus einem Brief meiner Mutter, die eine Frau ehrlich-geraden, mütterlichen Denkens ist: »Heini und Herbert« (meine Brüder) »haben schon sehr viel mitgemacht. Sie haben beide das Eiserne Kreuz erhalten, Heini das Eiserne Kreuz I. Ich schreibe Dir dieses nicht, damit Du es denen nachmachen sollst.

Komm lieber mit gesunden Gliedern ohne das Eis. Kreuz nach Hause.«

11. März 42. Heute sind wir schon eine Woche unterwegs, es ist kaum zu glauben. Die Fahrt ist dank einiger Zufälle so angenehm wie möglich. Wir sitzen im 1. Abteil unseres Waggons, nebenan ist das Örtchen, das nicht benützt werden darf, damit es für die Verwundeten in Ordnung bleibt. (Die Folge sind auf allen Haltepunkten sehr merkwürdige Anblicke längs der Gleise.) In diesem Örtchen haben wir fünf Mann unser ganzes Gepäck verstaut und haben deshalb zum Wohnen und Schlafen bequem Platz. Das Licht ist in Ordnung, was keineswegs in allen Abteilen der Fall ist. Das wichtigste aber ist, daß die vier andern verständige und ruhige Leute sind. Es ist fast nicht zu glauben, aber ohne daß ich dazu Anlaß gäbe, wird in unserm Abteil die Meinung vertreten, daß die Dörfer »gar nicht so übel« seien und das Land »schön«.

In der Tat, es ist wundervoll. Hier ist wieder alles weiß, es gibt nicht einmal schneelose Südhänge. Baumgruppen, Wälder, Dörfer sind in die weiße Weite hineingetuscht, präzis und zart wie auf japanischen Bildrollen. Die Sonne hat den ganzen blauen Himmel für sich. Vereiste Stellen schimmern im Schneesamt.

12. März 42. Es schneit, die Sonne schimmert durch graue Wolken. Das Gleis hat zwar allerlei kleine Biegungen nach Norden und Süden gemacht, aber im Ganzen liegt es auf einer Geraden von Berlin bis hierher. Wie ein Pfeil, ein allerdings sehr langsam fliegender, aber seines Zieles unbeirrbar sicherer, bewegen wir uns in genau östlicher Richtung. Die Teilung der Welt in Zuhause und in Krieg habe ich im Gefühl noch nicht vollzogen. Würde die Maschine ans andere Ende des Zuges gespannt und so gemächlich weiterfahren, landeten wir nach einer zweiten Woche wieder am Schlesischen Bahnhof. Zur Zeit allerdings ist die Lokomotive defekt, sie zieht weder dahin noch dorthin. Das sind wir nun gewohnt. An Stationen kommen Kinder in Rudeln zum Zug gelaufen. Seit vorigem Sommer haben sie allerlei deutsche Worte gelernt, einige betteln, andere wollen Tauschgeschäfte machen. Solange Krieg ist, haben sie keine Schule. Was sie der Krieg lehrt, werden sie lebenslänglich brauchen können. Sie sind bemerkenswert sauber und ordentlich angezogen und in einem viel besseren Zustand als die Kinder, die wir in den polnischen Dörfern vor

Warschau sahen. So schwachsinnig sind die Soldaten denn doch nicht, daß sie das nicht bemerkten.

Wenn der Zug steht, überfällt ihn die Stille des Winters. Häufig sind kleine Schlitten zu sehen, von einem Pferdchen gezogen, über dessen Hals sich der hohe Bogen des Kummets wölbt. Im Pelz sitzt der Bauer auf einem quergelegten Brett. Man sieht die Spur der Kufen weit zurück, sie kommen über die Hügelwellen daher und ziehen weiter zu ein paar Hütten, die irgendwo fern auf einem Hügel stehen – es ist, als könne man eine ganze Tagesfahrt mit einem Blick übersehen.

Gestern abend waren wir in Minsk. Wenn ich mich recht erinnere, war in Minsk im Weltkrieg der Sitz des Oberbefehlshabers Ost, kurz: Oberost, Ludendorff saß dort. Wir sahen von der Stadt nichts. Inzwischen mögen wir wieder 100 km hinter uns gebracht haben, Smolensk entgegen. Hinter Smolensk soll dieser Frieden zu Ende gehen.

Vom Oberarzt habe ich mir aus der kläglichen Zugbibliothek Bücher geliehen. Als erstes Otto Flake, Hortense oder die Rückkehr nach Baden-Baden, eine Geschichte, die ich schon einmal gelesen habe, ohne davon außer dem Titel ein Wort zu behalten. Ein verspieltes, ganz witziges Genre-Bild des 19. Jahrhunderts, viele, zu viele kulturhistorische Details. Beinahe immer geschmackvoll, was soviel heißt wie manchmal geschmacklos. Ich las das Buch aus demselben Grund gern, aus dem ich in Warschau im Café Europa zwei Stunden sitzengeblieben bin.

Es schneit immer lebhafter, vielleicht bleiben wir noch irgendwo im Schnee stecken. Mir ist ohnehin schleierhaft, wie die Anforderungen einer so riesigen Front auf diesen paar West-Ost-Bahnen befriedigt werden können, wenn es derart langsam und zäh vorwärtsgeht. Uns hat bis jetzt noch kein Zug überholt, die andern fahren also auch nicht schneller.

Wir werden ausgezeichnet verpflegt. Der Ochse drischt noch nicht, dennoch wird ihm das Maul nicht verbunden.

13. März 42. Aus tiefem Schlaf wurden wir durch den Ruf geweckt, wir seien in Smolensk und müßten so schnell wie möglich mit dem ganzen Gepäck vor dem Zug antreten. Es war halb fünf, stockdunkel. Es entstand ein Chaos nach so viel Gemächlichkeit. Zwischen den Trümmern des Bahnhofs stehen Baracken. In einer verwarteten wir ein paar Stunden und wurden dann in einen

Zug beordert, der nach Witebsk gehen sollte. Ein Viehwagen nahm uns auf, mit einem Kanonenöfchen in der Mitte. Zur Hälfte ist er mit Feldpostsäcken gefüllt. Wir waren noch nicht abgefahren, da erhob sich ein Schneesturm, der sich bis jetzt, 1 Uhr mittag, noch gesteigert hat. Aus einer verglasten Luke des Wagens ist nichts zu sehen als Schneewolken. Es heult und pfeift. Das Öfchen kämpft rotglühend gegen Sturm und Kälte, durch die Ritzen auf der Windseite kommt staubfeiner Schnee. Ich habe mich mit dem Feldwebel unterhalten, der mit den Feldpostsäcken unterwegs ist. Post vom September sei noch darin, sagte er, und auch Weihnachtspäckchen. Öfter als zweimal im Monat sei mit Post kaum zu rechnen, und wenn erst die Schlammzeit beginne, wird es noch seltener sein.

Natürlich fällt auf, daß ich so viel schreibe. Eben ruft mir einer zu, mein Roman solle heißen: Die Männer im Kühlschrank. Ein anderer: Nein, die Männer, die der Sturm verwehte.

In Witebsk, abends 8 Uhr. Der Schneesturm hat aufgehört, die Nacht ist klar, eisig, der Schnee schreit unter den Stiefeln. Wir sitzen neben dem gänzlich zerstörten Bahnhof in einer Kantine und warten auf Erbsensuppe, die gegen halb zehn fertig sein soll. Es ist zu dunkel, ich kann nicht weiterschreiben.

[Von Ernst v. Harnack, hingerichtet nach dem 20. Juli 44. Ich hatte in seinem Zehlendorfer Kreis musiziert. Eigentlicher Anlaß dieses Briefes ist der Dank für die Teilnahme am Tod seines Sohnes.]

Berlin, 14. März 42. Einmal wieder von Ihnen zu hören, wenn auch aus so schmerzlichem Anlaß, war mir eine Freude. Mögen Sie glücklich bewahrt bleiben. Das Collegium musicum am Fischtal besteht noch, freilich in bescheidenerem Umfang. Es wäre schön, wenn Sie einmal wieder gastieren könnten. Das Schicksal des Bruders Ihrer Frau ist uns sehr nahegegangen. [Er fiel.]

Sonntag, 15. März 42 [auf den ersten Blättern eines neuen Durchschreibebuches]. Wieder das Büchlein. Ich habe mir drei in Züllichau gekauft. Das Format ist kleiner geworden, infanteristischer.

In Witebsk haben wir im »Bahnhofswartesaal« genächtigt, dem einzig überdachten Rest der Ruine, viele im Sitzen. Ich legte mich lieber auf den Boden. Es wurde bekannt, daß die Division, für die wir bestimmt sind, sich nicht mehr in W. befinde. Wohin sie gegangen ist, war zunächst nicht festzustellen, und die Luft war wieder voll von Gerüchten. Gegen Mittag marschierten wir mit dem ganzen Gepäck durch die Stadt, auf vereisten Straßen, buchstäblich kein Haus war unbeschädigt. Kulissen von Mauern, dahinter oder davor Schutthaufen. Witebsk muß hübsch gewesen sein, auf beiden Ufern der Düna, derzeit einem verkrusteten, teilweise verschmutzten, teilweise überschneiten Eisband, ist sie auf die steilen, hohen Ufer gebaut, mit vielen Kirchen. Wir erreichten außerhalb der Stadt einen Kasernenkomplex, darin einen stallartigen Raum, in dem die fehlenden Scheiben der Fenster durch hineingestopftes Stroh, einige auch durch Pappe, ersetzt waren. Draußen soll es 30 Grad Kälte haben. Die vier schwarzen, runden, bis zur Decke reichenden Öfen geben sich Mühe, aber sie schaffen es nicht, Wärme zu verbreiten, sie sind nur selber heiß. Ich zog mir alles an, was dazu geeignet war, und fror nicht. Wasser ziehen wir aus einem Brunnen, der mitten im Feld ein paar hundert Meter von den Gebäuden entfernt in die Erde gebohrt ist, und zwar so tief, daß er nicht einfriert. Ich rasierte mich mit Kaffee. Später wurde vor der Tür ein Feuer entzündet, und für zwei Zigaretten bekam ich ein Kochgeschirr voll heißes Wasser zum Händewaschen.

16. März 42. Ich sitze in einem Bauernhaus in Rudnja. Mit Lastwagen wurden wir heute früh aus Witebsk hierher gefahren. Wir warten darauf, von »unserer« künftigen Truppe abgeholt und nach vorne gebracht zu werden. Es ist sicher, wir gehören ab jetzt zu einer »bespannten« Infanteriedivision, das heißt zu einem Haufen, bei dem die Infanterie, wenn es vorwärts oder rückwärts geht, sich zu Fuß vorwärtsbewegt. Die Hälfte von uns ist »kv ohne Marschleistung«. So ist es eben.

In diesem blitzsauberen Haus wohnen nur noch zwei alte Frauen. Die Sonne scheint, aber die Kälte hat kaum nachgelassen. Vor dem Haus an der Hauptstraße steht der Ziehbrunnen, das Ganze sehr idyllisch – aber wo ist die übrige Familie? Eine der alten Frauen schaut mir über die Schulter, während ich schreibe. Ich wende den Kopf und blicke sie an, sie ist abgrundtief traurig. Keine Worte in ihrer Sprache zu haben . . .! Hätte ich sie, könnte ich sozusagen die Uniform wegreden, o Mensch! – du Mensch, ich auch Mensch, nee, zum Kotzen, lieber stumm.

Es wurde uns gesagt, daß die Regimenter der Division aus bayerischen, württembergischen und schlesischen Soldaten gebildet
seien. Jeder könne sich dorthin melden, wohin es ihn zöge. Was
die plötzlich für Einfälle haben, irgendwo gibt es da ein Gehirn,
das überflüssige Gedanken denkt. Zu den Bayern meldeten sich
die wenigsten, darunter ich. Damit bin ich auf jeden Fall aus dem
Ersatz-Dreh heraus, der mich nach Züllichau gebracht hatte. Ich
fragte, wie der Divisionskommandeur heiße. Es ist ein Graf
Rothkirch. Der Brief aus dem OKW, mit dem mein Frankreich-
Manuskript damals nach Frankfurt an die Kompanie zurückge-
schickt wurde, war mit Rothkirch unterschrieben. Ob ich nun
wünschen soll, es sei derselbe Rothkirch oder ein anderer – keine
Ahnung.

Alle reden von Partisanen, von Partisanenbekämpfung, von Aus-
räuchern.

STÄDTCHEN DEMIDOFF – EINE INSEL

[Während der langen Monate in Demidoff lebte ich in Umständen, die mir erlaubten, besonders ausführlich zu schreiben.
Ich zeichnete auch viel, Strichlein neben Strichlein setzend, mit
Geduld. 1947 veröffentlichte ich im List-Verlag als bescheidenen
Nachklang zu den im Kriege gescheiterten Buchplänen ein Bändchen Texte und Zeichnungen mit dem Titel »Demidoff oder von
der Unverletzbarkeit des Menschen«. Die damals getroffene Auswahl überschneidet sich nur stellenweise mit jener, die ich jetzt
für zeitgerecht halte.]

18. März 42. Es hat den Anschein, als seien wir am Ziel der zehntägigen Reise angekommen. Wie ein Finger bohrt sich hier, westlich von Smolensk, die Front in das feindliche Gebiet. Demidoff
liegt auf des Fingers Spitze, die nach Norden weist. Im Westen
und Norden sind die Randstraßen des Ortes in russischer Hand,
an seiner Nordwestecke gehört noch ein ganzer Ortsteil jenseits
des Flusses, das sogenannte Kapellendorf, dem hier ansässigen
Volk. Im Osten und Süden dehnen sich weite Wälder, Niemands-
land, Paradies starker Partisanenkräfte, durchsetzt mit regulä-

ren Truppen. Nur durch einen schmalen, sicheren Korridor, in dem die kostbare Straße nach der nächsten Bahnstation Rudnja verläuft, sind wir mit unserer Welt verbunden. Auf dieser Straße sind wir heute früh nach Demidoff gekommen.

Man kann sich unser Gebiet auch als einen nach Südwesten offenen Sack vorstellen. Während des ganzen Februar hatten die Russen den Sack zugemacht, Demidoff war abgeschlossen. Seine Besatzung hatte schweren Stand. Der Neuling spürt, die Einschließungszeit ist das große Kriegserlebnis des Regimentes.

Als wir uns Demidoff, dessen Kirchen wir aus der Ferne liegen sahen, im Lastwagen näherten, erblickte ich zum ersten Male die »hingemähten Russen«, von denen unsere Heeresberichte zu sprechen pflegten. Da lagen sie auf der sonnenbeschienenen Schneefläche in zusammengekrampften Stellungen, Wurzelstöcken ähnlicher als Menschen. Unter dem Schnee verbergen sich endlose Sümpfe.

Unser Transport trat in dem kleinen traurigen Hof des Regimentsgefechtsstandes an. Der Adjutant, ein Leutnant, kam heraus, blieb auf den Stufen der Holztreppe stehen, die von dem erhöhten einzigen Stockwerk des Gebäudes in den Hof herabführt, und betrachtete uns. Er fragte nach Alter und Landsmannschaft. Ich war der einzige Oberbayer unter den zwanzig. Er fragte weiter, wer Maschine schreiben könne. Fünf Minuten später wurde ich Schreiber beim Regimentsstab.

Ich hielt es für richtig, dem Adjutanten die Tatsache meiner Bestrafung mitzuteilen. Er blätterte in den Papieren, die ihm der Transportführer übergeben hatte, und meinte, sie enthielten darüber nichts. Ich erklärte ihm, daß ich auf Veranlassung meines damaligen Divisionsgenerals die Strafe nicht hätte antreten müssen, sie sei ausgesetzt. Ich sei also zum Zwecke der Bewährung auf freiem Fuß. Er schien darin keinen Grund zu sehen, mich nicht auf die Schreibstube zu befehlen. »Sie bleiben da«, schloß er das Gespräch.

Ich zeichnete vorhin, da ertönte vor den Fenstern der dünne Knall eines Pistolenschusses. Vor der Tür hat sich ein zwanzigjähriger Junge erschossen, bevor geklärt wurde, ob er wirklich beim Einschießen eines leichten Maschinengewehrs einen Unteroffizier getötet hat. Diese unglückliche Sache hat abseits des Krieges zwei Leben gefordert.

19. März 42. Ich habe den Eindruck, daß Demidoff zur Zeit kein besonders wichtiger Abschnitt der Front ist, daß es aber die typischen Kennzeichen russischen Winterkrieges besonders deutlich zeigt. Soweit er nicht Wachdienst in den Stellungen ist, spielt er sich auf der riesigen, von Wäldern und Kusseln bedeckten Ebene ab, über die des Tags und des Nachts unsere Spähtrupps auf Panjeschlitten und Skiern ihre Spur ziehen. Sie haben es mit einem listigen und kühnen Gegner zu tun. Von einer zusammenhängenden Front kann zwischen Demidoff und Smolensk einerseits, Demidoff–Welish–Welikij Luki andererseits keine Rede sein. An den Rändern des großen Einbruchgebietes der Russen zwischen Smolensk und dem Ilmensee verteilen sich größere Stützpunkte, deren einer Demidoff heißt.

Heute nacht wurden 38 Grad Kälte gemessen. Es steht sogar im Abendbericht.

20. März 42. Ich tippe, ziehe Regimentsbefehle auf einem primitiven Vervielfältigungsapparat ab und verrichte ähnliche Arbeiten mit dem geistigen Aufwand eines Zehnjährigen. Werde ich zu den Alteingesessenen gehören und in die höheren Pflichten aufgerückt sein, dann werde ich den Kopf eines Dreizehnjährigen brauchen. So bleibt die geistige Beute von 19 Jahren zum Privatgebrauch.

22. März 42. Unter den 24 Mann dieses Zuges der Stabskompanie ist ein Kaufmann D. aus Köln. Mit ihm hatte ich diese Nacht zusammen Wache, und es zeigte sich, daß zwischen uns Verständigung möglich ist.

Der Ton in der Schreibstube ist erträglich. Wie merkwürdig ist es mir, daß ich nun *hinter* dem Ladentisch stehe, wenn die Männer aus den Kompanien zum Gefechtsstand kommen, der für sie die höchste erreichbare Instanz ist. Sicher beneiden sie mich, sicher verachten sie die »Schreibstubenhengste« und stehen doch sogar vor mir kleinem Soldaten betont stramm.

23. März 42. Die Kälte erlaubt, daß Waschwasser einfach vor die Tür geschüttet wird, wo es sofort gefriert, und desgleichen, daß jeder sein eigenes Wasser irgendwo im Hof los wird. Wenn Tauwetter kommt, gibt es eine Riesenschweinerei. Ich benütze nicht das unmögliche Örtchen rechts in der Hofecke, wo selbst die Kälte des Saustalls nicht Herr wird, sondern verziehe mich in die Ruinen jenseits des Platzes.

24. März 42. Heute nachmittag war Kino. Erstaunlich und bezeichnend für diese Kriegsform, daß wir uns ein paar hundert Meter vom Feind entfernt im Saal des ehemaligen Ortssowjet »Bel ami« ansehen können. Aus den Stellungen sind sie in ihren weißen Tarnanzügen gekommen, und was ihnen auf der Leinwand aufgetischt wurde, entspannt sie. Diese Schneeanzüge sind ausgezeichnet in Form und Material, sie bieten sogar einen gewissen Schutz gegen Kälte und Nässe. Vor 20 Tagen habe ich zuletzt meine Kleider nachts ausgezogen. Es wird Zeit für ein größeres Reinigungsfest. Der Arzt kann das richtige Mittel gegen meine Hautgeschichte nicht verschreiben, denn es ist in der Apotheke nicht vorhanden. Er füttert diese Milben oder was es nun ist mit Kalomel.

25. März 42. Es taut. Eine Woche noch und wir werden im Schlamm sitzen. Richtiger gesagt, die Russen werden im Schlamm sein, während die Straße nach Rudnja genügend befestigt ist, um auch im Frühjahr befahrbar zu bleiben. Nachmittags war ich in der Sauna. Mein geistiger Pegelstand wird jeden Tag niedriger.

Gestern abend ergab sich zwischen einem Obergefreiten aus einer Artillerie-Einheit, den zwei Unteroffizieren der Schreibstube und mir eine dreistündige Unterhaltung bis Mitternacht. Der Obergefreite hatte zusammen mit einem ukrainischen Hilfssoldaten Ortsstreife; wie die Nachtwächter Kontrolluhren schließen, mußte er sich auf seiner Runde bei uns melden und in ein Buch eintragen. Den Ukrainer hatte er draußen im Hof stehengelassen. Vom Wind durchblasen, mit hochgeschlagenem Mantelkragen kam er herein, machte die üblichen Sprüche, trug sich ins Streifenbuch ein und sagte plötzlich zu uns: »Morgen ist wieder Schlachtefest!« Ich muß bereits, obgleich ich nicht das Mindeste wußte, hinter diesen Worten etwas Ungeheuerliches geahnt haben, denn dieses dialektgefärbte Wort »Schlachtefest« wird mir für immer im Gedächtnis bleiben. Die Unteroffiziere, die wie ich Briefe schrieben und deshalb noch in der Stube saßen (ich hatte außerdem Nachtdienst), hoben die Köpfe. Ich fragte, was er damit meine. Es kam heraus, daß etwa 180 Juden, die in einem Vorratshaus in Demidoff zusammengepfercht sind, in einer Mulde vor dem Ort erschossen werden sollen. Der Obergefreite setzt in recht fröhlichem Ton hinzu: »Die ganzen Familien!« Ich blieb nicht still, sondern bemerkte, daß es Dinge gäbe, über die man nur mit Ernst sprechen, die man vor allem nur ernst empfinden dürfe. Der Obergefreite stellte sich allmählich als SS-Mann aus Saarbrücken vor, der dort, als die Stadt bei Beginn des Krieges vorübergehend geräumt wurde, alles verloren hat. Er besaß ein Hotel. Nachdem er mir Humanitätsduselei und Weichheit vorgeworfen hatte, redete er auch von den Silberbestecken, die er dort eingebüßt habe. Ich versuchte dann drei Stunden lang, während denen der Obergefreite auf seine Runde vergaß und den Ukrainer im Hof warten ließ (der wartete wirklich, und die Kälte machte ihm gar nichts aus), mich verständlich zu machen, ohne mich auszuliefern. Ich gab vor, es gehe mir keineswegs um die Juden – für die es übrigens wirklich leichter ist, sie werden heute erschossen, als sie verhungern langsam in ihrem Gefängnis –, es sei mir nicht um Humanität zu tun, sondern nur um die Haltung, um den Ernst, um alles das, »was uns qualifizieren würde, Europa zu leiten«. Nach Stunden hatte ich den einen der beiden Unteroffiziere so weit, daß er mir zugestand, man dürfe keine Freude über die Vernichtung von Menschen äußern, wer sie auch seien, und keine noch so lange Gewöhnung ans Töten entschuldige Leichtfertigkeit dabei. Der andere Unteroffizier war um sein politisches Alibi besorgt, und der Obergefreite war unbelehrbar und packte immer wieder seine Silberbestecke aus. Unter drei Preußen dieses Schlages wäre die Diskussion noch unfruchtbarer verlaufen. Bei den Münchner Unteroffizieren kam doch eine gewisse Neigung zum Philosophieren zu Tage. Der ältere wollte nicht davon abgehen, daß es eigene Erfahrungen und Erlebnisse gäbe (die silbernen Löffel!), die einen Menschen veranlassen könnten, Vergnügen über die Vernichtung seines Feindes zu empfinden. Im Affekt vielleicht, gab ich zu; aber inwiefern seien diese russischen Juden Feinde des Saarbrückers? Diese armen Teufel? – Ob ich vielleicht die Juden verteidigen wolle. Als ich später bedachte, was ich gesagt hatte, lobte ich mich für alles, was ich nicht gesagt hatte.

[An Hansheinrich Bertram]
29. März 42. Ich brauche Dir nicht zu sagen, daß dieser Schreibstubendienst kein Leben für mich ist. Ein kläglicher Druckposten, den ich nicht suchte – aber hätte ich ihn ausschlagen dürfen?

Der Krieg tut sehr wild, aber ich mißtraue seiner Rüstigkeit. Er ist bereits ein sehr erwachsener Mann und zeigt schon erste Anzeichen von Greisenhaftigkeit. Seine Johannistriebe in diesem Sommer sollen uns nicht täuschen. Noch mal so lang kann er kaum durchgehalten werden. Aber das kriecht so hin.

Nicht noch mal so lang: ich überlasse es Dir, darin einen Ausdruck von Optimismus oder Pessimismus zu sehen. Du wirst sagen, was heißt dann unendlich? Der kriegerische Zustand, von dem ich spreche und den ich mir »endlos« vorstelle, ist ein anderer als der gegenwärtige. Aber lassen wir es uns nicht verdrießen! Es müßte mit dem Teufel zugehen, wenn wir après nicht wieder in unsere Wege einbiegen könnten.

Du mußt mir das Geheimnis verraten, wie die Maler Winterbilder malen. Vor der Natur. Hier ist so viel zu skizzieren, die Sonne strahlt drauf, die erste des Jahres, und macht es märchenhaft, und überhaupt ist das winterliche Rußland schöner als das sommerliche, in sich geschlossener noch, und die Hütten mit ihren Rauchfahnen über den Dächern ... In ihnen ist gut sein. Ein paar Tage wohnte ich mit Russen zusammen, sauber war es da, und es schien, als sei das russische Volk zerfallen in den Feind einerseits, in eine aus Frauen und Halbwüchsigen bestehende Menge andererseits, die heiter, plauderig und höflich ist.

Mit Frauen und halben Kindern gruben wir die Straße aus, um überhaupt hierher durchzukommen. Wir schaufelten an einer wohl hundert Meter langen Stelle 3 m hohen Schnee weg. Das alles wäre zu zeichnen und zu malen, aber es ist viel zu kalt, und die Kunst friert ein, die Finger, die Tusche, der Pinsel. So verlege ich mich aufs Knipsen, ich habe wieder eine gute Kamera mit.

31. März 42. Mit einem jungen Leutnant wurde ich zur Feldpolizei geschickt, um zwei Vernehmungen mitzuschreiben. Die eine galt einem Ukrainer, der gestern übergelaufen ist. Er sagte aus, die Russen hätten 1000 Mann Verstärkung bekommen ohne schwere Waffen. So ist diese Nachricht nicht weiter beunruhigend, abgesehen davon, daß man sie mit Vorsicht aufnehmen muß. Meines Erachtens reden uns die Überläufer nach dem Mund und erzählen ihre eigenen Erfindungen in der Absicht, uns guter Laune zu machen. Wenn ihre Aussagen zutreffen würden, müßten alle Russen längst verhungert und erfroren sein.

Während der Vernehmung schossen die Russen plötzlich mit Artillerie. Wir sprangen eilig aus dem hölzernen, kellerlosen Quartier der Feldpolizei hinaus und stellten uns in Deckung hinter die Ostwand des Technikums. Daran taten wir gut, denn die nächste Salve verwandelte das Holzhaus in einen Trümmerhaufen, aus dem ich die Schreibmaschine glücklicherweise nur verschmutzt, aber unbeschädigt bergen konnte. Als ich später zum Gefechtsstand zurückkam, war auch dort keine Scheibe mehr ganz.

Die lang vermißte frische Luft ist jetzt im Unterkunftsraum im Übermaß vorhanden, und der Ziegelofen kämpft vergeblich gegen die Kälte an. Ich schlafe nun als einziger im oberen Raum, ein seltener, beglückender Luxus. Die andern haben sich Dauerquartier im Keller gesucht. Der Hauptfeldwebel hat einen schwachen Versuch unternommen, den Schlafplatz zum Gegenstand eines Befehles an mich zu machen, aber es gelang mir, ihn noch vorher durch das Bild abzulenken, an dem er sehr interessiert ist. Ich habe begonnen, eine Ansicht des Garnisonortes Kempten, das ich nur im Vorüberfahren einige Male habe liegen sehen, nach einer Fotografie auf die Ostwand des großen Zimmers zu zeichnen. Es stehen mir dazu rote, blaue, grüne und schwarze Bürostifte zur Verfügung, mit denen ich eine Fläche von 4 x 2 m füllen will.

Karfreitag, 3. April 42. Ich kenne nun schon drei Soldaten im Regiment, die mit der Ausarbeitung ihrer Notizen aus der Einschließungszeit beschäftigt sind.

Ostersonntag, 5. April 42. Das Schneetreiben am Karfreitag war eine letzte Anstrengung des Winters. Die eifrige Sonne erlaubte mir, mich mit bloßem Oberkörper auf die Hoftreppe zu setzen. Ich hoffe, das mißfällt der Krätze. Nachher waren sehr langweilige Tabellen zu schreiben. Um 3 Uhr war ich damit fertig, nahm den Fotoapparat und machte eine Erkundungsfahrt in die fremden Länder hinter dem Marktplatz. Der Himmel war blau und sanft, und selbst wenn ich nicht gewußt hätte, daß heute Ostern ist, wäre mir die feiertägliche Stille auf den Straßen aufgefallen. Nichts war zu hören außer den Vögeln, die da und dort in den kahlen Bäumen sangen.

D. ist zweifellos der einzige hier, mit dem ich offen sprechen kann und der versteht, was ich meine. Wir haben verabredet, unsere Übereinstimmung nach außen zu verbergen, damit wir nicht unnötig unsere Stellung noch schwieriger machen. Als dritter fällt mir ein Mann Ludwig Sch. auf, ein dinarischer Typ mit fortgeschrittener Glatze, Sohn eines wohlhabenden Bauern. Er vermag mit einem Mindestmaß an Arbeit und Bewegung seine Tage hinzubringen, ohne dadurch an allgemeiner Sympathie einzubüßen oder die Aufmerksamkeit seiner Vorgesetzten auf sich zu ziehen.

7. April 42. Das Wandbild von Kempten ist fertig und gefällt nicht nur den andern, sondern auch mir. Das Bild ist heiter, sowohl in der naiven Zeichnung wie in den Farben.

Seit drei Tagen haben sich die Russen eine neue Gewohnheit zu eigen gemacht. Zur Teestunde schießen sie ein paar Salven aus 12,5-cm-Geschützen in den Ort. Gestern war das Wanderkino wieder hier, und als in der Wochenschau Artillerie vor Leningrad gezeigt wurde, setzte das Feuer ein. Film und Wirklichkeit vermischten sich, und die 200 Männer im Saal sagten halblaut vor sich hin: Abschuß!, wenn der unverkennbare dumpfe Ton zu hören war, und warteten dann gespannt auf die Einschläge. Sie lagen nahe um die Kommandantur herum.

13. April 42. Ich kann eine Karte aller unserer Kriegsschauplätze nicht ansehen, ohne von den zahllosen Möglichkeiten der kriegerischen Entwicklung überwältigt zu werden. Wer im einzelnen die Anspannung der Kräfte und die Verwirklichung oder Preisgabe der Pläne überschaut, müßte in einer abenteuerlichen Seelenverfassung sein, wenn nicht die Beschäftigung mit den technischen Details seiner Hybris ihm den Blick über das Ganze verwehren würde. Selbst Napoleon, der doch zuweilen eine zutreffende Vorstellung seiner eigenen Rolle hatte, wußte den Argumenten Coulaincourts gegen das russische Unternehmen nur Truppenstärken, Ausrüstungsziffern und Kilometerzahlen entgegenzusetzen wie irgendein simpler Stabsoffizier. Von dem dunklen Drang, dem er unterlag, redeten die verständigsten Zeitgenossen im geheimen und von der ungeheuerlichen Großartigkeit des Unternehmens schrieb der »Moniteur« für das Volk – nur, daß er ein Plus- statt ein Minuszeichen davorsetzte. Bei uns hat man aus dem Gebrauch des gesunden Menschenverstandes ein Sakrileg gemacht, und damit regiert es sich ausgezeichnet. Ohne Bremsen rollt unser Nationalfahrzeug dahin.

15. April 24. Das Frühjahr ist erst am Himmel, in der Luft eingezogen. Auf die Erde will es nicht kommen. Sie ist tief hinunter

noch eisenhart gefroren und der Schlamm obenauf, der während der Mittagsstunden ebenso rasch entsteht, wie er sich wieder verhärtet, ist nur eine vergleichsweise dünne Schicht, wenn auch die Stiefel bis zum Schaftansatz darin versinken.

Gestern sind die Notizblättchen nicht abgegangen. Sie waren schon im Kasten abends, aber morgens habe ich sie zurückbehalten, manchmal warnt mich eine innere Stimme vor der Absendung, und ihr gehorche ich immer.

Wenn ich den Brief von Ebbinghaus an Dich recht verstehe, so hat er mein Manuskript an Carossa weitergegeben. Und auch an Kubin? Die Kopien fangen also an, sich selbständig zu machen. Es soll mir recht sein, solange sie an verständige Leute geraten. Von so sensiblen Opportunisten wie C. sind ja wohl keine Dummheiten zu befürchten. Der Ebbinghausensche Brief machte mir, wie neulich der Hausensteinsche, wieder einmal klar, daß es noch fast normale Bereiche gibt. Zuweilen, wenn ich unaufmerksam bin mit mir selber und plötzlich unmittelbar und hart dessen innewerde, daß ich nur die Vox Rindvieh höre, kommt mich ein leiser Neid an im Gedanken an zivile Existenzen. Aber was bezahlen sie dafür, die, die solche doch nur dem Anschein nach »normale« Existenzen der Ver-Rücktheit entreißen? Ich will ganz gewiß nicht sagen, daß ich dieses Mistleben führen würde, wenn ich einen Weg sähe, rauszukommen. Aber dazu gezwungen, tröstet mich die Vorstellung in den ödesten Augenblicken, daß diese Art Zwang der politisch blindeste ist, den dieses System auf seiner Speisekarte hat. Obwohl ich wenn auch keine Fahne, so doch ein Fähnchen mit dem Frankreich-Manuskript aufgezogen hatte; obwohl ich das große Tier damit immerhin soweit gereizt habe ohne gezielte Absicht, daß ich vors Kriegsgericht kam: so richtig haben die andern doch nicht begriffen, worauf sie stießen. Sie wurden bösartig, aber die Uniform war ihnen im Wege, und die Tatsache, daß ich sozial so überhaupt nichts darstelle, diese unschätzbare, wenn auch zuweilen lästige Tatsache, sie hemmte ihren Vernichtungstrieb. Wäre ich Mitglied der Reichsschrifttumskammer gewesen, also etwa in Rothes Umständen und Position, ich wäre auf der Strecke geblieben. (Das ist freilich eine in sich widerspruchsvolle Anmerkung, denn der, der ich bin, kann nicht in R.s Position sein.) Es sieht nur so aus, als bezahlte ich teuer, aber wenn ich lebend und heil herauskomme, werde ich's billig gehabt haben, billiger zum Beispiel als »der Sachverständige, dessen Namen Sie erraten werden«, wie Ebbinghaus schreibt und womit er Carossa meint. Wer mittut, um etwas zu sein, kann in seiner Gesinnung sein, was er will, er ist ein Komplize. Wenn diese Sache 50 Jahre dauerte, dann hätten wir eben Pech gehabt mit unserer sozialen Existenz; im Verzicht, sie nach dem eigenen Rang zu bauen: eben darin läge dann der Sinn des Lebens.

Aus Kempten ist ein sehr gefürchteter Hauptmann eingetroffen. Er muß ein Schreckensregiment in der Garnison geführt haben. Es wird von ihm erzählt, daß er sich Sonntag nachts betrunken im Schlafanzug auf die Treppe seines Kompaniegebäudes gesetzt habe, um gleichfalls betrunken heimkommende Soldaten abzufangen, die er dann am nächsten Tage bestrafte. Sein Exerzieren soll die Hölle gewesen sein. Der Mann heißt Salisko.

[Es ist mir trotz einiger Versuche nicht gelungen, diesen Salisko nach dem Krieg zu identifizieren. Am 14. Juli, zwei Tage nach dem Beginn des deutschen Angriffs im Abschnitt Demidoff, wurde er aus mir unbekanntem Anlaß von der Truppe entfernt. Anfang 1945 hatte er es zum Chef der Leibgarde des Münchner Gauleiters Giesler gebracht und in dieser Stellung ›Menschenjagd‹ getrieben, bis ihn sein Schicksal ereilte.]

[Von Hansheinrich Bertram]

19. April 42. Ich hörte lange nichts von Dir. Durch einen Brief meiner Frau erfuhr ich, daß Du unterwegs zur Front bist, d. h. also jetzt schon lange irgendwo eingesetzt. Du hast Dich bei Irmgard [B.s Frau] erkundigt, ob ich noch lebe. Das finde ich nett. Inzwischen wirst Du meinen Brief erhalten haben. Seit damals hat sich für uns wenig ereignet, in der Szenerie nichts geändert. Wir genießen das bisher unbekannte Glück eines vierteljährigen Dauerquartiers, das uns über die letzten Winterstürme hinweggeholfen hat. Eigentlich erst seit 14 Tagen hat sich der Frühling, den ich in meinem letzten Schreiben schon besang, durchgesetzt. Wir befinden uns mitten in der berüchtigten Schlammperiode. Wahrscheinlich erlebst Du sie selbst und freust Dich wie ich über das Plätschern und Rieseln der tausend Bäche, über das Auftauen der gelbbraunen Erde, über Kinderlachen, Vogellieder und die unzähligen Frühlingsstimmen, -farben, -bilder und -stimmungen. Die Kompanie befindet sich seit Monaten in einem rückwärtigen

Raum. So kommt zu den übrigen Vorteilen unserer Lage das relativ freie und unbeaufsichtigte Dasein eines Betriebstrupps (der eine Divisionsvermittlung aufrechterhält), dessen Du Dich erinnerst. Ob mit oder ohne Wehmut, kann ich nicht entscheiden. Aber diese ist ja, Gott sei Dank, nicht Dein Fall. Du fragtest damals nach der Stimmung hier draußen (wobei Dir hoffentlich bewußt ist, daß der Soldat keine Stimmung, sondern nur Haltung kennt). Ich finde, sie ist nicht schlechter geworden. Nicht auf Grund einer heroischen, sondern eher fatalistischen Einstellung der Masse. Die anfangs nicht erwartete Länge und Schwere des Krieges wird jetzt als selbstverständlich hingenommen, die Möglichkeit eines zweiten russischen Winters durchaus ernstgenommen. Daß man einen ersten und einmaligen für ausgeschlossen hielt, ist vergessen. Die Hoffnungen des vorigen Sommers überträgt man mit der gleichen Überzeugtheit auf den bevorstehenden.

[Von Tante Agnes Ruoff]
Pasing, 19. April 42. Ich werde Dir jetzt oft schreiben, auch wenn ich so gut wie nichts zu berichten weiß, denn vieles, was ich Dir gerne sagen würde, muß ja leider aus triftigen Gründen unausgesprochen bleiben. Ich habe auch gleich Deinen jetzigen Standort Demidoff auf der Karte gesucht und zu meiner Freude gefunden.
Wir sind vollständig Deiner Meinung, daß der Tiefpunkt der Lebens- und Existenzbedingungen im nächsten Winter kommen wird. Darüber mehr zu schreiben, hat keinen Sinn. Entweder hält man's aus oder nicht.

[Vom Vater]
20. April 42. Die schriftliche Verbindung ist im Gegensatz zu der mit der Heimat hier draußen noch recht langsam. Wenn Du Gelegenheit hast, an eine Fernleitung zu kommen, so versuche mich über die Standortvermittlung Briansk zu erreichen. Bis Smolensk geht die Verbindung von hier aus. Ich bin von meiner Division getrennt und ganz allein auf weiter Flur. Eben sind eine Menge Flieger da und krachen in die Gegend. Ich fürchte für meine Fensterscheiben. Bei Smolensk kannst Du verschiedene Spuren von uns finden. Wir waren sechs Wochen in der Gegend von Orscha bis Briansk, in Smolensk war ich am 18. Juli.

Mit meiner Beförderung [zum Major] *bist Du der Zeit voraus. Sie hängt seit November irgendwo, von der Division ist sie gemeldet, aber schriftlich nicht bei mir angekommen. Laß bald was hören.*

[Feldpost-Faltbrief, auf der Rückseite steht gedruckt: »Man muß das Unmögliche verlangen, damit das Mögliche geleistet wird. Moltke.«]

19. April 42. Morgen ist Hitlergeburtstag, und es gibt Reispudding. Heute gab es Schnaps und Besoffenheit.

20. April 42. Eben erfahren wir, daß morgen unser neuer Regimentskommandeur kommen soll. Ein Oberst. Bisher führte ein älterer Major das Regiment stellvertretend. Wir sind neugierig, was das für ein Herr sein wird, und selbst für einen so kleinen Soldaten wie mich ist diese Frage nicht ganz ohne Bedeutung. Herr Salisko hat glücklicherweise nicht die Stabskompanie, sondern das II. Bataillon bekommen. Dort hat er bald nach seiner Ankunft eine Unteroffiziersbesprechung abgehalten und dabei die ausgezeichnete Formulierung gefunden: Menschenjagd ist die schönste Jagd.

21. April 42. Der Oberst ist gekommen, er heißt M. [Maydorn]. Er sieht wie ein Offizier aus und paßt in die Uniform. Ein älterer Herr, der wahrscheinlich langjährige Erfahrungen mit Rheumatismus hat. Das verrät seine Art, sich zu bewegen. Er ließ sein Schreibstubenpersonal antreten: verheiratet, wie viele Kinder, wie lange beim Militär? Bei solchen Fragen erinnere ich mich immer des alten Zaren Ferdinand von Bulgarien, der, als ihn ein Scherl-Fotograf namens Nordhausen 1938 für das Archiv dieses Verlages aufnahm, an diesen nach der Vorstellung die Frage richtete: Sind Sie aus Nordhausen?

Als ich dem Oberst auf seine Frage sagte, daß ich nun im dritten Jahr Soldat sei, ging sein Blick mit jenem Erstaunen, das ich nun schon gut kenne, nach meinem linken Oberarm. Nicht der kleinste Winkel ist dort zu sehen. Als der Cercle zu Ende war, behielt er mich da, und ich teilte ihm mit möglichster Kürze das Notwendigste mit. (Noch immer sind meine Papiere nicht nachgekommen.) Er scheint mir zu denjenigen Offizieren zu gehören, die einen rein militärischen Fauxpas für harmloser halten als einen politischen, und dementsprechend setzte ich den Akzent. Der

Oberst, vom Adjutanten offenbar nicht zu meinem Nachteil über mich instruiert, kehrte sich mit väterlicher Strenge mir zu und meinte, er wolle dafür sorgen, daß die Sache ganz »geglättet« werde, dazu müsse er mich aber kennenlernen, und das sei hinter der Schreibmaschine nicht möglich. Welche Ausbildung ich gehabt habe? Fernsprecher, je nun, er werde mich im Auge behalten. Ein neuer Mann also, der wievielte?, dem die Verhältnisse gestatten, Schicksal über mich zu spielen.

Der Krieg reibt sich den Winterschlaf aus den Augen. Meine Vermutung bezüglich des Rheumatismus bestätigte sich, insofern der Herr Kommandeur eine Vorliebe für die Sauna haben. Ein junger Russe aus dem der Sauna nächstgelegenen Hof sollte das Bad für den Oberst vorbereiten, aber das klappte nicht, der Badegast hatte den Weg umsonst gemacht, die Hütte war nicht geheizt. Daraufhin bekam der Adjutant den Befehl, dafür zu sorgen, daß die Sauna jeden Samstag gegen 10 Uhr 1. leer, 2. geheizt und 3. sauber sei. Was tut der Leutnant, der meinen freundlichen Umgang mit unserer »Zugehfrau« beobachtet hat? Er gibt den Befehl an mich weiter. Schreiber, Kartenzeichner, Skizzenbuchverfasser – und Badewärter. Das ist mein 387. Beruf als Soldat. [Ich hatte für den Divisions-General ein »Demidoffer Skizzenbuch« gezeichnet, vom Regimentsadjutanten dazu sanft gedrängt.]

[Von Jeanne Mammen, der Malerin aus Berlin]
26. April 42. Denken Sie! die Cigaretten sind wirklich angekommen! Ich habe mich sehr darüber gefreut. Sie wissen, daß wir die beste Gelegenheit haben, uns zu Heiligen emporzuranken von einer Entsagung zur anderen; ich habe es noch nicht so weit gebracht, daß »Rückfälle« mir unangenehm sind. So war mein Atelier ziemlich vernebelt wegen Ihrer Spende.
Ich möchte so sehr gern Ihr Russenbuch lesen, ist das denn noch immer nicht möglich?
Wie leben Sie jetzt dort? Kommen Sie überhaupt zum Schreiben für sich und Zeichnen und – zur Musik? In Rußland gibt es keine Kathedralen und keine Orgeln, und was für ein erschreckend nüchterner Insektenkrieg zwischen tiefem Himmel und flacher Erde! Ich bereite mich jetzt so langsam auf meine Prager Reise vor. Am 15. Mai soll es losgehen. Ich fahre für das Institut, um dort Motive für Theaterdekorationen zu zeichnen.

Im Herbst möchte ich dann runter zu Edith und Thomas fahren. Meine wirkliche Arbeit [zu malen] ist mit all diesem etwas ins Hintertreffen geraten. Ich bin oft zu müde und zu angestrengt. Morgen höre ich ein sehr schönes Konzert, Edwin Fischer spielt mit seinem Kammerorchester Bach, Klav.Conc. d-moll für 1 Klavier, C-dur für 3, f-moll für 1, a-moll für 4. Der Frühling ist eiskalt und strahlend schön (hier in Berlin!). Wann werden Sie den Bodensee sehen? Schreiben Sie mir öfter, wie es Ihnen geht im »Sowjetparadies« (so die Reklame im K. d. W. [Kaufhaus des Westens] für die diesbezügliche Ausstellung im Lustgarten; eine riesengroße Schlange, Typ Boa constrictor, wälzt sich dort durch Fotografien verwahrloster Russentypen).

27. April 42 [E. K.-Sch.]. Eben die Kopie Deines Briefes an Bertram. Deine Laune ist ja glänzend – wir müssen sagen, es geht uns gut, und wir genießen, daß es uns gut geht. Die Eltern waren vorgestern ganz elend. Im Badhotel [von Überlingen], einem der allerschönsten Hotels, das ich kenne, haben sie's gut. Habt Ihr gestern auch Hitler sprechen hören? Ich nur den Anfang, also nicht die Pointe, dann mußte ich Thomas anziehen.

Aki Rothe scheint tolle Erfolge in Frankreich gehabt zu haben – ich gönn's ihm, wenn ich's auch kritisch betrachte. Papa hat eine ausführliche Lebensbeschreibung geschrieben; lese ich sie, brechen mir oft die Tränen aus.

Gestern habe ich meine 4 qm tief umgehackt. Blasen an den Händen, aber schön war's. Thomas hat zugeschaut, und Anneliese [Hausmädchen] hat Maikäfer von den drei kleinen Birken gelesen. Es ist eine Maikäferplage dieses Jahr. Vorgestern waren wir im Wald mit Thomas im Sportwagen und mit dem Leiterwagen, haben Pferdeäpfel, Kuhfladen und Humus gesammelt für die Tomaten.

Die FU [Behörde für »Familien-Unterhalt«] hat nicht gezahlt und schweigt. Mein nächster Brief geht an den Wehrmachtsfürsorgeoffizier.

[Von Tante Agnes Ruoff]
Pasing, 28. April 42. Zugleich mit Deiner Karte kamen beifolgende Briefe vom September 41 an mich zurück. Daß der eine vom 6. 9. geöffnet war, soll mich auch weiterhin in meiner Art zu schreiben bestärken. Besprechen kann man alles, aber für den

*schriftlichen Austausch gibt es heutzutage nur ein Prinzip, wenn
auch der Gehalt der Mitteilungen dadurch manche Einbuße erfährt. Ich sehe ein, daß Du Dich nicht an dieses Prinzip halten
willst, aber ich sehe es mit Sorge.*

[An Hansheinrich Bertram]
2. Mai 42. Vielleicht hat die Feldpost Wege, diesen Brief über die
paar hundert Kilometer zwischen uns direkt zu leiten, statt über
die Tausende via Heimat und Reich. Heute ist es ruhig hier, der
Russe schießt mit nichts. Gestern glaubten wir, er griffe an
(1. Mai!), aber außer Kanonen setzte er nichts ein. Es ist ja merkwürdig, 500 m von dem Haus entfernt, in dem ich schreibe und
wo ich an einem immer besser funktionierenden Bürobetrieb teil-
habe, ist unsere »vorderste Linie«. Wir hatten auch Kino hier,
z. B. Bel ami, das Schönste war ein Kulturfilm von Florenz.
Traumhaft, daß ich dort auf der Piazza Eis gegessen habe, über
den Ponte Vecchio ging und in den Uffizien Fußschmerzen bekam. In einer Pension bei Santa Maria Salute steht wahrscheinlich in einer Nische hinter dem Ofen immer noch eine inzwischen
ausgetrocknete Weinflasche, die wir dort, im Frühjahr 1932,
stehenließen, als wir weiterzogen nach Rom und Sizilien. Rom
und Sizilien – was für einen kriegerischen Klang diese Namen
jetzt haben!

2. Mai 42. In meiner gestrigen Post war die Abschrift einiger
Stellen aus Jüngers Kriegstagebuch. Gleich zu Anfang fuhren
mir einige Bemerkungen ins Gemüt. Das »Flüchtige«, sagt er,
mache ihm mehr Mühe als das »Durchgestochene«, und er trage
das »Flüchtige« nachträglich in die bereits perfekten Stellen hinein. Er erinnert dabei an eine Statuette aus Bali, die auf dem
Goldgrund bemalt wurde – wie ihm ja überhaupt häufig schöne
Beispiele zur Hand sind. In der Bemerkung über das Flüchtige
ist aber das Entscheidende meiner Kritik an den »Marmorklippen« und an dem späteren Jünger überhaupt enthalten, an dem
Jünger, der nach einem der großartigsten »Erlebnisberichte«, die
wir in unserer Sprache haben, kunstvoll schreiben will. Entsteht
nicht jedes Kunstwerk in einem Grenzland zwischen Bewußtheit
und Unbewußtheit und muß nicht gerade dem Prosaschreiber
der Stil etwas Selbstverständliches sein?
Sein gläsernes Pathos ist viel zu zerbrechlich, um eine Wandlung

des Zeitgeschmackes überstehen zu können. Der ganze Aufwand ist im Modischen vertan wie bei George. Viele seiner Formen sind ein Kleid, das man den Inhalten ausziehen kann, sie stehen dann nackt und nicht mehr so glänzend da wie zuvor. Seit den »Stahlgewittern« ist er einen weiten Weg gegangen und hat sich ins Besinnliche gezüchtet. Nun schrieb er die »Marmorklippen«, und unsere ästhetischen Spießbürger, die weniger gegen die Tyrannei als gegen die schlechte Kinderstube der Tyrannen sind, haben ihre Freude daran. Die Stärke dieses Buches liegt aber in der Schilderung der Ausbreitung des Bösen, dem Jünger nichts anderes als eine kunstgewerbliche Lebensführung entgegenzusetzen weiß.

Aus der Abschrift sind mir noch diese Sätze im Gedächtnis geblieben: »Der einzelne ist immer bedeutender, als er in der Masse erscheint.« Auch das Umgekehrte ist richtig: Unsere Masse erscheint viel bedeutender (an Kraft) als die Summe der wirklichen Kraft aller einzelnen. »Das Strittige ist so gehäuft, daß es nur das Feuer aufarbeiten kann« – meint Jünger, der niemals über seinen eigenen Schatten springen und immer im Herzen eine geheime Anbetung des Krieges vollziehen wird. »Aufarbeiten« ist aber wirklich der genaueste Ausdruck für das Wirken dieses Krieges, und alles kommt darauf an, was darnach übrigbleibt. Nichts, vermutlich, bei uns als die Lebenskraft der Zähesten.

Unter den Stellen, die mir H. abschrieb, findet sich gewiß nicht zufällig auch diese (Jünger zitiert aus dem Brief einer Gräfin B. folgende Sätze und spendet ihnen Beifall): »Es ist ja letzten Endes so, daß wir als Frauen nicht die Ideen als solche lieben, sondern die Männer, die danach geformt sind und dahinter stehen. Der Krieg ist nicht schön, aber wir lieben die Männer, die ihn machen, während die Pazifisten scheußlich sind.«

Ich sehe diese Gräfin vor mir, wie sie, das blonde Haupt in die Hand gestützt, den Blick durch das Fenster auf ihren Gutshof hinausgehen läßt und sich für ihren bedeutenden Adressaten bedeutende Gedanken in wohlgesetzten Worten zurechtlegt. Sie bemerkt nicht, daß sie durch einen solchen Ausspruch zu einem Typus im Sinne Jüngers wird, nämlich zum Typus der dummen Gans schlechthin. Im Pazifisten sieht sie einen Mann, der wenig Männlichkeit bettlings zu bieten hat, lila Unterhosen und gleichfarbige Socken trägt, im Kaffeehaus Zigaretten aus einer langen Spitze raucht und den Krieg verabscheut, weil er mit Lebensge-

fahr verbunden ist. Diese Vorstellung teilt Jünger, der Stoß-
truppführer von 1916, der in den »Marmorklippen« vorgibt,
einige Haare in der heroischen Suppe gefunden zu haben.

[An Jeanne Mammen]
4. Mai 42. Uns geht eigentlich nichts ab als das normale Leben.
(Ein Gefangener sagt: Mir fehlt außer der Freiheit nichts.) Im
Rahmen unseres welthistorischen Auftrages habe ich es gut, sehr
gut getroffen. Das menschliche Meublement meiner Schreibstube
ist leidlich. Modest in jedem Sinn, aber man kann damit leben,
ohne daß es zu steilen Gipfeln der Auseinandersetzung führt.
Die Reibereien spielen sich im Erdgeschoß ab, Pack schlägt sich,
verträgt sich. Nein, Musik ist in diesem Lande nicht. Früher klang
es hier von Glocken und Chören in den Kirchen, und wenn ich in
der zerstörten Kathedrale nebenan sitze, in deren Mitte zwischen
all der Verwüstung und blauschimmernden Gebirgen zerbroche-
ner Flaschen ein toter weißer Hund liegt – der einige Monate lang
Gefrierfleisch war und jetzt so langsam aus seinem Fell tropft –,
dann kann ich bei genauem Hinhören diese Musik noch verneh-
men. Auch wenn ich an den Rand des Ortes gehe und über die
Felder und Flußtäler, die eingekerbten, hinwegsehe, so ist da eine
volle schwere Musik darin. Im übrigen vermisse ich sie nicht. Das
musikalische Tun ist ebenso wie das zeichnerische doch nur eine
Ablenkung vom Schreiben, es ist bei weitem leichter und angenehmer, sich in den dilettantischen Talenten zu versuchen als
dort, wo man ungefähr weiß, nicht nur wie das Gültige auszu-
sehen hat (das weiß ich in den andern Künsten auch), vielmehr
auch hofft, es hervorbringen zu können. Insofern sündige ich,
denn ich zeichne sehr viel und sehe in den Skizzen einen Haken,
an dem ich jeden einzelnen jener ungestalteten und mich nichts
angehenden Tage aus der trüben Gegenwartssuppe herausziehe
in meine private, sehr bescheidene Ewigkeit. Dergestalt, daß ich
mich beinahe verpflichtet fühle, jeden Tag so ein Gekritzel aufs
Papier zu bringen – es geht mir im Augenblick leicht von der
Hand. Ich bin jedoch ein entschuldigter Sünder, denn die Umstände lassen es nicht zu, daß ich mich von der leeren Betriebsamkeit, der verbreitetsten Grundlage des Lebensgefühls meiner Zeitgenossen, absentiere. Wenn es das Wetter erst erlaubt, werde ich
mich in einen ruhigen Winkel bei der Kathedrale zurückziehen

und den Bleistift zu etwas anderem benutzen, als für Euch zu Hause die Interieurs von Demidoff darzustellen. Es erscheint mir dieser Ort, hart umgrenzt von Schützengräben, wie ein Wohnraum mit einem Korridor zur übrigen Welt.

Es liegt nun vom ganzen Briefbuch, Frankreich- und Rußlandteil, eine neue, in Leipzig hergestellte Abschrift vor, ausgenommen den ersten Abschnitt Rußland (und ausgenommen alles, was der Krieg noch hinzufügen wird). Es müssen drei Kopien vorhanden sein, es sollte wohl möglich sein, daß eine nach Berlin geht und dort umläuft. Darüber bitte ich Sie, sich mit E. zu verständigen. Ich selber hätte gern eine hierher, um sie aus der Distanz zu lesen, was immer nützlich ist. Durch die erheblichen Kürzungen, die ich vorgenommen habe (und die ja auch eine klare Tendenz haben, indem nämlich der ganz persönliche Dialog zwischen mir und E. dabei über Bord geht), geschieht weit mehr als eine pure Raffung. Haben schon die Originalfassungen der Briefe, wie nur allzu erklärlich, zuweilen kaum noch, jedenfalls über Seiten hinweg nicht mehr, Briefcharakter, sondern sind Aufschreibungen tagebuchähnlicher Art, so ist, was List jetzt zum Abschreiben bekommen hat, erst recht so etwas wie eine stark subjektivierte Chronik. Es kommt noch hinzu, daß ich hier eine Fassung hergestellt habe, die zwar selbstverständlich das Licht einer breiteren Öffentlichkeit weder erblicken soll noch darf, dennoch aber Rücksicht darauf nimmt, daß ich nicht kontrollieren kann, wer denn nun wirklich diese Blätter liest oder auch nur herumliegen läßt. In (oder ad – egal!) usum Delphine – diese Formel hier zu gebrauchen, hieße Ludwig XIV. unrecht tun, denn er hatte wohl vorwiegend nur im Sinn, den Thronfolger vor allzu frühen literarischen Einblicken in die vita sexualis seines Hofstaates zu bewahren, wovon die Rede, mangels eines solchen, hier kaum sein kann. Nun, wir verstehen uns, und ich will nur sagen: Sie kriegen das Ganze durch diese Fassung nicht vermittelt, nicht einmal das Ganze des Dialoges, den ich à propos des Krieges mit der Zeit führe. Aber was soll's, teilten die Blätter nichts mit, wären sie nicht geschrieben worden.

Viel Vergnügen auf der Reise nach Prag! Wenn Sie in den alten Vierteln herumgehen, werden Ihre Erwartungen kaum enttäuscht werden. Mich würde Prag in seiner gegenwärtigen Verfassung zweifellos enttäuschen, mal so gesagt.

5. Mai 42. Die haarsträubendsten Gespräche und Debatten ergeben sich, sobald meine Stuben- und Hausgenossen sich an Probleme – oder was sie dafür halten – heranmachen. Was vor 2000 Jahren bereits endgültige Antwort gefunden hat, wird aufs Neue erforscht. Die Weltgeschichte und weltbekannte Fakten kommen mir aus solchen Unterhaltungen fast unerkennbar entstellt entgegen. Unwissenheit und Tendenz bemächtigen sich der Gegenstände, und im Handumdrehen wird aus dem X ein U, nein, aus dem U ein X. Wer am wenigsten weiß, fällt die sichersten Urteile. Und wie sie auch im einzelnen sinnlos gegeneinander eifern, in einem sind sie alle gleich: sie haben sich mit Haut und Haaren der Gegenwart verschrieben und haben nicht im verborgensten Winkel ihrer Seele den Mut zur Auflehnung.

Gestern besuchte uns der General. Bevor er wieder ins Auto stieg, ließ er mich durch den Leutnant holen und dankte mir für das Skizzenbuch. Er sagte, ich hätte ihm eine größere Freude mit dem Heft gemacht, als wenn ich ihm einen goldenen Pokal geschenkt hätte. Ich besann mich noch rechtzeitig auf meine Uniform, um nicht zu entgegnen, daß ich ihm meinerseits lieber einen goldenen Pokal geschenkt hätte.

Das ist mein dritter General. Dem ersten sagte ich's mit Musik, die Bekanntschaft des zweiten verdankte ich dem Kriegsgericht, den dritten, nolens volens, becirce ich mit dem Skizzenbuch. Einen vierten hoffe ich nicht mehr kennenzulernen – aber das ist ein Wunschtraum. Dieser dritte sieht nicht nur gut aus, in seinen Befehlstexten schimmert sogar zuweilen ein Gran Ironie durch, das ist immerhin ungewöhnlich. Ich glaube nicht, daß er es weit bringen wird.

Bemerkst Du eigentlich, daß ich gar keine Beziehung zum Krieg mehr habe? In Frankreich war's ein Abenteuer, in Rußland, im vorigen Sommer, war's Krieg, und jetzt, da es objektiv und aufs Ganze gesehen mehr Krieg ist denn je, bin ich innerlich ganz abgesprungen.

Nein, ich habe keine toten Russen eingraben müssen. Wenn es D. dabei schlecht geworden ist – mir wäre nicht schlecht geworden. Von natürlichen Dingen wird mir nicht schlecht, aber vor dem blödsinnigen Geschwätz, das ich mir tagaus, tagein anhören muß, ekelt mich.

[An den Bildhauer Prof. Carl Ebbinghaus]

7. Mai 42. Es ist durchaus in meinem Sinn, wenn das Ms. da und dort Leser findet, die meiner Betrachtungsweise einiges Verständnis entgegenbringen. Da das Buch einen Verleger hat, so geraten wir um so weniger in den Verdacht, etwa mit Hilfe einflußreicher Bekannter ihm einen Weg bahnen zu wollen. Ich sehe aber aus einer Bemerkung in Ihrem Brief, daß Sie erwägen, ob mit diesem Ms. etwa erreicht werden könnte, daß ich eine – an der Lebenslänge gemessen wahrhaft endlose – Zeit nicht vollständig fern meiner eigentlichen Arbeit verbringen muß. An diese Möglichkeit glaube ich nicht mehr. Meine militärische Lage ist zwar seit meiner Rückkehr nach Rußland menschlich und sachlich angenehm, aber ich glaube doch, daß die »Sommergeschichte« in jedem Verstand erst liquidiert werden muß, bevor man in dieser Richtung etwas tun kann. Mit dieser Bemerkung will ich aber nicht Ihre überaus freundschaftliche Initiative lähmen. Sie kennen die Gewalt, mit der der Krieg jetzt unser Volk ergriffen hat. Was vor zwei Jahren vielleicht noch möglich war, liegt heute fern.

Ich habe den Verlag gebeten, keine weiteren Versuche, die Druckerlaubnis zu bekommen, zu unternehmen. Ich bin da auf volles Verständnis gestoßen. Das Verhältnis zu Dr. List ist vertrauensvoll, und es ist vielleicht von Wert für Sie zu wissen, daß man sich an ihn in voller Offenheit wenden kann.

10. Mai 42. Im Regimentsbefehl wird meine Versetzung zum Nachrichtenzug morgen erscheinen. Das ändert mein Leben in vieler Hinsicht.

Deine Bemerkungen über unsern Sohn zeigen, daß in einem einjährigen Kind der Grundriß der künftigen Person bereits vollständig erkennbar wird. Gegen einen arroganten *und* gescheiten Sohn wäre wenig einzuwenden. Gestohlen hätte er die Arroganz nicht. Indes, was heißt das? Wo die Dummheit jedes Verbrechen toleriert, ist Arroganz nicht Anmaßung, sondern Abscheu.

12. Mai 42. Auf dem Platz begegnete ich dem Zugführer, der so nebenbei zu mir sagte: Machen Sie sich fertig, Sie müssen auch mit. Allmählich kam heraus, daß wir auch Zeltbahn und Kochgeschirr mitnehmen sollten. Als ich daraufhin dringlicher fragte, erfuhr ich, daß es sich um einen Angriff auf Makunino handle, unseres Regimentes erste »Offensive« in diesem Jahr, ja, seit sei-

nem Bestehen. Dieses Dorf liegt 4 km westlich von Demidoff. Wir brachen gegen 7 Uhr abends auf und gingen auf der großen Straße nach Rudnja bis zum Dorf T. Ich trug in der Rückentrage eine Kabelrolle, die etwa 60 Pfund wiegt. Dazu Gewehr, Munition, Brotbeutel, Feldflasche und Werkzeug. Die des Tragens entwöhnten Schreiberschultern schmerzten bald. Bis T. sind es 3 km, und die Straße ist ausgefahren, man ging schlecht zwischen den erhärteten Schlammfurchen. In T. waren wir mit einem Schlage im Kriegsgelände. Gräben, Bunker, Stacheldrahtverhaue, Stolperdrähte kreuz und quer zwischen den Hütten, in denen keine Russen mehr wohnen. Wir lagen herum und warteten. Es dämmerte, es wurde dunkel, die Nacht war schön, aber windig, uns fror, wir hatten uns vorher heiß gelaufen. Ein Leutnant wies uns ein Haus an. Im kümmerlichen Licht einer Kerze sahen wir eine Holzpritsche fast durch den ganzen Raum. Auf verbrauchtem Stroh lagen Männer der x-ten Kompanie, wartend, dösend, einige schlafend, alle aber marschbereit mit Koppel, den Stahlhelm neben sich. Die Kerze gab mir Licht, die Post zu lesen, die ich gerade beim Abmarsch bekommen hatte, darunter Deine Blätter 54–59. Später versuchte ich zu schlafen, vergebens, es war ein ständiges Kommen und Gehen. Etwa gegen Mitternacht bauten wir die Leitung bis zum Ortsausgang, schlossen einen Apparat an und saßen hinter einer Tannenhecke fröstelnd im Wind, die Zeltbahn um die Schultern gehängt. Eine Stunde verging, da kam die Infanterie die dunkle Straße herunter, Mann hinter Mann, schweigend und jedes Geräusch vermeidend. Als ich dieses wohlbekannte Bild sah, das schlürfende Geräusch der Schritte und zuweilen das Klappern einer Gasmaskenbüchse hörte, war ich wieder im Kriege. Der Marsch in das Bereitstellungsgelände begann, wir schlossen uns dem Ende der Schlange an und ließen unser Kabel abrollen. Mühsam tasteten wir uns durch die eigenen Stacheldrahthindernisse und mußten uns bald gestehen, daß wir den Anschluß verloren hatten. Es war, als seien die 300 Mann vor uns vom Erdboden verschluckt worden. Wir waren unser fünf: ein Unteroffizier und vier Mann. Wir wußten genau, wo Makunino lag, aber damit war unsere Wissenschaft zu Ende. Unser Befehl lautete, mit der Infanterie zusammen vorzugehen bis zur Bereitstellung und dann im Angriff mit der Infanterie vorzubauen. Aber wo war die Infanterie?

Es wird etwas heller, wir legen unter den vordersten Bäumen einer Hochwaldnase das Gerät ab. Drei bleiben hier, mit einem gehe ich in Richtung auf Makunino weiter. Wir sehen verlassene, wassergefüllte Stellungen mit der Schußrichtung auf T. zu – also russische. Nach einer weiteren halben Stunde zwecklosen Herumtappens im Sumpf gehen wir zu den anderen zurück. Es hat keinen Zweck, wir müssen warten, bis es richtig hell wird.

Man hatte uns gesagt, daß starke Artilleriekräfte auf Makunino vereinigt wären. Dennoch werden unsere Erwartungen um 3 Uhr weit übertroffen. Die Luft brüllt und die Erde bebt. Die Eisenmassen ziehen über unsere Köpfe hinweg. Bereits nach den ersten Salven sehen wir über dem dichten Jungwald vor uns Rauch aufsteigen. Nun wissen wir endlich, wohin wir uns wenden müssen. Die Helligkeit nimmt rasch zu. Wir reißen die Rückentragen hoch und rennen durch das Gebüsch, bleiben im Sumpf stecken, müssen umkehren und erreichen einige Minuten, nachdem die Kanonen schweigen, die freie Fläche, die sich sanft ansteigend zwischen dem Rand des Buschwaldes und dem Dorf hinzieht.

Ein wunderbarer Maimorgen mit blauem Himmel und Federwölkchen ist angebrochen. Es weht ein leichter Wind von Westen und treibt eine riesige schwarze Wolke vom brennenden Dorf weg langsam auf Demidoff zu, dessen Türme deutlich zu erkennen sind. Später erfahren wir, daß die Artillerie zahlreiche zur Verteidigung eingebaute Flammenwerfer zur Explosion gebracht hatte. Über die Pleine geht die Infanterie vor, wie bei einer Übung, tadellos in Schützenketten aufgelöst. Nur in Abständen läßt sich ein russisches MG hören. Zahlreiche aufspritzende Erdfontänen rühren von Granatwerfer-Einschlägen her. Mit ihnen schießen die Russen aus M., dem nächsten Dorf, herüber, ohne ihr Ziel sehen zu können. Auch vom Kapellendorf her, das in der Luftlinie immerhin 4 km entfernt liegt, versuchen sie mit Granatwerfern einzugreifen.

300 m vor Makunino geht uns das Kabel aus. Es wird uns zugesagt, daß ein Wagen das fehlende Kabel nach T. bringt, wo wir es abholen sollen. Nichts liegt näher, als daß sich »der Neue«, nämlich ich, quersumpfein nach T. auf den Weg macht. Nun streuen die Russen das ganze Moor mit Granatwerfern ab. Auf halbem Wege – freilich, von Weg ist keine Spur, ich schlage mich durch die Büsche und orientiere mich nach den Demidoffer Tür-

men – begegnet mir ein Igel, der es sehr eilig hat, und gleich darauf höre ich jemand stöhnen. Ich finde einen Soldaten mit einem Ellenbogenschuß. Er bewegt sich mit kleinen unsicheren Schritten vorwärts, zieht mit dem gesunden Arm sein Koppel, an dem noch Brotbeutel und Feldflasche hängen, durch das dürre vorjährige Sumpfgras hinter sich her. Sein Gesicht ist weiß wie Kalk. Er bringt mühsam heraus, daß er glaubt, auf dem Wege zum Verbandsplatz zu sein. Mein Auftrag verbietet mir, bei ihm zu bleiben. Seine Feldflasche ist leer. In geringer Entfernung erhebt sich eine Tanne, die einzige weithin, ein nicht zu verfehlendes Zeichen im Moor. Dort solle er warten, sage ich ihm, ich wolle ihm Hilfe aus T. schicken.

Der Wagen mit dem Kabel wartet bereits in T. Ich nehme die Rolle auf die Schulter und gehe nach Makunino zurück. Ich benutze diesmal ungefähr den Weg, den wir in der Nacht zurückgelegt haben. Wie einfach ist jetzt alles im Tageslicht, wie bequem sind die Pässe durch die Drahthindernisse zu finden, an denen wir uns nachts die Stiefel zerrissen haben. Eine halbe Stunde später ist unsere Leitung in Makunino, und der Kommandeur berichtet ausführlich dem Oberst, während er neben uns in einem Graben hockt.

Makunino ist ein Trümmerhaufen aus schwelenden Balkenresten. Die Erde ist aufgewühlt, auch die meisten Bunker sind in Brand geschossen. Dennoch habe ich, als ich die Dorfstraße hinunterschaue, den Eindruck, daß die Bauern nur zurückzukehren brauchten, und vier Wochen später stünde das Dorf wieder auf seinem flachen Hügel wie zuvor.

Zum vierten Male machte ich an diesem Tag den Weg durch das Moor. In T. treiben wir ein Panjewägelchen auf, das uns nach Demidoff bringt. Als wir müde und verstaubt den Hof des Weißen Hauses erreichen (mit Empfindungen, als kämen wir nach Hause und seien wieder weit vom Kriege in einer friedlichen Gegend), war es gerade 8 Uhr früh, dieselbe Stunde, zu der ich mich bisher an die Schreibmaschine setzte.

Ich ging zum Brunnen, zog mich aus und überschüttete mich mit dem eiskalten, aus der Tiefe gezogenen Wasser. Erfrischt ging ich zum Gefechtsstand, um Dir auf der Maschine von meiner Wiederbegegnung mit dem Kriege zu erzählen. Nun fallen mir die Augen zu.

13. Mai 42. Die Russen, von unserer Aktivität gereizt, beschießen uns seit dem frühen Morgen. Es ist jetzt abends gegen 9 Uhr. Solche Ausdauer haben sie bisher nicht bewiesen.

Beim Stab ist ein merkwürdiger Stimmungsumschwung in bezug auf mich in wenigen Stunden eingetreten. Noch als ich meine Sachen packte, war der Hauptfeldwebel von gewohnter Freundlichkeit. Aus Makunino zurück, war ich in die Schreibstube gegangen und hatte mit bereits unwillig gewährter Erlaubnis den langen Brief vom 12. auf der Maschine geschrieben. Die Herumsitzenden fragten mich nach unseren Erlebnissen aus, und ich erzählte unter anderem die Begegnung mit dem Soldaten, der trotz seiner schweren Verwundung in Trance sein Koppelzeug hinter sich herschleifte. Ich dachte keinen Augenblick daran, zu verschweigen, daß ich zu dem Mann gesagt hatte: »Mensch, schmeiß doch das Gelump weg!« Doch gerade diese Äußerung lieferte dem Hauptfeldwebel den Vorwand, dessen er bedurfte, um endlich seine wahren Gefühle gegen mich nach außen zu kehren. Jetzt bin ich der »Bursche«, der sich zur Telefonwache meldet, wenn der Führer spricht. (Diese Bemerkung wurde mir hinterbracht.)

In Verwunderung versetzt mich nicht diese schäbige Gesinnung, sondern der Umstand, daß sie mich empfindlich trifft. Es ist lächerlich, aber es ist so. Später bekam ich einen meiner bisherigen »Kollegen«, den Unteroffizier K., allein zu fassen. Von ihm erfuhr ich, daß sich der Hauptfeldwebel in heftigem Schimpfen über mich Luft gemacht habe. K. war es bereits offensichtlich peinlich, eine Weile mit mir im Gespräch auf dem Marktplatz zu stehen. Als ich ihm unumwunden erklärte, ich fände ihr aller Verhalten erbärmlich, wurde er bockig, und plötzlich sagte er: »Wissen Sie, bei Ihnen fehlt eben doch etwas. Sie glauben nicht an das Reich.«

Worauf ich schwieg und mit einer Bewegung, die alles bedeuten konnte, meines Weges ging. Fünfzig Meter weiter lief ich meinem jetzigen Chef, dem Reserve-Hauptmann H., in die Hände, der mir eine Freundlichkeit zu erweisen glaubte, als er sagte: »Noch ein paarmal so und Sie haben die Scharte ganz ausgewetzt.« Das sollte heißen: Soldat K., Sie haben sich beim Angriff auf Makunino ganz brav aufgeführt.

Am Nachmittag gegen 5 Uhr wurde ich mit dem Fahrrad wieder nach Makunino geschickt, um zwei Fernsprechapparate hinzubringen. Ich benützte diesmal den in der Karte erwähnten Feldweg, der inzwischen entmint worden ist. Auf dieser Radfahrt durch das Moor, auf der ich keinen Feind zu sehen bekam und die russischen Geschosse hoch über mir fast gemütlich gurgelnd und pfeifend ihre Bahn nach Demidoff zogen, begegnete mir der Krieg als eine unpersönliche schweigende Gewalt. Der Himmel war verschlossen, und das dunkle Gewölk zog niedrig dahin. Ich schob das Rad. Die Wassertümpel wurden zahlreicher und größer. Das Buschwerk trat zurück, leer und öde wie am ersten Schöpfungstag lag der Sumpf. Vor mir am Horizont das kahle Stangenwerk und die Kamine der Ruinen von Makunino, zur Linken die Nase des Hochwaldes, zur Rechten, mehr und mehr zurückbleibend, die Demidoffer Kirchen. Auf demselben Wege rückten im Februar die unserigen vor zum ersten Versuch, das Dorf zu nehmen. Sie gerieten in einen plötzlich einsetzenden Schneesturm, verloren sich, mußten sich neu sammeln, da waren zwei russische Panzer heran. Nur wenige kamen zurück. Seither ist bis zum 10. Mai kein Deutscher in dieses Gebiet gekommen. Noch war nicht Zeit, die Toten von damals zu sammeln. Wie sie im Februar in den Schnee gesunken sind, der unter ihnen weggeschmolzen ist, so liegen sie da. In ihren weißen Tarnanzügen ruhen sie im welken Gras, im flachen Wasser. Einige Gesichter sind schwarz, andere hellgelb, die Augenhöhlen leer. Das ist nicht das Werk der Russen, wie bereits erzählt wird, sondern das der Witterung und der Vögel. Die Haut der Wangen ist über den stark hervortretenden Backenknochen straff gespannt und gerissen, so daß man durch die Löcher die Zähne sehen kann. Die Pelzhauben umhüllen die Köpfe, darüber die warme Luft des Maientages streicht. Die hier liegen, waren bereits auf dem Rückmarsch. Doch einer war noch in der Richtung des Angriffs unterwegs. Er sollte warmes Essen nachbringen auf einem Panjeschlitten. Reste der Zügel hält er noch in den behandschuhten Händen. Neben ihm liegt der zerbrochene Schlitten mit zerfetzten Decken und einer Schütte gelben Strohes darauf. Vier Essenträger sind ringsum verstreut. Drei durchlöchert und leer, der vierte, an den ich mit dem Fuß stoße, unbeschädigt und voll. 40 Mann zähle ich auf meinem Wege, in der Öde verstreut, einer nach dem anderen. Unter den letzten, dem nachrückenden Feind also am nächsten, liegen zwei Offiziere, ein Hauptmann und ein Leutnant.

23. Mai 42. Ich glaubte noch zu träumen oder mich durch Zauberei in die Garnison versetzt, als ich, aufwachend, eine Kolonne Soldaten mit Gesang am Haus vorbeimarschieren hörte – durch eine Straße, die in ihrer ganzen Länge gegen Westen mit Brettern und Sackleinwand verkleidet ist, damit der Feind den Verkehr nicht beobachten kann. Der Anstifter zu diesem Unfug, dem Vorspiel zu einem für Pfingstsonntag geplanten »Sportfest«, ist Hauptmann Salisko, der Menschenjäger. Er will sich eine Nummer beim Oberst machen und seine Pistolenschießkunst unter öffentlichen Beweis stellen. In einer Geländefalte beim Fluß hat er einen Scheibenstand bauen lassen, und dort verknallt er von früh bis spät Munition. Ich legte mich gestern eine halbe Stunde dort hinter ein Gebüsch und beobachtete ihn. Er machte mir den Eindruck eines Besessenen.

Am Ostrand Demidoffs, wo uns die Russen nicht in Stellungen gegenüberliegen, werden Anlagen für einen Hindernislauf und eine Springgrube gebaut. Auch eine Eskaladierwand fehlt nicht. Keine 3 km vom »Sportplatz« entfernt wurden gestern zehn Artilleristen, die im Nachbardorf ihren Troß bewachen mußten, von Partisanen überfallen und getötet. Die Leichen liegen im »Waage-Haus« neben dem Heldenfriedhof, auf dem morgen zehn neue Kreuze stehen werden.

24. Mai 42, Pfingstsonntag. Der Himmel selber äußert sich zu dem beabsichtigten Sportfest. Es regnet in Strömen, die Straßen stehen unter Wasser, der Marktplatz ist ein See. Die Wolken schleppen über die Dächer. Wir haben im kleinen Blechofen Feuer gemacht. Nachdem mich das Radio gestern bis zum Wahnsinn gepeinigt hatte, ließ ich mir heute im Revier wachsgetränkte Wattekügelchen geben, wie sie die Artilleristen als Lärmschutz verwenden. Dazu braucht man nun zweieinhalb Kriegsjahre, um eine so einfache Lösung zu finden.

1. Juni 42. Die Wärme öffnet die Häuser, lockt die Frauen, die Kinder, die alten Männer nicht nur in ihre Gärten, die meist von Bretterwänden umschlossen sind, sondern auch auf die Straßen. Die Begegnungen zwischen den Soldaten und der Bevölkerung werden zahlreicher und lebhafter. Ich denke manchmal, und ich versuche zu erkennen, wie dieser Rest von Demidoffs Bewohnern eigentlich zu uns steht? Hassen sie uns? Dann ist es ein sehr versteckter Haß. Nehmen sie einfach hin, was über sie gekommen

ist? Es sieht so aus, aber ich glaube, dieser Eindruck täuscht. Sie hassen uns nicht, aber wenn sie könnten, würden sie uns alle umbringen. Darin liegt kein Widerspruch. Die fremden Bedrücker los sein um jeden Preis – um dieses Gefühls willen fanden ihre Vorväter es richtig, daß Moskau brannte. Kämen wir hin, es würde wieder brennen.

[Von Hansheinrich Bertram]

12. Juni 42. Der Wind ist so stark draußen, daß er meine Striche krumm fegt. So habe ich fluchend meine Zeichenbemühungen aufgegeben. Striche übrigens auf einem wunderbaren Papier, denn – medias in res – ich hatte 21 Tage Urlaub, d. h. ich war 17 zu Haus. Die Hinreise, am 17. Mai angetreten, nahm dreieinhalb Tage in Anspruch. In einem endlosen Güterzug fuhren wir Tag und Nacht, d. h. meistens oder sehr häufig standen wir, immer gereizter und empörter, um die knapp bemessenen Tage der Freiheit zitternd. Immerhin, wir kamen an, und es war sehr schön und genau so schnell zu Ende wie befürchtet. Die Zeit verging, wie man zu sagen pflegt, wie »im Traum«, was mir die psychologische Richtigkeit dessen beweist, daß man Lanzern keinen längeren Urlaub geben darf. Sehr schön war das Wiedersehen mit der erwachsenen Tochter, die in Wirklichkeit viel graziöser, lieblicher und rosiger ist als auf den Bildern und mich auch gebührend in ihr Herz schloß – obschon sie vorläufig noch nicht sehr zu Zärtlichkeit zu neigen scheint. Die Tage verlebte ich mit meiner Frau im Lipper Land, Nähe Pyrmont-Hameln, eine hübsche Gegend. Merkwürdig, wie klein, parkähnlich und unnatürlich mir die heimatliche Landschaft vorkommt, nachdem ich ein Jahr in der russischen Weite zugebracht habe. Die sauber begrenzten Straßen und Wege, die leuchtenden Farben von Wiesen und Wäldern (zur Pfingstzeit), Acker neben Acker, alles genau aufgeteilt, soweit das Auge reicht. Und die Menschen so gut gewaschen, die Städtchen mit ihren Kirchen und Kramläden wie aus der Spielzeugschachtel, selbst die Tiere blankgeputzt. Das ist schon sehr nett, aber ich habe viel übrig für das ungebärdige, endlose Rußland. Auf der Rückfahrt nahm ich die ersten Bilder von Unordnung mit einem gewissen Wohlbehagen auf. Einen schiefen Zaun, einen halbverfallenen Hof, ein sorglos zerlumptes nacktbeiniges Mädchen. Komisch, ich sehe jetzt alles mit anderen Augen als während der er-

sten Monate. Die Bilder haben an Trostlosigkeit verloren – vielleicht waren es auch besonders armselige Gegenden, die wir im Anfang durchstreiften. Zum Teil liegt es aber wohl daran, daß man sich eingelebt, eingesehen, akklimatisiert hat. Selbst der betäubende süßliche Geruch, der uns beim ersten Eindringen in einen Wohnraum in die Flucht schlug, hat ein wenig an Schrecken verloren. Und was die Menschen betrifft, so sind sie mir gar nicht unsympathisch. Vor allem die Kinder. Da ist Pjotr Iwanowitsch, wie ich ihn getauft habe, ein zehnjähriges Bürschchen aus unserem letzten Quartier mit einem hübschen klugen Kopf, wie ein Alter redend und gestikulierend. Als ich mir in dem schäbigen Zimmer erstaunt ein Bild an der Wand betrachtete, sagte er voll Stolz: Puschkin!, und nannte noch andere russische Dichter. Überhaupt fand ich vielfach eine Achtung vor kulturellen Dingen, die mich überrascht und angenehm berührt. Und all die Matkas, die ich gezeichnet habe, gefallen mir gut. Wie sie ihre Kinder lieben und hätscheln, ist eine Freude zu beobachten, und wie viele sie in die Welt setzen – es bestärkt meine Überzeugung, daß dieses Volk eine Zukunft hat.

Während ich auf Urlaub war, ist die Division in südlicher Richtung abgerückt. Nun befindet sich nur noch ein kleines Restkommando in unserem Dorf. Einige Wagen sind noch da, die uns, nach Fertigstellung, hinterhertransportieren sollen.

Meine Frau ist mit Heide, bzw. »Mummi«, wie sie sich selbst oft und mit Wohlgefallen zu nennen pflegt, für drei Wochen nach Scharbeutz (an der Ostsee) gefahren. Übrigens ist sie jetzt eifrig für die Frauenschaft tätig, indem sie kalligraphisch Führerworte herstellt. Ich versah während des Urlaubs meine Zeichnungen mit Passepartouts, das tut man gern – wie Du weißt –, denn »es putzt ganz ungemein«, um mit Herrn Grünlich zu reden.

Auf der Urlaubsfahrt kamen wir durch Smolensk – so hätten wir uns beinahe sehen können, aber es wäre für Dich wohl doch schwer einzurichten gewesen. Ob Du nun Deine Bewährungszeit hinter Dir hast oder ob Du noch im Graben liegst? Deine süddeutschen Schreibstubenverhältnisse müssen viel für sich haben, auch scheinst Du, wie üblich, eine rege Betriebsamkeit zu entfalten. Wir kommen angeblich sehr weit nach Süden. Ich habe Deine Voraussage der strategischen Entwicklung nicht mehr genau im Kopf, immerhin dürfte es, ihr zufolge, dann aus sein mit dem ruhigen Posten, den Du uns zugedacht hattest. Mein »Horch« ist inzwischen in andere Hände übergegangen. Was für ein Vehikel wird man mir nun anvertrauen? Gott bewahre mich vor einem zweiten russischen Winter als Kraftfahrer (und überhaupt). Dein Freund H. ist schon seit langem nicht mehr bei der Kompanie. Man schob ihn zu einem Funkmeisterlehrgang ab. Unsere neueste Modekrankheit ist Malaria. Wachtmeister K. und W. sind ihretwegen nicht aus dem Urlaub zurückgekommen (für die Heimfahrt hatte es gerade noch unter Aufbietung aller selbstbeherrschenden Kräfte gelangt). Wir haben viel Ersatz bekommen, vor allem Kraftfahrer. Daß Du die Kompanie nicht wiedererkennen würdest, schrieb ich schon. Selbst mir wird es bald nicht mehr gelingen. Aber ich throne ja – als baldiger Stabsgefreiter – auch hoch über der Masse.

Erinnerst Du Dich an den Bildhauer Schreiber? Er besuchte mich in Frankfurt. Ich traf ihn jetzt auf der Rückfahrt in Berlin. Um sein Studium zu finanzieren, ist er unter anderem damit beschäftigt, Eiserne Kreuze im Akkord zu polieren. So hat jeder seinen Anteil am Krieg. Pythagoras soll das Leben mit einer Festversammlung verglichen haben, zu der sich die einen als Kämpfer, die anderen als Händler, die Besten aber als Zuschauer einfinden.

15. Juni 42. Meine Papiere sind beim Regiment angekommen, ein dickes Päckchen voll sich widersprechender Behauptungen über den Soldaten K. Der Adjutant wies auf das Päckchen, als ich eine Kartenskizze bei ihm ablieferte, und sagte mir, was es enthielte. Vor meinen Augen, offenbar in der Absicht, mich einen Blick hineintun zu lassen, blätterte er darin. Im selben Augenblick begann ein kleiner Feuerüberfall, und alles verschwand mit Eile im Keller. Da setzte ich mich kurzerhand an des Leutnants Tisch, um mich in Ruhe davon zu überzeugen, was denn dieser K. für ein Kerl sei. Da war zuoberst die Beurteilung aus Züllichau, zweifellos aus dem Hirn und der Feder von M., dem rothaarigen Hauptfeldwebel. Er stellt fest, daß ich ein ungewöhnlich renitenter Bursche sei, der aufsässige Reden führe, sich vom Dienst zu drücken suche und politisch das allergrößte Mißtrauen verdiene. Ihr folgte ein Blatt, das von der 10. Kompanie des I.-R.29 nach Züllichau geschickt wurde, als ich längst im Lazarett war. Daraus schrieb ich ein paar Worte ab, weil sie sich so kurios lesen im Ver-

gleich zu den anderen: »Obgleich nicht infanteristisch ausgebildet, hat er ausgezeichnet und mit Eifer in der Kompanie Dienst getan. Im Einsatz bewährte er sich als ein unerschrockener Soldat...«

Ich habe den Brief überlesen und bemerkt, daß ich die Hauptsache dieses Tages nicht erzählt habe. Mittags bekamen wir einen Eisenregen auf den Kopf, der nicht aus kleinen Kalibern war. Wir haben einen Toten im Zug, den Gärtner. Er lag nur ein paar Schritte vom Eingang entfernt, sich sonnend, auf dem Rasen und erreichte das Haus nicht mehr.

Heute hörte ich Beethovens Streichquartett, op. 18/1, hart gespielt, aus Smolensk. Nach einer solchen Sendung will ich dem Radio immer verzeihen, aber nur für kurze Zeit. Im ganzen ist es säuisch. Op. 18/1 spielten wir ein paarmal bei W.s vor hundert Jahren, nämlich 1938.

16. Juni 42. Die Bildung einer »Fronttheatergruppe«, bei der ich hätte mitwirken sollen, bleibt glücklicherweise nur der Einfall irgendeines Leutnants, der vielleicht eigene Gedichte vortragen wollte. Auch auf solche Sachen bin ich nix neugierig. Langweilig ist es keinen Augenblick. Das Dilettantische gelingt mir nur zu gut, heute ist eine farbige Skizze vom Friedhof entstanden, die grüne Aquariumsluft der frühen Stunde ist sogar aufs Papier gekommen. Es kann ja keine Rede davon sein, daß diese Umstände anhalten, nun sind wir schon Mitte Juni, drei Monate, dann tritt Väterchen Schlamm wieder seine Herrschaft an – wann wollen wir denn eigentlich siegen?

[Vom Paul List Verlag, Leipzig, an E. K.-Sch.]
16. Juni 42. Von dem uns zu treuen Händen überlassenen Manuskript hatten wir die Reinschriften anfertigen lassen. Eine letzte Durchsicht ist uns zum Teil schon wieder zugestellt. Zu weiteren Arbeitsmöglichkeiten scheinen die militärischen Verhältnisse keine Zeit zu lassen. Natürlich eilt die Arbeit auch nicht, zumal wir ja übereingekommen waren, zu den bereits heraufbeschworenen Mißhelligkeiten nicht neue Tücken heranzulocken. So bekennt sich der Verlag nach wie vor zu dieser Arbeit, ohne vorerst Möglichkeiten einer Veröffentlichung in Buchform zu haben. Aber schon hierin liegt Verantwortung und Verpflichtung, die nicht nur die Arbeit selbst angeht, sondern auch deren Urheber in sich einbe-

zieht. Sollten aus solchen Betrachtungen heraus die Umstände es gebieten, Ihnen in wirtschaftlicher Seite einmal zur Seite zu treten, so liegt selbstverständlich eine entsprechende Bereitschaft auf unserer Seite ohne weiteres vor.

[An den Paul List Verlag, Leipzig (aus der Antwort auf diesen Brief)]

Demidoff, 7. Juli 42. So können wir den Verhältnissen immer noch dankbar sein, daß wir auf unsere Weise etwas vorankommen und die Tage, Wochen und Monate nicht ganz ins Leere verrinnen. Aber Sie sind sicherlich mit mir der Meinung, daß alles Bisherige leicht war gegenüber dem, was wir noch durchzustehen haben werden. Wahrscheinlich können wir uns davon keinen Begriff machen. Jegliche Art des Zusammenstehens und der Hilfsbereitschaft wird dann aber hundertfaches Gewicht haben. In diesem Sinn danke ich Ihnen für die in Ihrem Brief ausgedrückte Bereitwilligkeit, unter Umständen meiner Familie wirtschaftlich eine Hilfe sein zu wollen.

17. Juni 42. In Eile ein paar Notizen über die vergangene Nacht. Die Beschießung gestern war, wie wir jetzt wissen, nur ein Vorspiel, sie schossen sich ein.

Gegen 10 Uhr legte ich mich im Treppenhaus schlafen. Ich erwachte davon, daß die Welt unterging. Es schien mir so. Sie begannen mit ihren Salvengeschützen, deren Abschuß nicht zu hören ist; die Überraschung gelang ihnen vollständig. Ich habe nichts Ähnliches bisher erlebt. Das Haus schwankte, vor den Fenstern sah ich rote Flammen und Blitze, ein Höllenlärm tobte um mich herum. Ich saß auf dem Bettrand und dachte etwas Unbestimmtes, etwa Na also! oder Schau mal einer an! Nach den ersten Salven entstand eine winzige Pause. Ich ergriff Stiefel und Gewehr und raste die Treppe hinunter, hinein in das Gewölbe der Funker.

Dort brannte Licht; der Raum, als der sicherste im Hause, war voll. Ich war noch nicht darin, da begann das Getöse der Einschläge von neuem. Der Artilleriehauptmann und sein Bursche kamen eine Sekunde nach mir an und brachten einen dritten geschleppt. Sie legten ihn auf den Boden! Dort verharrte er unbeweglich ausgestreckt und stöhnte. Bald darauf wurde noch ein zweiter Verwundeter gebracht, der sich still verhielt. Er war am

Bein verletzt und blutete. Der Stöhnende verlangte nach dem Hauptmann. Er gab ihm die Adresse seiner Familie und schrie dazwischen: »Meine Füße, meine Beine!« Ich löste ihm das Koppel und versuchte festzustellen, wo er verwundet war. Aber die geringste Bewegung machte ihn schreien vor Schmerzen. Wir wußten uns keinen Rat. Zwei Stunden später fand der Arzt ein erbsengroßes Splitterchen, das in die untere Wirbelsäule eingedrungen war und eine Lähmung der Beine bis zu den Hüften zur Folge hatte. Der Mann ist gestorben.

Um 1 Uhr kam ein wie durch ein Wunder unverletzt gebliebener Melder vom Regimentsgefechtsstand herüber und überbrachte den Befehl, daß die Verbindung zum II. Bataillon hergestellt werden müsse. Der Oberst war um diese Zeit der Meinung, der Angriff auf die Stadt habe im Abschnitt der 6. und 7. Kompanie begonnen. Der Zugführer zeigte sich in diesem Augenblick von seiner besten Seite. Er fragte: »Wer kommt mit?« Zehn Minuten später, die Gewalt des Feuers hatte merklich nachgelassen, verließen wir das Haus. Draußen war es taghell. Der ganze Stadtteil jenseits der Gobsa stand in Flammen. Unsere Hoffnung galt dem eingegrabenen Kabel. Wenn es keinen Volltreffer bekommen hatte, mußte es noch in Ordnung sein. Wir sprangen die Gartenstraße hinab. Es pfiff uns um die Ohren. Das ist keine Redensart, es pfiff wirklich. Wir machten die erste Bekanntschaft mit russischen Pfeifpatronen, die während des Fluges einen hohen Ton von sich geben, der dazu angetan ist, den Gegner einzuschüchtern. Es hörte sich teuflisch an und erzeugte den Eindruck, der Luftraum sei dicht von fliegenden Geschossen erfüllt. Während der ersten paar hundert Meter lagen wir fortwährend auf dem Bauch, nachher gewöhnten wir uns an diesen überraschenden Regieeinfall.

Die Gobsa überquerten wir auf einem kleinen Steg und waren am jenseitigen Steilufer in guter Deckung. Hier war alles in Bewegung, derart, daß wir den Eindruck gewannen, daß es mit dem Angriff doch nicht so schlimm sein könne. Wer in dieser Stunde nicht vorne in der Stellung lag, beteiligte sich daran, aus den brennenden Häusern Waffen, Munition, Verpflegung, vor allem aber seinen persönlichen Kram zu retten. Alles wurde am Ufer aufgestapelt als dem einzigen Platz, der nicht vom Feuer bedroht war.

Dank der Festbeleuchtung fanden wir ohne Schwierigkeit die Stelle, wo der Kabelgraben ins Flußbett mündete. Ich grub das Kabel aus dem Ufersumpf aus, der Unteroffizier schloß den mitgebrachten Apparat an. Die Vermittlung meldete sich! Inzwischen war auch von ihr zum Gefechtsstand eine neue Leitung gezogen worden, der Oberst kam an den Apparat, wir übergaben den Handapparat dem Hauptmann Salisko und hatten damit unseren Auftrag ausgeführt. Erst in diesem Augenblick fiel die Spannung von mir ab, in der ich mich seit dem Sprung über die Treppe befunden hatte. Wir bemerkten, daß das Artilleriefeuer vollständig aufgehört hatte, das Infanteriefeuer sehr schwach und unregelmäßig geworden war, und vor allem wurde uns beim Anhören des Gesprächs zwischen Salisko und dem Oberst gewiß, daß die Russen gar nicht angegriffen hatten. Wir stiegen noch für ein paar Minuten den Hang hinauf, um das Flammenmeer anzusehen, dann trotteten wir nach Hause.

18. Juni 42. Gestern von halb vier Uhr früh bis 10 Uhr abends Leitungen gebaut und heute von halb sieben bis spät in die Nacht. Ich bin zu müde, um mich noch zum Schreiben aufzuraffen.

19. Juni 42. Wenn man im zaristischen Rußland nicht so solid gebaut hätte, wäre unser Haus zusammengefallen. Es ist über und über von Treffern verletzt. Vom Dach ist nicht mehr viel vorhanden. Die Fetzen der Blechverkleidung liegen auf dem Marktplatz und in unserem Garten verstreut, den es übel mitgenommen hat. Die Beschießung hat mir wieder – und uns allen – den Krieg ins Bewußtsein zurückgebracht. Er ist die erste Kugel, in die wir eingeschlossen sind. Darin ist eine zweite, das ist unser kleiner Krieg in Demidoff, und in dieser erst ruht die dritte, winzige, das ist meine eigene private Existenz.

20. Juni 42. Es ist Sonnabend. Gegen 10 Uhr kamen die drei Mädchen zum Saubermachen. Olga brachte mir Blumen mit, einen richtigen Bauernstrauß. Vier Maurer sind beschäftigt, die Fenster nach der Platzseite zuzumauern. Auch das ist eine Folge der Artillerie-Galavorstellung vom 17. Sieben Arbeiter säubern den Garten von Mauerresten und Blechstücken und bringen die Ziegelwege wieder in Ordnung.

Abends. Unter den Gartenarbeitern war ein alter Mann mit schwarzem Vollbart. Als es 5 Uhr war und die anderen nach Hause gingen, ergriff er aus freien Stücken einen Besen und kehrte den Hof. Das bewog mich, ihm ein Stück Brot und ein Glas Schnaps zu bringen. Er nahm beides, zog die Mütze, klemmte sie unter den Arm, schlug über Stirn und Brust ein Kreuz, wünschte mir Gesundheit, trank und aß mit bloßem Haupt.

[Von Dr. E. H.-W., einer Studien-Freundin]
Regensburg, 22. Juni 42. Es gilt eine Reihe von guten Tagen zu ertragen, verzauberte und zauberhafte Tage, es ist ein Aufatmen, ein Spüren des Lebens – es kann sich eigentlich gar nicht in dieser Zeit abspielen –, man hält ganz still zumeist und rührt sich nicht, liegt, wie die Eidechse auf dem Mäuerlein, in der Sonne; Du mußt wissen, wie das ist, wenn ich mich recht erinnere, so stammt das Bild von Dir. Da liege ich nun also und bin heilfroh, solange die scharfen Augen des Zeitgeistes nicht entdecken, daß man ein Schild umgebunden hat, auf welchem steht »privat«. (Bei Dir war's übrigens eine Schlange, aber ich mag Eidechsen lieber.)
Ich lebe also nun in einer Kaserne. Wer hätte das je gedacht? Man sollte meinen, daß gerade hier, wenn auch nur wie in einer kleinen, letzten Ader, der Pulsschlag der kriegerischen Zeit deutlich zu spüren wäre und uns das Unangenehme dieser Welt immerzu gegen das Gemüt eingehämmert würde. Dem aber ist nicht so. Wir leben friedlicher und unbehelligter als irgendwo in den Städten. Es ist eine große, neu gebaute Kasernenanlage, hübsch gelegen vor der Stadt, mit vielen Gebäuden, von denen ein großer Teil meist leer steht. G. [Rechtsanwalt G. W., der Mann der Schreiberin] *ist hier Adjutant oder so etwas ähnliches, Offizier beim Stab?, keine Ahnung, das lerne ich nicht. Mit Mühe kann ich allmählich einen Offizier von einem Wachtmeister unterscheiden. Jedoch halte ich alle Inspektoren auch für Offiziere, und das ist manchmal falsch. Ein Adjutant und Oberleutnant scheint hier ein großes Tier zu sein mit geradezu magischen Befugnissen. Jedenfalls sind alle Leute furchtbar nett zu mir und beflissen. Bei den hiesigen Soldaten gibt es erfreuliche Menschen, Künstlerleute, die bildhauern, malen und musizieren, von unserer Anteilnahme gefördert. Die haben großes Glück, daß wir hier Oberleutnants sind, man hat mir gesagt, man könne so etwas auch verbieten. Infolgedessen besitzen wir schon eine schöne Bronce-Statuette, unsere Köpfe werden gehauen, gestochen und in Bronce gegossen, und zu der wunderbaren Aufführung der Missa solemnis in der*

Minoritenkirche bekamen wir die besten Karten und einen Kla-
vierauszug mit handschriftlicher Widmung des Dirigenten. Ja, so
ist das Leben – zum erstenmal, daß ich es ein ganz klein wenig
»von der anderen Seite« zu sehen kriege, wenn auch nur durch
die merkwürdige Perversität der militärischen Zustände, wo der
Akademieprofessor seinem Pedell die Stiefel putzt, wenn der zu-
fällig etwas früher zur Wehrmacht gekommen ist – aber ich muß
sagen, es gefiele mir ganz gut, Mäzen zu sein . . . unter anderen
Umständen noch besser.

Vor dem Fenster habe ich die grüne Wiese mit Mohn und Klee
und auf dem Dach einen verlassenen Beobachtungsstand, wo ich
meine Sonnenbäder nehme. In einer Region der Kaserne haben
wir eine Menagerie, da gibt's Hühner, Enten, Gänse. Der deut-
sche Soldat, gemütvoll und tierlieb bekanntlich, hat Luxusställe
angelegt mit Planschbecken für die Enten, und zwei g. v. h.-Pfer-
de haben wir auch, Franz und Egon, die bedächtig rupfend durchs
hohe Gras wandeln – das alles will mit Aufmerksamkeit betrach-
tet und in seiner Entwicklung verfolgt werden.

Ich lese viel. Stifter wiederhole ich, bis auf die großen Romane,
die »Kampagne in Frankreich« zum dritten Mal. Jetzt bin ich bei
Schopenhauer angelangt. Mein Dasein ist also eine glückliche
Komposition aus Studentenleben und Landurlaub.

Dem Arbeitsamt bin ich bis jetzt entkommen. Allmählich bin ich
aber soweit, daß ich gern etwas Vernünftiges tun würde. Pläne
können wir nicht machen – bei der »endlosen Perspektive«, wie
Du schreibst. Aber immerhin, wir wissen wenigstens schon ein
wenig, wie wir sein werden, dann . . . und das ist ja auch etwas
wert.

Musizierst Du noch – oder hast Du seit Frankreich dazu keine
Möglichkeit mehr? Sollte irgendwo in Rußland ein Mensch sein,
der eine Geige hat, oder eine Kirche mit einer Orgel darin, Du
wirst sie schon finden.

23. Juni 42. Es ist merkwürdig, wie lange jene Nachtstunde vom
17. nachwirkt. Wer draußen nichts zu tun hat, hält sich im Hause
auf. Der Gartenplatz, obgleich von Trümmern gesäubert, wird
nicht mehr benützt. Die vorsichtigen Elemente haben sich durchgesetzt, und der Bunker wird gebaut. Zwei Fachleute vom Pio-
nierzug machen die Zimmerarbeiten. 12 Russen heben zusammen

mit uns die Erde aus. Von der Kommandantur ließen wir uns zwei unbewohnte Hütten anweisen und reißen sie ab, um Holz zu gewinnen. Sie liegen am unteren Ende der Theaterstraße. Die Panjewägelchen pendeln seit dem frühen Morgen die Straße auf und ab und bringen Balken und Bretter. Für die Kinder war es ein Fest, als wir begannen, die Häuser auseinanderzunehmen. Holz ist kostbar geworden, denn Demidoff ist von seinen Wäldern abgeschnitten. Von überall her kamen die Frauen und erbettelten sich die für uns wertlosen Abfälle als Brennholz. Die allnächtliche Beschießung mit Infanteriewaffen nimmt an Heftigkeit wieder zu.

28. Juni 42. Die Schokolade, die es beim heutigen Verpflegungsempfang gegeben hat, stammt aus Kopenhagen. Der Thunfisch, den wir häufig bekommen, aus Italien, die Sardinen aus Frankreich, Fischkonserven aus Norwegen, Italien und Dänemark; der Wein aus Frankreich, die Zigaretten aus aller Herren Länder – oder besser: aus allen Ländern, in denen wir die Herren spielen. So muß ganz Europa seine Produkte in das unergründliche Loch »Krieg« werfen, in dem sie unaufhaltsam verschwinden. Es ist eine Wohltat, die Russenfrauen in ihren Gärtchen arbeiten oder auch nur ein Beet zu sehen, auf dem Salat wächst.

26. Juni 42. Bei der Erwähnung Deines Briefes an die hübsche B. bedachte ich, daß Du so viele Briefe schreibst, die ich nicht lese. Es wird so sein wie bei meinen Briefen an dritte Personen, sie sind anders geschrieben, werfen ein anderes Licht.

Ich trug mich mit dem Plan, für die »Frankfurter« unsere Verschönerungsarbeiten in Demidoff darzustellen, denn es erscheint mir doch sehr typisch für unser Volk: diese Birkenzäune, Raseneinfassungen aus Ziegelsteinen und lauter solche Sachen, an denen ich pinsel-, hammer- und schaufelführend beteiligt bin. Aber mir gerät alles ins Breite, und ich denke nun, daß ein Demidoffer Tagebuch überhaupt sinnvoll sein könnte – mit den Zeichnungen. Es liegt mir ein Buch mit großem Format im Sinn, etwa wie das »handgeschriebene« von Gulbransson über seine Jugend, aber natürlich in normalen Lettern gesetzt. Es wäre ein sehr besonderes »Kriegstagebuch« und zeigte von Rußland und der Kriegführung hier mehr als ein PK-Bericht über die Einschließung von Charkow.

Ich lese von diesem Erfolgsschreiber [Kurt] Kluge: Der Glockengießer Chr. Mahr – Himmel, ist das ein Schund. Aber das geht den Leuten ein; wenn sie das lesen, kommen sie sich wie anständige Deutsche vor.

Heute kam von Georgia ein Brief [Tochter des Architekten Mies van der Rohe, Schauspielerin], sechs große Seiten, quer beschrieben, aus Nidden. Inhalt: Theater, Liebe, Leben, Meer, Sonne. Ich hingegen schreibe Schilder, auf denen steht, daß das Abreißen von Häusern ohne Erlaubnis der Kommandantur verboten ist.

27. Juni 42. Herrlich, diese stille Stube ganz für mich. Durch den Boden dringt gedämpft der Redelärm aus den unteren Quartieren. Still ist freilich ein relativer Begriff, denn es wird Abend, und die Russen fangen an zu schießen. Das knallt und pfeift, als wollten sie das Städtchen spätestens morgen früh stürmen. Aber sie denken nicht daran. Was für ein sympathischer Lärm ist das im Vergleich zum Radio und zum Geschwätz. Aber er erzeugt Furcht. Nichts ist ansteckender als Furcht – viel ansteckender als Mut.

So, Tagesende, Bett! Ins Bett gehen heißt: Drillich auszuziehen, Wäsche anbehalten, die wattierte Jacke anziehen. Die gelben Sandalen habe ich noch immer, wo fand ich sie in Frankreich?, ich weiß nicht mehr, es sind die bequemsten, liebsten Schuhe, die ich je hatte. Der Begriff Eigentum, angeeignet, zu eigen, das Eigene (das Eigentliche?) schrumpft: der rote Block, das eisenharte Stück Pappe, auf dem ich schreibe und zeichne, der Federhalter, die gelben Sandalen, die wattierte Jacke, ein Federmesser in einer Sandelholz-Hülse (aus China) – mein Eigentum. Davon würde ich ungern etwas einbüßen. Aber das ist nur mein Gefühl, solange ich diese Sachen nicht eingebüßt habe. Ich würde als Freiheit definieren, daß in dem Augenblick, in dem ich das eine oder andere, oder alles zusammen, das bißchen!, verlöre, einbüßte, liegenlassen müßte, es mir abgenommen würde, ich es auch schon vergessen hätte.

28. Juni 42. Ich freue mich, Dir zu meinem 32. Geburtstag gratulieren zu können. Ich begeh ihn in voller körperlicher und geistiger Frische, habe für jene nicht die genügenden Beweisgelegenheiten, für diese den noch immer nicht gefüllten roten Block [in dem ich an einem Vorkriegs-Text weiterschrieb]. Die Zeitungen könnte ich noch ohne Brille lesen, wenn sie nicht ebenso langweilig wären, wie die Zeiten abwechslungsreich sind. Ich lese daher Zeitungen aus dem Jahre 1932, die sich jemand schicken ließ, wo es für alle,

die nicht auf Parkbänken schliefen, stempeln gingen und Karten spielten mangels Arbeit, sehr viel amüsanter zuging in dieser Welt. In einem dieser Blätter fand ich die Notiz, daß eine kanadische Expedition von 1914 bis 1919 in der Arktis unterwegs war. Wir dürfen bedauern, nicht von 1939 bis . . . ? einer solchen Expedition anzugehören.

Seitdem ich einen Raum für mich allein habe, gehe ich kaum noch durchs Dorf. Den Russen Dank, daß sie die andern ins Parterre vertrieben haben. Heute früh, als ich im Hof in Hose und Privathemd und mit den gelben Sandalen stand, noch gut rasiert und gewaschen vom Samstag, sagte einer, ich sähe ganz zivil und privat aus. Das war mir eine erfreuliche Geburtstagsbemerkung. Es war mir auch so zumute, beinahe ein bißchen frankreichhaft.

Da kommt der Kaffeeholer quer über den Platz. Ich gehe hinunter, die Abendverpflegung zu empfangen.

Die Geburtstagspost enthielt auch einen Brief von Bertram, auf den ich seit langem wartete. Er war auf Urlaub zu Hause und schreibt, daß er in allem Glück des Wiedersehens Heimweh nach der Weite dieses Landes empfunden habe. Die Enge in Deutschland, das Ausgezirkelte und Ausgenützte, hätten ihm Atemnot gemacht. Ich schrieb ihm, daß es bei mir eine solche Reaktion unter dem aktuellen Eindruck nicht gebe; ich gewöhnte mich an alles und an nichts, und die Landschaft, in der ich gerade lebte, sei mir nicht näher als eine, in der ich zuvor mich aufhielt. Aber er hat recht – was für ein großartiges Land! Jetzt im Juni ohne Dunkelheit, eine verschwenderische Pracht in Laub und Halm. Im vorigen Jahr erlebten wir sie nicht, nördlich des Ilmensees ist die Vegetation viel kärglicher. Auch waren wir damals an die großen Straßen gebunden, ertranken in ihrem Staub. Die Natur ist hier, wie sie eh und je war, die Menschen haben nur schwache Spuren eingeritzt, die durch Jahrhunderte immer gerade um soviel nachgezogen wurden wie zur Erhaltung notwendig. Ihre Gärten sind frei von Unkraut, die Kartoffeln stehen sozusagen in Reih und Glied wie bei uns, aber die Bauern meinen nicht, daß die Wiese nebenan unbedingt auch zum Acker werden und der Ertrag von Jahr zu Jahr gesteigert werden müsse. Der Kommunismus wird ihnen das beibringen, aber dies ist keine Gegend, auf die er bisher seinen missionarischen Eifer konzentriert hätte.

Ich habe keine Vorstellung, was wir im Laufe des Sommers zu tun kriegen. Die Division wird in mancher Hinsicht verstärkt, aber eine Angriffstruppe ist sie und wird sie nicht. Die Tätigkeit der Partisanen nimmt in unserem Rücken zu. Alles in allem hat es nicht den Anschein, als würden wir in dem noch verbleibenden Vierteljahr weite Gebiete erobern. Leningrad – Moskau? Schon dahinter ein Fragezeichen. Ein Artikel in der Frankfurter Zeitung läßt, richtig gelesen, keinen Zweifel, daß der Krieg in der Schwebe steht. In allen ist das Gefühl lebendig, daß der Verlust des Krieges auch für den einzelnen eine Katastrophe wäre, und die Regierung tut alles, diese Ansicht zu festigen. Wir stehen aber weniger was die Rüstung betrifft wie hinsichtlich der Menschen und der Ernährung mit dem Rücken an der Wand, indes England und Amerika überhaupt noch nichts vom Krieg gespürt haben. An einen Versuch der Engländer, in diesem Sommer wieder Fuß auf dem Kontinent zu fassen, glaube ich. Gelingen wird er wohl kaum, aber darauf wird es ihnen auch nicht ankommen, sondern auf die dadurch bewirkte Zersplitterung unserer Kräfte.

Briefe, die hier ankommen, sind jetzt vielfach zensiert. Auch das ist ein Symptom. Von meiner Post war noch nichts in der Zensur, das würde ich bemerken.

[Von Natascha B., Graphikerin in München]
2. Juli 42. Dann war ich nur noch in Erwartung meines Urlaubs. Er hat am 20. 6. begonnen und ist in vier Tagen zu Ende. Ich glaube, ich schrieb Ihnen bereits: ich habe noch nie einen Sommer so genossen wie diesen – eben malgré tout.
Ich war also am Bodensee. Ihre Frau gab mir Ihr Manuskript zu lesen und zeigte mir Ihre Zeichnungen. Für mich war es eine Freude, zu sehen, was Sie aus Ihrer Zeit gemacht haben und aus dem Erlebnis Rußlands, wohin es Sie verschlagen hat, das meinem Wesen nahe liegt, das aber weit, weit weggerückt ist und von dessen Gegenwart Sie viel mehr wissen als ich.
Ob das nun die endgültige Fassung Ihres Kriegsbuches ist? Wie gespannt man auf Bücher wartet, die von den jetzt Teilnehmenden geschrieben werden, auf alles, was einmal mit neuer Kraft und neuem Gehalt kommen muß. Hier rede ich mit Leuten darüber – Sie aber sind dabei. Und daß Sie noch am »Odysseus« weiterarbeiten - ein »Friedensstoff« in dieser Umgebung!
Ich bin mit dem Rad von München nach Überlingen gefahren und

zurück. Ich wohnte in Salem bei R. – der Park, das Schloß wun-
derbar gepflegt, mit herrlichen Rosen – wie mag es Ihnen vorkom-
men, darüber zu lesen? Vergessen Sie nicht, ich kenne das Land,
das Sie jetzt umgibt. Meine nähere Heimat liegt zwar unweit
Moskau, aber falls Sie eines Tages dorthin kommen sollten, wer-
den Sie sehen, es ist fast überall das Gleiche. Nur der Süden ist
natürlich ganz und gar anders.

GLÜCKLICHERWEISE INS GEFÄNGNIS

5. Juli 42, mittags. Ich will das gleich aufschreiben, damit Du
siehst, wie sehr ich nun doch erschrocken und gelähmt bin. Ich
hatte nochmal wegen des Urlaubs angeklopft, und mein Zugführer ging vorhin zur Schreibstube hinüber, um sich zu informieren.
Man sagte ihm, und so sagte er's mir, an Urlaub sei für mich nicht
zu denken, da schwebe die Strafsache und müsse erst entschieden
werden. Ich sagte, ja, das wäre wohl wegen der neun Tage, die . . .
Nein, antwortete er, Genaues wisse er nicht, aber es drehe sich um
neun Monate, man spreche davon, ich solle wegkommen usw. Das
fiel wie ein Stein in mich hinein, und ich ging nun selber hinüber,
wo mir der (neue) Hauptfeldwebel sagte, er könne mir noch nichts
sagen, der Chef werde mich rufen lassen. Dieser gegenwärtige
Chef, ein junger Leutnant, ist nur Aushilfe, solange sich der Adjutant im Urlaub befindet. Nun habe ich zu warten. Mein Verstand
sagt, es sei nichts geschehen in diesem Jahr seit dem Verfahren, was
die bisherige Entscheidung ändern könne, und wenn, dann höchstens zum Bessern. Dieser Verstand ist kräftig genug, gegen den
Schrecken anzugehen, in den ich versetzt bin.
6. Juli 42, nachm. 5 h. Bis jetzt nichts Neues. Niemand redet. Das
ist wenig erfreulich, aber ich bin inzwischen zu der Überzeugung
gelangt, daß das Gericht der 3. Division, das mich verurteilt hat,
die Akten hierhergeschickt hat, sich unter dieser Prämisse nach
meiner Führung erkundigt, um ggf. die Löschung der Strafe zu
veranlassen. Ich kenne solche Fälle. Die Ungewißheit liegt mir
nichtsdestotrotz immer noch auf, und der gestrige Schock hat eine
heftige Revolution des Magens zur Folge gehabt, die sich dadurch

besserte, daß ich von gestern nachmittag 5 Uhr bis in den späten Morgen heute schlief. Der Arzt, wir stehen uns gut, verordnete Weißbrot und zwei Tage Ruhe. Im übrigen habe ich den Zugführer gebeten, Klarheit in die Sache zu bringen.

Abends nach 10 Uhr. Es wurde ihm gesagt, die Sache ginge an die Division und werde dort entschieden. Ich weiß also nichts und schicke diesen Brief und auch den gestrigen nicht ab, bevor ich Gewißheit habe. Die Verzögerung kann ich durch Verwendung von Luftpostmarken ausgleichen.

Ich habe mir selber die bisherigen 20 Seiten im roten Block laut vorgelesen, fand da und dort ein Wort zu ändern, meine aber, es könne im Ganzen so bleiben.

Eine Stunde später. Ich bin nicht schlafen gegangen, bin nicht müde, habe in Briefen gelesen und in die Kerzen geschaut. Ich habe eine zitternde Angst, ob sie mir dies bißchen Ruhe und eigene Lebensart nun wieder zerschlagen werden.

7. Juli 42, abends gegen 7 Uhr. Es ist alles wie gestern, und ich sage mir, daß ich einfach Geduld haben muß. Ich war fast den ganzen Tag in meiner Stube, jetzt setzte ich mich in die Abendsonne hinunter auf einen Stein, der zwischen Kamillenblüten liegt. Der wollknäuelartige Hund Scharik spielt um mich herum. Hoffentlich muß ich diese Zettel nicht noch lange zurückhalten.

12. Juli 42. Noch immer keine Gewißheit. Hinlegen und schlafen. Das mag ich ererbt haben. Meine Großmutter soll, wenn sie Ärger hatte, immer ins Bett gegangen sein und erst mit veränderter Laune sich wieder gezeigt haben. Was für ein vernünftiges Mittel, denn alles ist eine Frage der Kräfte. Meine Kerze beleuchtet außer dem Papier einen Strauß blauer Glockenblumen und Margeriten, die mein Wäschemädchen gebracht hat. Ich habe ihr gesagt, sie könne immer Blumen mitbringen, sie tut es brav und hat viel Gefühl, Sträuße zu binden. In allen Holzhäuschen stehen sorgsam gepflegte Blumenstöcke an den Fenstern.

14. Juli 42. Dieser Brief ist nur eine Rückversicherung für den unglücklichen Fall, daß ein großer Brief, im Laufe von zehn Tagen entstanden, verlorenginge. Ich kann nicht alles wiederholen, was dort steht. Ich habe nur noch wenig Zeit, mein Autobus geht in drei Stunden, ich muß noch packen. Das Kriegsgericht meiner alten Division hat das Urteil geändert, weil ich 1.) so rasch aus der Infanterie-Kompanie wegkam, und 2.) die Beurteilung durch diese

Kompanie zwar gut, die folgende Beurteilung durch die Ersatz-kompanie in Züllichau aber miserabel sei. Du weißt: der rothaa-rige Feldwebel dort. So hat er nun doch seinen Willen. Alle Pri-vatsachen gehen an Dich, einschließlich Kamera usw. Über die Art des Strafvollzuges weiß ich nichts, ich denke aber, daß ich im Osten bleibe. Rechne mit ¼ Jahr.

15. Juli 42. Dies ist eine der letzten Aufzeichnungen aus Demidoff. Der Zugführer hat mir mittags mitgeteilt, daß ich morgen mit einem Lastkraftwagen nach Rudnja fahren werde und von dort mit der Bahn nach Smolensk, wo ich in die Auffang- und Weiter-leitungsstelle des Heeresgefängnisses eingeliefert würde. Das war alles. Was ich bisher über diese Sache erfahren habe, war inoffi-ziell. Dienstlich wird mir nach Monaten einer keineswegs unbeach-teten Zugehörigkeit zum Regiment durch einen Unteroffizier mit-geteilt: Ohne Tritt marsch ins Gefängnis.

Der Gefreite F., ein stiller, zuverlässiger Mensch, soll mich als »Wachtposten« begleiten. Gewehr und Seitengewehr muß ich heute abend beim Zugführer abgeben.

17. Juli 42. Der Lastwagen fährt gegen 7 Uhr bei prächtigem Wet-ter in Demidoff ab. Das Artilleriefeuer, das bei Sonnenaufgang heftig war, hat aufgehört. MG- und Karabinerschüsse sind dünn zu hören. Ich sitze neben F. auf einigen leeren Munitionskisten. Am Divisionsgefechtsstand halten wir. Eine verfallene Hütte un-ter hohen Bäumen, ein Posten geht gelangweilt an der Straße auf und ab in der Nähe von etwa zehn oder zwölf Soldatengräbern. F., der mich eigentlich bewachen soll, besucht einen Bekannten beim Stab, die beiden Fahrer begleiten ihn. Ich bleibe beim Wagen zurück. Der Posten spricht mich an, wir Demidoffer gelten hier als Männer, die große Erlebnisse hatten, Gefahren überstanden. Die nächtlichen Beschießungen und Brände müssen von hier aus ein-drucksvoll zu beobachten gewesen sein. Der Posten nimmt seinen Pendelweg wieder auf, ich setze mich auf einen Felsblock, wie sie hier häufig aus dem Gras hervorragen. Dichter Schatten ist um mich, draußen liegt flimmernd das Land, es ist bereits heiß. Vom Lärm des Angriffs ist hier nichts mehr zu hören. Ein paar Bauern-fuhrwerke, von Soldaten gelenkt, kommen vorbei und wirbeln Staub auf.

Wir sind gegen 11 Uhr in Rudnja, ohne auf eine Mine gefahren zu sein. Am Bahnhof warten noch ein paar andere Landser (Bertram schreibt Lanzer?) auf den Zug nach Smolensk, wir sitzen länger als eine Stunde auf einer Bank, wir essen, F. rührt mit keinem Wort an den Anlaß unserer Fahrt. Er hat in seiner Mappe ein großes gelbes Kuvert mit meinen »Papieren«, darunter die zehn Seiten lange Urteilsbegründung von 1941. Ich habe sie seit der Verurteilung nicht mehr zu Gesicht bekommen. Als wir endlich in einem schmutzigen geschlossenen Güterwagen sitzen, in dem auch ein paar deutsche Schwestern in Lodenmänteln, frisch aus Deutschland kommend und bereits ganz auf Soldatenton getrimmt, nach Smolensk fahren, sage ich zu F., ich würde gerne das gelbe Kuvert durchsehen. Er hat nichts dagegen. Die zehn Seiten sind mir, wie schon beim ersten Lesen vor einem Jahr, eine Quelle der Erheiterung, aber auch des Abscheus. Ich glaube, niemand könnte sie lesen, ohne zu spüren, welch ein juristisches Machwerk er vor sich hat. Die Sätze haben außer dem gewollten Sinn noch einen ungewollten, der vom Richter nicht vorausgesehen wurde, sonst hätte er anders formuliert.

Ich bin ganz ohne Spannung und würde sagen: in einem wohltemperierten Zustand. In eineinhalb Stunden werden wir in Smolensk sein, die Hügel steigen schon aus der Ebene. Die Stadt zieht sich auf dem linken Ufer des Dnjepr steil empor, das Zentrum scheint oben zu liegen. In die Bahnhofsruine sind Büros, Gepäckräume und dergl. hineingebaut. Eine Zementfabrik und andere industrielle Bauten stehen häßlich am Fluß. Wir erkundigen uns nach dem Gefängnis und erfahren, daß es an der Kiewer Straße läge, gerade am andern Ende der Stadt. Wir finden einen Lastwagen, der uns in dieser Richtung mitnimmt, den steilen Berg hinauf. In der Fahrbahn liegen Straßenbahnschienen, aber von der Oberleitung sind nur noch Reste vorhanden. Wir fahren nahe an einem schönen Kirchenbau vorbei, vor dem historische Kanonen und eine Denkmalspyramide stehen – wahrscheinlich an Napoleons Niederlage erinnernd. Die obere Stadt ist wenig zerstört. Ich sehe im raschen Durchfahren viele große, gewiß erst in den letzten zehn Jahren errichtete Gebäude.

Wir haben noch ein paar Minuten zu gehen und fragen zuerst am Tor in einer Mauer, hinter der ein roter Block emporragt – zweifellos ein Gefängnis, aber nicht das richtige. Es gibt hier einige Gebäude mit vergitterten Fenstern hinter Mauern, dann senkt sich die Straße, und die Stadt scheint aufzuhören. Nur rechts steht noch ein Rohbau mit verglasten Fenstern, mit einer riesigen Rotkreuzflagge an der Vorderseite. Man sieht weit hinaus in eine reizlose, flach gewellte Landschaft.

Als wir zum zweitenmal fragen, sind wir am richtigen Tor. Eine Wache weist uns an, durch den Hof zu gehen bis zu einem roten Ziegelbau, an dem »Auffangstelle« stünde. Immer gut, wenn man aufgefangen wird. Dieser Bau, kleiner als die anderen, einstöckig, hat große Fenster, aber vergitterte. Durch eine rot gestrichene Außentür treten wir ein und stehen vor einem Gitter. Ein Glockenzug setzt eine blecherne Schelle in Bewegung, ein Gefreiter, bleich, spitznäsig und unfreundlich, erscheint mit einem Schlüsselbund und öffnet. Wir werden in ein großes Zimmer geführt, mit dunkel, fast schwarz gestrichenen Wänden. Einige Regale an den Wänden, ein eiserner Ofen, rechts ein Bett, diagonal zur Tür nahe dem rechten Fenster ein Schreibtisch. Trotz zweier großer Fenster, die bis auf Kniehöhe herabreichen, wirkt der Raum dunkel. Eine Zeltbahn ist auf dem Boden ausgebreitet, auf ihr der übliche Kram eines Landsers. Dieser, kurzgeschoren, verwahrlost, steht daneben, die Hände angelegt. Vor dem Schreibtisch sitzt ein grauhaariger Unteroffizier, von dem ich zunächst nichts sehe als einen breiten kurzen Rücken, einige dicke Nackenfalten an einem Stierhals und ein sehr häßliches Ohr. Er schreibt ein oder zwei Minuten lang, dreht sich dann halb im Stuhl um und blickt zu uns her. Ein wie mit der Axt geformtes Gesicht, über einer niederen Stirn sträubt sich ein sogenannter Stiftenkopf. Wir stehen stramm, und F. meldet: Obergefreiter F. von I. R. 554 mit dem Strafgefangenen Kuby zur Stelle. F. übergibt dem Unteroffizier die Papiere. Dieser legt sie uninteressiert neben sich und sagt zu F., er könne gehen. Ich höre, daß er schwäbisch spricht, und denke, auch das noch. F. gibt mir sehr unmilitärisch die Hand, sagt: Alles Gute!, und geht. Ich hatte bereits vorher meinen Tornister abgeschnallt, zusammen mit Gasmaske, Stahlhelm und Wäschebeutel liegt er neben mir auf dem Boden.

»Auspacken«, sagt der Unteroffizier. »Alles aus den Taschen herausnehmen.« Während der andere Gefangene unter Aufsicht des bleichen Gefreiten sein Bündel wieder schnürt, breite ich die Zeltbahn aus und schütte den geöffneten Tornister kurzerhand aus. Er enthält nichts, woran mir liegt. Alles Wichtige ist in einem großen Paket schon nach Hause unterwegs als »Dienstsendung«. Die Brieftasche werfe ich zum übrigen. »Ist das alles?« – »Jawoll, Herr Unteroffizier!« Sehr stramm, sehr laut kommt meine Antwort. »Haben Sie noch Zigaretten oder Geld in den Taschen? Ich mache Sie darauf aufmerksam, daß Sie bestraft werden, wenn Sie noch irgendwo Zigaretten haben. Ich werde Sie finden!« In perfektem Schwäbisch. Ich antworte nicht mehr. Der Alte hat gewiß Tausende von Sträflingen aufgenommen, er versteht sich auf Psychologie, er kontrolliert mich nicht. Stück für Stück muß ich meine Sachen angeben, der Unteroffizier trägt diejenigen in ein Formular ein, die ich nicht behalten darf. Gasmaske, Tornister, Stahlhelm, Koppel, Brieftasche, Wäsche, Drillich, Mantel, Decken darf ich behalten, und ich bin froh, daß ich es darauf ankommen ließ und die Decken mitgenommen habe, obwohl mir der Spieß aus einer Dienstvorschrift vorgelesen hatte, Gefangene dürften ihre eigenen Decken nicht ins Gefängnis mitbringen.

Das Formular muß ich unterschreiben, es ist offenbar in Smolensk oder in einer anderen russischen Stadt gedruckt worden, die merkwürdigen Typen haben sich tief in ein löschblattartiges Papier eingedrückt. Geld, etwa 40 Mark, die Armbanduhr und eine Zigarre, die sich merkwürdigerweise unter den Sachen gefunden hat, werden in einen Umschlag gesteckt, der aus bedrucktem Landkartenpapier von hervorragender Qualität zusammengeklebt ist. Aus sowjetischen Karten.

»Wann sind Sie verurteilt worden?« – »Vor einem Jahr.« Der Unteroffizier zeigt zum erstenmal Reaktion, er wundert sich. Es scheint nicht üblich zu sein, daß man so spät nach dem Gerichtsverfahren ins Gefängnis kommt. »Wo kommen Sie her?« – »Aus Demidoff!« Er brummt etwas Unverständliches. Schon weiß ich, daß ich ein Sonderfall für ihn bin. Unser WHW-Nazi-Zitat: Ein Opfer, das kein Opfer ist, ist kein Opfer!, kann ich abwandeln: Ein Sonderfall, der kein Sonderfall ist, ist kein Sonderfall.

Ich mache zwei Packen, einen aus den abzugebenden Dingen, einen aus jenen, die bei mir bleiben dürfen. Der erste bleibt auf dem Boden liegen. Das Ganze hat vielleicht 15 Minuten gedauert. Der Gefreite, mit seinen Schlüsseln klappernd, führt mich eine schmale Steintreppe hinauf; wo die Treppe mündet, öffnet sich nach links wie rechts ein etwa 20 m langer Gang, links mit einem Fenster, rechts im Dunkeln mit einem Gitter abschließend. Der Gefreite stößt den Riegel einer Tür zurück, die gerade der Treppe gegenüberliegt, auf der Tür steht groß eine 3, hinter mir riegelt er wieder zu. Ich habe mit ihm kein Wort gewechselt.

Ich befinde mich nicht in einer Zelle, sondern in einem ziemlich großen Zimmer mit einem Fenster, der Tür schräg gegenüber. Das Gitter ist vor dem Fenster, von mir aus gesehen, angebracht, die beiden Fensterflügel öffnen sich nach außen, einer steht offen. Nahe der Tür ist der Raum kaum breiter als diese, und während die rechte Wand in einem Stück durchgeht, springt die linke nach etwa 2 m weit zurück und bildet eine geräumige Nische, die mit losen Bodenbrettern ausgelegt ist. In die rechte Wand ist eine Feuerstelle, ein Kamin, aus ehemals weißen Kacheln eingelassen, bildet eine schwarze Höhle. Vor dem Kamin liegen drei etwa handbreite Brettchen, vielleicht 2 m lang. Dicht neben der Tür steht ein eingedellter Blechtopf mit Deckel, um ihn herum ist es feucht auf dem Boden, der Geruch sagt, wozu der Topf dient.

Auf der breiten Fensterbank sitzt der kahlköpfige Gefangene und schaut hinaus. Draußen, keine zehn Schritt vom Fenster entfernt, sehe ich eine Mauer, die etwa bis dorthin reicht, wo das Stockwerk beginnt, in dem ich mich befinde. Es ist das erste, und darüber gibt's nichts. Man sieht Schuppen, vor denen Kraftfahrzeuge stehen, und den Rohbau mit der Rotkreuzfahne. Der Blick über Felder, Waldstücke, am Horizont eine weiß schimmernde Klosteranlage mit Zwiebeltürmen. Die Ferne ist schön, die Nähe häßlich. Der Soldat schaut mich an, und die ersten Worte, die er an mich richtet, lauten: Wie lange hast du? Als hätte ich nie andere Fragen beantwortet, sage ich ohne Zögern: neun Monate. Er gibt an: eineinhalb Jahre. Ich habe in 24 Stunden hinter Gittern gelernt, daß diese Frage nach der Strafdauer den Zweck hat, Mitgefangene aufzuspüren, die hohe und höchste Strafen haben, um sich ihnen gegenüber in einer beneidenswerten Lage fühlen zu können. Mit meinen neun Monaten bin ich niemandem Stütze und Stab.

Ich sah mir den Raum daraufhin an, wo ich mich niederlassen wollte: möglichst weit weg vom Kübel, möglichst nahe dem Fenster und nicht dort, wo sich die meisten hinlegen würden, auf den Bretterboden in der Nische. Am günstigsten schien mir der Platz neben dem Feuerloch zu sein auf den Latten (darunter Zement), zumal ich alles das, was ich nächtens vielleicht doch nicht anzog, auf den Sims des Kamins legen konnte, die Stiefel ins Feuerloch stellen. Ich legte mich auf meine beiden Decken und schlief.

[Hier bricht diese Aufzeichnung ab. Ich habe sie mit Bleistift in ein Heft geschrieben. Dieses Heft ist selbstgemacht, etwa 30 Bogen aus schlechtem Papier habe ich quer genommen, mit Heftpflaster zusammengeklebt und einen Umschlag aus Packpapier mit Schnur nach Buchbinderart fest darumgelegt. Auf diesem Umschlag steht mit Tinte mein Name, darunter »C. C. P. W. F. 12, spec. serv. group, 31 G – 626 176 German, France, U.S. Arm. P. W. i. B.« Daraus geht hervor, daß ich diese Blätter – alle übrigen sind leer, der vorstehende Text füllt vier Seiten und fünf Zeilen – noch in der Gefangenschaft mit mir führte. Ich habe das Heft erst vor kurzem, Frühjahr 1975, wieder gefunden. Aus dem Inhalt geht hervor, daß die Beschreibung aus den beiden ersten Gefängnistagen stammt.

Für die Gefängniszeit liegt verständlicherweise eine Von-Tag-zu-Tag-Dokumentation nicht vor. Ich schickte zu den erlaubten Terminen die erlaubte Anzahl von Zeilen auf Briefformularen nach Hause, und weil ich wußte, daß sie Hauptmann Kaletta, der Kommandant dieser »Auffangstelle der Heeresgruppe Mitte«, als Zensor las, verfolgte ich damit taktische Zwecke. Einen sachlichen Informationswert besitzen diese Briefe nur bedingt. Außerdem schuf ich mir, je länger ich einsaß, Möglichkeiten, Briefe unzensiert in die Feldpost gelangen zu lassen, z. B. durch Soldaten, die zu ihrer Truppe zurückkehren durften. Soweit nicht vermerkt ist: »Durch die Zensur«, gingen alle hier abgedruckten Mitteilungen durch schwarze Kanäle.

Das Grundproblem stellte sich folgendermaßen: Gefangene, die eine Strafe über sechs bis acht Wochen hatten, durften sie nicht in der »Auffangstelle« absitzen. Vielmehr mußten diejenigen, die sich aus dem Bereich der »Heeresgruppe Mitte« in Hauptmann Kalettas Gefängnis zusammenfanden, je nach Andrang täglich oder wöchentlich in Transporten weiter nach rückwärts gebracht und richtigen Strafvollzugsanstalten zugeleitet werden. Bei mir hatte das Gericht der 3. Inf. Div. zu dem Zeitpunkt, zu dem es meine »Bewährung« aufhob, verfügt, ich sei einer Feldstrafkompanie zuzuführen. Dorthin zu kommen wollte ich unter allen Umständen vermeiden. Wahrscheinlich nicht zu Unrecht war ich der Überzeugung, daß ich eine Feldstrafkompanie nicht überleben würde. Mit Sicherheit hätte ich den vom Gericht bestimmten Weg gehen müssen, wenn ich »auf Transport« geschickt worden wäre. Ich

sah nur einen einzigen Weg, nicht die Feldstrafkompanie kennenzulernen: mich bis zur Entlassung aus dem Strafvollzug in Smolensk zu halten, und das hieß, mich bei Hauptmann Kaletta lieb
Kind zu machen. Eben darauf legte ich es an. Ich kann sagen, es
glückte mir, ich kann aber auch sagen: so, wie dieser Hauptmann
meinen Fall behandelte, verdanke ich ihm wahrscheinlich mein Leben. Wie schon wiederholt (und auf Kriegsdauer) ergab sich durch
den Hauptfeldwebel, den »Spieß«, eine Komplikation. Er hätte es
beinahe geschafft, mich »auf Transport« zu schicken.
Die folgenden im Militärgefängnis Smolensk entstandenen Notizen habe ich in winziger Schrift mit Tusche oder Bleistift auf einen
6 cm breiten, über 1 m langen Streifen geschrieben, den ich von
einer der russischen Führungskarten abschnitt, wie sie, zerstückelt,
im Gefängnis zum Einwickeln der »kalten Verpflegung« benützt
wurden. Nach Stärke und Festigkeit kommt das Papier Pergament
nahe. Der Streifen, eng zusammengerollt, ließ sich leicht verstek-
ken.]

17. Juli 42. Von den ersten Insassen ist mir heute (ich schreibe am
24. Juli diese Tage nach) der etwa 22jährige Sohn eines Oberstleutnants im Gedächtnis. Musikstudium, freiwillig mit 18 Jahren
zum Heer. Dann ein Wiener aus dem 23. Bezirk, EK, Sturmab-
zeichen, Befehlsverweigerung, rabiat. Alle Gespräche drehen sich
um die Strafen und ums Essen. Die meisten sind laut, nur wenige
stumm und geschlagen. Rauchersucht riesig bei fast allen. Dafür
riskieren sie Sonderstrafen.
Vor 6 Uhr aufstehen. Der »Kübel« wird geleert und mit Chlor-
kalk ausgestreut. Dann Kaffee. Gute Waschgelegenheit und genug
Zeit. Um halb 8 im Hof antreten. Sport (Freiübungen) und etwas
Exerzieren. Nicht schärfer als auf jedem Kasernenhof. Ab 8 Uhr
Arbeitsdienst. Helfe einem Maurer beim Bau eines Abzugsgrabens
und trage Ziegel. Um halb 12 Schluß. Auf die Zelle. 12 Uhr Essen.
Antreten im Flur. Ist man genügend weit vorne, so stellt man sich
hinten noch mal an und bekommt einen »Nachschlag«. Bis 2 Uhr
Ruhe. 2–5 Arbeit. Dann Verpflegungsempfang: Butter, Wurst,
ein halbes Brot, Tee. Nochmals »kübeln«. Um 7 Uhr Abendrap-
port, ich melde die Zelle. Abends neuer Zuwachs, nun sind wir
etwa 15 Mann.
18. Juli 42. Tag wie gestern. Dialogthemen: der Pudding. Die

Harnblasenerkältung des Friseurs aus Wien. Vom Wert geistlicher Tröstung.

19. Juli 42. Sonntag. Evang. Gottesdienst im großen roten Gefängnisbau zwischen lauter Gittern und Drahtnetzen. Viele nehmen das Abendmahl. Ich nicht, bin aber unter den wenigen dann der einzige, der keine Glossen über diese situationsbedingte Frömmigkeit macht. Es wird nicht gearbeitet, daher ist der Tag langweiliger.

20. Juli 42. Ich melde mich zu den Anstreichern und male Türen im Personalflur an. Werde zum Hauptmann befohlen, der mich ohne Ungeduld anhört. Weist mich an den Gefreiten R., der hier als juristischer Berater fungiert. Abends sind wir in Zelle drei 35 Mann, alle wollen auf einer Fläche von etwa 5 x 3 m liegen. Als »Zellenältester« mußte ich das organisieren, und es geht. Keine schöne Nacht.

21. Juli 42. Vormittags mit R. gesprochen. Man wird mich erstmal hier behalten und eine Beurteilung über mich bei Maydorn anfordern [in Demidoff, Regimentskommandeur]. Nachmittags Entlausung und Umzug in die »beste« Zelle (Nr. 2). Wieder Zellenältester. Betten mit Strohsäcken, zweistöckig, zwei große Fenster, sauber.

25. Juli 42. Zum Verpflegungsempfang 10 km vor Smolensk. Herrliches Wetter. Schöne Blicke auf die Stadt.

26. Juli 42. Erwache davon, daß jemand klatschende Ohrfeigen bekommt. Der 20jährige, der bereits drei Tage Dunkelzelle absaß und nur eine Nacht auf unserer Zelle schlief, um heute wieder für sechs Tage in die Dunkelzelle wegen Brotdiebstahl einzuziehen, hatte sich in den Fächern der andern über Brot und Schuhkrem (!) hergemacht. Fast unbegreiflich. Er bekam Prügel, bis ich einschritt. Unterhalte mich manchmal abends mit dem Friseur Karl aus Wien, der lange in der Schweiz gearbeitet hat. Heute fragte ich die ganze Ökonomie und Soziologie eines Vorstadt-Friseurladens aus ihm heraus.

27. Juli 42. Ich pinsle eine Schablone, bestehend aus auf die Spitze gestellten Quadraten mit kleinen Rechtecken dazwischen, den Flur hinauf und hinunter. Das schöne Gefängnis mit Wandschmuck. Ein Furunkel im linken Nasenloch wird immer größer, die Nase ist blaurot. Arzt tippt sadistisch mit dem Finger dagegen und sagt: Tut das weh?

28. Juli 42. Die Nase schlimmer, dienstunfähig. Ich bleibe auf dem Strohsack und schlafe viel.

29. Juli 42. Zwei Gelonida. Ich muß liegen bleiben. Das Fenstergitter teilt den Himmel in 6 × 9-Rechtecke und zeigt die Wolkenbewegung dahinter wie in einem Trickfilm. Die Nase, knallrot, eitert. Abends, beim Hinlegen, schlage ich sie mir mit voller Wucht an die obere Bettkante. Sehe viele Sterne, aber heute,

30. Juli 42, ist die Nase viel besser, so daß mich der Arzt auf mein Drängen hin wieder arbeiten läßt. Im Zimmer des Hauptfeldwebels, der Tiroler ist und in einem russischen deutschen Gefängnis die fesche Mütze der Gebirgsjäger trägt, male ich eine Tiroler Landschaft nach einer im Verwaltungsflur gefundenen Postkarte jenes Kitzbüheler Kitschiers [Alfons Walde], der seine blauen Berge, seine holzgedrechselten Bauern, seine roten Geranien vor schwarzem Holz millionenfach verbreitet hat. Ihm wird das Haus der Deutschen Kunst offenstehen. Ohne die Vorlage träfe ich den Geschmack dessen nicht, bei dem ich mich damit anschmuse.

Abends skizziere ich mit Tintenstift ein paar Leute auf der Stube.

31. Juli 42. Die Landschaft ist fast fertig. Schade, daß ich kein großer Maler bin. Wäre ich's, die Leute kämen später hierher, wie sie in die Dohrnsche Bibliothek nach Neapel fahren, um die Marées zu sehen.

Heute sind wieder 20 Mann nach Borissow abgegangen, von dort aus werden sie dann endgültig auf Gefängnisse, Zuchthäuser und Strafkompanien verteilt, je nach Urteil. Heute bin ich 14 Tage hier. Die alte Division [3. Inf. Div.] ist nach dem Süden gegangen. Während der Nasentage machte mich der Gedanke an Urlaub ganz krank. Der Hauptfeldwebel fährt morgen nach Innsbruck. Wenn ich ihn anschaue, denke ich: Morgen ist er in Innsbruck. Die Berührung der Kleider des Heiligen! Der Hauptmann malt auch in Öl. Hier auf dem Zimmer (des Hauptfeldwebels, wo ich die Berge bläue, daß es eine wahre Pracht ist) liegt der Tagebuchroman von Goebbels: Michael. Ich lese darin, während die Farben trocknen.

1. August 42. Das Radio im Zimmer des Hauptfeldwebels erinnert mich daran, daß Krieg ist. Täglich größeres Verständnis für Mönche, ohne einer sein zu wollen. Das Bodenseebild entworfen. Die Russin, die in der Küche hilft, gezeichnet. Die schönen Jahre auf der Rehmenhalde hättest Du ohne Krieg nicht gehabt. Das soll

den Krieg nicht loben. Ich sehe Euer Leben genau, während ich an dem Bild arbeite. Seit 1939 habe ich nie stiller und friedlicher gelebt als jetzt. Das hat mir das Gericht nicht zugedacht, und es wird schon noch seinen Willen bekommen.

2. August 42. Endlich einmal klares Wetter. Vorm. Kirche, ich bin also bereits den dritten Sonntag hier. Die Predigt rauschte vorbei (Christi Weissagung, daß Jerusalem zerstört werde, weil es nicht den lebendigen Glauben annehme. Parallele: Rußland wird zerstört. Strafgericht Gottes). Den ganzen Tag gemalt, Kapelle im Vordergrund wird immer italienischer. Der Baum ist in keinem botanischen Lehrbuch zu finden. Bin zugleich konzentriert und geistesabwesend, ohne eigenes Leben. Soweit doch vorhanden, Sehnsucht nach einer behutsamen Welt. Je länger der Krieg dauert, desto besser kann ich mich in ihm bewegen. Das ist richtig, obgleich mein Hiersein das Gegenteil zu beweisen scheint. Wahr ist, ich rücke ihm immer ferner, und er hat für mich gar keine Wirklichkeit mehr. Mehr Wirklichkeit hat sogar dieses ganz und gar unwirkliche Tun: Landschaften malen.

3. August 42. Das Bild schreitet fort. Habe mit Demidoff telefoniert, dort ist alles verändert, die Truppe seit zehn Tagen in schweren Kämpfen! Große Verluste. Ich habe wegen der für mich angeforderten Beurteilung gemahnt.

4. August 42. Herrlicher Sommertag. Es ist manchmal schwer, unter den elf Mann auf der Zelle Ordnung zu halten. Oft muß ich scharf werden. Ein Buchdrucker aus Wien bittet mich um Papier, um seine Gedichte drauf zu schreiben. Themen: Infanterie, Vier Birkenkreuze, Der Führer.

Er sagt: »Ich war weniger als Dichter, mehr als Rhetoriker zuletzt tätig.« Er war Kreisredner! So bin ich wieder ganz aufs Zeichnen geworfen, nachdem ich es in Demidoff schließlich gelassen habe. Der »Oberförster« [Figur aus Jüngers »Marmorklippen«] ist auch hier, aber merkwürdigerweise ist er mir freundlich gesonnen. Sein Grollen dämpft sich, wenn er mit mir spricht, d. h. wenn er mir irgendein Befehlswort zuwirft. Ich bin ein Mustergefangener! Das alles ist spaßig, und es müßte einer schon ein Hellseher sein, wenn er sich am Ende des Krieges aus meinem Militärakt ein Bild von mir machen wollte. Auf meiner Zelle ein Pfälzer, der Vater und drei Brüder zwischen Dezember 41 und April 42 verloren hat. Jeden Monat einen Mann der Familie. Die Mutter! Bevor er als letzter Sohn die Uniform ausziehen darf, muß er noch wegen irgendeiner Kleinigkeit zwei Monate hier verbringen. Dann fährt er nach Hause.

5. August 42. Ein fortwährendes Tätigsein bringt mich durch den Tag. Das Bild ist fast fertig. Die Bucht von Unteruhldingen, bunte Häuschen im Grün, nötigen jedem ein freundliches Lächeln ab. Die Kulisse der Anmut ist vollkommen. Nun soll ich in einem andern Gefängnisbau die Wand des Gemeinschaftsraumes der Wachen bemalen. Das ist eine merkwürdige Sache: weil ich eben kein Maler bin, kann ich wohlgefällige Kitschsachen hervorbringen und tue es mit gezielter Taktik. Sie würde mich weder veranlassen noch befähigen, mit Worten, auch nur zehn Zeilen lang, etwas zu produzieren, das zugleich in diesem Milieu gefiele. Daraus ließe sich der Schluß ziehen, daß ein ernsthaftes Talent eine moralische Qualität hat. Aber das ist Quatsch. Siehe Thorak, Breker und Konsorten. Talent? Ja! Gehirn? Nein! Moral? Sie haben das Wort nicht gehört. Ja – Moral ... ich verschönere den Gemeinschaftsraum, die Wachmannschaften werden ihn angenehmer finden als bisher ohne mein Wandbild. Es ist eine freiwillige Leistung, es ist die Wurst, mit der ich nach dem Schinken werfe – nämlich hierzubleiben, mich einzukrallen. Opportunistische Komplizenschaft!

6. August 42. Nachricht von Papas Tod. Der Hauptmann sagte zu mir: Ich habe eine ernste Mitteilung für Sie. Da hielt er inne – und mein Herz auch. Thomas? Du? Ob er vom Balkon gefallen sei? An dieses Ende von Papa habe ich schon früher als Möglichkeit gedacht, als an einen schrecklich richtigen Abschluß seines Lebens. Wie man eben so etwas denkt, summarisch und ohne eigentlich die volle Wahrheit der Beobachtungen aufzuspüren, die zu solchen Gedanken führen. Ohne Zweifel war das soldatische Leben für ihn eine befriedigende Form, und zwar nicht um der üblichen soldatischen Tugenden willen. Er konnte sich auch schlecht einfügen, und wie beliebt er nach unten auch gewesen war – das erlebte ich in Remagen 1939/40 –, oben fand er wenig Wohlwollen. Er suchte eine vorgegebene Form und abgesteckte Maßstäbe. Er war unendlich geschickt in allem Manuellen, aber er war nicht sehr gut gerüstet, sich sein eigenes Leben zu zimmern. Menschenkenntnis und Skepsis, beide groß, blieben im Theoretischen stecken. Im Umgang mit anderen konnten viele seinen Optimismus und seine Vertrau-

ensseligkeit ausnützen. Er war in zu großen Verhältnissen aufge-
wachsen, um genau wahrzunehmen, daß die Menschen in kleinen
Verhältnissen, besorgt um ihr Fortkommen, egoistischer und böser
reagieren. Im reichen Haus großgeworden, ist ihm Grenze und
Wert des eigenen Besitzes nie aufgegangen, wie bedürfnislos im
Persönlichen er auch war. Im übertragenen Sinn baute er kein
Haus für sich – wie geschickt er es auch praktisch getan hat, vor
allem in Weilheim in den ersten Jahren. Erst wenn er mit fremdem
Besitz arbeitete, wurde er realistisch, und seine organisatorischen
Anlagen kamen hervor. Er wäre ein hervorragender »Verwalter«
geworden – aber das zu werden kam ihm nicht in den Sinn, dazu
war er zu autokratisch, fast hätte ich gesagt: zu aristokratisch, und
beides stimmt. Im militärischen Bereich war er in einer Art »Ver-
walterfunktion« und durfte sich sagen, daß die Ordnung, in die
er sich zu fügen hatte, eine überpersönliche war.

An Papa konnte man die Kluft studieren, die die Deutschnationalen von den Nationalsozialisten trennt. Er übersprang sie nie. Der
Tod erspart ihm jetzt ein Absinken der Lebenskurve, und es ist
dieser Tod eine angemessene Vollendung dieses Lebens.

Dies war spontan mein Gefühl, als ich vor dem Hauptmann stand,
der beinahe so etwas wie Verlegenheit erkennen ließ, weil er dem
Gefangenen den Tod eines Offiziers mitteilen mußte, der dessen
Vater war. Kaletta war in diesem Augenblick für mich wie aus
Glas.

7. August 42. Aus Demidoff ist die angeforderte »Beurteilung«
gekommen. F. zeigte sie mir, sie wäre besser ungeschrieben geblieben. Ich sei ichsüchtig, und meine politische Einstellung sei fraglich. Geistig sei ich rege, zum Dienst in der Schreibstube aber nicht
geeignet. Das alles stimmt. Dennoch steht dieses Papier im Widerspruch zu all dem freundlichen Gehabe der Regiments-Offiziere.
Mich wundert, daß mich Kaletta jetzt nicht sofort nach Borissow
in Marsch setzt. Er tut es nicht. Noch nicht.

11. August 42. Arbeite an dem Reiterbild im Gemeinschaftsraum.
Es wird über 4 m lang. Der Hauptmann kritisiert die Pferde – mit
Recht. Als ob ich Pferde zeichnen könnte! Heute mittag kam ein
Soldat aus dem Wachkommando, ein Maler, und korrigierte im
Entwurf. Er machte es gut. Ursprünglich war er Schneider, dann
ging er auf die Akademie in Karlsruhe und wurde erst 1941 ein-
gezogen. Er zeigte mir die farbige Reproduktion eines seiner Bil-

der (Bäuerin in Tracht mit großer Haube), man hätte es für ein Farbfoto halten können. Ich glaube, er heißt Bredel. Meine Pferde sind nun weniger »charakteristisch«. Ich habe ein Gerüst gebaut, darauf zu stehen strengt an.

16. August 42. Das Reiterbild ist am Donnerstag fertig geworden. Es schmückt den Raum. Alles ist streng in die Silhouette gesetzt, von links kommen Lanzenreiter, überqueren einen Steg, der seinerseits einen Bach überquert, der von Weiden gesäumt ist. Ich habe erst die Umrisse gezeichnet, auf ein Netz von Quadraten nach dem Entwurf, dann den Verputz innerhalb der Umrisse ausgekratzt und die so entstandenen vertieften Stellen mit einer Farbe zwischen dunkelbraun und schwarz ausgefüllt. Die Wand selbst ist ockerfarben mit einem leichten Stich ins Rötlich-Violette. Heute bin ich einen Monat hier.

[Die Mutter an E. K.-Sch.]
*München, 24. Juli 42. Um 5 Uhr lagen zwei Briefe von Vaters Dienststelle im Kasten; ich dachte, es wären nachgesandte Briefe, aber denke Dir, der arme Vater ist auf seiner Urlaubsheimfahrt verunglückt (entnehme ich dem Brief, da seine Sachen von einem Feldlazarett geschickt werden); es wird also noch nahe der Front gewesen sein, und alles weitere müssen wir abwarten, vielleicht ein Flugzeug-Unglück, vielleicht eine Bombe auf den Zug, wenn er nur nicht mehr lange hat leiden müssen, und gewiß ging er mit großen Hoffnungen nach Berlin. [Der Fünfundsechzigjährige wurde auf dem Bahnhof Briansk bei einem Angriff russischer Bomber schwer verwundet und starb kurz darauf im Lazarett.] Lisl tut mir besonders leid, die ihn so liebte und nun so allein dort ist; sie habe gestern an Tante A. telegrafiert und war scheint's schon unruhig wie ich, da er doch schon seit acht Tagen in Berlin sein sollte.
Erich habe ich an seine Feldpostnr. ein Telegramm geschickt. Tante A. war am Telefon ganz außer sich. Was hilft alles! Ihr habt es ja auch schon durchgemacht. Nun haben Deine Eltern ihn nicht einmal kennengelernt, und er wollte sie besuchen. Anne Kuby-Müllers Sohn [Vetter 2. Grades] ist auch am 28. 6. draußen gefallen, das einzige Kind. Auch Dich wird es sehr betrüben; ich glaube, Du hast Deinen Schwiegervater auch gemocht, und erst jetzt nach dem Krieg wäre es vielleicht wieder ein nettes Fa-*

milienleben mit allen geworden. Dem Thomas wird der helden-
hafte alte Großvater eine Sage einmal sein.

[Als ich diesen Brief im Winter 1943 zu Gesicht bekam, schrieb ich: »Was für ein Dokument! Mamas unglaublicher Brief heißt mich heftig vor der eigenen Tür kehren. Meine Zuschauer-Rolle in diesem Krieg ist intellektuell-politisch motiviert – nichts ist wahrer. Aber es ist nur ein Teil der Wahrheit. Ein derart radikales Nicht-Teilnehmen hat seine Wurzeln nicht nur in Erkenntnissen, sondern auch im eigenen Wesen. Der abgrundtiefe Ekel, den ich denen gegenüber empfinde, die ich mein Volk nun eben doch nennen muß, könnte durchaus nur eine moralische Qualität haben. Und wieder ist das nicht die ganze Wahrheit. Vielmehr liegt der Hase dort im Pfeffer, wo ich anfange, mein Engagement zu verweigern, auch einzelnen gegenüber, ohne eine Aussage darüber machen zu können – auch mir selbst nicht –, warum. Daß Mama bei aller Leidenschaftlichkeit und Spontaneität ihrer Natur aus diesem Anlaß keine Silbe über ihre eigenen Empfindungen verlor, das ist mehr als Diskretion, das ist Furcht, sich wegzugeben. Was du ererbt von deiner Mutter hast . . .«]

10. August 42 [durch die Zensur]. Sei felsenfest überzeugt, daß ich zurückkomme. Was eine Feld-Strafabteilung bedeutet, kann mir hier niemand genau sagen, es wird eine Mischung aus Arbeitsdienst und Schliff sein. Wir dürfen die schlimme Lage nicht verschlimmern, indem wir ungeduldig werden. Der Strafbeginn war der 16. 7. – ich kann erst in drei Monaten ein Gesuch stellen, man möge mir den Rest schenken. Ich glaube und erwarte gar nichts und zähle auch nicht die Tage oder Wochen, wie es hier viele tun. Nichts ist törichter.
Papas Tod gewinnt keine Wirklichkeit für mich, er bleibt ein Gedanke.

23. August 42. Ich mußte vor ein paar Tagen das Privatzimmer des Hauptmanns betreten, und es verschlug mir fast den Atem, als ich ein ordentliches Klavier darin stehen sah und, wenn ich nicht irre, Schubertlieder aufgeschlagen! Fast hätte mich alle Vernunft verlassen und ich zu ihm gesagt, ob wir nicht das Bach-Konzert zusammen spielen wollen. Er flötet. Es ist schon eine Ironie, daß ich das zweite brauchbare Klavier in Rußland in einem Gefängnis sehe.

6. September 42. Ich wehre mich mit aller Entschiedenheit, an den ewigen Gesprächen über die Strafen teilzunehmen, wobei für viele die Strafen anderer ebenso interessant sind wie die eigene. Wie ich denn überhaupt auf der Hut sein muß, mich nicht von dieser speziellen Atmosphäre überwältigen zu lassen. Nicht um viel möchte ich hier Personal und etwa auf unbeschränkte Zeit in der Schreibstube tätig sein. Doch bin ich's jetzt, Schreiber beim Tiroler Hauptfeldwebel. Dort gerät mir kein Blatt Papier in die Hand, auf dem sich nicht der Mensch in einer Verirrung oder Schwäche darstellt. Die Gerichtsakten sind häufig bei den Transportpapieren, ich lese darin und ermesse daran, wie seltsam abwegig sich für Leute, die ständig dergleichen vor Augen haben, die zehn Seiten ausnehmen müssen, die beim Akt »E. K.« liegen als Urteilsbegründung des Gerichtes. Weißt Du, auf den großen Misthaufen geworfen ist unser kleiner fauler Apfel, äußerlich betrachtet, so gut wie nicht vorhanden. Aber er ist von besonderer Substanz, und sogar am so Kleinen ist das so Große erfahrbar – und zwar nicht nur seitens derjenigen, die es unmittelbar angeht. Was für eine Lächerlichkeit, ein paar Monate Gefängnis, und daß Dein Vater darüber in wirkliche Unruhe gerät und immer neu, wie Du schreibst, die Frage aufwirft, wie denn so etwas einmal wieder »aus den Papieren« verschwinden werde – das ist schon seltsam.

[An Geheimrat Schumacher, den Schwiegervater]
8. September 42. Ich bitte Dich sehr, zu den vielen Lasten des Gemütes, die der Krieg Dir auferlegt hat, nicht noch die treten zu lassen, daß Du Dir Sorgen über unser Nachkriegsleben machst. Ich selber habe ein paar Tage oder Wochen diese Strafsache zu sehr in die Mitte meiner Gedanken gestellt. Das ist ein Fehler, denn viel mehr als diese begrenzte Unannehmlichkeit wird der Krieg an sich unsere äußerste Widerstandskraft herausfordern, wollen wir bei vollen Kräften sein, wenn wir unser wirkliches Leben wieder anfangen, von einem gegenüber 1939 weit erhöhten Punkt aus. Diese Strafe, wenn sie auch die Folge einer keineswegs zufälligen Entgleisung ist, sondern für die Unterrichteten etwas Exemplarisches hat, gehört in den Krieg und nur in den Krieg.

12. September 42. Es war Essensausgabe. Bis vorgestern hat immer der gleiche Mann ausgeteilt. Dann wurde plötzlich ich dazu

bestimmt. Ich gab jedem der 56 Mann seine Kelle voll. Es besteht der Brauch, sich wieder hinten einzureihen und für den »Nachschlag« anzustehen. Der sogenannte »Stamm«, das sind die Gefangenen, die länger als ein paar Tage hier gehalten werden, dazu gehöre ich also, bekam diesen »Nachschlag« immer. Der Entzug des »Nachschlags« wird als sogenannte »Hausstrafe« verfügt. Mir befahl der diensttuende Unteroffizier, jedem eine zweite Kelle voll zu geben, mir selber aber nicht. Ich sah mich »bestraft« ohne Anlaß. Als die Essensausgabe vorbei war, fragte ich den Unteroffizier, warum ich mit »Schlagentzug« bestraft worden sei. Er erklärte mir, bereits verärgert, es handle sich nicht um Strafe, sondern um einen Befehl des Hauptmanns. Hinfort werde jeden Tag ein anderer das Essen austeilen, und dieser bekomme keinen »Nachschlag«. Diese Anordnung ist vernünftig, weil die »Gehilfen«, sprich Kalfakter, in den eigenen Magen gearbeitet haben.

Damit war die Sache eigentlich erledigt. Fünf Minuten später kehrte ich die Treppe, dort standen die beiden »Kalfakter«, von denen der eine am nächsten Tag entlassen werden sollte (und inzwischen entlassen worden ist). Er sagte, ich hätte das Essen so gut ausgegeben, ich sollte sein Nachfolger werden. Ich entgegnete lachend, diesen Posten wollte ich nicht haben, wenn ich dafür mit »Schlagentzug« bestraft würde. Nun begannen die Rädchen dieser Männerwelt zu schnurren. Der 2. Kalfakter lief zum Unteroffizier und sagte, ich hätte geäußert, er habe mich bestraft. Der Unteroffizier stellte mich zur Rede, ich stellte richtig. Gleichwohl machte er Meldung beim Hauptmann. Ich wurde zu ihm befohlen. Er begriff, daß ich den Unteroffizier nicht einer ungerechten Strafe beschuldigt hatte, erfuhr aber, daß ich gefragt hatte, warum ich bestraft worden sei. Darin sähe er, sagte der Hauptmann, ein »zur Rede stellen«, das läge in der Nähe von Widersetzung, und nicht zuletzt deshalb sei ich ja vors Kriegsgericht gekommen. Der nächste Satz hieß dann, ich könne mich nicht einfügen. Ich wurde nun mit Entzug des nächsten Mittagessens bestraft. Der Hauptmann fuhr fort, er werde mich doch nach Borissow schicken.

Es ist eben wahr – das ist kein nationalistisches, das ist ein verrückt gewordenes Volk. Zum Hauptmann zu sagen: Nun lassen wir doch mal den ganzen Quatsch, ein bißchen Humor, ein bißchen Phantasie, psychologische Phantasie – das ist nicht drin. Werde ich also jetzt wirklich auf Transport geschickt??

Am Nachmittag. Ganze Abteilung kehrt! Der Unteroffizier hat Einspruch gegen meine »Verschickung« erhoben, er hätte sonst niemand, der die Arbeit auf der Schreibstube macht. Er will versuchen, mich auch vom übernächsten Transport freizubekommen. Wie das alles an einem Haar hängt!

Sie treiben Schindluder. In meinem Fall heißt »auf Transport schicken«, mich der Feldstrafeinheit überstellen – sie sind bei Licht betrachtet potentielle Mörder, und zwar aus Laune, nicht aus Prinzip. Millionen in dieser Armee, könnte man einwenden, leben zwar unbequem (unbequemer, als ich über Strecken der Kriegszeit hinweg gelebt habe), und die Gefahr, der sie ausgesetzt sind, ist sozusagen die natürliche Gefahr, wie sie der Krieg eben für den Soldaten bereithält. Die Millionen kommen nicht in Situationen wie ich – das ist richtig. Und wenn, dann aus ganz anderen Gründen – auch das ist richtig. Womit aber ersparen sie sich den speziellen Konflikt? Damit, daß sie sich rational in einer irrationalen Gesamtsituation verhalten, sozusagen bürgerlich zu einer im Ganzen kriminellen Unternehmung. Ihre relative Rationalität ist Irrationalität, ihre Vernunft im Detail ist Wahnsinn im Ganzen, ihr braves Soldatentum kriminelle Komplizenschaft. Sie sind nicht Opfer einer Führung, sie sind Mitglieder einer Bande, die nicht deshalb aufhört, eine Bande zu sein, weil sie 99% des Volkes umfaßt. Ich würde doch lieber verrecken als dazuzugehören. Und außerdem will ich nicht verrecken, sondern übrigbleiben, dasein après. Das sind die Pole meiner Existenz, die eine Existenz von Fall zu Fall ist. Dies im Sinne von fallen, herabfallen.

Was ich an Geschicklichkeit aufbringe, mich zwischen diesen Polen zu halten, reicht jetzt mit Müh und Not dazu aus, einen eitlen Tiroler Laffen so hinzukriegen, daß er mich aus Egoismus auf seiner Schreibstube halten will. Sie reichte offensichtlich nicht dazu aus, diesen Hauptmann aus seiner Nationaltrance aufzuwecken – er, der Ölbildchen malt, Schubertlieder singt, flötet, ein Gefängnis ausmalen läßt, damit es ein hübsches Gefängnis wird, und der zu Hause in Stralsund, glaube ich, Bankbeamter ist. Ich glaube nicht mehr, daß ich ihn mit frisierten Briefen, die er als Zensor liest, beeinflussen kann.

Heute ist schon der 16. 9., und ich bin genau zwei Monate hier. Daß ich's noch bin, entgegen Usance und Vorschrift, was für ein fabelhafter Erfolg! Und womit errungen? Durch Gefängnisverschönerung und Büroarbeit, die meine Sekretärin bei Steiniger als zu minder von sich gewiesen hätte.

[Die Beziehung zu dem Tiroler Hauptfeldwebel wurde, je länger sie dauerte, schlechter und schlechter. Zwischen ihm und mir entwickelte sich eine Art Zeremoniell: Ich stellte als Schreiber die Namensliste derjenigen, die mit dem nächsten Transport nach Borissow gehen sollten, zusammen. Die dabei anzuwendenden Kriterien waren einfach und eindeutig; um Schicksal zu spielen, hatte ich keine Entscheidungsfreiheit. Wohl aber in gewissen Grenzen der Hauptfeldwebel bzw. der Hauptmann. Ich legte am Tage vor Abgang des Transportes dem Hauptfeldwebel die Namensliste vor, in der Regel zweimal wöchentlich. Durch dessen Unterschrift erlangte sie Gültigkeit. Während ich mit einer Andeutung von »Stillgestanden« vor dem Schreibtisch des Hauptfeldwebels stand, las dieser, zuweilen die Namen vor sich hinmurmelnd, die Liste herunter, nahm den Füller zur Hand, blickte auf und sagte: »Ja – und der Kuby!« Dabei tat er so, als sei er im Begriff, den Namen anzufügen. Ich versuchte zuweilen, durch ein serviles Lächeln das scheinbar Scherzhafte der Bemerkung zu unterstreichen. Diese Situation wiederholte sich etwa 20mal, ohne an Spannung zu verlieren.]

20. September 42. Freund Bertram ist gefallen. Seitdem ich weiß, daß seine Division in den Süden kam zur Offensive, bin ich innerlich auf diese Nachricht vorbereitet. Mir ist es bitter und traurig. Meine Freunde sind Frauen. Männer langweilen mich, nur mit zwei verbindet mich eine emotional erlebte Nähe. Nun wieder nur mit einem. Unsere Freundschaft entstand wie von selbst, sie war plötzlich da. Außer nach der Trennung in ein paar Briefen haben wir nie ein direktes Wort darüber verloren. Er hat zuletzt dieses Rußland, das ich durchs Gitter sehe, Felder, Wälder, diese majestätische Einfachheit begriffen, er hat die Weite und Unzerstörbarkeit geliebt. Damit trennte er sich von dem Pack, von den Spießbürgern auf Welteroberung.

[Wortlaut der Mitteilung, daß der Soldat Hansheinrich Bertram gefallen sei, an dessen Frau:]

Dienststelle F. P. Nr. 36134
Chefarzt   *O. U., den 27. August 1942*

Sehr geehrte Frau Bertram!
Ich habe die traurige Pflicht, Ihnen mitzuteilen, daß Ihr Mann,
der Obergefreite Hans Heinrich Bertram, geb. 29. 8. 14 in Halle/
Saale, Inf. Div. Nachr. Abt. 3, 1. Komp., F. P. Nr. 13048, der am
22. 8. 42 abends durch ein Explosivgeschoß an der Brust und am
linken Oberarm schwer verwundet und am 24. 8. 42 wegen dieser
Verwundungen ins Feldlazarett aufgenommen wurde, am 25. 8.
42 trotz aller ärztlichen Hilfe und Kunst an den Folgen seiner
schweren Verwundungen gestorben ist. Leider ist es nicht möglich
gewesen, Ihnen das Leben Ihres Mannes zu erhalten, und ich spre-
che Ihnen zu diesem schweren Verlust mein aufrichtiges Beileid
aus.
Seine letzte Ruhestätte fand er inmitten seiner Kameraden auf
dem Heldenfriedhof der Woroschilow-Klinik in Stalino.
Möge Ihnen die Gewißheit, daß Ihr Mann für Führer, Volk und
Vaterland gestorben ist, ein Trost in diesem schweren Leid, das
Sie getroffen, sein.

             Mit aufrichtiger Teilnahme grüßt Sie ergebenst
                     Dr. Schlohmann [?]
                     Oberstabsarzt

[Brief des Kompaniechefs zum Tode Hansheinrich Bertrams an
dessen Frau:]
Gernert
Hauptmann u. Komp. Chef
Feldpostnr. 13048   *Komp. Gef. Stand, den 6. 11. 42*
Sehr geehrte Frau Bertram!
In Beantwortung Ihres Schreibens vom 6. 10. darf ich Ihnen zu-
nächst meine und der ganzen Kompanie tiefstempfundene Anteil-.
nahme zu dem schweren Verluste, der Sie mit dem Heldentode
Ihres Gatten betroffen hat, aussprechen.
Der Zug, dem Ihr Gatte angehörte, wurde von Olt. Meyer ledig-
lich nachgeführt und war nicht eingesetzt. Bei Beginn der Dunkel-
heit am 22. 8. wurde er von durchgebrochenen russ. Kräften an-
gegriffen. Die Gegend des Überfalls ist Nähe des Dorfes Ros-
soschka, ca. 25 km nordwestlich Stalingrad. Leider ist von dem

*ganzen Zug niemand mehr übrig, der Ihnen Mitteilung über die
letzten Stunden Ihres Gatten machen könnte.*
*Brieftasche usw. müßten Ihnen vom Lazarett übersandt worden
sein. Es könnte sich nur um Gegenstände handeln, die Ihr Gatte in
den Taschen der Uniform bei sich führte. Sein gesamtes Gepäck ist
mit dem Kraftfahrzeug während des Überfalls verbrannt.*

> *Heil Hitler!*
> *gez. Gernert*

[Von der Mutter]
*München, 27. September 42. Seit drei Tagen wird es hier Herbst
nach den vielen schönen Tagen, und die Stimmung der Münchner
ist seit dem 19./20. [dem bis dahin schwersten Bombenangriff]
nachts auch recht herbstlich geworden. Alle sind jede Nacht startbereit mit Köfferchen etc., auch ich in meinem 4. Stock. Es sieht ja
auch teilweise nicht sehr schön aus an drei, vier Stellen der Stadt.
Ich war zum Glück in Weilheim, als es geschah.*
*Die 14 Tage in Weilheim werden wieder ausgefüllt sein mit Mo-
sten, Kartoffel ernten und Weizenanbau.*

4. Oktober 42. Am 1. Oktober ist der Soldat aus dem Urlaub zurückgekommen, den ich in der Schreibstube vertreten habe. Damit
erhob sich einmal mehr die Frage, was nun mit mir geschehen
würde. Ich meldete mich zum »Rapport« beim Hauptmann und
fragte, ob ich mein Gesuch auf Strafaussetzung von hier aus stellen dürfe. Die Bitte wurde gewährt – und mehr als das: die Art, in
der es geschah, bewies Verständnis. Bis das Gericht über dieses Gesuch entschieden hat, es werden sicher Wochen darüber hingehen,
bleibe ich hier. Das scheint nun festzustehen. Ich soll wieder als
Stubenmaler tätig werden, aber es sind keine Farben da. Die Gefängnisverschönerung stagniert etwas.
Ich frage noch einmal nach der Weimarer Rede von Rothe. Solche
Hochseilakte lesen sich immer interessant. Wir haben ein paar
Freunde, die nicht eigentlich schöpferisch sind, aber durch die Art,
wie sie die Dinge betrachten und darstellen, zur breitesten Wirkung kommen: Süskind, Hausenstein und Rothe, dessen Talent in
seiner gegenwärtigen Funktion richtig verwendet wird – seh ich
davon ab, daß jede Verwendung falsch ist. Ach ja, Carossa – daß
er zu einer so dominierenden Stellung gelangt ist, kommt davon,
daß wir gar keine stillen Schreiber im Lande haben, und er ist

einer. Leute wie Wiechert sind keine Stillen, die tun nur so. Von oben her hat man die Sehnsucht vieler nach Stille erkannt, und so wird Carossa protegiert, wie's nur geht. Ich würde gern wissen, ob er tatsächlich keine Verbindung zur Realität hat oder ob er sich ins Besinnliche züchtet, um nichts sagen zu müssen.

[Von Helene Flohr, Berlin]

23. Oktober 42. Heute mittag war ich am Schlesischen Bahnhof, um Frl. A., die gen Haag–Amsterdam fährt, an die Bahn zu bringen. Es goß trostlos, grau, naß, so viel naß, alles Grau in Grau, Urlauberzüge fuhren ein und aus, ein Geschiebe, ein Gedränge, Soldaten quollen zum Fenster heraus mit Päckchen, Paketen, Kasten und Koffern beladen. Ich dachte, es könnte ja auch ein Wunder geschehen und Du dazwischen sitzen. Aber es sollte nicht sein. Aber inzwischen haben wir wieder einen 17. gestrichen, im schlimmsten Fall sind es noch sechs davon [Strafzeit], die vom Kalender rollen müssen, das macht gerade einen langen dunklen kalten Winter. Ich träume so gerne »wenn es mal wieder Frieden ist, dann . . .« Ich will dann Köchin werden, es soll um mich dampfen und brutzeln und braten und kochen. Das Lädchen [das »Bücherkabinett«] ist doch immer noch ein gehätscheltes Kind, und man merkt, daß es mein erstes und einziges ist. Es gedeiht, die Regale leeren sich rapide, im November ist es oben leer. Aber so dachte ich schon vor einem Jahr auch, und wir reichten doch bis Weihnachten mit unseren Vorräten. Es könnte nur sein, daß ich D. [ihre Teilhaberin] aufgeben muß, da sind Gewitterwolken am Himmel aufgetaucht durch ein Gespräch am Abend zwischen einem Verleger, zwei Buchvertretern und einem Mann aus der RSK [Reichsschrifttumskammer] – ich wäre sehr unglücklich, wenn es sein muß, und gäbe es dann am liebsten auf [das Problem: in der Familie Juden]. Ich habe sie einfach schrecklich gern und auch nötig. Meine Füße sind so kalt, und ein böser Husten quält mich – ein Tröstchen ist die Eintrittskarte für die Philharmonie am Sonntag – Karajan dirigiert (wir hörten ihn selbdritt die »Zauberflöte« dirigieren – weißt Du noch . . .?).

1. November 42. Die mondhellen Herbstnächte ermuntern die Russen zu einer gewissen Aktivität in der Luft. Blieben wir bisher in den Zellen, so gibt es jetzt Nachtsitzungen unter der Erde, wo wir uns in einer Ecke zu Round-table-Konferenzen zusammen-

finden. Wir, das sind ein Vorortwiener mit einer erlebnisreichen Vergangenheit, ein degradierter Hauptmann und ich als Diskutanten, drumherum ein paar Zuhörer, nicht mehr als drei. Hier entstehen die einzigen Gespräche, die sich locker und leicht über die Situation erheben, in denen nicht vom Essen, von der Strafe, Straflänge, Straferlaß und so weiter geredet wird. In der Zelle ist es mir noch nie gelungen, die Gedanken der Leute auch nur eine Stunde lang von ihren Umständen abzulenken.

Wir haben einen gutfunktionierenden Ziegelofen gebaut, und ein Schlosser bastelte eine kleine Blechschaufel, mit der wir unsere Brotschnitten neuerdings im Feuer rösten. Seither sind Frühstück und Abendessen Feste. Einer nach dem andern setzt sich vors Ofenloch, und in der Zelle riecht es wie in einer Bäckerei. Wir haben jetzt auch elektrisches Licht und brauchen die weitere Verkürzung des Tages – um 5 Uhr wird es dunkel – nicht mehr mitzumachen, wir bleiben bei 7 Uhr stehen. Dann heißt es: Licht aus.

Von den verschiedenen Pflichten, die mir im Laufe dieser Monate aufgehängt wurden, ist mir die des Stubenältesten die wichtigste geworden. Ich bin nun am längsten hier von allen Gefangenen – deren durchschnittliche Aufenthaltszeit bei zehn Tagen liegen dürfte. Frisch bestraft kommen sie hier an, sind aufgestört, um- und umgedreht, je nach Wesensart obstinat, gleichgültig, großsprecherisch, bedrückt – und zu 95% »unschuldig«.

Ich bemale Schilder, Fensterrahmen, ein Badezimmer für die Wachmannschaft und die neuen Ziegelöfen in allen Zellen. Die Ziegel streiche ich rot, die Fugen weiß. Die vernünftige Methode wäre: den ganzen Ofen rot anstreichen und dann die Fugen mit kleinem Pinsel weiß nachziehen. Aber es geht auch anders, wenn man Zeit verbrauchen will: erst die Fugen weiß nachziehen, dann die derart eingerahmten Ziegelflächen rot ausfüllen. So mache ich's. Zuweilen kommt ein Feldwebel, ein Unteroffizier, bleibt eine Viertelstunde stehen und schaut mir schweigend zu. Das Rot tropft nicht ins Weiß, die Flächen, die Linien sind akkurat gegeneinander abgesetzt . . . ordentliche Arbeit macht der Gefangene. Noch keiner hat gesagt: Hören Sie mal, das ginge doch auch einfacher.

Hingegen riechen sie um drei Ecken den Mangel an Unterwürfigkeit. Ich habe wieder irgend etwas falsch gemacht, weiß nicht, was, spüre aber, wie sich dicke Luft um mich zusammenzieht. Einzig aufgrund einer Ahnung auf seiten der Lemuren, man sei der Auflehnung, ja auch nur der Einsicht fähig in die konkrete Situation, entsteht Feindschaft, aus Feindschaft Verfolgung, Hexenjagd. Mir meinerseits sagt eine Ahnung, daß die Hexenjagd gerade wieder in Gang kommt. Ich kann nichts dagegen tun.

Neulich sagte einer der Wächter zu mir, er sei überzeugt, daß ich im Privatleben erfolgreich sei, aber er hoffe, der Krieg dauere nicht mehr lange, denn beim Militär ruinierte ich mich. Was für ein lieber Mensch! Aber so lieb war er nun wieder nicht, daß ich zu ihm gesagt hätte: Sie haben nur recht, weil wir den Krieg verlieren. Verlören wir ihn nicht, so verlöre ich mit der Uniform das bißchen Schutz, das mich vielleicht doch rettet.

11. November 42 [nicht abgeschickt]. Es liegt eine Nachricht vor, daß ich nicht mehr dem Demidoffer Regiment angehöre, sondern zum Ersatztruppenteil versetzt worden bin, der sich in Ingolstadt befindet. Wer drei Monate von seiner Truppe weg ist, wird automatisch zum Ersatztruppenteil geschickt – damit will man den Strom von Tausenden und Abertausenden von Soldaten zum Versiegen bringen, die hinter der Front herumfahren, wochenlang, auf der Suche nach ihrer Truppe, die ihnen bzw. der sie aus irgendeinem Grund abhanden kamen.

15. November 42 [durch die Zensur]. Hauptmann Kaletta ist heute in Urlaub gefahren und wird erst Anfang Dezember wiederkommen. Ich sprach ihn noch einmal für den Fall, daß ich bei seiner Rückkehr nicht mehr hier wäre. Er sagte, daß er die »Beurteilung« aus Demidoff hier bei den Akten behalten würde, seine eigene Beurteilung aber den Papieren mitgäbe, die mich zum Ersatztruppenteil begleiten werden. Auf diese Weise entstünde doch ein positiver Ansatzpunkt für meine künftige soldatische Laufbahn. (Das sind natürlich nicht seine Worte, jedoch ihr Sinn.)

16. November 42. Wir werden nach dem Krieg bestimmt nicht in zwei kleinen Zimmern in Überlingen leben. Das heißt, wir werden einen größeren Haushalt einzurichten haben, und deshalb widerrate ich aufs Dringendste, Sachen, vor allem Haushaltssachen, an ausgebombte Freunde oder an Freunde von Freunden wegzugeben. Auf einen eisernen Bestand reduzieren, Überflüssiges, für andere dringend Nötiges verschenken – natürlich. Aber nicht alles. Das Wort »unersetzbar« wird für fünf bis sieben Jahre gelten – darauf esse ich meinen Hut.

[Von Elisabeth W.]

Würzburg, 21. November 42. Wie lange hat es nun wieder ge-
dauert, bis ich mich einmal ans Maschinchen setzte! Es ist nur gut,
daß unsere briefliche Kommunikation so etwas schon öfter ganz
gut vertragen hat – und daß Zeit in mancher Hinsicht keine Rolle
spielt. Vergiß das nicht! Ich habe den letzten Anstoß zum Schrei-
ben dadurch gewonnen, daß ich wieder einmal Deine Briefe durch-
las! Welch eine Sammlung, welch ein Ablauf, welch ein sich Gleich-
Bleibendes – und welch ein Wandel!

Ich habe ein paar Tage gebraucht, um dieses Panorama und alle
Gedanken richtig verdauen zu können. Vor zehn Jahren schon
hast Du Sätze von erstaunlicher Richtigkeit von Dir gegeben.
Auch sonst noch so einiges, was mich veranlaßte zu sinnieren, wann
man eigentlich anfängt, sich und andere bewußt und unbewußt
über sich selbst zu täuschen und wo eigentlich – völlig unbeein-
flußbar von Wille und Schicksal – die steten Eigenschaften eines
Menschen zu erfassen und zu halten sind.

Dein Sohn ist bezaubernd, mein Lieber. Ich kann Dir sicherlich
nichts Neues über ihn sagen, Edith wird Dir jede Regung registrie-
ren, denn sie ist ja recht eigentlich das Medium, für das Thomas
das Maß aller Dinge ist! Ich bedauere, daß wir nicht öfter dort
sein können [in Überlingen] und ihn bewundern samt seiner schö-
nen Mutter, die so unbeschreiblich märchenhaft in ihrem Garten
haust und Gott sei Dank oft gar nicht merkt, was es mit der bösen
Welt Lauf eigentlich für eine arge Bewandtnis hat. Eine Mauer
um uns baue – dieser Vers fällt mir immer ein, wenn ich bei Edith
bin.

22. November 42. Ich gehe noch einmal auf Deine Überlegungen
wegen der Berliner Wohnung und der W.schen Sachen bei
Knauer [Eigentum emigrierter jüdischer Freunde]. Unberühr-
bar bleiben ihre Kisten mit den Bildern, den Kunstmappen,
die Bibliothek, das Porzellan. Das ist immer noch eine Menge,
aber im Volumen gewiß kaum ein Fünftel von allem. Wir sollten
uns überlegen, wie wir diese Dinge bei Knauer wegkriegen und
wohin. Wenn den Herrenrassenherren ihre Villen und Schlösser
zerschmissen werden, fangen sie mit Sicherheit an, herumzu-
schauen, wo sie sich Ersatz beschaffen können. Besitz emigrierter
Bürger bietet sich da vordringlich an.

23. November 42. Ein lichtlos-kalter Sonntag im November. Daß dich der Gedanke an die Gefährdung eines Mannes wie T., der Dir alles in allem fern steht, »ganz krank« macht, ist ein arges Mißverständnis der Zeit. Die Lasten dieses Krieges werden noch größer werden, und wir werden auch weniger tragfähig. Durchhalten ist alles. Wenn Du materiell oder durch Beispiel helfen kannst – ja! Aber nicht das angegriffene Herz und Gemüt zwecklos anstrengen. Im Augenblick, da ich dies schreibe, werden Holz und Torf in die Schreibstube gebracht. Was für eine stümperhafte Ausnützung der darin liegenden Energie, sie in einem Ofen zu verbrennen! So ist es im übertragenen Sinn. Den Raum, in dem wir wirken, müssen wir hermetisch abschließen, und unsere Kräfte dürfen wir nicht durch den Kamin des Krieges jagen! Wenn in enger Zelle ein Mensch jetzt stetig wirkt, so wird sich, was er leistet, später in der Breite bemerkbar machen, aber es ist nicht die »mitfühlende Seele«, die eine Spur hinterläßt, sondern die selbstbewußte und im Wichtigen egoistische Natur. Daß Du im Faktischen in vieler Hinsicht auf dem Hügel unangefochten leben kannst, macht es Dir natürlich schwer, zu erkennen, wie notwendig eine innere Abschließung gegen Verluste und Zerstörung ist. Was Du nicht zu erleben brauchst, Gott sei Dank, solltest Du durch die Voraussicht ersetzen, wie dieser Krieg sich noch entwikkeln wird. Gelingt es, den Verschleiß an Menschen und Gut in der Waage zu halten mit dem, was aus dem riesigen, vom Krieg aber in seiner Produktivität unendlich geschwächten Raum herauszuholen ist auf Dauer, so haben wir den Zustand, daß Familien sich immer nur »auf Urlaub« zusammenfinden werden. Wir dürfen aber nicht von Urlaub zu Urlaub leben, wir müssen uns durchziehen. Das ist nichts anderes als mein »hic Rhodus, hic salta« von 1940, durch die Entwicklung gestützt, erfahren und alles in allem geleistet. Die Leute, die mir sagen, daß wir nicht mehr zehn Jahre Krieg führen können, sind einfältig. Europa wird noch viel mehr als bisher schon aus seinen alten Angeln gehoben und nie wieder in ihnen aufgehängt werden – jedenfalls hege ich diese Hoffnung, wenn auch anders, als man sich das jetzt vorstellt.

[Luft-Feldpostkarte, abgestempelt am 28. November 42.] Das Bäumchen wird für uns wohl auf dem Hügel brennen. Keine Post mehr hierher. Mama usw. in diesem Sinn informieren. So wär's geschafft? Vermutlich bin ich am 5. Dezember in Berlin.

29. November 42. Das ist der letzte Brief, den ich Dir von hier aus schreibe. Am 1. 12. fahre ich zum Ersatztruppenteil nach Ingolstadt. Ich nehme an, daß ich Urlaub bekommen werde.

Am 17. Juli haben wir dies hier begonnen mit der festen Absicht, das Bestmögliche daraus zu machen. Indes, ohne eine Reihe von Zufällen, auf die ich keinen Einfluß hatte, wäre es so glimpflich nicht abgelaufen. Ohne solche »Zufälle« gerät nichts, und so ist jede zu genaue Planung Unsinn. Seit einer Woche liegt ein Mann vom Demidoffer Regiment auf meiner Zelle. Wachvergehen. Er erzählte, was mir erspart geblieben ist. Es ist eine ganze Menge, das Regiment existiert nur noch in Rudimenten. Die letzten Tage hier waren nicht einfach, die Jagd auf mich wurde vom Feldwebel angeblasen, seitdem Kaletta in Urlaub ist, der Hase aber nicht mehr erlegt.

IN EINER HARMLOSEN KASERNE

4. Dezember 42. Guten Tag – einen guten Tag, gewünscht aus Europa, Berlin. Eigentlich kann ich heute noch gar nicht hier sein, von tausend Soldaten aus dem Urlauberzug sind zwei, wörtlich zu verstehen, so rechtzeitig durch die Entlausung gekommen – indem sie sich einer fremden Gruppe anschlossen –, daß sie den gestrigen Zug bis zur Grenze gerade noch erreichten.

Was ich hier beilege, ist die »Beurteilung« durch Hauptmann Kaletta: »Kuby hat sich während seiner Strafverbüßung gut geführt. Er hat sich vor keiner Schmutzarbeit gescheut und alle Arbeiten mit Fleiß und Sorgfalt erledigt. Er war nacheinander als Maler und Anstreicher, als Schreibstubenhilfe und bei allen vorkommenden Hausarbeiten eingesetzt. Infolge seines ärztlich anerkannten Fußleidens (beiderseits starker Platt-Knickfuß) war er zum Einsatz in einer Feldstrafgefangenenabteilung ungeeignet.« (Das hat Kaletta zu seinem eigenen Schutz hineingeschrieben, denn er hätte mich ja »weiterleiten« müssen.) »Er war auf Grund seiner guten Führung auf einer Gemeinschaftszelle als Stubenältester eingesetzt und hielt dort seine Zelle tadellos in Ordnung.

K. ist eine problematische Natur, die viele Vorzüge an Kenntnissen, Fähigkeiten und teils künstlerischer Begabung, andererseits infolge einer rein intellektuellen Bildung und falscher Erziehung aber auch gewisse Nachteile besitzt. Charakterliche Mängel wurden hier aber nicht festgestellt.«

6. Dezember 42, im Wartesaal des Bahnhofs Treuchtlingen. Die Fahrerei habe ich nun satt, der gute Zustand, in dem ich mich dank regelmäßiger Lebensweise von Juli bis Dezember befand, ist dahin, mir ist flau, der Magen macht Streiche. Dieses Ingolstadt liegt fern für einen Soldaten, der D-Züge nicht benützen darf. Von Berlin bis Nürnberg ging es einigermaßen vorwärts, aber jetzt bedeutet jeder Bahnhof ein paar Stunden Pause, und das ist am sechsten Reisetag nicht mehr komisch. Da ich 24 Stunden früher in Berlin war, als ich nach der Ansicht dieser Burschen, die mit Maschinenpistolen auf den Bahnhöfen herumstehen, hätte sein können, blieb mir Zeit für die Reichshauptstadt. Ich telefonierte fleißig. Jeanne ist malbesessen, ich war nur ein paar Minuten im Atelier und sah mit halbem Auge riesige halbfertige Tafeln, bedeckt mit entarteter Kunst.

Nach zehn Blitzbesuchen, über die zu erzählen ist, hatte ich den Eindruck, daß wir nie, nie wieder nach Berlin zurückgehen dürfen.

Ingolstadt, 7. Dezember 42. In der Kaserne. Ein alter Bau im Festungsgelände, gewölbte Gänge usw. Ich habe den Eindruck, daß dies »ein ganz ruhiger Verein« ist. Noch niemand hörte ich laut sprechen, geschweige denn schreien. Ich habe zweieinhalb Stunden lang Kartoffeln abgeladen. Es gibt keine Zentralheizung und für den Ofen erst am Mittwoch wieder ein paar Kohlen. Ein Schnupfen, den ich mir gestern holte, entwickelt sich. In Rußland hatte ich nie Schnupfen.

10. Dezember 42, Ingolstadt, Kaserne. Heute ist Nebel, das freut meine Erkältung besonders. Der Arzt hat mir eine Spritze gegeben zur Erhöhung der allgemeinen Widerstandskraft. Ich bin in einem miserablen Zustand, und war doch so gut konserviert in Smolensk. Die freie Wildbahn bekommt mir nicht. Eine Kaserne als freie Wildbahn bezeichnen – alles ist relativ. Hier gibt's nichts zu heizen, dafür Wanzen, gegen die hilft nichts, gegen die Kälte das Verbrennen von Tischen, Schränken, ja sogar Fensterläden. Der Fourier rast durch die Stockwerke, die Übeltäter zu finden,

statt daß der Kompaniechef Holz beschafft. Der Hauptfeldwebel meint, ich könnte mit 16 Tagen Urlaub rechnen.

Für heute abend habe ich eine Karte für den Münchner Schauspieler Ulmer gekauft, der war bereits ein älterer Herr, als ich die ersten Schüler-Aufführungen im Prinzregententheater sah. Ein pathetischer Könner – ich erinnere mich seiner als Faust. Er hatte etwas Wüllnersches, wenn auch nicht ganz so exaltiert. Die Mark ist auf jeden Fall gut angelegt, denn im Saal wird es warm sein. Auch war ich höchstens dreimal in meinem Leben bei einem Rezitationsabend, einmal im Herkules-Saal, war es Gertrud von Le Fort? Sie las Russen und Kleist, war schön und elegant. Einmal in Hamburg den unglückseligen Wüllner, und der dritte Abend war in Paris, da las einer bekannte Rilke-Gedichte auf Französisch, es war seltsam.

11. Dezember 42. Der Abend gestern war kein Reinfall, sogar die Lokalität, ein neuer großer Saal, schlecht besucht, war etwas über-ingolstadt. Zwischen den Auftritten von Ulmer machte ein Quartett, mit einer Klarinette im Schlepptau, Musik. Und zwar 1. Satz Brahms, 1. Satz Haydn, 3. Satz Brahms, 2. Satz Haydn, und so weiter, auf ihren Noten muß gestanden haben: Vor Gebrauch gut schütteln. Ulmer: Schüler-Mephisto, Elisabeth-Maria, Cäsar, Forumszene, er ließ nichts aus. Zum Schluß blieben die Leute einfach sitzen und wollten mehr für ihr Geld. Er kam wieder heraus, sagte, er fühle, wie gut die Stimmung im Saale sei, er aber habe Kehlkopfkatarrh, und so könne er nur noch etwas Kleines bieten. Das Kleine war das Heideröslein. Ich dachte, ich höre nicht recht. Die Leute machten noch ein Klätscherchen und dann drückten sie sich, herabgestimmt aus den großen Tragödien, hinaus nach Ingolstadt.

Ulmer war im Straßenanzug, trug einen Querschlips, war ein eleganter Mann, der ein Frauenzimmer bei sich hatte, das sichtlich seine leichte Verfallenheit mitverursacht haben mochte.

Ich fahre morgen nachmittag nach München und nach Weilheim. Am Dienstag, 15. 12., werde ich bei Euch sein und habe Urlaub bis 28. 12., 24 Uhr.

[Eintragungen im Notizkalender während des Urlaubes:]

12. Dezember 42. Gegen 5 Uhr in Weilheim, bin fast krank und mache nachts Schwitzkur. – 13. Dezember 42. Mamas Gepäck für Berlin gepackt, einige Zentner, das hilft mir auf die Beine.

Abends nach München. – 14. Dezember 42. Treffe Süskind auf der Bahn, bevor ich nach Lindau fahre. – 15. Dezember 42. Wir verlassen unsere acht Wände nicht. Thomas! – 16. Dezember 42. See und Stadt erscheinen mir trotz der Jahreszeit unglaublich südlich. – 17. Dezember 42. Auf der Rehmenhalde gibt es eine blühende »Klatschrosenzucht«. Besuch bei Scheck [Flötist]. – 18. Dezember 42. Rothes bei uns. – 20. Dezember 42. Thomas hat Keuchhusten, er bekommt eine Spritze. Auf der Seepromenade die Sonntagsbürger en masse getroffen. Sonne. – 21. Dezember 42. Nebel, gar nicht kalt. Gehe viel mit Thomas spazieren. – 22. Dezember 42. Kauf des Weihnachtsbaumes um 7 Uhr früh, als es noch dunkel war, in der Gärtnerei. – 24. Dezember 42. Thomas sehr süß und wir sehr glücklich. Er vergißt vor dem Baum, daß er krank ist. – 25. Dezember 42. Wir leben recht gut und haben zu jeder Mahlzeit schöne Weine. Dergleichen soll man notieren im vierten Kriegsjahr. – 26. Dezember 42. Bei Froweins. – 27. Dezember 42. Es wird kalt. Thomas unter der Nachwirkung der Spritze weinerlich. – 28. Dezember 42. Früh halb 7 auf die Bahn, sehr kalt, sehr trist. Darlan ermordet. Über Friedrichshafen–Ulm nach München, im Speisewagen leidlich gegessen. Bummel durch die Stadt mit N. B. Um halb 9 nach Ingolstadt, auf dem Nebengleis steht der S.-F.-Zug nach Neapel! – 29. Dezember 42. Niemand nimmt Notiz von uns. Kein Dienst. Esse ab jetzt häufig im »Wittelsbach«, wo es ruhig ist. Zeitungen!

[An den Gefängniskommandanten in Smolensk]
Überlingen, 16. Dezember 42. Sehr geehrter Herr Hptm. Kaletta, wenn ich diese vierte Kriegsweihnacht mit meiner Familie verbringen kann, so verdanke ich das vorwiegend Ihnen, so daß ich das Fest nicht vorbeigehen lassen möchte, ohne Ihnen meine besten Wünsche zum Ausdruck zu bringen.
Über meine zukünftige Verwendung weiß ich vorläufig noch nichts. Der Chef der Ersatzkp. in Ingolstadt sagte mir zwar, daß ich nicht mehr an die Front käme, bei der Ersatzkompanie konzentriert sich aber das Interesse des zahlenmäßig sehr kleinen Stammpersonals durchaus auf die Ausbildung von Rekruten, so daß wir alten Mannschaften, außer mir nur einige Genesende, ganz außer Betracht bleiben. Ziemlich beschäftigungslos bringen wir die Dienststunden bei guter Verpflegung und ungeheizten

Öfen hin. Ich werde deshalb nach meinem Urlaub um Kommandierung oder Versetzung zu einer Stelle bitten, wo ich mich etwas nützlicher machen kann.
Mit Deutschem Gruß!

[An die Witwe des Freundes Hansheinrich Bertram]
Überlingen, 20. Dezember 42. Sie haben gehört, warum ich damals, als ich die Nachricht von Ihres Mannes Tod erhielt, Ihnen nicht schreiben konnte. Nun bin ich seit wenigen Tagen in Deutschland und will es nachholen. Freilich werde ich so nicht mehr schreiben können, wie ich es damals im ersten tiefen Erschrecken und Trauern getan hätte. Inzwischen habe ich des Freundes Tod oft und oft bedacht, und wir, die wir wissen, wie sein Leben, abgezogen von seinem eigentlichen Inhalt, ein Versprechen auf die Zukunft war, in diesem Ende auch keinen Sinn sehen können und es deshalb unendlich mehr beklagen – so ist doch der Gedanke, daß er tot sei, inzwischen ein Teil meines Denkens geworden. Kann ich mich seiner mit dem Gefühl der Trauer und des Verlustes erinnern, so wage ich doch gar nicht den Blick zu erheben und zu sehen, in welcher Lage Sie sich mit Heide befinden.
Wie viele Briefe von Ihrer Hand sah ich ankommen und wie sie beglückt gelesen wurden, wie viele sah ich ihn schreiben in seiner ruhigen zusammengefaßten Art! Wie fast bei uns allen mußte das gemeinsame Leben sich in Briefe retten, statt sich frei in wirklicher Gemeinsamkeit entwickeln zu können. Und nun auch statt der Briefe Schweigen und nichts.
Ich weiß nicht, ob Ihnen bekannt ist, wie nahe wir uns standen. Die Freundschaft bildete sich ohne gewolltes Zutun schon im ersten Kriegswinter in der Eifel, und sie erreichte ihre Vollendung in jenen langen Frankfurter Monaten, die wir Tag um Tag gemeinsam verbrachten. Verstehen Sie es nicht falsch, wenn ich diesen Frankfurter Winter und das ihm folgende strahlende Frühjahr als eine der glücklichsten Zeiten seines Lebens bezeichne. Stets sind die Höhepunkte unseres zerrissenen Soldatenlebens die kurzen Wochen zu Hause. Aber von der langen übrigen Zeit waren die Frankfurter Monate glücklich zu nennen; dem Dienst durch unsere Sonderarbeit entrückt, lebten wir in recht freien Verhältnissen, und wenn er auch nicht arbeiten konnte, so las er da-

mals doch unendlich viel und kam so den Bezirken nahe, in denen er eigentlich seine geistige Heimat hatte. Wir waren sehr heiter damals und kamen uns auf eine selbstverständliche, lebendige und erfüllte Weise so nahe, daß er für mich der nächste Freund wurde und im genauesten Sinn des Wortes der einzige in diesem Krieg. Von damals ist sein Bild in mir verwahrt, und wenn ich einmal Gelegenheit dazu habe, will ich es nachzeichnen – natürlich nicht für Sie, die Sie ihn unendlich viel näher kannten, aber für sein Kind, so daß es auch durch einen männlichen Geist erfährt, wer er war, dieser unbekannte Vater.

Sagen Sie mir doch auch, wie Ihre äußere Lage ist und ob ich Ihnen in irgendeiner Weise eine Hilfe sein kann bei Ihren Zukunftsplänen.

[An die Mutter, die sich vorübergehend in Berlin aufhält]
Überlingen [ohne Datum, kurz vor Weihnachten]. Dank für die Lebensmittelkarte, von der ich Weißbrot für Dich abschneide, weil uns bei dem schwarzen ebenso wohl ist. E. näht, Thomas schläft. Er ist von großer Aufmerksamkeit für alles, seine Stellungnahmen sind präzis, ein zweisilbig ausgesprochenes »nei-ein« ist sein Lieblingswort. Der Vater war zunächst eine sehr zweifelhafte Neuerscheinung, die er mit großer Vorsicht besah, seit heute wird er zutraulicher und bedenkt mich manchmal mit einem Lächeln.

Der Hase [ein Weihnachtsgeschenk aus Weilheim] ist nachts vor Kummer vom Balkon gesprungen und fand sich tot – d. h. wir fanden ihn, er fand nichts mehr. Der Milchbauer hat ihn ausgenommen und abgezogen (die Fellbescheinigung schicke ich Dir), die Leber haben wir gegessen, der Rest geht morgen ins Bratrohr. Thomas taufte ihn »Miau« und wollte ihn noch füttern, als er dessen nicht mehr bedurfte.

[An Wilhelm Hausenstein in Tutzing am Starnberger See]
25. Dezember 42. Bevor dieses Jahr zu Ende geht, möchte ich Ihnen noch einen Gruß schicken, der Ihnen sagt, daß wir es auf gute Weise bestanden haben. Ob das neue die Wende schon bringen wird, erscheint mir zweifelhaft, und mehr kann man nicht wünschen, als daß wir auf unserem Platz beharrlich bleiben mögen und dem Ganzen nicht abgewendet, damit wir es erkennen. Wenn Sie im einzelnen wüßten, wie mir das Jahr verlaufen ist –

die Mitteilung sei auf ein Gespräch aufgespart –, so würden Sie vielleicht nicht finden, daß es mir wohl wollte. Aber Sie sehen, ich feiere das Fest wie die vorigen drei des Krieges wieder mit meiner Familie – diesmal hier am See in den friedlichsten und, mit einem veralteten Ausdruck gesagt, anmutigsten Verhältnissen. Das Wort kommt mir nicht nur beim Blick von unserem hochgelegenen Haus über den herrlichen See und die noch gar nicht winterliche, überraschend südliche Landschaft (nach einem Jahr Rußland!), sondern vor allem angesichts unseres kleinen Hauswesens mit unserem Söhnchen darin, das nicht nur zum Ansehen wohlgeraten ist. Ein solcher Beschluß des Jahres und überhaupt die Tatsache, daß ich bei Gesundheit bin und das mir nicht zugehörende Leben mit immer größerer innerer Freiheit zu führen lerne, rechtfertigt schon, das Jahr zu loben.

Zu meinen Kriegsnotizen aus Frankreich sind mittlerweile solche aus Rußland hinzugekommen, auch sie nicht zum Druck geeignet, wie Ihnen Freund Süskind bestätigen wird, falls Sie sich von einem Seeufer zum andern gelegentlich verständigen.

Vielleicht finden Sie auch, daß ein gewisser Kreis von Menschen sich nicht gänzlich durch den Krieg auseinanderreißen lassen, sondern sich hin und wieder bestätigen sollte: ik bin allhier.

[Von Jeanne Mammen an E. K.-Sch.]
Berlin, 26. Dezember 42. Ganz kostbar und paradiesisch kommen mir diese Äpfel vor, ich hatte schon vergessen, daß es so was gibt, denn wir Berliner haben seit zwei Monaten kein Obst gesehen, geschweige denn gegessen. Ich freute mich auch über Mandelkern und Nüsse aus den Bodenseewäldern.
Ich habe mir zu Neujahr resp. Silvester eine Flasche Wein »erstanden«, pompös benamt »Chanson de fou«. Wenn nur nicht alles so doppelsinnig, so doppeldeutig wäre, heiliger Januar! Ich werde das Jahr im Atelier begrüßen, vorher gibt's Kunst der Fuge. Ende gut, alles gut!

[An Jeanne Mammen]
Ingolstadt [ohne Datum, Dezember 42]. Erkunden Sie doch bitte, ob in einem Berliner Theater jetzt oder vor etwa vier Wochen das Stück »Die Pioniere von Ingolstadt« aufgeführt worden ist. Die Autorin heißt Marieluise Fleißer, und es ist eine unbestätigte Kunde davon zu ihr gedrungen. Das Theaterbüro am Kudamm

beim Gloriakino müßte es wissen. Erinnern Sie sich des Skandals, als dieses Stück vor etwa zehn Jahren (mit Peter Lorre?) am Schiffbauerdamm aufgeführt wurde? Es war begabt, aber schlecht. Ein Roman derselben Dichterin, »Mehlreisende Frieda Geier«, ist mir damals bekannt geworden, und ich stellte das Buch in eine Reihe mit D. H. Lawrence und Th. Wolfe – auf bayrisch. Außerdem hat die Frau ein paar kleine Geschichten geschrieben, dann hörte man nichts mehr von ihr. Ich habe sie hier besucht. Sie arbeitet seit fünf Jahren an einem Stück aus der englischen Geschichte. Dreieinhalb Akte sind fertig, es ist ausgezeichnet. Die Frau hat einen Zigarrenhändler geheiratet, einen Kleinbürger. Sie ist sehr lebensuntüchtig und gleichzeitig unglaublich stark. Sie schreibt so, wie Sie malen – nur mühsamer und langsamer und verbrennt auf ihrem Schnee.

Seit 14 Tagen habe ich hier dank einer Anzeige im Donauboten einerseits und einer ahnungsvollen freundlichen Seele andererseits eine ruhige Arbeitsstube nächst der Kaserne für die Abende. Seit wenigen Tagen auch eine Schreibmaschine. Ich tue so, als vertraute ich der Beständigkeit dieser Verhältnisse (zum wievielten Male?), obgleich jede Stunde die Abreise bringen kann. Aber darauf zu warten hat auch keinen Sinn. Darum kommen morgen auch E. und Thomas hierher. Sie werden hier bei mir wohnen, wir haben zwei zentralgeheizte Stuben in einem Haus mit Garten, ein Jammer, daß Winter ist. Unten im Haus die Frau Oberst mit zwei Kindern, darunter die Frau Major mit einem, ich bin Gast, paying-guest der Frau Oberst. Der Mann ist im Hauptquartier ziemlich oben und hat das Eisenbahnfahren der Soldaten unter sich. Sie lesen die Zeitungen?

Ich könnte in Stalingrad sein, ich wäre es mit Gewißheit ohne die Ereignisse vom August 41. Statt dessen also Ingolstadt. Lobe den Herrn, denn er ist freundlich. Ich lese die Fleißer, Montaigne, die Frankfurter Zeitung und mittags das, was ich abends geschrieben habe. Die Ankunft der Familie wird die Arbeit sehr beschränken. Kaserne (von 6–18 Uhr ohne die mindeste Beschäftigung), Mann einer Frau, Thomäschens Vater, notwendiger Schlaf, und dann noch um die Ewigkeit besorgt sein – ein umfassendes Programm. Wir wollen die Ewigkeit vernachlässigen und lebendig sein.

Bitte wenigstens eine Karte wegen der Pioniere, es ist so unwahrscheinlich, aber zwei Leute haben es hier behauptet, unabhängig voneinander.

[An Helene Flohr]
Ingolstadt [ohne Datum, Dezember 42]. Wenn wir Deinen Brief lesen und Das Reich, dann fürchten wir ja auch fast, daß Dir Deine Bücherbestände auf eine radikale Weise entweder erhalten bleiben oder abhanden kommen [Schließung des Ladens oder totaler Bombenschaden]. Edith plant zum Geburtstag des Geheimrats [ihres Vaters], Anfang März auf ein paar Tage nach Berlin zu fahren. Ich bin gespannt, wann der Augenblick für uns eintritt, wo jeglicher »Luxus« dieser Art nicht mehr zu erwägen ist, wir ganz still auf einer Stelle sitzen müssen und in der Erde herumgraben, damit sie das Notwendigste an Nahrung hergibt. Für uns läge diese Erde in Weilheim. Wahrscheinlich trifft es sich so, daß der Augenblick des Wieder-zusammen-Seins nicht allzu fern jenem liegt, in dem wir uns von selbstgebauten Kartoffeln nähren.

Gestern hatten wir wieder Frau Fleißer abends zum Tee hier, sie blieb bis halb eins. Sie ist stark und ruhig und in ihrer Art bedeutend. Sie las aus ihrem Stück einen Akt und gewann E.s uneingeschränkte Bewunderung. Im lauten Lesen wurden manche Stellen noch stärker. Wir haben hier in wenigen Wochen gute Freunde gewonnen, Frau K., Frau Fleißer – beide aus Lebenskreisen, die von dem auf der Rehmenhalde ganz verschieden sind. Für E. war es sicher wichtig, diesem einmal entrückt zu sein. Durch Frau K. und ihren OKW-Gatten sind wir den Kriegsereignissen nähergerückt, sie sind dadurch nicht erfreulicher geworden. Weniger was wir hören, als was wir nicht hören, macht diese Frauen besorgt und zum Heulen geneigt – ich bin ja weit davon entfernt, aber es gelingt mir nicht, meinen Gleichmut anderen einzuimpfen. So ins Allgemeine besorgt zu sein hat gar keinen Sinn.

Ingolstadt, 29. Dezember 42 [Fahrt nach München]. Es war stockfinster und eisig, als ich auf dem Klapperrad zur Bahn hinunterfuhr. Der Zug ratterte durch die Dämmerung. Der Schnellzug hatte sogar einen Speisewagen. Bei Natascha in der Tengstraße, wo noch ein in viel Haar gehülltes Wesen war, das mir einmal in Berlin Äugelchen gemacht hatte, um nicht zu sagen

Augen. Die Stunden in der Tengstraße versetzten mich in die Schwabinger Epoche und schienen mir aus uralten Zeiten hergeholt.

Am selben Bahnsteig stand in München der Urlauberzug nach Neapel, randvoll mit Afrika-Soldaten. Es kam zu einer dramatischen Szene, als etwa 30 Soldaten behaupteten, keinen Platz mehr zu finden und schließlich wirklich zurückblieben unter ungeheurem Geschrei der anderen, die abfuhren. Fast jeder hatte ein Mädchen am Arm, dem auf diese Weise noch einmal 24 Stunden geschenkt wurden.

Mit der üblichen Formel: Urlaub ohne besondere Vorkommnisse, meldete ich mich heute früh zurück. Merkwürdigerweise wurde ich nach unserm Weilheimer Hof gefragt vom Hauptfeldwebel, der auch zu erkennen gab, daß das Gesuch, mich freizustellen, vorliege. Es machte ganz den Anschein, als seien nicht die Familientoten wichtig für die Entscheidung, sondern es stünde die Frage, wer die Landwirtschaft betreibt, im Vordergrund.

Wenn mir das Militär in so harmloser Form entgegentritt wie derzeit hier, werde ich besonders mißtrauisch.

1943

2. Januar 43. Das ist eine trostlose Art von Lebenszeitvergeu-
dung - jedoch wie viele würden sich darum reißen, in so bequemer Lage zu sein. Schicke bitte zwei oder drei Orgelbände, Bach,
Händel, Pachelbel.

3. Januar 43. Die Orgel in der Garnisonskirche macht mir überhaupt keinen Spaß, sie ist völlig charakterlos. In der schönen
Franziskanerkirche befindet sich die älteste Orgel Ingolstadts, ich
sprach mit einem sehr mißtrauischen Mönch; ein Soldat, der um
Spielerlaubnis bittet, war ihm noch nicht vorgekommen, und ich
hatte den Eindruck, daß er jeden, der eine Uniform trägt, für
einen Verfolger nicht so sehr der Russen wie der Kirche hält. Er
will mit seinen Oberen sprechen.

5. Januar 43. Der Kirchendiener ist auch für die Sauberhaltung
der Kirche zuständig. Bei ihm hole ich jedesmal den Schlüssel für
die Orgel. Beim letztenmal sagte er: »Sie, gell, spielen S' net gar so
laut.« Ich schaute ihn nur verwundert an. »Ja, wissen S'«, sagte er,
»wenn die Leut Orgelspiel hören, meinen's, daß was los is in der
Kirch! Und des ist gar net notwendig, daß da so viele neilaufen,
die machen bloß alles dreckig.«

Nicht nur das Essen treibt mich ins »Wittelsbach«. Hier hängen
die FZ und die DAZ aus, die am Stand nur schwer zu bekommen
sind.

7. Januar 43. Der Kirchendiener will, daß ich nur einmal in der
Woche spiele. Nun muß ich nochmal zum Pfarrer, und dann habe
ich den Küster zum Feind, wenn ich mich durchsetze. Die Noten
sind gekommen.

Ich habe noch nie mit zehn Leuten auf einer Stube gewohnt, mit
denen so gut auszukommen ist. Es ist eine Auswahl insofern, als
nahezu alle ihre Verwundungen genießen, zufrieden, daß sie die-
sen Winterkämpfen von Ingolstadt aus zusehen können. Sie ha-
ben auch genug erlebt, um nicht mehr große Reden zu führen.
Zwei spielen Schach, ganz gut ein Wiener, der, wenn er nicht
Schach spielt, mit glänzenden, schmachtenden Augen singt. Seine
Glanznummer ist »Mamatschi, schenk mir ein Pferdchen«.
Derzeit bin ich geneigt, meinen süddeutschen Landsleuten den
Vorzug vor den Preußen zu geben. Wenn sie's gemütlich haben,

die Bayern, sind sie trotz ihrer Grobheit ganz handsam. Ich vergaß neulich, im »Wittelsbach« sitzend, daß ich zum Luftschutzdienst eingeteilt war, was nichts erfordert als die Anwesenheit in der Kaserne. Da sprang einer für mich ein, den ich gar nicht kannte, nur so, um Ärger zu vermeiden. In einem preußischen Haufen wäre keiner auf die Idee gekommen; daß er nicht auf dem Dienstplan stand, hätte ihn davon abgehalten, »Dienst« zu machen.

[An den Verleger Ernst Heimeran, München]
Ingolstadt, 13. Januar 43. Erlauben Sie bitte einem Mann, der sich in einer Ingolstädter Kaserne aufs trockene gesetzt fühlt, Ihnen einen Vorschlag zu unterbreiten, zu dem ihm die Idee vor einigen Tagen gekommen ist. Sie entstand anläßlich der Bitte eines Kameraden, ihm einen Brief an sein Mädchen zu schreiben, der in einer schwierigen Situation eine Wende herbeiführen soll.
Ich bedachte, daß man einen »Liebesbriefsteller für Soldaten« schreiben sollte, eine in der Form höchst private Spiegelung des Kriegsdaseins vieler junger Männer. Es wäre ein naives Gemüt zu erfinden, dessen Charakter die Ironie von vornherein lieferte, ein Mann, der aus einem eben beginnenden Liebesverhältnis durch die Einberufung gerissen wird und es nun, wie es Hunderttausende tun, durch Briefe fördern und erhalten will. Die Liebesentwicklung hätte scheinbar die Hauptsache zu bleiben und dürfte doch nur das Vehikel sein, das ruhelose Schweifen des Soldaten durch Europa in heroischen Verhältnissen durch dessen im Politischen und Militärischen so treuherzigen wie im Privaten denn doch auch listigen Beschreibungen zur Anschauung zu bringen. Er benützt den Krieg, um sich dem Mädchen bemerkenswert zu machen, so daß es also zu Verlobung und Ferntrauung kommt, wobei eine Hochzeitsnacht nach Ferntrauung über 1000 km Distanz in meiner Vorstellung das Büchlein abschlösse, für das ich keinen besseren Verlag wüßte als den Ihren.

14. Januar 43. Woraus ist das?: 1. »Er hat keine Hosen an, fühlt sich jedoch genügend bekleidet durch seinen Zorn.« – 2. »Wie so leicht von Kopf bis zu den Zehen kann ein Mensch von seiner unglücklichen Liebe werden!« Und:
»Die Stadt hat neun Kirchen, ein Männer- und zwei Frauenklöster. Sie hat vier Hauptstraßen, die genau im Zentrum ein

Kreuz bilden. Die beiden Balken sind von einem Stadttor zum andern genau einen Kilometer lang. Sie hat zwischen diesen Balken ein Gewirr von alten, krummen Gassen, die nach Zünften benannt sind oder andere heimelnde Namen tragen ...«
Das hat die Ingolstädterin Marieluise Fleißer geschrieben. Ich gehe mit der großartigen Frau um.

[An Carl Rothe in Überlingen]
Ingolstadt [Anfang 1943, Fragment]. [...] in Ingolstadt wieder eine Familie auf Abbruch bilden, obgleich das vor noch weniger als drei Monaten das Unwahrscheinlichste auf der Welt war, so wollen wir aus diesen guten Verhältnissen einen Gruß schicken. Mit Glück sind wir in diesem bis dato fremden Nest in Obhut genommen worden, und es hat sich alsbald herausgestellt, daß das Nest gar nicht so fremd ist, eine Menge Beziehungen hin- und hergehen. In dieser Hinsicht wurde gestern abend der Punkt aufs i gesetzt, als sich zufällig ergab, daß der Mann der das untere Stockwerk des Hauses bewohnenden Strohwitwe mit meinem Vater in einer Division war, mit ihm Umgang pflog und von seinem Tod, ohne den Namen zu nennen, bestürzt und berührt berichtet hatte. Wenn ich Ihnen nun auch erzähle, daß eine unserer sympathischsten Bekannten hier Patenschaft bei einem der Heisenberg-Kinder hat, so werden Sie sich auch wundern, wie klein die Welt ist. So klein eben wie Ingolstadt, das im Vergleich mit dem ewig verabscheuungswürdigen Züllichau eine Metropole ist. Ich suchte hier den originellsten Geist auf, den der Ort in diesem Jahrhundert hervorgebracht hat. Die Marieluise Fleißer, gegen die der hiesige Bürgermeister – ein Vorgänger des derzeitigen, versteht sich – einmal einen Prozeß verlor, als er seine Pioniere gegen ihr Stück [Pioniere in Ingolstadt] in Schutz nehmen wollte. Sie hat in den dreißiger Jahren manches hervorgebracht, was man jetzt systemzeitlich nennt – die Dichterin selbst benützt den Ausdruck –, und verstummte dann. Ein Stück über Karl I. aus dem Hause Stuart beschäftigt sie seit Jahren. Hier arbeitet also jemand ganz abseits des Literaturbetriebes unter seltsamen und schwer erklärbaren Umständen, nämlich verehelicht mit einem kleinen Zigarrenhändler, aber das ist das Merkwürdigste daran nicht. Eines Tages wird man den Namen wieder zur Kenntnis nehmen müssen.

Ich würde, lieber Nachbar, in diesem Zusammenhang gern noch einmal das Gespräch über asketische Arbeitsbedingungen, das wir zu schnell beenden mußten, aufnehmen. Ich konnte mich da nicht recht verständlich machen, wie mir Deine Einwände bewiesen. Aber ich glaube, es führt zu nichts, weil ein jeder dermaßen seiner Eigenart folgt, daß er unduldsam wird. Von meiner Ecke aus kann ich nicht anders, als jedermann die äußerste Unabhängigkeit von allem, was man als Milieu, Lebenskreis und Bedürfnisse bezeichnet, zu wünschen, da wir über kurz oder lang in der Lage sein werden, auf dergleichen verzichten zu müssen. Daß Du unsere Zeit und ihre Geschenke an uns so stark und so persönlich empfindest, Dich zudem mit einem unvergleichlichen Idealismus für Ziele einsetzt, die gänzlich im Irrealen liegen (da so oder so mit nicht erlebter Ausschließlichkeit die Entscheidungen von Haß und Feindschaft bestimmt werden, nicht aber von Verständnis) – das ist mir ein Beweis, wieviel näher Du dieser Zeit verbunden bist als ich, der ich sie nur registriere. Eben darum will ich ihr auch nichts abgewinnen, was sie nur gelegentlich und gegen große Mühen hergibt, die mit unserer eigentlichen Mühe gar nichts zu tun haben.

15. Januar 43 [E. K.-Sch.]. *In den Goethe-Schiller-Briefen, in denen ich lese, kommt nie etwas Politisches vor. 1794/95 – war da nicht noch die Revolution in Frankreich im Gange, Anfänge Napoleon?*
Hier Werners Vorträge [Eine Sammlung von Vorträgen Werner Heisenbergs]. *Bitte lese sie gründlich. Ich habe sie mit Begeisterung gelesen.*

18. Januar 43. Berlin ist Samstag und Sonntag bombardiert worden – wenn sich das regelmäßig wiederholt, ist die Entscheidung über Deine Reise dorthin von Churchill bereits getroffen worden.
1794/95 geschah allerdings so manches in Frankreich, was wert gewesen wäre, auch in Weimar bemerkt zu werden. Die Kommunikation zwischen den Ländern war aber noch recht schlecht, und die beiden hatte eben über anderes miteinander nachzudenken. Daß sie die Dinge verfolgten, steht außer Zweifel. Gesetzt den Fall, durch irgendeine freundliche Fügung säße ich mit Dir und Thomas auf der Rehmenhalde, es wäre aber im übrigen alles, wie es ist, wäre der Krieg unser Thema? Ich würde an einer un-

zeitgemäßen Sache schreiben, die schwerere Gartenarbeit machen, Holz sammeln und zu den Bauern fahren für 10 Pfund Kartoffeln und 1 Pfund Kirschen. Das Leben, Denken und Fühlen, das Deine Briefe widerspiegeln, in denen natürlich auch von »Politik« die Rede ist, Bedrückung, Schrecken und Grausen ihren Ausdruck finden – es wäre dann unser gemeinsames Leben. Ich bin nicht auf die politische Aktion angelegt, sondern allenfalls darauf, zu bemerken, wie sie aussehen müßte. Aber eben deshalb, weil ich das zu wissen glaube, ist mir vollkommen klar, daß unser Volk zu einer Aktion, wie sie nötig wäre, nicht die Spur einer Spur einer Spur fähig ist. Ob mein eigenes Verhalten ein anderes wäre, wenn ich daran glauben könnte, daß Vernunft und Moral auf dem Hintergrund des Gegebenen eine Minderheit aktiviert – das weiß ich nicht und ich zweifle daran. Von der Größenordnung einmal ganz abgesehen, ein Lenin bin ich nicht, der in Zürich saß und schrieb und schrieb und wie ein Kaffeehausliterat aussah, in Wahrheit aber mit einer Zielsicherheit ohnegleichen die Aktion vorbereitete. Aber es darf doch nicht übersehen werden, daß er eine russische Rechnung aufmachen konnte, die nicht unbedingt so aufgehen mußte, wie sie dann aufging, die aber doch versprach, irgendwie aufzugehen – einfach deshalb, weil die russische Geschichte schon erwiesen hatte, daß Gruppen durch ihr Elend und ihre Unzufriedenheit bereit waren, gegen die Gewalt aufzustehen. Der erste Krieg schenkte ihm dann seine Stunde. Kein Krieg beschert einem deutschen Lenin, gesetzt den Fall, es gäbe ihn überhaupt, seine Stunde, das ist für mich nicht nur durch 1918 und die folgenden Jahre erwiesen, sondern viel mehr noch durch die unmittelbare Gegenwart. So anmaßend unser Volk ist im Besitz der Macht, so servil, wenn es sie verspielt hat; es ist mit ihm nichts zu wollen. Ich sage: nichts ist mit ihm zu wollen, obschon es Sedan geschafft hat, den 1. Weltkrieg angezettelt, 1933 ermöglicht, den 2. Weltkrieg in Gang gesetzt und derzeit über ein Weltreich verfügt – doch alles für nichts und wieder nichts. Was wir treiben werden, wenn wir nicht mehr Briefe zu schreiben brauchen? Ich weiß es: wir werden vergeßlich sein wie alle, nur mit einem anderen Vorzeichen, und das heißt, wir werden doch glauben, daß mit den Deutschen etwas zu machen sei. Wir werden dem Gaul gut zureden. Weißt Du, was da jetzt passiert in seiner Dramatik [Stalingrad], das ist geeignet, mir den O. [ein angefangenes »Odysseus«-Ms.] zu verleiden, und damit nenne ich nur ein Stichwort für eine bestimmte Haltung, eine innere Verfassung. Es ist nicht die Katastrophe an sich, die unausbleibliche, die mir Eindruck macht, sondern daß es zu ihr kommen kann. Was müssen das für Leute sein, die sich in diese Lage bringen lassen, die sie doch, das ist ihr Beruf, voraussehen mußten! Um im großen geschichtlichen Zusammenhang in fernerer Zukunft solche Möglichkeiten auszuschließen, ich meine nicht den Krieg als solchen, sondern die Hinnahme seiner Folgen in konkreter Situation, wo soll man da anfangen? Durch Teilnahme am Politischen, die Du bei unseren Geistesfürsten vermißt, bewirkt man gar nichts. Einen Kleptomanen heilt man nicht dadurch, daß man ihm das Strafgesetzbuch vorliest. Im Gefängnis faßt er gute Vorsätze, die er in seiner Triebhaftigkeit vergißt, wenn er wieder heraus ist. Wart mal ab, was für fabelhafte Vorsätze wir Deutschen »im Gefängnis« fassen werden, dann nämlich, wenn dies zu Ende ist. Ich lerne heute, ihnen nicht zu vertrauen, und wenn ich hundert Jahre alt werde, dieses Volk werde ich nie sicher an der Kette der Vernunft, ja auch nur an der Kette seiner eigenen wohlverstandenen (hierauf liegt der Ton!) Interessen sehen. Aber das ist nur die eine Seite. Mein Mißtrauen gilt auch mir, weil ich voraussehe, daß ich dennoch glauben werde, es sei mit den Deutschen etwas zu machen – und das nicht auf Grund eines Restes von nationaler Solidarität, sondern in der Voraussicht, daß mir nichts anderes übrig bleiben wird. Totale Resignation oder die Erfahrungen von jetzt in den Wind schlagen – das ist eine erhebende Perspektive. Sie werden von Hitler reden statt über sich – ach, die Armen!

[Von der Malerin Jeanne Mammen]
Berlin, 28. Januar 43. Das mit den Pionieren ist natürlich nicht der Fall, ich bin selbst ein eifriger Studierer von allen gespielten Theaterstücken. Es wäre ja auch ein toller Fall gewesen; wenn ich mich richtig daran erinnere, ist das »Soldatenleben« sehr mies gemacht und war es überhaupt ein sogenanntes »Systemzeitprodukt«. Es hat mir damals sehr gefallen, aber heute habe ich so gut wie alles vergessen, weiß nur noch dunkel etwas von dem Skandal, habe auch damals »Ein Pfund Orangen« gelesen, die mir sehr viel schwächer als das Stück vorkamen. Im ganzen hatte

ich aber eine sympathische Achtung vor der Fleißerin, und ich freue mich, von ihr zu hören, vor allem, daß sie ein gutes Stück geschrieben haben soll, was ich sehr gern lesen möchte. Vielleicht könnten Sie es mir zukommen lassen? Ich würde auch gern noch einmal die Pioniere lesen, ich glaube, es war ein tapferes und ehrliches Dings. Solche Sachen wie der Zigarettenhändler werden mir immer ein dumpfes Rätsel bleiben, auch umgekehrt – aber immerhin, im Krieg! – und wenn er noch mit einem Schlächter verwandt ist, der eine Schneiderin kennt, die Beziehungen zu einem Cafémakler hat, ergäbe sich ein hübsches Prisma. Wollen Sie nicht da einen kleinen psychologischen Vorstoß bei ihr machen? Wann, wie und warum diese mésalliance geschah? Sie verbrennt auf ihrem Schnee – wohl ihr! – ich laufe Schlittschuh auf meinem Eis. Ich lange nach der Flasche, Cherry Brandy Kahlbaum Herzkirsche, und auch ein Vivat auf Ihr Arbeitszimmer, Ihre Schreibmaschine, auf die Maschen Ihrer Strickstrümpfe und Ihr hoffentlich nun schon ausgebrütetes Ei. Sie haben sich goldig vertippt: schrieben von Edith und Thomas, sie »wonnen« hier mit mir, es ist wirklich kein h mit schwachem Kopf, sondern ein regelrecht gutgewachsenes n. Oh! Ja!, ich fasse jeden Tag für Sie Holz und kneife Daumen. Zeitungen lese ich mit gespitzten Ohren, außerdem das Leben des Erasmus von Rotterdam. Aus allem diesen können Sie sehen, daß mir kein Bombs auf den Hut gefallen ist. Bei dem zweiten Besuch [2. schwerer Luftangriff auf Berlin] war ich gerade in der Philharmonie, und gottlob war das wunderbare f-moll-Klavierconzert von Chopin ungestört. Sie schnitten Vater Brahms den Bart ab, meno male, ich irrte umher nach einem Luftschutzraum, aber sie waren alle überfüllt, die U-Bahnhöfe so gestopft voll, daß die Menschen wieder hinausquollen, schließlich sauste ich noch bis zur Potsdamer Brücke, es knallte schon richtig, da war auch schon alles voll, im »Rauchzimmer« noch ein Eckchen Holzbank – für eine halbe Backe, doch ich saß, kiekte und glaubte irgendwo in Rußland zu sein: Pelzmützen, Lammfellwesten, Asiatenschuhe mit zurückgebogenen Schnäbeln, Filzstiefel, hohe Lederstiefel, zehn verschiedene Arten, alles qualmte, daß man in fünf Minuten den schönsten Hecht schneiden konnte. Neben mir saß einer mit einem Kückenembryogesicht und lutschte die fetten Backen einer kleinen (winzig kleinen überdicken) todschicken Arbeiterin. Andere klatschten sich die Kopfbedeckungen bis über die Augen und lachten bis zu Tränen. In der Mitte des Raumes hockten sie auf ihren Fersen und spielten etwas mit einer grünen Karte, die in Felder eingeteilt war, worauf sie kleine schwarze Dinge hin und her schoben. Dann kamen noch mehr Mädchen, die wurden in die Ecke gekeilt von demjenigen welcher, und dann angesungen. Aber jedes Männchen sang etwas anderes, so laut und so schmelzend wie möglich. Darauf kam ein Luftschutzmann, brüllte: Ruhe!, seid mal artig – und knipste das Licht aus (um ein kleines Luftloch aufmachen zu können, da man vor lauter Rauch nur noch Visionen hatte) und dann ging es erst los. Die Mädels quietschten und heulten, die Jungens brüllten, einer fing an zu tanzen, kein Wort deutsch, sogar Wolga Wolga ertönte. Man hörte keine Flak, keine Bombe, keine »Entwarnung« – solch einen Höllenspektakel machten die Kerls! Quelle naiveté féroce! Gelangweilt habe ich mich nicht und auch nicht meine Zeit verloren. Wenn manchmal ein deutscher Soldat in aller Eile seine Zigarette rauchen kam – was für ein Unterschied im Bau des Gesichts, wie »durchgearbeitet« und vom Denken geformt, dabei waren das auch ganz gewöhnliche deutsche Allerwelts- und Alltagsmenschen.

Heute nahm ich mir einen ganz freien Tag, arbeitete still für mich, nachmittags hörte ich Bach, Cembalo und Streichorchester, kam ungewöhnlich früh nach Hause und schwatze nun schon eine Stunde mit Ihnen.

Brauchen Sie übrigens Brot-Reisemarken? Ich könnte Ihnen welche schicken.

[Von Marieluise Fleißer]

Ingolstadt, 30. Januar 43. Ich habe einen kleinen Schock gehabt. Ich hatte nämlich in den »Orangen« geblättert, weil ich wissen wollte, was ich Ihnen da eigentlich gegeben habe. Ich war recht niedergeschlagen, und es ist mir von dieser kurzen Begegnung mit einem verschollenen Produkt der im Grunde doch notwendige Gang meines Lebens klargeworden. Es ist doch eine jämmerliche und eindeutig schizophrene Angelegenheit, und ich bedauere nur immer, daß ich die primären Jugendarbeiten unter dem zersetzenden Einfluß von Feuchtwanger [nicht(?)] verbrannt habe. Es ist in meinen Augen ein reiner Krankheitsprozeß, die

Widerstandslosigkeit eines Mediums gegenüber einer Zeitent-
artung, man hat das einmal interessant gefunden und mit der
registrierenden Tätigkeit eines Seismographen verglichen, aber
ich möchte keinen Augenblick meines Lebens damit identifiziert
werden. Ich hatte das so völlig abgestoßen, daß ich vergessen
hatte, was darin stand. Zeigen Sie es niemand.

[An Hauptmann Evers, Bruder einer Schulfreundin, in dessen
Haus in Ingolstadt sich ein politisches Gespräch entwickelt hatte,
welches den Hauptmann am nächsten Morgen zu der Bemerkung
anstachelte, es sei eigentlich seine Pflicht, mich dem Kriegsgericht
zu melden.]

Februar 43. Ich schicke Ihnen das Manuskript [Teile der bearbei-
teten Kriegsbriefe], wie wir es besprochen haben. Gleich nach
unserer so wenig glücklichen Unterhaltung war ich der Meinung,
die Blätter wären vielleicht imstande, mich Ihnen besser verständlich zu machen, als es mündlich möglich war. Aber je genauer ich über die Ursachen nachdachte, warum es denn nicht
möglich war, mich verständlich zu machen, und warum das Gespräch derart im Mißverständnis steckenbleiben mußte, um so
deutlicher wurde mir, daß diese Blätter nichts Besseres bewirken
können. Das einzige, was sie dem Wort voraushaben, ist der
Mangel an Spontaneität, und damit mögen sie vielleicht doch
manchen meiner Formulierungen nachträglich ihre Schärfe nehmen. In einem Gespräch wie dem unseren springt der Redende
ja gewissermaßen jedem Satz mit seinem ganzen Wesen nach,
und das um so mehr, je deutlicher er empfindet, daß er die
Mitte des Gegenstandes verfehlt. Der entscheidende Unterschied
unserer Betrachtungsweise, und damit der eigentliche Inhalt des
ganzen Abends, ist ruhigen Blutes einfach zu formulieren: Sie
halten die »Staatsqualle« für möglich. Im Manuskript werden
Sie finden, daß ich am Vorabend des 22. Juni 41 mit einem
überaus gescheiten, ob seiner Originalität in ganz Ostpreußen
bekannten Kirchenherrn über eben diesen Begriff diskutiert habe.
Wir verstanden darunter eine Organisation des ganzen Volks-
körpers derart, daß jeder, dienstbar einem »höheren« Gesetz, eine
genau begrenzte Funktion ausübt. Sie finden den gleichen Gedanken in geistvoller Übertreibung in Huxleys Roman »Welt
wohin?«, dem einzigen mir bekannten Zukunftsroman, der nicht

in einer kindischen Hypertrophie der Technik steckenbleibt, sondern deren sozialpsychologische Konsequenzen bis zu einem freilich absurden Ende verfolgt. Das ist genau dasselbe, was Sie meinen, wenn Sie sagen, »es kommt nur auf die Führung an«.

Die Entwicklung unseres Gespräches bedauere ich sehr, denn wir vergaßen darüber, daß ein immerhin nicht banales Gespräch das eine ist, unser Leben und unsere Haltung aber das andere, ich meine: das wichtige. Hier schieden sich noch mehr als die Geister die Naturen, insofern der eine des bedingungslosen Optimismus bedarf, um seine Pflicht erfüllen zu können, der andere ihm darin nicht deshalb nachsteht, weil er sich diesem Optimismus nicht einfach in die Arme werfen kann. In diesem Sinn hoffe ich nun doch, daß Ihnen das Manuskript zeigt, daß die Befürchtungen, die Sie äußerten, nicht begründet sind.

[An Wilhelm Hausenstein]

Ingolstadt, 11. Februar 43. Ich denke doch, daß man sich in nächster Zeit einmal sehen wird und dann manches reden, was die Anschauung des Ablaufs dieser dramatischen Zeitkurve uns eingegeben hat. Mehr noch zwischen als in den Zeilen Ihres Briefes ist zu lesen, wie sehr Ihnen die Zeit zusetzt – auch meiner Frau geht es ähnlich, sie braucht viel körperliche Ruhe, um in der Balance zu bleiben. Mir selber geht's durchaus wohl; ob diese erzwungene Untätigkeit, diese Verschleuderung der Zeit, die mir freilich oft ein Ärgernis ist, sich späterhin als ein nicht mehr gut zu machender Verlust herausstellen wird, weiß man glücklicherweise noch nicht.

[An Agnes Ruoff]

11. Februar 43. Mitleid?! Ich stehe auf einer Brücke, neben mir springt plötzlich einer über das Geländer in der Absicht, sich umzubringen. Vielleicht geht er nicht gleich unter, bereut seinen Entschluß, versucht sich zu retten, ertrinkt aber dann doch. Die Brücke ist zu hoch, der Sprung nur mit Selbstmordabsicht zu unternehmen. Ich sehe also, wie der verzweifelte Mensch umkommt durch seine eigene Handlung, und habe Mitleid mit ihm. Diese Art Mitleid für die armen Hunde an der Wolga – gewiß. Mehr nicht. Nun käme es aber auch, um bei meinem Bild zu bleiben, auf die Motive des Selbstmörders an. Will er ein fürchterliches Leben beenden, in das ihn die Umstände und vielleicht eigene

Hilflosigkeit, eine Krankheit usw. gebracht haben, oder ist er mit der Kasse durchgegangen und sieht sich nicht mehr hinaus? Es würde, wenn ich es wüßte, Einfluß auf die Qualität meines Mitleids haben.

Im Falle Stalingrad gibt es nun keinen Zweifel, warum wir Mitleid mit ein paar hunderttausend Menschen haben müssen, anders gesagt, weshalb sie sich in einer Lage befanden und, soweit noch am Leben, befinden, die Mitleid herausfordert. Glaubst Du, daß in dieser Masse mehr als, ich schätze hoch, zweitausend gewesen sind, die es nicht herrlich gefunden hätten, als Sieger an der Wolga zu sein und dort Hütten zu bauen? In Deinem Brief klingt es so, als sähest Du Opfer des Schicksals vor Dir. Wann war es, vor oder nach dem Münchner Putsch, daß ich mit Onkel Robert [Mann der Adressatin] ihn [gemeint: Hitler] reden hörte und wir Dir davon erzählten? Ich habe Deine Reaktion noch im Ohr. Das war also vor rund 20 Jahren. Du hast nicht Stalingrad vor Dir gesehen, natürlich nicht, aber doch eine Höllenperspektive. Und Du bist, versteh wie ich's meine, eine ganz gewöhnliche Person mit ganz gewöhnlichen Informationen. Ich dito. Daß wir so blind nicht waren und sind wie andere, hat keine Ursache, mit der irgend jemand hausieren gehen dürfte und sich entschuldigen: das habe ich nicht gewußt, das habe ich nicht gewollt. So heißt es jetzt, wo ich hinhöre, das ist der billige Text einer tief verlogenen Komödie, von der ich glauben soll, es sei die Götterdämmerung von Wagner.

Mitleid? Wer von der Brücke springt und glaubt, er lande unten in einem Polsterstuhl, beunruhigt mich. Niemand hat niemand über das Geländer gestoßen. Eben dieser blaue Dunst wird von uns après versprüht werden. Ich sehe ein, daß einer Volksgemeinschaft nichts anderes übrig bleibt, hat sie kollektiv sich z. B. Stalingrad eingehandelt, als das kollektive Handeln zu rechtfertigen. Die geschichtlichen Abläufe sind davon bestimmt, daß auf den zur nachträglichen Rechtfertigung eigener Handlungen erfundenen Motivationen die nächste Handlung aufgebaut wird, die dann wieder der Rechtfertigung bedarf. Lauter Akte der Schamlosigkeit. Wenn Dein Blick auf Stalingrad von Mitleid getrübt ist, so meiner von Scham – schließlich: ein Volk, ein Reich ...

Ein Sommer im Allgäu

[Am 19. Februar 43 werde ich von Ingolstadt nach Kempten zu einem neuen Truppenteil in Marsch gesetzt. Unterwegs in einer Augsburger Kaserne:]
Zum Morgengruß lief ein Junge mit Zeitungen durch die Stuben. Ich kaufte eine und las darin die Sportpalastrede von Goebbels. [Wollt ihr den totalen Krieg?? Jaaa!!] Das nennt man aus der Not eine Untugend machen.

[Von Marieluise Fleißer]
Ingolstadt, 19. Februar 43. Wie ich Ihnen sagte, hat mir das russische Tagebuch viel besser gefallen als das französische. Ich gehe davon aus, daß die ursprünglich an Ihre Frau geschriebenen Briefe nunmehr eine Arbeit darstellen, die zur Veröffentlichung bestimmt ist. Sie wird vom Leser als das Erlebnis des französischen Feldzuges und der nachfolgenden Besetzungszeit durch einen deutschen Soldaten gewertet werden. Jeder künstlerische Gegenstand hat seine gegebenen Voraussetzungen, die erfüllt werden müssen. Er muß in einer Form behandelt werden, die ihm angemessen und seiner würdig ist, wenn nicht ganz von selbst eine schiefe Wirkung entstehen soll. Wer über den Krieg publiziert, kann nicht anders, als sich dem verpflichtenden Gesetz des Krieges, unter dem er durch höhere Gewalt steht, auch mit dem Willen und der Betrachtungsweise zu unterziehen. Er erlebt sonst ganz zu recht, daß seine Arbeit von der Allgemeinheit abgestoßen wird. Ein Soldat verteidigt sein Land und sein Volk, er verteidigt nicht den Feind, das liegt in der Natur der Dinge begründet. Das Gesetz des Krieges heißt selbst dann Notwehr, wenn wir gerade der Stärkere sind – wir wissen nicht, wie lange wir die Stärkeren sein werden, es gibt keine sicheren Vorausberechnungen. Viele haben ihr Leben hingegeben und viele Familien ihr Liebstes verloren.
Sie mußten dies fest in Ihrem Unterbewußtsein tragen. In Notzeiten kann man nicht aus der Reihe tanzen. Feuer ist Feuer, es geht nicht an, mit Samthandschuhen nach ihm zu fassen. Was Sie dem Feind widerfahren lassen, ist ja nicht Gerechtigkeit, sondern eher eine Vorliebe auf Kosten des eigenen Volkes. Man darf aber

den Feind nicht lieben. Krieg will Nüchternheit. Überlegen Sie
nur einmal, was die Franzosen an uns allen, auch an Ihrer Frau
und Ihrem Kind, tun wollten, wenn sie es tun könnten.
Ganz anders im russischen Teil. Dort ist Ihre Grundhaltung rich-
tig und elementar. Es war mir eine Lust zu lesen. Hier ist spontan
männliche Haltung, echter Adel, überzeugendes Vorbild uns not-
wendigen Tuns. Dieser Teil beglückt wie die lautere Wahrheit.
Sie wissen noch nicht, daß ich mir einiges herausgeschrieben
habe ...

[Von meiner Antwort an Marieluise Fleißer haben sich drei Ent-
würfe erhalten. Es muß mir schwergefallen sein, auf ihren Brief
vom 19. Februar 43 einzugehen. Welche Fassung ich abschickte,
läßt sich aus den vorliegenden Texten nicht mit Sicherheit entnehmen. Ich wähle zum Abdruck jene aus, von der ich nach der
Lektüre annehmen darf, sie sei als dritte (und letzte?) entstanden.]

[An Marieluise Fleißer]
20. Februar 43, Kempten. Ich bin nicht Ihrer Meinung. Ich sage
Ihnen gleich, wie weit ich mit Ihnen gehe. Als der Rußlandkrieg
sich ankündigte und ich überzeugt davon war, daß er unternommen werden würde – schon in diesem Zeitpunkt war ich heilfroh,
daß der französische Teil nicht erschienen war. Um wieviel mehr
noch, als wir uns im russischen Krieg befanden und er sich entwickelte. Ich war mir durchaus darüber klar, daß eine Menge
Leute den französischen Teil als frivol empfunden hätten, nun, da
es für jedermann ernst geworden war.
Aber gerade deshalb hat dieser Teil seine historische Wahrheit.
Meine Fröhlichkeit, wenn ich so sagen kann, obgleich der Ernst
auch diesem Teil nicht abzusprechen sein wird, rührte von meiner Freude über die Schönheit dieses Landes her, insofern war es
eine besonnene Freude. Die Masse aber war in einer reinen Hurrastimmung und genoß unser frischfröhliches Siegen. Die ernst-
haftesten Leute verloren ihre Maßstäbe und dachten zwei Monate
lang, Europa würde uns geschenkt. Ich dachte es nicht, und ich
habe mit aller Deutlichkeit gesagt, daß ich es nicht dachte. Trotzdem ist Glanz und Freude in diesen Blättern, weil, was auch
gesagt ist, der Krieg nur sporadisch gewütet hatte, dazwischen
aber lag noch das Frankreich, das jetzt untergeht. Wir Soldaten

des Feldzuges sind die letzten Ausländer gewesen, welche dieses Frankreich sahen.

Sie können heute jeden Infanteristen fragen, der den Maas- und den Aisne-Übergang mitgemacht hat in vorderster Linie, er wird vom Frankreich-Feldzug heute ebenso sprechen wie von den »Blumenkriegen« gegen die Tschechei und Österreich. Der französische Teil hat genau so, wie er dasteht, eine historische Bedeutung. Vielleicht ist kein Augenblick ungeeigneter als unser gegenwärtiger, diesem Teil gerecht zu werden. Wir stecken nun im Krieg wie in einem Sumpf. Damals ritten wir, um im Bild zu bleiben, einen eleganten Trab auf guten Wegen.

Sie glauben, der Unterschied zwischen den Teilen läge in einer verschiedenen Haltung des Berichtenden. Ich würde Ihnen nur dann zustimmen, wenn ich am 1. September 1939 gedacht hätte, daß wir in einen Blitzkrieg gehen, im August 41 aber, daß wir zehn Jahre Krieg haben werden. Es fiele mir leicht, zu beweisen, daß ich wohl in Einzelheiten meine Meinung modifizieren mußte, daß ich jedoch von dem Krieg, von seinen Ursachen und vor allem vom Zustand unseres Volkes (und vom Zustand der anderen beteiligten Völker) einen Begriff hatte, der mir diese Entwicklung des Krieges wahrscheinlich machte, unabhängig von Schwankungen, Teilerfolgen oder Mißerfolgen. Sehen Sie doch bitte in dieser Feststellung keine Selbstgefälligkeit. Ich hätte immer viel darum gegeben, Unrecht zu haben. Ich war im September 39 und später in keiner Hurrastimmung, ich glaubte den leichten Siegen nicht, und doch steht der französische Feldzug mit so leichtem Gewicht in meinen Blättern – er war nämlich leicht. Es kommt nicht darauf an, ob es Gefallene und Verwundete gegeben hat. Im Bewußtsein des Volkes wird der französische Feldzug als ein kriegerisches Unternehmen weiterleben, in dem der Einsatz im Verhältnis zum Gewinn minimal war.

Viele von uns waren dankbar, daß die Franzosen so rasch verspielten und daß der Krieg nicht das Land verwüstete. Zwischen dem Sieg und dem Genuß des Gewonnenen stand nicht das Grauen. Es gibt viele Arten des Genusses. Die einen tranken den Wein und die Mädchen und hatten damit genug. Die andern sahen das Land in seiner Schönheit. Glauben Sie nicht, ich sei ein kritikloser Verehrer alles Französischen. Worin die Franzosen uns derart über sind, daß ich glaube, wir werden sie nie erreichen, ist ihre

Fähigkeit, menschlich zu sein und menschlich zu leben. Es ist meines Erachtens auch politisch ein Unglück, daß die Deutschen davon gar nichts verstehen, wir machen uns damit bei Gott und der Welt verhaßt. Nicht »Vorliebe auf Kosten des eigenen Volkes«, sondern Kritik am eigenen Volk – hier schaut der pädagogische Zeigefinger heraus. Der Augenblick ist gewiß ungeeignet, ich wiederhole es, zu öffentlicher Selbstkritik; später aber, unter anderen Umständen, ist es vielleicht nicht wertlos, zu wissen, daß wir nicht alle ganz blind geworden waren.

Ich verstehe gut, daß Ihnen diese Betrachtungsweise gegen den Strich gehen muß. Ihr Verhältnis zu Ihrer Arbeit, die Art, wie Sie den Auftrag Ihres Talentes ausführen, sind nur bei einem Deutschen möglich. Sie sind, wenn ich's nicht falsch sehe, in jeder Faser Ihres Wesens von jener Deutschheit (Verzeihung für das Wort!), die uns ebensoviel Bewunderung wie Haß in der Welt eingebracht hat, sobald sie über unsere Grenzen hinweg wirkte. Sie haben, was ich seit langem mit einem respektlosen Ausdruck den »tierischen Ernst« der Deutschen nenne. Menschen dieser Art haben nicht nur ein tiefes Mißtrauen gegen liberale Gesten, sondern auch gegen das Glück schlechthin. Sie glauben, glückliche Menschen seien nicht ernsthaft. Es ist schwer, Sie davon zu überzeugen, daß Ernsthaftigkeit ein Zustand ist wie Kurzsichtigkeit oder Musikalität, kein moralischer. Auch haben Sie ein ehrfürchtiges Verhältnis zur Politik. Letzteres erweist sich klar aus Ihrer Bemerkung: »Man darf den Feind nicht lieben« – gesagt in bezug auf die Franzosen von 1939/40! Liebe Frau Fleißer, aus mancherlei Gründen könnte ich an dieser Stelle die Diskussion über das Manuskript nur mündlich fortsetzen; ich sage nur, hier gehen wir allerdings auf sehr verschiedenen Wegen! Wenn ich es mir recht überlege, so sagt mir gerade Ihr Brief wieder, warum der französische Teil meinem Herzen näher steht als der russische.

Es bleibt ein wesentlicher Punkt Ihrer Kritik, der wichtigste vielleicht. Sie meinen, ich hätte, indem ich über den Krieg schrieb, mich unter das »verpflichtende Gesetz des Krieges« stellen müssen. In der Tat, die Distanz zum Kriege ist die eigentliche Ursache, warum dieser Teil bei hohen Militärs mißfallen hat. Ich halte jedoch, nachdem ich allmählich einen Begriff meines Andersseins gewonnen habe, diese nicht affektierte, sondern natürliche Möglichkeit zur Distanzierung für meine wichtigste Eigenschaft, ohne die ich nicht mehr wäre als ein ganz leidlicher Stilist. In eben dieser Eigenschaft liegt auch die Gefährdung meiner geistigen Existenz. Später einmal aber wird der Wert dessen, was ich hervorbringe, darin liegen, daß in dieser eminent politischen, zerspaltenen Zeit eine künstlerische Intelligenz vorhanden war, welche die wirkenden Kräfte der aufgerührten Massen zwar begriff, aber unbeirrbar bei einer privaten, d. h. menschlichen Betrachtungsweise blieb, die Zerspaltung nicht mitmachte und damit ein gesteigertes Beispiel liefert für die Unzerstörbarkeit der menschlichen Natur, sofern diese nur der Vernunft unterworfen ist. Wir werden in Zeiten hineingeraten, wir sind schon fast darin, in denen die Menschen Grauen und Ekel darüber empfinden werden, daß sie unentrinnbar Teil einer politisierten Masse sind und allein durch ihre Existenz, durch die Notwendigkeit, sich kleiden und ernähren zu müssen, zu einer politisch-militärischen Kraftentfaltung beitragen – Zeiten, in denen sie mit der Laterne nach einem menschlichen Wort suchen werden. Was heißt denn totaler Krieg andres als totale Politisierung der Massen? Davor erschrecken die Menschen bereits und machen sich deshalb vor, es handle sich um eine Art Notstandsmaßnahme, um das äußerste Mittel, den Krieg zu gewinnen, und nachher würde, so oder so, Frieden, und sie würden wieder Privatleute. Diese einfältigen Narren! Die Massen haben doch gerade erst begonnen, die geschichtsformende Kraft schlechthin zu werden, und wir werden erleben, wessen sie fähig sind, auch ohne Krieg. Wir Gebildeten hausieren immer noch mit Begriffen des vorigen Jahrhunderts: Volk, Ehre, Vaterland, Stand, Tradition, und merken gar nicht, wie lächerlich wir uns damit machen. Wir haben eine – verständliche – Neigung, die modernen Kräfte zu verharmlosen, wir glauben, sie würden von der Vergangenheit, der bürgerlichen, noch gegängelt – und sehen nicht, daß dieser ganze Traditionsrummel mit Vaterland und dergleichen von der Führung nur gemacht wird, um den großen Schock zu vermeiden; ganz neue Inhalte werden zur Tarnung mit alten Namen genannt, und das hat mit dem Nationalsozialismus zwar insofern zu tun, als er eine Massenschmiede ist, doch werden die ihm nachfolgenden Systeme das gleiche nur eleganter machen und den Leuten ihre Illusionen noch geschickter lassen.

Ich mußte Ihnen andeuten, welchen Begriff ich von der Gegenwart habe, um Ihnen zu erklären, warum ich Ihre wichtigsten Einwände gegen meine Frankreichnotizen nicht annehmen *kann*. Sie sprechen davon, der Franzose sei unser Feind gewesen. Er war unser Gegner, mein Feind war er nicht. Für eine politische Masse ist nur eine politische Masse ein Feind – auch das beweist der Krieg, und die Franzosen sind keine Masse, waren es bis 1940 jedenfalls nicht. Vier Massen sind im Kriege, die deutsche, die russische, die amerikanische und die japanische – eine jede im Impuls und in der Machtstruktur grundverschieden von der andern, aber gleich darin, daß die Moleküle, aus denen sie sich zusammensetzen, den Namen »Mensch« kaum noch verdienen. Auch darin allerdings, ich korrigiere mich, gibt es Unterschiede, und was die Russen angeht, denen man doch nachsagt, sie seien Masse schlechthin, so stimmt gerade das nicht. Ich weiß, wovon ich rede: einfacher Soldat sein in einem fremden Volk verbindet trotz der Uniform mit ihm.

Den andern Feind, die amerikanische Masse, werden wir erst kennenlernen. Sie sprechen über diesen Krieg, als wäre er der von 1870 oder 1914. Es ist jedoch ein gänzlich anderer Krieg.

Ich bin seit Freitag abend hier. Die Kaserne, in einem der Landschaft angepaßten Stil, liegt beherrschend auf einem Hügel zehn Minuten vor der Stadt. Ohne diesmal Zeit zu verlieren, habe ich mir sofort neben der Kaserne eine einfache Stube als Rückzugs- und Schreibplatz gemietet. Auch Krieg lernt sich. Meine Adresse ist: Kempten, Allgäu, Kaufbeurer Straße 64a bei Becherer. Die Meinen sind gut nach Überlingen gekommen und freuen sich sehr ihres schönen Nestes, das bei solchem Frühjahrswetter seine unendlichen Vorzüge in der Sonne spielen läßt.

[An die Mutter, die zusammen mit der Schwester die Berliner Wohnung innehat, die nun geräumt werden soll]

1. März 43. Ich möchte gern wissen, wie Eure Pläne sind, aber ich bitte Dich, aus dieser Frage nicht schon gleich den Schluß zu ziehen, wir wollten Dich und Lisl aus der Ruhlaerstraße vertreiben. Die Entwicklung hat nun aber einen Punkt erreicht, in dem wir nichts falsch machen dürfen. Wir haben Möbel in der Ruhlaerstraße, vieles auf dem Fichteberg, noch mehr bei Knauer und den Rest in Überlingen. Von diesen vier Plätzen hat nur Überlingen die richtige geographische Lage. Den zweiten Flügel, der bei

Knauer steht, will ich verkaufen und damit einen Teil der Umzugskosten decken. Der Flügel in der Ruhlaerstraße soll mit umziehen. Knauer-Magazin, Fichteberg: kein Problem. Aber wie sind Eure Pläne?, an die unsere insofern gebunden sind, als wir die Wohnung nicht ausleeren können, solange Ihr sie bewohnt. Wir werden den Berliner Mietvertrag nicht kündigen, sondern die leere Wohnung an Freunde geben, wobei wir im Augenblick an S. denken. Sie will auf alle Fälle in Berlin bleiben. Das ist zwar nicht zu verstehen – von niemandem, der bleiben will –, aber es ist ihre Sache, und sie würde gern unsere Wohnung übernehmen (ich setze hinzu: solange sie noch steht). Selbst wenn wir dann durch irgendwelche Behörden-Machenschaften das Anrecht auf die Berliner Wohnung verlören, würden wir nicht von der Absicht abgehen, unser ganzes Zeug und das von W.s entweder nach Weilheim oder an den Bodensee zu bringen – was sich leichter sagt, als durchführen läßt, aber durchgeführt werden muß.

Ich müßte in der Weilheimer Scheune einen großen Lagerraum bauen lassen. Das ist heutzutage auch ein Unternehmen besonderer Art, aber ich neige zu der Weilheimer Lösung, weil ich voraussehe, daß wir uns dort eines Tages alle zusammenfinden und den Boden umgraben werden, um zu essen zu haben. Hühner und Kaninchen werden unsere teilnahmsvolle Fürsorge genießen, und dann wird die Last, die Du Dir durch die Jahrzehnte mit dem Weilheimer Besitz aufgeladen hattest aus (verzeih!) im wesentlichen irrationalen Gründen, auf die denkbar überzeugendste Art ihre rationale Rechtfertigung finden. Mein Streben ist, einen Zustand vorzubereiten, der uns erlaubt, an einem Ort, der den hauptsächlichen Ereignissen möglichst entrückt ist, durch große Einfachheit der Lebensführung die größte Unabhängigkeit zu erreichen. Ich weiß, daß Deine Perspektive von der mutmaßlichen Entwicklung mit meiner nicht zusammenfällt. Es liegt in der Natur der Sache, daß ich Dir den Beweis für die Richtigkeit meiner Auffassung nur liefern kann, wenn es zu spät wäre, erhebliche Korrekturen in dem, was wir jetzt tun, vorzunehmen. Ich werde Dich nicht bedrängen, uns den Raum in Weilheim zur Verfügung zu stellen, den wir für eine sorgsame Lagerung der Sachen benötigen. Der Bodensee ist für die Lagerung eine brauchbare Alternative. Aber ein Belassen des gegenwärtigen Zustandes ist keine.

Von den paar hundert Leuten, die Soldaten eingeschlossen, mit denen ich lebe oder in beständiger Verbindung bin, hier, am Bodensee, in München, in Kempten und an anderen Orten, bin ich bei weitem in der gelassensten Verfassung. Ich sorge mich nicht um unsere Zukunft, und ich würde es auch dann nicht tun, wenn uns morgen die Nachricht erreichte, daß wir in Berlin alles verloren hätten. Ich sehe nur nicht ein, warum man nicht vernünftig handeln soll. Das Rezept: irgendwie wird's schon werden, ist nicht das meine. Die Leute, die danach leben, werden sich wundern, in welcher Weise nicht wird, was sie nebelhaft sich vorstellen. Das ist keine Zeit für planlose Emotionen.

11. März 43. In München hatte ich mich für 9 Uhr früh mit Heimeran verabredet, »damit wir«, wie er sagte, »eine ruhige Stunde hätten«. Wir hatten dann eine ruhige Stunde bis halb eins, da ging ich, weil's mir übergenug schien und mich hungerte. Er ist ein selbstbewußter Franke, dem alles, auch das Gespräch, in die Form gerät, die seinen Verlag bekannt gemacht hat: ein lässigkluges Hinwischen über Pointen, aus deren jeder sich notfalls ein Heimeran-Buch machen ließe. Er und sein Unternehmen leben vom Hunger nach Harmlosigkeit, die so tut, als wäre sie Tarnung von Tiefsinn und Zeitkritik. Zu einem gemeinsamen Plan wollte es uns nicht geraten, und das ist nur natürlich. Schon mein Ingolstädter Liebesbrief-Projekt wäre in der Ausführung viel böser geworden, als es Heimeran verträgt. Ich meine jetzt sein Programm, nicht den Mann, mit dem ziemlich offen zu reden war.
Offener fast als mit beiden Hausensteins, die ich auch sah. Sein erstes Wort war: Wie geht es Ihrer schönen Frau – verzeihen Sie, daß ich das so unumwunden sage, aber sie ist wirklich schön. Da hast Du den ganzen Hausenstein. Er übertreibt die angelernte französische Form, die Herzenskultur. Das ist Selbststilisierung. Da kommt eigentlich kein direktes Wort mehr – bei ihr viel eher, sie ist ja im Vergleich zu ihm eine resolute Person, die zwar – Kopie von ihm oder er von ihr? – auch so ziseliert redet, aber mir käme viel leichter bei, ihr auf die Schulter zu schlagen als ihm und zu sagen: nun laß mal – wobei ich gar nicht sicher bin, ob, den richtigen Augenblick vorausgesetzt und ein entsprechendes Interesse an ihrer Frauensperson, der Effekt nicht höchst überraschend (und positiv) wäre. Indes ich nicht daran zweifle, daß, derartiges

ihm gegenüber versucht, die Wirkung katastrophal wäre und man es für immer mit ihm verdorben hätte. Auch das spricht für sie. Aber wenn ich sage, daß ich mit Heimeran geradliniger reden konnte als mit Hausenstein, dann heißt das nicht, daß ich den Verleger für die innerlich entschlossenere Persönlichkeit hielte. Das Gegenteil trifft zu. Der innere Jammer Hausensteins über die Zeit ist echt, er ist tief, tief verstört. Das Zutrauen, das er mir zeigt, beruht darauf, daß er begriffen hat, in diesem Punkt einen Partner zu haben, und ich glaube, er kommt aus der Verwunderung darüber nicht ganz heraus, weil ich so gar nicht sein Typ bin. Er stilisiert und formalisiert auch seine Moral, seinen Ernst, und es will ihm nicht ins Gefühl, daß ein Mensch so ungebildet und nonchalant sein kann, wie ich es bin – und doch unerbittlich. Er würde die Bekanntschaft zwischen uns nicht suchen und sichtlich fördern, wenn er nicht neugierig wäre, herauszufinden, wie's mit uns steht. Gierig auf Neues – diese Eigenschaft ließ ihn Klee frühzeitig riechen, sie macht ihn im Geistigen so unbefangen, daß er eine Gestalt wie Karl Valentin ganz (und großartig) begreifen konnte, und wenn ich auch nicht Klee und Valentin bin, so scheine ich doch für ihn, seitdem er die Manuskripte kennt, so etwas wie ein Insekt zu sein, dessen Lebens- und Seinsbedingungen ihn interessieren just aus dem gleichen Grunde: Sein offener Geist will sich in seiner Offenheit bestätigen – vielleicht, weil er sich der Gefahr bewußt ist, daß die französische Maske ihm aufs Gesicht wachsen und er damit ein klein bißchen lächerlich werden könnte.

Während sich mir keine »Idee Heimeran« gebildet hat, sondern nur der Mann und das Gespräch in ihrer Konkretheit mir erfreulich waren, geht es mir mit Hausenstein umgekehrt: wenn wir miteinander reden, stelle ich mich auf ihn ein, mache gleichsam einen spitzen Mund, gebe leidlich Bedeutendes von mir und denke dabei: Zum Teufel, was soll der Quatsch. Aber ich habe eine »Idee Hausenstein« in mir, trage diese Tüte voll Trauer, Verletztheit und Abscheu mit mir herum, die er letztlich darstellt, und es ist mir wichtig zu wissen, daß auch in einem so bürgerlich reputierlichen Kopf das absolute NEIN!! seinen zentralen Platz haben kann. Auf deutsch, was uns wirklich verbindet, darüber reden wir eigentlich gar nicht.

Ich bemerkte zu meiner Überraschung, daß mir die Zerstörungen in der Stadt [München] überhaupt nichts ausmachen. Verglichen mit dem verkommenen Menschenpack, mit dem ich umgehen muß, ist ein zerstörtes Haus eine harmlose Angelegenheit, man kann es ja wieder aufbauen. Aber aus solchen Leuten, zu denen ich ohne Zögern auch den Ingolstädter Hauptmann rechnen würde (woraus Du siehst, daß Intelligenz mir keinen Maßstab liefert bei der Unterscheidung von Gesindel und Menschen), wird sich keine vernünftige Gesellschaft bauen lassen, unter welchen politischen Bedingungen auch immer. Sie werden so tun als ob ... aber ich habe sie begriffen. Nein, wenn der Krieg aus ist, wird nichts mehr senkrecht stehen in den großen Städten, aber es wird mir völlig gleichgültig sein. So argumentieren die Herren auch: alles wird schöner und moderner gebaut werden, und tatsächlich ist ja etwas Wahres dran. Wenn sie in München den elenden Hauptbahnhof ganz zerschmeißen, wird es leichter sein, eine vernünftige Planung auszuführen. Aber so weit denke ich nicht; von so was kommt so was – mit diesem Leibspruch schaue ich mir eine zerbombte Straße an und finde die Welt in Ordnung.

Ich fand die Welt auch in Ordnung, als ich am Sonntag die h-moll-Messe hörte, dirigiert von einem Regensburger Domherrn. Er hatte ein schönes Verhältnis zu seinen Knabensängern; wenn ihnen ein fortissimo recht strahlend gelungen war, lachte er ihnen zu, und sie lachten zurück und waren ganz in seiner Hand. Es war befriedigend, einmal eine Kinderschar etwas Friedliches tun zu sehen: tun zu hören, besser gesagt.

[An Helene Flohr]

11. März 43. Ich habe vor einer Stunde von Deinem zertrümmerten Laden erfahren. Es wird Sommer! Ich würde an derselben Stelle am Prager Platz einen Stand errichten, darüber eine rote Sonnenmarkise mit blauen Punkten.

Sei nicht down. Freu Dich mit uns, daß nur Deine Bücher hin sind und Du lebendig bist von oben bis unten. Überleben ist alles. Das hat auch Hitler gesagt, es muß wahr sein. Es ist wahr! Ich war drei Tage in München und mit ein paar gescheiten Leuten zusammen, die Gespräche gipfelten alle in der Feststellung: Überleben ist alles.

Meine heroische Familie ist, wie Du, in Berlin, aber sie muß nicht, während Du mußt. Mußt Du? Ich will nicht noch einmal sagen:

überleben ist alles – wenn Du Dir diesen Grundsatz aber zu eigen machst, dann verlasse bei nächster Gelegenheit die Stadt. Sonst wird das Überleben zu schwierig.

[An die Mutter]
11. März 43. Nun gut, wir werden uns nicht über die Beweggründe einigen, die mich bestimmen, Berlin, was uns angeht, zu räumen. Und zwar solange es noch möglich ist. Ich habe kein Mittel und auch nicht die Absicht, Dich oder Lisl zu zwingen, Berlin zu verlassen, und ich verstehe sehr gut, daß Du Dich in Lisls Kreis eingelebt hast und einen neuen Wechsel Deiner Lebensumstände, der aber in Wahrheit doch nur eine Rückkehr in die gewohnten wäre, nur widerwillig unternimmst. Aber auf solche Empfindungen Rücksicht nehmen und nach ihnen handeln, das erscheint mir etwa so, als ob ein Soldat, der unter schwerem Beschuß nach einer Deckung sucht, und sie auch findet, sich nur deshalb nicht auf den Boden werfen will, weil der feucht ist. Hitler hat formuliert: es gibt in diesem Krieg Überlebende, und das ist alles (ein wörtliches Zitat ist das wohl nicht). Das ist der Punkt, exakt.

Ich rühre für meine militärische Zukunft keinen Finger, bin also als Soldat in der polaren Situation zu der als Zivilist, Ehemann, Vater, Bürger und so weiter. Als solcher will ich planen. Noch mal: wenn die Räumung der Ruhlaerstraße dazu beiträgt, daß Ihr beide Berlin früher verlaßt, als ihr es sonst tun würdet, dann will ich es gern auf mich nehmen, daß Ihr uns jetzt für ängstlich, egoistisch und verzagt haltet. Wenn ich heute einem unzuverlässigen Kaufmann 5000 Mark liehe, würdest Du das für himmelschreienden Blödsinn erklären. Beim letzten verhältnismäßig leichten Angriff sind 25000 Berliner obdachlos geworden. Sollen wir warten, bis wir zu den nächsten 100000 gehören? Ohne jede Notwendigkeit? Du hast einen Bauernhof in Oberbayern und willst Berlin nicht verlassen? Lieber Gott, ich wüßte auf Anhieb ein Dutzend Familien, die zu Fuß nach Weilheim liefen, wenn sie wüßten, wo dort unterkommen.

[An Helene Flohr]
Kempten [ohne Datum, März 43]. Dem Umstand, daß auf meiner Stube ein aus Stalingrad Geretteter liegt, der aus einem Bodenseedorf stammt und gerade auf Urlaub zu Hause war, ver-

danke ich die Kenntnis einer Maßnahme, die endlich die glücklichste Lösung für das schwere Nachwuchsproblem zu sein scheint. Die Maiden des Arbeitsdienstlagers in Grasbeuren durften den Wunsch aussprechen, dem Führer ein Kind zu schenken, hierfür haben sich 53 von den 150 Insassen des Lagers schriftlich bereiterklärt. Eine SS-Einheit aus Radolfzell führte den Wunsch aus, die Männer waren zu diesem Zweck zweimal im Lager, der erste Besuch wurde als Festabend aufgezogen, wobei ein Ritterkreuzträger aus der SS dem Ereignis die nötige Würde verlieh. Das zweite Mal ging es formloser zu. Die Kinder werden vom Staat übernommen, den Mädchen entstehen daraus weiter keine Lasten für die Zukunft, sie werden vielmehr Vorteile beim Aufbau ihres weiteren Lebens genießen. Es entstehen keine Komplikationen mit dem Elternhaus. Wenn die Mädchen das Lager verlassen, ist alles vorbei, sind sie munter und frisch wie zuvor und rauchen nicht.

Die polnischen Gefangenen bzw. die Ostarbeiter werden stellenweise frech in unserer Gegend. Unsere gutmütigen Bauern behandeln sie zu freundlich, leihen ihnen am Sonntag die Fahrräder. Diese Leute verwendeten die Freiheit, um sich in einem Wald oberhalb von Überlingen zu treffen. Dort hatten sie eine Feldschmiede eingerichtet und Dolche und Messer hergestellt. Als man ihnen dieses Handwerk legte und zwölf von ihnen hinrichtete, fand man Listen, auf denen sie die Bauernhöfe unter sich verteilt hatten und diejenigen namentlich aufgeführt waren, die sie gut behandelt hatten und demzufolge zu schonen wären am Tage der Abrechnung. Jetzt dürfen sie sonntags ihre Arbeitsstätten nicht mehr verlassen und werden überhaupt strenger angefaßt.

19. März 43. F. hätten sie in Berlin wirklich die Buchhandlung zugemacht, weil nicht unbedingt kriegswichtig, und sie selbst in die Fabrik geschickt, wenn der Laden nicht beim letzten Angriff schwer beschädigt worden wäre. Nun zählt F. zur privilegierten Kaste der Bombengeschädigten, sie wird nicht zur Fabrikarbeit eingezogen, womit auch der Grund weggefallen ist, ihr die Bude dichtzumachen.

20. März 43. In gewisser Weise vereinfacht und verdeckt der Krieg auch meine und unsere persönlichen Probleme, und ich

glaube, das ist es, was Du spürst und worauf Du den Finger legst, wenn Du sagst, ich sei nicht ganz da. Wenn es in der Kasernen- und Soldatenwelt eine der Deinen vergleichbare Instanz in bezug auf mich gäbe, so würde sie urteilen, ich sei überhaupt nicht da, und wenn die ja nicht blöden OKW-Generale über die Frank- reichbriefe geurteilt haben, sie seien von einem Zuschauer, aber nicht von einem Teilnehmer geschrieben, so meinten sie genau das. Aber, und darauf will ich hinaus, es ist nicht ganz richtig, daß ich in dieser Scheißwelt überhaupt nicht sei. Da ich es ja körperlich bin und mich darin zu erhalten habe nach den allgemeinen und den speziellen Geboten, die sie an mich heranträgt, denen sie mich unterwirft, kann es gar nicht ausbleiben, daß ich durchaus nicht nur zum Schein und aus Taktik, sondern »auf echt« und sogar noch im bewußtesten Widerspruch Teil einer Welt bin, in der Du und Thomas, die Rehmenhalde, gar nicht vorkommen.

Der Augenblick kann nicht mehr gar so weit weg sein, wo der Krieg nichts mehr zudeckt, weil er zu Ende ist. Das ist dann eine Situation, von der wir nicht glauben dürfen, sie füge sich nahtlos an jene an, die wir im Herbst 1939 verlassen mußten. Du lebst insofern anders, als Du einen Bereich, in dem Du nicht ganz da sein kannst, überhaupt nicht kennst. Wenn L. W., als sie Dich in Überlingen besucht hatte, von Dir als einem Märchengeschöpf schrieb, meinte sie voll Staunen und nicht ohne Neid eben das: daß Du Krieg, und Elend, und Verbrechen, und Trauer, und Sorge hereinzunehmen weißt in das Leben mit dem Kind unter blühenden oder tragenden Apfelbäumen, und selbst ein solcher Schafspinsel wie Hennig [Hausbesitzer] spielt in dem Rehmen- halden-Märchen nur die Rolle des Poltergeistes und Klabauter- mannes, der die Handlung dramatischer macht. Wie ich mit Hauptfeldwebeln, mit Offizieren, von denen ich nie ganz sicher bin, ob sie nicht potentielle Mörder sind (sie sind's, keine Sorge), mich herumschlage, so Du mit den Behörden wegen der Schuh- produktion, wegen eines Dienstmädchens, wegen der Wohnung; dazu dann die Versorgungsschwierigkeiten und so fort. Aber al- les das ist nicht gleichrangig mit Deiner inneren »Märchenwelt«, die Du in Deinen Briefen malst. Wenn L. W. weiter schrieb, daß immer, wenn sie Dich erlebte in Deinem Lebenskreis mit dem Kind, ihr das Zitat einfiele: Eine Mauer um uns baue... (weil um Dich diese Mauer gebaut sei aus dem kostbarsten aller Materialien, aus Glücksempfindungsfähigkeit) –, dann macht eben dies den Unterschied zwischen Deiner und meiner Existenz aus. Meine Unverletzbarkeit (meine »Mauer«) ist von anderer Art, sie wurzelt nicht in Gefühlen, sondern in Einsichten, mein Rückzugsplatz ist nicht eine Insel des Glücks, sondern so etwas wie ein Bunker, und nichts wünschte ich mehr, als er sei mit Waffen ausgestattet, die eine Welt vernichten könnten, die vernichtet.

Mein Abscheu gilt nicht denen, die man im politischen Sinn als die Verantwortlichen bezeichnen könnte. Was die Gesamtheit duldet, dafür ist die Gesamtheit verantwortlich, und es gibt nichts, was sie entschuldigen könnte: weder die Praktiken und Umstände der Herrschaftsgewinnung noch jene der Herrschaftsausübung. Wenn diese Entschuldigungen gelten dürften, wär ein für allemal die Frage nach der allein zulässigen Herrschaftsform entschieden: Diktatur! Will ich Demokratie, muß ich glauben, daß die Gesamtheit weiß, was ihr frommt, und wenn sie es weiß, ist sie verantwortlich. Dann frommte ihr eben, was geschieht – und ist das vielleicht nicht wahr? So ein Brief wie der von der Fleißer, die eine großartige Person ist! – und doch schreibt sie einen derartigen Mist wie »in Notzeiten darf man nicht aus der Reihe tanzen« oder »an notwendigen Übeln muß man nicht rütteln, man kann ohne sie nicht auskommen«. Wenn ein Mensch, dessen Lauterkeit für mich außer Frage steht, dergleichen von sich geben kann, dann ist doch klar, wohin die Reise nach dem Krieg gehen wird – ins Himmelblaue der Unschuld. An solchen Stricken kann man niemand moralisch aufhängen; sie aber sind es, mit denen die Vernunft gefesselt wird.

25. März 43. In meinem Stübchen bei der alten Frau Becherer (neulich wurde sie krank, und als es ihr immer schlechter ging, holte ich gegen ihren Willen den Arzt, der, als ich ihm den Zustand der alten Frau beschrieb, sagte: Ei was net gar!). Hier stehen zwei schmale Betten, ein kleiner Schrank, ein Nachttisch, ein kleiner Tisch, auf dem die Papiere liegen, ein Stuhl (der durch einen zweiten ergänzt werden könnte), ein eiserner Waschtisch mit einer Emailleschüssel und einer Kanne. Dazu ein eiserner Ofen und Brennmaterial. Vor dem Fenster eine Spielwiese für Thomas, die von einem Bach durchzogen wird, der in einer Zementröhre verschwindet für eine Weile. Bei gutem Wetter wäre dies für Euch ein genügendes Unterkommen, bei schlechtem ist es

zu primitiv. Eine andere Bleibe wüßte ich kaum zu finden. Entscheide, ob Du unter diesen Bedingungen die Reise hierher unternehmen willst. Der Wehrmachtsabend [mit dessen Vorbereitung ich mich vom Kasernendienst drückte] soll am eigentlichen Wehrmachtstag, das ist der 4. April, vielleicht wiederholt werden, woraus sich für mich eine Verlängerung der Frist ergäbe, in der ich mehr Freiheit genieße als normal. Diese Zeit müßten wir also benützen.

[An den Paul List Verlag, Leipzig, mit einem neuen Teil umgeschriebener Aufzeichnungen]
17. April 43. Sie haben lange nichts von mir gehört, hauptsächlich deshalb, weil es mir widerstrebt, nach Art mancher Geschäfte zu schreiben: Nach dem Krieg wieder große Auswahl. So vertrösten uns, mit gleicher Ungewißheit, die Pfarrer auf das Jenseits. Es ist aber in diesen Wochen wieder etwas Ware hereingekommen, die ich Ihrer geschätzten Firma beifolgend offeriere, und ich bin überzeugt, Sie hiermit bestens zu bedienen.

[An W. E. Süskind]
25. April 43. Wir beabsichtigen, unsere Möbel aus Berlin in ein Bodenseedorf zu transportieren, trotzdem aber im Vertrag der Berliner Wohnung zu bleiben, obschon ich nicht glaube, daß wir nach Berlin zurückzukehren jemals die Absicht oder auch nur die Möglichkeit haben werden. Meine Frau hat berechnet, daß wir seit Dezember sieben gemeinsame Wochen verlebt haben, das ist viel für einen Soldaten.
Jetzt eben steht der Osterurlaub bevor, den wir entweder am Bodensee verleben oder zu einer Fahrt in die Passauer Gegend verwenden, wo sich aus dem Kreis um Carossa einige zusammengefunden haben, die meine Kriegsnotizen über Gebühr schätzen. Dort lese ich vielleicht aus den neuen Blättern vor. Die Kopien sind viel auf Reisen.

[An die Mutter, die aus Berlin nach Weilheim zurückgekehrt war]
27. April 43. Du, Mama, solltest nicht die Sieger von morgen fürchten, sondern die Besiegten von heute, dank deren Arbeit die Weilheimer Fabrikchen fabrizieren. Erinnere Dich, das habe ich Dir gesagt, als wir in Deinem Eßzimmer zusammensaßen, wo der Kachelofen in der Wand auch das nächste Zimmer heizt und

eine hellhörige Verbindung zu D.s herstellt. Pst, hast Du gesagt, die hören doch alles. Diese aufs Nächstliegende gerichtete Befürchtung hat Dich vielleicht verhindert, die weitere, die ich in Dir wecken möchte, zu hören. Deshalb sei noch einmal daran erinnert: Außer dem Splittergraben im Obstgarten solltest Du noch ein paar Vorkehrungen für den Fall des Falles treffen, daß die Plünderer kommen.

27. April 43. Heute früh im Hospiz las ich die Sonntagsausgabe der Frankfurter und war schon fast damit fertig, als ich auf der ersten Seite die kaum hervorgehobene Notiz fand, daß die Zeitung am 1. September ihr Erscheinen einstellt. Es wird empfohlen, sich den Völkischen Beobachter, die Deutsche Allgemeine oder die ? (vergessen!) zu bestellen.

[An Dr. L. in Kempten]
29. April 43. Ausgezeichnetes Klavierspiel veranlaßte mich heute abend, vor einem Haus in der Nähe der Park-Lichtspiele stehenzubleiben und dann eine Kellnerin in dem darin befindlichen Lokal zu fragen, wer da spiele. Sie nannte mir Ihren Namen.
Dies zur Erklärung für diesen brieflichen Überfall. Ich bin als Soldat in Kempten und habe bisher noch keinen Ton anständige Musik aus einem Hause gehört und schon geglaubt, dergleichen gäbe es hier nicht. Sie haben mich eines Besseren belehrt.
Mein Brief läuft darauf hinaus, Sie zu fragen, ob es sich einrichten läßt, daß wir gelegentlich Sonaten zusammen spielen. Ich bitte Sie, mir die Zudringlichkeit zu verzeihen. Ein Soldat ist auf so brutale Methoden angewiesen, wenn er, ohne persönliche Bekanntschaften zu haben, an einen fremden Ort verschlagen wird.

[E. K.-Sch. an die Frau von Hauptmann Evers in Ingolstadt]
2. Mai 43. Ihr Mann hat zu dem Manuskript ausführlich Stellung genommen – eine mir durchaus verständliche, denn ich komme aus dem gleichen Lager. In meiner Familie waren die idealistischen Begriffe bis zu einer letzten Höhe getrieben worden und hatten das wahre, das in sich ruhende Leben zerstört. Die absolute Unfrömmigkeit des »Idealismus« als einer geistigen Bewegung des Bürgertums war das innere Zeichen, die äußeren waren zahllos, wohin eine solche Auffassung vom Sinn menschlicher Existenz führen mußte. Der 1. Weltkrieg offenbarte es dann allen. Die

organische Ordnung, religiös ausgedrückt: die göttliche Weltord-
nung wurde angezweifelt und verworfen, an ihre Stelle Weltver-
besserungspläne gesetzt. So ethisch anspruchsvoll sie sich darstell-
ten und so sicher sie unter christlicher Flagge segeln konnten, so
verderblich waren sie.

Human nannte sich dieser Idealismus, wurde als Kampf gegen
Not, Tod und Schmerz begriffen, und führte doch nur zu Lebens-
angst, zu dem völligen Unvertrautsein mit dem Tod. Und weil
das alles natürlich war, so konnte der Umschlag erfolgen ins an-
dere Extrem. Jetzt wird gleichfalls unter der Parole »Weltver-
besserung« oder »Erneuerung« die Ordnung umgestoßen, und
man bekennt sich bewußt zum Gegenteil von Humanität. Woher
nimmt man das Maß?

In meinem begrenzten Gesichtskreis sind es drei Schriftsteller, die
bei mir erfolgreich Sturm gelaufen sind gegen die verzerrten
Maßstäbe. Der Amerikaner Thomas Wolfe, der Engländer D. H.
Lawrence und der Franzose Giono. Giono ist am unverbindlich-
sten, er stellt einfach ein dichterisches Idealbild lebendig vor den
Leser. Die beiden anderen setzen aber bewußt ihre Schau eines
auf Urgesetze bezogenen Daseins gegen das heutige entartete Le-
ben – zu Gunsten einer Ordnung, die ich »organisch« nannte, was
freilich etwas Problematisches hat, weil es gleichgesetzt werden
könnte mit einer vitalistischen Betrachtungsweise. Das Geistige
muß unmißverständlich darin enthalten sein, und mir ist es wich-
tig, eine Verbindung zum modernen Weltbild der Physik herzu-
stellen, das heute als »Unsinn« abgetan wird, weil es der Wirk-
lichkeit entgegenstehe.

Um nun auf das Manuskript zurückzukommen, so meine ich, daß
mein Mann darin vor den Leser hinstellt, daß trotz der unge-
heuersten Entartung, die in diesem Krieg nur ihren letzten Aus-
druck findet, der Kontakt mit einer ewigen Weltordnung ange-
strebt und vielleicht sogar ein wenig hergestellt werden kann. Er
nennt es: die Unzerstörbarkeit der menschlichen Natur. Sie sehen
auch die Früchte: seine innere Gelassenheit und Heiterkeit.

4. Mai 43. In einem solchen Film [über die Entlassung Bismarcks]
wird eine Natur wie Holstein dämonisiert. Das ist vordergrün-
dige Mache um des Effektes willen. Holstein war sicher undurch-
sichtig, aber aus intellektuell-politischen Gründen. Die Dramatik

der Entlassung Bismarcks liegt im geschichtlichen Bruch, so scheint es, aber wenn man genauer hinschaut, sieht man doch, daß Wilhelm II. von Bismarck 1870/71 gleichsam angelegt worden ist. Für einen Film ist die Episode gut, weil beide, der Kaiser wie Bismarck, theatralische Akteure waren.

[An die Frau von Hauptmann Evers in Ingolstadt]
6. Mai 43. Aus Überlingen bekomme ich diesen Brief meiner Frau an Sie, und es wird mir anheimgestellt, ihn an Sie weiterzuschikken. Ich bin gewiß, daß die negativen Kritiken zu den Kriegsnotizen, wenn sie denn einmal bekanntgemacht werden sollten in einer veränderten Zeit, aus dem Lager der »Idealisten« kommen werden, und das nicht von ungefähr, denn diese scheinen mir der zukunftslosesten Geistesverfassung verfallen zu sein. Wo ich scharf dagegen werde – im 3. Teil geschieht es einmal ganz unverhüllt –, bedeutet es nicht, daß ich die Träger dieses Idealismus in Person für minderwertige Erscheinungen hielte (im bürgerlichen Sinn sind sie ja gerade meist überaus achtenswert), sondern daß ich ihnen in unserer verwandelten Welt nicht die mindeste Autorität zuerkennen kann.

Leider beweist uns das Beispiel Amerikas, daß die Errichtung eines Matriarchats kein Heilmittel gegen die zeitgenössischen Geisteserkrankungen, den Idealismus eingeschlossen, darstellt. Man sieht dort, daß die Frauen, von den trivialsten Eifersüchteleien und Ehrgeizen getrieben, noch größeres Unheil anrichten als die Männer. Aber mit diesem Briefwechsel zwischen Ihnen und E. profilieren sich nun doch zwei Frauen, die als Individuen im kleinsten Kreis vernünftig wirken. Also Dank für Ihren Brief!

[An K. K. in Berlin (wahrscheinlich ein nicht abgegangener Entwurf)]
7. Mai 43. Ich erinnere mich nicht, im preußischen Verein jemals eine so lange Zeit unbehelligt gelebt zu haben. Allmählich werde ich ein alter Soldat, ein Faktotum, ein gemüdeter Krieger, den nichts mehr erschüttern kann. Ich fege Stuben aus, verteile mit Wasserfluten Dreck in den endlosen, steingepflasterten Fluren, mit dienstverpflichteten Zauberkünstlern und Jongleuren habe ich einen bunten Abend organisiert, hierfür sogar Kostüme beim Filmfundus der Bavaria in München geholt, im Orchester die Geigen verstärkt. Zuweilen ziehe ich auch mit einem Trupp in

die Gegend und hänge Telefondrähte auf Bäume, um sie von dortselbst nach Stunden wieder zu entfernen, wobei dann die »Rückentrage« mit der Kabeltrommel nicht auf dem Rücken, sondern auf dem Bauch hängt. Allerdings habe ich keinen, sondern bin dünn wie ein geräucherter Hering.

Wie lang das für mich noch so weitergeht? Meine bisherigen Voraussagen waren falsch. Ich glaubte nicht, die Kastanienblüte noch im Allgäu zu erleben – zuweilen auch an Wochenenden am Bodensee. Wir wissen das kleine Glück zu schätzen, das große bleibt fern. Du wirst es nicht glauben, aber es ist die Wahrheit: Glück ist für mich gar kein wichtiger Begriff, weil ich Unglück nicht richtig auszukosten vermag. Du mußt zugeben, daß ich für dieses Jahrhundert zweckmäßig prädisponiert bin.

Die Zeit redet uns alle so laut und heftig an, daß unser privates Tun ungewollt zu einer gültigen Antwort wird, die nur nicht öffentlich gegeben werden kann. Wenn einer jetzt unverletzt ist, dann richtet er ein Beispiel auf, ganz gleich, wie viele es bemerken und ob überhaupt jemand. Jedermanns Aussage ist heute gültige Aussage, jedermanns Leben Beispiel, sofern beides nur wahr ist, für ihn selbst wahr; sofern er nur das geblähte, hohle Geschwätz, dieses elende stimulierende Lügen nicht mitmacht oder, andererseits, sich nicht fallen läßt in Schwarzseherei und Verzweiflung.

»Kriegsbriefe gefallener Studenten« interessieren aus diesem Krieg nicht. Die Stimme der Toten wird kein Gewicht haben. Hingegen die Worte entschlossener Lebender, die sich nicht verloren haben. Von kleinsten Zellen her wird sich das Chaos ordnen müssen. E.s Freund Rothe ist sehr im Irrtum; er sagte neulich im Hinblick auf meine Notizen, es werde viele geben, die mehr erlebt haben. Das ist unbestreitbar. Erlebt habe ich so gut wie nichts. R. schwebt vor, daß die Vernunft wieder einzöge, wenn den Überlebenden das Grauen des Krieges in künstlerischer Erhöhung und Steigerung vor Augen geführt werde. Nichts erscheint mir falscher. Erstens geht das gar nicht, jeder Roman über Stalingrad könnte nichts sein als Kitsch, während eine Reportage, es liegt in ihrem Wesen, zugleich mit der Information sozusagen die Daten transportierte, dieses: es war einmal. Damit würde ein höherer pädagogischer Effekt unterbunden. Zweitens ist nach allgemeiner Auffassung solches Grauen eine Erfindung des »Schicksals«, und damit sind wir an der falschen Adresse. Die richtige sind auch die Kommandostellen und -personen nicht bis zur Spitze hin. Indem fast alle diese Spitze wollten und wollen, nach wie vor, ist ein jeder seines Unglücks Schmied, hat es zu verantworten, und nicht nur hinzunehmen. Das letztere ist leicht, weil unvermeidlich, leicht im moralischen Sinn, wie schwer es im physischen sein mag; aber das andere – das werden sie nicht leisten wollen, die, die überleben.

Ich überlegte mir neulich, was unsere Geistesheroen in der Situation von 1939 getan hätten. Goethe wäre schon vor dem 1. 9. im Besitz eines Dokumentes gewesen, daß er uk [unabkömmlich] sei. Hölderlin wäre zugrunde gegangen. Richard Wagner hätte versucht, durch den Bodensee in die Schweiz zu schwimmen, wäre dabei aber aufgegriffen worden, weil er vorher von seinem Plan im Gasthaus geredet hätte. Im Gefängnis hätte er sich benommen wie Gerhart Hauptmann, schweinisch. Außerdem hätte er den großartigen Charkow-Marsch komponiert und wäre daraufhin Staatskapellmeister geworden. So von der Sorte Gründgens. Bach wäre sofort als Regimentsmusiker eingezogen worden und hätte nach Dienst die h-moll-Messe geschrieben. Schubert wäre wegen Kurzsichtigkeit gvh [garnisonsverwendungsfähig Heimat] gewesen, Mozart wegen eines Magenleidens. Kurz, jeder hätte einen für den ganzen Krieg gültigen Status gefunden. Daß es mir voraussichtlich erspart bleibt, zugrunde zu gehen, einerseits; ich andererseits aber auch nicht zu einem zuverlässigen Druckposten komme; vielmehr auf immer neue Weise zwischen Baum und Borke mich befinde, gezwungen, meine Aufmerksamkeit Umständen und Personen zuzuwenden, vor denen mich ekelt: das muß einen Grund haben, da ich ja schließlich nicht schwachsinnig bin und um mich herum Geschöpfe sehe, die mit viel weniger Aufwand an Intelligenz sich höchst angenehm im Krieg einrichten. Ich glaube, es ist dieses permanente Ekelgefühl, das mich von ihnen unterscheidet. Es macht mir sowohl unmöglich, mich vorwiegend mit Arschkriecherei zu beschäftigen, womit einzig gemütliche Posten zu bekommen sind; wie, mich anders rational zu verhalten. Ich fürchte, daß, wenn ich diesem Ekelgefühl auf den Grund ginge, ich bemerkte, daß es mich gleichzeitig isoliert *und* bindet. Mich interessiert, was mich schaudern macht. Die Armee ist für mich nicht nur der Ort, an dem optimale politische Drückebergerei möglich ist; sie läßt mich auch dem rotglühenden Kern des Wahnsinns am nächsten sein. Beobachtungsplätze, die ihm noch näher liegen, sind mir verschlossen. Sie lägen einerseits in der Herrschaftssphäre, wohin ich nicht gelangen kann; andererseits in den kriminellen Staats- und Parteihöllen, wohin ich allerdings gelangen könnte – als Opfer. Eben das gilt es zu vermeiden auf Kosten der Klarheit: der Klarheit der eigenen Position.

[An S. Sch.]

7. Mai 43. Alles in allem: harre aus! Ich treibe es nun schon vier Jahre und gedeihe dabei gar nicht schlecht. Ich bin ganz ruhig und heiter. Messe das Ungute Deiner Existenz am Schlechten des Ganzen, dann sieht sie gleich viel freundlicher aus. Also zum Beispiel stehst Du nicht neun Stunden an einer Stanzmaschine, mußt nicht um 5 Uhr früh durch ganz Berlin in eine Fabrik nach Niederschöneweide oder sonst in eine anmutige Gegend. Wir sind in einer Situation, in der das Leben und zu essen haben ein glorreicher Luxus ist. Was wir darüber hinaus noch haben, ist reines Glück.

11. Mai 43. Als ich Sölter [leitender Mitarbeiter des List-Verlages] in Hegge abholte, schneite es! Wir saßen von halb vier bis acht zusammen. In ihm ist alles konfus, mit Ausnahme des Geschäftlichen, und darüber hatten wir nichts zu verhandeln. Er kam aus Straßburg, aus Konstanz (W. v. Scholz), Oberstdorf, überall mit Autoren sprechend, er reist zu diesem Zweck weiter nach München, wird drei Tage in Leipzig sein, um dann nach Paris zu fahren. Deutsche Verleger drucken in Paris, das ist billig, und ich glaube, sie haben die Vorstellung, das bliebe so. List ist in Freiburg und will mit seiner Frau ins Badhotel [in Überlingen] kommen, da wirst Du ihn sehen; lade ihn zu Kaffee und selbstgemachtem Kuchen ein. Er sächselt, das soll Dich nicht stören, er ist ein guter Mann, wenn man kein Geld von ihm will.

Sölter zeigte mir die Liste der Bücher, die der Verlag 42/43 herausbringt, Beweis einer erstaunlichen Aktivität. Wohl alles nichts Großes, aber auch nichts, dessen man sich in einiger Zeit allzusehr zu schämen hätte. Eine große Mozartbiographie bat ich mir aus. Er ließ mir ein Buch von einem schwedischen Diplomaten da, »Die russische Gleichung«. Zu zwei Dritteln habe ich es gelesen, und das einzige, was ich von diesem Buch nicht verstehe, ist, daß es nicht verboten wurde. Da steht viel von dem drin, was ich immer gesagt habe: daß es unser größter Irrtum war, dieses Land mit unseren Maßstäben zu messen. Das Buch wurde vor Juni 41 geschrieben, bekam nur einen bis September 41 reichenden Anhang, ist jedoch nicht durch die Entwicklung überholt. Man muß Schwede sein, um so etwas drucken lassen zu können bei uns. Im Ganzen ist es Journalismus, man muß die Fleischstücke aus der Sauce heraussuchen, aber sie sind drin.

16. Mai 43. Was bekümmern Dich die Zeiten so sehr! Das Unsere gerät uns doch leidlich. Ich stelle es nicht zum erstenmal fest: es dringt alles langsam in Dich und bricht dann unvermutet mit Gewalt hervor. Zuerst erscheinst Du so guten Mutes, daß ich Dich mit realistischen Zukunftsvorstellungen vertraut machen kann, doch sie fressen sich in Dir fest, und dann drücken sie Dich nieder. Du sitzt in dieser Frühjahrspracht auf dem Hügel und bist ganz down.

Thomas taufen lassen? Ich glaube, man kann die Religion nicht als ein Mittel der Lebensgestaltung benützen. Ist man fromm, tauft man sein Kind sowieso. Ich bin's nicht und brauche keine traditionellen Formen zum Ausdruck gewisser Lebensgefühle oder um Zäsuren zu setzen. Sind wir erst wieder zusammen, wird Th. schon sein geformtes Leben finden – und was ist das, was er jetzt mit und neben Dir führt? Läßt sich's intensiver denken?! Mir widerstrebt es, mir Stützen zu leihen. Hättest Du den bestimmten Wunsch, ihn taufen zu lassen, stünde ich ihm nicht entgegen.

So vieles in Deinem Brief gilt nicht für mich. Ich habe kein elementares Bedürfnis nach Kunst oder Wissenschaft, und das Leben ist mir durchaus nicht ungreifbar. Mein Lebensgefühl ist davon bestimmt, daß ich mich als einen Anfang empfinde. Mir wächst voraussetzungslos ein Kornfeld auf der flachen Hand. In einem strengen Sinn bin ich ungebildet, weil mir nur bleibt, was mich angeht.

[Am 19. Mai 43 fahren meine Frau und ich nach Berlin, um dort unsere Zelte abzubrechen. Kein Buch bleibt zurück. Am 22. Mai sind die Möbelwagen beladen. Als unsere Wohnung in der Ruhlaerstraße leer war, wohnten wir im Hause der Schwiegereltern.]

[An Carl Rothe]

22. Mai 43. In jeder dieser Berliner Nächte sitzen wir im Luftschutzkeller. Wir: die Schwiegereltern, das Hausmädchen, Edith,

Werner Heisenberg und ich. Ich lerne Atomphysik, wir rüsten uns mit Bleistift und Papier für diese Sitzungen aus. Werner ist von rührender Geduld. Gott sei Dank, daß wir dieses Thema haben, mit den Schwiegereltern läßt sich über Politik nicht sprechen. Wie geheimnisvoll ihr Irrtum, was Ordnung sei!

[An Agnes Ruoff]
27. Mai 43, Kempten. Berlin liegt hinter uns. Alles wird nächste Woche fein versteckt in einem Dorf bei Salem. Ich bin seit heute früh zurück. Meine Tagesarbeit heute bestand im Auskehren von ein paar Stuben und im Fangen eines Flohs, dem ersten meines Lebens, der mich vor seinem Tod übel zugerichtet hatte. Das war meine Nützlichkeit fürs Vaterland. Ich sehe den Sieger voraus, der mich eines Tages fragt: Wie, so lange Soldat? Was haben Sie denn da gemacht? Stuben gefegt und Kartoffeln geschält, Sir, werde ich sagen. Und er wird weiter fragen: Und wer, bitte, hat Europa ruiniert? Ich, Sir!, werde ich sagen.

[An E. v. Almsick]
26. Mai 43. Ich traf jenen Feldwebel, zu meiner Zeit Unteroffizier, der bis vor Stalingrad die I-Staffel in der NA 3 führte. Seine Schwester hat hier eine Kantine, er lud mich zu einer Bowle ein. Er nannte die Namen derer, die von der Abteilung aus Stalingrad, aus dem schon umschlossenen, herausgekommen sind unter Vorwänden. Alle Hurra-Schreier. Wenn ich nicht das Gefühl hätte, daß meine eigene Bestimmung nichts mit diesem Krieg zu schaffen hat, so müßte ich mich fast schämen, am Leben zu sein. Dieses Feldwebels Haltung und Zuversicht, wie sternenfern sie mir auch sind, waren mir achtenswert, und was Menschen dieses Schlages alles zerbrechen wird, ist nicht auszudenken.
Es sind hier in der Stadt viele Kinder und Frauen aus Essen, ich sprach mit einigen und weiß, wie es bei Euch aussieht [v. A. war in Essen zu Hause]. Fachleute sind der Meinung, daß man Städte wie Essen und Rostock in 50 Jahren nicht wieder wird aufbauen können. Wir stehen erst am Anfang der Zerstörungen. Ich glaube fest, daß uns nichts erspart bleibt und wir ganz unten durchmüssen. Ich glaube allerdings zum erstenmal auch, einen Termin für das Ende des eigentlichen Krieges zu erkennen, Herbst 44. Was dann kommt, wird sich noch längere Zeit nur wenig vom Krieg unterscheiden.

26. Mai 43. Nachmittags wurde ich zum Oberleutnant und zum Hauptfeldwebel gerufen. Das sind nun die beiden neuen Nornen, die ohne die geringste Kenntnis alles Vorhergegangenen – abgesehen von dem, was ihnen ein dürftiges Aktenstück vermittelt – an meinem Faden weiterspinnen. Ich hatte solche, die taten es mit Tücke und Hinterlist, mal auch jemand, der Verständnis aufbrachte – diese beiden geben sich korrekt. Und deshalb dreht es sich für sie zunächst um diese verdammten neun Tage Arrest, die ich vor der Kriegsgerichtsstrafe im August 1941 (!) bekam. Darüber haben sie, Gott weiß wo, Erkundigungen eingezogen und festgestellt, ich hätte sie nicht verbüßt. In ein paar Wochen wären die neun Tage verjährt, und nicht allein deshalb würde es mich geradezu kränken, sie absitzen zu müssen. Gefängnis, na schön, aber Arrest, das paßt nun wirklich nicht mehr. Eine Entscheidung haben die Herren nicht getroffen. Von fern wurde die Frage gestreift, ob ich nicht neuerdings einer »Bewährung« zugeführt werden müsse, bevor aber darüber Genaueres zu hören war, ging das Telefon, und der Oberleutnant brach das Gespräch ab.

Gestern wurde Hauptmann Oberhauser [bisheriger Kompaniechef], unter lauter Larven die einzig fühlende Brust, mit einer schweren Herzattacke ins Krankenhaus gefahren. Er wird auf lange ausfallen, und vielleicht ist dieser Umstand in dem Puzzlespiel, das jetzt wieder in Gang zu kommen scheint, nicht ohne Bedeutung.

[An H. F. in Berlin]
11. Juni 43, Krugzell [ein Dorf im Allgäu, dort eingesetzt zur Erntehilfe seit 8. 6.].
Mittwoch vor acht Tagen sind unsere Möbel in Salem angekommen, ich nahm daraufhin den Urlaubsrest von fünf Tagen. Noch die Enkel werden in Salem von unserem Transport sprechen. Der eine 10 m lange Möbelwagen war 200 Zentner schwer und stand auf einem so morschen Güterwagen, daß er durch die Bohlen brach, als wir ihn abschleppen wollten. Mit Hebeln und Winden holten wir ihn wieder heraus. Die zwei stärksten Traktoren des Schloßgutes zogen ihn langsam nach Rickenbach. An zwei Abenden bekam ich dort sieben gefangene Serben dank der Einsicht ihres Bewachers, eines Gefreiten. Es waren feine fleißige Burschen, sie brachten alles unter die zwei Dächer. Ich bin ein wenig

neugierig, wie die Verhältnisse sein werden, wenn wir diese Stuben wieder ausräumen.

Mein Bauernwirt hier, der dicke Herr Hummel, und seine Verwandten – so was von Degeneration! Da lobe ich mir die evakuierten Preußenfamilien aus Essen und Umgebung, die hier die Gegend unsicher machen. Von ihnen hätte Goethe gesagt, sie haben Haare auf den Zähnen, ein zähes, raffgieriges Volk, das Gott für die englischen Flieger dankt. Die Frauen machen den Finger nicht krumm und spielen sich als Flüchtlinge auf, dabei sind sie aus heilen Wohnungen mit allem abgefahren, was ihnen zweckdienlich für die bayerische Verbannung zu sein schien. Da ist Gebrüll und Geschrei den ganzen Tag. »Du kriegst 'ne Wucht«, und »Nein, du darfst kein zweites Stück Zucker nehmen«, aber er kriegt's dann doch, der Goldsohn, und der andere schreit: »Mutti, der Harald hat schon zwei Pfannkuchen.« Sie stürzen sich auf die Zeitungen, und heute hörte ich eines der Weiber mit wirklichem Bedauern in der Stimme sagen: »Sie haben schon zehn Tage keinen Angriff mehr gehabt!« Die andere darauf: »Ja, aber dann wird es wieder kommen – und wie!« Hoffnung glomm in ihr, denn die Bomben dort sind die Grundlage ihrer stinkend faulen Existenz hier bei guter Ernährung. Sie sind der Vortrupp der Heere, die noch kommen werden, und dann sieht's anders aus, aber sie sahnen erst mal ab – und das im wörtlichen Sinn. Gestern abend schob ich das Rad in den Hausflur und ließ die Feder vom Gepäckträger zurückschnappen. Es gab einen kleinen, harmlosen Schlag. »Huch«, schrie eine, die da herumstand, »ich dachte, es wäre eine Bombe!« Seit einem Vierteljahr sind sie hier, hören nur die Kirchen- und die Kuhglocken und den Ruf des Hüterbuben, wenn er eintreibt am Abend. Diese Weiber haben in elenden Wohnungen gehaust und sich mit der Zeitung zugedeckt, und jetzt ist ihnen nichts fein genug. Die Arbeit schreit ringsherum, ohne Soldaten bliebe die Ernte liegen, aber das kümmert sie nicht.

[An Carl Rothe]

Im Dorf Krugzell, gegeben am 14. Heumond im Jahre XI. Die Bücher sind keine guten Grüße aus einer anderen Welt [Th. Mann, Die vertauschten Köpfe, und Hemingway, Wem die Stunde schlägt]. Die indische Geschichte halte ich von Grund aus für verfehlt. Das Eingreifen der Göttin ist notwendig, und allein deshalb wird die Geschichte zur Parabel, und nur so, wie sie im Indischen steht, hat sie Sinn: als ein Stück Weisheitslehre, als ein moralisches Beispiel ohne Wirklichkeitsbezug. Was tut er damit? Er hängt der Parabel ein naturalistisches Mäntelchen um, schildert die Schönheit des Mädchens, die Badeszenerie, den Wald der Klausner, die Höhle - alles mit gewohnter Kunst, und auf diesen Schauplätzen, überflüssig und mit der Sache unverbunden, läßt er die Leute geistreiches Geschwätz anstimmen, bar der Weisheit, der Lebenseinsicht, dürr und vogelscheuchenhaft. Da hilft sein Gescheitsein nichts, und selbst ein so schöner Satz reißt nichts heraus, den ich mir über mein Haus schreiben lassen werde, wenn ich einmal eines haben sollte: »Denn ist es Askese, die Menschen zu meiden, so ist es eine noch größere, sie bei sich aufzunehmen.« Zu allem Unglück läßt er den Klausner noch sagen, die Geschichte der drei sei voller Lebensdunst usw. Die Geschichte ist so lebensdunstig wie das Strafgesetzbuch.

Hemingway ist genau der Reißer, den ich für die Bahnfahrt haben wollte. Die eigentliche, mehr oder weniger von Hemingway selbst erlebte (oder gehörte) Geschichte, die in der Höhle und um sie herum spielt, ist nicht einmal dort ganz schlecht, wo sie triefend kitschig wird, und mir immer noch lieber als das hohle Gerede in den »Köpfen«. Wie er aber versucht, die Episode in den großen Krieg einzubetten und diesen für den Leser sichtbar zu machen, das ist doch wirklich miserabel. Was für ein hilfloses Mittel: Pilar darf sich an einem sonnigen Wege auf dringendem Gang unter einem Busch niederlassen und nun 50 Seiten lang Geschichten erzählen, indes sie doch Wichtigeres zu tun hätte! Unerträglich die Selbstgespräche, Erinnerungen, Vorwürfe und Verteidigungen, diese Seelenbewegungen, wo gar keine Seele ist.

Aber es bleibt ein Rest, ein überaus amerikanischer Rest, eine Fähigkeit, Wirklichkeit einzufangen, da ist H. mindestens so gut wie unser Herr Fallada.

Warten wir also weiter, um später festzustellen, ob die anderen auch mit Wasser gekocht haben.

Früh um fünf läuten uns hier die Kuhherden aus dem Schlaf - mich ja nicht nach einem Arbeitstag, der um halb sieben beginnt und um 19 Uhr endet, aber E. Doch was für ein menschenwürdiges Dasein gegenüber dem in der Kaserne!

[Von E. v. Almsick aus Italien]
7. Juli 43. Einmal muß die Welt untergehen, um sich zu erneuern. Wenn ich diese Erkenntnis selbst immer beherzige, wird mir vieles leichter, und ich empfinde dann einen nicht so tiefen Groll.

[An W. E. Süskind]
10. Juli 43. Ich kann meine eigene Karre immer nur um Schritte vorwärtsschieben. Der Charakter der Kriegsnotizen wird mir immer deutlicher. Sie reden nicht von Schlachten, beschreiben die Kriegsmaschine kaum, und doch den Krieg. Meine Generation hat sich eine merkwürdige Zeit ausgesucht. Zunächst schien, was sie dachte, so sehr jedermanns Denken zu sein, daß es zum Sterben langweilig war. Es war jedoch nur eine scheinbare Übereinstimmung. Dann schienen wir völlig überholt zu sein, eine Art geistiger Autofriedhof (ich glaubte es ja nicht, aber viele glaubten es!), und nun sind wir nagelneu und von übermorgen.

16. Juli 43. In der Frankfurter steht ein Aufsatz, gezeichnet I. S., vermutlich Irene Seligo, über das Gastspiel der Berliner Oper in Lissabon. Es hätte fast nicht stattfinden können, weil man die Nägel nicht hatte, um die Dekorationen zu bauen. In Berlin. In derselben Zeitung steht, daß die Amerikaner auf ihrem Weg zur Luftherrschaft Luxushotels längs der Fluglinie nach Afrika gebaut hätten, in denen rein amerikanischer Fraß verkauft wird. Da sind sicher ein paar Nägel übriggeblieben, die könnten sie doch in Berlin abwerfen. Im übrigen sind diese Amerikaner und Engländer ganz feige Burschen, wie ich auch erfahre. Indem sie in Sizilien landeten, hätten sie den bequemsten und sichersten Weg auf den Kontinent gewählt. Also ich verstehe nicht: wie können sie nur? In Berlin hätten sie abspringen sollen, da wären sie zwar aufgerieben worden, aber man hätte doch gesehen: feine, mutige Jungs sind das, die trauen sich was zu, Teufel noch mal. Prügel kriegen sie in Italien, sagt der deutsche Heeresbericht. Sie hätten die Küste von Licata bis Augusta, das sind 250 km, besetzt und stünden in der Ebene von Catania, sagt der italienische.
[Ohne Datum, Mitte Juli 43]. Goebbels' Artikel im »Reich« ist überschrieben: »Weiß das die Regierung?«, und natürlich weiß sie es. Er schildert ein wenig seinen Tag, wie es da strömt von Informationen von früh 7 bis Mitternacht. Ein anderer Aufsatz von Walter Bauer heißt: Das innere Bild. Vieles werde zerstört, aber

das innere Bild bleibe. »Das innere Bild der Kunst ist ihre eigentliche Existenz.« Wenn dem so ist, wozu brauchen wir Museen? Ein unbändiger Unsinn! Um zum inneren Bild zu gelangen, muß man das Kunstwerk erst einmal mit Augen gesehen haben. Er exemplifiziert am Kölner Dom: wenn sie den ganz zerschmissen haben werden, bliebe das »innere Bild«. Ich brauche weder das innere noch das äußere Bild dieser Reißbrettkiste. Aber darauf können wir Gift nehmen, dieser Kulturschrott wird restauriert werden. Immerhin ist es bemerkenswert, daß das »Reich« nicht mehr brüllt, es werde alles neu und viel schöner wieder gebaut werden als es war, sondern uns innere Bilder verkaufen will. Die kosten nur das Honorar für einen innerlichen Schreiber. Mein Gott, sind mir solche Schafspinsel widerwärtig, die ihre edle Attitüde verplanen lassen und es nicht einmal merken.

26. Juli 43 [nach einem Wochenende in Überlingen]. Du wirst die Karte aus Lindau haben. Es war halb zwölf, als die Weinflasche leer war. Übernachtung, da es kein Hotelzimmer gab, im stinkenden Dachraum einer Kaserne mit 20 anderen. Im Frühzug dann noch Kompaniegenosse K., der in Radolfzell seine Braut getroffen hatte. Wir hatten in Kempten noch Zeit, kauften Brötchen und gingen ins Hospiz frühstücken. Die Kellnerin ließ uns warten, kam dann ganz atemlos an den Tisch und entschuldigte sich, sie hätte die Neuigkeit erst ihrer Kollegin erzählen müssen. Du kennst die Neuigkeit inzwischen: Mussolini ex! K. sagte: »Wahrscheinlich aus gesundheitlichen Gründen.« Wir amüsierten uns über die Bemerkung. Bei Becherers angekommen, wurde mir aber gesagt, die Nachrichten hätten tatsächlich verbreitet: Rücktritt aus gesundheitlichen Gründen. Da waren wir doch eine Weile sprachlos. Ich glaube nicht, daß die Konsequenzen dieses Schrittes für den Krieg in Italien erheblich sein werden. Nur auf längere Sicht ist es ein Ereignis von größter Bedeutung.

Ich nehme die Maschine mit in die Kaserne, sicher habe ich Luftschutzwache. Das wechselt jetzt so ab: Torwache, Luftschutz, Torwache, Luftschutz. Die Herrschaften, der Kompaniechef, der Hauptfeldwebel, der eine heißt Schmid, der andere Zetschke, schießen sich auf mich ein. Ich kenne diese Vorstadien offener Verfolgung jetzt zur Genüge, Du wirst es sehen.

27. Juli 43. Ich habe neue Informationen über den Stand meiner Dinge, sie sind vertraulich, und ich verdanke sie B.

[Brosius, Schreiber bei der Kompanie, hat mir bis zur Abstellung nach Rußland – dank seiner Einsicht in die Akten auf der Schreibstube – wertvollste Hinweise geliefert. Mit ihm und zwei oder drei anderen und mir entstand in diesem Kemptener Sommer des Jahres 43 zum ersten Male (und für mich einzigen Male) eine konspirative Gruppe, auf die Verlaß war. Daß die erhaltenen Aufzeichnungen und Briefe davon nichts festgehalten haben, läßt erkennen, daß ich die Situation in dieser Ersatzkompanie als wirklich gefährlich einschätzte.]

Die Strafakten sind, nachdem die 3. Division in Stalingrad verschwand, bei der Ersatzdivision in Potsdam. Dort hat nun die hiesige Kompanie angefragt, ob es für mich überhaupt in Frage käme, daß ich »zurückgezogen« werde [als einziger Sohn eines Gefallenen]. Das in Potsdam zuständige Kriegsgericht hat geantwortet, daß es darüber nicht zu entscheiden habe. Auf dem Dienstwege, also beim Generalkommando in München, sei diese Entscheidung zu treffen, und dann sei das Gericht ins Bild zu setzen, denn es habe, falls ich »zurückgezogen« werde, zu prüfen, ob unter diesen Umständen die weitere Strafaussetzung noch gewährt werden könne.

30. Juli 43. Alle Blätter bringen heute Aufsätze zu Mussolinis 60. Geburtstag und huldigen einem Mann, dessen Lebenswerk innerhalb von zwei Tagen zerschlagen worden ist, und zwar von Leuten, mit denen wir als unseren nächsten und hauptsächlichen Verbündeten an einer wichtigen Front zusammenarbeiten.

[Ich erreiche es, noch einmal auf »Erntehilfe« zum Bauer Huchler in Eichholzried bei Kempten kommandiert zu werden für fast vier Wochen. Frau und Kind kommen dorthin, bezahlen »Pension«. Die Bäuerin schneidet ihre Lebensmittelmarken ab, obwohl bei einer Mahlzeit aus Schwarzschlachtungen mehr Fleisch auf dem Tisch steht, als ein Normalverbraucher in einem Jahr auf Marken beziehen könnte.]

23. August 43. Ich bin dieses Lebens überdrüssig, und es verfängt nicht mehr, daß ich mir sage, wie gut wir es haben im Vergleich zu vielen. Huchlers Mist zu laden, aufs Feld zu fahren, ihn auszubreiten: was geht mich das an! Während der abendlichen Stallzeit war ich allein auf dem Feld, und das genoß ich. Der Sommer ist fast vorbei. Der Abend war wie eine Generalpause vor dem Herbst. Sich, wie sagt man, an den Busen der Natur zu flüchten,

Stimmungen zu überlassen, mit »inneren Bildern« umzugehen – wie groß ist diese Gefahr! Verführerisch, zumal es mir gegen die Natur ist, in Feindschaft zur Umwelt zu leben. Aber noch mehr ist mir gegen die Natur, nicht in Feindschaft mich zu fühlen zu dieser Umwelt, und ich glaube, das ist es, was mir diesen Sommer allmählich madig macht, er hat etwas von Idylle.

Es ist herrlich, im Staub und Krach der Dreschmaschine zu stehen, die Garben aufzureißen und ins Maul der Trommel zu schütteln, man fühlt sich gut, herrenhaft, und ich kann leider die Gerste nicht verabscheuen, die Huchlers Schweine fett machen wird, und selbst dessen phantastische Habgier ist immer noch so etwas wie ein menschlicher Zug. Sie hindert ihn nicht, über Stalingrad richtige Gedanken zu haben. Dieser Hof, diese Arbeit, die ich kann und die mir um so mehr Spaß macht, je mehr es heißt, Reserven zu mobilisieren, um sie zu leisten – das sind fast harmonische Lebensumstände, zu denen ich ja sagen kann. Ich muß mit einem Trugbild fertigwerden, das zum Beispiel für den Bauern nichts weniger als ein Trugbild ist, vielmehr die alte, ewig gleiche Realität seines Lebens. Ekel zu empfinden macht mir das Leben viel leichter, aber weder Huchler noch seine Kühe sind in der Partei.

Ich weiß wohl, warum jener Augusttag vor dem Kriegsgericht bis heute seine Strahlkraft für mich bewahrt hat. An diesem Tag bezog sich mein Versteckspiel nur noch auf das Fernerliegende, auf das Allgemeine, doch in der Reduktion auf meinen Fall und das SA-Schwein hatte die Maskerade ein Ende. Ich sagte, was zu sagen war, bebend vor Wut und Haß, wider Willen und Absicht empfand ich ein Glücksgefühl ohnegleichen, das mir Bertram dann am Gesicht ablas, als er sagte: Das steht Dir. Dieses Idyll steht mir nicht, der nahe Fluß, die zarte Anmut der Landschaft. Und nun kommen auch noch Edith und Thomas. Wie gut – natürlich wie gut. Überleben, nachher noch da sein – wie gut – natürlich wie gut! Und doch, und doch …

Abends. Ganz schöne Spinnerei, was da steht. Und doch …

[An Unteroffizier D., mit dem ich in Demidoff oft Wache ging] Ende August 43. Vieles von dem, was wir damals geredet haben, hat sich verwirklicht, vieles wird sich noch erfüllen. In meinem soldatischen Dasein stagniert hingegen alles. Eigentlich ist es der

Sinn vieler Vorschriften, einem gefallenen Engel wie mir wieder in die Reihe zu verhelfen, aber dieses System funktioniert in meinem Fall nicht, und ich weiß, warum nicht. Die Verrückten, die 999 unter 1000, sind gerade in dem Punkt nicht verrückt, daß sie Leute wie mich, sind sie erst einmal auf sie aufmerksam geworden, als nicht ihresgleichen erkennen. Ich erkenne ja die 999 auch als nicht meinesgleichen. Ich halte sie, je nachdem, für Verbrecher oder Schwachsinnige, während sie mich einerseits für einen Verräter der großen Sache, andererseits für einen Verächter ihrer selbst ansehen, und zwar, ohne daß ich davon spräche. Sie riechen es.

[An Dr. List, Leipzig (aus einem Entwurf)]
28. August 43. Meine Natur neigt nicht zur Verzweiflung. Das Gefühl des Ekels ist ein unvollkommener Ersatz für sie. Ich bin zu praktisch für persönliche Tragödien. Und erst recht für unpersönliche. So deutsch fühle ich mich denn doch nicht, daß ich meine, ich sei verurteilt zur unfreiwilligen Komplizenschaft. Den Ekel werde ich nicht streichen, ihn mir nicht nehmen lassen, er ist in meinem jammervollen Kompromiß meine einzige lupenreine Qualität. Sie darf aus meinen Aufzeichnungen nicht entfernt werden.
Es gab und gibt Verleger, die einem Extrem dienen, dies aber ist nicht der Charakter Ihres Hauses. Nach meiner unvollständigen Kenntnis sind die »Sieben Säulen« das extremste List-Buch, es stammt von einem Engländer, bei uns geht's niemandem unter die Haut, die wahre Bedeutung dieses seltsamen Werkes bleibt unerkannt. Meine Notizen aber gehen uns Deutsche an und die andern, insofern wir sie angehen. Und wie peinlich werden wir sie nach diesen Jahren angehen! Ich möchte niemandem erlauben, sich von dieser Blutbühne wegzuschleichen.
Ich arbeite zur Zeit an einem vierten Teil, er entsteht nicht aus dem, was als Briefe, im Prozeß des Schreibens, vor meinem Bewußtsein gar nicht für den Druck geschrieben wurde, es hat eine andere Manier, eine erzählende, und zum Gegenstand die Erntehilfe-Wochen im Allgäu.
Bei dem zweiten Bauern, bei dem ich arbeitete, waren zwei Schullehrerinnen, die sich in den Ferien als Helferinnen den besseren Fraß verdienen wollten. Diese Spinatwachteln machten in mir

alsbald den Vaterlandsverräter aus, ich lief ihnen aber nicht ins gezückte Denunziantenmesser, sie trauten sich auch nicht so recht, der Bauer war in Sachen Stalingrad und dergleichen ganz auf meiner Seite, und sie wollten die Würste und das Gselchte nicht einbüßen, das er ihnen vielleicht am Schluß mitgibt. Außerdem lernte ich im Gasthaus eine Polin kennen, die perfekt den hiesigen Dialekt spricht und ihn für Deutsch hält. Dorthin kamen täglich zum Essen sogenannte Flüchtlingsfrauen aus dem Ruhrgebiet, die bei den Nachrichten immer begierig lauerten, ob ihre Städte auch ordentlich wieder gebombt worden waren in der vergangenen Nacht – das gab ihnen Relief, damit konnten sie irgendwie vermeiden, gefragt zu werden, warum sie keinen Finger krumm machen bei den Bauern, sondern nur hamstern.

Kurz, Sie sehen mich bei dem Versuch, ein Ludwig Thoma fürs Allgäu zu werden – mit dem Unterschied allerdings, daß Thoma im vorigen Krieg seinen kritischen Verstand verlor, wohingegen der jetzige dem meinem zum Treibhaus wird.

[An Wilhelm Hausenstein]

30. August 43. Mein herzliches Beileid zum Tod der Zeitung [Frankfurter Zeitung], oder sagen wir besser: zum Scheintod! Es geschieht ja vieles Tag um Tag, was ungleich größere Bedeutung für unsere Zukunft hat, aber es ist doch etwas Besonderes, wenn eine Einrichtung verschwindet, die uns begleitet hat, seitdem wir zu denken begonnen haben. Hatte die Zeitung auch nie eine Orientierung, mit der ich mich hätte identifizieren mögen, so kam sie doch der eigenen Vorstellung von einer Zeitung am allernächsten und enthielt oft und oft Beiträge, die uns geistige Bereicherung bedeuteten von der Art, wie Zeitungen dazu fähig sind: als Anstoß, als Hinweis, als Markierungen im Zeitstrom – von der ausgezeichneten Art der Information ganz zu schweigen.

Das Organ war ein Band. Es hatte trotz seiner immer etwas problematischen Doppelgesichtigkeit, dem Geist und dem Geld verpflichtet, eine ungewöhnlich homogene Gemeinde, die sich während der bis jetzt letzten Periode nicht so sehr durch das zusammengehalten fühlen konnte, was wirklich auf den ersten Seiten stand, als mehr durch das, was sie heraus- oder hineinlas. Ich erinnere mich recht gut, wie mir – es muß kurz vor dem Krieg gewesen sein – an den Aufsätzen mit dem Signum RK [Rudolf

Kircher, letzter Chefredakteur] über seine Reise nach Amerika bewußt wurde, wie schmal der Weg war, auf dem die Schreibenden gingen, wie sie sich winden und drehen mußten, so daß es alles in allem ein klägliches Schauspiel war, zuweilen sogar ein ärgerliches. Doch hinfort gewöhnte man sich daran und las das Nicht-Geschriebene mit, sozusagen aus Tradition.

Ich wünsche Ihnen, Sie könnten sich jetzt ganz einer eigenen, tagesfernen Arbeit widmen. Damit steht es bei mir nicht gut, ich lebe fremde Leben und tue fremdes Tun und muß noch froh sein, daß es so ist. Ein jeder wartet darauf, wieder auf den eigenen Weg einbiegen zu können, und dabei sind wir, die wir eine genaue Richtung vor uns sehen, noch weit im Vorteil. Die übrigen, deren Leben sich von außen her gestaltet, werden überhaupt keinen der ehemals begangenen Wege mehr finden.

Wenn das Blatt, zu dessen vorläufigen Ende wir uns kondolieren, wieder vor uns liegt, werden wir mit unendlicher Mühe im Begriff sein, eine neue organische Ordnung um uns zu schaffen.

[Von Wilhelm Hausenstein]
Tutzing, 1. September 43. Es hat mir sehr wohlgetan, daß Sie in diesen Tagen so freundlich an mich gedacht haben, besonders im Zusammenhang meiner bisherigen journalistischen Arbeit. Sie können sich denken, daß ich einer derartigen Anerkenntnis sehr bedürftig bin: gerade auch in dem Augenblick, wo die alte Arbeit ihr Ende findet.

Ihr Instinkt hat Ihre Vorstellung richtig geleitet: aus meinem privaten Aspekt gesehen hat die Tätigkeit im richtigen Moment aufgehört.

Kunsthistorisches gedenke ich nicht mehr zu schreiben, das ist vorbei. Höchstens, daß ich mein Barockbuch nochmals von Grund auf gern neu schreiben würde – sehr anders, als ich es, vom expressionistischen Manierismus des zweiten Jahrzehnts angesteckt, um 1918 geschrieben habe.

[An die Schwester]
13. September 43. Was ist das für ein unglaublicher Unsinn, an Mama zu schreiben, sie solle sich nicht wundern, Dich »künftig an den gefährlichsten Stellen« zu sehen. Das ist reine Deklamation, und wenn es mehr wäre – noch schlimmer. Besonders schlimm in dieser Zeit, in der es nur ein Bestreben geben darf: sich zu er-

halten. Die Gelegenheiten, unterzugehen, liegen weiß Gott auf der Straße, und wo Millionen und vielleicht eine Welt untergehen, fällt es nicht gerade schwer, sich dazuzuwerfen. Das ist eine wenig stolze Lösung. Wir haben nachher da zu sein, das Chaos wieder zu ordnen. Wie wertlos ist jede Form des Mutes, die nicht sich darin erfüllt, daß sich einer beharrlich und zäh gegen widrige Umstände behauptet.

[In jenen Monaten soll zwischen München und Garmisch für die projektierte »Alpenfront« ein zusätzliches Fernsprechkabel verlegt werden. Zum Ausheben des Grabens wird ein Kommando von Soldaten aus der Kemptener Kaserne nach Weilheim abgestellt, von wo aus es täglich zur Arbeitsstelle gefahren wird. Ich gehöre dazu. Dank eines vernünftigen Kommandoführers brauche ich nicht mit den anderen in einem Massenquartier zu schlafen, sondern kann in unserem Haus bei meiner Mutter wohnen. Zur Belohnung für gute Grabarbeit und für die aktive Teilnahme an einem Unterhaltungsabend im Saal des »Bräuwastl« bekomme ich fünf Tage Sonderurlaub, von dem die Kompanie in Kempten nichts erfährt. Meine Frau kommt vom Bodensee nach Weilheim, wir fahren nach Salzburg, wo alle großen Hotels Lazarette geworden sind und wo wir aus der »Deutschen Eiche« von Wanzen um Mitternacht vertrieben werden.
Wir besuchen Freunde in Schärding, den Industriellen Kapsreiter, dem ich die Verbindung zu Carossa verdanke, den nach Neuhaus am Inn aus Berlin evakuierten Bildhauer Ebbinghaus, und sind am 28. September bei Alfred Kubin in seinem Schlößchen Zwickledt. In Schärding lese ich vor einem kleinen Kreis aus den umgeschriebenen russischen Briefen vor. Am 13. Oktober Rückkehr in die Kemptener Kaserne.]

[Aus dem Notizkalender:]
15. Oktober 43. Zum Rapport beim Kompaniechef befohlen. Eine Stunde Beschimpfungen. Dienst, Dienst, Beschimpfungen, Geschrei, Krach, Demütigung. – 16. Oktober 43. Wieder beim Kompaniechef wegen der »9 Tage« Arrest, aus den Akten gespenstisch auferstanden.

[Am 22. Oktober 43 werde ich mit zehn anderen wieder an die Ostfront »abgestellt«. Wir fahren nach Augsburg, wo das Marschbataillon versammelt wird. Brosius von der Schreibstube gibt mir im letzten Augenblick einen Wink, bei meinen Papieren befände sich ein vom Kompaniechef geschriebener Brief, der mir gefährlich werden könne. Ich solle versuchen, an diesen Brief heranzukommen.

Im Augsburger Hotel »Drei Mohren« begegne ich zufällig zwei Offizieren, die mich aus Demidoff kennen. Sie wundern sich darüber, daß ich immer noch Soldat im untersten Dienstgrad bin, und finden, es sei Unsinn, daß ich, ausgebildeter »Fernsprecher«, wieder zur Infanterie geschickt würde. Der eine von ihnen, ein Major, erklärt, er wolle versuchen, mich aus diesem Marschbataillon herauszuholen.]

2. November 43 [in Augsburg]. Meine Schutzengel in Uniform funktionieren doch etwas besser, als ich gestern dachte. Eine Versetzung weg vom Marschbataillon ist nicht mehr möglich. Aber ic¹ besitze nun einen Brief, den beide Offiziere unterschrieben haben. Darin werde ich gelobt und für den Dienst bei einer Nachrichtentruppe empfohlen. Das kann unter Umständen enorme Bedeutung gewinnen, doch will ich darüber jetzt nichts weiter sagen.

3. November 43. Schon im Transportzug, der bald abfahren wird. Ich bin angenehm in dem Wagen untergebracht, der bei diesem Unternehmen als Schreibstube dient. Nachts ist genug Platz, um sich auf dem mit Stroh bedeckten Boden auszustrecken. In der Mitte ist Platz für einen kleinen eisernen Ofen ausgespart, dessen Rohr durch eine Seitenwand ins Freie führt. Da das Stroh lose auf dem Boden liegt, würde ein solches Arrangement unter normalen Umständen auf der Reichsbahn unmöglich sein. Jetzt wird zu Recht vermutet, daß wir schon selber aufpassen, nicht in Flammen aufzugehen.

Von E. höre ich, daß er einer Division zugewiesen wird, die in der Nähe von Krementschug, also im Südabschnitt, eingesetzt ist. Da lernt er nun den Krieg von neuer Seite kennen. Wir wollen sehen, was er schreiben wird. [Hier wird, wie in der Gefängniszeit, wieder von »E.« gesprochen, wenn der Verfasser sich selbst meint. Nur in seltenen Fällen, in denen er sich ernstlich gefährdet fühlte, wendete er solche Vorsichtsmaßregeln an.] Vor der Abreise erstand ich in einer Buchhandlung mit viel Reden aus einem versteckten Bestand Carossas »Täuschungen«.

[Die Mitteilungen aus Augsburg sind fast ausschließlich auf Postkarten geschrieben, deren Reihenfolge außer durch die Daten durch Nummern gekennzeichnet ist. Manche dieser »Briefe« füllen mehrere Karten. Auf der Vorderseite steht im linken Feld neben dem Raum für die Adresse in Großbuchstaben:

> DER FÜHRER
> KENNT NUR KAMPF,
> ARBEIT UND SORGE.
> WIR WOLLEN
> IHM DEN TEIL ABNEHMEN,
> DEN WIR IHM ABNEHMEN
> KÖNNEN.]

3. November 43 mittags. In Linz nach einer Erbsensuppe. Von Augsburg bis hierher las ich in den »Täuschungen«. Die Einfachheit, fast Dürftigkeit der mitgeteilten Erlebnisse wirkt beinahe prätentiös. Viele Leute werden sich einmal fragen, warum sie Carossa so hoch eingeschätzt und ihn fast zu einem Repräsentanten der nationalen Literatur gemacht haben. Das ist nur auf dem Hintergrund des sonstigen Geschreis zu verstehen. Ob wir unser Kind 1929 Thomas, L.W. ihren Sohn Michael genannt hätten, ist fraglich, und ich glaube, daß der Anteil der Zeitumstände an diesen Namensgebungen höher ist, als wir ohnehin annehmen. Und so ist es mit C.: eine kulturbeflissene Gemeinde hält nur deshalb zu ihm, weil er sich mehr raushält als die meisten. Das ist auch was, aber keine literarische Qualität.

5. November 43, Hegyeshalom (ungarische Grenze). Dialog auf dem Bahnhof:

»Haben Sie Kaffee?«

»Nein. Wollen Sie Wein?«

»Ja, nehmen Sie deutsches Geld?«

»Nein, nur Pengö.«

Wir sind also im Ausland. Ich stillte meinen Durst an der nächsten Wasserleitung. Den Carossa beendet. Nee. . . !

5. November 43, Komorn (Ungarn). Blinder, teilnahmsloser als wir in unserem Güterwagen kann niemand reisen. So viel wie möglich schlafen wir. Wien umfuhren wir gestern nacht. Ich stand manchmal auf, um den Ofen zu heizen, und es war stets das gleiche Bild: Gleise und Güterzüge im Schein hoch hängender Lampen. Als wir aufwachten, waren wir in Ungarn. Eine öde Ebene mit dem Bahnhof, in der Ferne ein paar Dorfkirchtürme. Die Leute, an denen wir vorbeifahren, grüßen fast alle, indem sie die Hand erheben.

Gegen Abend werden wir in Budapest sein. Wir befinden uns also auf einem südlichen Kurs und landen vielleicht in Odessa. Optimisten vermuten, wir würden ganz nach Süden abdrehen, nach Belgrad oder Griechenland, aber so sieht es nicht aus.

Ich überlege, ob ich den Fotoapparat dem Feldwebel vom Begleitkommando mitgebe. Er ist vertrauenswürdig, und langsam werde ich mit ihm warm. Das ist ja auch nötig. Mein Blick streift zuweilen die eiserne Kiste, in der sich unsere Marschpapiere befinden.

7. November 43 [mit mehreren Landschafts-Skizzen]. Als ich aufwachte, fuhren wir nicht mehr durch die Ebene. Das Tal war so eng, daß Straße und Gleis mit Mühe neben dem Fluß Platz fanden, der sich ein Bett in den Kalkstein gefräst hat. Nachts haben wir Großwardein passiert. Nachmittags kamen wir durch Klausenburg. Die Katen haben hohe Strohmützen auf. Auch kleinere Gehöfte bestehen aus mehreren Gebäuden: Wohnhütte, Stall, Scheune, Vorratshaus, Backofen. Anders als die russischen Dörfer, die sich demütig in die Landschaft schmiegen, stehen diese selbstbewußt an exponierten Plätzen.

8. November 43. Wir werden nun bald in Rumänien sein, das Gleis steigt und steigt, vier kleine Lokomotiven versuchen, unseren Bandwurm von Zug teils zu ziehen, teils zu schieben. Die Lokomotivführer können ihre Maschinenkräfte nicht aufeinander abstimmen, das stößt und zerrt, ich kann fast nicht schreiben. Überall Schafherden und kohlschwarzes Vieh mit hochgezogenem Hinterteil und weit nach vorn vorgewölbten Hörnern. Diese Kühe sehen gefährlich und urweltlich aus.

Als längst alle schliefen, saßen der Feldwebel und ich noch an dem fast glühenden Öfchen, das ich von Zeit zu Zeit mit den Briketts fütterte, die wir irgendwo unterwegs bekommen haben. Ich habe schon seit Augsburg, ohne zunächst zu wissen, was dabei herauskommen könnte, diesen Mann - der von nichts träumt als von seiner Rückkehr in ein Wiener Bett, in dem seine Frau wartet, und zu ihren Kochkünsten - zielbewußt hofiert, und heute nacht fand ich es an der Zeit, die Karten aufzudecken. Wenn wir in der nächsten Nacht wieder von einer so tief schlafenden Gesellschaft umgeben sein werden, können wir uns weiter unterhalten. Du wirst Dich erinnern, was E., als er mit Dir am 22. 10. telefonierte, von dem Hinweis erzählte, den ihm ein Kamerad kurz vor seiner Abstellung nach Rußland gab. Ich habe E. inzwischen noch einmal getroffen, und er sagte, daß er beabsichtige, den Hinweis ernst zu nehmen.

[Über die Sache selbst findet sich aus verständlichen Gründen kein Wort in der Korrespondenz dieser Wochen. Brosius, zuverlässiger Informant auf der Kemptner Schreibstube, der für mich immer wichtiger wurde, je mehr sich meine Beziehung zu dem Kompaniechef, Oberleutnant Schmid (Lehrer), und Hauptfeldwebel Zetschke (Hutmacher bzw. Inhaber eines Hutladens) zuspitzte, war mit der vollen Wahrheit über den Inhalt des Briefes nicht herausgerückt, vielleicht, weil er eine die Dinge noch verschlimmernde Reaktion meinerseits befürchtete. Immerhin war ich nachdrücklich gewarnt und versuchte nun, an den Brief heranzukommen, was nur mit Hilfe des Wiener Feldwebels möglich war, der das ›Abstellungskommando‹ nach Rußland begleitete.

In dem Güterwagen, in dem sich die Schreibstube des Marschbataillons (rund 1300 Mann) befand, stand eine verschlossene Stahlkassette. Sie enthielt die Wehrpässe und Begleitpapiere der Soldaten. Nachtgespräche habe ich dazu benützt, den Feldwebel über meine Strafsache allgemein zu unterrichten. Schließlich spreche ich von dem Brief, der sich bei meinen Papieren befinde. Der Feldwebel, noch ohne die Kiste zu öffnen, schlägt ein Verzeichnis auf und bestätigt, hinter dem Namen K. stünde: Wehrpaß und ein Brief des Kompaniechefs.

In einer Nachtstunde holt der Feldwebel den Brief aus der Kiste. Er ist zugeklebt, und der Feldwebel sagt, er könne ihn nicht öffnen, denn er müsse ihn bei Ankunft mit den Papieren übergeben. Ich zeige dem Feldwebel den andern Brief, den ich von den Offizieren in Augsburg bekommen habe, und sage: Brief ist doch Brief. Der Feldwebel läßt sich bestimmen, die Briefe auszutauschen, und nun wird der aus Kempten stammende geöffnet.

Der Brief war auf neutralem Papier mit Schreibmaschine geschrieben. Als Absender stand oben links: Inf. Nachr. Ers. Kp. 407, rechts: O.U. (die übliche Abkürzung für »Ortsunterkunft«) und das Datum. Er war nicht adressiert, über dem Text stand nur, unterstrichen: Anlage zum Wehrpaß des Grenadiers Erich Kuby. Der Inhalt war etwa zehn Zeilen lang. Er ging kurz auf die kriegsgerichtliche Bestrafung ein und nannte den Grenadier K. einen »aufsässigen Lügner«, der »politisch als Volksschädling« zu gelten habe. (Die in Anführungszeichen gesetzten Worte sind zuverlässig aus dem Gedächtnis zitiert.) Im letzten Satz sagte der Brief, K. solle so verwendet werden, daß er nicht mehr in die Heimat zurückkehre. Die in die NS-Sprache allgemein eingegangene Formel »Rückkehr unerwünscht« enthielt der Brieftext nicht. Aber rechts, in dem freien Raum zwischen der Datumszeile und dem eigentlichen Brieftext, der »Schmid, Oberleutnant und Kp. Führer« unterschrieben war (für die Orthographie des Namens Schmid kann ich nicht mehr einstehen), befand sich ein dunkelblauer Stempel, schräg hingesetzt, der, ohne Rand und etwa 2 cm hoch, die beiden Buchstaben »R.U.« zeigte. Die Deutung »Rückkehr unerwünscht« liegt nahe. Ich war mir selbstverständlich im klaren darüber, daß es dieses Dokument verdient hätte, aufbewahrt zu bleiben, und war bereit, das Risiko einzugehen und es nicht zu vernichten. Der Feldwebel jedoch bestand darauf. Falls durch einen Zufall, oder anläßlich einer Verwundung, dieses Schriftstück entdeckt worden wäre, hätte mit einer Untersuchung gerechnet werden müssen, die den Feldwebel mindestens in den Verdacht bringen konnte, an der Unterschlagung beteiligt zu sein.

Als ich vor vielen Jahren in einer Zeitschriften-Veröffentlichung diese Episode schilderte, erhob sich in Kreisen, die der damaligen »Soldaten-Zeitung« nahegestanden haben dürften, ein Sturm der Entrüstung. Obskure »Zeugen«, die zur Sache selbst nichts auszusagen hatten, bezichtigten mich böswilliger Erfindung. Nach einem Vierteljahrhundert liegt die Geschichte der Großdeutschen Wehrmacht offen aufgeschlagen vor uns und wir wissen, was alles möglich war.]

Tighina, 11. November 43. Wir bummeln hier immer noch herum, langsamer und langsamer. Es gibt zu wenig Gleise, zu viele Züge, zu wenig Lokomotiven. Gestern standen wir den ganzen Tag auf dem

Bahnhof Kishinew, der Hauptstadt von Bessarabien. Diese Stadt mit vielleicht 100000 Einwohnern nimmt eine Fläche wie München ein, an Raum ist nicht gespart, in die Höhe wurde nicht gebaut. Ein rotes Straßenbähnchen wackelte und klirrte am Bahnhof vorbei. Rechts von uns stand ein Munitionszug, links ein Ölzug, ein paar Bomben hätten solide Arbeit leisten können. Abends fuhr der Expreß Odessa-Bukarest an uns vorbei mit erleuchteten Schlaf- und Speisewagen. Man sah elegante Herren in den Polstern sitzen. So kommt man auch durch den Krieg.

Dem Wiener Feldwebel, er heißt Stifter, gab ich für seine Frau einen »Gutschein« für ein Paar Deiner Schuhe. Bezahlung und sonstige Voraussetzungen des Verkaufs [»Bezugschein«] nimm bitte als erfüllt an.

Die Gespräche im Wagen und während der Aufenthalte über die Taten der Landser in Frankreich, Italien, Polen, Rußland sind mir Ekel und Graus. Du erinnerst Dich unseres Gespräches mit Reichwein, in dem er sagte, daß die Grenze zwischen Kriegshandlungen und Verbrechen nicht mehr existiere und daß diese Erfahrung dem Volk nicht wieder ausgetrieben werden könne. [Reichwein wurde nach dem 20. Juli 44 hingerichtet.]

13. November 43. Die Nacht verlief angenehm, weil wir in neun Stunden kaum 10 km gefahren sind. Im stehenden Zug schläft sich's besser. Wir sind auf einem Nebengleis abgestellt, der ganze lange Zug, weil das Hauptgleis für Transporte gen Westen gebraucht wird. Sie schaffen Traktoren und andere landwirtschaftliche Maschinen zurück, um sie nicht durch die russische Offensive einzubüßen. Wenn sie uns auch gleich zurückfahren würden, sparten sie die bekannte Volkskraft.

Die Stadt Golta am Bug, nicht weit weg von Perwomaisk, nannte E. als ein mögliches Ziel seiner Reise. Nun sind wir zehn Tage unterwegs und dem Krieg immer noch sehr fern, oder eigentlich sogar ferner als in Augsburg. Sicher bin ich, daß es die letzte derartige Ausfahrt sein wird.

Es ist überraschend warm, nur hier und dort liegen dünne Schneestreifen auf den Schattenseiten der Strohdächer.

14. November 43. Dieses Blatt gebe ich dem Feldwebel vom Begleitkommando mit. Wir werden nun bald am Ziel sein. Es wird nahe bei Krementschug liegen. Während der Zug in Kirowograd hielt, besorgte ich mir im Soldatenheim die Frontzeitungen.

Wenn Du hörst, daß ich bei Krementschug bin, wirst Du Dir Gedanken machen. In der Tat ist das wieder einmal eine Art Sack, in den wir hineintransportiert werden, kein kleiner wie um Demidoff, sondern ein riesiger, der im Norden bei Shitomir beginnt.

Bisher hatten wir eine sorglose Bummelfahrt. Ich habe Dir oft geschrieben; infolge der verschiedensten Transportgelegenheiten wirst Du die Blätter außer jeder Chronologie bekommen.

15. November 43, vorm. 11 Uhr. Wir sind gegen Morgen auf dem Bahnhof Pawlitsch ausgeladen worden, einem Dorf nicht weit von Krementschug. Wir marschierten über Erde, die sich auf der Oberfläche in eine dünne Brühe verwandelt hat. Zehn Tage später hätten wir von der Schlammperiode wahrscheinlich nichts mehr mitbekommen. Nun harre ich der Dinge, auf einem Birkenstamm sitzend. Alles sieht hier nach Improvisation aus, und nach Eile. Man scheint uns zu brauchen.

Den Brief nimmt also Feldwebel Stifter mit, dessen Frau Dir wegen ein Paar Schuhen schreiben wird. Die Schuhe müssen ein Geschenk sein ohne jede Bedingung, also ohne Karten-Punkte oder Bescheinigung. Der Mann hat mir einen großen Dienst getan, einen absolut entscheidenden, soweit davon unter ständig wechselnden Verhältnissen überhaupt die Rede sein kann.

Die Division hat schwere Zeiten hinter sich, den Rückzug auf Charkow und aus Charkow, wo sie fast ihren ganzen vorigen Bestand verlor. Sie sitzt hinter dem Dnjepr und hat es im Augenblick verhältnismäßig ruhig. Nach solchen Erfahrungen ist das Großkotzige aus den Leuten heraus und mit ihnen leichter umzugehen als vor eineinhalb Jahren.

Nun ist es entschieden. Der Kompaniechef kam angeritten (ja, wirklich, er ritt durch den Schlamm, daß es spritzte), ich meldete mich bei ihm und wurde als Betriebsfernsprecher und Fernschreiber zur Divisionsvermittlung eingeteilt. Da bin ich nun. Gehöre zu einem Trupp von sechs Mann als wie in alter Zeit. Versorgt wird er von Natascha, junge Frau eines jungen Mannes, der überraschenderweise auch vorhanden ist. Sie wäscht, spült und schmust ein bißchen mit den Soldaten. Abends kommt der Mann und ruft sie energisch zur Ordnung - ohne durchschlagenden Erfolg.

Ich schreibe bei elektrischem Licht - welch Luxus!

Als Truppführer ist bis zur Rückkehr des Wachtmeisters, der ihn normalerweise führt (derzeit aber im Urlaub ist), ein Stabsgefreiter in Funktion. Stabsgefreite sind Soldaten, die ewig lange dienen, ohne Unteroffizier zu werden - also meist nicht die hellsten. Dieser nahm mich schon nach zwei Stunden zur Seite, sagte, es werde im Trupp wahrscheinlich Veränderungen geben, der Wachtmeister solle nicht mehr auf seinen Posten zurückkehren, den damit er, der Stabsgefreite, bekommen werde. Das aber würde die andern zur Opposition treiben. Er hätte schon gesehen, daß ich etwas tauge, und er hoffe, daß ich ihn unterstützen würde. Ich antwortete, ich sei dazu da, meine Arbeit zu machen, und darin könne er sich auf mich verlassen. Die Distanzierung, die in meiner Antwort lag, spürte er nicht und war es zufrieden. An einem explodierenden Trupp hatte ich eigentlich genug.

17. November 43. Laut Soldbuch war ich im Dezember 42 (nach der Gefängniszeit) zuletzt im Urlaub. Man ließ mich auf die Schreibstube kommen und sagte mir, mein Ersatzhaufen sei ein Sauhaufen - ich stimmte zu -, denn ich sei von dort ohne Urlaub weggeschickt worden, und nun müßten sie mich hier in ihre Urlaubsliste eingliedern. Ich käme etwa im Januar dran, »wenn die Russen nichts dagegen haben«. Ferner wurden mir vier Päckchenmarken und fünf Luftpostmarken ausgehändigt, die ich Dir hiermit schicke. Zwei Marken sind für ein 2 kg-Päckchen gut. Das heißt also, Du wirst die Marken gar nicht aufbrauchen können, bis ich in Urlaub fahre.

Ich brauche nichts, auch keine Bücher. Hingegen verwende die Luftpostmarken (zwei sind für einen dickeren Brief nötig) gleich, damit ich Nachrichten habe, wie es Euch geht.

Das Radio ist kaputt, dem Himmel sei Dank, und Läuse fand ich noch nicht. Der obligatorische russische Hautausschlag blüht.

18. November 43. Bei einer höheren Dienststelle der Division soll ein Schild hängen: »Die Lage im Osten ist humorlos, das übrige sagt der OKW-Bericht!« Der Krieg in Rußland scheint 1943 zwei pädagogische Wirkungen auszuüben, je nach Disposition der Zöglinge: entweder werden sie noch bestialischer - oder sie gewinnen in Spuren menschliche Züge zurück. Von meinen Genossen ist kaum einer Soldat; es sind uniformierte Inspektoren, Schreiber, Büromenschen, Techniker - sozial etwas unter Mitte, im Intelligenzpegel etwas darüber. Das Zusammenleben mit den Russen ist sehr familiär geworden. Ich muß lachen, wenn ich an den Sommer 1941 denke. Damals taten alle so, als ob sie lieber auf einem Misthaufen schliefen als unter einem Dach mit Russen. Jetzt sind die Russen

liebe Hausgenossen, nützliche Hilfe, weil sie wissen, wo Sonnenblumenöl vielleicht doch noch aufzutreiben ist für diejenigen, die in Urlaub fahren und der Herrenrassenfamilie etwas mitbringen wollen von den Untermenschen. Sind diese Russen weiblichen Geschlechts und jung (hübsch brauchen sie gar nicht zu sein), so können sie gar nicht nahe genug kommen, und das Bedauern ist groß, daß die Mädchen darüber in der Regel ganz andere Vorstellungen haben. So ist die deutsche Praxis, wenn die eigenen Dinge wackelig stehen. Geschlagen zu werden, treibt ihnen sogar die Rassentheorie aus. Eine in Charkow verlorene komplette Divisionsausrüstung setzt sich in ein Minimum von Humanität um.

Seit heute friert es. Die Straßen sind erstarrt, wodurch sie nicht besser werden. Doch bleiben die Stiefel sauber. Noch ist es nicht 3 Uhr und schon wird es dunkel.

20. November 43. Der Russe hat - na, Du liest den Wehrmachtsbericht auch! Spannungsvoll sind wir über den Fernschreiber gebeugt, wenn er zu klappern beginnt und sein weißes Band rollen läßt. Vergangene Nacht begann die Offensive mit einem großen Artilleriesturm im Süden von uns. Im Laufe des Vormittags wurde dann klar, daß unser Sack etwas enger geworden ist.

Es ist eine Menge zu tun. Merkwürdig, wir Deutschen! Wie oft wir auch erleben, daß sich Verhältnisse binnen einer Stunde grundlegend ändern können, wir fangen doch immer wieder an, uns einzurichten wie für die Ewigkeit. Unsere Leitungen sind auf Isolierglokken verlegt worden, elektrisches Licht gibt es, Betten wurden gebaut - und all das wird nun in ein paar Stunden verlassen werden und vielleicht schon in ein paar Tagen verbrannt, gesprengt, vernichtet sein.

Hier liegt sogar ein Band Goethebriefe herum, und eben lese ich »Ulanenpatrouille« von Horst Lange. Diese Novelle gehört zu der Art deutscher Literatur, gegen die man, obwohl sie so penetrant deutsch ist, nicht viel haben kann, denn schließlich ist das meisterlich geschrieben und gewiß nicht unanständig in der Gesinnung. Aber mir will's doch nicht munden. Ich weiß zu gut, daß ein ganz kleiner Ruck genügt, ein allerdings Wesentliches verändernder Ruck, und wir sind bei Blunck, Jünger, Grimm, Johst, Baumann, dieser ganzen Ehrengarde unterschiedlicher Qualität, aber gleicher Orientierung gegen die Welt, hin zu deutscher Innerlichkeit oder zu deutschem Heroismus.

21. November 43. Beim Mithören von Gesprächen zwischen den Kommandeuren ebenso wie aus dem Gerede der Soldaten wird klar, wie sich das Bewußtsein verändert hat in bezug auf die Sowjets als militärische Gegner. Früher wurde höchstens einmal die Überlegenheit der Zahl zugegeben, jetzt weiß man, daß sie uns qualitativ mindestens gleich sind. Es ist schwer, über die Lage in unserem Abschnitt ein zutreffendes Bild zu gewinnen. Im Trupp hat niemand eine gute Karte. Es hängt sicher viel davon ab, ob wir uns am Dnjepr halten. Mein Eindruck ist, wir sitzen in der noch stillen Mitte eines Hurrikans. Seit heute früh erwarten wir den Aufbruch - nach rückwärts. Aber nun wird es schon wieder dunkel, und wir sind noch hier. Die Privatsachen sind verpackt, die Batterien verladen, Kerzenlicht leuchtet uns. Der Ofen wirft seinen Schein ins Zimmer, auf der heißen Platte röstet die Frau Kürbis- und Sonnenblumenkerne. Alle Soldaten kauen, den Russen gleich, von früh bis abends diese Kerne, und der Lehmboden ist mit ausgespuckten Schalen bedeckt.

23. November 43. In Eile das Wichtigste: Die Absetzbewegungen sind gestern abend eingeleitet worden. Das Zurück sah zunächst wie ein Vorwärts aus, weil wir uns erst in Richtung auf den Dnjepr zu bewegten, um aus einer besonders engen Falte des Sackes herauszukommen.

Gestern gehe ich vormittags durch den Ort und fotografiere. Nachmittags höre ich, daß die wehrfähigen Russen evakuiert werden sollen, deutliches Zeichen für die Absicht, das Gelände aufzugeben. Wir haben drei Männer im Haus, darunter Alex, Nataschas Mann. Plötzlich fangen die Frauen an zu heulen und zu schreien: der Abmarschbefehl für ihre Männer ist da. Sie ziehen alle ihre Kleidungsstücke übereinander an und werfen einen Sack über die Schulter. Alex' gut geschnittenes Gesicht ist sehr ernst. Natascha reicht ihm unter wildem Schluchzen Stück um Stück seiner Kleidung: Westen, Jacken, Halstücher. Die beiden andern Frauen, besonders die alte, sind blind von Tränen. Ich sehe die Szene durch die Scheibe in der Tür zwischen unserm Raum und der Küche. Zwei Stunden später, die Männer sind fort, ist den Frauen ihr Kummer nicht mehr anzumerken, sie tun ruhig ihre Arbeit, spülen für uns, usw. Gegen Abend bemerken sie, daß auch wir uns zum Aufbruch fertigmachen. Aufs neue fängt Natascha zu heulen an und ist ganz verzweifelt. Eine Liebschaft mit einem aus dem Trupp, wie man nach ihrem

Gebaren vermuten könnte, existiert nicht. Nur Sympathie von beiden Seiten.

Ich packe schnell. Um 19 Uhr erreicht mich der Auftrag, mit zwei anderen zum Regiment vorzufahren, um eine Querverbindung zu der benachbarten Einheit abzubauen. Wir fahren im Dunkeln über die gefrorenen Wellen des Schlammes 6 km weit Richtung HKL. Viele Leuchtkugeln, Leuchtspurmunition, Granatwerfer der Russen. Beim Regimentsgefechtsstand müssen wir bis 21 Uhr warten, dann fangen wir an, abzubauen. Es stellt sich heraus, daß das Aufspulgerät in Unordnung ist. Mit großer Mühe rolle ich, das Gerät auf dem Bauch, 5 km Kabel auf. Es ist vereist. Die Dörfer sind schon nahezu geräumt von unseren Leuten. Obgleich es streng verboten ist, die Häuser anzuzünden, weil der Russe daraus schließen könnte, daß wir uns davonmachen, brennt ein Dorf. Die Katen glühen von innen, und langsam durchdringen die Flammen die dicken Strohdächer. Hinter uns geht, von Pionieren gesprengt, eine Brücke in die Luft.

Nachmittags sind Übermäntel ausgegeben worden, und ich bin froh darum, einen anzuhaben, denn gegen Mitternacht erhebt sich ein eisiger Sturm. Um 1 Uhr haben wir unseren Auftrag erledigt und versuchen in unser Dorf zurückzukommen, oder wenigstens nach Pawlitsch, wo wir vor zehn Tagen ausgeladen wurden. Heute liegt das Dorf bereits im Wirkungsbereich russischer Infanteriewaffen. Zurückgehende Artillerie verstopft, was man eine Straße sowieso nicht nennen kann, und in einer Allee vor Pawlitsch bleiben wir stecken. Mit Gebrüll schaffen wir uns Luft. Schließlich erreichen wir die Rollbahn und fahren mutterseelenallein zum neuen Gefechtsstand vor. Im neuen Dorf wartet der Kompaniechef bereits auf uns.

Mir erschien es märchenhaft, wie wir in der Finsternis das richtige Haus im richtigen Dorf gefunden haben. Wir wurden neu losgeschickt, um eine Leitung zu bauen, gestärkt mit einem Chef-Schnaps. Die Mängel des Gerätes machten sich beim Auslegen der Leitung noch stärker bemerkbar. Es war 9 Uhr vormittags, als wir das Ziel erreichten - und dann ging die Leitung nicht! Vereist alles, über Glatteisflächen trieb uns der Sturm. Wir suchten die Störung, dem Wagen ging das Benzin aus. Als wir endlich das Quartier fanden, das die übrigen vom Trupp ausgesucht hatten, schlief ich dort zwei Stunden. Da wurde ich auf eine neue Störungssuche geschickt.

24. November 43. In ein paar Stunden (jetzt ist es 19 Uhr) wird es weitergehen. Es regnet, regnet! Das erstarrte Meer des Schlammes wird neu in Bewegung kommen. Rückzugswetter! Bis Mittag hing der Nebel tief über dem zerstörten Dorf. Die Autos sterben in diesem Wetter wie die Fliegen.

Meine Infanterie-Wochen von 1941 haben mir zu nützlichen Maßstäben verholfen. die Tatsache, daß ich nach Leitungsbau und -abbau oder Störungssuche in eine warme Hütte zurückkehren und mich trocknen lassen kann, macht mir bewußt, daß ich Privilegien genieße. Wäre dieser Krieg noch unabsehbar - er ist es nicht mehr! - so würde ich nicht dort bleiben, wo ich bin. Das wußte ich 1941 nicht so sicher, wie ich es jetzt weiß, und 1939 kam mir der Gedanke daran gar nicht. In die Perspektive gestellt, die ich jetzt vor mir sehe: noch ein Jahr ...?, bleibt es dabei: hic Rhodus, hic salta!

[Aus dieser Stelle ist zu schließen, daß ich mir überlegte, unter welchen Umständen ich desertieren würde. Sie darf nicht überschätzt werden. In Wahrheit habe ich mich nie ernsthaft mit diesem Gedanken beschäftigt.]

Von der gepflasterten Rollbahn, die vor dem Quartier vorbeiführt, klingen die Hufschläge der Pferde und das Rollen der Geschütze wie der Munitionswagen. Es sind die ersten Einheiten auf dem Weg in den künftigen Verteidigungsraum. Wir werden im Laufe des Abends folgen, die Infanterie in der Masse nachts. Nicht abzusehen, wann diese vor drei Tagen begonnene Bewegung wieder zum Stillstand kommen wird. Der kleine Soldat weiß es nicht, der General glaubt es zu wissen: das läuft auf dasselbe hinaus. Malamanorka heißt unser Dorf. Es gibt mehrere Dörfer dieses Namens. Mein Schreibheft trage ich jetzt in der Tasche mit mir, in die eigentlich die Gasplane gehört. Es gibt gerade Kaffee, und wir essen seit gestern »Wittlerbrot«, dreifach und luftdicht eingepackt, die Blöcke in Scheiben geschnitten. Dieses Brot ist ein Zeichen dafür, daß wir von der Nachschuborganisation getrennt sind, entweder durch die Russen oder durch fehlende Transportmittel. Es ist aus einem eisernen Bestand genommen.

Wieder wurden hier die wehrfähigen russischen Männer evakuiert, ohne Vorankündigung, es ging rascher als im vorigen Dorf. Sie hatten gerade Zeit, sich die Mütze aufzusetzen. Sie küssen Frau und Kinder nicht zum Abschied, sie geben ihnen nicht die Hand. Sie sehen sie kaum an. Sie gehen aus dem Haus, in die Wasserwüste hinaus. Was sie sich an direktem Ausdruck ihrer Empfindungen versagen, wird sich in der Folge gegen uns wenden, dessen bin ich sicher. Zu glauben, wir seien das Potential los, das sie darstellen, indem wir sie von Ort zu Ort treiben, ist eine Idiotie. Frauen und Kinder schrien, und die Frau in unserer Hütte machte in fliegender Hast (hier paßt der Ausdruck) einen Beutel mit Eßwaren zurecht und rannte dem Mann durch den Schlamm nach. Ein Kind lief bis zum Zaun und blieb dort heulend stehen.

26. November 43. Die nächtliche Reise begann damit, daß der Motor, der tags zuvor gut gelaufen war, nicht ansprang. Wir machten uns schon mit dem Gedanken vertraut, umladen zu müssen, als wir den Wagen bis an den Anfang eines Hanges rollten, über den er, zornig knallend, die Straße durch sein Gewicht erreichte, worauf er lief, aber schlecht. Es war 23 Uhr, um 24 Uhr sollte die Infanterie in Bewegung kommen, es war also hohe Zeit, sich davonzumachen. Nach 1 km blieb die Karre stehen vor einer leichten Steigung, gerade an einer Stelle, wo ein großer Lastkraftwagen wie eine Fackel brannte, angezündet und verlassen wegen Motorschadens. Soweit war es mit uns noch nicht.

Im nächsten Dorf stand die bespannte Artillerie und andere grobschlächtige Einheiten in zwei und drei Reihen nebeneinander und ineinander verzahnt. Die Straße hörte auf, ein Schlammpfuhl zu sein. Sie wurde ein richtiger Fluß, knietief mit schwarzer Brühe gefüllt. An ein Weiterkommen mit dem Wagen war nicht mehr zu denken. Mit einem andern machte ich mich zu Fuß nach Sininarka auf, 12 km entfernt, dort sollte der Divisionsstab sich installieren haben, dort lag unser vorläufiges Ziel. Ich hoffte, eine Zugmaschine aufzutreiben, die unsern Wagen abschleppen würde. Wir tappten los durch die Finsternis, zwischen all den Gäulen hindurch, den Kanonen, den Wagen. Nach 300 m hörte ich ein Töff-Töff, ein liebes Diesel-Geräusch, es war der Trecker des Fernsprechzuges, ein riesiges Ding, dem die Brühe zwischen seinen Rädern nichts auszumachen schien. Die Division hatte das Gefährt losgeschickt, fürsorglich, denn ihr fehlten eine ganze Anzahl wichtiger Fahrzeuge. Nicht im Schlamm, aber in den wartenden Kolonnen blieb der Trecker stecken. Ich erkundete, ob er vielleicht hinter den Häusern, durch die Gärten zurückfahren könnte zu unserm Fahrzeug und zu anderen, die liegengeblieben waren. Es sah so aus. Mit meiner fast ausgebrannten Taschenlampe die Richtung weisend, ging ich vor dem Trecker her und rief dem Fahrer zu, er solle sich dicht an der Wand der Kate halten. Er aber nahm die Kurve um das Eck ziemlich weit, ich hörte ein Krachen und sah den Koloß bis zu den Achsen in der Erde verschwinden. Er war auf ein nur mit dünnen Brettern und etwas Erde abgedecktes Vorratsloch der Bauern gefahren und eingebrochen. Wir schleppten Balken herbei, Seile, zu viert arbeiteten wir zwei Stunden; ich brachte, o Wunder, einen Unteroffizier der wie versteint dastehenden Artillerie dazu, seine sechs Pferde vorzuspannen - dann gaben wir es auf. Die fast neue, großartige Maschine nützte uns nichts mehr und war selbst auch verloren. Unser eigenes Fahrzeug war inzwischen 150 m weitergekommen. Ich verkündete die Hiobsbotschaft, unseren Fahrer Otto Schäfer packte der Ehrgeiz und er behauptete, er werde den Trecker herausbringen. Dessen Fahrer war aber inzwischen einfach verschwunden, und zwar ohne unter dem Motor eine Handgranate zu zünden. Otto aber verstand sich nicht auf diese Spezialmaschine, er brachte den Motor zum Laufen, aber nicht auf Vollgas, das irgendwie blockiert war. Nun war eigentlich nichts mehr weiter zu tun, als zu warten, bis die Straße frei würde. Ich ging in ein bereits verlassenes Haus, im Ofen brannte noch ein schwaches Feuer, ich zündete eine Kerze an und trocknete meine Handschuhe. Am unteren Teil des Mantels klebte der Schlamm wie ein Pelzbesatz, aus dem es tropfte.

Die Infanterie begann, in lockerer Ordnung sich durch die noch immer blockierten Artilleriekolonnen zu schlängeln. Auch diese kamen nach und nach in ruckende Bewegung. Die Fahrer hieben auf die Pferde ein. Wir fanden abseits der Straße auf leidlich festem Grund einen Umgehungsweg, und unser Motor schaffte es immer wieder über ein kleines Stück, bevor er aussetzte. Otto Schäfer hatte keine Vorstellung, woran es liegen könne. 20 Meter, Motor tot, 30 Meter, Motor tot. Aber so kommt man ja auch vorwärts. Ich schlief ein. Als ich aufwachte, stand der Wagen wieder auf der großen Strasse, die Artillerie war weg, die Infanterie strömte nun in geschlossener Ordnung und mit sichtlich beschleunigtem Schritt an uns vorbei. Das übliche Spiel begann, anschieben, starten, fahren, aus, anschieben, usw. Der Schlamm rann mir oben in die Stiefel hinein. Es wurde hell und ich sah, wir waren immer noch im selben Dorf, in dem der Trecker versunken war. Als mir zudem klar wurde, wieviele Kilometer uns noch von der Auffangstellung trennten und daß die fliehende Infanterie nur noch tröpfelte, suchte ich aus dem

Durcheinander im Wagen meine beiden Packtaschen heraus, ferner die Rolle mit den Decken und der Russenjacke, vergaß auch den Brotbeutel nicht, verzichtete nur auf den Tornister. Wir bereiteten unsere teuersten - und geheimen - Geräte, die Codemaschine und den Fernschreiber, für die Vernichtung vor. Der neue Tag, der da grau, nebelig und naß heraufkam, zeigte uns eine Rückzugsstraße, die wenige Stunden später dem russischen Wochenschau-Operateur das allergrößte Vergnügen bereitet haben wird: Autos und Wagen, schief und halb ersoffen auf und neben der Straße, brennende, verbrannte, ganz unversehrte - das stand da alles und wartete auf neue Besitzer. Die vorbeiziehenden Infanteristen boten ein Bild des Jammers. Einen sah ich, den kannte ich aus Augsburg, er schlich dahin, von Schmutz überzogen, hinkend. Ich rief ihn an und sagte: Na, wie geht's? Ich glaube, er erkannte mich gar nicht. Jedenfalls gab er keine Antwort auf eine so blöde Frage.

Wir begannen unseren Wagen zu entlasten, die Kabelrollen versanken gurgelnd im Schlamm, noch 100 m, noch 200 ging es weiter, dann war's wirklich und endgültig aus. Nun suchten auch die andern ihr Zeug zusammen. Ich hängte mir die beiden Packtaschen über die linke Schulter, dazu den blauen Beutel der Gasplane mit allen Papieren, beschriebenen und leeren, und mit dem Schreibzeug. Über der rechten hing die Rolle mit Decken und Jacke. Brotbeutel, Feldflasche und Eßgeschirr - eine stattliche Last. Und natürlich das Gewehr, die Munition. Den Übermantel, nagelneu, hatte ich ausgezogen, damit konnte ich nicht marschieren, er blieb zurück. Wir schütteten einen Kanister Benzin über das Fahrzeug und zündeten es an. Für weit mehr als 100000 Mark Werte gingen in Flammen auf. Unersetzliche Werte. Wir schauten uns noch ein paarmal nach der Rauchsäule um, während wir neben der Straße vorwärtsgingen, d. h. rückwärts, westwärts, Mann hinter Mann. Noch immer war das endlose Dorf um uns. Hinter uns kamen, rascher als wir marschierten, ein paar Infanteristen und dann ein Zug Pioniere. Die sagten: wir sind die letzten - und dort kommt der Iwan.

Er kam von links her über eine von der Wintersaat übergrünte Pleine herab in lockerer Ordnung. Schwarze Männchen vor grünem Hintergrund, von uns vielleicht 400 m weit weg. Mit ihren Gewehren schossen sie im Stehen und trafen deshalb nichts.

Bald kamen wir wieder in Deckung von ein paar Häusern. Immerhin, Zeit war da nicht mehr zu verlieren, wir zogen so rasch wie möglich unseres Weges. Er wurde uns, nicht mehr als 6 oder 7 km, bitter lang. Das Dorf endete schließlich doch einmal, die Straße senkte sich zu einer Brücke hinab, die kein Gewässer, sondern nur einen sumpfigen Streifen überspannte und bald darauf gesprengt wurde. Dann ging es einen mächtigen Hang hinauf, in dessem oberen Drittel die neue Stellung entstehen sollte. Ausgehoben war sie noch nicht. Als dünne Kette über Kilometer verteilt, gruben sich Infanteristen gerade ein. »Auffangstellung« war hierfür ein starkes Wort. Wir erstiegen den Hang unter Beschuß der nachrückenden Russen und sahen, als wir oben angelangt waren, einen zweiten Hang vor uns, steiler und mächtiger noch als der erste, einen wahren Schildkrötenbuckel. An ihm scheiterten endgültig die Motorfahrzeuge, die sich noch bis hierher geschleppt hatten. Wäre der Russe mit stärkeren Kräften hinter uns gewesen, es wäre für ihn ein leichtes gewesen, die beiden Hänge zu besetzen und damit die Bildung einer neuen Front schon im Ansatz zu verhindern. Aber unseren Verfolgern fehlte der richtige Mumm zum Angriff, sie waren wohl auch müde vom Siegen.

Auf dem zweiten Hügel nahm ich mir eines der vielen herumliegenden Fahrräder und hing meine Gepäckstücke daran. Bevor ich diesen höchsten Kamm verließ, schaute ich zurück über 100 qkm russisches Land am Dnjepr. Die Unsrigen gruben sich ein, die Russen waren noch im Vorrücken. Es wurde beiderseits überraschend lahm geschossen.

Fünf Mann des Trupps waren zur Stelle, vier hatten wir verloren. Wir beschlossen, auf sie im ersten Haus, das wir erreichen würden, zu warten. Dort gab uns eine Frau, heiter und freundlich, eine Schüssel Suppe. Wir hatten auch eine Flasche Schnaps dem Feuertod entzogen, sie ging reihum. Nach einer knappen halben Stunde waren wir vollzählig. Das hob unsere Laune, und ich wunderte mich wieder: wir latschten durch fremdes Land, hatten keine präzisen Weisungen, keine Karten, und doch fanden wir uns zurecht. 2 km weiter, am andern Ende dieses neuen Dorfes, stießen wir auf den Divisionsstab, der ein blechernes Fähnchen ausgesteckt hatte, und erst dort dämmerte uns eine Ahnung auf von unseren Verlusten an Fahrzeugen, Material und Maschinen. Jetzt, 24 Stunden später, wissen wir, daß unser Nachrichtenzug bis auf zwei Wagen seine gesamte Ausrüstung plus Verpflegung verloren hat, desgleichen ist die Nachrichtenabteilung der Division praktisch nicht mehr existent, dort hat der Zahlmeister sogar das Geld und sämtliche Luftpostmarken eingebüßt. Von den Geschützen soll noch ein Drittel vorhanden sein.

Ein paar Funkgeräte arbeiteten noch. Gestern den ganzen Tag über war die Lage der Division mehr als »unklar«. »Lage« fand eigentlich gar nicht statt, und die Stellung auf den Hängen wurde geräumt, bevor sie auch nur notdürftig befestigt war.

Doch der Reihe nach: bei der Division ward uns der Befehl, uns ein Panjewägelchen zu besorgen, aufzuladen, was noch vorhanden sei, und abzurücken nach Solotawerka, etwa 20 km weiter. Es blieb an mir hängen, unsere neue »Motorisierung« zu beschaffen. Weinenden Bauern stahl ich zwei Pferde, aus zwei Ställen je eins, und spannte sie vor das leichteste Fahrzeug, das ich finden konnte, einen zweirädrigen Karren mit soliden Eisenrädern. Mit Schnur wurden Reste von Geschirr zusammengeflickt. Meine Ernennung zum Führer, zum Pferdeführer, erfolgte auf der Stelle. Wir rollten über die Rollbahn, gemächlich hügelauf, hügelab, die Pferdchen zogen brav und bedurften wenig Ermunterung. Irgendwo war glücklicherweise ein mit Brot beladener Wagen steckengeblieben. Es wurde Mittag, Nachmittag, Nacht (um 15 Uhr!). Auf der letzten Ebene vor Solotawerka mündete eine Straße von links auf die Rollbahn ein. Sie führte ihr viele Fahrzeuge zu, und alsbald ging es nur noch im Schritt und für halbe Stunden überhaupt nicht mehr weiter. Bis zum Ziel brauchten wir weitere drei Stunden. Aber was heißt Ziel? Niemand wollte von uns etwas wissen. Hingegen war es ein leichtes, einen leeren Stall zu finden. Als keiner Miene machte, mir beim Ausspannen und Versorgen der Gäule zu helfen, wurde ich ungemütlich. Unter dem Strohdach einer sehr kleinen Kate schliefen wir zu dritt. Wir teilten den zeltartigen Raum mit einem weißen Huhn, nach dem der Besitzer schon im Morgengrauen anfing zu suchen. Es war noch da. Wir waren ohne Interesse für Hühner. Wir suchten Wasser. Ich lief noch in der Nacht zehn Häuser ab, bis ich eine Flasche füllen konnte. Die Pferde, die sich die Division binnen 24 Stunden zugelegt hat, saufen die Brunnen aus.

Ich schlief wie tot zehn oder elf Stunden. Ich brauchte eine halbe Stunde, bis ich in die durchweichten Stiefel hineinkam. Uns wurde ein Haus genannt, in dem bessere Pferdegeschirre liegen sollten. Auf dem Weg dorthin sah ich, daß Solotawerka in die Aktion »Schönere Ukraine« einbezogen gewesen war. Alle Häuser waren neu geweißt, die Frontseiten bunt bemalt, die Sockel abgesetzt. Die Hausnummern mit Schablonen aufgemalt, deutsche Straßennamen in schöner Schrift auf schöne Schilder gemalt. Als ich das sah, wurde ich so lustig, daß sie mich für besoffen hielten. Ich bekam einen regelrechten Lachkrampf, was mir schon lange nicht mehr passiert ist.

Als wir zurückkamen, waren unsere Pferde weg. Mir wurde Schuld gegeben, ich hätte sie nicht alleinlassen dürfen. Natürlich sind sie von Deutschen requiriert worden. Im Laufe des Tages habe ich vier andere Pferde gestohlen, einen großen Braunen, ein mittleres Gespann und einen kleinen, fast schwarzen Wallach. Dazu einen vierrädrigen Panjewagen - der stand herrenlos herum. Wir haben die Mittleren und den Kleinen in einen Ziegenstall gesperrt. Sie können sich nicht hinlegen, dazu ist es zu eng. Die Türe ist vernagelt. Ich hoffe, sie werden heute nacht nicht gestohlen.

Gewaschen habe ich mich zuletzt vorgestern. Für die Pferde fand ich auf dem Dachboden Mais. Sie müssen erst wieder zu Kräften kommen. Die Frau kam mir heulend nach und bedeutete mir, sie habe fünf Kinder und der Mais sei ihr einziger Vorrat für den Winter. Die Körner sind noch an den Kolben. Ich nahm zwei kleine Säcke, das meiste blieb ihr. Ich machte ihr klar, daß sie die Leiter zum Dachboden verschwinden lassen solle. Es wird wenig nützen. Beginnt der Hunger, wird jeder Winkel durchstöbert, die Gärten werden mit eisernen Stangen abgesucht, um die vergrabenen Gurkenfässer zu finden.

Flugzeuge warfen Munition ab. Aber wir sind nicht eingeschlossen. Ich lege mich jetzt hin, doch viel mehr Platz, als ich jetzt im Sitzen einnehme, habe ich ohnehin nicht. Rundherum liegen sie Seite an Seite und schlafen. Nur die Kerze auf meinem Tisch gibt noch Licht. Das Dorf ist von Truppen überfüllt.

28. November 43. Keine Post kommt, keine geht ab. Die Heeresberichte melden von heftigen Kämpfen in unserer Gegend. Du wirst Dir Sorgen machen. Die Lage hat sich aber etwas gefestigt, wie schon daraus hervorgeht, daß wir noch in Solotawerka sind. Täglich werfen Flugzeuge über einem nahen Feld Munition ab. Die Menge der großen Fallschirme, an denen sie in Kanistern hängt, sieht, wenn sie sich allmählich herabsenken, bunt und lustig in der Sonne aus, als werde ein Volksfest gefeiert.

Seit gestern abend ist es trocken und windig, die Straßen sind bereits so gut, daß ich in Hausschuhen vor's Haus gehen konnte. Ich bin wieder in der Funktion der Hausmutter. Wir schlafen auf 5 qm zu viert, und außerdem ist ein ständiges Kommen und Gehen der Melder. Wir haben den Russen den linken Teil des Hauses gegeben und einen großen Raum jetzt für uns allein. Den Ofen habe ich mit Läusepulver bestreut. Gestern war mir der konzentrische Angriff der Läuseheere so widerwärtig, daß ich zum Mais auf den Boden zog und auf den Kolben schlief. Vom Dachbalken hing der Kopf einer geschlachteten Ziege herab und schaute mich mit bleckenden Zähnen an. Auf den Dachböden sieht es wie in Rumpelkammern aus, aber der Eindruck täuscht, Geräte und Vorräte sind dort hinter Abfall gut versteckt. Sich und ihre Sachen unsichtbar zu machen, darin sind diese Bauern Meister. Heute sollten die Mädchen Splittergräben ausheben; von den zwei Töchtern in unserm Haus war plötzlich eine verschwunden. Erst Stunden später entdeckten wir, daß sie seither völlig unbeweglich hinter einer Truhe gesessen hatte.

Das große Pferd, ein deutsches vermutlich, ging an einer Kolik ein. Ich holte den Veterinär, der spritzte, aber es half nichts mehr. Der Tierarzt sagte, wir müßten dem Pferd einen Absud von Leinsamen eingeben. Mit einem Dolmetscher ging ich zu unserem alten Bauern, der sofort fragte: Haben Sie ein krankes Pferd? Er wußte Bescheid, er hatte auch Leinsamen, aber das Pferd ging trotzdem ein. Wahrscheinlich hat es vor Hunger Akazienrinde gefressen, die giftig ist.

29. November 43. Über den Draht erfahre ich, daß ein Urlauber von der Korps-Vermittlung heute nach Hause fährt. Ihm werde ich diesen Stoß Papier mitgeben. Es geht mir sehr gut. Ich habe unser Gestüt wieder auf die volle Zahl gebracht und werde vierspännig von hier aus losfahren; ich bastle am Geschirr, so daß ich Troika fahren kann, ein Pferd spanne ich vor. Die vier Gäule versorgen müssen und mit ihnen umgehen, läßt dieses Leben nicht ganz so trist erscheinen. Aber es sind nicht nur die Pferde, die mir Vergnügen machen. Der Eindruck von einer im Schlamm zurückgelassenen Divisionsausrüstung, einer deutschen in Rußland, und wenige Stunden später der Anblick dieses von Deutschen auf Hochglanz polierten Dorfes mit seiner Friesenstraße und seiner Nürnberger Allee faszinierten mich nachhaltig. Es ist nicht Schadenfreude, die ich empfinde. Es ist einfach komisch, irrsinnig komisch oder komisch irrsinnig, wie Du willst, und ich kann mit niemandem dar-

über reden. Stell Dir das nur vor, die von der Hauptstraße abgekehrten Seiten sind weiß gestrichen, die Frontseiten bunt, die Sockelbalken die ganze Straße entlang in Schattierungen zwischen Dunkelbraun und Dunkelgrün, dazu die schablonierten Hausnummern und die Namensschilder! Das haben meine Landsleute geschaffen, hier mitten in Rußland in einem Kaff namens Solotawerka. Bleich, dreckig und verstört gehen sie jetzt zwischen dieser Pracht umher und sehen sie gar nicht. Das einzige, was sie interessiert, ist die Zahl der abgeworfenen Versorgungsbehälter pro Tag. Der Ortsbauernführer, oder wer für diesen Farbenzauber verantwortlich war, hat natürlich längst das westliche Weite gesucht. Die Russen finden die Verschönerungsaktion ohnehin kindisch. Und spätestens nächste Woche steht hier kein Haus mehr.

29. November 43, abends. Der Abend brachte nicht den erwarteten Stellungswechsel, wir spannten die Pferde wieder aus. Sechs habe ich heute notdürftig gestriegelt. Wenn ich mit allen, die ich zusammenkopple wie eine Hundemeute, zur Tränke gehe zu einem nahen Sumpf (die Brunnen geben nichts mehr her), so schauen aus dem Haus nebenan der Kompaniechef und der Abteilungskommandeur, Sachs, NSKK-Führer [NS Kraftfahrkorps], heraus und freuen sich.

Die Infanterie hat es schwer. Mein Weg führt mich oft am Hauptverbandsplatz vorbei, er wird täglich voller, das Reihengrab länger.

Viele haben in diesen wenigen Schlamm- und Rückzugstagen alles verloren, und wenn man die Offiziere darüber klagen hört, erfährt man en passant, was sie so mit sich schleppten. Die Landser erfüllt es mit Schadenfreude. Die Erwartung, wir würden aus der Front genommen, scheint sich nicht zu verwirklichen. Im Augenblick, in dem ich schreibe, wird über's Telefon der Regimentsführung Ersatz angekündigt. Man wird uns also vorläufig noch im Ofen der Niederlage gar werden lassen. Heute waren viele russische Flugzeuge über uns, hatten aber andere Ziele. Die Maschinen haben, von unten gesehen, einen klassisch einfachen Umriß. [Im Brief sind Zeichnungen von diesem Typ in den Text eingefügt.]

In Nicholsk am 1. Dezember 43. Das Dorf liegt 5 km von Solotawerka entfernt. Wir fuhren gegen 6 Uhr, also in der Dunkelheit los. Ich kutschiere den einen unserer Wagen, habe nur zwei Pferde eingespannt, zwei andere laufen, angebunden, hinterher als Reserve.

Wir kamen gut voran, die Tiere haben sich erholt. Wir fuhren über steile Hügel. Der Wagen hat keine Bremse, wenn er zu sehr in Fahrt kommt, stecke ich einen Knüppel in die Speichen des linken Vorderrades, der es blockiert. Wie lange es diese Behandlung aushält, frage ich mich besorgt. Heute soll es noch 15-20 km weitergehen. Das ist eine enorme Strecke unter diesen Wegeverhältnissen.

Heute, an diesem 1. Dezember, ist es so warm, daß ich mich im Freien waschen konnte.

2. Dezember 43. Wir fuhren um 9 Uhr ab und waren um 3 Uhr am Ziel. Auf der Strecke gab es ein steil abwärts führendes Stück von fast 1 km Länge, auf dem kein Halten mehr war, die Pferde, deren Geschirr aus Lederstücken und Kabelenden zusammengeknotet ist und keine Vorhalte hat, fielen, als es zu steil wurde, in Galopp. Daß wir heil unten ankamen, wundert mich noch jetzt. Ich konnte sie ohne Zaum und Trense nicht halten.

Wir fuhren an einer riesigen Kolchose vorbei mit zwei Windmühlen. Ich versorgte uns für die Pferde mit Säcken voll Maiskolben. Die Lagerhallen waren noch halb voll. Es ist auch noch ein Rest des Viehs vorhanden. Diese Armee zieht durchs Land wie im Dreißigjährigen Krieg. Fehlen nur die Planwagen mit den Vergnügungsdamen.

Im Fahren sitze ich auf einer Kiste, die Stricke, die Zügel sein sollen, mit Händen fassend, die zwei Paar Handschuhe schützen. Du darfst Dir nicht vorstellen, es bewege sich ein wohlgeordneter Zug von Wagen zwischen den abgeernteten Sonnenblumen- und Maisfeldern dahin, deren faulende Stengel die ganze Gegend mit dem Geruch von Schimmel erfüllen. Nein, manchmal sind ein paar hundert Meter zwischen unseren beiden Wagen und den nächsten. Oder es bildet sich ein Pulk, drei Wagenreihen nebeneinander, die Fahrschneise ist ja breit genug. Die paar Dutzend Kübelwagen und Motorräder, über die die Division noch verfügt, haben mehr Mühe vorwärtszukommen als die Pferdewagen.

So wie jetzt werde ich Rußland nie mehr bereisen. Wenn man von der grande armée nach dem Brand von Moskau spricht, sieht man sie immer in der Fluchtsituation vor sich, auf einem Rückzug ohne Wiederkehr. Die zeitgenössischen Darstellungen lassen keinen Zweifel daran, daß alle Beteiligten sich darüber klar waren, sie befänden sich endgültig auf der Flucht. Die Landser von damals müssen viel intelligenter gewesen sein als meine Genossen. Die nämlich haben zwar die Hosen gestrichen voll, wenn sie - was zuweilen vorkommt - an russische Gefangenschaft denken; aber im übrigen fehlt ihnen die Einsicht, sich in einer endgültigen Situation zu befinden. Würde ich laut sagen, was ich so denke, wenn ich vom rumpelnden Wagen herunter die Pferdchen beruhige oder anfeuere, dann würden mich meine Schicksalsgenossen wahrscheinlich am liebsten lynchen, mit Sicherheit aber »melden«, und diesmal wär's mit Gefängnis nicht abgetan. Stalingrad hat der Kriegsjustiz enorm auf die Beine geholfen, und was wir in den letzten Wochen an der Vermittlung mitbekamen über schwebende oder abgeschlossene Verfahren, fing erst bei fünf Jahren Zuchthaus an, wegen läppischer Disziplinarvergehen.

Unsere Kraft reicht gerade soweit aus, daß wir den Kopf aus der Schlinge ziehen können, in der uns die Russen fangen wollten. Jedenfalls hoffe ich noch, daß sie dazu ausreicht. Mein Beitrag besteht darin, die Pferde zu versorgen. Bis sie ausgespannt, irgendwo untergebracht, gefüttert und aus einem fernen Ziehbrunnen getränkt sind, ist ein halber Tag oder eine halbe Nacht weg. Und denke ich, nun habe ich sie gleich satt im Stall, dann kommt sicher irgendein Artillerist, der treibt noch ein halbes Dutzend original deutsche Militärpferde durch die Gegend und genießt deshalb Vorrechte. Deutsche Pferde first, was Futter und Stall betrifft, und so ein Unteroffizier kann jederzeit verlangen, daß ich mit meinen kommunistischen Panjegäulchen abhaue. Bände ich sie dann einfach an einen Baum, so schadete das zwar ihrer Gesundheit nicht, aber am Morgen wären sie verschwunden. Also gilt es, ihnen einen neuen Stall zu suchen und mich zwischen sie zu legen. Mein kostbarster Besitz ist der Eimer mit langer Schnur, mit dem ich das Wasser aus den Brunnen hole. Während ich schlafe, liegt der Eimer unmittelbar neben meinem Kopf, die Schnur ist um den Arm gewickelt.

Heute kam der Wachtmeister Hofmann, der eigentlich den Trupp führt, aus dem Urlaub zurück. Er war in der Nacht vom 22.11. in Berlin und hat den großen Angriff erlebt. Am Ku-Damm half er retten. Bahnhof Zoo, Kino, Gedächtniskirche - alles habe gebrannt. Im Tiergarten sammelten sich die Flüchtlinge. Aber wozu schreibe ich das - Du bist dem näher und wirst vielleicht auch wissen, ob Jeanne immer noch Ku-Damm 29, Gartenhaus, 5. Stock malen kann.

Hier halten wir uns derart mühsam gerade noch auf den deutschen

Beinen, daß ich mir gar nicht vorstellen kann, wie wir in ganz Europa noch Kraft entfalten. Was die Herren in der zentralen Führung wohl so denken, wenn sie sich schlafen legen und vielleicht einen ruhigen Moment haben?

5. Dezember 43. Ich habe noch keine Zeile von Dir, seit ich Kempten verließ! Schlimmer wäre es, wenn Du keine Nachricht hättest. Etwa 30 Seiten aus dem Schreibbuch gingen am 28. 11. an Dich ab, ich konnte sie einem Urlauber mitgeben. Nun sitzen wir wieder seit einigen Tagen fest. Absicht der Führung ist, diese Front zu halten. Ich glaube nicht, daß wir bleiben können. Die äußeren Umstände sind unverändert, ein Bauernhaus, der große Ofen, in einem Raum die zehn Mann des Trupps, der Vermittlungsbetrieb, der Fernschreiber, ein Kommen und Gehen der Melder - Unordnung und Schmutz. Wir hungern nicht, doch ab heute bekommen nur noch die Leute in den vordersten Stellungen Brot. Das ist nicht mehr als recht und billig.

Mein Marstall ist nun auf sieben ordentliche Pferde angewachsen und zwei Wagen, einer für das Gepäck, der andere für das zusammengestoppelte Gerät. Wir unternehmen kleine Stoßtruppunternehmen und beklauen andere Einheiten. Die versorgen sich ebenso. Ich mache fast keinen Telefondienst mehr, betreue statt dessen die Pferde. Das wird in dem Maß schwieriger, als das Dorf von Menschen und Tieren kahl gefressen wird. Wenn wir abziehen, hinterlassen wir Not und Elend.

Die Kardinalfrage: Regen und Schlamm oder Kälte und gefrorener Boden? Bisher meist Schlamm. Seit gestern abend friert es, und seit einigen Stunden schneit es leicht. Der Umgang mit den Leuten des Trupps, einem Oberwachtmeister, einem Wachtmeister, etlichen Stabs- und Obergefreiten und Gefreiten, Chargen alle, geht in leidlichen Formen vor sich. Lauter Bürger, die an die Situation vom 25. 11., als wir unseren Wagen anzündeten, mit nur mangelhaft verhehltem Genuß denken. Straflos das eigene Zeug vernichten zu dürfen, das war ihnen eine neue Erfahrung, die sie wohlig empfinden. Sollten diesen Befehls-Hammeln im Untergang autonome, schöpferische Kräfte zuwachsen? Sollte der am Leitseil laufende Haufen aus dem Tritt fallen? Wüßte ich von Geschichte nichts, ich hielte es vielleicht nach den Eindrücken dieser Tage für möglich, indes, sie machen sich nicht klar, daß sie den Anfang vom Ende erleben, und dieser Schwachsinn charakterisiert sie. Nur ein kleines lustvolles

Glimmen in den Augen, wenn sie sich gegenseitig erzählen, was sie gemeinsam erlebt haben, und wie die Benzinflamme zum Himmel schlug.

Unter uns ist kein Bauer, fast hätte ich gesagt: außer mir. Ich bin der einzige, der mit Pferden, Kühen und Schweinen aufgewachsen ist. Hier ziehe ich mit vier störrischen Pferden von einem Brunnen zum andern, und erst im vierten hat sich wieder ein bißchen Wasser gesammelt. Ich habe einen Eimer an langem Strick dabei (die Eimer, die eigentlich zu den Brunnen gehören, sind längst verschwunden), und der Strick taugt nicht viel; reißt er, dann ist der Eimer verloren. Vom Tränken komme ich nach einer Stunde zurück und ziehe dann mit den andern drei Pferden los, manchmal schon um 4 Uhr morgens, bevor die Brunnen leergeschöpft sind. Die Erhaltung der Existenz verbraucht derzeit nicht nur meine Energie fast völlig, auch die der ganzen Division. Vielleicht wird der ganze Haufen mangels militärischer Masse demnächst aufgelöst.

Soeben bringt jemand eine Frontzeitung vom 25.11., darin wird von dem großen Angriff auf Berlin berichtet. Aber schon vor zwei Tagen traf hier ein Urlauber ein, der eben diese Angriffsnacht in der Nähe des Berliner Ostbahnhofes verbracht und den Eindruck gewonnen hatte, ganz Berlin stünde in Flammen. Aber Ihr seid am See, wo noch Frieden ist.

Ich bin so hoffnungslos Zivilist, daß mir die Wirkungen des Krieges in der Sphäre »normalen« Lebens viel mehr auf die Nerven gehen als im militärischen Bereich. Die heulende Frau, deren letztes Schwein gerade von uns geschlachtet wird oder deren Mann evakuiert wird - das ist für mich der Krieg. Als Melder wurde ich kürzlich in eine Kompaniestellung geschickt. Gegenüber einem der dort in die tropfnasse Erde gegrabenen Schützenlöcher ist unsere Bauernkate mit Ofen ein luxuriöser Palast, unser Leben bequem, verglichen mit dem der Leute, die dort hinter ihren Gewehren und Maschinengewehren liegen. Wäre ich wieder einer von ihnen, so würde ich - wie man den Docht einer Petroleumlampe höher schraubt, damit sie mehr Licht gibt - meine innere Maschine noch etwas mehr auf Touren bringen und die Sache durchstehen. Solange diese Maschine in eine heile Haut verpackt ist und der Tank gelegentlich gefüllt werden kann - lebe ich. Ja, es ist wahr, ich lebe aus meinem Körper, er formt, er bestimmt meine derzeitige Beziehung zur Welt, und diese Beziehung ist ausgezeichnet. Immer wieder mache ich die Erfahrung, daß ich eine sportive Haltung gegenüber konkreten Schwierigkeiten und Anforderungen einnehme, und, wär's denkbar, ich wäre imstande, ihr denselben Ausdruck zu geben wie in Universitätszeiten, wenn ich mit weißen Handschuhen, weißer Nelke und Monokel herumlief, wozu Professor Stucken in Erlangen nach meinem Referat über Steuer-Überwälzung sagte: Die Ausführungen des Kommilitonen konnten sich hören lassen, aber warum er das Monokel absetzte, wenn er las, und es aufsetzte, wenn er uns anblickte, wüßten wir gerne. Damals war es Hanswursterei, heute und hier wäre es eine Demonstration. Wirklich schade, daß sie nicht möglich ist. Die pure Existenz zu fühlen, das ist eine schöne Sache.

Diese zwei Blätter werden zum Fest des Friedens bei Dir sein. Papier und Worte statt Wirklichkeit, aber immerhin Transport von Wirklichkeit.

Eben war ich draußen. Die Nacht ist mild und schön; die Temperatur, dicht unter dem Gefrierpunkt, läßt eine dünne Schicht Schneepuder liegen, über den Feldern, über allem, über Unrat und Verwüstung. Das Mondlicht beleuchtet eine scheinbar unzerstörte Welt. Die Mühle steht still oben auf ihrem Hügel. Es wird einer kommen und sie anzünden.

Stezowka, den 7. Dezember 43. Es wird kalt und trocken. Ich fahre am 6. voraus mit Gepäck. Steile Straßen. Einmal drei russische Schlachtflieger, neue Maschinen, herrlich anzusehen, sie hatten aber schon abgeladen und flogen nach Hause. Ich gelange ohne Rad- und Pferdebeinbruch bis Stezowka. Doch bekommt das graue Pferd gleich nach der Ankunft eine schwere Kolik, es wälzte sich und wäre gestorben, wenn nicht vier pferdekundige Artilleristen in seltener Hilfsbereitschaft das Tier auf die Beine gestellt und durch einen Ukrainer hätten zwei Stunden bewegen lassen. Jetzt scheint es durchzukommen.

Auf dem Hügel drei Windmühlen, die ich von allen Seiten fotografiere, sie stehen schön im Sonnenlicht. Dieses Stück Ukraine macht einen ausgesprochen wohlhabenden Eindruck.

9. Dezember 43. Ich setze nun zum dritten Mal an, ein bißchen aufzuschreiben. Die Pferde stehen schon angeschirrt im Stall, wir warten nur darauf, daß der letzte Offizier, ein Herr von Löffelholz, sich davonmacht, damit wir unseren Betrieb hier einstellen können. Dann geht es weiter, weiter, weiter = rückwärts. Wenn unsere je-

weiligen Hausrussen bemerken, daß wir packen, so wissen sie schon, in welcher Richtung wir aufbrechen werden. Heute soll es sich wieder um 15 km handeln, die Division wird aus der vordersten Linie herausgenommen. Ob sie eine Auffangstellung beziehen soll oder Partisanen bekämpfen, wissen wir noch nicht.

Gestern abend, es war gerade dunkel geworden, wurde »mein« Wagen gestohlen, der direkt vor der Haustür stand. Unsere Suchaktionen führten erst heute morgen zum Erfolg. Zuvor aber hatte ich schon einen neuen Wagen »beschafft«. Wir sind nun 80 km von Krementschug entfernt.

11. Dezember 43. Seit fast 14 Tagen ziehe ich mit den Pferden jetzt durch die Ukraine. Die Tiere sind unglaublich brav und machen alles mit. Von vorgestern nachmittag 4 Uhr bis heute früh 11 Uhr sind wir ununterbrochen auf der Straße gewesen, jedoch nur so langsam vorwärts gekommen, daß wir in dieser Zeit kaum mehr als 20 km zurückgelegt haben. 20 km nach Westen! Ich habe nun auch wieder etwas Übersicht, tappe nicht mehr ganz so blind durch Land und Krieg wie in der ersten Woche der Absetzbewegung. Ich habe auch gelernt, bei Nacht ohne Licht zu fahren. Was es da zu lernen gab, besteht darin, dem Instinkt der Tiere zu vertrauen, zwischen Führen und Laufenlassen den richtigen Kompromiß zu finden. Im Quartier angelangt, ist mein erster Gang jedesmal hinauf zum Dachboden, um zu schauen, ob Mais vorhanden ist. Tatsächlich ist die Ukraine noch nicht leergefressen. In 14 Tagen wird es soweit sein. Dann ist Weihnachten, und der Winter beginnt erst richtig. Die Leute werden vor dem Nichts stehen.

Nun setze ich zum xtenmal zum Schreiben an, diesmal mit Aussicht, dabeibleiben zu können. Wir haben gerade das festlichste Abendessen hinter uns, das ich in Rußland eingenommen habe: ein ausgezeichnetes Quartier, ein Schwein, gestern geschlachtet, ein paar Frauen, die für die Küche sorgten. Wir waren am großen Tisch ein Leutnant und sechs Mann, zwei mußten Dienst tun. Es fanden sich sogar Teller, und Kerzen brannten. Statt Wein, wir haben keinen, gab es Tee von unseren letzten Resten. Das Fleisch auf jedem Teller entsprach der Menge, die Du in einem halben Jahr auf Deine Karten kaufen kannst.

Ich habe ein paar Skizzen von dem Familienidyll auf dem Ofengebirge zu machen versucht, aber die Kinder bewegten sich immer und aus dem Gedächtnis kann ich Figürliches nicht zeichnen.

Wir sind in einer Gegend mit größeren Wäldern, und das heißt: in einer Partisanengegend. Als wir im Morgengrauen das Dorf erreichten, wurden wir beschossen.

Ich benütze dieses (schlechte) Zeichenpapier für den Brief, weil ich den Eindruck habe, daß meine Aufzeichnungen im Schreibbuch immer mehr den Charakter eines Tagebuchs annehmen, statt Gespräch mit Dir zu bleiben. Ich weiß, woran das liegt: daran, daß ich nun seit Kempten ohne ein Wort von Dir bin, und daß ich vielleicht noch nie seit 1939 so tief in den Krieg eingesunken bin wie derzeit. Es ist schön, mit den Pferden umzugehen. Zwischen ihnen und mir gibt es keine Sprachschwierigkeiten, sie wissen auch nicht, daß ich eine Uniform trage. Sechs Pferde, wenn sie sich im Stall leise wiehernd herandrängen, verkörpern eine Menge Kraft, von der sie im Umgang mit mir den vorsichtigsten Gebrauch machen.

12. Dezember 43, 5 Uhr früh. Um Mitternacht rückte eine Artillerie-Abteilung ins Dorf, und mindestens zehn ihrer Feldwebel und Unteroffiziere machten den Versuch, in unser Quartier einzudringen. Zuletzt kam der Artillerieoberst selbst und brauchte eine Weile, bis er verstand, warum ein halb entkleideter Soldat behauptete, dies sei das Quartier des Generals, während doch von einem solchen oder überhaupt von einem Offizier außer ihm selbst nichts zu sehen war. Er ging kopfschüttelnd und verwirrt. Vieles muß jetzt Offiziere verwirren, die bestimmten Ordnungsvorstellungen nachhängen. Das Geschirr meiner Pferde ist für einen im Militärstall erzogenen Feldwebel einfach ein Skandal; er tröstet sich damit, daß das eben sowjetische Gäule sind. Es sind aber in deutschem Dienst stehende Pferde, der Panjewagen ist ein deutsches Transportmittel, meine »Russenjacke« ist ein Bestandteil der notwendigen Ausrüstung eines deutschen Soldaten - es ist schon ein Jammer, wie alles nicht mehr mit der HDV [Heeresdienstvorschrift] übereinstimmt! Und da sind die langen Mäntel der Infanteristen, die sie, des Schlammes wegen, einfach bis übers Knie abgeschnitten haben, damit sie fliehen können. Sie sehen in diesen Gehröcken lächerlich aus, aber niemand kann sie zur Ordnung rufen.

Ich möchte Proust sein, um meine Grundempfindung beschreiben zu können, die als Schadenfreude zu bezeichnen viel zu grob wäre. Für mich ist die Großdeutsche Armee in diesem Zustand in Ironie eingehüllt wie in ein kostbares Parfüm. Das stählerne Verbrechen zerfranst, die Lackierung ab, und siehe, es war gar nicht aus Stahl!

Es war aus Braunau-Pappe. Oh, dieser ganze Areopag unserer edelsten Geister, diese fiesen Möppe wie Jünger und Konsorten, dieser Thomas Mann aus dem Ersten Weltkrieg, Stefan George, Benn, und zurück Körner, Fichte, Arndt, vorwärts Heidegger und Johst - entlaufen der Humanität, dem Menschen schlechthin, für einen blöden nationalen Wahn, oder für einen aufgesetzten Heroismus, für Ideale. Das ist das Herrliche an dem, was ich jetzt um mich herum habe: eine deutsche Welt, aufgebrochen, um die ganze andere Welt für die deutschen Ideale zu retten, sie zu ihnen zu bekehren - eine deutsche Welt in Rußland, sich fortbewegend mit Panjepferdchen, und ganz und gar ohne Ideale. Germania nackt, was für ein Anblick! Ich schaue sie an und Ironie erfüllt mich, als hätte ich Champagner getrunken. Mitleid - also Humanität? Und weil kein Mitleid, nein, bei Gott, kein Mitleid - also keine Humanität? Also auch ich ganz und gar deutsch? Mein Mitleid gilt den Menschen, die hier zu Hause sind und die wir dem Elend und dem Hunger eines Winters preisgeben. Das ist genug Humanität.

Ich warte auf Post. Was Du alles zu berichten haben wirst! Ich sinke, was Informationen allgemeinerer Art betrifft, auf Stallburschen-Niveau herab. Gestern lieh ich mir von unserem Abteilungskommandeur eine Nummer des »Reich« von Ende November aus. Sie erzählte mir gar nichts. Der Kommandeur, ein sächsischer Hauptmann, ist im Zivilberuf Autofachmann, fährt Rennen, geht ganz im Auto auf, und jetzt befiehlt er einer Truppe, die sich mittels armselig bespannter Bauernwagen bewegt.

Der Tag kommt herauf. Ich sehe, daß im Laufe der Nacht unmittelbar vor unseren Fenstern zwei Kanonen, ich glaube 15 cm-Kaliber, also ganz ordentliche Brocken, inStellung gebracht wurden.

Die Russen dieser Gegend scheinen gegen Kälte empfindlicher zu sein als wir. Kaum sinkt das Thermometer unter Null, sagen sie händereibend: Kolodno, kolodno, kalt, kalt! Die Kanonen vor ihrem Haus regen unsere Russenfrau schrecklich auf, nicht zu unrecht. Ich stelle mir oft genug alles mit umgekehrten Vorzeichen vor, diese Kanonen sind also russische und stehen vor Rehmenhalde 5 [dort wohnt die Familie], und alle diese Soldaten sind Russen.

Mehr denn je glaube ich, daß wir in das letzte Jahr gehen. Meine Briefe sagen sehr viel nicht. Ich weiß überhaupt nicht, ob sie etwas sagen. Ich bin in Betrieb gesetzt, nirgends ist eine Rückzugsmöglichkeit. Im Sommer wäre das anders. Jetzt bin ich auf den Raum voll warmer Luft angewiesen – oder mit was er gefüllt ist – und auf das pausenlose Zusammensein mit acht bis zehn Menschen. Aber ich will nicht jammern, alles ist so gut, daß ich nur wünschen kann, es bliebe so. Das nimmt morgen ein Urlauber mit.

Selten sehe ich den Heeresbericht, der dann meistens von schweren Kämpfen in unserem Abschnitt berichtet. Die Landschaft ist hügelig wie die Eifel, wie eine ins Hundertfache vergrößerte Eifel. Die Dörfer sind oft von der Ausdehnung kleiner Städte, die Häuser von außen weiß und sauber, von innen in Unordnung und ruiniert von den durchziehenden Truppen. Wir werden nun in die Nähe der Bahnlinie kommen, die noch in unserer Hand ist. Dort wird es der Post einfacher sein, uns zu finden. Allmählich wird die Pause lang.

14. Dezember 43, abends. Im Ofen macht die Frau gerade Feuer für heißes Wasser. Der Oberwachtmeister, der sehr für Körperpflege ist und diese ohne Rücksicht auf die Umstände betreibt, will in einem Zuber baden. Die halbrunde Öffnung des gemauerten Ofens liegt etwa 1,20 m über dem Boden. Das Feuer muß ganz tief hinten brennen. Mit einer Stange, an der ein gebogenes Eisen befestigt ist, schiebt die Frau Stück um Stück des Holzes in das Lehmgewölbe, in gebückter Stellung, und richtet dort einen kleinen Holzstoß auf. Es ist ein umgekehrtes Mikadospiel. Dann bringt sie ein Bündel Stroh herein und läßt es lange unter dem Holz brennen, das schwer Feuer fängt. Gekocht und gebraten wird in der Glut. Die Hitze ist groß, alles wird schnell gar. Je nachdem wie weit man die Töpfe nach hinten schiebt, erreicht man eine genaue Abstufung der Hitze. Sie sind alle auf Töpferscheiben gedreht und von ein und derselben dickbäuchigen Form. So haben sie eine möglichst große Oberfläche. In jedem Haus gibt es in eisernen Gabeln endende Stangen in zwei Größen, um die Töpfe im Ofen zu bewegen. Dazu kommt noch ein praktischer Greifer für die Pfannen. Sehr ruhige Bewegungen sind nötig.

Auf dem Dach dieses Ofens, der Stubendecke nahe, halten sich zwei Kinder auf, fünf und drei Jahre. Sie sitzen von früh bis spät dort, bekommen ihr Essen hinaufgereicht, spielen mit leeren Schachteln und Papierfetzen und singen manchmal ein bißchen vor sich hin. Sie machen keine Arbeit. Von Zeit zu Zeit klettert eines herunter und verschwindet für eine Weile draußen. Morgens werden sie ein ganz klein bißchen gewaschen, gekleidet sind sie nur in schadhafte Hemdchen und über's Knie hängende Höschen. Sie schauen mit großem Interesse unserem Treiben zu. Der Ofen hat zwei Stockwerke, im oberen, bei den Kindern, schläft auch die Frau, auf dem unteren, in gleicher Höhe wie die Feuerstelle, liegt gewöhnlich einer von uns, der keinen Dienst hat. Bei sehr großer Kälte kann diese Ofenbank noch besonders beheizt werden, dazu wird aber kein Holz, sondern nur Stroh verwendet. Neben dem Ofen, von diesem bis zur Wand reichend, steht ein Möbel, das man ein Bett nennen könnte, doch fehlt ihm jede Federung. Auf Brettern liegt eine Leinendecke, ein Sack. Unter den Tisch diesem Bett gegenüber kann man die Füße nicht stellen, denn eigentlich ist dieser Tisch eine große Truhe. Auf ihr steht unser Fernschreiber und der Vermittlungsschrank. Tag und Nacht sitzt einer davor und vermittelt Gespräche, und bei schlechter Verständigung schreit er, daß die verklebten Fenster klirren, egal, ob es Tag oder Nacht ist.

Gegen Abend kommen die Fernschreiben an, die Maschine surrt, das Papierband läuft über die Rollen, und je nach Wichtigkeit des Schreibens sind wir darübergebeugt und versuchen zu erfahren, was man oben über uns beschlossen hat.

Um 3 Uhr nachmittags wird es dunkel, den ganzen Tag über bei bedecktem Himmel nicht ganz hell. Einige Kerzen und die kleine Petroleumlampe, die ich mitgeschleppt habe, leuchten uns. Am Ofen hockend, wäscht die Frau das Geschirr ab oder hantiert mit den Töpfen, als seien wir nicht vorhanden. Melder kommen und gehen. Ihre Welt und unsere, ihre Interessen und unsere - sie haben nichts gemein.

Auch nachts wird es nicht still. Desungeachtet schlafe ich wie immer gut. Das Hautjucken hat etwas nachgelassen. Man gewöhnt sich. Läuse finde ich selten, zwei, drei, mehr sind es bisher nicht. Ich habe mir wieder eine zweite schadhafte Wäschegarnitur erbettelt, Hemd und Unterhose, aber die Frau wäscht so schlecht, jedenfalls für uns, daß meine alte Wäsche noch sauberer ist als die gewaschene. Ich konnte ihr auch nur Rif-Seife geben. Die Truppe hat keine Seife bekommen, seitdem ich hier bin.

Abends am 15. Dezember 43. Das Wetter hat umgeschlagen, es ist um 0 Grad herum, heute früh schneite es ein bißchen, mittags war Sonne. Wahrscheinlich gibt es Glatteis, wenn wir weiter müssen. Nun sind wir schon drei oder vier Tage hier - bemerkenswert lang.

Heute mittag haben wir süßen Gries gekocht, und ich habe aus unserer letzten Schlachtung etwa zehn Pfund Schweineschmalz ausgelassen.

Innerhalb der Nachrichtentruppen ist ein großer Rutsch im Gange nach unten zur Infanterie. Leute aus Heeres- und Armeenachrichtentruppen kommen zu uns, von uns zu den Regimentern, und wem es dort beschieden ist, der verläßt Apparate und Strippen und sieht sich bei der Artillerie oder bei der Infanterie wieder. Alle sind in Spannung, wen es trifft. Da ich erst so kurz hier bin und schon Infanterist war, halte ich mich für ziemlich exponiert - warte aber mit Geduld und Gleichmut ab, was kommt. Eigentlich habe ich damals, als es von Kempten mit so schlechten Voraussetzungen fortging, angenommen, ich würde den Krieg nur noch in seinen krassesten Formen kennenlernen, und ich habe nach wie vor das Gefühl, daß die Probe auf's Exempel noch bevorsteht. Es hat aber nicht den Anschein, als wollten sie mich jetzt zur Infanterie versetzen. Am meisten wäre es mir leid, weil ich dann den Urlaub nicht bekäme, der mir in diesem Haufen nach geheimnisvollen Regeln sicher zu sein scheint. Und zwar im Laufe der nächsten Wochen. Die Möglichkeit, von hier aus in ein paar Tagen durch das Netzwerk der Kriegsmaschine bis nach Berlin oder sogar an den Bodensee zu kommen, sich das vorzustellen, hat etwas Unwirkliches.

16. Dezember 43. Heute ist das Land weiß. Ich wurde um 4 Uhr geweckt, um einem Auto den Weg nach Antonowka zu zeigen (4 km von hier). Bei Rgt. 850 war der Russe nachts mit angeblich 700 Mann eingebrochen, wurde aber gegen Morgen wieder zurückgedrängt. Ich war um 6 Uhr zurück und schlief noch eine Stunde sehr fest. Weil es draußen weiß ist, hat sich auch die Stube aufgehellt. Es ist gleich 2 Uhr und ich kann noch schreiben ohne Kerze. Inzwischen habe ich ein Fernschreiben erledigt und ein Gespräch zwischen dem 1. Generalstabsoffizier und einem Regimentskommandeur mitangehört, der von heute früh bis jetzt einen sehr schweren Gegenangriff führen mußte. Über die sachliche Information hinaus war das ein Dialog, den ich so bald nicht vergessen werde.

Wie rasch ist dieses Jahr herumgegangen, das zum Teil kein Kriegsjahr für uns war. Das Ende mündet wieder in den Krieg.

Morgen gehen wieder Urlauber ab und nehmen die letzten Blätter mit. Es sind auch ein paar Zeichnungen entstanden, die ich aber hierbehalten will. Ich schreibe sonst niemandem zu Weihnachten. Eben war ich mit dem Pferdchen unterwegs, um Stroh zu holen von einem der vielen großen Haufen auf den Kolchosfeldern. Der Wind nimmt zu, es scheint kälter zu werden.

18. Dezember 43. Wir sind nun schon fast eine Woche in Trilessy. Heute backt die Frau Brot für uns. Sie sollte heute früh mit anderen zum Stellungsbau ausrücken, aber nach einer Stunde war sie zurück, weiß Gott, wie sie das gemacht hat. Die Front ist sehr unruhig, heftige Artillerie-Einsätze. Gestern sollten, wie wir den Fernschreiben entnahmen, 20 eigene Schlachtflieger etwas Entlastung bringen, es kamen dann aber nur drei, und auch die haben zum Teil eigene Gräben beschossen. Die Russen mußten im Abschnitt eines Hptm.M. eine Schlappe einstecken, etwa 180 Mann Verluste wurden gemeldet. M. soll das Ritterkreuz bekommen. Nichtsdestoweniger griffen sie nachts von neuem an und sind bei Ljubimirka durchgekommen. In unserem Dorf wird eine Alarmeinheit gebildet, zu der unsere Kompanie etwa 40 Mann stellt. Die Einheit mußte um 9 Uhr antreten und ausrücken Richtung Front. Der Kampflärm ist nahe - man hört ihn gut bei diesem stillen kalten Wetter, die Bäume sind reifüberzogen und stehen ganz bewegungslos in der diesigen Luft. Gestern kam ein Feldwebel von den Dolmetschern zu unserer Frau und fragte nach Umschlagtüchern. Wir fragten wozu? Er sagte, die Infanteristen hätten zum großen Teil keine Ohrenschützer und sollten sich diese Tücher, in Streifen geschnitten, umbinden.

Beim Nachtdienst. Heute früh fuhr wieder einer in Urlaub, ich bin nun wieder in den regelmäßigen Dienst eingeschaltet und habe von 20-2 Uhr Telefonwache. Das Radio läuft zum ersten Mal seit dem Rückzug aus Onufriewka. Wir haben einen Lautsprecher an den Apparat vom Chef angeschlossen, der zwei Häuser entfernt wohnt. Der Heeresbericht war denkbar nichtssagend.

Von der Alarmeinheit sind inzwischen zwei tot, 12-15 schwer verwundet, einige leichter. Die übrigen liegen noch in der Stellung, wahrscheinlich bis morgen früh. Man hat die Leute ohne Handgranaten und Maschinengewehre und ohne Unterstützung durch reguläre Infanterie einem Gegner gegenübergestellt, der schwere und leichte Granatwerfer und Schnellfeuerwaffen hat. Wenn wir nicht gerade zum Vermittlungsdienst eingesetzt gewesen wären, hätte unser Trupp auch das Vergnügen gehabt. An's Korps gingen folgende Verlustmeldungen aus unserem Abschnitt von den verschiedenen Divisionen: 418 Tote, 756 Verwundete; 821 Tote, 654 Verwundete; 2832 Tote, 6766 Verwundete. Auf wieviele Truppenteile sich die beiden letzteren Zahlen beziehen, weiß ich nicht. Nur eine Division kann es nicht sein.

Das Gespräch zwischen dem 1. Generalstabsoffizier und einem Regimentskommandeur nahm diesen Verlauf:

Kdr.: Ich habe zwei Punkte, die sehr ernsthaft sind. Der erste ist, daß mir E. (Bttl.-Führer) meldet, er habe keinen Offizier, keinen Feldwebel und keinen Unteroffizier mehr unter seinen Leuten.

Ia: Da müssen Sie Abstriche machen. E. hat uns schon gemeldet, er habe überhaupt keinen Mann mehr. Aber so schlimm war es dann nicht. Da machen wir Abstriche.

Kdr.: Ja ... hm, aber Ltn. W. ist gefallen, ebenso Obltn. M. und Ltn. K. Das stimmt schon, Offiziere hat er keine mehr.

Ia: Da ist doch noch Ltn. P.

Kdr.: Nein, P. ist jetzt bei N., dort war auch niemand.

Ia: Da sind Urlauber im Anrollen. Heute hat sich Hptm. O. zurückgemeldet, der fährt nachmittags zum Troß, und morgen ist er vorne. Unteroffiziere werden auch zurückkommen.

Kdr.: Hoffentlich heute noch. Das andere ist, Herr v. M., können wir nicht ein paar Maschinengewehre bekommen. Durch Granatwerferbeschuß sind beim Ersten vier und beim Zweiten drei LeMG total ausgefallen, dazu ein SMG. Können wir von Ihnen nicht wenigstens für jedes Btl. 2 MG bekommen?

Ia: Nein!

Kdr.: Nein?

Ia: Nein. Eben war Major H. bei mir. Ich habe mit ihm schon gesprochen. (Major H. ist der Ib des Korps.) Es ist nicht möglich. Wir haben unsere Hände hinten drin, und wenn etwas auftaucht, greifen wir zu. Aber sofort kann ich Ihnen nichts geben.

Kdr.: Kann man nicht bei anderen Truppenteilen auskämmen?

Ia: Ist ja alles ausgekämmt. Es geht wirklich nicht.

Kdr.: ---

Ia: Wie sieht es denn bei Ihnen aus? Übersehen Sie die Verluste?

Kdr.: Ich kann noch nichts Genaues sagen. Es ist kein zusammenhängendes Grabensystem, die Leute liegen in ihren Löchern isoliert. Ich werde versuchen, bis zur Abendmeldung einigermaßen Klarheit zu bekommen.

Ia: Wie tief ist denn der Einbruch?

Kdr.: (Beschreibt Gelände und neuen Verlauf der Stellung nach der Karte.) Es war eine der härtesten Stunden, die wir erlebt haben. Bisher wissen wir von 130 blutigen Verlusten.

Ia: Und bei W. sind sie stiften gegangen. Dadurch haben sich die Verluste noch erhöht.

Kdr.: Gewiß, beim dritten Angriff ist die Kompanie von W. aus ihren Löchern heraus. Aber im ganzen ist der Truppe kein Vorwurf zu machen. Es war unmöglich, die Stellung zu halten. Es ging wirklich nicht.

Ia: Und der Feind?

Kdr.: W. schätzt vor seinem Abschnitt 70-100 Tote, aber das ist vielleicht etwas hoch. Bei Rgt. 50 und bei der Mühle in der Mulde sollen auch welche liegen. Vielleicht kann man von 130 im Ganzen sprechen. Genaue Zählungen liegen noch nicht vor.

Ia: Beute? Waffen?

Kdr.: Ich weiß noch nichts.

Ia: Versuchen Sie doch zur Abendmeldung die Zahlen festzustellen. Sie wissen, oben beurteilt man den Erfolg des Tages danach.

Kdr.: Jawohl. Eben kommt eine Meldung, daß Ltn. K. nicht verwundet ist.

Ia: Na, sehen Sie!

Kdr.: Und mit den MG läßt sich also wirklich nichts machen? Ich brauche nicht mehr mit H. zu sprechen?

Ia: Nein, das hat keinen Zweck.

[Über den Seiten im Kopierbuch, die das Gespräch wiedergeben, steht: »Nicht abschicken!« Tatsächlich sind von dem Blatt 59 (untere Hälfte) und von den Blättern 60 und 61 das Original *und* die Kopie in dem betreffenden Briefbuch vorhanden.]

Sonntag, 19. Dezember 43. Das Radio spielt eben »O du fröhliche …«. Die Musik macht klar, wie entsetzlich fern wir dem Sinn des Festes sind. Im Trupp heute ein besonders häßliches Erlebnis. Heute früh war unsere Frau beim Stellungsbau und kam erst mittags nach Hause. Ich hatte Kartoffeln gekocht, weil die Feldküche nach vorne gefahren war, um die Alarmeinheiten zu versorgen. Die Kinder, Iwan und Andruschka, bekamen ein bißchen Essen von mir. Ich hatte dann draußen zu tun, und als ich zurückkam, beschimpfte die Mutter den Älteren und nahm ihn mit hinaus, wo sie ihn schlug mit einem Stock. Ich schritt ein. Dann sah ich, daß sie auf dem Ofen und im Stroh nach etwas suchte, und es kam heraus, daß A. das Benzinfeuerzeug verwendet und verloren hatte. A. stand neben dem Ofen, heulte und beteuerte seine Unschuld. Plötzlich erinnerte ich mich, daß der Truppführer, Stabsgefreiter E. W., am Morgen mit einem alten Feuerzeug herumgespielt hatte. Eine Frage - und tatsächlich, er hatte es sich angeeignet. Ich sagte, das müsse nun klargestellt werden. Zwei pflichteten mir bei. W. sagte, das ginge mich nichts an, die Schläge würden vergessen und er als Junge habe auch ohne Verschulden Schläge einstecken müssen. Dabei blieb es. Ich konnte weiter nichts machen. Die Frau verstand wohl, daß wir uns über etwas stritten, wahrscheinlich nahm sie auch an, es ginge um das Feuerzeug, aber den Sachverhalt konnte sie nicht durchschauen. Es wäre an uns, es wäre an mir gewesen, ihn ihr zu erklären. Ich tat es nicht.

20. Dezember 43. Das Korps macht große Anstrengungen, um im Abschnitt unserer Division die alte HKL wiederherzustellen. Ihr wird ein ganzes Rgt. zugeteilt - was das auch heißen möge - und angeblich sogar sechs Panzer. Morgens begann der Angriff, der bis auf ein vom Russen zäh verteidigtes Wäldchen die alte Stellung wieder erreichte. Unsere Panzer wurden durch Pak beschädigt, sie fielen aus. Abends wird die Verstärkung und noch vorher unsere Alarmeinheit herausgezogen. Ich glaube, die Sorgen der Division sind nach dieser »Korrektur« größer geworden. Ob wir Weihnachten auf eiligen Märschen verbringen? Wir tun, als blieben wir für immer in Trilessy. Wir ordnen die Stube und das ganze Häuschen. Die Frau, angesteckt von soviel Eifer, wäscht sich und ihre Kinder. Abends sieht es schon freundlicher aus. Das Radio spielte heute einmal zehn Minuten lang gute Musik.

Ich habe mir aus einem Stück Baumstamm und einem Deckel des Fernschreibers eine Art Tisch gebaut. Die Lampe hängt an einem Draht von der Decke, sie ist mit Rohöl mangels Petroleum gefüllt. Sie rußt. Unser gestriger Vorstoß in die Ordnung wirkt noch nach. Den beiden Kindern wurden heute die Haare geschnitten - von der Mutter unter Assistenz von uns -, kahl sind sie rundum. Nun setzen sie große Hauben auf, weil sie frieren. Dafür haben sie sonst nichts an. Die Mutter wäscht die Leinenfetzen, die sie trugen, andere haben sie nicht. So sitzen sie nackt wie gerupfte, keineswegs schwächliche Hühnchen auf der Ofenbank. Alles, was wir wegwerfen, besonders leere Päckchen, dient ihnen als Spielzeug. Andruschka, der ältere, gibt sich als Stütze der Mutter, bringt Holz herbei usw. Die Prügel hat er vergessen. Der Mann ist vor zweieinhalb Jahren in den Krieg gegangen, und seither weiß sie nichts mehr von ihm. Keine Nachricht durch andere, nichts.

Die Nachrichtenabteilung hat in der Alarmeinheit 20 Tote verloren. Wegen dieser hohen Verluste soll die Frage, wer zur Alarmeinheit abgestellt wird, neu geregelt werden, gerechter. Es soll jeweils nur ein Mann von jedem Trupp dazu abkommandiert werden, und zwar jeden Tag ein anderer reihum. Bis morgen mittag 12 Uhr bin ich eingeteilt.

Heute ist Stalins Geburtstag. Ich sah in erbeuteten russischen Zeitungen Fotos von der Konferenz in Teheran: Stalin, Churchill, Roosevelt, dieser in Zivil und immer professoraler aussehend zwischen den beiden militärisch kostümierten Chefs.

Das Radio gibt Madrigale zum besten, es hat eine seiner seltenen guten Stunden. Das Programm im ganzen ist eine permanente Jux-Veranstaltung, ein unsichtbares, ungeheures Potemkinsches Dorf.

22. Dezember 43 abends. Auch nicht ein Schatten weihnachtlicher Stimmung macht sich bemerkbar. Die Gespräche drehen sich darum, ob es eine Sonderzuteilung gibt, am interessantesten: ob Schnaps? Solange ich bei dieser Truppe bin, gab es noch keinen. Ich habe noch selten eine so überraschende Verklärung eines Gesichtes gesehen wie jene, die sich bei unserer Hüttenfrau vollzog, als sie das Wort Schnaps hörte. Sie weiß, daß wir einen Feiertag haben werden, und fragte, ob sie den Ofen weiß streichen soll. Das gehört hier zu einem Fest. Heute hat unser Metzger, der Groß-Päckchenempfänger Otto Schäfer, ein Kalb geschlachtet. Ich briet die Leber, drei Pfannen voll.

24. Dezember 43. Das ist der Weihnachtstag: ich stehe wie immer etwas vor 6 Uhr auf, da ist ein Streifen Morgenrot am Himmel, darüber ist's grau. Es ist nicht kalt. Zuerst gehe ich zu den Pferden, dann hole ich Kaffee, dann wird das Stroh, auf dem wir auf dem Boden schlafen, unter das Bettgestell geschoben und gekehrt. Spreu wird unter der Ofenbank verbrannt. Inzwischen wäscht sich einer nach dem andern in der einzigen Schüssel. Um 6 Uhr wird die Frau zum Stellungsbau abgeholt.

Ich mache im Herd Feuer mit Hilfe einer zerschlagenen Munitionskiste, deren Holz trocken ist. Ich spüle die fettglänzenden Töpfe, auf dem Lehmboden kauernd - eine widerliche Beschäftigung. Wenn der Boden auch nur einen Tropfen Wasser bekommt, wird er glitschig.

Die schlechte Laune aller steigt und steigt - Reaktion auf Weihnachten. Bei der Division werden die Festgaben empfangen und in einer Zeltbahn hergeschleppt. Gar nicht wenig: Stollen, Schokolade, Gebäck usw.

Wenn es nach der Mehrheit gegangen wäre, so hätte jeder seinen Teil genommen und basta. Es war aber schon eine Art Baum beschafft worden, eine Föhrenspitze mit sehr langen Nadeln, und es bestand die Absicht, ihn abends aufzustellen. Ich sagte nun, entweder würde gar nichts gemacht, oder die Sachen aufgehoben und jedem eine Schüssel unter den Baum gestellt. Das führte dazu, daß ich anfing, Sterne aus Pappdeckeln auszuschneiden, Mehlkleister anzurühren, Staniol aufzukleben und Fäden durch Backwerk zu ziehen. Aus Draht entstanden Halter für zehn Kerzen. Wir hatten fünf, sie wurden halbiert. Im Nebenraum, neben den Fleischbergen des geschlachteten Kalbes und dem Gerümpel der Familie, versuchte ich aus dem Inhalt der Zeltbahn neun Teller gerecht zu füllen. Die im Hause reichten nicht aus. So ging ich in einen Ortsteil ohne Einquartierung, betrat eine Hütte, die etwas gediegener aussah, und machte verständlich, daß ich drei irdene Schüsseln, eigentlich nur große glasierte Teller, brauchte, die ich morgen wieder zurückbringen würde. Als ich mit den Tellern zur Tür ging und »Danke« sagte, hörte ich die älteste der Frauen sagen: »Erst stehlen und dann danke sagen.« Ich holte die Verpflegung, fütterte die Pferde, so wurde es langsam halb vier und ganz dunkel. Es kam einer mit einer Hand voll Post und ich fragte, durch dauernde Enttäuschungen schon belehrt: Der Name K. kam nicht vor? Nein, sagte der andere, es klang überzeugend. Ein paar Minuten später hatte ich fünf Briefe, alle Blätter von 1 - 26, ferner 31/32 und dazu den Luftpostbrief vom 14. 12. Es fehlt also vorläufig nur 27/30.

Toccata und Fuge, d-moll, Bach im Radio. Es ist 7 Uhr. Inzwischen wurde »beschert«, das Bäumchen brannte, mit Schießpulver wurden drei Blitzlichtaufnahmen gemacht, der Chef war zehn Minuten da, redete eine kleine Rede und trank von unserm Schnaps, den er sehr liebt. Ich meine, er liebt den Schnaps im allgemeinen. Die Russen halten sich vorläufig ruhiger als erwartet.

Diese Blätter nimmt wieder ein Urlauber mit. Wie lange wir noch in

Trilessy bleiben, wann es weiter zurückgeht, läßt sich nicht sagen. Urlaub? Wenn alles normal läuft (normal!!) - zweite Hälfte Januar. Aber was kann noch alles dazwischenkommen!

Eben kommt ein fremder Trupp, um bei uns die Göbbels-Rede zu hören. Woina, sagt die Frau - ein immer wiederholtes Wort. Woina - der Krieg.

[An H. F., die in Berlin »ausgebombt« worden war]
24. Dezember 43. Hlg. Abend in einer Russenhütte. Ich habe Deinen Brief vom 14. 11. Arme F., was Du mit Deiner Habe verloren hast! Ich bin sehr traurig für Dich. Erhalte Dich! Wir leben noch nach dem Krieg, und wir leben dann wieder wirklich! Stehe es durch, es kommt noch so dick. Nur einen Gruß heute, bald mehr, das nimmt ein Urlauber mit.

Erster Weihnachtstag 43. Es ist, als mache sogar der Krieg Feiertag, entgegen allen Erwartungen. Der Russe gräbt sich uns gegenüber ein, baut Stellungen, sogar richtige Bunker. Der Fernschreiber spuckt auf dem Streifen aus: Gutes Fest! Aber wohl nur bei uns ist es ruhig. Der Heeresbericht, den ich jetzt ziemlich regelmäßig zu lesen bekomme, spricht von Angriffen bei Shitomir. Der Trupp ist wieder um einen (Urlauber-) Mann kleiner geworden. Ich habe von 14-20 Uhr und von 2-8 Uhr Dienst an der Vermittlung.

Der Urlauber heute früh nahm eine Kalbskeule von 25 Pfund mit - bei dieser Witterung hofft er, sie unverdorben bis nach Hause zu bringen. Er fing sich eines der herumstreunenden Pferde und belud es mit seinen Sachen, nimmt es mit bis zur 15 km entfernten Bahnstation, läßt es dort wieder laufen.

Beim Nachtdienst, 26. Dezember 43, früh 4 Uhr. Es ist nichts los. Ich habe die zwei Stunden seit 2 Uhr dazu benützt - alles schläft -, meine zwei Packtaschen zu ordnen, und als alles auf dem Tisch ausgebreitet war, kam mir die Idee, aufzuschreiben, was ein Soldat, der noch sehr gut ausgestattet ist, nachdem Tornister und manches andere mit den Fahrzeugen verloren wurde, mit sich herumschleppt. Der Photoapparat ist in ein rotes Taschentuch eingewickelt, das ich in Frankreich als Halstuch trug, damals als wir noch falsche Krieger waren. Die Kamera ist, außer Papier und Schreibzeug, mein einziger Besitz, auf den ich verzichten könnte ohne Minderung für meine quasi-soldatische funktionelle Existenz. Auch das ist Freiheit: nichts zu besitzen, was man nicht braucht.

1944

Neujahrstag 1944. Im Zug bei Christianowka, Strecke nach Lemberg. Am 30. 12., gegen halb fünf, ich saß am Schrank und hatte Dienst bis 5 Uhr, kam Walburg herein, ging erst zum Ofen und stocherte darin herum, wendete sich dann zu mir und sagte mit mißmutigem Gesicht: Halt dich fest, Kuby! Ich dachte, er wolle mir eröffnen, ich sei abgestellt. Statt dessen fuhr er fort: Du fährst am 2. in Urlaub, gehe nachher zum Bacher (das ist der Schreibstubengehilfe). Die anderen begannen sofort zu sticheln, ich sei doch noch nicht dran - das übliche dumme Gerede, mit dem jeder Urlauber fortbegleitet wird. Mit dem langen Reiß aus Saarbrükken, für den der 2. Urlaubsschein war, erledigte ich dann die Gänge zum Rechnungsführer, zum Chef usw. Dieser war mit Ltn. Zobel und einem Oberfähnrich bei Hpt. Köster, dem Funk-Chef, um Karten zu spielen und Neujahr vorzufeiern. Er unterschrieb in Eile und unaufmerksam. Bis 10 Uhr packte ich dann meine Sachen. Dem Trupp vermachte ich meinen Anteil an der gerade angekommenen Marketenderware.

Ein LKW der Funk-Kompanie nahm uns bis Kamenka zum Ib mit. Von dort ein Schlitten bis zum Bahnhof. Im Dienstraum der Eisenbahner saßen wir, während die Streckentelefone unausgesetzt lärmten. Ich machte eine Skizze. In einem Sanitäts-Güterwagen ging es bis Bobruskaja. Zwölf Schwerverwundete lagen in Bettgestellen, bei ihnen ein Sanitäter. Wir waren froh, als wir in B. den Wagen verlassen konnten. Dort saßen wir zwei Stunden in einem stehenden Zug, uns gegenüber zwei deutsche Eisenbahner und ein ukrainisches Mädchen, mit dem sie sehr gewandt und vertraulich Unterhaltung auf Russisch pflogen. In Zwetkowo dann der Urlauberzug, kalt, viel Platz, ich schlief ausgezeichnet. Um 12 Uhr eine Schießerei ohne erkennbaren Anlaß.

Kurz vor der Abfahrt bekam ich noch die Zeitungen, fast einen Monat der DAZ aus November und Dezember. Ich legte sie nach dem Datum und blätterte den ganzen Stoß in einem Zug durch, die Überschriften, die wichtigsten militärischen und politischen Nachrichten, und da und dort einen Beitrag im Feuilleton oder im Literaturblatt. Der Abgrund zwischen dem gegenwärtigen Zustand der Welt und Sehnsüchten, wie sie sein sollte. Hier der

Krieg, die Vernichtung, die Zerstörung, der Haß, die Not - und dort das verzweifelte Sich-in-die-Arme-einer-brüchigen-Zuversicht-Werfen, einer grundlosen Zuversicht, die ihrer Grundlosigkeit sicher ist; Illusionen, mit Lügen zusammengerührt von den einen, und aufgenommen von anderen, die mit der Uhr in der Hand leben, mit dem Blick auf die Zeiger, im Tiefsten überzeugt, daß mit ihrem Vorrücken ein Ende näher kommt. Hoffend oder fürchtend, die Zeit abschätzend, die ihnen noch geschenkt ist.

Aber doch auch kleine, kleinste Signale aus einer Welt, die nicht von blinder Energie aufgeblasen wird, die keine Krisen und keine Siege kennt, nicht Freund noch Feind braucht noch hat, keine Organisation, in der nichts gilt als Geist.

Dazwischen aber stehen die Äußerungen jener erbärmlichen Dummköpfe oder bezahlten Berufsoptimisten, die von der verinnerlichenden Wirkung des Krieges reden, für die Mozart den Don Juan nur geschrieben hat, damit gequälte Kreaturen für drei Stunden ihre Wirklichkeit vergessen können. Als ob es eine Rechtfertigung des Wahnsinns sei, daß einige stumpfe Gehirne und Seelen von ihren Leiden so zugeschliffen wurden, daß ihnen Paul Lincke nicht mehr genügt.

Am 2. Januar 44, vormittags. Wieder in Christianowka, wo wir am 1. früh gewesen sind. Wir fuhren gestern über Lipovec und waren gegen Mittag in Andrusovo. Es sollte weitergehen über Kalinevka-Winica, aber nachdem schon drei Tage vorher die Strecke Bogrebisa-Kazatin aufgegeben worden war, standen nun russische Panzer zwei Dörfer hinter Andrusovo. Wir blieben bis Mitternacht in A. stehen, auf einem Nebengleis fuhr ein Transportzug mit einer Artillerie-Abteilung der 17. PzDiv ein. Mit einem Oberzahlmeister dieser Einheit kam ich ins Gespräch, er verkaufte mir eine Flasche Rotwein und 25 Zigaretten. Der Wein war gefroren. Unser Wagen, vollständig ungeheizt, besaß einen Ofen, aber kein Ofenrohr. Über einer Kerze wärmte ich den Wein, zuckerte ihn, er war gut. Ich schlief dann trotz der Kälte mit Übermantel und zwei Decken von 6 bis 12. Ich wachte auf, als sich der Zug in Bewegung setzte. Gegen 9 Uhr waren wir wieder hier. 7 km vor Chr. hielten wir eine Stunde, neben uns ein Zug mit Panzern, auf dem fand ich zwei Ofenrohre. Eine halbe Stunde vor Chr. hatten wir Feuer im Ofen. In Chr. wurde die Lokomotive an unser Zugende gespannt und die Dampfheizung in Betrieb genommen. Doppelt beheizt, stehen wir nun auf dem Bahnhof herum.

Ich hatte eine Unterhaltung mit dem Gebietslandwirt aus Nowo Mirgorod. Er war eineinhalb Jahre dort. Mit der Ernte, die wir nächstes Jahr in der Ukraine gewonnen hätten, wäre ganz Europa zu versorgen gewesen, sagte er. Die Erfahrungen mit den Landesbauernschaften seien ausgezeichnet gewesen. 7 ha habe jeder zur eigenen Verfügung gehabt. Im Mai wurden die Ablieferungs-Sollsätze festgelegt. Als es zur Ablieferung kam und sich zeigte, daß die Bauern dank ihrer eigenen Tüchtigkeit bei diesen Sätzen sehr gut abschnitten, das heißt, sehr viel zu privater Verwendung und zum Verkauf zur Verfügung hatten, wurde das Soll um 50 % erhöht. Damit hätten wir uns das Vertrauen der Leute verscherzt. Die sowjetischen Staatsgüter könnten nicht aufgeteilt werden, es gäbe bei weitem nicht genug Leute, um sie, aufgeteilt in kleinere Betriebe, zu bewirtschaften. Außer in den Jahren 1930 bis 1932 habe nie ein Mensch in der Ukraine gehungert, auch jetzt nicht. In jenen Jahren sei die ganze Bevölkerung aus Furcht vor Verfolgungen gewandert, und es sei vorgekommen, daß Menschen geschlachtet und das Fleisch auf dem Markt verkauft worden sei. Der Ausbildungsstand der Bauern sei sehr gut. Sie besuchten bis zum 14. Jahr die Volksschule und dann landw. Fachschulen, wo sie eine sechsjährige praktische und theoretische Ausbildung genössen. Nach zwei Jahren - dieser sechs - spezialisierten sie sich auf Milchwirtschaft, Ackerbau, Forstwesen usw. Überhaupt sei zu bewundern, wie gut die Schulen, wie hoch die Lehrer bezahlt seien. Er habe eine Lehrerin als Dolmetscherin gehabt während seiner ganzen Zeit in N. M. Nach einem Jahr habe sie fließend deutsch gesprochen und besser geschrieben als viele Deutsche. Nach fünf, sechs Stunden strenger Arbeit sei sie aber zu nichts mehr zu gebrauchen gewesen. Durchhalten sei die Sache dieser Leute nicht. (Das wird sich zeigen!) Zu den Transporten nach Deutschland meldeten sich nur ganz am Anfang Freiwillige. Sie wurden dann im Morgengrauen aus den Betten geholt. Viele flüchteten unterwegs. Am meisten haßten sie, daß sie das Ost-Zeichen tragen müssen. Wäre das nicht so, kämen auch jetzt noch Freiwillige.

Wir sind jetzt gegen Mittag am 2. Januar in Sjatkovci und werden über Vapniarski nach Zmerinka fahren. Diese Strecke führt durch rumänisches Interessengebiet, und dort soll es Lebensmittel zu kaufen geben. Bei Vapniarski komme ich auf etwa 120 km dem Ort Birzula nahe, über den ich hergefahren wurde. Die beiden Routen bilden also fast eine liegende Acht, das Zeichen für unendlich.

5. Januar 1944. In Przmysl in einer der Baracken am Bahnhof West, in denen Nacht für Nacht 4-5000 Soldaten schlafen und ein Ameisenleben führen. Ein Eindruck ähnlich jenem damals in Smolensk in den Bahnhofsunterkünften. Eine jeglicher Ordnung entrissene Masse, von Schalter zu Schalter sich durchschlagend, wartend, wartend in endlosen Ketten, um schließlich entlaust und gesichtet in neue Züge abgefüllt zu werden. Es ist erstaunlich, wie wenig Initiative die Leute haben. Als wir gestern nachmittag in Przmysl ankamen, gegen 3 Uhr, blieb der Zug fast eine halbe Stunde auf dem Hauptbahnhof stehen, und jeder las dort die Schilder, welche besagten, daß auch hier alle jene Formalitäten erledigt werden können, die dann hier auf Bahnhof West, dem eigentlichen Umschlagplatz der Urlauber, erfüllt werden. Der Weg zwischen den beiden Bahnhöfen quer durch die Stadt ist nicht länger als etwa 20 Minuten. Nichtsdestoweniger war ich heute früh von all den Tausenden der einzige (!), der einen Spaziergang zum Hauptbahnhof zurück machte und dort ohne Anstehen und Warten innerhalb von fünf Minuten auf's Freundlichste abgefertigt wurde. Sie freuten sich geradezu über die Kundschaft. Beim Hauptbahnhof liegt ein ansehnliches Soldatenheim, wo ich Kaffee trank und auf dem Flügel spielte, der in einer Ecke steht. Es war kein Mensch da außer den Bedienungen. Der nach dem Polenfeldzug russische Teil der Stadt liegt in Trümmern.

[Aus dem Notizkalender:]

6. Januar 44. Um 9 Uhr früh in Wien. Schönes Winterwetter. Abends in München. Ich komme noch bis Weilheim und überrasche Mama, die ich in erstaunlich guter Verfassung antreffe. –

8. Januar 44. Nachmittags in Überlingen-Ost, wo mich E. und Thomas abholen.

[An Dr. List, Leipzig]

9. Januar 44, Überlingen. Gegen alle Wahrscheinlichkeit kann ich Ihnen von hier aus gute Wünsche zum Neuen Jahr schicken.

Nach Aufhebung der Schutzbestimmungen für einzige Söhne Gefallener wurde ich Ende Oktober wieder nach Rußland abgestellt, und wenn es nach der Absicht meines Kemptner Ersatztruppenteiles gegangen wäre, so hätte ich wieder bei der Infanterie Verwendung gefunden. Dank einiger glücklicher Umstände bin ich aber in meiner alten Tätigkeit bei den Fernsprechern gelandet.

Sie haben inzwischen in Leipzig Schweres durchgestanden. Man sagt mir, der Verlag sei nicht zerstört. Wohin man sonst hört, ist die Zerstörung vollkommen, im nächsten Kreis überall, auch gerade was Leipzig angeht. Mein Schwager Heisenberg hat sein Haus eingebüßt und er sowie mein Schwiegervater und dessen Bruder, der Hamburger Architekt Fritz Schumacher, die vollständigen Erstauflagen ihrer neuesten Bücher. Der letztere auch sein Hamburger Heim und alle seine Arbeiten - aber wozu anfangen aufzuzählen, die Liste ist endlos.

[An E. W.]

11. Januar 44. Die Briefpost trägt uns jeden Tag so viele Hiobsbotschaften zu, daß wir die Zeitungen gar nicht brauchten. Das Unglück bleibt aber meistens am Rande, Wohnungen, Häuser, Möbel, Papiere sind weg, die Menschen nicht, und das ist die Hauptsache. Die Rehmenhalde ist immer noch eine Art Sperrzone für den eigentlichen Krieg. Dein Mann wieder in Regensburg und Du in Würzburg – beim Militär gibt es, nach einem vielzitierten Landserwort, nur einen Sinn, den Blödsinn, und nur einen Weg, den Umweg.

Ohne Datum, Februar 44. Wir liegen in Martinosch, etwas südlich von Nowo Mirgorod. Als ich Anfang Februar aus dem Urlaub kam, fand ich mich mit 32 anderen aus der Nachr. Abt. 282 zum Regts. Nachr. Zug 849 versetzt. Nach einigen dienstlosen Tagen bei der alten Kompanie, bei der ich noch einen Ortswechsel mitmachte, und ausgerüstet mit einem neuen »Empfehlungsschreiben« des Hauptmanns von der N.A. 282 zog ich zum Regiment um. Als ich beim Nachrichtenzug eintraf, war gerade ein neuer Bunker für die Regiments-Vermittlung fertig geworden, etwa 1500 m vom Gefechtsstand entfernt, mitten auf einer leicht ansteigenden öden Ebene. Nach und nach entstand um den Bunker des Regts.Kdrs. (Major Lautz) ein Lager von Hütten und Bunkern, und das Leben dort, bei völliger Ruhe an der Front, war angenehmer, weil stiller, als bei der Division. Wir erlebten auf unserer Ebene Sturmnächte mit Temperaturen um 30 Grad minus, und empfanden die Wärme im Bunker um den immer brennenden Blechofen als sehr freundlich. In der kältesten und stürmischsten Nacht war ich von 11 Uhr bis 6 Uhr früh an einer Störungssuche bzw. am Bau einer Ersatzleitung beteiligt, wir waren zu viert unterwegs. In dieser Nacht sind allein im Regiment 30 Mann durch Erfrierungen ausgefallen und zwei davon gleich gestorben.

[Diese Stelle läßt nicht erkennen, welche Bedeutung die »Störungssuche« in jener eisigen Sturmnacht für mich in meiner Erinnerung gewonnen hat. In dem Erlebnis dieser Stunden eines dem Anschein nach völlig sinn- und ziellosen Marschierens, das mehr ein Stolpern war, durch eine gestaltlose Schnee-Ebene und in einem Sturm, der es nötig machte, sich die Worte in die Ohren zu brüllen; in dieser wie aus Raum und Zeit herausgehobenen Unternehmung, die schließlich entgegen aller Wahrscheinlichkeit doch den Erfolg hatte, daß einer der Soldaten, plötzlich sich bückend, das dünne schwarze Kabel einer vom Schnee verwehten Fernsprechleitung in der Hand hatte - einer Leitung, von der niemand wußte, wohin sie eigentlich führte, und die auch irgendwo in der Schneewüste irreparabel unterbrochen war; in diesem Augenblick, in dem vier vermummte Gestalten - an einem von keinem der Beteiligten je wieder auszumachenden Punkt irgendwo im Innern Rußlands - beschlossen umzukehren, aber keine Ahnung hatten, in welche Richtung sie sich wenden sollten, und völlig ergebnislos nach ihren eigenen inzwischen verwehten Spuren suchten: in diesem bis zum Aberwitz sinnentleerten Tun, bei dem es nur noch darauf ankam, ein erwärmtes Erdloch wieder zu erreichen, »den immer brennenden Blechofen« irgendwo in Rußland, summierte und fixierte sich für mich der ganze Krieg, kaum war er vorbei. Darin und nur darin. So daß bis zum heutigen Tage, fällt das Wort »der Krieg« in irgendeinem Zusammenhang, in meiner Vorstellung jene Sturmnacht auftaucht. Diese einerseits zum Sinnbild der Sinnlosigkeit, andererseits zu dem der Widerstandskraft des Menschen gewordene vergangene Wirklichkeit hat den Charakter einer Traumfixierung angenommen, vom Gedächtnis aufbewahrt und auf Stichwort jederzeit abrufbar.]

[Aus dem Notizkalender:]
Am 24. oder 25. Februar 44 bekam ich eine heftige Magen- und Darmgeschichte; als sie nach zwei Tagen nicht besser wurde, mußte ich den Bunker verlassen und ins Dorf zurückgehen, wo ich seither mit drei Fahrern in einer Hütte wohne. Die Magengeschichte ist vorbei, aber ich habe einen ersten Anfall der neuesten Ostfront-Krankheit, des sogenannten Wolynischen Fiebers, einer Art Malaria. Die Nächte sind scheußlich. Ich esse fast nichts. Die Symptome: Schmerzen längs der Schienbeine und in den Knien, starke Kopfschmerzen. Ich liege den ganzen Tag ziemlich teilnahmslos auf dem Ofen.
Die Front ist seit gestern lebhafter, Flieger, Artillerie, Panzer. Ich denke, es geht bald weiter.
28. Februar 44. Ich wohne hier mit den drei Fahrern des Nachrichtenzuges zusammen, die unsere acht Pferde versorgen, das Holz für die beiden Bunker vorne schneiden usw. Der eine heißt Häberle, Bauernsohn aus Württemberg, der zweite, ältere, Schäffner, Handwerker, der dritte Gerhard, aus der Eifel, jung, noch ohne Beruf. Alle drei schreien im Stall mit den Pferden herum, als ginge die Welt unter, aber sie meinen es gut und pflegen sie. Ich werde hier nach meinem methusalemischen Soldatenalter eingeschätzt und behandelt. Ich treffe zum erstenmal

Obergefreite, die noch gar nicht bei der Wehrmacht waren, als ich bereits kein Obergefreiter mehr war.

Heute beginnt es mit Entschiedenheit zu tauen. Es fängt die zweite und hoffentlich letzte Schlammperiode an. Wie das in den Bunkern wird, wenn das Wasser durch die Balkenfugen läuft, bin ich neugierig zu erleben. Vorläufig sitze ich auf einem Ofen.

1. März 44. Weiter geriet es mir gestern nicht. Heute früh ging ich auf's Revier, nicht ohne Grund, es wurden 38,3 Fieber gemessen. Der Arzt sagte: schwitzen, aber ich fürchte, das hilft nicht viel. Ich halte es für möglich, daß ich hier nicht wieder auf die Beine komme und in das nächste Kriegslazarett eingeliefert werde. Heute wird es hier nach langer Stille etwas kriegerischer, Artillerie und so, aber nicht direkt in unserem Abschnitt. Das Fieber ist sicher nicht gefährlich, nur unangenehm.

2. März 44 (Donnerstag). Die Nacht war wieder scheußlich, aber jetzt, 9 Uhr früh, bin ich wohl fieberfrei. Das Fieber hat Launen. Seit zwei Tagen wohnt ein Feldwebel Schwab bei uns, der eigentlich unser Zugführer ist. Er hat oder hatte die gleiche Sache wie ich und war nun drei oder vier Wochen hinten beim Troß, 20 km von hier.

Heute regnet es, der Schnee ist fast verschwunden. Ich glaube nicht, daß wir noch lange hier sind, der Krieg wacht wieder auf.

3. März 44. Das Wolynische Fieber ist eine Infektion. Trau schau wem, sagen erfahrene Kranke. Man denkt, die Sache sei vorbei, aber dann kommt sie neu und vermehrt. Die vergangene Nacht war bei mir gut. Seit fast einer Woche habe ich fast nichts gegessen - das ist sehr zuträglich. Ich bin aber ein bißchen wacklig auf den Beinen. Der Feldwebel hat leider noch keinen Urlaubsschein. Er wird die Post mitnehmen, die ich zurückhalte bis zu seiner Abfahrt.

Aus Langeweile lese ich sogar Provinzzeitungen, die irgend jemand bekommt, und finde dort herrliche Sachen wie zum Beispiel den Bericht über ein »Mädellager«, den ich ausschneide. Im »Reich« ein Aufsatz über englisch-amerikanische Fluglinien jetzt und in Zukunft... was doch der Krieg außer Zerstörung so nebenbei hervorbringt! Die Deutschen werden sich die Augen reiben, wenn sie wieder aufwachen zu einem Weltmorgen.

Die zwei meistgebrauchten russischen Worte deutscher Landser *ponimaij* = verstehen, und *zapzerapp*, abgeleitet von *sabraljen*

= stehlen, entwenden. Ich hörte einen Vers

Es geht alles vorüber, es geht alles vorbei,
zwei Jahre in Rußland und nix ponimaij.

Der Feldwebel, der noch immer hier ist und also auch meine Post, überrieselte mich zwei Stunden lang mit Erzählungen aus Frankreich. Ich achtete darauf, er hat nicht einmal eine Anschauung von einer Situation, einem Menschen, einer Landschaft, einem Wohnmilieu vermittelt. Nur Zahlen, Maße, Orte, Namen, Daten.

4. März 44. Nachmittags. Vormittags bin ich zur Division gefahren, um Bücher zu tauschen. Ich habe ja Zeit. Dabei entwickeln sich nun meist Gespräche zwischen dem Hpt.H. und mir, geschwätzige Gespräche. Das Stroh, das wir dreschen, ist so alt, daß der Staub in Wolken aufsteigt. Bei ihm ist das fast Beruf, er ist Museumskonservator. Er erwähnt, er habe in Zürich bei einer Abschiedsvorlesung Thomas Mann aus Charlotte in Weimar das Gespräch zwischen Ch. und August v. Goethe lesen hören.

Aus dem gestrigen H.B. scheint mir die Erwähnung der Stadt Pleskau als Kampfraum erwähnenswert. Es geht nun doch zügig rückwärts.

Der Rückweg von der Division, etwa 2½ km, war zuviel für den wolynischen Patienten, die Beine wollten streiken. Gestern abend, auf meinem Ofen hindämmernd, hatte ich einen Anfall von Schwarzseherei, Katastrophenphantasie ging mit mir durch.

7. März 44. Weit weg ist schon der Ofenplatz. Bisher habe ich Anlaß, ihm nachzuweinen. Gestern früh sollte ich mich beim Doktor melden (am Abend hatte ich 39,9), und er schickte mich weg, denn die Truppe ihrerseits vollzog einen Stellungswechsel, auch das Revier, und er wußte nicht, wo er mit mir bleiben sollte. Ich packte also rasch eine Tasche und den Schlafsack und war eine Stunde später zum 6 km entfernten Hauptverbandsplatz unterwegs, auf einem winzigen Panjewägelchen, darauf außer mir ein Feldwebel mit Knöcheldurchschuß und ein anderer, der seit Tagen 39-40 Fieber hatte und, wie sich inzwischen feststellen ließ, eine hübsche Lungenentzündung. Vorne saßen der russische Fahrer und ein Sanitäter als Eskorte. Diese fünf Mann auf vier Rädern, die in ihren Achsen ausschlugen, durch knietiefen Schlamm zu ziehen, war das Los von drei Pferdchen, von denen das linke Asthma, das mittlere ein sagenhaftes Halsgeschwür und

das rechte große Fleischwunden auf dem Rücken hatte. Peitsche und Drohungen machten ihnen keinen Eindruck mehr. Nach einer Weile stieg ich ab, weil ich das Keuchen der Tiere nicht mehr hören konnte, und der Sanitäter folgte bald meinem Beispiel, ein bildschöner, dunkler Mensch, der die Unverfrorenheit besaß, schon nach ein paar 100 Metern dieses Spazierganges über Mühe und Anstrengung zu klagen. Mal fahrend, mal laufend, erreichten wir den Verbandsplatz, wurden in Listen eingetragen, der grüngeränderte Krankenzettel mit dem Soldbuch verglichen. Wir zogen in ein Haus auf Stroh, wo sich bis zum Nachmittag acht Mann einfanden, darunter ein Russe, der vor dem Krieg im nahen Maliwiska Steuerbeamter gewesen und nun ein »Hiwi« [Hilfswilliger] der deutschen Wehrmacht ist, eine Qualität, um die ich ihn nicht beneide. Es hieß, wir sollten nach Nowo Mirgorod transportiert werden, von wo aus Bahnverbindung bestünde. Wohin? Es wurde aber Abend, bis uns zwei Panjewagen aufnahmen, vor jedem nur zwei Pferdchen. Sie sollten uns nur durch eine Talsenke bis zur Rollbahn bringen, wo wir in einen Sanitätskraftwagen verladen würden. Aber auch dafür erwiesen sie sich als zu schwach, und drei von uns, die noch laufen konnten, mußten absteigen. Es war finstere Nacht und der Schlamm tief. Wir gingen und gingen, hatten längst freies Feld erreicht, die Rollbahn war nicht 500 m, sondern 2 km entfernt. Meine Taschenlampe griff ein Bild des Jammers aus der Nacht: ein Wägelchen mit zwei alten Russen darauf, Mann und Frau, die hatten sich Tücher über die Köpfe gezogen und überließen es den Pferden, sie irgendwohin zu bringen. Die Pferde hatten den Kampf mit dem Schlamm aber schon aufgegeben. So stand denn diese Karre mit den alten Leuten mitten im Morast und im Regen, und da steht sie wohl noch.

Ich tappte daran vorbei, gerade als in der Ferne Motorengeräusch zu hören war, das war unser »Sankra« [Sanitäts-Kraftwagen], und zwar ein nagelneuer, der auf Raupen lief, geräumig wie ein Bus, an weit zurückliegende Zeiten großartiger Motorisierung erinnernd.

Als ich, in Dreck getaucht bis zu den Hüften, diese fabelhafte, elektrisch beleuchtete Staatskarosse mit Betten bestiegen hatte und untergebracht worden war, konnte ich einen Lachanfall wieder einmal fast nicht unterdrücken. Ich bedachte, wie sie mich so in Europa herumtransportieren, mal dahin, mal dorthin, und wie es für sie nicht den allergeringsten Effekt hat, außer Mühe und Kosten. Für diese Mühe und diese Kosten werden wir später zu bezahlen haben, aber jetzt ist es komisch. Irgendwo sind dann ein paar Leute, die schießen, womit immer, ferner Panzer oder ein paar Flugzeuge, und die machen es dann. Dahinter der ungeheure Apparat, der Leerlauf. Als Napoleon auf dem Rückweg über die Beresina ging, hatte er noch 40 000 Leute, die man Soldaten nennen durfte, darunter aber nur 5000, die noch kämpfen konnten und wollten. Außerdem wälzten sich 150 000 auf die Brücke zu, die waren zu überhaupt nichts nütze. Aber dieses Verhältnis war ja noch glänzend zu dem, das hier zwischen den Kämpfenden und dem Apparat herrscht. Zum Apparat gehört schließlich das ganze Reich, auch Ihr auf Eurem Hügel über dem See. Du baust Gemüse an, um zu überleben. Staatserhaltend wertvoll ist das auch nicht gerade.

Mit schönem, zuverlässig klingendem Motorgeräusch ging es durch die Nacht, bis sich plötzlich die ganze Karre auf die Seite legte, so daß es uns von der Bank hob. Der Fahrer war in ein Loch gefahren und kam trotz Raupenketten nicht mehr heraus. Im Gegenteil, er wühlte sich immer tiefer ein. Er entfernte sich, um ein anderes Fahrzeug zu finden. Die Unbeweglichen blieben auf ihren Tragbahren im Wagen, wir andern suchten die Wärme eines nahen Hauses. Ärztlich gesehen bestand unser Vier-Mann-Trupp aus einer Pneumonie, einer Gelbsucht, Wolynischem Fieber und einer Hauterkrankung. Nach zwei Stunden war der nächste Sankra zur Stelle, machte unseren flott, und gegen Mitternacht waren wir in Nowo Mirgorod in einer ehemaligen Schule. Es gab Butterbrot, Tee, Kekse. Wir wurden mal wieder in Listen eingetragen. Dann schlief ich so gut wie seit zehn Tagen nicht. Um 7 Uhr früh wurden wir zur Bahn gebracht und in einen Kurierzug gesetzt. Nach einer Viertelstunde hatten wir festgestellt, daß niemand wußte, wohin wir eigentlich transportiert werden sollten. Bei einigen stand auf dem Krankenzettel: Maliwiska. Das ist das Nest, an dem meine Urlaubsrückfahrt endete. Bei mir und anderen stand: Krankensammelstelle.

Welche? Wo?

Die Pneumonie bekam einen tollen Schüttelfrost. Hier in P., die 6. Station der Fahrt, bemerkte ich ein Schild: Ärztl. Versorgungsstützpunkt. Dorthin ging ich mit den beiden, wir wurden in Listen eingetragen. Bei der Lungenentzündung war es nun doch zu offensichtlich, daß diese Art der Behandlung nicht ausreichte. Der Mann verschwand. Wir zwei letzten Mohikaner wurden einem behelfsmäßigen Sanitätszug zugewiesen, in dem jeder ein Lagerbett hat, und hier sitze ich nun und harre der Dinge. Fieber habe ich, glaube ich, keines, nur Schmerzen in den Unterschenkeln weisen darauf hin, daß ich mit einem gewissen Recht hier sitze. Der Zug fährt noch nicht, ich habe leider nichts mehr zu lesen. Wir werden ein bis zwei Tage fahren, vielleicht bis Balta? Wer hätte das gedacht!

8. März 44. Der 2. Eisenbahn-Reisetag. Ich habe in meinem Hängelager nicht schlecht geschlafen. Wir sind irgendwo zwischen Golta und Balta. Diese öde Strecke fahre ich nun zum 3. Mal - Oktober, Januar, März. Angeblich werden wir bald ausgeladen. Im Wagen nur Leichtverwundete und Kranke. Nichts zu lesen.

9. März 44. Wir sind den dritten Tag in dem »B. V. Z.« = Behelfsmäßiger Verwundetenzug. Die drei Güterwagen mit etwa 100 Verwundeten und Kranken sind an einen langen anderen Zug angehängt. Er hat es nicht eilig. Gestern stand er fast zwölf Stunden irgendwo herum. Das Begleitpersonal sind drei Sanitätsgefreite, kein Arzt. Wir sollen angeblich in Birzula ausgeladen werden. Dort müßten wir in etwa zwei Stunden ankommen. Nachdem gestern mittag der letzte Kaffee ausgegeben worden ist, gab es in Balta, etwa um 4 Uhr früh, eine Rübenwasser-Suppe, die je nach Temperament Schimpfen oder Gelächter weckte. Ich schlief erst schlecht, dann gegen Morgen mit zwei Tabletten. Es waren vielleicht nicht gerade die allerersten Schlaftabletten meines Lebens, aber mehr als zehn dürfte ich seit 1910 nicht verbraucht haben.

11. März 44. Heute früh hatte die Reise endlich ihr Ende. Um dieses Nest im Nordteil des rumänischen Interessengebietes zu finden, hätte der Zug nicht so lange zu suchen brauchen. Solche Nester gibt es in der Ukraine Tausende. Wir sind fast 24 Stunden auf einem Bahnhof gestanden. Heute nacht fuhr der Unglückszug dann über sein Ziel hinaus und mußte umkehren. Im Apparat ist der Wurm.

Das Lazarett ist eine ehemalige russische Kaserne, sie liegt auf einem Abhang, ich übersehe vom Bett aus Bahngleise und die Hügel jenseits des Tales. In den Sälen liegen bis zu 50 Mann. Mein Saal im 1. Stock wird erst belegt. Wir sind nur zehn oder zwölf. Zwei Mann meiner Division sind darunter. Die Heeresberichte sagen, daß die Russen in Richtung Südwesten bei Uman und bei Kriwoi Rog vorstoßen, wodurch sie, wenn sie Erfolge haben sollten, die unseren schwer ins Gedränge brächten. Man muß sich die Karte anschauen. Sie müßten sich vielleicht anderswo auch die Karte anschauen. Aber wenn sie das zum ersten Male offenen Auges tun werden, mag ihnen ein Stadtplan genügen.

An die Truppe schreibe ich, daß man meine Post aufhebt, nicht nachschickt. Die Blätter 60-62 sind gestern in Birzula zur Feldpost. Meine Aufnahmenummer ins Lazarett hier hatte als Schlußzahl die 28 - da kann es ja nicht fehlen. [Mehrere wichtige meiner Lebensdaten, das der Geburt eingeschlossen, liegen zufällig auf einem 28sten.]

12. März 44. Wodurch dieses Institut den Namen Lazarett verdient, ist nicht zu erkennen. Es ist eine Massenunterkunft mit ärztlicher Überwachung. Man holt sich das Essen selbst, der Weg zum Häuschen geht 100 m durchs Gelände, von weißen Betten ist keine Rede. Damit es niemandem zu gut gefällt, gibt es wenig zu essen. Ich habe mich auf Diät setzen lassen, da gibt es noch weniger, aber ich komme gut damit aus. Griesbrei und Hafersuppen sind mir angenehmer als das Fleischzeug. Gestern nachmittag spielte plötzlich eine Jahrmarkt-Bummskapelle in einem Krankensaal unter uns, daß die Wände dröhnten. Eine seltsame Art, Kranke zu behandeln. Das Johlen und Schreien war durch die Decke zu hören, und als ich später auf dem Weg zur Essensausgabe durch diesen Saal ging, war ein Qualm zum Schneiden dick. Auf vielen Betten wurde Karten gespielt, und es fehlte nur das Bier. Bei uns geht es ruhiger zu. Etwa fünfzehn werden dieser Tage wieder zu ihrer Truppe gehen, und etwas Rüderes als diese Genesenen läßt sich nicht vorstellen. Der Weg zum Häuschen ist ihnen zu lang, sie scheißen deshalb in der Nacht in den anstoßenden, noch leeren Saal. Anblick und Geruch heute früh waren überraschend, besonders für die Sanitäter. Zwei Wiener, die neben mir liegen, nahmen es zum Anlaß, das Wirken der deutschen Landser in Europa zu charakterisieren. Wiener aus den

unteren Schichten sind von einer erstaunlichen Einheitlichkeit in ihrer geistigen und moralischen Ausbildung, in ihren Interessen. Nichts Menschliches ist ihnen fremd, und kein Schatten von Moral verengt ihr Urteil. Sie erzählen mit großem Freimut diffizile Details aus ihrem Leben und finden eben diese und sonst nichts interessant. Ihre Ironie findet ihre Grenze an ihrer Sentimentalität. Sie können stundenlang von Mahlzeiten reden, die sie bei ihrer Hochzeit oder bei anderen Hochzeiten gegessen haben. Auch über die Garderobe von Filmleuten unterhalten sie sich mit Verve. Der eine sagt heute früh nach einem traurigen Rundblick über den Saal: Bei der ärmsten Hur wann ich schlafen tät, die am Stuhl schlaft weils kein Bett hat, wär ich besser untergebracht. Die Hur ohne Bett schien ihm nicht unbekannt zu sein. Vor einer Stunde sind sie draufgekommen, daß heute vor sechs Jahren Österreich zum Reich kam. Seitdem machen sie das große Gaudium: Kommt, Kameraden, gratuliert uns!

Gestern abend gab es so etwas wie Varieté, aber ich blieb in meinem Schlafsack, der nun auch die 1. Entlausung hinter sich hat. Das Waschen gestern mit heißem Wasser war ein Fest.

13. März 44. Vor den Fenstern dicker Morgennebel. Bahn und Hügel sind verschwunden. Der Saal, in Erwartung der Visite, benimmt sich lazarettmäßig. Dafür war die Nacht tumultuarisch. Das Bier, das gestern noch fehlte, war später beim Rechnungsführer zu kaufen. Ich sah zwei Kästen mit 50 Flaschen herumstehen. Es war nicht stark genug, um eine allgemeine Besäufnis zu erzeugen. Zwei kamen auch zu Wein und Schnaps, einer von ihnen, in den Saal zurückkehrend, schlug lang hin und stand nicht mehr auf. Sein blaugestreifter Lazarettanzug war bekotzt, sein Gesicht aufgeschlagen und blutig. Er wurde zwei Betten von mir entfernt auf einen Strohsack gelegt und man hielt ihn für tot, was weiter niemand zu stören schien. Nach einer Stunde war er aber wieder so lebendig, daß er nun auch das Bett und sich im Liegen vollkotzte. Mir war es störend. Ich ging zur Schreibstube, tastete mich die dunklen Treppen hinunter; ein Feldwebel und zwei Sanitäter kamen mit Taschenlampen und versuchten eine Viertelstunde lang, die Identität des Besoffenen festzustellen, was schließlich gelang. Es wurde entschieden, er könne liegen bleiben, wenn er sich ruhig verhielte. Eine Weile ging es gut, dann begannen die Eruptionen von neuem. Nun wurde der Mann samt

Strohsack in den anschließenden kalten Raum getragen, in das Ersatz-Scheißhaus. Bei uns war noch eine Weile Krach, dann wurde es still und ich dachte, dabei bliebe es. Es war plötzlich ein Plätschern wie aus einer Gießkanne zu hören und meine Taschenlampe entdeckte ein junges Bürschlein, das wankend mitten im Saal auf einem Tisch saß und es laufen ließ. Niemand wußte, woher er kam. Ich griff zur Selbsthilfe und warf ihn hinaus. Er wußte nicht, wie ihm geschah. Der Saal erging sich in furchtbaren Drohungen gegen weitere Störungen. Draußen aber war es kalt, und Kotzer Nr. 2 kehrte zurück. Diesmal sprangen vier oder fünf aus ihren Betten und entfernten den Jungen. Sie legten ihn zu Nr. 1 hinaus.

Die Nachtschau zu vollenden, kam Nr. 1 durch die Kälte wieder zu sich und tappte plötzlich zwischen unseren Betten herum, im Licht der Taschenlampe anzusehen wie ein Mörder nach der Tat, blutüberströmt.

Gestern nachmittag hatte ich 38,4, zwei Stunden später 37,3. Der Puls ist heute früh auf 60, gestern war er zwischen 70 und 80. Eben kommt der Arzt, ein Österreicher, und es wird ruhig.

14. März 44. Draußen regnet und stürmt es. Das scheint hier länger zu dauern, ich gebe jetzt doch der Feldpost wieder etwas mit. Im Parterre hängt ein Kasten mit der Aufschrift: Für Mutti. Ich sorge mich, daß Du zu wenig Gewicht hast und das Kleine Dir zuviel wegnimmt. [Ein zweites Kind war unterwegs.] Später einmal wird Gabriele oder? (ein männlicher Vorname will mir nicht einfallen, vielleicht, weil er nicht benötigt wird) weniger ihr Geburtsjahr als ihre Eltern heroisch nennen. Aber 1807, 1814, 1919 sind auch Kinder geboren worden.

15. März 44. So man nur abwartet, erledigt sich manches von selbst. Ich wollte den Arzt schon bitten, mich zu verlegen, und sei es zur Truppe, denn dies hier ist ein Saustall, da kam er vorhin und nahm in großer Eile fast alle Krankenblätter mit. Das Lazarett wird geräumt, wir werden verlegt, zweifellos weiter zurück. Ich frage mich, ob der Durchbruch der Russen bis zum mittleren Bug auf der Höhe von Uman und die gleichzeitige Offensive bei Kriwoi Rog, die vorgestern zur Räumung von Cherson führte, nun eine endgültige Zurücknahme der ganzen Südfront erzwingen. Es sieht fast so aus. Wo ich dann meine Truppe wiederfände? Ich denke, daß wir übermorgen ins Rollen kommen.

Meine Tage sind ganz friedlich, meine Nächte sind es nicht. Ich schlafe miserabel. Das Fieber ist nicht nennenswert.

Abends. Der Aufbruch wird hastig vorbereitet. Ich glaube, daß wir schon morgen in Bewegung kommen. Ich werde »liegend« transportiert, das habe ich durchgesetzt, damit ich nicht etwa tagelang auf einer Holzbank sitzend durch Europa fahre. Seit Stunden draußen Sturm und Schneetreiben.

16. März 44. Noch an Ort und Stelle. Ich bin sogar in einen andern Saal im Parterre verlegt worden, von wo aus ich den Hügel nicht mehr sehe, nur noch die Abfallgrube. Der Sturm läßt nicht nach, die Kälte nimmt zu. Zuweilen Schneetreiben. Das Wetter begünstigt die Russen. Die Atmosphäre in unserem Stall ist ganz schlecht. Decken und Uniformstücke werden in der Dämmerung an Frauen aus dem Ort verkauft, für eine Decke gibt es 200 Mark. Bei Tageslicht kommen dieselben Frauen und bieten Eier und andere Nahrungsmittel an. Sie werden gekauft, weil das Lazarett den 4. Verpflegungssatz hat, das ist der schlechteste. Große Beträge, in ein paar Minuten mehrere hundert Mark, wechseln in Glücksspielen, vor allem mit »17 und 4«, ihre Besitzer. Heute früh brachte ich einen erbärmlichen Harmonikaspieler nur dadurch zum Schweigen, daß ich ihm fürs Stillsein zehn Zigaretten bot.

17. März 44. Der Abtransport hat begonnen. Ich liege schon in einem Tragbett im Zug. Das Nest, das wir verlassen, heißt Cholbadnaja.

18. März 44. Wir sind gestern in den Lazarettzug eingeladen worden, und damit wir uns gleich an das Tempo rumänischer Eisenbahn gewöhnten, blieben wir bis 7 Uhr früh auf den Bahnhofgleisen stehen. Der Zug, wenn auch behelfsmäßig, ist viel besser ausgestattet als der vorige. Die Lager sind gefedert, 21 Mann füllen einen Waggon, sechs mehr, als Betten vorhanden sind. Sie liegen auf dem Boden. Die Nacht war meine schlechteste seit 14 Tagen. Die Schmerzen in den Beinen nehmen zu. Ich denke, es wird irgendwo nach Polen gehen. Wir stehen schon wieder fünf Stunden auf einem Bahnhof (Rebnica).

[Mit sich endlos hinziehenden Aufenthalten erreicht der Lazarettzug am 26. März 44 Krakau, wo die Kranken der Sammelstelle zugeführt werden. Starke Fieberanfälle wechseln mit besseren Stunden.]

28. März 44. Noch in Krakau, des nächsten Zuges harrend. Nun bin ich gerade einen Monat lang krank. Hier gibt es viele Soldaten, die vorne waren, als die Russen loslegten. Offenbar war der Zug, in den ich verladen wurde, einer der letzten, der von Nowo Mirgorod abging.

30. März 44. Der Reisende befindet sich wieder im Zuge, 2. Klasse, weil er so sehr krank ist. Ist er aber nicht. Der Zug hält im Augenblick in Graudenz. In dieser Stadt hielt sich der Reisende für drei Stunden auf, als er Ende Mai 1941 mit einem Vorkommando nach Ostpreußen ging, worauf dann der russische Krieg bald begann. So schließen sich die Kreise. Höchstwahrscheinlich fährt der reisende Soldat jetzt wieder nach Ostpreußen und wird, so will es ein Gerücht wissen, in Marienburg ausgeladen. Es ist, als habe sich eine höhere Reiseleitung überlegt, welcher reichseigene Ort am weitesten von Überlingen entfernt ist. Aber das soll uns nicht verdrießen, uns gelernte Eisenbahnfahrer. Das Mittagessen kommt. Wir sind nur zu zweit im Abteil, der andere ist ein stiller Unteroffizier, der gleichfalls Wolynisches Fieber in den Gliedern hat. Die andern vier, die es bisher noch gab, wurden in Graudenz aus dem Zug geholt. Er vertröpfelt jetzt seinen Inhalt von Stadt zu Stadt. Die Nacht verbrachte ich im Gepäcknetz, dessen Stützen durch den Schlafsack hindurch mir Ringe in den Leib schnitten. Aber besser als Sitzen war es doch. In Krakau, am vorletzten Tag, stieß ich auf eine Bücherei im Soldatenheim und griff mit nachtwandlerischer Sicherheit eine Darstellung der Beziehung zwischen Ludwig II. und Wagner heraus. Es war ein schauerliches Buch - aber das Thema entschuldigt bei mir alles. Ich habe aber nicht nur diesen wilden Schmöker gelesen. In der Krankensammelstelle zu Krakau, die uns vergessen machen wollte, wo wir eigentlich sind, in welchem Staat, in welchen Verhältnissen, gab es sogar einen kleinen Laden, und dort erwarb ich zwei Bücher, die nicht ganz übel waren: Arnold Ulitz, Der verlorene Ring, und: Der Sohn, von Arno Wegrich, erschienen in einem obskuren Krakauer Verlag. Ein tristes Buch und schon deshalb besser als das meiste, was seelisch aufrüsten soll. Erzählung vom Tod eines Neunzehnjährigen zu Anfang des Krieges in Polen. Das erste Buch für mich, das, in diesem Krieg und von diesem Krieg hervorgebracht, nicht durch und durch verlogen ist.

Wir sind in Westpreußen. Nächste Station: alles aussteigen! Morgen hast Du eine normale Postadresse in Marienburg.

[Ich bleibe ein paar Wochen als Rekonvaleszent im Lazarett zu Marienburg. In dieser Zeit schreibe ich fast nichts; nur der Notizkalender wird regelmäßig weitergeführt. Dann bekomme ich »Genesungsurlaub«, den ich in Überlingen verbringe, halte mich jedoch vorher ein paar Tage in Berlin auf.]

[An Agnes Ruoff]
21. April 44, Berlin. Ich war in unserer alten Wohnung am Roseneck. Wie du weißt, hat S. sie übernommen. Sie bewohnt nur noch das große Zimmer, und auch dort sind die Scheiben teilweise durch Pappe ersetzt. Die Wände haben Sprünge und der hintere Raum ein Loch in der Außenwand, durch das ich kriechen könnte. Der Wind wehte von der Ruine gegenüber Glassplitter auf die Straße, das Geräusch war unsere Tafelmusik. Morgen werde ich in Überlingen sein. Da sind die Scheiben noch heil.

[Am 5. Mai 44 endet der Urlaub. Der Marschbefehl lautet auf eine Kaserne in Kornwestheim bei Ludwigsburg in Württemberg. Dort bleibe ich bis zum 11. Mai und werde dann zu einer Ersatzeinheit nach Esslingen kommandiert. Die Kaserne liegt über der auf einen steilen Hang gebauten alten Reichsstadt, die bis dahin von Bombenangriffen verschont geblieben war.]

14. Mai 44. Stuttgart, Hotel Marquardt. In diesem Hotel fand der Bote König Ludwigs II. den flüchtenden Richard Wagner. Zu uns kommt kein Bote und verkündet, er wolle uns ins Paradies versetzen. Ein Teil der Fenster ist durch Bretterverschläge ersetzt, auch das unterscheidet 1944 von 1863. Ich gehe in »Daphne« von Strauß, eine »bukolische Tragikomödie«. Von Mama einen Brief. Sie hat 26 Fässer Jauche in den Obstgarten fahren lassen und den ganzen übrigen Garten ums Haus selber gedüngt. Außerdem gibt sie französische, englische, italienische und spanische Stunden, weil seit Frau B.s Tod, bei der ich auch einmal englische Nachhilfestunden hatte, niemand mehr für solche Zwecke in Weilheim ist. Sie hält es für Wahnsinn, daß Du in Deinem Zustand [Schwangerschaft] noch den Berg in die Stadt hinunterradelst, und dieser Meinung schließe ich mich an.

Nach der Vorstellung. In »Daphne« rankte sich das virtuose Geklingel um den Ernst des Griechischen und bringt es um. Im Orchester wurde ordentlich gespielt, auf der Bühne leidlich gesungen, aber was die Schauspielkunst angeht, die man schließlich auch in der Oper erwarten darf, so war es allerletzte Provinz. Das Theater ist alluminiumfarben und scheußlich. Das biedere Schloß der württembergischen Könige ist zerstört, die Ruinen rekken ihre Mauern in den Maihimmel, im Park ist unter den Kastanien Gerümpel aufgeschichtet, Bauschutt und verkohlte Balken, und der runde Teich ist zur Hälfte von einem zerfetzten Tarnnetz überzogen. Zehn Jahre lang geackert, zehn Jahre lang gesät, jetzt ist Erntezeit.

Esslingen, 17. Mai 44. Beim Antreten zu Hilfsdiensten ließ ich mich bei einem kleinen Leutnant einteilen, der im Laufe des Nachmittags aufbrechen mußte, er ist irgendwohin versetzt. Zum erstenmal in meiner militärischen Karriere fungierte ich als Offiziersbursche und »Putzer«, reinigte die Waschschüssel, die es nötig hatte, und packte des Leutnants Koffer. Es lohnte sich, er sorgte dafür, daß ich frühzeitig aus der Kaserne kam. Er war rührend nett und fühlte sich geniert von meinem Tun. Ich hingegen gar nicht, ich bin trainiert für kommende Zeiten, keinerlei Dienstleistungen werden mir entwürdigend vorkommen.

Durch ein Versehen versäumte ich in Stuttgart im Kleinen Haus »Maß für Maß« und ging statt dessen in »Heinrich und Anna« von Rehberg. Dieser Rehberg hat alles von Shakespeare, nur das Shakespearesche nicht. Was er da lieferte, war Historien-Illustration. Das Theater war voll mit KdF-Publikum, und ich will Neptun heißen, wenn auch nur ein Viertel der Leute begriff, was sich auf der Bühne abspielte.

18. Mai 44. Heute früh durfte ich schon wieder nach Stuttgart. Den schlechten Füßen, denen ich so manches verdanke, verdankte ich auch diese Fahrt zum Orthopäden. Erst seitdem so viel Wesens von ihnen gemacht wird, sind sie wirklich enorm platt und schwer beweglich.

In einer Buchhandlung ging die ältliche Verkäuferin, die den Chef vertrat, nach einer langen Unterhaltung an ein geheimes Lager und hatte die Gnade, mir Fabre-Luce, das vielgerühmte Tagebuch über Frankreich 1939/40, zu verkaufen. So lese ich jetzt drei Bücher parallel, die nicht verschiedener sein könnten: einen Fontane, den Franzosen und einen dünnen Band mit einem blöden Titel:

. . . und die Quellen behalten das letzte Wort. Die Verfasserin heißt Anna Schieber. Das Bändchen kaufte ich, weil es von Esslingen handelt.

In dieser Kaserne werden 150 Italiener gedrillt. Italienische Kommandos hallen über den Exerzierplatz, sie klingen nicht melodiöser als deutsche. 150 Italiener im Speisesaal riechen anders und machen sich akustisch anders bemerkbar als eine gleiche Zahl von Deutschen. Wenn ich mir die spiegelbildliche Situation vorstelle, Deutschland ist aus dem Krieg geworfen, ich kämpfe in Italien weiter und muß in Padua exerzieren, dann tun mir diese Burschen in der Seele leid. Sie aber sind so froh darüber, nicht an der Front zu sein, daß sie in den Laden hier geradezu eine heitere Note bringen.

Diese Schwaben sind immer noch nicht vollständig korrumpiert. Sie haben sich in der Arbeit einen Rest von Sorgsamkeit bewahrt. Der Mann, der in Stuttgart die Gipsabgüsse meiner Füße für die Einlagen machte, brachte nach der Prozedur eine Schüssel mit Wasser und ein Handtuch, er wusch und trocknete meine Füße sorgfältig. Ich kam mir vor wie ein Jünger Christi auf der Bühne von Oberammergau.

Heute lernte ich einen Mann kennen, der Hildebrandt heißt. Er ist Musik-Studienrat an einem rheinischen Gymnasium; als Germanist Schüler von Ernst Bertram, als Musiker von Braunfels, blieb er nicht in der Schule hängen. Er wurde Dirigent. Seine Frau ist eine angehende Bach-Sängerin, und nach den Bildern zu schließen, hat er eine entzückende Tochter namens Regine, drei Jahre alt. Er macht sich auch seine Gedanken, und so habe ich plötzlich jemand, mit dem ich reden kann.

Ende Mai 44, Esslingen, Sonntag [ohne Datum]. Hildebrandt sagte gestern aus gegebenem Anlaß: Haben denn die Leute keine Kraft mehr zur Trauer? Du siehst, er spricht ein wenig unsere Sprache. Die Bekanntschaft mit ihm, die sich entwickelt, verändert meine Tage insofern, als ich nicht mehr ganz stumm zu sein brauche. Von H. abgesehen – in diesem Haufen von Nachrichtensoldaten weht doch eine etwas andere, nicht ganz so dumpfe Luft wie bei den Einheiten, bei denen ich die letzten Jahre verbrachte. Bringe ein gutes Kleid mit, wenn Du kommst. H. und ich fahren fast jeden Abend nach Stuttgart ins Theater. Ihr werdet hier unmittelbar neben der Kaserne wohnen, Flandernstraße 11, bei

Frau Klein. Jenseits der Straße wirst Du die untere Ecke der Kasernenmauer sehen, die wegen des abfallenden Geländes an dieser Stelle fast 4 m hoch ist. Drei Soldaten in Mänteln, Stahlhelm auf dem Kopf, und ein größerer, auch mit Stahlhelm, aber im übrigen nackt bis auf ein Schwert, das er züchtig vor sich hält, sind in die Mauer eingelassen, aus Tuffstein. Neben dem großen Nackten steht in riesigen Lettern: Das Paradies liegt im Schatten des Schwertes.

Den Zeitungen entnehme ich, daß die englische Regierung ein Verbrechen begeht, weil sie es offenbar doch auf eine Kraftprobe und damit auf eine Katastrophe für England ankommen lassen will, statt die Segel zu streichen und der »Neuordnung Europas« still zuzusehen. Dieser Churchill, ich muß schon sagen . . .! Sollten unsere Zeitungen so laut bellen, weil etwas im Busch ist?

26. Mai 44 [Stuttgart]. Im Hotel Graf Zeppelin trinke ich mit Hildebrandt Tee oder was sich so nennt, und anschließend gehen wir in Mozarts Idomeneo. Heute beim Schießen fragte der Feldwebel: Wo haben Sie das gelernt?, nachdem ich 9, 12, 11 Ringe mit den drei befohlenen Schüssen erreicht hatte. (Zuletzt war ich in Ingolstadt auf dem Schießstand und hatte dort kaum die Scheibe getroffen.) Daß ein Feldwebel ein gutes Haar an mir fand, weckte in mir den Gedanken, wie ich wohl durch den Krieg gekommen wäre, wenn ich mir 1939 ein taktisch vernünftiges Konzept gemacht hätte?

Auf zu Mozart. Hildebrandt sagt: Nun hör schon auf zu schreiben, das bringt ja doch nichts!!

27. Mai 44. »Idomeneo« war insofern eine Enttäuschung, als ich dachte, die Oper wäre von Mozart, sie war aber von Strauss, d. h. eine Überarbeitung von ihm, und er hat nichts getan, sich stilistisch zu verbergen, worin man allenfalls einen moralischen, aber bestimmt keinen musikalischen Vorzug sehen kann. Man hörte an diesem Fleckerlteppich, mit wie wenig Mitteln ein Genie auskommt und wie viele ein Talent braucht. Idomeneo sah wie eine Mischung aus Ludwig II. und Balbo [ital. Minister für Flugwesen] aus. Die 40 Nachthemden aus dem »Orpheus« durften auch wieder auftreten. Im 2. Akt bekam eine Frau im Parkett einen epileptischen Anfall und schrie, bis man sie endlich hinaustrug. Allen gefiel die Frau viel besser als die Vorgänge im Orchester und auf der Bühne.

28. Mai 44. Um 18 Uhr gingen wir in »Arabella« und hielten drei Stunden aus. Dann beschlossen wir, nicht mehr so oft in die Oper zu gehen. Wir bekommen das Stuttgarter Mittelmaß langsam über. Arabella wog mindestens 2 Zentner.

[Aus dem Notizkalender:] 1. Juni 44. Abends in Stuttgart, Edith und Thomas auf dem Bahnhof abgeholt. Sie beziehen die Stube bei Frau Klein. Wir essen im Hirsch.

6. Juni 44. Die beiden sind nun bald eine Woche da. Bei Frau Klein ist es nett. Thomas ist glücklich, bei der 7jährigen Ursula Klein schlafen zu dürfen in einem weißen Schlafzimmer. So etwas hat er noch nie gesehen. Im Garten ist ein Planschbecken, darin gibt es einen Frosch und tote Käfer, die Th. herausfischt. Wir machen auf dem Hügel kleine, E.s Zustand angemessene Spaziergänge. Die Kaserne sieht mich nur, wenn es unbedingt sein muß. Den Sonntag verbringen wir im Kleinschen kleinen Garten, weil ich in der Nähe der Kaserne bleiben muß (Brandwache!). Hildebrandt kommt manchmal herüber, heute ging ich mit ihm die Partitur von Pfitzners . . . [unleserlich] durch, um Stricharten in die Geigenstimmen einzutragen. Er dirigiert am 15. Mai das Landesorchester in Stuttgart. Gestern nacht hat die Invasion begonnen. Als ich zu E. hinüberkam und ihr die Nachricht brachte, rief sie: Gott sei Dank, Gott sei Dank!

7. Juni 44. Gegen Abend erfahre ich, daß ich zum »Festungskommandanten« nach Brest abgestellt bin. Ich verbringe den Abend mit E., der es nicht gutgeht. Ihr Zustand ist anders als bei Thomas, und sie tippt auf Gabriele [zutreffenderweise, wie sich im Oktober erwies].

8. Juni 44. In großer Hetze erledige ich den »Laufzettel« und bin mittags für mein Kriegsende ausgestattet. Ich kaufe noch für 13 Mark eine Sonnenbrille in Erwartung des Sommers in der Bretagne. Ob wir noch bis Brest kommen? Zunächst geht's nach Straßburg.

9. Juni 44, Straßburg [auf vier Ansichtspostkarten]. Das Physik.
Institut ist ein großer Bau neben der Universität. Da sitze ich. In
einer halben Stunde sehe ich Weizsäcker [Carl Friedrich v. W.,
Atomphysiker und Philosoph]. Helmuth Becker [damals Rechts-
anwalt, heute Direktor des Max-Planck-Inst. f. Bildungsforschung
in Berlin] ist mit Frau Weizsäcker und ihren Kindern nach Kreßbronn, kommt aber so bald wieder, daß ich ihn noch sehen werde.
Mit Finklenburg [Physiker] hatte ich eine freundliche Unterhaltung. Er sitzt in diesem Haus im ersten Stock, Weizsäcker im
zweiten. Mein Eindruck ist, daß sich in diesem Straßburg so etwas wie eine Kolonie von halben und ganzen Nicht-Nazis gebildet hat, die gut lebt. Das Institut hat etwas von einem Bergwerk. 1942 wurde die alte Einrichtung abgerissen, um einer vollständigen inneren Erneuerung Platz zu machen, aber dazu ist es
nicht mehr gekommen. So ist alles Provisorium.
Ich sah Läden, in denen Berge von Gemüse aufgehäuft sind. Ich
muß mir ein Unterkommen suchen, es soll schwer sein, etwas zu
finden, aber die Wanzen in der Kaserne werden meine Energie
beflügeln. Um Nachturlaub habe ich eingegeben mit der Begründung, Du seist hier. Ich lief durch die abendliche Stadt. Sie
macht keinen heruntergekommenen Eindruck. Die Münster-Fas-
sade ist ein Stück gebauter Intelligenz. Wenn Mama ein Kaninchen auf den Tisch brachte, das ich nicht mochte, so sagte sie: Aber
das schmeckt doch wie Kalbfleisch, und ich sagte: Warum gibt's
dann kein Kalbfleisch? Ich habe etwas gegen Metaphorik, aber
angesichts des Münsters sage ich doch: es ist wie die Kunst der
Fuge.
10. Juni 44, Straßburg. Es sieht so aus, als käme die Sache am Kanal langsam in Schwung. Und Viterbo ist englisch, der italienischen Schnecke wachsen Flügel. An jedem zehnten Haus wird hier
der Heeresbericht angeschlagen, und solange er frisch ist, drängen
sich die Leute, ihn zu lesen. Sie sind hier noch bei weitem nicht so
müde, desinteressiert und gleichgültig wie »im Reich«. Die Frauen
machen sich nach wie vor so hübsch, wie sie können, und in Sol-
datenkreisen heißt es, die meisten von ihnen trieben l'amour ge-
werblich.

15. Juni 44, Straßburg. 8 Uhr früh, doch habe ich schon zwei Stunden Kaserne und den Vortrag eines Oberleutnants über die Invasion hinter mir. Er meinte, nun hätten wir den Feind direkt vor der Flinte, und das sei gut. Diese Morgenstunden, der Weg zwischen Pension »Élisa« [wo ich ein Zimmer mit Rosentapeten gemietet hatte] und Kaserne durch mucksmäuschenstille, leere Straßen in wundervollem Licht – es ist wie ein Abschied von Europa. Ich erinnere mich, ich gebrauchte diesen Ausdruck, als ich durch Warschau kam auf dem Weg nach Rußland. Ist es nicht merkwürdig? Zwischen diesen beiden Inkarnationen dessen, was ich Europa nenne (Weizsäcker sprach von »Abendland«), liegt das »Reich« mit Köln, Nürnberg, Thorn und Königsberg, mit Kant, Beethoven und Goethe; dessen Bewohner aber, das Volk, lebt mit der europäischen Kultur nur in ganz oberflächlicher Berührung. Vom 19. Jahrhundert haben die Deutschen nur die Technik begriffen und den militanten Nationalismus, vom 20. nur die Bestialität der Massenkraft.

Der »Klub«, das Plutokratenheim, wie die Klubmitglieder ironisch sagen, ohne daß die Ironie am zutreffend bezeichneten Tatbestand etwas ändern würde, liegt in einem Viertel, das nach 1870 entstanden ist und in der wilhelminischen Zeit die Reichsämter und die Wohnungen der deutschen Herrenschicht enthielt, die damals wie heute in Straßburg lebt und ihr Unwesen treibt wie die Engländer in Indien. Nach 1918 wohnten hier wohlhabende Juden und aus Paris importierte Franzosen, und jetzt sind es Nazis und ihr Troß von privilegierten Intellektuellen, die glauben, sie nutzten die Nazis schlau aus, während es in Wahrheit umgekehrt ist.

Der Schubertabend gestern war schön, obschon der stimmungslose große Saal für ein so intimes Musizieren gänzlich ungeeignet war und der Pianist viel zu wünschen übrigließ. Helmuth Becker muß im Plutokratenkreis mit meinen Manuskripten hausieren gegangen sein – anders ist nicht zu erklären, was ich in der Pause und nach dem Konzert erlebte. Es kamen allerhand Leute, die ich gar nicht kenne, und machten viel Wesens von mir her. Auch das ist ganz typisch für einen mehr oder weniger snobistischen Kreis: er braucht immer jemand, der nicht dazugehört, aber vorzeigbar ist, um sich selbst als exklusiv zu empfinden.

Rosbaud, der hiesige Musikdirektor, läßt seinen Sinfoniekonzerten belehrende Abende vorausgehen, an denen er mit der Partitur am Flügel sitzt und singend, spielend, redend, pfeifend die Werke analysiert. Er benützt dafür das Kleine Haus, es sei immer ausverkauft. Dieselben Leute, die dorthin gehen, sind dann auch im Konzert. Alle kennen sich. Man redet sich mit Vornamen an, und alles wird in einem Topf gekocht wie auf der Rehmenhalde, nur in größerem Maßstab.

Ich saß auf der Galerie in der 1. Reihe, hatte den Saal unter mir, sah Weizsäcker, Becker, Beckers Freundin – eine Straßburgerin – und das Weizsäckersche Kindermädchen nebeneinander sitzen. W. verschwand mit dem letzten Ton, mit B. und Freundin ging ich in den Klub. Dort war das halbe Publikum aus dem Konzert, und zuletzt saßen wir mit den Musikern in der »Gauleiterecke« ohne Gauleiter. Unter anderen gefiel mir das Fräulein Christine Kaißler. Als Emilia Galotti hat sich die Anfängerin Straßburg erobert. Am späten Abend setzte sich Frau N. neben mich, die Bibliothekarin des jur. Seminars. Mit ihr geriet ich an Thema Nr. 1, während sich die ganze übrige Gesellschaft dadurch auszeichnete, daß kein Wort über Krieg oder Politik gesprochen wurde. Frau N. hatte kürzlich eine Zusammenkunft mit Reichwein, und so schließt sich die Umrißlinie einer Welt, deren Einsichtigkeit nur von ihrer Ohnmacht übertroffen wird. Sie können alle nichts anderes tun, als auf diesen amerikanischen Hindenburg warten.

Heute abend Reger, die Karte habe ich von W. Jetzt gehe ich in die Universität, dort treffe ich Becker, der mir Weizsäckers Buch bringt. Daß ich auf dem Weg nach Brest bin, kommt mir ganz aus dem Sinn.

[In diesen Straßburger Tagen des Sommers 1944 begann ich ein Manuskript, das ich »Besinnung« nannte. Als ich aus der Gefangenschaft entlassen wurde, besaß ich eine im Lager hergestellte Reinschrift, die ich mir mit Heftpflaster ans Bein geklebt hatte in der Befürchtung, das Gepäck werde im letzten Augenblick noch einmal ›durchgefilzt‹ und das Ms. mir abgenommen. Aus »Besinnung«:]

Hier in Straßburg sind eine Menge ansehnlicher Leute versammelt, die vom Dritten Reich und vom Krieg so viel wie möglich verpassen wollten. Was mich an diesem Kreis stört, ist sein elitä-

res Gehabe, und was ich am wenigsten vertrage, ist Ironie gegenüber den Nazis, die sich gefahrlos äußert. Diese Kultur- und Wis-
senschafts-Plutokraten tragen ein unsichtbares Schild um den
Hals: Wir sind die anderen Deutschen. Wer glaubt, ein »anderer«
Deutscher zu sein, und sich dennoch als Repräsentant der Deutschen schlechthin fühlt, beteiligt sich an dem Schwindel, die deutsche Führung, Hitler, Goebbels, Göring, Schacht, Bormann, Heyd-
rich seien keine exemplarischen Deutschen. Das aber sind sie. Wer
sich nicht zu deren Komplizen machen will, muß auch die Taue
kappen, die ihn mit seinem Volk verbinden. Denn nicht die »andern« Deutschen repräsentieren das Volk, sondern die NS-Füh-
rung, früher der General v. Seeckt (der empört wäre, in einem
Atemzug mit jenen genannt zu werden), Ernst Jünger, der darüber noch empörter wäre, Hindenburg, Hugenberg, Wilhelm II.
und so weiter. Das Volk, das diesen Krieg geführt hat, und den
Ersten Weltkrieg, bringt diese Typen als seine legitimen Söhne
hervor, und wer darauf beharren will, auch ein legitimer Sohn der
Nation zu sein, der ist auch der Bruder Heydrichs. Der alles tren-
nende Graben zwischen den Deutschen und den Nationalsozialisten existiert nirgendwo – außer in der heuchlerisch-opportuni-
stischen Ideologie der »andern« Deutschen. Die Nationalsozialisten, sie sind das Volk. Tolerante, freiheitliche Minderheiten waren stets eine Quantité négligeable und in ihrer Qualität dem
Volk widerwärtig, ja verhaßt.

16. Juni 44, Straßburg. Früh halb vier. Um 4.30 ist Wecken in
der Kaserne. In wenigen Minuten verlasse ich die »Élisa«. Der
Schreibtisch ist abgeräumt, die Bücher sind zurückgegeben, eine
Existenz, die ich leicht ein halbes Jahr so hätte fortsetzen können, formte sich in vier Tagen und löst sich jetzt wieder auf ohne
Spur. Das Reger-Konzert war schöner noch als der Schubert-
Abend. Nach dem Konzert und nach einer Stunde bei Frau N.
ging ich um Mitternacht zu Helmuth Becker, der Tee kochte. Wir
holten bis eben jetzt das Gespräch nach, zu dem es bisher nicht
kam. Er wird als Jurist in die Nachkriegszeit einsteigen, aber ich
gewann den Eindruck, daß ihn das väterliche Beispiel verhindern
wird, es dabei zu belassen. [Der Vater war in der Weimarer Demokratie sozialdemokratischer Kultusminister von Preußen.]
Es macht mir erstaunlich wenig aus, hier abzufahren. Das ist nicht

meine Welt. Diese klugen, so ironischen, feinen Leute gehen auf Zehenspitzen. Es überrascht mich, wie störend ich das empfinde.

19. Juni 44. Seit gestern nachmittag werden wir im Kreis um Paris herumgefahren. Abends war schattenhaft im Nebel der Eiffelturm zu sehen. Beweis, daß wir wirklich wenn nicht in, so doch bei Paris sind. Jetzt stehen wir irgendwo hinter Clichy. Auf den Nachbargleisen rasen in Abständen von 3–4 Minuten die grünen Stadtbahnzüge vorbei, in dieser Gegend fast nur von Arbeitern besetzt. An allen Bahnlinien stehen im Abstand von 100 m grauoder weißhaarige Männer mit Flinten und Armbinden, sie sollen gegen Sabotageakte der Maqui schützen. Diese alten Männer gedachten einen echt französischen Lebensabend zu verbringen mit langen Apéritifs. Nun stehen sie in jämmerlicher Kleidung auf dem Schotter der Gleise. Manch einer trägt die Jagdflinte bei sich, mit der er früher Kaninchen jagte. Den Regenschirm hält er über sich und über das Gewehr. Alle haben einen Beutel an der Seite hängen, dessen Trageband ihnen quer über die Brust läuft. Darin befindet sich eine kärgliche Mahlzeit. Sie sind dankbar, wenn wir ihnen aus dem Zug ein Stück Brot zuwerfen. Es ging gestern auf 22 Uhr, der Regen machte gerade eine Pause und wir standen neben unserem Zug, als eines dieser baufälligen Männchen an uns vorbeischlurfte. Na, sagte ich, der Dienst zu Ende, Monsieur? O nein, antwortete er, er beginnt gerade und dauert bis halb neun morgen früh. Zuweilen tun sich zwei zusammen, sichern sich einen trockenen Platz unter einer Brücke und vertreiben sich schwätzend die Zeit. Den vorbeifahrenden Zügen schenken sie keinen Blick, und was sie tun würden, wenn Untergrundkämpfer ein Gleis abschraubten, ist mir sicher: nichts. Ich kaufte heute früh die Ein-Blatt-Ausgabe des »Petit Parisien«, in der des langen von der Wunderwaffe die Rede ist. Die deutschen Soldaten nennen die neuen Geschosse »Höllenhunde«.

Jetzt, gegen 17 Uhr, sind wir in Versailles. An einem Zeitungsstand erwarb ich Ernst Jüngers »Blätter und Steine«. Infanteristen, die seit drei Tagen die »Tour de France« um Paris machen, äußern, diese Art, die Truppentransporte im Kreis fahren zu lassen, sei raffinierte Sabotage. Daß ich das Bahnhofsschild »Versailles« vor mir habe, kommt mir vor, als träumte ich. Das Buch, das mir Frau N. in Straßburg mitgegeben hat, Leviathan von Julien Green, ist glänzend geschrieben. Ich bin gleich damit fertig.

Ein Eisenbahner hat uns auf eine Polsterbank aufmerksam gemacht, die im Gelände lag. Wir haben sie in den Wagen geschafft und in die offene Rolltür gestellt. Sie ist mit starkfarbigem geblümtem Stoff überzogen. Die Lehne läßt sich zurückschlagen, dann wird ein Bett aus der Bank. Zwei können bequem darauf sitzen. Wer von außen auf unseren Wagen schaut, sieht zwei lesende deutsche Soldaten, bequem hingelümmelt, auf Blumensamt sitzen, hinter denen von der Decke des Wagens herab dicke Würste wie die Fransen eines Zeltdaches hängen. Er kann auch die aufgebeugten Fahrräder sehen. Alles in allem wird er den Eindruck haben, hier werde ein Irrenhaus evakuiert. Wüßte er, daß unser Ziel Brest ist, dann zweifelte er daran überhaupt nicht mehr.

Unser Wagen bildet gleichsam den gesellschaftlichen Mittelpunkt des ganzen Transportes. Attraktion sind die Würste und zwei oder drei Landser, die französische Zeitungen lesen können. Die mir liebsten Gäste sind ein österreichischer Stabsfeldwebel und ein Zeichenlehrer. Der Österreicher macht sich nichts mehr vor, er redet mir aus dem Herzen und sich nur deshalb nicht um den Kopf, weil seit der Landung der Amerikaner der Gebrauch von Vernunft nicht mehr von allen als Verrat angesehen wird.

Der Zeichenlehrer wanderte bettelnd durchs deutsche Land, bevor ihm ein Stipendium erlaubte, auf die Akademie zu gehen.

Heute früh nahm mich der Leutnant erst zur Transportleitung als Dolmetscher mit, dann ging ich mit vier anderen in die Stadt. Es war Pariser Wetter, Sonne und weiße Wolken vor blauem Himmel. Die Stadt funkelte. Wir gingen vom Triumphbogen die Champs-Elysées hinunter bis zur Insel, wo sich uns vor der Kathedrale ein Herr als ein »vom Oberbefehlshaber genehmigter Führer« vorstellte, ein Historiker von der Universität, wie sich im Gespräch ergab. In Paris beginnt sich der Hunger auszubreiten. Wir wurden einige Male angebettelt.

Fast hätte ich's vergessen zu schreiben: gestern nacht sahen wir die Geheimwaffe mit eigenen Augen. In großer Entfernung stieg ein rotleuchtender Körper steil zum Himmel empor und verschwand in Wolken. Wir beobachteten die Erscheinung zehn- bis zwölfmal in verschiedenen zeitlichen Abständen. Einige von uns gerieten in Jules-Verne-Stimmung.

Wenn ich sagte, ich hätte in Straßburg »Abschied von Europa« genommen, so erschöpft sich darin nicht die Bedeutung dieser Tage. Die Wahrheit ist, ich habe dort Abschied vom Krieg genommen, er liegt hinter mir, ich bin durch, I am through. Diese Kolonie von Intellektuellen lehrte mich erkennen, daß sie nach dem Krieg an einem andern Punkt einsetzen werden als ich. In dem, was sie sagten, klang immer durch, daß es ihrer Ansicht nach nur einer Veränderung der Herrschaftsverhältnisse bedürfe, damit »das Neue« installiert sei. Nun verstehen sie aber unter Veränderung der Verhältnisse im wesentlichen nur Veränderung politischer Art, das heißt also, grob gesagt, Hitler und Göring ersetzen durch Stresemann und Rathenau (wobei ich mit letzteren Namen nicht die Individuen, sondern politische Typen bezeichnen will), und somit also die Wiedererrichtung einer parlamentarischen Demokratie an Stelle der Diktatur. Sicher ist, daß ohne solchen Umbau der Herrschaftsverhältnisse – für den die Sieger sorgen werden – »das Neue« überhaupt nicht anfangen könnte, aber dadurch allein wird sich mit Sicherheit nichts verwirklichen, was ich als »das Neue« anerkennen könnte. Dadurch wird nichts geschehen, was mich veranlassen wird, meine Meinung über dieses Volk zu ändern, das ja nicht allein dadurch ein anderes würde, daß es, statt Hitler zuzujubeln, »demokratische« Politiker wählen ginge.

Es gäbe nur eine echte Alternative: Revolution, und die eben gibt es nicht in einem – und durch ein – Volk, dem Vernunft nichts bedeutet. Es ist unfähig, die Mitteilungen zu verstehen, durch welche die Emotionen ausgelöst werden könnten, die es veranlaßten zu schießen. (Außerdem wurde jetzt so viel geschossen, man ist es vielleicht gerade dann leid, zu schießen, wenn es richtig wäre, es zu tun.) Über den Rand des Krieges schauend, was ich seit Straßburg kann, sehe ich wie alle die Ruinenlandschaft, aber ich weiß: dieses Volk lehren Ruinen nichts. Eine Weile mag es anders aussehen; fremder Macht unterworfen, werden meine Landsleute sich Tugenden zulegen wie Masken.

Wollen Sie denn Bürgerkrieg?, hatte Helmuth Becker in unserem letzten Gespräch ganz entsetzt gefragt. Die Amerikaner werden genauso denken. Und die Sowjets auch. Sie feiern ihren eigenen Bürgerkrieg, aber jetzt regeln sie das Notwendige mit stillerer

Gewalt. Als ich antwortete: Was denn sonst?, sagte er: die Kraft dazu ist verbraucht, die Städte zerstört, nicht genug zu essen, usw. So ist es. Also werden wir die Gleise reparieren, die Brücken, die Städte neu bauen – nur mit uns selber wird nichts passieren. Indem wir aufräumen werden statt Krieg zu führen, werden wir uns vorkommen, als seien wir auch neue Menschen. Dieser tolle Begriff: eine neue Ordnung, in Straßburg außer dem noch feineren: Strukturen, dauernd gebraucht, meint das Volk schon jetzt wieder nicht. Wie gehabt, beziehen sich politische Vorstellungen nur auf Herrschaftsorganisation. Das Mehl wird von einer Tüte in die andere geschüttet.

22. Juni 44. Der Zug steht im Loiretal. Er wurde auf ein Nebengleis gezogen. Er steht, als sei er für immer und ewig hier vergessen. Aus der dreitägigen Rundfahrt um Paris sind wir nur dadurch herausgekommen, daß wir samt Würsten, Brot und Knäckebrot, Gewehren, Munition und Fahrrädern unsere Güterwagen verließen und zwei D-Zug-Wagen enterten, die an schneller fahrende Personenzüge angehängt werden können. So jedenfalls war die Begründung, mit der uns der Umzug zugemutet wurde. Hier herrscht nun drangvoll fürchterliche Enge. Immer häufiger läßt sich der österreichische Stabsfeldwebel bei mir sehen. Er hat auf eigene Faust eine Spritztour durch Paris unternommen, und was er davon erzählt, läßt mich bedauern, ihn nicht begleitet zu haben, statt mit den vier stumpfen Figuren Sightseeing betrieben zu haben. Er geriet in ein sehr vornehmes Bordell, wo er den Damen Champagner spendierte, und zwar für so viel Geld, daß die Chefin des Hauses sich verpflichtet fühlte, für ihn die »Vorstellung« zu veranstalten. Neben dem maurischen, dem türkischen Zimmer und einem »Chambre technique«, wo es ausgesehen habe wie beim Zahnarzt, sei auch eine »Salle du Théâtre« vorhanden gewesen, mit Bühne und Walddekoration. Er habe als einziger Zuschauer fast eine halbe Stunde lang die Vorführung über sich ergehen lassen müssen, die Mädchen seien aus den papierenen Baumkulissen nackt oder neckisch bekleidet hervorgetreten, hätten teils lesbische Spiele getrieben, teils mit vorgebundenen Kunstgliedern ein Sex-Ballett aufgeführt. Mangels auch nur einer Spur von Stimmung muß es ziemlich gräßlich gewesen sein.
25. Juni 44. Irgendwo hinter Tours. Wir waren schon fast am

Bahnhof, da wurden wir wieder zurückgefahren, dann 500 m in die vorige Richtung, und noch mal zurück. Ich fragte den französischen Zugführer: Warum? Er sagte: Oh, so zum Vergnügen! Nicht der geringste Zweifel war möglich, daß sein Gesicht von blankem Hohn geradezu strahlte. In Paris jedoch sieht man allerorten große Kollaborations-Plakate, die sich an die Franzosen richten. Z. B.: In eine Mauer setzt ein junger Mann einen großen Stein ein. Text auf französisch: »Jede Stunde Arbeit in Deutschland ist ein Stein in der Mauer, die euch gegen den Kommunismus schützt!« Ich hätte einen Vorschlag: Dieser selbe junge Mann sitzt vor einer Rotweinflasche, daneben steht ein Fläschchen Blausäure. Text: Jeder Tropfen aus dem Fläschchen schützt dich vor Trunkenheit.

Noch ein anderes Plakat, ganz in Rot, klebte auf Pariser Mauern: aus zerstörten Häusern und Kirchen wächst, die ganze übrige Fläche füllend, eine klagende Gestalt. Text: »Die Mörder kehren immer an die Stätten ihrer Verbrechen zurück.« Wenn diese »Mörder« nach Paris kommen, wird man ihnen küssend um den Hals fallen – auch dann, wenn sie sich vorher genötigt sahen, aus Paris ein zweites Hamburg zu machen.

[Am 29. Juni 44 erreichte der »Ersatz-Haufen«, dem ich angehörte, nach langen Umwegen und Wartezeiten, zuletzt mit Bussen von Quimper aus den französischen Kriegshafen Brest, unser Ziel.]

Brest, 30. Juni 44. »Ah, les vacances, les vacances – voir Brest et puis – non, pas mourir, marcher seulement!« Diese Exklamation finde ich in einem Büchlein über Brest, das ich mir unterwegs kaufte. Dieser Führer beginnt mit dem Satz: Wenn man den bösen Zungen glauben wollte, würde Brest die häßlichste Stadt der Welt sein.

Die ersten Ansiedler müssen einen erfreulichen Anblick gehabt haben. Von steilen Hügeln blickten sie auf die riesige Reede hinab und hinaus, die von felsigen Halbinseln wie von einer Zange umschlossen ist. Ich wohne vorerst in einem Häuschen, das aus zwei Stuben und einer Küche besteht. Vor dem Haus ist ein Rosengebüsch wie überall hier, und dahinter dehnt sich ein Stück Gartenland.

7. Juli 44. Ich will die beiden Kriegsbühnen, auf denen sich mein Leben abspielt, »Im Bunker« und »Im Camp« nennen.

[Solange die Beschießung von Brest durch die Amerikaner noch auf sich warten ließ, hatten wir vom »Festungsstab« unsere Quartiere in kleinen Arbeiterhäusern nahe dem gewaltigen, von Bomben bereits angeschlagenen Gebäudekomplex der ehemaligen französischen Marineschule, die von den U-Boot-Besatzungen okkupiert worden war. Unser Dienst – Nachrichten – wurde unter der Erde geleistet. In den Besatzungsjahren war eine bergwerkartige unterirdische Anlage entstanden, welche die U-Boot-Bunker mit ihren 4 und 5 m dicken Betondecken, unmittelbar vor dem Felsensturz der Steilküste ins Meer hinausgebaut, ergänzte.]

10. Juli 44. Der Tag ist gleich vorbei, es geht auf 11 Uhr. Die drei aufeinanderfolgenden Arbeitsschichten von je 8 Stunden mit 8 Stunden Pause dazwischen sind ernsthafte Arbeit. Wir sitzen an der Telefonzentrale für die ganze Festung, und die Arbeit am Vermittlungsschrank, die natürlich jedes Telefonmädchen machen könnte, erfordert strenge Konzentration. Man schläft hernach gut. Die Zeit vergeht enorm schnell.

Der vierzehnte Juli 1944 in Frankreich! Wir sind zu ganz besonderer Wachsamkeit aufgefordert worden. Niemand tanzt, die Freude ist ausgestorben, der Haß schwelt. Wie am Abend eines Herbsttages langsam der Nebel aus den Wiesen steigt, so breitet sich hier unter den Deutschen das Gefühl aus, daß sich eine riesige Hand nach ihnen ausstreckt, um sie zu packen.

In der Nacht vom 14./15. Juli 44. Als ich heute früh gegen 6 Uhr den Bunker durch den oberen Ausgang verließ, stand dort der dicke N. Posten. Er ist aus Pforzheim und spricht auch so. Er deutete auf die Reede hinaus, die im Sonnenglanz unter uns lag (und nach Osten zu sich zu einem Fjord verengt, über den eine kolossale Brücke gespannt ist), und sagte: »Das sollte ein Kanal sein bis an den Rhein, und ein Motorboot drauf mit Wein und Cognac, die Flasche zu 20 frs., und obendrauf eine Musikkapelle. Rollschinken sollten von der Decke hängen.« Das hatte sich dieser verhinderte Welteroberer in den Stunden seiner Wache ausgedacht.

15. Juli 44. Meine Karten schauen mich von den Wänden an. Was für eine bizarre Form hat die deutsche Welt angenommen! Das südliche Italien ist weg, auf dem Balkan gibt es die Tito-Serbien-Insel, die Normandie ist besetzt, Norwegen hängt da oben noch

wie vergessen. 17 Staaten und Stätchen zähle ich, die von uns am Zügel gehalten werden müssen, darin eingebettet zwei Neutrale. Eine Macht, deren Stärke ihr Heer ist, hat Tausende von km Küste zu verteidigen und über Meere Nachschub zu transportieren. Der ganze Nordteil hängt in der Luft.

17. Juli 44. Einer der schlimmsten Burschen, die wir hier haben, ist ein Oberfeldwebel Kreiensen, der zuweilen die Aufsicht am Klappenschrank führt. Mit ihm habe ich mich leider auf eine politische Diskussion eingelassen. Die Folge ist, daß ich keinen Dienst am Klappenschrank mehr mache. Man hat mich zum sogenannten »Störtrupp« eingeteilt. Er besteht aus einem Wachtmeister und vier Mann, die eigentlich dazu da sind, Störungen auf den provisorischen Leitungen zu beheben. Da es hier aber so friedlich zugeht, gibt es keine Störungen, und so haben wir einen anderen Auftrag. Schon seit Wochen zieht dieser »Störtrupp« mit einem zweirädrigen Wägelchen vor die Stadt hinaus, baut dort französische Ziviltelefonleitungen ab und kommt jeden Abend mit einer kleinen Ladung Kupferdraht ins Quartier zurück. Dieser Kupferdraht wird in einem Keller gelagert und soll nach seinem Transport in die Heimat mithelfen, die Schwierigkeiten bei der Versorgung mit Kupfer etwas zu verringern. Die Heimatfabriken, in denen dieser französische Telefondraht eingeschmolzen werden sollte, befanden sich immer schon mindestens 1700 km von Brest entfernt. Ich weiß nicht, ob jemals Kupfer von hier seinen Weg nach Deutschland gefunden hat, sicher ist aber, daß das Kupfer, das jetzt in dem Haus neben uns in den Keller geworfen wird, niemals sein Ziel erreichen wird. Wir durchqueren mit dem Wägelchen die ganze Stadt, ein Wachtmeister und vier Reichssoldaten, behangen mit Waffen aller Art, ausgerüstet mit Marschverpflegung. Gestern waren wir gegen 9 Uhr am Tatort. Der Wachtmeister ist Gott sei Dank ein Mann, der auch das geruhsame Leben liebt.

Meinem Freund, dem österreichischen Stabsfeldwebel, las ich aus Swift [Tuchmacherbriefe] den bescheidenen Vorschlag vor, »wie man die Kinder der Armen hindern kann, ihren Eltern und dem Lande zur Last zu fallen, und wie sie vielmehr eine Wohltat für die Öffentlichkeit werden können ... Mir ist versichert worden ..., daß ein junges, gesundes, gut genährtes einjähriges Kind eine sehr wohlschmeckende nahrhafte Speise ist, einerlei, ob man es dämpft, brät oder kocht . . . Ein Kind wird bei einer Freundesgesellschaft zwei Schüsseln ergeben, und wenn die Familie allein speist, so wird das Vorder- oder Hinterviertel ganz ausreichen . . . Ich gebe zu, daß diese Kinder als Nahrungsmittel etwas teuer kommen werden, aber eben deshalb werden sie sich sehr für den Großgrundbesitzer eignen; da die Gutsherren bereits die meisten Eltern gefressen haben, so haben sie offenbar auch den nächsten Anspruch auf die Kinder . . . Wer wirtschaftlicher ist (und ich muß gestehen, die Zeiten drängen dazu), kann den Leichnam häuten; die Haut wird, kunstvoll gegerbt, wundervolle Damenhandschuhe und Sommerstiefel für elegante Herren ergeben . . .« usw.

Die andern, die zuhörten, fragten, was das für ein Unsinn sei, und ich antwortete, ich läse einen Artikel aus dem »Stürmer« vor. Solche Bemerkungen sind es, die dem Oberfeldwebel Kreiensen Anlaß boten, mich vom Klappenschrank zu entfernen.

20. Juli 44. Unsere »Kupferbergungsaktion« artet immer mehr zu einem Ferienvergnügen aus. Pammer [so hieß der Stabsfeldwebel] erzählte mir, daß er zum Adjutanten des Festungskommandanten befohlen worden sei und man ihn dort in Anwesenheit meines Vorgesetzten, des Oberstleutnants Stenzel, gefragt habe, ob er Post von mir nach Landerneau mitgenommen und dort aufgegeben hat. Er verneinte wahrheitsgemäß. Er wurde aufgefordert, über dieses Gespräch strengstes Stillschweigen zu bewahren. So ist mein Verdacht, meine Sachen seien durchwühlt worden, vielleicht begründet.

22. Juli 44. Ich lerne nur schwer, daß man hier buchstäblich jedes Wort auf die Waagschale legen muß, und das Gefühl verdichtet sich in mir, daß es gut wäre, wenn sich die Amerikaner mit Brest etwas beeilen würden, damit hier nicht der Geist der Inquisition ausbricht, zu dessen ersten Opfern ich gehören würde.

23. Juli 44. Immer wieder einmal gehe ich zu den U-Boot-Bunkern hinunter durch die Bergwerksgänge, aus deren Felsspalten das Wasser tropft. Das Bunkerbauwerk ist wirklich grandios, und ich verstehe gut, daß viele Soldaten angesichts dieses gigantischen Monstrums von Architektur denken, wir hätten es doch herrlich weit gebracht.

28. Juli 44. Wir waren in einer engen steilen Bucht mit schönem Kiesstrand, an den nachmittags Frauen und Kinder zum Baden

kommen. Ich bin der einzige von uns Soldaten, der ins Wasser geht, das frisch ist. Wenn ich, ledig jeden militärischen Fadens, unter dem blauen Himmel schwimme, weit und breit kein Geräusch des Krieges zu hören ist, so braucht es nicht viel Phantasie, mich in Ferien zu glauben, in Schweden oder in Dalmatien.

Die Ernte ist im Gange, sie spielt sich in der Bretagne im geheimen ab, hinter den Wällen und Hecken. Nur selten hört man das Surren einer Mähmaschine oder sieht einen der hohen zweirädrigen Karren, vor den zwei Pferde hintereinander gespannt sind, um eine Kurve der vielgewundenen Heckenwege biegen.

Am Ende unseres Arbeitstages ist es Brauch, daß wir im Dorf La Trinité in eine Wirtschaft »A la réunion des Chasseurs« einkehren. Dort schauten sich die Wirtin und eine junge Frau (Schwiegertochter?) meine Zeichnungen an und sahen, daß ich die Bogen zusammengeklebt hatte. Ob ich kein großes Papier hätte? Sie versprachen, mir große Bogen zu besorgen, und haben das Versprechen gehalten – ausgezeichnetes Friedens-Aquarellpapier, fünf Bogen. Ich wollte sie bezahlen, aber sie erbaten sich statt dessen eine Skizze. Ich zeichnete die Küche, von einem Brester Tischler 1928 angefertigt, rohes Holz, Buche, Eiche, ein großer Kamin, rot-schwarze Balken darüber. Auf dem großen einfachen Tisch stand ein Blumenstrauß.

2. August 44. Ich habe wieder im Meer gebadet, nachdem wir eine Kleinbahnlinie erkundet hatten, längs der wir in den nächsten Tagen neue Kupferleitungen abbauen sollen. Der Befehl, diesen Unfug zu beenden, wird wohl von den Amerikanern kommen müssen. Wir bekamen heute zum erstenmal Frontzulage, das sind 20 Franc mehr am Tag.

[Etwa in diesen Tagen fing ich an, meine täglichen Aufzeichnungen zu verstecken. Es war mir zur Gewißheit geworden, daß meine Sachen durchsucht wurden. Post hätte nur noch durch U-Boote befördert werden können, von solcher Gelegenheit wurde immer wieder gesprochen. Ich schrieb dafür besondere, ›harmlose‹ Lebenszeichen und übergab der Feldpost auch eine Rolle mit Zeichnungen, die nicht mehr angekommen ist.]

5. August 44. Die Kupferaktion ist schlagartig beendet worden. Wir haben jetzt den Auftrag, zusammen mit ein paar Marinesoldaten provisorische Telefonleitungen durchs Gelände zu legen. Sie sind 2 bis 3 km lang und beginnen bei einem Kabelschacht,

der in der Nähe des unterirdischen Befehlsbunkers aus der Erde ragt. Es ergab sich, daß ein Oberleutnant mich in seinem Wagen ein Stück mitnahm, um mir seinen Gefechtsstand zu zeigen, der angeschlossen werden sollte (er fand ihn nicht), und als wir den Hügel hinaufgingen, sagte er: »Es ist also so weit, wir sind eingeschlossen.«

Die Haltung der Franzosen ist fabelhaft, seitdem die gestern befohlene Evakuierung der Stadt begonnen hat. Füße und Fahrräder sind die einzigen der Bevölkerung verbliebenen Fortbewegungsmittel. Viele Frauen schieben Kinderwagen vor sich her, in denen ein Kind, Gepäck oder beides liegen. Elegantere Frauen tragen trotz der Hitze gestrickte Handschuhe in den Farben ihrer Kleider und sind geschminkt, als gingen sie auf einen Ball. Viele junge Frauen und Mädchen kommen in sportlich kurzen Höschen, alle gehen heiter, geduldig und freundlich miteinander um, und jeder Zuruf ist eine überlegte Stärkung für den anderen. Zuweilen kann ich mich des Eindrucks nicht erwehren, daß sie auf unsere Kosten heiter sind. Diese Franzosen haben nichts mehr mit jenen gemein, die ich 1940 über die Landstraßen flüchten sah, niedergeschlagen, verzweifelt und auf ihre Regierung, die sie verraten habe, schimpfend.

Als ich gegen 18 Uhr nach Hause kam, erfuhr ich, daß der österreichische Stabsfeldwebel von seinem Kurierweg nicht zurückgekommen ist. Er war wie immer mit einem zweiten Mann unterwegs, der auf einem unübersichtlichen Straßenstück vor ihm hergefahren ist (auf dem Rad). Als sich der Begleiter nach einer Weile umdrehte, war der Stabsfeldwebel nicht mehr hinter ihm. Er fand ihn auch nicht mehr und kam allein hier an. Akten führte der Stabsfeldwebel nicht bei sich. Die Unruhe seines Wesens, die in den letzten Tagen zugenommen hatte, findet damit ihre Erklärung. [Pammer war zu den französischen Partisanen übergelaufen. Ich geriet in den Verdacht, der geistige Urheber dieses Schrittes gewesen zu sein.]

8. August 44. Im Soldatenheim gegen 10 Uhr. Seit gestern nachmittag um 15 Uhr ist über die Stadt Belagerungszustand verhängt. Er wird aber noch nicht konsequent durchgeführt, zunächst dauerte er bis heute früh um 9 Uhr, dann durften die Franzosen wieder auf die Straße, Wasser zu holen an den Straßenbrunnen und Besorgungen zu machen. Nur wenige Geschäfte sind noch

geöffnet. Die Straßen sind nahezu leer. Rote Anschläge, in wenigen Exemplaren da und dort angeklebt, verkünden der Bevölkerung die Bedingungen des Belagerungszustandes. Die Plakate zeigen Korrekturen. Das Datum und die Unterschrift »v. d. Mosel« sind mit Tusche geändert. Das Straßenbild wird mehr und mehr kriegerisch, zuweilen sieht man zwischen den Häuserreihen Granatwerfergruppen oder MG-Gruppen marschieren, in genau derselben Ordnung im Gänsemarsch, wie wir in Rußland durch Wälder gezogen sind. Daneben stehen elegante Französinnen, die von den Soldaten keine Notiz nehmen.

9. August 44. Es hat sich bestätigt, daß drei amerikanische Parlamentäre hier waren: ein Oberst, ein Oberleutnant, ein Dolmetscher. Sie wurden in den Bunker zu v. d. Mosel geführt und ihnen dort die Binde abgenommen. Der Oberst soll ein Schreiben übergeben haben, das Mosel gelesen, sorgsam wieder gefaltet und stumm zurückgereicht habe. Die amerikanischen Offiziere sollen keineswegs elegant gewesen sein, was von unseren Landsern mit Geringschätzung verbreitet wird.

Das Leben in den Häuschen des Camps ist eine hinter uns liegende Episode. Wir schlafen jetzt auch im Bunker. Für die vielen Menschen, die jetzt unter der Erde zusammenströmen, werden Feldküchen provisorisch eingerichtet. Für den Rauch ihrer Feuerungen sind keine Abzüge vorgesehen, er sammelt sich in den Stollen.

10. August 44. Abends. Neben dem Schachteingang sind zwei Autos mit Marinesoldaten aufgefahren. Die Kollegen machen sich im Schatten von ein paar Tannen, den einzigen weitum, einen feucht-fröhlichen Abend. Unter dem Motto: Es ist jetzt Krieg! verschenken sie ihre Vorräte, das heißt Teile der schwarzen Bestände, die sie sich in dieser lukrativen Festung allmählich »unter den Nagel gerissen« hatten. Sie verschenken sogar Cognac. Ich erbe, ohne mich darum zu bemühen, ein paar Bordschuhe aus Leder und braunem Segeltuch, die mir genau passen. Das Schönste an unserer neuen Existenz im Bunker ist die Nähe des großen Süßwasser-Schwimmbeckens vor der Marineschule. Es ist von Tarnnetzen überspannt und wirkt wie eine Halle. Ich schwimme darin. Brest wird heute im Heeresbericht erwähnt.

11. August 44. Heute wurde ich, Erinnerung an Kempten, zum Kartoffelschälen eingeteilt. Wir saßen bei dieser Arbeit im Ge-

lände neben einem »Rommelspargel« [Pfähle, die verhindern sollten, daß Lastensegler landeten] unweit des Bunkereingangs, bis gegen 10 Uhr im Nebel fröstelnd, dann in der Sonne bratend. Gegen 11 Uhr sagte ich zu dem Verpflegungsfeldwebel, ob wir nicht ein Vesper bekommen könnten. Er antwortete in weinerlichem Ton: Wie können Sie nur so fragen? Sehen Sie nicht, daß wir nicht mehr wissen, was wir kochen sollen?! Fünf Tage nach der Einschließung sagt er das!

16 Uhr. Gerade haben wir den ersten stärkeren Bombenangriff erlebt. Das Licht versagte bald, und die meisten Fernsprechverbindungen sind ausgefallen. Diese »Festung« scheint für den Frieden gebaut zu sein! Angeblich brennt ein Flügel der Marineschule.

Gegen Abend hört man jetzt deutlich Gefechtslärm aus Richtung Landerneau oder Morlaix. Nahe dem Schwimmbecken hat sich eine Gruppe leichte Flak ihre Stellung erbaut. Sie hat dazu jahrelang Zeit gehabt und ihren kleinen Wohnbunker elegant ausgestattet. Er heißt »Zur keuschen Jungfrau«. Über dem Bunkereingang hängt ein Plakat: Nur wecken bei Kriegsende und Gehaltszahlung.

12. August 44. Die Amerikaner verwenden sehr schwere Bomben. Bis in unseren Wohnbunker hinunter, also 30 m unter der Oberfläche, sind die Einschläge noch zu spüren und natürlich zu hören. Das Gelände um den Ausgang ist in eine Wüste verwandelt. Trichter an Trichter ist in den Felsen geschlagen. Jede Spur von Pflanzenwuchs vernichtet. Der Unterstand »Zur keuschen Jungfrau« existiert nicht mehr, die Bedienung des Flakgeschützes ist tot.

Nach dem bisher letzten Angriff saß ich eine Stunde lang vor dem Bunkerausgang. Über den Trümmern sah ich die Kriegsflagge wehen, die über dem Tor zur Marineschule aufgezogen ist. Ich wurde zweimal aufgestört, zunächst durch einen Kraftwagen, der den Oberst und in seiner Begleitung den General der Fallschirmjäger Ramcke brachte, unseren neuen Kommandeur, dann durch die Sirene. Jetzt bin ich wieder auf meinem Bett. Heute hat die amerikanische Artillerie bis in den Hafen geschossen, als ich dort Leitungen kontrollierte, und zugleich griffen Flieger an. Ich wartete den Angriff in dem großen oberirdischen Bunker ab, in dem sich jetzt auch der Divisionsgeneral Rauch einquartiert hat.

Auf die Außenwände dieses Bunkers sind große rote Kreuze gemalt.

[Die Information, daß ein General seinen Befehlsstand in einem Bunker einrichtete, der fälschlich durch ein aufgemaltes rotes Kreuz den amerikanischen Fliegern als Lazarett annonciert wurde, ist die erste von vielen anderen, welche die Verteidiger der »Festung Brest« nicht eben in ein gutes Licht rückt. Zehn Jahre später strahlte der Norddeutsche Rundfunk ein Hörbild über das Kriegsende in Brest von mir aus, welches sowohl die Staatsanwaltschaft von Amts wegen wie als Nebenkläger den General Ramcke und den Bund der Fallschirmjäger veranlaßte, mich als Autor und den Fernseh-Produzenten Rüdiger Proske – inzwischen durch Berichte über Zukunfts-Technik bekanntgeworden – vor Gericht zu bringen. Der Prozeß fand vor dem erweiterten Schöffengericht in Hamburg statt (Februar 1959) und dauerte drei Tage, ein Gespensterzug von Zeugen marschierte auf. Ich konnte alles beweisen, was ich behauptet hatte. Es erfolgte Freispruch mangels Tatverdacht.
Der ganze Vorgang ist in dem rororo-Taschenbuch Nr. 327 unter dem Titel »Nur noch rauchende Trümmer / Das Ende der Festung Brest« 1959 dargestellt worden. Das Bändchen ist längst vergriffen.]

13. August 44. Die Kämpfe spielen sich noch im Vorfeld der Stadt ab, die man eine Festung nennt. Geradeso gut könntest Du die Rehmenhalde eine Festung nennen. Das Wetter ist so lind und schön wie im französischen Feldzug und im Sommer 1941.
15. August 44. Außer Fliegern und Terroristen behelligt uns noch niemand. Wir leben wie die Maulwürfe, der Vorteil von 7–35 m Fels über dem Kopf ist beträchtlich, und zum Lichte drängt nicht alles. Wenn ich zum Schwimmbecken durch die Trümmerwüste gehe, bin ich so allein wie irgendwo in der Sahara.
16. August 44. Die Tage laufen hin, ohne daß Besonderes geschieht. Unser Bunkerleben treibt merkwürdige Blüten. Geringe Mengen alkoholischer Marketenderwaren, wahrscheinlich vermehrt durch organisierte Bestände, genügen, allabendlich einige Unteroffiziere und Feldwebel stockbetrunken zu machen, die dann bis in den Morgen hinein Objekte suchen, an denen sie ihre Führereigenschaften auslassen können. Es ist ihr Pech, wenn sie

in solchem Zustand in die aufgestellten großen Pißtöpfe im Flur vor den Schlafkabinen hineintreten, worauf dann aus allen Kammern, deren Türen meistens offenstehen, das Hohngelächter der dort nüchtern und schlaflos liegenden Volksgenossen niederen Ranges tönt.

Wann immer es der Dienst und die Flugzeuge zulassen, bewege ich mich draußen. Die Sonne brennt tagsüber jetzt glühend heiß herunter, und in der Nähe des Bunkers gibt es keinen Schattenplatz mehr außer einer halb zerstörten Baracke.

Worte wie Schicksal, Ende, Apokalyptische Reiter gehen jetzt um. Ich höre sie überall, wo Gespräche über unsere Zukunft im Gange sind. Es wird später einmal unmöglich sein, den Geisteszustand präzis darzustellen, in dem sich unser Volk im Jahre 1944 befunden hat. Diejenigen werden ebenso über Beweise verfügen, die feststellen, es sei noch gläubig und vertrauensvoll gewesen, wie jene, die es verzweifelt und hoffnungslos nennen werden.

Die französische Marineschule, bis vor wenigen Tagen Unterkunft deutscher Marinestäbe, die hier vier Jahre des Krieges verschlafen konnten, ist verlassen. Beim Schwimmen im Bassin überraschte mich ein Fliegerangriff, und ich rannte, die Uniform über dem Arm, die Stiefel in der Hand, splitternackt in das Gebäude. Türen und Fenster fielen dem ersten großen Angriff bereits zum Opfer, ein Teil der stolzen Hausteinfassade ist heruntergefallen, dahinter kommt der schäbige billige Ziegelbau zum Vorschein. Im Schmutz fand ich ein paar Briefe, von denen ich zwei mitgenommen habe. Der erste lautet:

»Ortsunterkunft, den 9. August 1944. Meine lieben Eltern. Endlich komme ich nun dazu, Euch ein kleines Brieflein zu schreiben. Ich habe zwar sehr wenig Zeit. Liebe Eltern, seit dem 3. August bin ich nun im Einsatz und haben schwere bittere Tage und Nächte hinter uns. Heute konnten wir doch wieder einige Stunden nachts schlafen. Für Tage und Nächte hatten wir schon keine Ruhe mehr, wir waren schon 100 km vor Brest im schwersten Feuer, bei der Stadt?, als ich meine erste Feuertaufe erhielt, dachte ich mir, nun ist alles verloren, denn der Feind kam mit großen Panzerkräften, aber doch wir mit dem Gewehr mußten standhalten bis zur letzten Patrone. Wir sind einem Fallschirmjägerregiment zugeteilt und die machen ja alles kaputt, was ihnen in die Hände kommt. Liebe Eltern, es geht hier fürchterlich zu, lauter Amerikaner und Schwarze greifen hier an und zwar in großer Übermacht. Am zweiten Tag mußten wir alles liegen und stehen lassen, da hatten sie die Linie durchbrochen, ich hatte nur noch das am Leibe. Da glaubten wir nun ist es aus, doch Gott sei Dank konnten wir uns nachts wieder durchschlagen, obwohl wir ja etliche Verluste hatten. Heute stehen wir nun vor den Toren von Brest, soweit mußten wir schon zurückgehen, aber laufen und fahren, was wir immer konnten, sogar die feigen Franzosen hatten aus den Fenstern auf uns geschossen, wie wir zurückgehen mußten, aber ein Dorf hatten wir dem Erdboden gleichgemacht, die sagten, wenn die Amerikaner kommen ins Dorf, dann läuten sie die Glocken, aber die brauchen keine Glocken mehr läuten. Liebe Eltern, macht Euch nur keine Sorgen, Gott wird mich wohl beschützen. Brest muß nun wohl gehalten werden bis zum letzten Mann, hat der General der Fallschirmjäger gesagt. Die Division ist doch schon im Wehrmachtsbericht genannt worden. Ich liege nun hier im Straßengraben und schreibe an Euch. Die Flieger machen alles dem Erdboden gleich, dazu noch das Trommelfeuer ununterbrochen, ja das heißt was mit durchzumachen, es ist ja unbeschreiblich. Es grüßt Euch Euer Sohn und Bruder . . .«

Abends am 20. August 44. Man sagt, die Brotration werde auf die Hälfte gekürzt, und bei den Terroristen in Landerneau sei ein Feldwebel der Luftwaffe und ein Stabsfeldwebel des Heeres. [Es war der Stabsfeldwebel Pammer.]

22. August 44. In acht Tagen beginnen wir das sechste Kriegsjahr. Mit welchen Maßstäben werden diese Männer alle wieder ein normales Leben beginnen wollen, wenn sie vor diese Möglichkeit gestellt sind? Einige, die besten nämlich, werden in ihre Existenz zurückkehren, wie sie in die lange nicht getragenen Zivilanzüge schlüpfen werden. Sie passen ihnen, nur einige Tage lang werden sie ihnen ungewohnt sein. Und die anderen, gerade diejenigen, die es zu silbernen Litzen gebracht haben und dank ihrer jeder körperlichen Arbeit enthoben sind und eine praktisch unbeschränkte Befehlsgewalt haben, die sie zur Erhöhung ihrer Bequemlichkeit benützen, indem sie z. B. sogar jetzt und hier sich die Stiefel putzen und das Essen holen, die Kabine keh-

ren, das Wasser bringen und die Zigarette anzünden lassen – was werden sie tun? Nachts betrinken sie sich, so daß 40 nüchterne Leute nicht schlafen können. Sie brüllen, toben, streiten sich am anderen Tag untereinander, schlafen dann bis zum Abend und beginnen von neuem (ich vergesse: sie verrichten ihre Bedürfnisse jeder Art in der Betrunkenheit in Eimer, übergeben sich, und am andern Morgen tragen ein paar Deppen den Eimer 84 Stufen zur Erdoberfläche empor und verwischen die Spuren. Der Gestank bleibt, denn die Lüftung ist nicht in Betrieb). Was werden diese Leute tun, wenn sie zu ihren Familien zurückgekehrt sind? Ich glaube, sie werden genauso gemein, so dumm und so würdelos sein, wie sie als Soldaten waren, nur mit dem Unterschied, daß sie wieder mit ihrer Hände Arbeit ihr Brot verdienen müssen. Das wird ihnen ein Ansporn sein, feinere Methoden der Schurkerei zu entwickeln und ihre Brutalität zu tarnen.

25. August 44. Seit gestern nachmittag liegt unser Bunkergelände unter Artilleriebeschuß. In progressiver Steigerung nimmt das Feuer zu, und heute früh ist es nun so, daß wir nicht mehr aus dem Bunker gehen sollen. Der erste Tote der Abteilung ist der Wachtmeister Eggebrecht aus Spandau, der bei uns mit wenig Glück Spieß spielte und denkbar unbeliebt war. 50 m vor dem Bunkereingang wurden ihm beide Beine abgeschossen. Wenig später starb er im Lazarett. Ein seltener Fall, daß der Spieß der erste Tote einer Abteilung ist.

Der Rollentausch zwischen den sogenannten Pessimisten und Optimisten ist im Gange. Die ersteren steigen im Kurs und zeigen nun, daß sie es sind, die gleichmütig, zuversichtlich und ausdauernd bleiben.

Abends. Zu der sich verstärkenden Artillerie traten heute nachmittag Jagdbomber, die es auf die auf der Reede liegenden kleinen Schiffe abgesehen hatten. Göring hat durch Funkspruch Ramcke aufgefordert, die Festung bis zum Letzten zu halten.

26. August 44. Seit heute bin ich nun wieder ohne Einschränkung im Kriege, sofern man unter Krieg eine unmittelbare Lebensgefahr einerseits und Glück und Gleichmut andererseits verstehen will. Das amerikanische Artilleriefeuer liegt pausenlos auf unserem Bereich und wechselt so unvermutet seine Ziele, daß eine Herabsetzung der Gefahr durch Wahrscheinlichkeitsberechnungen überhaupt nicht möglich ist. Dazu kommt ein ebenso pausenloser

Einsatz der Jagdbomber, deren Bordwaffenfeuer im Sturzflug wie das tausendfach vergrößerte Geräusch einer Zahnarztbohrmaschine klingt. In diesem Feuerzauber gehen wir Störungssucher mit unseren umgehängten Karabinern umher wie die Abessinier im italienischen Feldzug. Der Vergleich, nicht von mir, sondern: Volkes Stimme Gottes Stimme, trifft insofern zu, als die Amerikaner ohne Verluste zu erleiden unbehindert über uns sind und auf unserer Seite nicht ein Flugzeug vorhanden ist. Im ganzen konzentrieren sie ihre Feuerkraft auf die Artilleriestellungen, und wir hatten das Vergnügen, Leitungen durch ein Gelände bauen zu müssen, in dem mehrere Batterien liegen. Die Endstelle der Leitung liegt 3 km vom Ausgang des Befehlsbunkers entfernt. Als wir diesen Weg zum erstenmal machten, blieb unser Herr Truppführer, ein Feldwebel, zu Hause unter fadenscheinigen Ausreden.

Das ist ein merkwürdiger Krieg. Außerhalb des Bunkers wird er mit aller Härte geführt, unter der Erde im Stollen herrscht tiefer Frieden, jedenfalls soweit es den Feind betrifft, das Radio läuft, weit und breit gibt es keine Gefährdung. Nach allgemeiner Ansicht haben wir Störtruppleute das schlechteste Los gezogen, weil wir hinaus müssen. Hinaus als einzige vom ganzen Festungsstab. Aber gemessen an dem Los der Infanterie, der Fallschirmjäger und der Marinesoldaten, die an der Front eingesetzt sind, ist unser Los immer noch sehr angenehm. Die Atmosphäre im Bunker ist so ekelhaft, daß ich froh bin, wenn ich hinauskomme, obwohl es draußen schießt.

27. August 44. Vormittags gab es keine Arbeit für mich, und ich saß vor einem Stollenausgang in der Sonne, las »Dor und der September« und war Lichtjahre entfernt von dieser Narrensposse. Durch die ganze unterirdische Stadt auf den jetzt schon gewohnten Wegen ging ich zum Befehlsbunker zurück und kam gerade zurecht, um zu erfahren, daß draußen unser Geräteschuppen in Brand geschossen worden war. Die Flammen schlugen lichterloh empor. Zu dritt holten wir die Kabel heraus und bekamen sogar den Befehl, die letzten der aus Straßburg mitgebrachten Fahrräder zu bergen, die sich dort noch befanden! Es erfüllt mich mit wirklicher Heiterkeit, daß ich dem Befehl von Männern unterstellt bin, die offenbar jetzt noch glauben, deutsche Soldaten würden wieder Gelegenheit haben, in und bei Brest mit Fahr-

rädern umherzufahren. Wichtiger als die Fahrräder war mir, einen Sack mit Fruchtkonserven zu retten, den ich durch Zufall auf meinen Streifzügen zwischen Trümmern gefunden hatte. Unterwegs mußte ich durch den großen Eßraum der U-Flottille, ein gewölbter Zementsaal, dessen Wände und Böden von Nässe spiegeln. Dort war gerade katholischer Gottesdienst, dessen Schluß ich beiwohnte. Ein Soldat in der ersten Reihe heulte hörbar. Etwa 80 andere Soldaten taten es nicht, aber fast alle nahmen das Abendmahl. Eine überraschende Religiosität bricht plötzlich in diesem Nazivolk aus.

Es ging auf 5 Uhr, da wurde ich geweckt und sollte mit zwei anderen eine Kabelleitung schalten, und zwar an einem Schaltpunkt in jener Bucht bei La Trinité draußen, in der wir Kartoffeln brieten, als wir noch Kupferleitungen abbauten. Wir erreichten hinter St. Anne eine bedeutende Höhe, von der aus das offene Meer weit hinaus zu sehen war. Im strahlendsten Augustsonnenlicht lagen die tiefblaue Reede und ihre Verbindung zum Ozean unter uns, darin die Inselfelsen und rundum die Steilküsten zum Greifen nahe. Auf dem blauen Spiegel schwammen noch einige unserer Schiffe. Sie lagen still, und aus dem blauen Himmel stürzten sich silberglänzend die Bombenvögel gleich Habichten feuerspeiend auf sie herab. Das Meer rings um die Schiffe kochte von den Geschoßgarben, die ihr Ziel nicht erreichten, und die Schiffe gingen in Flammen auf. Einige fuhren wie große Feuerkörbe auf dem blauen Spiegel dahin, andere zogen gewaltige Rauchsäulen hinter sich her, vielleicht in der Hoffnung, doch noch einen Strand zu erreichen. Boote wurden ausgesetzt. Kein Schuß unsererseits erwiderte die Überfälle.

Wir erledigten den Telefonkram, und ich badete im klaren Meer und wusch mich dann mit Süßwasser an der schüsselgroßen Rinnsalstauung, die ich selbst vor drei Wochen zu diesem Zweck gebaut habe, und pflückte nackt an den Hecken entlanggehend Hände voll Brombeeren.

29. August 44. Ich schreibe jetzt zum ersten Male ohne Kopie, die doch keinen Zweck mehr hat.

30. August 44. Im Innenhof der Marineschule, dessen Quadrat auf allen vier Seiten von einem gedeckten Wandelgang umzogen ist. Es regnet, die Sonne bemüht sich vergeblich, den Nebel zu durchdringen. Hinter einen Bogen habe ich mir einen kleinen

runden Tisch mit weißer Decke und einen Polsterstuhl gestellt und so in Einsamkeit und frischer Luft mein Kochgeschirr leergegessen, die ewig gleichen Kartoffeln mit Soße und Fleisch. Wenn man den Speiseraum der Marineleute passiert, sieht man große Schüsseln mit Salat auf den Tischen stehen und bedauert, davon ausgeschlossen zu sein.

Bis vor 14 Tagen war die stolze Marineschule des französischen Militärs die ausgezeichnete Unterkunft unserer Marineeinheiten, und im Laufe von vier Jahren hatten sie davon gründlich Besitz ergriffen. An den Wänden der zahlreichen großen Säle sind Bilder deutschen Inhalts aufgehängt; jagende U-Boote, Rheinlandschaften. Dazu anfeuernde Inschriften; mit schwarzer Farbe zahllose Namen, die wohl dazu dienen sollten, sich in dem riesigen Komplex zurechtzufinden: Karpatenflügel, Isartreppe, Block Bayern usw. Die große Eingangshalle hinter der dem Meer zugewendeten Mittelfront heißt – oder soll man schon sagen: hieß Deutschlandhalle, und über einer ihrer Türen steht »Ufa-Palast«, denn hier fanden täglich Kinovorstellungen statt. Hoch oben aber, fast dicht unter der Decke, liest man auf rotem Marmor in Goldschrift auf der einen Seitenwand, daß Monsieur Doumerge im Jahre 1929 den Grundstein gelegt habe, auf der andern, daß Monsieur Lebrun sie 1934 eingeweiht und ihrer Bestimmung übergeben hat unter Assistenz zweier Admiräle, des Direktors der Schule und des Herrn Pietri, Marineminister, eines kleinen Mannes, den ich in demselben Jahr 1934 auf dem Quai von Split stehen sah, wo er als Vertreter Frankreichs die Leiche des in Marseille ermordeten Königs Alexander von Jugoslawien erwartete, die mit dem Kreuzer Dubrovnik ankam.

Im Bestreben, so wenig wie möglich in dem unterirdischen Loch zu sein, halte ich mich hier oben auf und gehe durch die endlosen Gänge, bis irgendwo die Trümmer und Abstürze den Weg versperren, und hebe da und dort ein Buch auf, um darin zu blättern, oder seh mir die Bilder an, reproduzierte Aquarelle von bretonischen Motiven, kleinen Hafenorten, Märkten im Schatten hoher Kirchen, alten Segelbooten, die auf den Strand gezogen sind. Zuweilen mache ich einen Fund, der mir wert dünkt, mitgenommen zu werden, so gestern von Bergengruen »Der Großtyrann und das Gericht«, oder eine Handvoll Briefe; sie liefern die Dokumentation zu einem Artikel in der Brester Abendpost (darin stand, man möchte doch nicht gedankenlos den Nachlaß eines Soldaten nach Hause schicken und damit das Andenken an den Toten belasten, sondern die Briefe der Johanna ausscheiden, wenn die Witwe Rosa heißt).

In unserer besonderen Brester Situation, in der es ja keine Frage »Wie endet es«, sondern nur »Wann« gibt, spitzt sich alles aufs äußerste zu. Längst ist der Oberst von der Mosel nicht mehr unser Kommandant. Jetzt ist es der Generalleutnant Ramcke, ein kleiner Holsteiner mit Krückstock (mit dem er im Zorn auch zuschlägt), Verteidiger von Cassino, wofür er das Eichenlaub bekommen hat, und Verfasser des Buches: Vom Schiffsjungen zum General. Ich kenne es nicht. Brest wird ihm zweifellos die Schwerter eintragen.

31. August 44. Gestern nachmittag saß ich eine Weile vor dem Bunkerausgang gegenüber der U-Box, als aus den großen blauen Eisermann-Bussen (Thale) einige hundert gefangene Amerikaner ausgeladen wurden. Sie trugen alle den Stahlhelm und braune leichte Uniformen, solid und praktisch. Einige waren mir nahe genug, so daß ich mit ihnen ins Gespräch kommen konnte. In der Quintessenz war ihre Ansicht, der Krieg sei ein Abenteuer für sie.

9. September 44. Gestern abend hatte ich von 24 bis 2 Uhr Wache. Die Stadt war ein Wald von Flammen. Die hohen, sich windenden Feuerstämme trugen ihre Kronen aus Rauch und Qualm, in denen der Wind wühlte. Von unten noch hell beleuchtet, verloren sie sich nach oben in einer großen kompakten Wolke, die einen Teil des klaren Nachthimmels bedeckte und sich nach Armorique hinüberzog, dabei mehr und mehr das mächtige Aussehen eines atmosphärischen Gebildes annehmend. Aus dem Rauchgewände schimmerte dunkelrot wie ein Orangenschnitz der halbe Mond, kläglich als Lichterscheinung gegenüber der ungeheuren Feuermasse über den Brandherden, aber voll Geheimnis und Seltsamkeit. Zuweilen schoß eine Feuersäule empor, und einige Sekunden später kam der Lärm der Explosion zu mir herüber.

Ich habe in fünf Jahren Krieg noch niemals eine so breite »geistige Nachfolgeschaft« gehabt wie in den letzten 14 Tagen, und zwar ohne daß ich mich im mindesten hervortue oder etwas Besonderes rede; im Gegenteil, es geschieht fast nie, daß ich ein Wort über die alltäglichen Notwendigkeiten hinaus sage. Es widersteht mir im tiefsten, die Lage auszunützen, um meine Mühlchen zum Klappern zu bringen; diese Neu-Pessimisten erscheinen mir noch minderwertiger als die Kriegsoptimisten, zu denen sie übrigens noch vor drei Wochen gehörten und morgen wieder gehören würden, wenn ein Wunder geschähe und wir hier heil und ungefangen herauskämen. Unteroffiziere, die noch vor 14 Tagen durch heimtückische Fragen nach dem Verbleib »meines Freundes«, des Stabsfeldwebels P. (wie er jetzt dran sein mag?), mich quasi einer Mitwisserschaft an dessen Flucht verdächtigen wollten, kommen jetzt zu mir aus freien Stücken, nur um mir zu sagen, wie korrupt sie die Verhältnisse in unserer Kompanie fänden und was für ein schreiendes Unrecht darin läge, daß von dem Kreuz- und Beförderungssegen ich nicht betroffen worden wäre. Auslassungen über diesen Punkt bringen mich, wie lächerlich es auch sei, immer ein wenig in Verlegenheit, weil allen diesen Leuten ein wirklich vollständiges Desinteressement an Orden und Beförderungen unvorstellbar ist.

10. September 44. Ausspruch von K.: Ich wußte nie, wie es in einem Irrenhaus zugeht. Jetzt weiß ich es.

Allgemein verbreitet sich plötzlich die Ansicht, daß es rasch zu Ende gehe. Eine Verlautbarung wird bekannt über Rechte und Pflichten in der Gefangenschaft. Von der Stadt bleibt nichts übrig, die Beschießung nimmt noch zu.

11. September 44. Abends mit Gläser und G. auf Störgang zu einem Festungswerk zwischen Marineschule und Kriegshafen. Bei Tag kann man dort keinen Schritt gehen, da das Gelände zum Wasser fällt und von Armorique her eingesehen werden kann. Wir gingen über eine Erde, die nicht anders aussieht als die Höhen um Verdun 1917. Kein Grashalm mehr, nichts mehr in seiner ursprünglichen Gestalt. Auf dem Hinweg Ruhe. Am Ziel festgestellt, daß wir leichtfertig hingeschickt worden waren, es war alles in Ordnung. Auf dem Rückweg Beginn neuer Salven, die letzten 200 m machten wir Laufschritt. Auf allen Tischen (auch bei uns) Stapel von Francs-Scheinen und Spiel um dieses wertlose Geld. Viele benützen es bereits als Klo-Papier. Heute Löhnungstag, es wurde charakteristischerweise ausgerufen, das Geld *müsse* abgeholt werden. Ich verschenkte an Spieler 1000 frc. G. ist von der Wertlosigkeit noch nicht überzeugt und ist gierig auf Spielgewinne. Man sagt, am 15. soll Schluß sein.

14. September 44. Ich sitze im oberen Raum des Bunkers, in dem das Sehrohr sich befindet. Seit gestern abend sind alle oberen Räume (mit Ausnahme der Vermittlung) von Fallschirmjägern belegt, die hier einen Bataillons- oder Regimentsgefechtsstand einrichten. Im Augenblick (18 Uhr) ist ein Angriff der Amerikaner auf ein 600 m (Richtung Stadt) entferntes Bauwerk im Gange. Nachdem ich mit Kopfweh lange durch die von Feuchtigkeit heute dampfenden Stollen gelaufen bin auf der Suche nach frischer Luft, habe ich festgestellt, daß unser eigener oberer Bunkereingang noch der ruhigste Platz von allen ist.

Eben wird der Heeresbericht aufgenommen: Aachen Kriegsgebiet. Aktionsgebiet der Flieger: der Westen des Reiches bis nach Mitteldeutschland hinein. Von Brest eine wenig zutreffende Notiz (bezüglich Heeresartillerie). Unsere Existenz ist durchaus unwirklich.

14. September 44, in der U-Box. Sie werfen die Lastwagen in die Bassins zu einem doppelten Zweck: jene zu vernichten, diese unbrauchbar zu machen (was aber nicht gelingen kann, allzu leicht sind sie wieder zu entleeren). Wir rechnen damit, daß es morgen zu Ende geht. Der General Ramcke geht heute abend über die Reede nach Espagnoles, um von dort den Widerstand mit den Truppen auf Crozon fortzusetzen.

[Am nächsten Tag hinzugefügt:] Tags darauf verbrennen 64 Mann, weil das Benzin der versenkten Wagen in Brand gerät.

15. September 44. Bei der Marine sollen die Leute schon ihre Gewehre vernichten. Derselbe Unteroffizier M., der mir zu verstehen gab, daß sich zwei Büchsen Aprikosen möglicherweise in einen Orden verwandeln ließen, war vorhin hier, um nach Leuten zu suchen, die noch rasch befördert werden könnten. Er legt es darauf an, von mir gebeten zu werden, aber ich ließ ihn so abfallen, daß er ohne mein Soldbuch ging. Für L. schaut vielleicht noch ein Stabsgefreiter heraus, Stenzel ist Oberst geworden, sechs Leute haben das Ritterkreuz, es könnte allmählich genug sein.

Die Fallschirmjäger, die oben bei uns eingezogen sind, bilden doch eine andere Soldatenrasse als unsere Herren Funker und Fernsprecher, deren Altweibernatur eklatant ist.

16. September 44, gegen Mittag. Was sich auf so unwürdige Weise äußert, ist die Todesfurcht. Ihr ganzes Denken dreht sich darum, ob wir noch zur Verteidigung des Bunkers aufgerufen

werden oder nicht, wobei im ersteren Falle der Verlust des Lebens in der Tat sehr wahrscheinlich ist, da der uns übriggebliebene Kampfplatz, das zum Feind hin ansteigende baum- und strauchlose Sandfeld, nicht viel größer ist als unser Obst- und Wiesengarten in Weilheim, also etwa ein Hektar oder etwas mehr, und von allen Landseiten her unter Feuer gehalten werden kann.

Später. Es bedürfte gar nicht dieser vollständigen Untätigkeit, um mich ungeduldig zu machen. Das Ende hier bedeutet den Schritt in die andere Welt, in der wir freilich als Menschen dritter Klasse gelten müssen, als Gefangene.

17. September 44. Es ist mir beschieden, das Kriegsende, das Ende des Krieges für mich, so zu erleben, daß der Geist, der über und in den Deutschen Macht hat, mit der Einfachheit und Deutlichkeit eines Holzschnittes sichtbar wird. Von 8 bis 10 Uhr früh hatte ich Wache im »Tobruk«. Um 8 Uhr war die Sicht noch auf den unmittelbaren Umkreis des Wachstandes begrenzt, Nebel lag über der Erde. Nach einer halben Stunde wurde die Sonne als eine rote Scheibe sichtbar und ein Streifen des Meeres begann zu blinken. Wenig später waren auch die geringsten Einzelheiten auszumachen, eine noch in Feuchtigkeit funkelnde lichtglänzende Welt unter blauem Himmel war um uns. Etwa 80 bis 100 m vor uns zieht sich von unserm niedrigen und für Beobachtung überhaupt ungünstigen Standpunkt der Panzergraben durch die aufgewühlte Erde, und dort liegen in Bombentrichtern und kleinen Erdaufschüttungen Fallschirmjäger, etwa 20 bis 30 Mann auf einer Linie von 300 bis 400 m Länge. Das ist die vorderste Grenze der von uns noch beherrschten Welt.

Auch die Offiziere der Fallschirmjäger, die vor acht Tagen noch gesagt haben: Bis Weihnachten! – rechnen nun doch mit Tagen, ja mit Stunden. Am Schwarzen Brett der Marine sind Telegramme von Model und Goebbels angeschlagen, aus denen ich entnehme, daß wir in die Geschichte eingegangen sind (»mit goldenen Lettern in das Buch der Geschichte eingetragen«).

Heute früh wurden bei uns wieder Kreuze ausgeteilt. Ich bin nun unter etwa 80 Mann der *einzige* mit dem untersten Dienstgrad und einer der ganz wenigen, der gar kein Kreuz hat.

18. September 44, früh 7 Uhr. Gestern abend gegen 11 Uhr mit F. noch eine Leitung von Bunker 116 nach 117 gebaut. Das Nachtbild einer Schlacht, Leuchtkugeln, die Fanale der Abschüsse weit

in der Runde, die Feuer und Flammen der Detonationen auf unserem kleinen Raum. Oft in den Schmutz geworfen.

Die Rede des Leutnants an die 20 Artilleristen, bevor sie in die Vorpostenlöcher zogen (gestern abend im Periskopraum): »Sie ziehen auf Gefechtsvorposten. Jeder, der seinen Platz verläßt oder sich sonst feige benimmt, wird erschossen. Durch Funk wird den Angehörigen mitgeteilt, daß Sie wegen Feigheit vor dem Feind erschossen wurden. Die Konsequenzen werden Ihnen klar sein. Die Namen von allen werden notiert, ich kontrolliere morgen früh. Sie dürfen nur dann zurückgehen, wenn übermächtiger Feinddruck Sie zurückwirft.« Alle zwanzig hörten sich das an ohne ein Wort der Erwiderung.

18. September 44, 11 Uhr. Ich gehe zum Bunkerausgang, um ein Bedürfnis zu verrichten. Dort stehen in der Sonne der Fallschirmjäger-Major K. (mit Ritterkreuz), andere Fallschirmjäger und einige unserer Feldwebel. Der Major schaut durchs Glas und sagt: Die Parlamentäre kommen zurück. Na, hoffentlich knallt es jetzt wieder! – die Feldwebel, die seit Wochen keinen Schritt aus dem Bunker zu tun wagten, und einige Fallschirmjäger stimmen zu. Wir warten. Die Parlamentäre, vier Offiziere, kommen heran, Major K. ruft ihnen entgegen: Na, geht's weiter? – Ne, mein Lieber, entgegnet einer der Offiziere. – Nein? fragt der Major zurück.

Die Offiziere reden über Einzelheiten. Ich schlage mich seitwärts, gehe ruhig und aufrecht zu einem entfernten Bombentrichter und tue, wozu ich gekommen war. Ein einzelnes Flugzeug zieht nahe und langsam über den Himmel, und ich verstecke mich nicht vor ihm. Es ist 11 Uhr, blauer Himmel, fünf Jahre Soldatsein sind vorbei.

18. September 44. Gegen Abend. Wir marschieren gegen 12 Uhr
ab. Mann hinter Mann. Mit Säcken und Wäschebeutel behangen,
steigen wir zum letzten Mal die Holztreppen hinauf, drängen
uns durch den Stollen. Auf dem obersten Treppenabsatz steht
ein lange nicht rasierter amerikanischer Soldat, seine Maschinen-
pistole schußbereit unter den Arm geklemmt. Mit ausdrucks-
losem Blick schaut er auf die Geschlagenen, die sich an ihm vorbei-
drängen. Vor dem Ausgang bilden wir in der alten Dreierord-
nung eine Marschkolonne. Einen mir fremden Offizier im Ma-
jorsrang, leicht hinkend, an der Spitze, setzen wir uns hügelan
in Bewegung. Die Sonne brennt, der Sand des Trichterfeldes
wird von unseren Stiefeln aufgewühlt, und mir kommt, als ich
hinter meinem Vordermann dahingehe, der Gedanke, daß sich
vielleicht nicht allzuviel geändert hat. Am Ende unseres Zuges
von etwa 300 Mann schleppen einige Soldaten das enorme Gepäck ihrer Offiziere. Ihnen wurde von ihren Herren versprochen,
für sie in der Gefangenschaft dasselbe Pöstchen eines Dieners
herauszuschlagen, von dem aus sie bisher den Entwicklungen der
Ereignisse mit Ruhe zuschauen konnten. Es ist inzwischen bekanntgeworden, daß sich Stabshauptfeldwebel der Marine als Offi-
ziersburschen gemeldet haben, Leute, die sich während einer
zwölf- oder achtzehnjährigen Dienstzeit zu gut waren, ihre Stiefel
selbst zu putzen. Bei den ersten Häusern unserer ehemaligen
Quartiere begegnen wir der Kriegsmacht der Amerikaner. Zwischen unzähligen riesigen Lastwagen, Tanks, Kanonen und kleinen Personenautos drängen wir uns wie durch einen Hohlweg aus
der Stadt hinaus zum alten OT-Lager [Organisation Todt]. Auf
den Fahrzeugen sitzen und liegen die bequem gekleideten fremden Soldaten und blicken ernst und unendlich überlegen auf uns
herab. Den meisten unter uns wird erst auf diesem kurzen
Marsch zum ersten Mal klar, daß die Rollen vertauscht sind und
daß sie sich nun in der Lage befinden, aus der sie bisher auf die
anderen Völker herabgeblickt haben.
Es ist heiß. Auf einer Wiese beim OT-Lager werden wir gesammelt und sogleich, nach Waffengattungen eingeteilt, in Lastwagen verladen und abgefahren. Die Offiziere vom Oberst an auf-

wärts waren bereits vorher abgesondert worden, nun werden sie alle herausgezogen und dabei von ihren Burschen getrennt. Zugleich verlieren sie ihr Gepäck, denn sie sind nicht im Stande, solche Mengen selbst zu tragen. Ihre Koffer und Säcke werden an Ort und Stelle von ihren ehemaligen Burschen aufgerissen, und viele stürzten sich darüber her: Lackstiefel, rosafarbene Schlafanzüge und seidene Hemden kommen zum Vorschein. Bereits eine Stunde später sah ich einige aus meiner Kompanie in Offiziersstiefeln und modischen Reithosen herumlaufen.

Während der ersten fünf Minuten auf dem Sammelplatz, als uns befohlen wird, Ferngläser, Fotoapparate, lange Messer und etwa noch vorhandene Waffen abzulegen, büße ich meine Kamera ein. Ein amerikanischer Unteroffizier stürzt mit einem Ausruf der Freude auf mich zu, als er den wertvollen Apparat erblickt.

Wir werden nicht nur von Amerikanern, sondern auch von Franzosen bewacht, die als Statisten in einem Räuberfilm gute Figur machen würden. Ihre ausgefransten Zivilhosen werden mit einem Strick über einem farbigen Hemd gehalten. Die Zigarette im Mundwinkel, die Baskenmütze auf dem Ohr, das Gewehr, meist deutsche Karabiner, mit der Mündung nach unten über die Schultern gehängt, von den Amerikanern wie Luft behandelt, schlendern sie zwischen uns herum. Um den linken Oberarm tragen sie eine blau-weiß-rote Binde mit einem Stempel darauf. Haß gegen uns erfüllt sie. Einer nähert sich mir; meine neuen, vor drei Tagen in der Lazarettkammer zur Feier der Gefangenschaft empfangenen Fallschirmjägerschuhe haben es ihm angetan. Er will sie haben. Ich sage ihm, sie seien ihm viel zu groß. Er beharrt auf seinem Wunsch, wobei er drohend mit seinem Schießgewehr spielt. Ich erkläre ihm, es seien meine einzigen. Er darauf: »Auch die französischen Gefangenen haben nur ein Paar Schuhe besessen und mußten sie doch gegen Holzschuhe vertauschen oder barfuß laufen.« Ich schweige. Ich werde noch oft schweigen müssen.

Ich beobachte, daß ein amerikanischer Soldat die Armbanduhr, die er soeben einem Gefangenen abgenommen hatte, auf dessen Beschwerde hin zurückgeben muß. Dabei kam es vor unseren Ohren zu einer heftigen Auseinandersetzung zwischen dem Offizier, der die Rückgabe der Uhr befahl, und einem Feldwebel, der seinen Soldaten decken wollte. Eine solche Auseinandersetzung wäre bei uns wenn nicht unmöglich, so doch von üblen Folgen für den Feldwebel begleitet gewesen.

Wir werden je 50 Mann auf einen Wagen verladen und fahren in rasendem Tempo in 15 Minuten die vertraute Straße über La Trinité nach St. Renan. Das Gasthaus »Treffpunkt der Jäger« in La Trinité und mit ihm das ganze Dorf sind in Trümmer gelegt. Überall an den Straßen, auf den Heckenwällen, stehen Franzosen, bewaffnet und unbewaffnet, Männer und Frauen, Greise und Kinder. Sie brüllen, drohen, spucken, werfen mit Steinen und mit allem, was ihnen zur Hand kommt, nach uns. Trotz der Geschwindigkeit werden einige von uns verletzt.

Würden wir zu Fuß gehen, wir erreichten nicht lebend den neuen Sammelplatz, das eingezäunte Gelände einer ehemaligen Funkstation bei St. Renan. Sie liegt auf dem Kamm eines Hügels, weit um uns dehnt sich das Land in den stumpfen Farben des Hochsommers. Ich glaube nicht, daß wir Frankreich verlassen werden. Gestern sagte K. zu mir: In drei Wochen bist du vielleicht in London, und wir hören dich im Radio. Hirngespinste.

Am Eingang zu unserem Pferch drängt sich die Bevölkerung aus dem nahen St. Renan, und bei jedem ankommenden und abfahrenden Lastwagen erhebt sich das fanatische Brüllen der Menge.

19. September 44. Im ehemaligen OT-Waldlager bei Landerneau. Glücklicherweise wurden wir nachts hierhergebracht, so daß viele der uns zugedachten Steine ihr Ziel verfehlten. Wir fahren in kilometerlangen Kolonnen, mit vorbildlicher Disziplin und abgedunkelten Lichtern: Überall die Schreie: Boches, 'Itlèr kaputt!

Die Amerikaner haben uns besiegt, die Franzosen feiern sich als Sieger. Ich höre Aussprüche wie diesen: Die sollen uns ein Maschinengewehr geben, denen werden wir es zeigen!

Wir liegen auf Sandflächen, die noch gestern Wiesen und Äcker waren. Stacheldrahtzäune umgeben sie. Vier solcher Käfige, jeder mit ein paar tausend Menschen gefüllt, ziehen sich einen Abhang hinauf. Unter uns liegt im Tannenwald das OT-Lager. Man sagt, daß wir dort einziehen sollen.

Inzwischen sind wir in der glänzendsten Weise verpflegt worden. Diese Konservenbüchsen sind kennzeichnend für Reichtum und eine der unsrigen weit überlegenen Zivilisation. Der Inhalt der Dosen wechselt.

Jeder hofft, daß wir Frankreich verlassen werden. Am oberen Lagerzaun, dort, wo der Wald bis an den Kral heranreicht, sammeln sich Frauen und Männer aus Landerneau und den umliegenden Dörfern und suchen Gelegenheit, uns zu beschimpfen. Es ist ein heißer Tag, ich sitze von früh bis spät in der Badehose auf meinem Seesack, die Haut färbt sich rot.

Spaßmacher und Akkordeonspieler produzieren sich und werden mit Klatschen und Beifallrufen gefeiert. Die Amerikaner erwerben sich durch ihre Haltung und die großartige Verpflegung die Zuneigung im Sturm. Ich höre Gesprächen zwischen Feldwebeln zu, in denen sie ihre Zukunft erörtern. Sie stellen sich vor, daß die Amerikaner nur darauf warten, sie in ihre Armee aufzunehmen, um sie gegen Rußland zu verwenden. Die Herrenrasse entpuppt sich als eine Herde von Landsknechten.

Gestern, als wir noch auf den Sandfeldern waren, hieß es plötzlich: Verwundete und Kranke beim Ausgang antreten! Es bildete sich ein Zug von mehr als 1000 Menschen, von denen etwa die Hälfte nur die Gelegenheit wahrnehmen wollte, sich von unbekannten Mühen zu drücken. Gleichwohl war der Gesamteindruck traurig. Der Zug wurde über ein Feld im Bogen herumgeführt und – gefilmt. Das war der Sinn der Unternehmung – aber schwer zu verstehen. Wollen sie der Welt zeigen, sie hätten nur Kranke und Lahme besiegt?

23. September 44. Gestern nachmittag regnete es. Unser Lagerleben wird ungemütlich. Viele beginnen sich Wohnhöhlen an den zwei Hängen bei der Quelle zu graben. Das brüchige Felsgestein erleichtert die Arbeit. Besonders Geschickte bauen sich Verschläge aus Kistenholz und setzen das Dach aus Hunderten von Konservendeckeln zusammen. Einige liegen aber noch ohne Zelt und Dach unter den Bäumen. Frieren sie nachts, erwärmen sie sich durch Bewegung. Das Lager schläft nie. Viele wandeln nächtlich auf den vom Zufall gezogenen Lagerstraßen. Die fünftausend Mann verbrauchen täglich 30 000 Konservenbüchsen. Die leeren Büchsen werden über eine kleine Felswand in die Schlucht geworfen, auf deren Grund sich ein Tümpel befindet. Aus dem trüben Gewässer ragt schon ein goldener Berg aus Büchsen heraus. Beim Hinabwerfen bleiben Büchsen auf den Steinen hängen. Es sieht in der Dämmerung aus, als stürze ein Fall aus flüssigem Gold schäumend in die Schlucht.

24. September 44. Es ist rührend zu sehen, wie alte Männer, die sich besonders bei der OT, unter dem Hafenpersonal und den Werftarbeitern befinden, vor ihren Feuerchen knien und blasend die Flamme kräftigen wollen.

Seit gestern ist es verboten, Bäume und Sträucher abzuschlagen, denn die fünftausend Männer hätten in einer Woche den ganzen Wald vernichtet. Überall sieht man jetzt Sammler, die sich nach dürren abgefallenen Ästen und Laub bücken, und einen bemerkte ich, der mit einem Brettchen die Tannennadeln zusammenstrich.

Abends. Tiefer Schrecken geht durch das Lager. Seit einer Stunde machen nicht mehr die tadellos gekleideten freundlichen amerikanischen Posten die Runde um den Stacheldraht, sondern französische Nationalisten in Zivil, die blau-weiß-rote Binde um den linken Oberarm. Ich höre einen Fallschirmjäger-Oberfeldwebel sagen: Das lassen wir uns nicht bieten, das geht gegen die Abmachung von Ramcke mit den Amis bei der Übergabe von Brest. Die geschlagenen Deutschen besinnen sich auf Rechtsstandpunkte!

25. September 44. Ich habe mit meinen eigenen Augen gesehen, daß unsere französischen Wächter mit langen angespitzten Stökken durch den Zaun nach den als Wischpapier mißbrauchten Geldscheinen in der Latrine stechen. »Non olet« läßt sich hier wirklich nicht behaupten, und ich frage mich, wie sie diese Papiere wieder säubern. Es wird übrigens erzählt, daß auch unter uns sich einige befinden, die diese Einnahmequelle nicht verschmähen, denn es ist ein Märchen, daß der Franc entwertet sei. Der Kurs ist 50 frc. = 1 \$ = 2,50 RM. Aber einige Geschäftstüchtige haben das Gerücht von der Entwertung in Umlauf gesetzt und sich für zwanzig Zigaretten RM 25,– bezahlen lassen.

Die Feldwebelbande bekommt Lagerführer-Funktionen! Einer Auswahl von Minderwertigen, von NS-verhetzten Dummköpfen vertrauen sie die Führung in den Lagern an, weil sie sich sagen, daß diese Burschen für eine äußere Ordnung sorgen werden. Vielleicht verachten uns unsere Besieger aber auch so abgrundtief, daß sie uns keiner besseren Vorgesetzten für wert halten.

Später. Nein, die Kreiensens, Zetschkes und Konsorten, die bisher ihre Lust an Terror und Menschenzerstörung austoben konnten, haben deshalb auch im Lager ihre Chance, weil die Amerikaner über keinerlei in der gegebenen Situation anwendbare Kriterien für eine bessere Auswahl von Führungskräften verfügen. Den fanatischsten, »schneidigsten« unter den Fallschirmjäger-Feldwebeln haben sie zum Lagerführer gemacht und amüsieren sich königlich darüber, wenn dieser Mann, Hacken knallend, mit erhobenem Arm die amerikanischen Offiziere grüßt.

Ich komme mit einem Oberfeldwebel Sch. ins Gespräch, ein merkwürdiger Mensch. Ich treffe bei ihm auf Ironie – es ist, als hätte ich zufällig ein Stück Platin gefunden. Er arbeitet im Lager-Krankenrevier.

30. September 44. Wieder eine Stunde mit Sch. unter den Bäumen auf und ab gegangen im Sonnenschein (nach einer regnerischen Nacht). Ich hatte ihn in der Revierbaracke abgeholt und dem Treiben dort zugesehen. Später begleitete ich ihn zurück und half ihm, Krankenlisten anzulegen, die der amerikanische Oberst beim täglichen Rapport haben will.

Sch. erzählte mir kurz seinen Lebenslauf, der mir zu denken gibt: Theologie studiert, die Weihen empfangen, sich um die Gläubigkeit abgemüht bis zur Selbstspaltung, zu den deutschen Christen gegangen, dann Austritt aus der Kirche und trotzdem noch ein halbes Jahr lang sein Pfarramt ausgeführt, denn »es sei die Priesterweihe durch Maßnahmen der Menschen nicht wieder ungeschehen zu machen«! Korpsstudent in Göttingen, sechs Mensuren, jetzt ein heftiger Gegner der Kirche. In unserem Verkehr befleißigt er sich einer übertriebenen Höflichkeit. Gegenüber seinen Vorgesetzten, insbesondere gegenüber dem amerikanischen Sanitätsoffizier, kurz Harry genannt, ist er beinahe servil.

Es ist Sonntag. Am Lagertor erscheinen junge hübsche Französinnen, die den Berg von Landerneau heraufgegangen sind zu diesem zoologischen Garten, in dem statt Bären und Affen Deutsche zu besichtigen sind. Wahrscheinlich hat das Vergnügen, ihre Herren von gestern, die viele von ihnen als Liebhaber zweifellos geschätzt haben, jetzt machtlos unter der Bewachung ihrer eigenen Männer zu erblicken, einen Stich in die Perversion.

Nach einigen Gesprächen mit amerikanischen Offizieren und nach der Lektüre einiger Nummern von Readers-Digest glaube ich, daß sich die Amerikaner großen Illusionen hingeben hinsichtlich des Zustandes, in dem sie Deutschland vorfinden werden. Sie sind sich nicht darüber im klaren, daß die Niederlage allein keinerlei Wandlung bewirkt, und sie werden die Gesten des Opportunismus dafür halten.

Seitdem es verboten ist, Bäume umzuschlagen, und das Unterholz bereits völlig verschwunden ist, hat sich im Lager eine neue Tiergattung entwickelt: die Feuermarder. Mit Konservendosen, gefüllt mit halbgaren Kartoffeln oder lauwarmem Wasser, gehen Wärmeschnorrer von Feuerstelle zu Feuerstelle, um ihren Topf daraufzustellen.

2. Oktober 44. Ich wachte gegen halb 9 Uhr auf und wollte zur Quelle gehen, um Wasser zu holen, als ausgerufen wurde: Sofort packen und marschfertig machen. Einige Minuten später war das Zelt abgebrochen. Sch. und ich hatten verabredet, uns vor einem Aufbruch zu verständigen, und gerade als ich zur Revierbaracke hinaufgehen wollte, kam Sch., mich suchend, herunter. Das Revier bleibt. Wir beratschlagten, was zu tun sei, und fanden die einfachste Lösung: Sch. nahm mich als Patienten mit Darmkatarrh ins Revier auf. Dann sieht man weiter. Inzwischen ist das Lager leer geworden. Fünftausend Mann sind auf ein eingezäuntes Feld nebenan gezogen. Die französischen Posten sind in das leere Lager hineingelassen worden mit dem Befehl, es nach Waffen zu durchsuchen. Er dient ihnen zum Vorwand, die mit unendlicher Mühe aus Konservendosen, Kistendeckeln, Papierschachteln, Steinen und Ästen aufgebauten Notunterkünfte zu zerstören. Als die französischen Posten eine halbe Stunde später das Lager wieder verlassen müssen, hinterlassen sie eine Wüste. Vor der Tür der Lazarettbaracke steht ein Franzose in Zivil, das entsicherte Gewehr im Arm.

3. Oktober 44. Am späten Nachmittag kamen gestern die Tausende in das Lager zurück und fingen an, ihre Behausungen wieder aufzubauen. In die Quelle und in die aus einer amerikanischen Wasserstation gespeisten Behälter hatten die Franzosen Maschinenöl geschüttet. Es gelang, die Gefäße bis zum Abend notdürftig zu reinigen. Mit dem Auszug aus dem Lager war eine zweite Kontrolle des Gepäcks verbunden. Harry entschuldigte sich förmlich, daß er auch das Gepäck des Sanitätspersonals untersuchen mußte.

4. Oktober 44. Seit gestern bin ich »planmäßig« in der Lazarettbaracke als Schreiber und Dolmetscher beschäftigt. Die Amerikaner verlangen immer mehr Listen über Zu- und Abgang der Patienten, Statistiken über Krankheiten, Behandlungsberichte und dergleichen; Sch. konnte es allein nicht mehr bewältigen.

Sch. hat eine merkwürdige Methode entwickelt, für seine Unsterblichkeit zu sorgen. Er produziert Weisheitssprüche, Aphorismen, und hat deren im Lauf der letzten Jahre mehr als tausend aufgeschrieben. Hierfür hat er eine besondere Arbeitsweise. In ein Erbauungsbuch, darin nach dem Datum geordnet für jeden Tag des Jahres Textstellen aus der Bibel und weltliche Gedichte zusammengestellt sind, hat er sich weiße Blätter zwischen die gedruckten Seiten heften lassen. Die Bibelstellen und Verse dienen ihm als Anstoß, als Ausgangspunkt für seine Denkwege, die ihn allerdings meistens weit vom Thema entfernen. Oft sei es nur ein Wort, das ihm ins Gehirn springe. Seine Einfälle festzuhalten, besitzt er einen besonderen mehrfarbigen Bleistift, ein gewichtiges silbernes Instrument, von mir »V 2« genannt, mit dem er im Laufe der Zeit Striche, Veränderungen und Ergänzungen mit System einträgt. So kehrt er jährlich zu den Einfällen zurück, die er am betreffenden Tag des Vorjahres gehabt hat; es bilden sich Denkschichten.

5. Oktober 44. Die beiden deutschen Ärzte haben in der Baracke durch Decken eine Ecke für sich abgetrennt und hausen dahinter nicht komfortabler als wir und die Kranken. Die Mitte der etwa 25 m langen Baracke nimmt der ambulante Behandlungsraum ein; ihm schließt sich die sogenannte Station an, in der z. Z. 36 Betten stehen. Die meisten dieser Bettgerüste haben noch keine Strohsäcke, auch an Decken mangelt es; eine zweite Ecke am entgegengesetzten Ende ist ebenfalls durch eine provisorische Wand für Infektionskrankheiten abgeteilt. Um halb 10 Uhr vormittags beginnt die Revierstunde, in der wir heute 140 Kranke abgefertigt haben.

7. Oktober 44. Gestern abend hielt der kleine Stabsarzt Dr. Hanko über die Geschichte der Narkose einen Vortrag, sehr klug, sehr gut, ohne daß er sich ein Wort notiert hatte. H. soll als Militärarzt in Brest sehr unbeliebt gewesen sein, weil er scharf und zynisch war. Ich habe ihn nun einige Tage beobachtet, hinter seiner Schärfe sind Güte und Hilfsbereitschaft verborgen.

Seit Harry entdeckt hat, daß ich ein bißchen zeichnen kann, bedrängt er mich, ihm Skizzen vom Lager zu machen. Ich mußte ihm in französischen Ausdrücken aufschreiben, was ich an Farben, Bleistiften und Papier benötige: er will mir das Notwendige in Landerneau besorgen.

Für »Unterhaltungsabende« im Revier habe ich vier oder fünf Gäste vorgeschlagen, darunter den ehemaligen Leiter einer nationalsozialistischen Erziehungsanstalt, einen Marinefähnrich, der auf der technischen Hochschule gewesen ist, einen Fallschirmjägerfähnrich, dessen Großvater die Kunstseide erfunden hat, und meinen Zeltgenossen K.

Sch. hat gestern abend über das theologische Studium gesprochen und dieses Thema zum Anlaß genommen, gegen Kirche und Christentum ausfallend zu werden. Dr. Hanko eröffnete die Diskussion mit einer scharfen Kritik des Vortrages.

Leutnant M., Adjutant des amerikanischen Lagerkommandanten, brachte vor einer Viertelstunde (nachts 1 Uhr) auf seinen Armen einen jungen Fallschirmjäger herein, der einen schweren Gallenanfall hatte. Der amerikanische Rote-Kreuz-Wagen hat ihn jetzt bereits abgeholt und ist mit ihm auf dem Weg ins Feldlazarett Morlaix. Als der Kranke auf dem Feld der Fallschirmjäger, vor Schmerz sich krümmend, zu seinem Lagerführer gekommen war, hat dieser den amerikanischen Posten verständigt und dieser seinerseits den Leutnant unterrichtet. M. hat den jungen Soldaten den immerhin 300 m langen Weg bis zu uns getragen.

Unsere Station ist heute mit 32 Betten voll belegt. Seit heute nachmittag brennt wirklich das elektrische Licht. Ich kam aus dem Lager 2 zurück, als es zum ersten Mal leuchtete. Es war ein überraschender Anblick nach vier Wochen Robinsonleben. Als ich dem Lagerführer, US-Oberleutnant Stefanik, vor drei Tagen die Bitte unterbreitete, er möge doch für die Kranken aus der Brester Militär-Bibliothek Bücher besorgen, antwortete er: Ich erfülle Ihre Wünsche von heute bereits gestern. Meine Anforderungsverzeichnisse von Medikamenten und Verbandsmaterial, die nach den Angaben der Ärzte zusammengestellt werden, sind oft zwei Seiten lang, und wenige Tage später kann ich hinter viele Posten ein Häkchen machen zum Zeichen dafür, daß unsere Wünsche erfüllt sind. Heute gibt es für jeden Mann 140 Zigaretten, zwei Tafeln Schokolade, ein Päckchen Kaugummi und zwei Rasierklingen.

Seit heute früh mache ich Pförtnerdienste, d. h. ich regele den Zustrom der Patienten in die Ambulanz. Ich stehe wie ein Jahrmarktsrufer an der Tür und brülle alle paar Minuten: »Drei Innere, drei Verbände, drei Wiedervorstellungen, Krätzekranke ganz nach hinten, Mützen ab, der erste gleich zum Herrn Stabsarzt, was haben Sie, Magenbeschwerden? Fieber? Gehen Sie zum Temperaturmessen zum Stabsfeldwebel. Herr Stabsarzt, der Patient hat 37,1.« Daraufhin sagt Dr. Hanko in der Regel kurz und ironisch zu dem Patienten: »Und sonst?«, eine Frage, die jeden zunächst in Verwirrung bringt, bis er sich so weit gefaßt hat, daß er seinen lang vorbereiteten Klagegesang herunterleiern kann. H. hört ihm zu, läßt die blanken Äuglein über den Mann hingehen und stellt wahrscheinlich in dieser Minute die Diagnose. Schweigt der Patient, abermals verwirrt und verwundert, daß er nicht längst unterbrochen wurde, so pflegt Dr. H. ihn im breitesten Platt zu fragen: »Wat mok mi do?«, und der arme Kerl weiß nichts zu antworten, denn meistens hat er die Frage nicht verstanden.

Es kommt häufig vor, daß Dr. Hanko die Frage stellt: »Wieviel Zigaretten rauchen Sie?« Der Patient beteuert, daß es nur wenige seien, dann stellt sich heraus, daß es mindestens zehn Stück pro Tag sind. »Da kann ich Ihnen nicht helfen«, sagt H., »glauben Sie, daß man ein Feuer löschen kann, wenn ein anderer Benzin hineingießt?« Kommt ihm aber ein ernsthafterer Fall vor, so verändert sich sein Gehaben, er geht dann mit großer Aufmerksamkeit zu Werke.

Der Chirurg Dr. Trübsbach dagegen ist immer von gleichem väterlichen Ernst und hat im Augenblick, wo er den weißen Mantel übergezogen hat, die unverkennbaren Allüren eines Chefarztes, der gewohnt ist, mit einem Schwarm von Assistenten und Schwestern hinter sich durch seine Klinik zu gehen.

Mit Sch. ist es merkwürdig wechselnd, er ist launisch wie ein Mädchen. Heute, als aus Anlaß von festgestellten hygienischen Schlampereien auf der Station die Notwendigkeit eines Personalwechsels zwischen uns besprochen wurde und ich dabei die Möglichkeit streifte, wieder aus dem Revier auszuscheiden, sagt er: »Wenn Sie gehen, gehe ich auch.« Manchmal benutzt er das Du, aber ich gehe nicht darauf ein, und so kehrt er wieder zum Sie zurück.

Sch.s neueste Marotte ist es, jede Stunde für drei oder vier Minuten in Konzentrationsübungen zu versinken. Es ist mir unbegreiflich, was er in diesen Minuten mit sich anstellt und wozu es gut sein soll. Er sagt, er habe es nötig, um seine Arbeitskraft zu erhalten, und schon früher hätten ihm dergleichen Übungen sehr geholfen. Der Vorgang entbehrt nicht der Komik. Mitten im stärksten Betrieb läßt er den berühmten silbernen Bleistift fallen, legt die Hände zusammen, schließt mit gesenktem Kopf die Augen und ist für die nächsten Minuten nicht mehr da. Ich habe den Verdacht, daß er posiert. Neulich erklärte er mir, er habe den Ehrgeiz gehabt, ein Mensch zu werden wie Christus oder Mohammed. Tonfall und Formulierung dieser Bemerkung ließen offen, ob er nicht am Ende diesen Ehrgeiz auch heute noch hat, im gesetzten Alter von 35 Jahren. Ich antwortete: »Nun, bis zum Oberfeldwebel haben Sie es immerhin schon gebracht.«

20. Oktober 44. Ich muß mich daran gewöhnen, daß ich gemeint bin, wenn jemand »Sani« ruft. Ich kann nicht mehr durchs Lager gehen, ohne auf Schritt und Tritt angehalten und mit Fragen bestürmt zu werden: »Ist das Krätzemittel gekommen, wann kommt der Entlausungstrupp zu uns, was geschieht mit dem Sanitätspersonal, kann ich eine Decke bekommen, kann ich in eine Baracke verlegt werden, weil ich Rheuma habe, wann ist morgen Revierstunde?« Der Lazarettjargon geht mir nun schon leicht von den Lippen. Phlegmone auf drei, die Angina in neunundzwanzig, drei Aufnahmen, zwei Chirurgische, eine Innere, vier Amerikaner usw. (das letzte bedeutet: vier für das amerikanische Lazarett bestimmte Patienten). Dr. Hanko hat den Ausdruck geprägt, ich sei jeden Morgen von 9–12 »Volksempfänger«.

Im kleinen Luftwaffenfeld steckt noch so viel deutscher Kasernengeist, daß das gesamte Lager antrat und im Stillgestanden gemeldet wurde, als es die Ärzte gestern besuchten. Darüber freute sich sogar der kleine, zynische Dr. Hanko! Man darf niemandem trauen.

Sch. wird immer gleichgültiger gegen seine Pflichten, und der Revier-Stabsfeldwebel J. ist mit der Luftwaffe fortgezogen. So fällt mir mehr und mehr die Organisation des Reviers und der Verkehr mit der amerikanischen Lagerführung zu. Es ergibt sich auch die groteske Situation, daß ich als deutscher Gefangener unserer französischen Wachmannschaft Anweisungen geben kann. Die Kranken müssen, wenn sie von den Lagern jenseits der Straße zur Revierbaracke gehen, auf dem Hin- und Rückweg von französischen Posten begleitet werden. Je nach dem zu erwartenden Zustrom nehme ich zwei oder drei Soldaten mit, wenn ich zum

»Sick-Call«, zum »Krankenruf«, gehe. Meine gelbe Armbinde gibt mir das Recht, das Lager ohne Aufsicht zu dienstlichen Obliegenheiten zu verlassen. Ich gehe also zur Baracke des Wachkommandos und rufe: Chasseurs! Daraufhin stürzt ein französischer Soldat heraus und fragt beflissen, wieviel Mann ich brauche.

In Begleitung »meiner« Posten gehe ich die 200 m bis zum Eingangstor des OT-Lagers auf der Landstraße, wobei uns Bauernfuhrwerke, Radfahrer oder Spaziergänger begegnen. Die Posten, die das Lager nicht betreten dürfen, warten vor dem Tor, indes ich durch die Barackengasse gehe, auf der vom Stabsfeldwebel J. zurückgelassenen Trillerpfeife Lärm mache und rufe: Revierstunde! Langsam sammeln sich die Kranken beim Tor. Sind alle gezählt und zur Marschkolonne geordnet, öffne ich das Tor, bitte die französischen Posten, ihre Plätze einzunehmen, und ziehe wie ein Hauptmann mit seiner Kompanie über die Landstraße zum Revier, wo Harry, der eigentlich all das erledigen sollte, den Kopf aus dem Lagerbüro herausstreckt und fragt: Wie viele sind es? Es fehlt eigentlich nur noch, daß ich die Kolonne während des Marsches singen lasse, z. B.: Heute hört uns Deutschland und morgen die ganze Welt. Ich brauchte es nur zu befehlen, sie würden es tun, und die Amerikaner hätten ihren Spaß daran, freuten sich, daß »ihre« Gefangenen so guter Laune sind, so militärisch, so zackig.

27. Oktober 44. Heute früh stand von halb 9 bis abends 5 Uhr im Zentrum des Lagers vor einer hohen Buche ein krank aussehender junger Soldat. Er trug ein Pappschild um den Hals mit folgendem Text: »Ich, der Matrose Strauß, habe heute nacht den Kameraden ein Weißbrot und zwei Büchsen Fleisch gestohlen und bin dafür zu Recht mit 20 Tagen geschärftem Arrest bestraft worden.« Müßten alle Gruppenführer und Angehörigen des Küchenpersonals wegen Unterschlagungen und Klauen an den Pranger, es stünden nicht genug Bäume im Lager. Der Ausdruck »zu Recht« beweist, hier war ein KZ-Professional am Werk.

Ein alter gutherziger Obergefreiter aus meinem Brester Haufen, der am Pranger vorbeiging, sagte zu einem andern: »Die Kleinen hängt man, und die Großen läßt man laufen.« Diese Bemerkung wurde von einem der Lagerpolizisten gehört, und nun sitzt dieser Mann seit heute mittag für drei Tage auf der »Hungerwiese«.

Ich beginne das neue Notizbuch an einem 28., am 28. Oktober 44, an meinem aus Kistenholz gezimmerten Schreibtisch im Revier des Lagers Landerneau beim Schein einer Kerze – weil auf Befehl der Amerikaner das Licht um 9.30 gelöscht werden muß. Bis zu diesem Zeitpunkt haben wir eine üppige elektrische Beleuchtung. Ich schreibe mit Sch.s Füllfeder, die er sich vor vielen Jahren, als Füller noch etwas Seltenes waren, für 80 Mark gekauft hat, ein prächtiges Stück, mit dem er, wie er sagt, alle Examens-, Doktor- usw. -Arbeiten geschrieben habe.

Heute abend hielt Kreß den Vortrag über Kunst, Kunsthandwerk und Handwerk bei den Malern, es war leider langweilig und schwach. Außerdem war es im Schlafraum, in dem wir unsere Zusammenkünfte abhalten müssen, um möglichst weit von der Krankenstation entfernt zu sein, recht kalt. Manche hatten sich in ihre Decken eingewickelt. So sitzen nun auch die beiden Ärzte oft in ihrem »Zelt«: in der durch senkrecht gehängte Decken gleich unserer Schreibstube abgeteilten Ecke der Baracke. Als Stuhl dienen ihnen Ballen von Verbandszeug, bis zu den Augen sind sie in ihre Decken gehüllt, derart vermummt stecken sie die Nasen in ihre Bücher.

Heute kam der Mann, miserabel aussehend, zur Behandlung wegen Darmstörungen, der wegen »übler Nachrede« gegen die Lagerleitung drei Tage Hungerwiese gerade hinter sich gebracht hatte. Ich gab Dr. Hanko einen Wink, ob er den Mann, den ich aus Brest kenne, nicht ein paar Tage auf die Krankenstation nehmen wolle. Hanko lehnte ab und sagte: Warum sollen uns diese Leute leid tun, die die Autorität untergraben? Hat man mit uns Mitleid? Ich tue niemandem im Lager etwas Schlechtes, und manchen versuche ich Gutes zu tun. Trotzdem scheißen sie mich an, wo sie können, und wenn es nach dem Haufen da draußen ginge, würden sie mich aufhängen. O no!

Er hat völlig recht – vor allem deshalb, weil er nicht konsequent nach dieser Einsicht handelt, sondern hilfsbereit ist, wo er nur kann. Aber der »Haufen« versteht seine stilisierte, intellektuelle Art nicht, sie halten ihn gerade in der Art für hochmütig, in der er es nicht ist (nämlich als bilde er sich auf seinen Offiziersrang etwas ein), und mögen ihn nicht.

Der stillere, viel weniger empfindsame Dr. Trübsbach ist beliebter. Trübsbach ist zu Hause in Chemnitz sicher eine gesellschaftliche Figur, er kann eine Haltung einnehmen, die jedem 1.-Klasse-Patienten die Hundertmarkscheine mühelos aus der Tasche gezogen haben wird. Sch. glaubt erreicht zu haben, daß wir ab morgen den amerikanischen Armeebericht zu lesen bekommen. Die Ärzte hoffen, bald in eine Baracke außerhalb des Zaunes ziehen zu dürfen. So hat jeder etwas, sich vom nächsten Tag Besserung zu erwarten. Eben kommt Lt. Feldmann zurück, der die Luftwaffeneinheit begleitet hat bei ihrem Abtransport. Er hat einen Schwips und sich geschnitten, das treibt ihn um Mitternacht ins Revier, wo ihm ein Pflaster auf die Wunde geklebt wird. Ich werde, um doch auch ein nahes Ziel anzusteuern, den Lagerkommandanten fragen, ob ich auf der Maschine eine Abschrift des Brester Tagebuches machen kann. Wenn er will, lasse ich eine Kopie für ihn mitlaufen. Allerdings ist das Interesse unserer Besieger, zu siegen, nur mit einem minimalen Interesse für das Innenleben ihrer Besiegten verbunden.

29. Oktober 44. Es scheint mir nun wieder zur Gewohnheit werden zu können, abends etwas ausführlicher einzutragen. Es ist schon wieder nach 10. Ich saß zwei Stunden drüben in der Verwaltungsbaracke und habe angefangen, mein Brester Tagebuch, soweit ich es noch hier habe, mit fünf Kopien abzutippen. Dabei brachte ich es aber nur auf drei Blatt, denn zwischendurch kam es zu Unterhaltungen mit Feldwebel Müller und anderen. Zuletzt waren nur noch zwei Schreiber da, ein österreichischer Unteroffizier und der junge Unteroffizier mit den Schlangenaugen und dem EK 1, der auch eine lebhafte militärische Vergangenheit zu haben scheint. Der dunkle Leutnant, der sich noch zu unserer Runde fand, gab mir die letzte Nummer des Rei ... Life (Reich wollte ich schreiben!), darin ein Aufsatz über die inneren Zustände in Deutschland, der mit den Worten schließt: Auf jeden Fall – die Revolution kommt. Die haben eine Ahnung!

Es ist unbeschreiblich, was für ein Leben wir hier führen. Ich rede nicht von den Ananas, die ich heute gegessen habe, weil sie Bestandteil der Ärzteverpflegung waren und also nicht für alle. Ich rede von dem viel wichtigeren Umstand, daß uns nur der Stacheldraht zu Gefangenen macht, nicht aber Gesten oder der Tonfall »unserer« Amerikaner, wie rauh auch Harry mit uns umgehen mag. Heute abend, als er mich schreiben sah, sagte ich zu ihm, er käme auch ins Tagebuch. Da grinste er mit seinen Filmzähnen.

Als Gefangener kann ich einen Offizier fragen, ob ich private Aufzeichnungen auf einer Dienstmaschine abschreiben dürfte – in der gesamten deutschen Wehrmacht, wie ich sie erlebt habe in hundertfachen Variationen, wäre ich gar nicht auf den Gedanken gekommen, diesen Wunsch vorzubringen. Ich gehe ohne weiteres ins Lagerbüro, lasse mir Papier geben, schreibe, und niemand fragt, was ich da eigentlich tue. Der dunkle Leutnant macht fortwährend Witze über die Franzosen, die für die Amerikaner eine Art Spielzeug sind, komische Figuren, foggen guys.

Spät in der Nacht kam der Krankentransportwagen aus Thegonnec, um zwei Kranke und zwei Blutproben abzuholen. Es goß wie aus Eimern, als ich die beiden zum Wagen brachte. Mit dem amerikanischen Fahrer unterhielt ich mich ein bißchen. Er war erstaunt, daß ich die angebotene Zigarette nicht nahm. Ich schreibe jetzt schlecht und bin müde, aber das muß festgehalten werden, der summarische Eindruck von diesen Siegern: sie sind politisch so dumm wie menschlich angenehm.

Nachmittags brachten die Posten Henry und Charlie einen Kinderwagen ins Revier gefahren, dem ein gut gekleideter Franzose in Zivil folgte. Ich hielt ihn für den Vater des noch nicht Dreijährigen, der durch einen Verkehrsunfall am Kopf eine klaffende Wunde hatte. Der Franzose war aber der behandelnde Arzt. Ob ihm die Mittel fehlten, ob er sich nicht in dieser gefährlichen Gehirngegend zu nähen getraute? – er brachte das Kind zu uns, und Trübsbach nähte die Wunde mit fünf Nadeln. (Ich werde mich daran gewöhnen, daß Chirurgie grausam aussieht.) Als Trübsbach dem schreienden Kind die Betäubungsinjektionen in den Schädel applizierte, sah das schauerlich aus. Tr. arbeitet sehr elegant. Hanko assistierte, der französische Arzt sprach dem Kind gut zu. Sch. hielt ihm den Kopf, Harry stand mit einem halben Pfund Bonbons in braunem, zur Tüte gedrehten Papier daneben und wollte dem Unglückskind Bonbons in den Mund schieben. Charlie beobachtete nur. Lt. Feldmann, der gestern abend wieder mit seiner Pistole in einem französischen Gasthaus herumgeschossen hat im Suff und der Hanko heute wirklich, wie versprochen, 100 Zigarren für die nächtliche Behandlung seiner Wunde gebracht hat, ließ sich immer wieder von mir versichern, daß die Sache nicht schlimm sei. Lt. Tommy, der dunkle, große, stand in respektvollem Abstand, weil er kein Blut sehen kann. Es war ein solcher Betrieb um das Kind, daß es vermutlich auch ohne Verletzung gebrüllt hätte. Als es fertig verbunden war und mit dem Bonbonbeutel neben sich wieder im Wagen lag, war es sofort still und zufrieden. Harry und Charlie schoben gemeinsam den Kinderwagen zum Tor hinaus, und der französische Arzt, dem Hanko in gutem Französisch Grüße an Brester Ärzte auftrug, ging hinterdrein. Während der Behandlung konnte ich mich nicht enthalten, dem Franzosen zu sagen, ich freute mich über das Vertrauen, das er uns entgegenbrächte. (So tief haben die Steine, die der Pöbel am 18. 9. auf uns warf, bei mir doch gewirkt.)

Als ich heute früh guten Morgen sagte, fragte mich Hanko in strengem Ton: Haben Sie schon daran gedacht? Natürlich entgegnete ich: Woran? Daß unser Reichsminister Dr. Goebbels heute Geburtstag hat!

31. Oktober 44. Sch. und ich rechnen sich eine vage Chance aus, in den regulären Lazarettdienst übernommen zu werden, und außerdem haben wir uns als Nr. 95 und 96 in die Liste derjenigen eingetragen, die sich freiwillig für Amerika melden. Ich schrieb unter »Beruf«: Landwirt. Die Zukunft ist eine Lotterie.

Unser Lager leert sich. Schon sind Kommandos an der Arbeit, die Erdhöhlen zuzuschaufeln. Nachdem die Planen weggenommen, die Dächer eingestürzt sind, ist zu erkennen, welche Maulwurfsarbeit hier in sechs Wochen geleistet worden ist.

Nachdem ich aus Thegonnec [benachbartes Gefangenenlager] zurück war, wurden Sch. und ich »um Ihres unverschämten Geilens willen«, wie Hanko sagte, von den Ärzten zu Bohnenkaffee, Sauerkirschkuchen und Sahne eingeladen. Wir sprachen über Wohnkultur, über Goethe und über Hölderlin.

Abends war der Wochenvortrag fällig, ich sprang für Hoffmann ein, der keine Zeit hatte, und redete aus dem Stegreif über amerikanische Geschichte, über das Verhältnis Amerikas zu Europa, vor allem über die Motive für das Degagement nach dem 1. Krieg. Bevor ich anfing, verteilte ich Zettel und bat jeden der etwa 15 Zuhörer, zu notieren, welche Eigenschaften ihm an den Amerikanern, mit denen wir umgehen, am meisten aufgefallen seien. Jeder durfte nur ein Wort schreiben. Von den Zetteln las ich vor: höflich, fair, höflich, Geschäftsmann, zivilisiert, eigensinnig, kindlich, freundlich. Ich stiftete das Wort kameradschaftlich dazu, mich wundernd, daß es nicht vorgekommen war.

Auf der »amerikanischen« Liste stehen außer Sch. und mir nur Handwerker, Schlosser, Dreher, Schweißer und so fort. Sch. hat als Beruf »Pfarrer« geschrieben. Ich bin der einzige Landwirt auf der Liste.

Allerseelen, 1. November 44. Ob schon ein zweites kleines Wesen mit Dir und Thomas lebt? Gabriele oder Cornelius? Die roten Karten [das offizielle postalische Lebenszeichen für die Angehörigen] sind immer noch nicht abgegangen. Wir werden sie erst schreiben dürfen, wenn wir alle neu registriert sind und eine Nummer bekommen haben, und das wird erst nach unserem Umzug ins Lager Thegonnec geschehen. Die Amerikaner kassieren immer größere Massen unserer Volksgenossen und kommen mit dem Bau und der Organisation von Lagern nicht nach.

Dr. Hanko sagt jeden Tag: Finis Europae. Und vorhin: Zur Kultur gehört ein gewisser Wohlstand.

Ich: Es geht nicht um Kultur, wenn Sie darunter die Verwaltung eines Bestandes, einer Erbschaft verstehen. »Stifter« sind wichtiger.

Dr. H.: Die Generationen, aus denen die »Stifter« hervorkommen, sind tot.

Ich: Es kommen neue. Vielleicht dauert es 50 Jahre, bis auch die Reste zerstört, das Gelände für Zukunft frei ist.

Dr. H.: Ist Ihnen noch nicht genug zerstört?

Ich: Materielle Zerstörung zählt nicht.

Dr. H.: Na, erlauben Sie, Karthago.

Ich: Dort waren wohl auch die Menschen materiell zerstört, das heißt umgebracht, verschleppt, als Volk nicht mehr existent. Unser Volk existiert – Sie brauchen sich ja nur das Lager anzusehen –, der Servilismus ist nur die Kehrseite des Herrenrassenwahnes.

Das ist ein Bruchstück unserer heutigen Abendunterhaltung. H. jammert über die Vernichtung von »Beständen«, über deren Erhaltung ich jammern würde. Für Lenin wären wir zwei Konservative. Dennoch trennen uns Welten. Aber das hindert nicht, daß eine Szene wie die folgende möglich wird: Als mir heute früh in der Konfrontation der vor der Baracke wartenden, sich drängenden, stoßenden Patienten der Gaul durchging und ich, beim Eintritt in die Ambulanz, die Tür krachend hinter mir zuschlug und schrie: Dieser verdammte Scheißhaufen . . .!, da legte er mir mit einem erstaunlich unironischen Ausdruck der Teilnahme seine kleine Hand auf die Schulter und sagte: Aber, aber, mein Lieber . . .

2. November 44. Die Ärzte bekamen heute das erste offizielle Papier für Briefe nach Hause; nachdem sie die Registrierung in Thegonnec hinter sich gebracht haben, dürfen sie jetzt schreiben. Hanko würde seine Frau selbstverständlich bitten, Dich zu informieren, aber das ist verboten. Der Gefangene darf nur von sich reden. Es gibt 27 Punkte, die bei der Abfassung von Gefangenenbriefen zu berücksichtigen sind.

Nach der Revierstunde machte sich Trübsbach ein Vergnügen daraus, uns im Gebrauch des an der Stirn befestigten klappbaren Hohlspiegels (mit dem Sehloch in der Mitte) zu unterweisen. Wir betrachteten Gehörgänge und Trommelfelle, und als er in mein Ohr schaute, geriet er in fachärztliche Begeisterung, äußerte sich über mein ungewöhnlich großes »inneres« Ohr und über das »klassisch« ausgebildete Trommelfell. Alle wollten nun in meine Ohren hineinschauen. Nun wüßte ich, sagte ich, warum ich Cis von Des unterscheiden könne. Trübsbach war nach dieser Behauptung schon im Begriff, seine Geige zu holen, um die Probe aufs Exempel zu machen, als zu meinem Glück Stefanik erschien.

4. November 44. Gestern kam ich deshalb nicht zum Schreiben, weil die amerikanische Kommission erschien, die uns »prozessierte«, wie sie das nennen. Das heißt, unser Gepäck wurde durchgefilzt, Messer, Gabeln, Landkarten, Geld abgenommen, letzteres gegen Quittung, und, wichtigster Punkt, Karteikarten wurden angelegt, auf denen, in zwei Exemplaren, nun die Abdrücke aller zehn Finger prangen für alle Zeit. Diese Narren scheinen sich wirklich anzuschicken, eine amerikanische Innenverwaltung für Deutschland aufzubauen. Wo sie die beiden Karteien deponieren? Eine irgendwo in ihrem Besatzungsgebiet, die andere in Washington? Und was machen sie dann damit? Meine Leitnummer ist 31 G–626 176. G deute ich als Germany. Nun sind wir im Stand der Gnade, einen Brief nach Hause schreiben zu dürfen.

Wir hatten es angenehm, die Kommission kam zu uns in die Baracke. Das ganze übrige Lager wurde mit Sack und Pack auf eine leere Wiese gescheucht, von dort gruppenweise zurückgeholt und durch den »Prozeß« geschleust.

5. November 44. Unsere gestrige Abendunterhaltung, zu der ich

eine kurze Darstellung allgemeiner Filmprobleme beisteuerte als Ersatz für den fälligen Wochenvortrag, wurde lebhaft. Ich werde zunehmend »politischer« und schärfer. Hanko nahm mich hernach zur Seite und sagte: Sie haben ja so recht, aber Sie dürfen es nicht sagen, das ist Gift fürs Volk. Ich sagte: Volk, was ist das? Volk sind wir. H. ist viel pessimistischer als ich, weil er an einer bürgerlichen Welt hängt, deren Untergang mich kaum veranlassen würde, den Kopf zu wenden. Nichts wünschte ich mehr, als daß sein Pessimismus berechtigt wäre. Trübsbach, wenn er mir zuhört, ist auf ähnliche Weise süßsauer zumute wie damals dem Pfarrer te Reh im Pfarrhaus zu Breitenstein (von dem vielleicht nichts mehr steht) am Vorabend unseres Einfalls in die Sowjetunion. In ein paar Jahren, zurückgekehrt in bürgerliche Verhältnisse, würde Hanko immer noch ein Partner für mich sein, dem es Spaß machte, sich mit mir zu streiten, und der wenigstens versteht, wovon ich rede. Leute wie Trübsbach aber – und das sind die Vielen – werden sich so beunruhigt fühlen, daß sie Front machen und zu Gegnern sich entwickeln werden. Ihre Emotionen bestimmen ihr Denken, mein Denken bestimmt meine Emotionen – da ist Verständigung nicht möglich.

6. November 44. Retzlaff, Leiter einer NS-Lehrerbildungsanstalt bei Stettin, sprach abends über Erziehungsgrundsätze an seiner Anstalt. Vieles war gut zu hören, er ist ein anständiger Mensch. Manches, was er sagte, erinnerte an Salem [Landeserziehungsheim]. Wenn man einen solchen Mann so reden hört, als sei er vom Nazismus nie angekränkelt gewesen, kommt man aus dem Staunen nicht heraus.

Sch. glaubt, ich distanziere mich von ihm, um mich mit Hanko gegen ihn zu liieren, und von Hanko glaubt er, dieser habe eine Aversion gegen ihn (was so falsch nicht ist). Spannungen entstehen.

9. November 44. Seit heute haben wir eine neue französische Wache am Tor, und rings um den Zaun ausgebildete Leute in tadellosen englischen Uniformen. Die alte Räuberwache bekam gestern noch Schnaps, und die ganze Nacht knallte es. Ich habe in zwei Exemplaren lustig bunt einen Lagerplan, perspektivisch, gezeichnet. Stefanik nahm sich sofort einen davon, läßt ihn rahmen. Zwischen Sch. und Hanko kam es heute zum Krach. Hanko kritisierte irgendeine kleine Sache. Sch. reagierte

maßlos und sagte: »Dann kann ich ja meine gelbe Armbinde an die Lagerführung zurückgeben.« Darauf Hanko: »Sie sind der gleiche alberne Fatzke wie Junker« – das war der vorher hier tätige Stabsfeldwebel, den Sch. ersetzt hat. Hanko verschwand in seiner Wohnecke, der von Gott verlassene Sch. ging ihm nach und sagte formell: »Ich bitte, Sie sprechen zu dürfen.« Daraufhin warf ihn Hanko aus dem Raum.

Später erkundigte ich mich bei Hanko, ob er eigentlich wolle, daß Sch. verschwinde. »Er soll seinen Kram machen«, sagte Hanko, »und was hat er denn eigentlich zu tun? Wir fassen ihn nicht wie ein Ei, sondern wie zwei rohe Eier an. Die Arbeit, die er machen sollte, machen, mit gütiger Erlaubnis gesagt, Sie. Kein Mensch redet ihm in seinen Laden hinein – da soll er sich gefälligst vernünftig benehmen.« Das tat Sch. aber nicht. Statt den Krach diskret zu behandeln, ging er zur amerikanischen Lagerleitung, saß da stundenlang herum, hat sicher alles breitgetreten. Ich ging dann mit ihm durch das verlassene Lager und wurde nun so deutlich wie scharf. Ich höre, sagte ich, Sie sind zu Stefanik gelaufen. Das finde ich absolut falsch, die Amerikaner hereinzuziehen. Nein, sagte Sch., ich bin nicht zu Stefanik.

Abends gibt mir Sch. einen Zettel, auf dem dienstliche Notizen über Patienten stehen. Der Zettel ist gefaltet. Ich falte ihn auf und stelle fest, daß sich Sch. auf der Rückseite aus seinem Lexikon Ausdrücke notiert hatte, die für eine einschlägige Unterhaltung mit Stefanik wichtig waren. Z. B.: You are the very same foolish dandy as Junker (»foolish dandy« für alberner Fatzke ist eine milde Übersetzung); confidence, privately, to replace, to dismiss, before, till, quarrel, explanation, answer, reply. Sogar: to show one the door, was vermutlich: er hat mich rausgeschmissen heißen soll. Womit bewiesen ist, daß Pfarrer Sch. mich angelogen hat. Bald werden sich unsere Wege trennen!

In einer Diskussion über »Volksgemeinschaft«, ausgelöst durch einen zweiten Vortrag des Schulleiters Retzlaff, las ich ein paar Absätze aus dem Besinnungs-Manuskript vor. Daraufhin bat mich Hanko, ihm das Ganze zum Lesen zu geben. Als er es mir vorhin zurückgab, sagte er, ich solle doch vorbelastete Begriffe wie Patrioten, Nihilisten usw. nicht benützen. Und fuhr fort: In dem, was Sie denken, ist echtes Pathos. Echtes Pathos ist seltener als Diamant. »Seltener als Diamant« ist eine von Stefanik eingeführte Redensart. Wenn wir Holz, Fensterglas, Papier anfordern, pflegt er zu sagen: Das ist seltener als Diamant.

14. November 44. Gestern hatte ich mit Lt. Feldmann und Hanko eine etwa einstündige politische Unterhaltung. F. hält es für möglich, daß die Russen nach Stalins Tod zur Demokratie bekehrt werden könnten. Ich glaube, er irrt sich gewaltig. Wollt ihr den Krieg gegen Rußland fortsetzen?, fragte ich. Das seien Goebbelssche Ideen, meinte er.

In der amerikanischen Frontzeitung vom 11. November steht, daß sich die »Großen Drei« noch vor Weihnachten in Europa treffen wollen, um zu beraten. Es müsse, so steht da mit Offenheit, das schwierige Problem der Neubildung Polens besprochen, ferner Fragen der Nachkriegsverwaltung Deutschlands geklärt und drittens die Einrichtung einer Militärpolizei in denjenigen neutralen Ländern vorbereitet werden, die durch ihre Lieferungen an Deutschland den Krieg verlängert hätten.

In derselben Ausgabe zeigt ein Foto einen deutschen Mann in Hut und Mantel, der bei regnerischem Wetter auf der Straße steht und die Fassade eines ausgebrannten Hauses betrachtet. Darunter steht, dem Sinne nach: Dieser »kleine Mann« (the man in the street) ist der friedfertigste, harmloseste, gutmütigste Mensch, den wir uns vorstellen können. Er lebte in dürftigen Verhältnissen, er hatte gerade genug zu essen, um sich und seine Familie durchbringen zu können. Aus 15 Millionen solcher »kleinen Männer« waren die Armeen gebildet, die Polen, Holland, Belgien, Frankreich, Jugoslawien und andere Länder unterwarfen. Im Gehirn des kleinen Mannes war Platz für die Hitlerschen Ideen ... 30 Millionen von diesen kleinen Männern schufen die Rüstung Deutschlands. Der letzte Satz lautet: Ob wir den Krieg wirklich gewinnen, hängt davon ab, ob wir diesen kleinen Mann wieder zum harmlosesten, friedfertigsten Menschen machen werden, den wir kennen. Wieder!!

Mein Gott, mit welchen amerikanischen Schwachköpfen wir es zu tun bekommen werden! Harmlos und friedfertig – in Frankreich gegen Napoleon. Harmlos und friedfertig – vor Paris 1871. Harmlos und friedfertig – 1914, von Thomas Mann gefeierte Bestien! Harmlos und friedfertig – als sie Rathenau erschossen. Ein derart dummes Zeug könnte in der Prawda nicht stehen. Die kennen uns. Müssen wir sie nicht aufklären – die Amis?

Hanko, ein Stück Kaugummi aus der C-Ration in den Mund schiebend, sagte: »Wes Brot ich eß, des Lied ich sing!« und »Offiziere tun so etwas nicht.« Die Ironie, die er wie stets durch seinen Tonfall ausdrückte, nahm ich ihm nicht ab. Ich sagte: Im Grunde steht die Meinung der Amerikaner über uns Deutsche der Ihren näher als meiner. Sie glauben an den »guten Kern«, und so auch die Amerikaner; Sie, weil Sie Deutscher sind, die Amerikaner, weil sie von Europa im allgemeinen, den Deutschen im besonderen keine Ahnung haben. Ich hätte viel mehr Grund, mit diesen Siegern nicht zu kooperieren, als Sie. Feinde sind die Sieger nicht, sie sind unsere Retter. Aber nicht deshalb werde ich mich anders verhalten. Ich war in meinem bisherigen bewußten Leben draußen, jetzt werde ich durch die Tür gehen.

Er grinste mich an, sagte: Viel Glück! und wendete sich ab.

19. November 44. Heute früh benachrichtigte uns Harry, daß wir das Lazarett aufzulösen hätten. Von unseren 17 stationär behandelten Kranken entließen wir 13 als gesund, die letzten 4 kamen ins Lazarett nach Thegonnec. Dann verpackten wir in 37 Kisten alle Geräte, Instrumente, Medikamente, Verbandzeug. Die andern packten, ich nagelte die Deckel zu, beschriftete sie mit Nummern und legte eine Liste an. Hanko sagte: Das macht Ihnen wohl Spaß, ich nehme an, Packer wäre nach dem Krieg der richtige Beruf für Sie.

Nachmittags fuhren die beiden Ärzte mit ihrem persönlichen »Diener«, dem Unteroffizier Bebensee, mit einem kleinen Teil des Gerätes voraus nach Thegonnec.

[Nach einem kurzen Zwischenspiel im Lager St. Thegonnec, wo es dank des Grammophons und der Platten eines Oberstabsapothekers für mich zu einer Wiederbegegnung mit der Musik kam, wenn auch nur zu einer passiven, wurden die meisten Gefangenen aus Brest in ein Lager nahe der Stadt Rennes gebracht. Es handelt sich um ein 1 qkm großes, von Stacheldraht umzäuntes, feuchtes, stellenweise sumpfiges Gebiet, das in einzelne Felder unterteilt ist. Es sind einige wenige Baracken errichtet worden, das Gros haust in amerikanischen Militärzelten von quadratischem Grundriß und mit spitzem Dach. Ich werde, zunächst ohne Funktion, einer Lager-Betreuungsgruppe zugeteilt mit ausschließlich deutsch-jüdischen Emigranten als Vorgesetzte.]

3. Dezember 44. Ich muß von Rosenrunge schreiben, dem Kunsthistoriker, der neulich einen Vortrag hielt. Er ist der Klischeetyp des deutschen Wissenschaftlers, sein Verhältnis zur Kunst eng und echt, wenn auch rein intellektuell. Versponnen, schüchtern, fast becheiden. Er hat das Unglück gehabt, als Unteroffizier und Dolmetscher zu einer »Säuberungskompanie« befohlen zu werden, die unter der Fuchtel des SD [Sicherheitsdienst] und unterstützt von sogenannten bretonischen Nationalen gegen die französischen Freiheitspartisanen (von uns Terroristen genannt) vorging – mit schauerlichen Gewalttaten. Wer schlimmer gehaust hat, die Deutschen oder die Bretonen, ist mindestens fraglich. In Rosenrunges Fall war der Chef ein Leutnant Krüger. Sie zündeten Höfe an, mißhandelten Frauen und Männer, um sie zu Geständnissen zu zwingen, Zivilisten wurden ohne Untersuchung und Urteil auf Verdacht erschossen.

Die Franzosen haben die Namen aller, die dieser Kompanie angehörten, und sind mit ihren Listen zu den Amerikanern gegangen. Sie wollen, daß ihnen diese Leute ausgeliefert werden. Sie fanden auch R. Schon ein paarmal stand er vor französischen Offizieren zum Verhör. Er sagt, er habe geschildert, wie es gewesen war, und nichts vertuscht. Daß er selber, in seiner Rolle als Dolmetscher, Verbrechen begangen hat, glaube ich nicht.

Die Amerikaner haben ihn nun im Zelt des deutschen Oberlagerführers (so wird er wirklich angesprochen: Herr Oberlagerführer!) in eine Art Schutzhaft genommen, damit er nicht »zufällig« von einem französischen Posten erschossen wird. Da sitzt er, liest, arbeitet an kunsthistorischen Vorträgen, die er vor Gefangenen halten will. Mein Eindruck ist, er bereitet sich in Wahrheit auf seinen Tod vor.

[In einem besonderen Zelt und auch an einem Schreibtisch der amerikanischen Kommandantur – wo es warm ist! – beginne ich die Lagerzeitung vorzubereiten, der ich, in sentimentaler Erinnerung an die Schülerzeitung, für die ich in Oberprima arbeitete, den Titel »Das Band« gebe. Ich suche mir Mitarbeiter und finde großzügige Unterstützung bei der amerikanischen, ernte nur Hohn und Spott bei der deutschen Lagerführung.]

18. Dezember 44. Bis in den letzten Winkel ist der Tag ausgefüllt. Mit gleicher Teilnahme wird alles fortgetrieben, die eigene

Arbeit, die Zeitung, die Lektüre. Ein Vorgefühl, eine Vorpraxis künftiger Lebensform. Die erste Zeitungsausgabe wird erscheinen, ohne daß dahinter etwas stünde, was den Namen Apparat oder Organisation verdiente. Alles wird improvisiert. Der Zahnarzt schleift mir aus einem seiner Instrumente einen Metallstift zum Beschreiben der Matrizen, den Titel schneidet ein Graphiker in Holz, das Brettchen dazu habe ich selber in der Tischlerei gesägt. Ich bat den deutschen Soldaten, der in der Verwaltung den Vervielfältigungsapparat bedient, mir das Gerät zu erklären. Er tat es widerwillig. Ich fragte ihn, wann er am besten Zeit habe, die Abzüge herzustellen. Er sagte: »Das ist natürlich eine Arbeit, die nur nebenbei gemacht werden kann. Wir arbeiten hier für die amerikanische Verwaltung.« Noch vor zwei Monaten hätte er im selben Ton gesagt: für die Partei, für den Kreisleiter, für den Kommandeur.

Nachmittags gehe ich im Auftrag des amerikanischen Feldwebels, zu dessen Pflichten die Vervielfältigung aller Lagerbekanntmachungen gehört, zu demselben Soldaten, um ihn zu fragen, wieviel Papier er noch vorrätig habe, und ihn zu bitten, 1000 Bogen zur Seite zu legen. Er sagte: »Das kommt gar nicht in Frage, wer hier arbeiten läßt, muß sein Papier selber mitbringen.« Ich sagte, ich könnte schwer begreifen, warum er sich gegen eine Sache stelle, die dem Lager zugute kommen soll. »Ich habe meine Erfahrungen, ich muß mich decken«, sagte er. Das in einem Ton, den ich noch von keinem jüdischen Amerikaner im Umgang mit deutschen Soldaten gehört habe, haßerfüllt. Die Deutschen hassen sich selbst – das ist die einzig mögliche Erklärung.

Hösch [später hoher Beamter bei der Bundesbahn, aus der Gernsbacher Papierfabrikanten-Familie, gehörte im Winter 44/45 in den Kreis von Gesinnungsgenossen, der sich in der »Betreuungskompanie« bildete, arbeitete selbst aber im Lazarett] fragte nach dem Fortgang der Arbeit an der Zeitung; ich berichtete und sagte schließlich: »Weißt du, ich bin im Umgang mit Deutschen an psychopathische Schwierigkeiten gewöhnt.« Das kam so heraus, daß Hösch in ein nicht endendes Gelächter ausbrach, in das ich einstimmte.

Der Mann, der für den Titel der Zeitung einen Druckstock aus Holz schnitzt, ist ein Buchhändler aus Nürnberg, ein stiller, vielseitig begabter Mensch, er heißt Jakob. Er hat sich ein prächtiges

Schach geschnitzt, alle Figuren in Menschengestalt, die Türme sind Ritter, die hinter ihren Schilden knien, und so weiter. Als Werkzeug benützt er ein gewöhnliches Taschenmesser. Er will einen Zentralkatalog aller im Lager vorhandenen Bücher anlegen und eine Verleihorganisation aufziehen.

[An den Lageroffizier Hauptmann Stefanik, ohne Datum]
Sir,
with this letter I send you three prints of our first woodcuts.
To realize the printing of a certain quantity that should be given to the comerades, we need paper. Could it be possible, please, to have 500 sheets of paper (mimeographic) and to send them by Sergeant Müller to me.
The cutting and printing of the woodcuts is a very difficult work. They ought to be given to comerades only estimating them consequently. I should like to make the distribution myself in the different camps. For working with the woodcuts I have to go sometimes to the utility-shop. Our cutting-knifes can be sharpened on the hospital only. I should like to beg you to give me a trusty-pass.
We have the intention to collect paintings, drawings and prints of all painters and artists in all camps to making an exposition to be shown everywhere. The works should to be to sell.

[Ich bekam den »trusty-pass« und konnte mich auf allen Feldern des Lagers frei bewegen. Mit zwei, drei anderen arbeitete ich besessen unter größten Schwierigkeiten an der Abfassung und Herstellung der Lagerzeitung Nr. 1. Als es ans Vervielfältigen ging, verdickte sich die Farbe infolge der zunehmenden Kälte im Zelt dermaßen, daß wir Hunderte von Bogen wegwerfen mußten. Wir halfen uns mit offenem Feuer im Zelt, was streng verboten war, und kamen im Rauch fast um. Schließlich lagen ein paar hundert Exemplare – statt Tausender – gefaltet zur Verteilung am 24. Dezember bereit. Bis dahin hatten uns einige Amerikaner aus der Lagerkommandantur auf eine Weise unterstützt, die mit ihrem dienstlichen Auftrag allein nicht erklärt werden kann; sie machten den Eindruck, als hinge auch ihre ewige Seligkeit davon ab, ob die Zeitung zum Heiligen Abend herauskäme oder nicht. Haymann opferte seine dienstfreien Abende.]

24. Dezember 44. Gegen 11 Uhr wollten wir 450 Stück verteilen. Außerdem hatten Jakob und ein anderer etwa 100 Exemplare eines Holzschnittes mit weihnachtlichen Motiven abgezogen, die ebenfalls zwecks Stimmung in den Camps verteilt werden sollten. In diesem Augenblick betrat Hauptmann Stefanik das Zelt und sagte: Stopp! Er sagte einfach: Stopp! Wir glotzten ihn an. Ja, sagte er, packen Sie alles so ein, daß Sie leicht wieder weiterarbeiten können. Wir alle, einschließlich der Amerikaner, sprangen auf, aber Stefanik machte nur eine Geste, die besagen sollte: Keine Diskussion, und verließ das Zelt. C'est la guerre! sagte einer. Wir packten ein. In einer halben Stunde waren wir fertig. Ich hatte meinen Eimer mitgenommen, jetzt holte ich mir aus der amerikanischen Küche heißes Wasser, ging zu meinem Zelt und wusch mich gründlich. Die Spannung und Hetze der letzten Tage fiel von mir ab. Inzwischen wurden alle geplanten Weihnachtsveranstaltungen einschließlich der Gottesdienste verboten. Die Posten wurden verstärkt, unsere Trusty-Pässe außer Kraft gesetzt. Ich darf den unmittelbaren Lagerbezirk nicht verlassen. Maschinengewehre sind rings ums Lager in Stellung gebracht worden. Ab 18 Uhr dürfen Zelt oder Baracke nicht mehr verlassen werden. Wir fragen uns: why? [Der Grund war die »Ardennen-Offensive«.]

Ich zog mich um 6 Uhr in mein Zelt zurück, hatte ein Hindenburglicht, das noch eine Weile brannte. Neben mir in anderen Spitzzelten wohnen Musiker und Sänger, sie ließen »Stille Nacht« und »Es ist ein Ros entsprungen« kunstvoll hören, vierstimmig. Dann schlief ich mir die Müdigkeit von Tagen aus den Knochen, erwachte erst gegen 10 Uhr in einem Gespinst von Reif und Eis, in das sich mein Atem auf der Decke verwandelt hatte. Jakob fragte mich, ob ich das Mitternachtsgeläut aus Rennes und das Schießen der Posten gehört hätte, mit Maschinengewehren. Ich sagte, ich hätte ein unfehlbares Rezept, unguten Situationen zu entkommen: Schlaf, aus dem mich auch Maschinengewehre nicht weckten.

1945

9. Januar 45. In dichtem Schneetreiben zog ich mit den 480 fertigen Exemplaren der ersten Ausgabe der Lagerzeitung los. Jede Baracke bekam fünf Exemplare, jedes zweite Spitzzelt ein Stück. Ich war mit der Verteilung nahezu fertig, als mich, von Jakob geschickt, ein aufgeregter Bote erreichte mit der Weisung, ich sollte sofort zu Sergeant Müller kommen. Ich traf ihn am Tor, und er sagte, er habe Befehl, die Zeitung dürfe nicht verteilt werden. 400 Exemplare waren weg und konnten nicht mehr eingesammelt werden. Was tun? Ich ging zu dem klugen Oberleutnant Stewart und fragte ihn, ob ich nicht mit dem neuen Prison-Office telefonieren könnte. Er sagte, ich möge es versuchen. Ich ging in die große grüne Baracke, wo seit dem Auszug unserer obersten amerikanischen Götter Major van Hardeveld mit ein paar Schreibern das Feld allein beherrscht, und dort bat ich einen der Feldwebel, mir eine Verbindung zu Haymann zu schaffen. Er versuchte es wieder und wieder, die Leitung war stets besetzt. Inzwischen kam Stewart selbst in die Baracke, und als die Verbindung endlich kam, fragte er nach Haymann. Er bekam den Bescheid, der sei nicht da. Mit wem Stewart dann verhandelte, weiß ich nicht, doch war das Ergebnis, daß die verteilten Exemplare bleiben sollten, wo sie sind. Den Rest sollte ich festhalten. Er setzte hinzu, Müller werde klären, was eigentlich vorläge. Er wußte es sichtlich auch nicht. Wieder bei Müller, sagte mir dieser, er habe den Befehl, die Verteilung zu verhindern, von Haymann bekommen, und mehr wisse er nicht. Nun machte ich den Versuch, selber über die große Straße zum neuen Lagerhauptquartier zu kommen, wurde aber bei der Baracke am Haupttor festgehalten trotz meiner gelben Armbinde. Auch das war neu. In der Torwache traf ich auf Lt. Tourney, mir gegenüber korrekt wie immer, aber längst nicht mehr so heiter, wie er in Landerneau gewesen war. Gerade die amerikanischen Offiziere, die ursprünglich offen mit uns umgingen, scheinen sich inzwischen eine Meinung über uns gebildet zu haben, die sie veranlaßt, ihren guten Willen der ersten Stunde zu bedauern.

10. Januar 45. Mittwoch. Gegen 11 Uhr erschien Müller und sagte: Es gibt keine Lagerzeitung mehr! Das ganze Projekt sei verboten, doch mit der ersten Nummer habe das Verbot nichts zu tun. Über

die Gründe wisse er nichts. Umgehend machte ich dem Prison-Office schriftlich den Vorschlag, ob nicht die Gruppe, die sich für die Zeitung zusammengefunden hätte, Bilder von deutschen Kunstbauten und Landschaften als Holzschnitte herstellen und im Lager verteilen dürfe? Müller gab den Zettel an Haymann weiter. Wahrscheinlich handelt es sich um letzte amerikanische Reaktionen auf die deutsche Eifel-Offensive. Bulfon, unser deutscher Lagerführer, nahm mir die gelbe Armbinde ab, als er mich zufällig traf, und sammelte auch alle übrigen ein. Wenn sie nicht ersetzt wird durch einen Lagerpaß, ist unsere Arbeit fini. Ohne Bewegungsfreiheit zwischen den einzelnen Camps kann nichts organisiert werden, nicht einmal eine regelmäßige Versorgung mit Büchern. Die Methode der Amerikaner ist, uns auf Gummiwände auflaufen zu lassen.

11. Januar 45. Ich überlegte heute, was wohl sein würde, wenn ich mich einfach auf meine Pritsche legte, mein Essen zu den befohlenen Zeiten abholte, und damit Schluß! Nichts würde sich ändern, niemandes Erwartungen würden enttäuscht, niemand ginge es physisch schlechter. Allein in diesem Lager leben fast 50 000 Gefangene, die ihren Tag mit Schimpfen und Dösen verbringen. Selbst wenn wir die Sache hier zum Laufen brächten mit Büchern, Musik und so weiter, erreichten wir nur einen Bruchteil der Lagerinsassen. Die Pfarrer müssen wohl predigen und Messe lesen, wenn man sie läßt, sie haben so etwas wie einen höheren Auftrag. Ich habe keinerlei Auftrag. Also wozu der ganze Aufwand an Energie?

Diese 50 000, mit ganz wenigen Ausnahmen, sehnen sich nach nichts als nach ihrer sogenannten Freiheit. Vorher hatten sie den Krieg bis obenhin satt, jetzt möchten sie lieber in ihn zurückkehren, weil er ihnen abnähme, nachzudenken und selber etwas zu tun. Wenn ich aus dem Zelt trete, bin ich in einer Welt, in der einer dem anderen mißtraut. Ich brauche nur daran zu denken, wie kritisch ich den Pfarrern gegenüber bin [ihrer 30 in einem Nachbarzelt], um an mir selbst zu erfahren, daß der Stacheldraht alles andere als eine Gemeinschaft hervorbringt. Nur in politischer Hinsicht gibt es doch einen bemerkenswerten Unterschied: bei uns »Intellektuellen« sind die Wundergläubigen dünn gesät. Die beste Atmosphäre habe ich in den Zelten der Handwerker angetroffen, der Schuster, der Flickschneider, der Schreiner, der Maurer – diese Leute sind in ihrem Metier beschäftigt und deshalb ruhiger und gerechter.

17. Januar 45. Die »Lagerbetreuung« hatte anzutreten und wurde, mit Blickwendung!, Leutnant Kaiser gemeldet. Er hielt eine kleine Ansprache in seinem Deutsch: »Ab heute hat die Kompanie einen neuen Kompanieführer. Er muß sorgen, daß ist Ordnung im Lager, daß geht alles in Ordnung. Ich muß die ganzen Tag nur stehen mit Leute, die schlecht sind, muß bestrafen, ich habe nicht die Zeit, das zu tun, was Sie wollen, daß ich tue. Der bisherige Kompanieführer hat gemacht alles, so gut er konnte, aber weil er ist Spezialist gleichzeitig und muß auch machen so ... wie sagt man? (Kaiser macht Armbewegungen und jemand ruft: dirigieren!) ... ja, dirigieren, er hat nicht genug Zeit, sich zu kümmern um die Ordnung in das Lager. Erst kommt die Ordnung, und daß hier alles geht, wie es soll, dann kommt eure Arbeit. Ich glaube, daß ich mich verständlich gemacht habe, wir sind Soldaten und wir bleiben Soldaten, das ist das erste.«

Wen winkte Kaiser aus der Reihe heraus und machte ihn zum neuen »Kompanieführer« des »Special Service«? Den Feldwebel Krause, seines Zeichens, wie er sagt: Dermato-Plastiker, zu deutsch: Tierausstopfer. Für ein Päckchen Tabak hat er die Tür zu unserem Bibliothekszelt gezimmert. Wir haben ihn von einem Camp zu uns geholt, weil er eine Ziehharmonika besitzt, die wir benötigen. Er hat die besten Beziehungen zur Küche. Im ganzen ist er ein Niemand. Wir waren alle starr vor Überraschung. Jakob und mir kann es egal sein, wer Kompanieführer ist, wir haben unsere Arbeit.

[Die Lagerbibliothek war inzwischen installiert worden in einem Doppelzelt. Vorne standen die Bücher in hohen Regalen: dort wurde die »Ausleihe« abgewickelt; dahinter direkt angenestelt stand das Zelt, in dem Jakob und ich allein wohnten. Für einige Wochen hatten wir den Uffz. Bebensee, ehemals »Diener« der Ärzte Hanko und Trübsbach, als Gast. Den rückwärtigen Ausgang hatte ich in ein bis zum Boden reichendes Fenster umgebaut, und mit hellen Tüchern (aus dem Lazarett) eine Decke waagrecht in halber Höhe der hohen Zeltspitze eingezogen, wodurch der Raum heller wurde. Wir organisierten einen großen Ofen. Nach einem Monat sah das Zelt wie ein Atelier aus.]

21. Januar 45. Gestern wurden drei Holzschnitte fertig: Rosen-

runges »Augsburger Rathaus«, aus dem geschulten Gedächtnis minuziös genau gezeichnet, Kessels »Bayerische-Wald-Landschaft«, mein »Bodensee«. Kessels Schnitt ist der bei weitem beste, er ist eben ein Profi. Ich legte die Wiegendrucke in meine Mappe, mit Seidenpapier dazwischen.

28. Januar 45. Gestern hatte ich zweimal Besuch von Haymann, und das Ergebnis: 500 Blatt gutes Papier für die Drucke, ein Farbband für die Maschine, eine Flasche Tinte und eine Menge Kohlepapier. »Sind Sie nun glücklich?« fragte er. Wir haben uns über die militärische Lage unterhalten. Seine Einstellung zum Krieg und Kriegsende ist: Wie komme ich so rasch als möglich nach Hause? Zum amerikanisch-russischen Verhältnis fällt ihm nichts ein. Er zeigt sich resigniert: Gegen die Russen kann man nichts machen.

Müller stellte heute eine Liste derjenigen auf, die Lehrkurse im Lager abhalten können. Ich meldete mich zunächst nicht, aber alle redeten mir zu, ich sollte es tun, es sichere meine Lage im »Special Service«, in dem ich, seitdem die Zeitung verboten ist, eigentlich keine präzisen Pflichten habe. Wir besprachen die Sache im Zelt, und dann unterhielt ich mich mit Müller.

Ich sagte, ich könnte allenfalls über moderne Literatur sprechen, unter Einschluß jener Werke der sogenannten »Emigrantenliteratur«, von denen ich etwas wüßte. Außerdem würde ich gern ein paar Vorträge über politische Psychologie ausarbeiten. Darunter konnte er sich glücklicherweise nichts vorstellen, Jakob hingegen kennt ja Teile des Besinnungs-Ms., und er sagte: Über dieses Thema kannst du erst reden, wenn die Russen in Berlin sind. Ich sagte: Du meinst, wenn der Krieg aus ist? Genau, sagte er, vorher bringen sie dich draußen in den Camps um, wenn du sagst, was du denkst.

30. Januar 45. Mit welchen Empfindungen H. diesen Tag feiern wird? Im Zelt hinter mir spielt ein »Salonorchester« Unterhaltungsmusik. Im Zelt vor mir singen die Pfarrer ihre Weltuntergangsgesänge. Es ist eine derartige Leere und Inhaltslosigkeit, ein solches Geleier in diesem Singen, daß ich selber wie ausgehöhlt davon werde.

Es sind nun 80 gute Drucke von meinem Holzschnitt gemacht. Morgen kommt der Rosenrungesche dran. Ich lese Jünger, Der Arbeiter. Damals war er noch besser.

1. Februar 45. Gestern abend holte Rosenrunge Jakob und mich in sein Zelt hinüber und eröffnete uns, daß sich dem Abtransport des Österreicher-Lagers, der für diese Tage vorgesehen ist, ein Dutzend aus der »Lagerbetreuung« angeschlossen hätten, darunter auch einige Reichsdeutsche. Er nannte die Namen. Es habe den Anschein, als werde hier seitens der Amerikaner unterderhand eine Möglichkeit geboten, antifaschistische Gesinnung zu dokumentieren und mit der Umsiedlung ins Österreicher-Lager zu bestätigen. Wir müßten, sagte R., uns überlegen, wie wir uns dazu stellen wollten.

Ich erklärte, daß mir die Sache dunkel zu sein schiene und daß die Leute, die er genannt habe, Ausschuß seien. Selbst wenn seine Interpretation der Aktion zutreffend sei, wolle ich diese Hintertreppe nicht benützen.

Abends ging ich zu Wilkismann, den ich »Herr Konsistorialrat« nenne, der Chef der 30 Pfarrer, ein Mann mit vielen Ölen nicht gesalbt, aber geglättet, und sprach mit ihm über das Problem. Um es ungestört tun zu können, kam er mit mir in unser Zelt. Er produzierte laues Gerede, das mir nicht half. Diese Pfarrer sind insgesamt eine laue Gesellschaft. Ich wollte ihn festlegen und fragte ihn, ob er bereit sei, mit mir zusammen zu Lt. Kaiser zu gehen, um die Sache zu klären. Er sagte weder ja noch nein.

Nun habe ich dank Freund Pammer [in Rennes war ich dem Deserteur aus Brest als Gefangenem wieder begegnet], der Führer des Österreicher-Lagers ist, dorthin die beste Beziehung, und von ihm erfuhr ich, daß unter seinen 600 Untergebenen sich 30 Reichsdeutsche befänden und daß ich selbstverständlich in sein Lager kommen könnte, er würde dafür sorgen, daß es keine Komplikationen gäbe. Zur grundsätzlichen Seite der Sache hatte er keine Meinung.

2. Februar 45. Nachmittags kam Müller und sagte, er habe sich erkundigt, und es handle sich um eine rein österreichische Angelegenheit. Das stimmt nun fraglos nicht mit den Tatsachen überein, und die Wahrheit ist, daß Müller nicht einen erheblichen Teil seiner Leute aus dem Betreuungslager verlieren will – was unfehlbar eintreten würde, wenn Reichsdeutsche frei fürs Österreicher-Lager optieren könnten und damit eine politische Demonstration verbunden wäre. Die Lager-Intelligenz ist zu 90% antifaschistisch, und das nicht erst seit gestern. (Knapp 100 von mehr als 45 000!) Pammer war nachmittags noch einmal bei mir, ich fand ihn in der

gleichen Stimmung wie in den Tagen, bevor er aus Brest verschwand. Er ist uneins mit sich, die Ungewißheit der Zukunft bedrückt ihn. Er weiß nicht, was er will. Seine österreichischen Kumpel, mit denen er sein Lager führt, sind von ganz anderem Schlag; die träumen von einer »österreichischen Legion« in der amerikanischen Armee, von Sonderfrieden und baldiger Rückkehr. Diese Ober-Nazi-Schreier von 1937, jetzt winseln sie herum bei den Siegern. Sie wissen wenig vom wahren Zustand Europas, und ihre Rechnung wird bestimmt nicht aufgehen, solange Krieg ist. Ich bin weit davon entfernt, sie moralisch be- oder gar verurteilen zu wollen. Aber daß sie sich so aufspielen, als seien wir Deutschen die Nazis und sie deren arme Opfer, geht mir zu weit.

Meldungen besagen, die Russen stünden 80 km vor Berlin, und ein Stoßkeil wende sich Stettin zu.

4. Februar 45. Mit Haymann hatte ich eine Unterhaltung, er hat Hitler am 30. Januar über Radio gehört. H. habe genau dasselbe gesagt wie seit 14 Jahren, ohne irgendwelche greifbaren Anhaltspunkte für seinen Optimismus zu geben. B., der dabei war, meinte, vielleicht halte sich H. schon seit einigen Monaten in irgendeinem Bunker auf und wisse gar nicht, wie die Lage sei. Ich wurde durch den Ruf: Post abgeben!, überrascht und tippte in fünf Minuten einen Brief ohne Entwurf. [Es ist nichts zu Hause angekommen.] Die Pfarrer singen wieder in ihrem Zelt, und Bebensee heult zuweilen aus Protest wie ein Hund.

Wir planen, Stühle und Tische vors Zelt zu stellen, sobald es die Witterung erlaubt, damit unsere Kundschaft in aller Ruhe die Kataloge durchsehen kann. Ein Mann aus der Betreuungskompanie ist im Begriff, mit Hilfe eines Messers aus verschiedenen Kistenholzbrettern eine Geige zu bauen. Ein anderer aus der Unteroffiziers-Kompanie hat bereits eine Gitarre gebaut.

5. Februar 45. Fast drei Stunden lang habe ich M. [ein Soldat, der uns in der Bibliothek half] den Vortrag über Japan diktiert. Titel: Das japanische Experiment. M. stenographiert sehr gut, aber ich habe während der Arbeit nicht feststellen können, ob ihm mein Text gefällt oder nicht. Ich ende mit Pearl Harbor, gehe nicht auf den japanisch-amerikanischen Krieg ein, das wäre, aus meiner Sicht dargestellt, politischer Sprengstoff. Ein Urteil, welche Chancen die Japaner haben, nämlich keine, kann sich jeder selber an Hand der Daten bilden, die ich mitteile.

Ich habe das Brester Tagebuch im Laufe der vergangenen Woche abgeschrieben, die letzten Seiten werden morgen fertig. Daß ich diese Blätter jetzt offen auf dem Tisch liegenlassen kann, läßt mich das Gefangenenlager als eine Stätte der Freiheit erkennen.

7. Februar 45. Aus der gestrigen Armee-Zeitung: Die Russen hätten eine 2. Phase ihrer Winteroffensive begonnen, in Oberschlesien und zwischen Frankfurt und Küstrin, wo sie Brückenköpfe links der Oder hielten. Die Amerikaner haben eine lokale Offensive zwischen Monschau und Prüm gestartet, Prüm wird wiederholt genannt. Nach amerikanischen Schätzungen befänden sich im Reich etwa 23 Millionen Menschen unterwegs oder seien an fremden Orten in fremde Haushalte aufgenommen worden. Man rechne mit 6 Millionen Ausländern in dem noch deutsch besetzten Reichsgebiet. In einem zu den französischen Verhältnissen sich äußernden Artikel wird festgestellt, de Gaulle stehe Gewehr bzw. Aktenmappe bei Fuß und warte auf eine Einladung zum Treffen der Big Three. Es wird im gleichen Artikel ausgeführt, de Gaulle werde sich gewiß darüber im klaren sein, daß er nicht im letzten Augenblick in den Sieg hineinspringen und davon den Anspruch ableiten könne, gleichberechtigt mit den Großen Drei am Tisch zu sitzen.

14. Februar 45. Ich habe zwei oder drei Tage lang nichts aufgeschrieben. Ich werde darin nachlässig. Solange ich im Kriege war, hatte ich das Gefühl, ich dürfte die Details nicht einfach versinken lassen. Jetzt ist es anders. Das Gleis ist gelegt, ob wir ein bißchen mehr, ein bißchen weniger zu essen haben, ist bedeutungslos. Bis zu einem gewissen Grad ist dieses Lager schon eine Organisationsform der Zukunft, der Zeit nach dem Krieg. Hier und jetzt tätig zu sein ist wichtiger, als an eine fernere Zukunft zu denken. Also einerseits »Betreuung«, Buchverleih, Musik, Holzschnitte, andererseits Aufklärung. Ihr dienen meine »Vorträge« – ein Wort, das ich hasse, weil es nichts von der Mitarbeit der Zuhörer weiß, auf die doch alles ankommt. Meistens habe ich zwischen 200 und 250, mehr gehen nicht in das Zelt, in dem von der Messe bis zur Schrammelmusik alle Veranstaltungen stattfinden.

17. Februar 45. Die deutschen Unteroffiziere, die, ihrer mehr als 700, ihr eigenes Lager haben, sind bei der amerikanischen Lagerführung vorstellig geworden, man möge ihnen ein Kommando deutscher Soldaten stellen zu dem Zweck, die Latrinenkübel mit

der Unteroffiziersscheiße auszuleeren. Da sind sie bei Kaiser an den richtigen gekommen. Ich würde diesen Brüdern eine Woche lang nichts zu fressen geben. Was tatsächlich verfügt wurde: die Herren dürfen ihren engsten Lagerbereich nicht mehr verlassen, ausgenommen um ihre Mittagsverpflegung an der Küche zu empfangen. Daraufhin haben sich Hunderte von ihnen, was noch nie vorgekommen ist, für den Gottesdienst morgen angemeldet. Als Kaiser die Meldung mit den Namenslisten vorgelegt wurde, lachte er nur höhnisch. Ich stand zufällig in der Nähe, Kaiser wendete sich mir zu und sagte: »Sehen Sie, Kuby, so wenig ist nötig, um euch Nazis fromm zu machen.« Noch niemals hat er bisher den Terminus »Nazi« auf »seine Betreuungskompanie« angewendet, er war vor Wut über die Unteroffiziere aus der Kontrolle, und so zuckte ich nur mit den Achseln und ging weg. Nachher kam er unter irgendeinem Vorwand in die Bibliothek und war wie immer.

17. März 45. Im Lazarett habe ich unseren »report on the work of library« getippt. Jakob gibt ihn abends Müller, der sich kühl verhält, aber verspricht, ihn weiterzuleiten. Wir bedienen nachmittags über 120 Kunden. Vorher habe ich Holzschnitte abgezogen, die, gerahmt, in der Verwaltungsbaracke hängen sollen. Die Wände dort wurden mit Hilfe der Pinsel und Farben, die von YMCA für unsere Zeichner geschickt wurden, in optische Folterwerkzeuge verwandelt. Rosenrunge sagt, es sähe aus, als ob man Gemüsesuppe über eine braune Leimschicht gegossen hätte. Vor den Fenstern wachsen Blumen aus Blech.

19. März 45. Gestern begegnete ich meinem Urfeind Kreiensen aus Brest, der mich maliziös lächelnd und mit drohender Stimme fragte, ob ich ihn nicht auch einladen wolle, wenn ich wieder einen Vortrag über Jugoslawien hielte. Ich wußte im ersten Augenblick gar nicht, worauf er anspielte, bis mir einfiel, daß der ehemalige Koch aus Landerneau als Spitzel für K. in meinem Vortrag war. Es soll mir gleich sein, Kreiensen wird nicht mehr zum Zuge kommen, und ich werde nur ein weiteres Ausrufezeichen hinter meinem Namen auf den »Schwarzen Listen« der NS-Mordkommandos im Lager bekommen haben. Aber sie werden mich nicht erwischen.

Der Tag beginnt mit der Prozession zum Fluß, an den Stangen schwanken die Scheißkübel – ich trage unsern mit Jakob. Wir bewegen uns wie ein Leichenzug im Gefangenentempo vorwärts. Es fallen Bemerkungen wie: Haben wir uns früher der braunen Masse nicht widersetzt, können wir es jetzt auch nicht tun.

22. März 45. Für den armen Rosenrunge sind die Thegonnecer Gespenster wieder auferstanden. Er wurde gestern abend gegen 7 Uhr ans Tor zitiert und in ein Cage-Office im Lager 21 gebracht. Dort erfuhr er, er solle einem Leutnant Morris vorgeführt werden, aber dieser Herr war nicht mehr da. Es fand sich kein Posten, der R. zurückgebracht hätte, und so übernachtete er bei Bekannten vom PX [Marketenderei], indessen wir uns sorgten. Der Cage-Warden Sommerfeld, früher Frankfurt/Main, sagte, als er Rosenrunge sah: Bringt ihn weg, ich will sein foggen face nicht sehen. R. ist nun für morgen 11 Uhr zu Lt. Morris bestellt, und während wir heute zusammen im geleerten Österreicher-Lager aufräumten, redeten wir viel hin und her – er macht sich arge Sorgen. Ich riet ihm, auf jeden Fall zu versuchen, nach Amerika zu kommen, oder zumindest aus Frankreich weg. Er meint, das sähe wie ein Schuldeingeständnis aus.

Derzeit sieht es so aus, als sei die deutsche Verrücktheit gefährlicher für die Welt gewesen als die amerikanische Dummheit, die sich als demokratische Ratio tarnt, indes sich die deutsche Verrücktheit als Bestialität decouvrierte. Ich bin jedoch nicht sicher, ob diese Dummheit, kommt sie mit Missionseifer voll im Weltmaßstab zum Zuge, nicht mindestens so viel Unheil stiftet.

25. März 45. Dieses Lebens größter Nachteil ist weder die Unfreiheit noch die Primitivität, sondern der Umstand, daß es in einer Männergesellschaft gelebt werden muß. Was das an Entbehrung bedeutet . . . nun ja. Aber das ist es nicht allein. Das Männliche wird mir allmählich in solchem Grade zuwider, daß es mich einfach verrückt macht. Ja, es macht mich verrückt, wenn ich zum Beispiel Bebensee abends mit seinem schwerfälligen, nachlässigen Schritt an mir vorbeigehen fühle, oder wenn ich J. zuschauen muß, wie er morgens nach dem Kaffee-Empfang mit immer gleichen Gesten erst einen Becher von der heißen Brühe austrinkt, schlückchenweise, bevor er sich übers Brot macht. Nicht der einmalige Vorgang setzt mir zu, sondern die ewige Wiederholung, die Wiederkehr des Bekannten, diese absolut sichere Wiederkehr – während ich doch selbst bei vertrauten Frauen nie ganz sicher war, was ihnen einfallen werde, zu tun.

26. März 45. Im Zelt nebenan spielt ein Quartett Mozart. Trübsbach die erste Geige, er ist vom Lazarett herübergekommen. Heute sind auch wieder Noten, Instrumente und Bücher geliefert worden durch Lt. Silbermann, den neuen Betreuungsoffizier. Er hat sich ein paar Holzschnitte ausgesucht.

28. März 45. Gestern bei den Pfarrern Grammophonmusik. Ich hatte ausgesucht: Burleske von Strauss, Chopin-Etüden, von Cortot gespielt, Brahms, Klavierkonzert Nr. 2. Der Strauss war hohl.

Einer der Gefangenen hatte die Nummer eines NS-Blattes in der Tasche, das sich »Frontkurier« nennt oder nannte, darin war der Wehrmachtsbericht vom 9. 2. 45 abgedruckt: Die Besatzung von Bonn wehrt sich heldenmutig in den Trümmern. Verteidigung bei Stettin. Schwerer Angriff der Russen bei Küstrin. Deutsche Erfolge am Plattensee. Ferner fand sich darin ein Artikel zum Heldengedenktag, auch Frauen und Kinder werden Helden, stand da, und: Haltet aus, bald ist der Sieg unser!

Karfreitag, 29. März 45. Heute früh Choralblasen vor dem Zelt. Die Arbeitskommandos rücken aus wie alle Tage. Nach dreitägigen Versuchen gelang es, von Rosenrunges Radierung (Diele eines Hamburger Patrizierhauses) tadellose Drucke herzustellen. Die Buchbinderpresse habe ich zu diesem Zweck umgebaut. Während ich im geöffneten Zelt, manchmal von Jakob unterstützt, umgeben von Büchern in Regalen, »Zustandsdrucke« herstelle, ziehen dreimal am Tag unmittelbar neben dem Zelt, doch jenseits der Umzäunung, die »Neuen« vorbei, Mann hinter Mann, schmutzig, verwahrlost, stinkend, eine Konservendose in der Hand, auf dem Wege zur Suppenausgabe. Die Soziologie eines Lagers (z. B.: wie entstehen die »Klassen«-Unterschiede?) wäre es wert, zum Gegenstand einer sorgfältigen Untersuchung gemacht zu werden. Und zwar jetzt und hier. Wenn ich das unseren Siegern vorschlüge, würden sie mich zum Psychiater schicken. Alle mit uns in Berührung kommenden Amerikaner scheinen höchstens so intelligent zu sein, daß sie es verstanden haben, sich vom Krieg an der Front zu drücken. Wenn sie sich auch vom Frieden in Europa drücken, werden sie sich wundern, was passiert.

30. März 45. Die katholischen Pfarrer veranstalteten Beichte. Einerseits mangels Beichtstuhl, andererseits wegen des Beichtgeheimnisses vernahmen sie die Sünder im Herumlaufen auf dem

Grasplatz vor der Küchenbaracke. Etwa 30 Beichtaspiranten warteten, indes zwei Pfarrer mit zwei Sündern in gehörigem Abstand plaudernd fürbaß schritten.

Dialog bei den Zuschauern: Wie viele Runden Sünden hattest du? Zwei, und du? Nur eine.

Im Lager von Lt. Stewart ist eine Gruppe von etwa 100 Mann aus sogenannten Volksdeutschen zusammengestellt worden. Stewart fragte den versammelten Haufen – ich habe es selbst gehört –: Wer von Ihnen ist Deutscher? Einer (!!) trat vor. Stewart fragte weiter: Wer von Ihnen würde gegen Deutschland kämpfen? (Er fragte nicht in offiziellem Auftrag, sondern nur zur eigenen Unterrichtung.) Über 90 meldeten sich. Stewart schüttelte den Kopf und ging weg.

Wer im Elsaß oder in Lothringen geboren ist, wird ausgesondert und bekommt eine blau-weiß-rote Kokarde. Europa bildet sich zurück.

Hösch erzählte, er sei von einem Sanitäts-Feldwebel im Lazarett vor mir gewarnt worden: dieser Vaterlandsverräter! Falsch! Es muß Volksverräter heißen. Ich bin nur zu bereit zu verraten, um welches Volk es sich bei uns handelt. Hierin bin ich nach fünfjähriger Ausbildung Fachmann.

8. April 45. Im Lazarett habe ich durch Mißbrauch von Zahnarzt Bethges Bohrmaschine eine Stahlplatte, Format DIN A 6, plan und spiegelnd geschliffen und mit einem Stahlstift, der ebenfalls vom Zahnarzt stammt, die Meersburg [Bodensee] auf die Platte gestochen.

Aus den Zeitungen (San Franzisko-Konferenz) gewinne ich den Eindruck, daß die Schwierigkeiten zwischen den Amerikanern und den Russen immer größer werden.

Zu unserer akustischen Qual liest der pathetischste der Pfarrer nebenan im Zelt – Macbeth vor. Diese Pfarrer sind amusisch wie die Heringe, aber sie glauben es ihrem Stand schuldig zu sein, dauernd von Kunst reden zu müssen.

16. April 45. Heute früh kam unser »Zivilist« in die Bücherei, wie wir einen etwa 50jährigen Herrn nennen, der am Stock geht, Bürger einer Kleinstadt in gestreiften dunklen Hosen, hellem Hemd, einer braunen Flausch-Hausjacke mit aufgesteppten, gedrehten Schnüren als Knopfschlingen. Seinen Mantel trägt er bei dieser Wärme über dem Arm. So hat man ihn von der Straße weg

mitgenommen. Es kam heraus, daß er erst vor kurzem aus Jugoslawien zurückgekommen war, er war Soldat bei der Küstenartillerie und lag über ein Jahr bei dem kleinen Kloster auf der Insel Schiowo unmittelbar bei Trogir. Im Kloster selbst war sein Abteilungsstab einquartiert.

Weißt Du noch? Sechs Mönche wohnten da. Einer wusch Salat, als wir durch die Diele in das Gärtchen traten mit dem Feigenbaum und den Blumen, von wo der Blick auf Trogir ging und auf die kleine Drehbrücke, die den Meeresarm überspannt. Es war ein glühend heißer Tag, ich hatte versucht, die zwei großen Zypressen unterhalb des Klosters zu zeichnen, und wir baten um einen Schluck Wasser. [Das war kurz vor Kriegsbeginn.]

20. April 45. Drei Amerikaner kamen ins Zelt, von denen mich der eine über den Büchereibetrieb ausfragte und sich Notizen machte. Vielleicht will er darüber schreiben. Einer betrachtete mit spürbarem Interesse die Holzschnitte. Er bat um einen Satz der Blätter. Ich sagte, wir hätten zur Zeit nur die Musterabzüge, und ob er sich nicht gedulden wolle, bis neue Drucke vorhanden sind. Er respektierte die Bitte, ohne mit einem Wort dagegenzusprechen. Das gibt's eben auch. Wenn sie nur nicht so schrecklich ahnungslos wären, unsere Obersieger.

Erich Kuby
31 G – 626 176 German
U.S. Army P. W. I. B. France   April, 21st 45

Dr. Johann v. Sprecher
Schweizerische Monatshefte für Politik und Kultur
Zürich/Switzerland
Postfach Frauenmünster

Sir,
the knowledge of some recent numbers of your review is the cause of my request, the uncommeness of which may be excused by the exceptional circumstances.

I beg you to keep the manuscript »Besinnung« (reflection) sent over to you with this letter until my circumstances will allow me one day to care for my work myself. I should like to see this writing sheltered from the accisrutalness of the next time. (It is quite the same with the joining notices of Brest.)

A kind of thinking equal to mine, which I found in your review, encourages me to write this letter; it makes it not impossible that you consider a publication of the manuscript »Besinnung«. Though I request shelter for my writing first, a print in your review or in another you deem reliable would be appreciated, because I guess that there will be no possibility of publication in Germany in time within sight. I should largely prefer the publication in a neutral review to avoid a negative accent of the writing.

The notices of Brest must not be printed. They will – essentially shortened – be a part of a book: »Die verlorenen Jahre«. It may be published later and in the totality former intended.

I beg you to respect the pseudonym Alexander Parlach.

I should be very much obliged to you, if you would try to get connection with my wife and send her the manuscripts after reopening of German border.

[Ich habe mich später nicht erkundigt, ob Brief und Manuskript angekommen sind, habe aber nie etwas darüber gehört.]

25. April 45. Gestern, an Thomas' vielbedachtem 4. Geburtstag, habe ich das Besinnungs-Manuskript abgeschlossen, nachts gegen 12 Uhr nach einigen Tagen wahrhaft besessener Arbeit (mit vielen Unterbrechungen). Mit seinen Wiederholungen und Widersprüchen ist es ein Dokument des Augenblicks, ein Versuch, Zustand zu fixieren mitten in einer rasenden Bewegung. Heute abend lese ich im Zelt daraus vor, es werden etwa 14 Pfarrer, Buchhändler, Musiker, Clowns, Ärzte das Publikum bilden.

Mein Manuskript habe ich auf einer amerikanischen Dienstmaschine geschrieben, auf der zu lesen steht: Jede ungesetzliche Verwendung wird streng bestraft.

Zwei Soldaten in deutscher Uniform kamen in die Bücherei und sagten auf französisch: Sie sprechen Französisch, mein Herr?

Ich: Ja, was wünschen Sie?

Haben Sie französische Lektüre?

Ein wenig, nichts Besonderes leider. Sind Sie Franzosen? Woher?

(Der eine:) Aus Brest.

(Der andere:) Aus Rennes.

Wir waren in der französischen Legion gegen Rußland, sagte der eine.

26. April 45. Von 21.15 bis 23.45 habe ich vorgelesen. Zwanzig hörten zu, mit großer Aufmerksamkeit hielten sie aus. Die Pfarrer zogen sich in sichtlicher Betretenheit zurück, nachdem ihr Sprecher, Wilkismann, versucht hatte, Kritik vorzubringen, in der er zwischen den guten Deutschen und den Nazis jene Unterscheidung treffen wollte, die für mich nicht existiert.

Der deutsch-jüdische amerikanische Hauptmann Sommerfeld hat in seinem Lager die Sechzehnjährigen zusammengezogen. Sie brauchen keinen Arbeitsdienst zu machen, haben vormittags Unterricht, Mittagsruhe, nachmittags Sport. Je acht bis zehn von ihnen werden in wöchentlichem Wechsel zum Küchendienst kommandiert, damit sie sich satt essen können.

Unser Haustier, Zelttier, ist eine Kröte. Sie kommt zuweilen unter meinem Bett hervor, bleibt vor dem Fenster, das bis zum Boden reicht, sitzen, schaut hinaus und verschwindet wieder mit langen weichen Sprüngen. Sie kommt mir auch unterernährt vor. Als ich sie berührte, blies sie sich auf.

Berlin! Auf dem Reichstag Rußlands Fahne! In allen Zeitungen, amerikanischen und französischen, finden sich Auslassungen darüber, wie sich die Russen Vergeltung vorstellen. Ein kleiner Bezirk an der Wolga habe 480 Millionen Dollar Schaden, von uns angerichtet, ausgerechnet. Die deutschen Soldaten haben die Trachtenkleider der dortigen Mädchen nach Hause geschickt! Fotos aus den Konzentrationslagern – Berge, Berge! von menschlichen Skeletten.

Ein Ungar setzte sich vorhin auf die Rasenkante vor unserem Zelt, pflückte Blättchen. Ich fragte, was er vorhabe. Er verstand mich nicht. Schließlich machte er mir begreiflich, er wolle sie essen.

22. April 45. Lautenspieler Teuchert [Heinz Teuchert, heute in Frankfurt, bedeutender Lautenspieler und Musikpädagoge] ist die erste gute Neuerwerbung der Betreuungskompanie. Er kam, wie verabredet, in unser Zelt, wir musizierten zusammen. Trübsbach hat mir wieder seine Geige geliehen. Teuchert lebt in der polyphonen Musik, ist ein ausgezeichneter Kontrapunktiker, er schreibt aus dem Gedächtnis Mozarttexte (Quartettsätze), so daß wir sie spielen können. Als ich die Geige bei Trübsbach holte, fand ich ihn auch aus seinen Angeln gerissen. Er ist Chemnitzer, und dort sind die Russen.

Die Zeitungen sind randvoll über die entsetzlichen Entdeckungen der alliierten Truppen auf deutschem und polnischem Boden. Churchill sagte, was da ans Licht käme, übersteige jede Vorstellung. Wenn er das nicht nur aus propagandistischen Gründen sagt, müssen die Alliierten einen miserablen Nachrichtendienst gehabt haben. Aber das glaube ich nicht.

Wir hungern jetzt ein bißchen, oder anders gesagt: Wir werden nicht mehr satt. Wir sind derzeit 33 000 deutsche Gefangene in diesem einen Lager. Insgesamt sollen es allein unter amerikanischer Regie zwei Millionen sein.

Seit gestern ist unser Haushalt um eine Person größer geworden. Es sind 17 neue Leute der Special Service Group zugeteilt worden, und um nicht irgendeinen rüden Burschen ins Zelt zu bekommen, erklärten wir uns von vornherein bereit, Teuchert, den Lautenspieler, aufzunehmen. Er ist zwischen uns die ernsthafteste Erscheinung, ein Mann völlig ohne Pose, eine durch und durch künstlerische Natur, so wie Bach – ich greife bewußt so hoch – Künstler war, nämlich Arbeiter, ein Arbeiter in Kunst. Er ist still und in allem Praktischen unbeholfen, wir bemuttern ihn ein wenig, Jakob und ich. Im Gegensatz zu uns Spätaufstehern sitzt er schon über den Noten, schreibend, nicht spielend, noch bevor wir wach sind.

Hitler soll tot sein, Mussolini gefangen. Ich glaube es noch nicht.

2. Mai 45. Die Meldungen, von Dementis und Gegendementis in Frage gestellt, besagen, daß ab 1. Mai, mittags 14 Uhr, Waffenstillstand sei.

Im Schlepptau von Teuchert gerate ich in die musikalische »Betreuung«. Gestern um 19 Uhr machten wir auf der Zahnstation Musik, aber es gelang uns nicht, die Zuhörer aus ihren verwüsteten Vorstellungen herauszureißen. Vor allem nicht infolge der Ungeschicklichkeit von Pfarrer Wilkismann, der wie ein Varieté-Ansager (vom Reichssender Leipzig) Teuchert vorstellte und darauf hinwies, dies sei eine 1.-Mai-Feier besonderer Art. Angesichts der Situation hätte das Datum in diesem Zusammenhang nicht genannt werden dürfen, dieser 1. Mai hat sein eigenes Gewicht, wenn die Meldungen zutreffen. Auch las der Pfarrer ein Gedicht über den Mai, voll Jubel über »das quellende Jahr« – es klang wie Hohn.

Als wir das Zelt verlassen hatten, sagte ich zu Teuchert: Paß auf, Pfarrer Weber wird zur Feier des Tages den Faust-Prolog heute abend vortragen. [Seit Dezember hatte er ihn vier- oder fünfmal rezitiert.] Um 22.45, mit Gemütsstärke 12, Tonstärke 8, Pathos 120 hörten wir durch die Zeltwände: Und seine wunnnnderrrvollen Werrrrrke sind herrrrrrlich wie . . .

Hitler soll gestern abend gegen 10 Uhr gestorben sein und Dönitz als der Mann der Konkurserklärung den Oberbefehl übernommen haben.

Sonntag, 6. Mai 45. Teuchert, der Frühaufsteher, hat in unserem Zelt den »Morgendienst« übernommen. Er heizt den Ofen und kehrt. Den Ofen bringt er nur in Schwung, wenn das Holz gut abgetrocknet ist. Wenn nicht, steht er betrübt davor. Staubwischen mit einem dunkelbraunen Läppchen wird bei ihm zu einer allegorischen Handlung. Seine manuelle Ungeschicklichkeit im Praktischen ist gepaart mit phänomenaler Virtuosität auf dem Instrument. Das deute ich als Ökonomie seines Wesens, er will zu nichts brauchbar sein als zu seiner Kunst. Er gehört nach seinem geistigen Habitus in den Kreis der Goetsch, Harro Siegel, Heisenberg . . . Jugendbewegung, die nicht im Emotionellen steckengeblieben ist.

8. Mai 45. Gestern alliierter »Tag des Sieges«. In St. & Str. steht, die Menschenmengen der Hauptstädte seien auf die Straßen gegangen, aber es habe sich kein wilder Siegesjubel entwickelt.

Aus der Niederlage-Proklamation von Schwerin-Krosigk, einem Mann, der zehn Jahre lang mit den Nazi ging, die wichtigsten Sätze: »In unserer Nation wird die Gerechtigkeit das oberste Gesetz sein. Das Gesetz ist die Basis unserer Beziehungen zu den anderen Nationen. Das muß uns Sache des Gewissens sein. Respektierung der Verträge ist das heilige Opfer, das die Nation bringt, um in der europäischen Völkerfamilie zu bleiben als ein Mitglied, welches alle menschlichen, moralischen und materiellen Kräfte einsetzen wird, die furchtbaren Wunden des Krieges zu heilen.«

12. Mai 45. Vier Tage lang nichts eingetragen. Wieder eine Woche vorbei. Keine Musik vor Fremden gemacht. Teuchert gab heute sein erstes Konzert, 20 Minuten Laute solo zwischen zwei Streichquartetten (Haydn, Mozart). Er hat, auf einem Strohballen in einem leeren Zelt sitzend, drei Tage Technik geübt.

Keitel, das Monokel ins Auge geklemmt, der einfältige Narr, unterschrieb in Berlin ein zweites Übergabe-Dokument, welches auch verhindern wird, daß die Deutschen jemals wieder behaupten können, sie seien militärisch nicht geschlagen worden.

Im Lager grassieren Entlassungshoffnungen. Bergleute, Eisenbahner und Landwirte müssen sich melden. Ich habe mich wieder als Landwirt gemeldet und konnte zum Erstaunen des listenführenden Leutnants genau angeben: wieviel Tagwerk Grund, wo, Stallung usw.

Nachmittags besucht uns ein Feldwebel, der in einem Lager den Posten eines Kompanieführers hat. Wenn man ihn erzählen hört, bemerkt man erst richtig, wie glücklich unser Leben hier im Bücherzelt ist. Sie schlagen sich dort um Brotkrumen – ohne daß wirklich gehungert würde. Nie, sagt der Mann, werde über etwas anderes geredet als über Essen, Trinken, Mäntel, Decken, und Neid sei die alles beherrschende Regung. Wenn, sagte der Feldwebel, die Amerikaner uns wirklich ruinieren wollen, müssen sie uns alle stante pede nach Hause schicken, wir würden uns gegenseitig totschlagen um nichts und wieder nichts.

Teuchert unterrichtet einen jungen Soldaten (Student) in Kontrapunkt. Zwischendurch spielt er zur Illustration der Theorie einen Bach-Satz. Der Buchhändler K. druckt Holzschnitte. Der Buchbinder M. ist über seine Heftlade gebeugt. Jakob stellt neue Buchserien zusammen, Kessel schleift sein Schnitzmesser, die Sonne scheint. Als ich vors Zelt kam, sah ich, daß die ersten Leinsamen aufgegangen sind, die wir gesät haben. Fünf oder sechs hellblaue Blüten schaukelten im Wind.

15. Mai 45. Gestern abend hielt ich einen Vortrag in der Kirchenbaracke über Bücher. Die Zuhörer gingen mit und klatschten am Schluß nicht. Für nächsten Montag kündigte ich einen Vortrag an über »Die Entstehung der ›Volksgemeinschaft‹ im 3. Reich«. Ich schlage die Ankündigung nicht mehr an den Schwarzen Brettern der einzelnen Lager an, da kommen die falschen Leute. Sie muß, wie auch gestern schon, durch Mund-zu-Mund-Propaganda ersetzt werden. Die 150 in der Kirche waren die richtige Auswahl.

Brem, einer der Pfarrer, erzählt, in Rennes werde ein deutscher Film von der Hinrichtung der Offiziere des 20. Juli gezeigt, der damals aufgenommen und in der Wehrmacht als Drohung und Abschreckung hohen Stäben vorgeführt worden sei. Man habe die Opfer in einem vierstündigen Prozeß langsam zu Tode gemartert.

[Bis dahin wurde das Notizheft mit Tusche geführt. Ab jetzt mit Bleistift bis zum Ende.]

23. Mai 45. Vorgestern wurden die Landwirte aufgerufen, von unserem Lager ein erster Schub von 250 Mann. Sie wurden »untersucht« auf ihren Gesundheitszustand, das heißt, sie zogen im Laufschritt (buchstäblich!) am Arzt vorbei. Gestern habe ich gepackt in Erwartung eines neuen Aufrufes.

Ich musizierte mit Teuchert, als Jakob und Rosenrunge aufgeregt erschienen und sagten: Landwirte antreten! Ich sagte: Den Mozart spielen wir zu Ende. Die Decken mußten wir abgeben, wir kamen in leere Fabrikhallen und legten uns auf den Boden. Seit heute früh nichts zu essen.

Am Montag hatte ich als letzten den Vortrag über die Volksgemeinschaft gehalten. Heute sprach mich ein Bauer an, der zugehört hatte: ob ich das drucken lassen würde, er wolle mir seine Adresse geben, er würde für alle Kosten aufkommen. Er war ein ganz einfacher Mann aus einem Dorf in Mitteldeutschland. Er sitzt jetzt in meiner Nähe und traut sich nicht heran, weil er mich schreiben sieht. Er sieht aus wie alle, ist aber ein denkendes Wesen. Wieder zu Hause, wird er seinen Hof verloren haben, wird in eine Kollektivwirtschaft eingegliedert werden und hat dann zwei Möglichkeiten: ein aktiver Kommunist zu werden und Bürgermeister, oder fortzugehen.

25. Mai 45, nachmittags. Ein Feldwebel hat mir befohlen, für 50 Mann die Verteilung der »kalten Verpflegung« zu übernehmen. Zwei holen in einem Sack, was es gibt. Gestern Brot, zehn Minuten später Fisch, nach einer weiteren Viertelstunde Eipulver. Das Brot wurde aufgegessen, bevor der Fisch kam. Der Fisch vor dem Eipulver. Das Eipulver leckten sie dann aus der Hand.

Ich machte ein pädagogisches Experiment mit dem Ziel, daß heute niemand sein Brot anrühren würde, bevor die Zutaten verteilt seien. Es ist gelungen. Das Eipulver mußte ich aus einer großen Büchse verteilen. Erst bekam jeder einen Löffel voll. Dann verteilte ich den Rest, wobei es unmöglich war, genau abzuschätzen, wieviel der einzelne noch bekommen durfte, wenn alle mit dem »Nachschlag« bedacht werden sollten. Es ging auch nicht auf, acht bekamen nichts mehr. Sie meuterten nicht, sie schimpften nicht. 20 m weiter entstand eine Rauferei um einen Becher Kaffee.

Der Bauer kommt von Zeit zu Zeit und setzt sich in meine Nähe. Er zeigte mir sein Notizbuch, in das er meinen Namen so eingetragen hat, wie er ihn am Abend verstanden hat: Kobi. Darunter hat er geschrieben: Mensch und Masse.

Abends. So unwahrscheinlich es klingt, aus meinem Publikum vom vorigen Montag hat sich noch ein Bauer eingefunden: Josef Schnappinger, Hallabruck 3 bei Traunstein, ein Landsmann. Im Augenblick liest er im Besinnungs-Manuskript, das ich ihm lieh. Diese Kopie ist auf hauchdünnem Papier geschrieben, und wenn wir in Bewegung kommen, befestige ich sie, einmal der Länge nach gefaltet, mit Heftpflaster auf dem Unterschenkel. Meistens wird doch nur das Gepäck durchgefilzt.

Dieser Bauer hat einen Hof am Ortsrand von Traunstein. Sieben Jahre war er in Italien, was er da getan hat, weiß ich nicht. In der Stadt Traunstein betreibt er außerdem ein Geschäft für Fahrräder, Radios usw. Sein Bruder ist Jurist – war Kriegsrichter. Im Jahre 1941 (!) gab es Streit zwischen den Brüdern, denn Josef baute auf seinem isoliert gelegenen Hof für 7000 Mark einen Luftschutzkeller, »falls die Front nach Traunstein kommt«. Nach drei Jahren Soldatspielen ist er wie ich noch einfacher Soldat, wurde aber nie bestraft, seine totale Interesselosigkeit am Militär bewahrte ihn davor. Er spielte die ganze Zeit den dummen Bauern, und sein stark gerötetes Gesicht eignete sich vortrefflich für diese Maske. Er ist randvoll gefüllt mit vernünftigen Gedanken.

30. Mai 45. Zwei Tage lang war ich so schwach, daß ich nichts aufgeschrieben habe. Ich brachte es bis auf 39 Fieber. Der Arzt meint, ich sollte noch drei Tage auf dem Strohsack bleiben.

Wie man in großstädtischen Parkanlagen am Morgen benützte Präservative auf den Wegen herumliegen sehen kann, so hier im Staub der Lagerstraßen die von den Uniformen abgerissenen Reichsadler aus Stoff.

31. Mai 45. Dieses bißchen Kranksein hat mir ziemlich zugesetzt. Keine Reserven. Gestern und heute mußte das ganze Lager antreten, und es hieß, die ersten 4000 Mann gingen auf die Reise. Beide Male standen wir mit dem Gepäck auf dem Antreteplatz, dann hieß es: Kommando zurück. Die Ansicht ist allgemein, die Amis täten uns das zum Tort an.

Jetzt aber doch: bei der letzten Namensverlesung war ich dabei! Es hat eine landsmannschaftliche Sichtung stattgefunden, und wir alle im Transport »F« sind Süddeutsche.

1. Juni 45. Das war eine verrückte Nacht. Der Koch scheint sich in der Kaffeemenge geirrt zu haben, er gab ein Getränk aus, das Tote aufgeweckt hätte. Niemand schlief. Die allgemeine Unruhe erzeugte allgemeine Hysterie. Im Revier, wo ich noch liege, erschien ein »Kranker« nach dem andern, der hilflose Sanitäter wurde rabiat. In Landerneau bei Hanko habe ich gelernt, Simulanten zu erkennen. Ein Mann erschien und klagte über Herzbeschwerden. Der Sanitäter sagte, er habe kein Mittel. Der Mann stolperte hinaus, als sei er kurz vor dem Herzschlag. Ich sagte: Dem fehlt nichts. Minuten später draußen ein Geschrei: Sani, Sani, Sani! Ich erkannte die Stimme wieder. Laß mal, sagte ich und ging hinaus. Der Mann wälzte sich auf dem Boden. Ich schrie ihn an, ihm fehle überhaupt nichts. Er schrie auch. Ich schrie noch mehr. Nach zehn Minuten war er still und entfernte sich ohne Beschwerden. Der nächste sagte: Sani, ich muß immer brechen, was soll ich tun? Ich sagte: Du mußt den Mund aufmachen.

6. Juni 45. Seitdem ich mich dieses teuflischen Kaffees enthalte, schlafe ich wieder ausgezeichnet. Heute nacht wachte ich auf, mußte einen Gang tun und sah einen Schwarm meiner Volksgenossen am Zaun stehen, eifrig Handel treiben mit den amerikanischen Posten. Vor denselben Leuten, die sie tagsüber in ihren dummen Redereien gemeine Lumpen nennen, demütigen sie sich des Nachts. Sie suchen ihre englischen Brocken zusammen und winseln am Zaun: Have you Cigarettes? 1 Paket = 1000 ffrs.!
Oder: 4 Zigaretten = 1 goldener Ehering,
2 Pakete = 40 Stück = 1 gute Armbanduhr.
Ich kenne jemand, der kennt jemand, der hatte einen Zigarettenvorrat. Er besitzt jetzt annähernd 70 Ringe.
Zu Hause werden sie erzählen, die amerikanischen Posten, diese Schweine, hätten ihnen die Ringe abgenommen.
Ich bekam dieselben Geldscheine zurück, die ich bei der Gefangennahme abgeben mußte: zweieinhalbtausend Francs. Als ich mit den Franc-Scheinen aus dem Lagerbüro trat, stürzte sich ein Dutzend auf mich: ob ich sie nicht gegen Mark umtauschen würde. Sie boten 50 Mark für 500 ffrs., also das Doppelte des amerikanischen Kurses vom Herbst 44.

7. Juni 45. Seit heute früh 10 Uhr sind wir unterwegs, Richtung Germany. 40 Mann in einem offenen Güterwagen, in einer sogenannten Lore. Es ist nicht heiß, nicht kalt, es regnet nicht, wir sind gut verpflegt, und der Zug fährt flott. Wir sind im Augenblick etwa 50 km von Le Mans entfernt. So sehe ich dieses Land noch einmal im Juniglanz, friedlich, mit bestellten Feldern, weidenden Kühen. Sie grasen hier, wo wir gerade auf freier Strecke halten, um zwei ausgebrannte deutsche Panzer herum. In manchen Orten winkten uns deutsche Soldaten zu, die bei Franzosen arbeiten. Sie werden uns traurig nach Osten fahren sehen. Wir sahen sie auf dem Feld und auf den Höfen zusammenstehen mit ihrem Bauern oder dessen Tochter, auf die Gabel gelehnt, sie scheinen es nicht schlecht zu haben. Drohungen werden gegen uns selten laut, und mit Steinen wurden wir erst einmal beworfen. Der amerikanische Posten macht Witze mit uns und Geschäfte. Diese GI wissen jedenfalls die Stunde zu nützen.

8. Juni 45. Hinter Paris, im Marnetal. Wir halten, neben uns steht ein Güterzug, voll mit Polen, »slaveworkers« aus Deutschland. Ihre Wagen sind mit Laub und rot-weißen Fähnchen geschmückt. Sie haben Brot in Fülle, und ihre Verfolger und Mörder von gestern lassen sich von ihnen Brot schenken. Die Polen sind sehr still, betrachten uns eher freundlich als gehässig und scheinen ihre eigene Zukunft nicht gerade rosig zu sehen.

9. Juni 45. Wir kamen gestern nur bis Bar-Le-Duc, auch heute geht's nur ruckweise weiter. Die Sonne hat sich noch nicht durch den Nebel gekämpft, die Nacht im offenen Wagen war empfindlich kühl. In Château-Thierry gab es abends den ersten Zwischenfall. Links hatten wir den Bahnhof, rechts einen kleinen Sportplatz, wo unter Aufsicht eines Zivilisten, der weniger sportlich als vielmehr nach einem Zuhälter aussah, sechs Mädchen im Dreß, der nichts verbarg, Weitsprung trainierten. Es waren vollbusige Bürgerkälber, die sich stimuliert fühlten, erstens von unseren amerikanischen Bewachern, zweitens aber doch auch von tausend Augen der sexuell ausgehungerten Boches. Umgekehrt fühlten sich die Männer in den Güterwagen auch stimuliert, und in meiner Gruppe war einer, der konnte es nicht lassen und rief den Mädchen etwas zu. Ich sagte, das wäre vielleicht nicht ganz die Gelegenheit, anzubandeln (ich sagte es anders und schärfer), und er meinte, ach was, das ist doch alles nicht so schlimm. Der ganze

Wagen pflichtete ihm bei. Der Zug ruckte an, und ich bemerkte eine überraschende Heiterkeit bei den Mädchen und anderen Franzosen, die sich untereinander auf irgend etwas aufmerksam machten. Sekunden später wußten wir, was sie so belustigte. Ein französischer Spaßvogel hatte den drehbaren großen Wasserkran, mit dem die Tanks der Lokomotiven gefüllt werden, über die Mitte unseres Gleises gedreht und geöffnet. Die Wasserflut stürzte in die Wagen. Als wir an der Reihe waren, hatte der Zug schon Tempo, wir drückten uns, vom Geschrei der anderen gewarnt, an die Außenwände, das Gepäck bekam am meisten ab. Der Bursche, der die Mädchen angequatscht hatte, wurde sehr still.

10. Juni 45. Ludwigshafen. Wir wurden 4 oder 5 km vor der Stadt ausgeladen. Wir stehen auf einem kahlen, von Stacheldraht umgebenen Platz, der vor vier Wochen noch ein Kornfeld war.

Zu essen gab es heute noch nichts. Endgültige Entlassungspapiere sollen hier ausgestellt werden. Zeltbahnen und ein zweites Schuhpaar – sofern vorhanden – wurden abgenommen. Wir liegen auf der Erde im Abendwind. Ich sehe eine Kulisse rötlicher, halb zerstörter Fabrikbauten. Ich zeichne – Umgebung und Menschen.

11. Juni 45. Es regnet seit heute nacht. Das ehemalige Kornfeld verwandelt sich in einen Schlammteich. Die Registriertische stehen unter offenen Dächern. Dorthin drängt alles, auch ich. Ich würde die Mappe mit den Skizzen und Drucken gern trocken nach Hause bringen. Das Gedränge unter den Dächern, unter denen nicht ein Zehntel der Gefangenen Platz finden kann, ist lebensgefährlich. Ich beobachte mit hohem Interesse eine Situation, in der Voraussetzungen zur Bildung privilegierter Gruppen fehlen. Ein Morastplatz ist ein Morastplatz, außer den erwähnten Dächern gibt es nichts, was man als menschliche Behausung bezeichnen könnte. Aber da fangen ein paar an, im sandigen Boden zu graben. Sie haben ein Werkzeug, mit dem sie graben können, einen Spaten. Wo kommt dieser Spaten her? Was kann man aus sandigem Boden und Spaten machen? Ein Loch! Ein Loch ist bei Regen schon besser als kein Loch. Hat man ein Loch, braucht man etwas, um das Loch abzudecken. Ich sehe nichts, was dazu taugen könnte, es sei denn, der Mann mit dem Spaten habe zufällig einen Mantel oder seine Zeltbahn nicht abgegeben. So entwickelt sich Klassengesellschaft.

12. Juni 45. Ich hatte keine Gelegenheit mehr, weiter zu beobach-

ten. Die Gefangenen, für die die Postleitzahl 17a gilt, darunter ich, wurden auf ein anderes Feld geführt. Ein Schritt weiter zu dem Tor, das in die sogenannte Freiheit führt. Auf diesem Feld sitzen allerdings einige schon seit 14 Tagen. Ihren Wohnort, ihre Wohnung, ihre Familien könnten sie, meist Pfälzer, sogar zu Fuß in ein paar Stunden erreichen, man brauchte sie nur laufenzulassen. Man läßt sie nicht laufen. Es ereignet sich der abstruse Fall, daß hier ein Mann sitzt – seit zehn Tagen –, dessen Haus keine 50 m vom Stacheldraht entfernt steht. Die Frau wirft Päckchen durch den Zaun, ich habe beide gesehen und mit beiden gesprochen, der Mann war beim Lageroffizier – nichts zu machen. Der Offizier sagte, es wäre ungerecht gegenüber allen andern, den Mann außer der Reihe zu entlassen.

Ich werde unter der Verpflegungsnummer 28c geführt. In dieser Massenorganisation wäre ich von jedem, der in die Papiere der Gefangenenverwaltung Einblick hätte, mittels folgender Kennziffern zu identifizieren: C.C.P.W.E. 12 / 10 Nr. 626 176; C.C. P.W.E. 11/3; XII. Batl., 2. Zug, 3. Gruppe (eine Kompanienummer scheint gelöscht zu sein); Transport F, Transportgruppe 22, Postleitzahl 17a; lfd. Nr. 1092, Liste 22, Stockade 1, Gruppe 15, Verpflegungsnummer 28c.

13. Juni 45, 10 Uhr. Es gießt wie aus Eimern. Ich hänge mir meine Taschen über die Schultern, sie abzustellen in den Morast ist unmöglich, und habe unter dem linken Arm, von einem Riemen gehalten, zwei nasse, gefaltete Pappdeckel von einer Konservenschachtel. Bei Regen stehen überall die Schachtelmänner herum, die sich Stücke einer Pappschachtel über den Kopf gestülpt haben. Ich sah auch einen, der eine viereckige Keksbüchse als Regenschutz auf dem Kopf balancierte und außerdem einen von der Nässe steifen brettartigen Sack sich über die Schultern gehängt hatte. Er sah wie ein japanischer Ritter aus! Seine Kontur hatte große Würde.

Die Narren hier bezahlen 50 Mark für eine Zigarette; ich erfuhr es vorhin, als einer sagte, er wolle versuchen, sie billiger zu bekommen. Ich hatte noch eine und sagte, er könne sie von mir haben. Was ich dafür haben wollte? Ich sagte zum Spaß: 20 Mark. Er zog tief beglückt einen 20-Mark-Schein und pries mich als den ersten anständigen Menschen, den er in diesem Lager getroffen habe. Als ich ihm mit der Zigarette seinen Schein gab, wurde er ganz verwirrt. Am Zaun sagte vorhin ein amerikanischer Posten zu mir: Uhr für Zigaretten? Ich sagte, daß ich alle Soldaten, die eine Uhr gegen Zigaretten tauschten, für verdammte Narren hielte. Er war erstaunt, eine englische Antwort und noch dazu diese Antwort zu bekommen. Dann grinste er und sagte, glücklicherweise gäbe es genug von dieser Sorte.

Vorhin gab es Tee. Einige haben zum Schluß die ausgebrühten Teeblätter aus den Gefäßen gekratzt, über einem Feuer getrocknet – jetzt rauchen sie den Tee, eingerollt in Zeitungspapier. Auch aus Kaffeesatz werden Zigaretten hergestellt.

Überall und pausenlos flammen Streitereien auf, die sich nicht selten zu Schlägereien entwickeln. Um nichts. Wenn die Töpfe mit Tee oder Suppe am Lagertor sichtbar werden, bemächtigt sich der meisten ein noch größerer Irrsinn als gewöhnlich. Sie sind dann wie Giftpilze, sie versprühen Haß, rundherum Haß gegen jeden, einfach, weil der andere auch Anspruch auf Tee oder Suppe hat. Ein 40jähriger, der sich vorhin auf einen 18jährigen stürzte, schrie dabei: Das Faustrecht kommt wieder, das Faustrecht!

15. Juni 45, früh (wieder Sonne!). Die Kurse von heute: ein guter goldener Ring: 4–5 Zigaretten. 1 Zigarette: 30–40 Mark. 1 EK I: 2 Zigaretten. 1 Armbanduhr: 10–15 Zigaretten. Auch Geld wird getauscht: 1 Dollar = 10 Mark. Die Posten werden reiche Leute. Ich überschlage, daß ich während der Gefangenschaft, diese Preise zugrunde gelegt, etwa 12 000 Mark in Zigaretten verschenkt und für 10 000 Mark Nahrungsmittel und anderes eingetauscht habe. Hier also beginnt der Deutschen Ausverkauf.

Abends gegen 5 Uhr. Nach einer Nervenzerreißprobe (zwei Transporte gingen ab, ich war nicht dabei) habe ich jetzt den Entlassungsschein in der Tasche. Das Lager ist schon fast leer.

16. Juni 45, früh 6 Uhr. Doch noch eine Nacht hinter dem Draht. Ich schreibe jetzt gegen Abend im Betriebsraum des Bahnhöfchens Königsdorf, zwischen Karlsruhe und Pforzheim. Ein Abenteuer hat begonnen. Wir wurden gegen 9 Uhr verladen, fuhren mit großer Geschwindigkeit zwischen den Trümmern von Mannheim auf die Autobahn nach Karlsruhe. Jeder begann Berechnungen anzustellen, wann wir wohl in Tuttlingen sein würden, und dementsprechend: wann zu Hause. Vor Karlsruhe war die Autobahn wegen der Brückensprengungen nicht mehr zu befahren, wir bogen ab, passierten Durlach. Kurz hinter Durlach bremste unser Fahrer, schlug die Rückwand des Wagens herab, machte Gesten,

als würfe er Sand nach allen Seiten, und sagte: At home! Ich machte ihm klar, daß wir etliche 100 km entfernt von »home« seien, – es ließ ihn kühl. Wir befanden uns mitten in einem Dorf und lösten uns auf der Stelle in Trüppchen auf.

Von den Frauen, die aus den Häusern kamen, wurden wir nach dem Woher und Wohin befragt. Wir lernten in den ersten zehn Minuten zwei entscheidende Fakten kennen: 1. daß die Franzosen überall im Badischen bis fast nach Stuttgart hin säßen; 2. daß französische Streifen die Gewohnheit hätten, die eben freigelassenen Soldaten wieder aufzugreifen, um sie einer neuen, unangenehmeren, zweifellos langen französischen Gefangenschaft zuzuführen. Wir müßten, wurde uns bedeutet, alle Hauptstraßen meiden. Auf einer solchen befanden wir uns. Ich verzog mich in ein Gebüsch und zog Mantel, Rock und Pullover aus, wovon der Rucksack so schwer wurde, daß ich merkte: mit diesem Gepäck komme ich zu Fuß nicht weiter. Ich marschierte bis Kleinsteinbach und vermied jede Berührung mit anderen Soldaten. In Kleinsteinbach fragten mich wieder Frauen aus, darunter eine, die eben zwei Kuchen vom Bäcker geholt hatte und nach Hause trug. (Denn es war Samstagnachmittag.) Die Frau führte mich weg von der Hauptstraße zu einem Tisch und einer hölzernen Bank am Ufer des Dorfbaches. Eine andere Frau ging, ein Messer zu holen, eine dritte nach Most, eine vierte brachte einen Teller. Da saß ich nun, Kuchen essend und Most trinkend, von Kleinsteinbacherinnen eingekreist, und mußte einen Plan machen. Um ihn machen zu können, brauchte ich vor allem eine Landkarte. Die Frau mit dem Kuchen erbot sich, eine Karte zu beschaffen. Während ich auf die Karte wartete, kam aus dem nächsten Haus eine Frau, die ich bis dahin nicht gesehen hatte, mit einem Teller Kartoffelsuppe, in der Spätzle aufgehäuft waren, auf die Spätzle war Schnittlauch gestreut. Auch die Karte kam, und ich beschloß, das Schwarzwaldgebiet zu umgehen und mich nördlich an Pforzheim vorbei über Maulbronn, Vaihingen bis etwa Ludwigsburg durchzuschlagen. Dort, dachte ich, will ich versuchen, mir bei Hartensteins [Verwandten] ein Fahrrad zu leihen. Mit Frau Roßner, der Kuchenspenderin, ging ich nach Hause, fand eine gutbürgerliche bequeme Wohnung. Ich bekam Waschwasser und packte, zum wievielten Mal?, meinen Kram um, alles Überflüssige aussondernd, auch den Uniformrock. Zurück blieben außerdem die Lexika, der Hölderlin, die Kulturgeschichte, die benützte Wäsche. Frau R. bereitete mir ein Mittagessen, Spiegeleier auf Speck und grünen Salat. Nachher gab es Himbeeren. Eine Nachbarin brachte zwei Dampfnudeln.

Ein zweiter »Befreiter« erschien, aus Radolfzell, und wollte sich mir anschließen. Was er zu bieten hatte, war eine ausgezeichnete Karte, die bis zum Bodensee reichte. Im übrigen gefiel er mir gar nicht, und selbst wenn er mir gefallen hätte: ich wollte keine Begleitung.

Erst lief ich auf einem Waldweg, als dieser aufhörte, kehrte ich auf die Landstraße zurück und kam auf ihr bis Wilferdingen. Auf der Straße, die hinter W. auf die Autobahn mündet, war starker Verkehr amerikanischer und französischer Autokolonnen. Nachdem ich eine Stunde lang vergeblich versucht hatte, von einem amerikanischen Lastwagen mitgenommen zu werden, kehrte ich zu meinem Plan zurück und wanderte nach Königsbach. Unterwegs traf ich eine Frau mit einem 5jährigen Jungen und einem Handwägelchen, die war auf dem Wege von Karlsruhe nach Königsbach zu ihrer Schwester. Ich lud Rucksack, Mappe und Kind aufs Wägelchen, das wir nun zu zweit leicht ziehen konnten. So kamen wir nach Königsbach. Hier ging ich zum Bahnhof und traf in einer Wüste von Schutt und zerstörtem Mobiliar den Herrn Vorsteher und seinen Gehilfen. Der Vorsteher erzählte mir von seinen drei Söhnen, die alle Offiziere wären. Darauf war er noch immer stolz.

Hier also sitze ich und warte auf einen Güterzug, der um 19.30 durchkommen und bis Pforzheim fahren soll. Von dort will ich zu Fuß bis Eutingen, weiter nach Mühlacker, und dort, meinen die Bahnleute, fände ich gewiß einen Zug - wenn nicht nach München, so doch nach Ulm. Der Bahnhofsvorsteher ging mit mir ins Dorf zum Betteln. Ergebnis: ein halbes Brot und etwas Butter, Marschverpflegung für morgen.

17. Juni 45, mittags zwischen den Trümmern des Bahnhofs Mühlacker auf den Zug nach Osten (Stuttgart-Ulm) wartend. Gestern kam das Züglein nach Pforzheim schon eine Viertelstunde früher, als es sollte. Andere Passagiere, so wenig im Besitz einer Fahrkarte wie ich, rieten mir dringend, in einem Dorf vor Pforzheim auszusteigen und die Stadt zu meiden. Es war dann schwierig, Pforzheim auf den Höhen zu umgehen, immer wieder wollte mich

ein Weg stadteinwärts lenken, ich überstieg viele Zäune. Schließlich streifte ich aber doch noch ein hochgelegenes Villenviertel, ganz unbeschädigt inmitten blühender Gärten. Es war mir merkwürdig, in meinen Lumpen an heilen Häusern, gepflegten Blumenrabatten entlangzugehen.

Ich kam um 21 Uhr nach Eutingen, das mir als zu städtisch und unübersichtlich mißfiel. Von den Höhen aus sah ich Pforzheim im Tal liegen, total zerstört, einst Sitz vieler Juweliere und Schmuckfabriken. Beim Hauptangriff 40 000 Menschen tot und Milliardenwerte in den Boden gestampft. Die Saga davon bewegt die Leute hier. Die Trümmer beuten die Franzosen wie Diamantbergwerke aus. Ich kam auch an dem Viadukt der Autobahn vorbei, 80 oder 100 m hoch, der Mittelteil herausgesprengt, im Tal liegend als Schuttberg.

In Eutingen hatte ich wieder Glück. Die erste Frau, die ich wegen eines Quartiers ansprach, nahm mich auf. Ich bekam ein Bad und ein Bett. (Das erste Bett seit Juni 44 in Straßburg.) Dazu Kirschkuchen und Kaffee. Ich schlief bis halb 9, wieder Kirschkuchen, dann zu Fuß nach Mühlacker. Gleich wurde mir bedeutet, in M. stünde ein französischer Kontrollposten, ich müsse vorsichtig sein. Die Amerikaner haben uns besiegt, die Franzosen fürchten wir. Das bedeutet, sie sind intelligenter. Eine Frau lief mir nach und sagte: Kommen Sie mit, ich habe vielleicht eine Zivilhose für Sie. Es fanden sich gutsitzende Knickerbockers und Sportstrümpfe. Die Mutter der Frau gab mir einen Brief an eine Verwandte in Überlingen mit. Ich habe jetzt ungefähr 20 fremde Briefe im Gepäck, die ich irgendwo abgeben soll. Hinter Eutingen wieder eine Frau mit einem Jungen und einem Leiterwagen. Das ist nicht weiter merkwürdig, der Handwagen ist das deutsche Überland-Transportmittel geworden. Wieder lade ich mein Zeug auf, wir ziehen zusammen in Mühlacker ein. Zweimal passieren wir unbehelligt französische Posten. Nicht nur die Zivilhosen, auch das Handwägelchen, die Frau, der Junge mäßigten ihr Interesse an mir bis zur Gleichgültigkeit. Die Frau besucht, bevor sie ihr eigentliches Ziel erreicht, Bekannte, ich werde in die Wohnung gebeten, es gibt auch hier Kirschkuchen und dazu Zwetschgenschnaps.

Durch Mühlacker radelte ein Polizist, kenntlich als solcher an einer Armbinde, machte alle 50 m halt, blies auf einer Trompete ein Signal und verlas dann irgendeine Bekanntmachung. Ich schwanke noch, was ich nun wirklich tun soll. Wahrscheinlich wäre es doch das beste, erst einmal nach Weilheim zu fahren und mir amerikanische Papiere zu besorgen.

21. Juni 45. Die ersten ruhigen Minuten seit Tagen – in Kempten, im Wartezimmer des Zahnarztes Dr. Bauschmidt, bei dem ich 1943 eine große Reparatur machen ließ. Am 17. Juni bekam ich in Mühlacker einen Güterzug bis Ludwigsburg. Ich saß wieder in einer Lore, beladen mit Stahlschienen. Dort befand sich schon ein junges Hamburger Ehepaar, seit Himmelfahrt unterwegs mit zwei Fahrrädern, großem Strohkoffer, drei Rucksäcken, zwei mannshohen Plaidrollen (Kleider und Pelze), einer eleganten Hutschachtel. Die Frau ein Typ wie Biba V., in Shorts und mit großer Sonnenbrille. Sie wollen nach Stuttgart, wo eine Tante ein Haus hat, aber sie wissen nicht, ob das Haus noch steht.

In Ludwigsburg gehe ich zu Hartensteins, finde die ganze weibliche Familie vor. Herzliche Aufnahme, ein friedliches Abendessen im Garten. Die Stadt ist intakt, amerikanische Besatzung. Erinnerungen an das Konzert von Hildebrandt im vorigen Jahr.

Um 21 Uhr auf die Bahn, wo ich einen Zug nach Untertürkheim bekomme. Dort auf dem großen Rangierbahnhof zahllose Familien mit Kindern und Tonnen von Gepäck, zum Teil auf Leiterwagen geladen. Die Leute sitzen neben den Gleisen und warten auf Güterzüge irgendwohin. Die Züge nach Norden sind überfüllt, auf Benzintanks und in offenen beladenen Kohlenloren sitzen die Frauen und Kinder, sind tagelang unterwegs. Sie haben ihre Unterkünfte in süddeutschen Bauernhäusern verlassen, streben zu den Schutthaufen ihrer ehemaligen Wohnstätten im Ruhrgebiet, und zwar ohne dazu gezwungen worden zu sein.

Ich bekomme gegen Mittag einen Zug nach Ulm, es ist derselbe, den ich in Ludwigsburg verlassen habe. Sehr kühle Nacht, ich habe keine Jacke und keine Decke mehr und friere. Gegen 9 Uhr früh in Augsburg, das war also am 18. Juni. Kurz vor Augsburg durchqueren wir ein vom Hagel gänzlich verwüstetes Gebiet. In Augsburg werden wir alle vom Bahnhof vertrieben, und es heißt, daß wir den Zug nicht mehr weiter benützen dürfen. Mit der Straßenbahn fahre ich quer durch die Stadt. Ich sehe die Ruinen des Rathauses, des Hotels Drei Mohren, und so weiter. Ich komme per Straßenbahn bis Hochzoll, laufe dort noch ein paar hundert Meter bis zum ersten amerikanischen Straßenposten und bitte diesen, deutsche Lastwagen Richtung München anzuhalten. So finde ich ein Fahrzeug, das mich über die Autobahn bis Pasing mitnimmt. Es ist voller Flüchtlinge, die zum Teil nach Österreich wollen und sich in Bayern bereits wie im Ausland vorkommen.

Um 1 Uhr klingele ich bei Ruoffs. Das Haus ist unversehrt – uns fallen viele Steine vom Herzen bei der Begrüßung. Ich sehe Bilder von Edith und den Kindern. Die ersten von Gabriele. Ich lese Ediths letzte Briefe aus Überlingen. Wie es dort seit der Besetzung geht, wissen Ruoffs natürlich auch nicht. Meine Schwester ist vor 14 Tagen angekommen, floh aus russischer Gefangenschaft in der Tschechoslowakei. Sie tauchte hier ebenso überraschend auf wie ich, und es kennzeichnet die Informationsverhältnisse, daß R.s nicht wußten, ob sie in Weilheim angekommen ist. Unser Weilheimer Haus soll beschädigt sein, Mama den Angriff überstanden haben, dessen Folgen die anderen Mieter veranlaßt habe, das Haus, die Ruine?, zu verlassen. Das wäre auch eine Lösung – ohne Wohnungsamt.

Um 16 Uhr steige ich auf einen Kohlenzug, der angeblich nach Peißenberg bestimmt ist, der sich aber in Tutzing entschließt, nach Penzberg abzubiegen. So muß ich dort heraus und auf den Milchzug nach Weilheim warten. Er kommt eine halbe Stunde später, und seine Güterwagen sind überfüllt. Ich schreibe auf dem Tutzinger Bahnhof einen Gruß an Hausensteins und bitte ein Büromädchen, den Brief zu bestellen. Der Milchzug rangiert in Diemendorf und in Wilzhofen und braucht von Tutzing nach Weilheim fast eine Stunde. Die ganze Strecke von Pasing bis Tutzing war völlig unbeschädigt, erst als wir uns Weilheim nähern, beginnen die Bombenschäden. Auf den Gütergleisen stehen zerstörte Züge, der Bahnhof ist ein Ruinenrest, und ebenso unser Haus. Ein Stückchen Dach hängt noch über der rückwärtigen Hälfte, die vordere ist weg. Als erste sehe ich Lisl [die Schwester], die eben mit dem Rad den Weg von der Unterführung heraufgefahren kommt. Einige Männer sind bei uns beschäftigt, Schutt abzukarren. Ich höre später, es seien Parteigenossen, Beamte vom Gericht und Finanzamt sowie Schullehrer, deren Ämter noch nicht wieder arbeiten und die sich auf diese Weise, vermutlich nicht ganz freiwillig, nützlich machen.

Mama finde ich in keinem guten Zustand. Tante Agnes hatte gesagt, sie wöge noch 68 Pfund. Mama, so viel größer, wird kaum einen Zentner wiegen. Zwei ihrer Zimmer sind noch in leidlicher Ordnung, aber alle Türen und Fenster schließen nicht mehr dicht. In der Nähe, unten an der Ammer, befindet sich ein Lager verschleppter Russen, die alles mitnehmen, was ihnen unter die Hände kommt, Fahrräder mit besonderer Vorliebe. Mamas Pelzmäntel sind weg und Lisls neues Rad. Mama erinnert sich, daß ich bei meinem letzten Aufenthalt gesagt hätte, die Soldaten wirst du nicht zu fürchten brauchen, jedenfalls nicht im gleichen Maße wie die befreiten Sklavenheere, und jetzt sagt sie, genauso sei es gekommen.

Sie hat wochenlang in der Ruine allein gewohnt, bis Lisl kam, die jetzt voll Tatkraft die Aufräumungsarbeiten in die Hand genommen hat, mit Unterstützung eines Herrn Schneider. Da er für die Stunde Arbeit 1,40 bekommt, im Monat bis zu 320 Mark kostet, kann er auf die Dauer nicht beschäftigt werden.

Der Hausschutt wird über die Straße im Schubkarren gefahren und poltert über eine Rutsche in Bombentrichter. Seit 14 Tagen verschwinden darin die Trümmer des Vorderhauses, aber die Trichter sind so riesig, daß der Schutt von zehn Häusern Platz hätte. Es gibt aber keine zehn stark zerstörten Häuser, sondern außer dem Bahnhof nur das unsere.

Ich mache mich wieder zum alten Weilheimer Bürger. Die deutsche Ordnung ist mir dabei hilfreich; in der Einwohnerkartei findet sich meine Meldekarte vom Jahre 1918, als wir vom Kreilhof nach Weilheim zogen. Ich bekomme einen Lichtbildausweis, eine Identitätskarte, Lebensmittelkarten, die polizeiliche Anmeldung – das geht alles reibungslos. Mit dem Zimmermann Sch. und der kleinen Baufirma F. führe ich Gespräche über die Wiederherstellung. Das vordere Haus werden wir nicht aufbauen, von ihm steht so gut wie nichts mehr. Nur der rückwärtige Teil soll bewohnbar gemacht werden, dazu gehört auch die Scheune und ein Teil des Stalles. Ich mache Skizzen, wie das vermutlich aussehen wird.

Ich bleibe zwei Nächte in Weilheim. Trotz ihrer Magenbeschwerden gibt Mama von mittags bis abends englische Stunden, ganz Weilheim will Englisch lernen. Von der großen Tanne im vorderen Garten steht nur noch die Hälfte. In den Flügel hat es geregnet, die Hämmerchen sind gequollen, er ist derzeit unbrauchbar, vielleicht trocknet er wieder aus. Ich flicke mit Hilfe von Schneider Mamas altes Rad wieder zusammen, es gehörte, als es vor 45 Jahren gekauft wurde, zu den ersten modernen Rädern überhaupt, hat Holzfelgen, eine hölzerne, elegant geschwungene Lenkstange und ist federleicht.

Auf diesem Vehikel starte ich am 20. 6. nachmittags, nachdem ein starkes Gewitter sich ausgetobt hat, in Richtung Überlingen. Bis zur Sperrstunde, 9.30 Uhr, komme ich über Peißenberg bis Steingaden und übernachte dort bei einem Bauern, der selbst erst wenige Tage zuvor aus der Gefangenschaft zurückgekommen ist. Dessen alter Vater, der mit im Hause lebt, erinnert sich noch meines Großvaters; er sagt, er sei ein guter Mann gewesen, gut zu den kleinen Leuten. [Mein Großvater hatte um 1885 vom Staat das verwahrloste Klostergut, den »Fohlenhof«, gekauft und daraus eine Musterwirtschaft gemacht mit einer Tagesmilchleistung von 1000 l. Dann erkrankte er an Krebs, das Gut wurde verkauft.] Wir ergehen uns in Erinnerungen.

Heute, am 21. 6., verließ ich Steingaden früh und habe viele Berge hinaufgeschoben. In Kempten, im Schwanen, erinnert man sich meiner, ich bekam eine Suppe und stellte das Rad dort ein. Nun beginnt »Frankreich«. Die Stadt läuft über von entlassenen Gefangenen, die im französisch besetzten Gebiet zu Hause sind und sich nicht trauen, weiterzufahren. Die französische Kommandantur soll in Hegge sein.

22. Juni 45, früh 7 Uhr. Ich entschloß mich, nach Hegge zu radeln. In einem Hause neben der Kommandantur stellte ich das Rad sicher bei einer freundlichen Frau. Vor der Kommandantur standen etwa 40 Leute, es wurde nur immer ein Mann, eine Frau eingelassen. Ich sah mir den Betrieb eine Weile an, es ging still zu. Ein Marokkaner stand als Wache vor der Tür, ein zweiter spielte Portier, der flirtete mit den hübschesten der wartenden Mädchen auf Teufelkommraus, er ließ sie bevorzugt ins Haus zum großen Ärger der weniger hübschen und der Männer. Ich gewann den Eindruck, daß ich frühestens gegen 18 Uhr drankommen und hier keinesfalls verhaftet würde. Ich ging in das Nachbarhaus zurück, wo ich auf dem Sofa in der Küche übernachtete. Frau Karg weiß seit einem halben Jahr nichts mehr von ihrem Mann: es tröstet sie etwas, als ich ihr sagte, meine Frau wisse vermutlich seit September nichts mehr von mir. Sie hat einen kleinen Jungen im Alter von Thomas, ein wahres Löwenkind. Der Mann ist Betriebslei-

ter in der Nestlefabrik. Aufgezogen mit Nestlemehl und -milch, ist dieses Kind eine lebende Reklame für das Unternehmen. Ich bekam Nestlebrei abends und morgens und drei Büchsen Nestlemehl mit auf den Weg.

Um 8 Uhr ging ich zur Kommandantur hinüber. Der französische Hauptmann wollte mir nur einen Passierschein bis Immenstadt geben. Gerade davor war ich in Kempten gewarnt worden. In Immenstadt nämlich, nun schon fern der »amerikanischen Grenze«, käme man nicht weiter und werde, sich um einen Anschlußschein bemühend, für einen Transport nach Frankreich eingefangen. Der Hauptmann machte mir den Eindruck eines gebildeten Mannes, und ich probierte es erfolgreich mit der Solidarität der Intellektuellen – zum ersten und einzigen Male in der militärischen Sphäre, seitdem ich Soldat geworden bin (sehe ich von der Manuskript-Affäre im OKW und mit Jürgen Eggebrecht ab, aber die war ja schiefgegangen). Hier funktionierte der Appell auf Anhieb, als ich den Namen Romain Rolland fallen ließ und erzählte, daß ich ihn 1940 in Vézelay besucht hatte. Ich wurde für den Hauptmann zum »dringenden Fall«. Die Feindsituation war ausgelöscht, ohne daß das Problem Nazi oder Nichtnazi auch nur von fern gestreift worden wäre. Die idiotischen Schemata der Amerikaner hatten in diesem improvisierten Büro keine Geltung. Dem Hauptmann machte es einfach Spaß, einen Gesprächspartner zu haben. Ich verließ ihn mit einem Passierschein bis Lindau, via Isny, auf dem er handschriftlich vermerkte, mein Heimatort sei Überlingen. Ich fahre weiter.

Unterwegs kaufe ich Käse in verschiedenen Molkereien. Nachmittags bin ich in Lindau. Auf dem Bahnhof herrscht ein nahezu friedensmäßiger Betrieb, Fahrkarten werden verkauft, ein Fahrplan hängt aus, mit der Hand geschrieben. Der französische Bahnhofskommandant schlägt den Stempel auf meinen Schein, ohne auch nur hinzuschauen. Ich kaufe eine Fahrkarte bis Überlingen, um halb 8 geht ein Zug ab nach Friedrichshafen. Ich kann sogar das Fahrrad am Bahnhof in die Aufbewahrung geben. Ich bummle durch die Stadt und kaufe Kirschen. Mit der Tüte setze ich mich zwischen Bahnhof und Hafen, vor dem Hotel Bayerischer Hof, auf eine Bank in die Sonne und spucke die Steine aufs Pflaster. Ich trage kurze weiße Hosen und ein blaues Hemd. Im Bayerischen Hof ist ein hoher französischer General [Lattre de Tassigny] einquartiert, Offiziere schwirren ein und aus, die Posten präsentieren das Gewehr, auf Schimmeln kommt eine fabelhaft aufgedreßte Wachmannschaft zu irgendeinem militärischen Zirkus angeritten. Das ist der Augenblick, in dem ich in den vollen Genuß der Empfindung komme: der Krieg ist vorbei! 1940 beneidete ich in Frankreich die Franzosen um die Vorteile ihrer Schwäche. Jetzt genieße ich sie selbst, und diese uniformierten Hampelmänner zeigen sich mir im vollen Glanz ihrer Lächerlichkeit.

Die Hochstimmung auf die Spitze zu treiben, gehe ich zum Friseur, der mir nicht nur die Haare schneidet, sondern mich auch mit Greuelgeschichten über die französische Herrschaft bedient. Sie lassen mich nach meinen bisherigen Erfahrungen kühl. Als er fertig ist und nichts mehr verderben kann, frage ich ihn, was er eigentlich so fürchterlich finde, soviel ich sähe, betriebe er sein Geschäft ungestört weiter. Als er mir das Wechselgeld herausgab, betrachtete er mich bereits als seinen Urfeind.

Der Zug, Triebwagen mit Polsterbänken, fährt auf die Minute pünktlich ab. In Kreßbronn steigen Frauen mit Körben voll Kirschen ein. Kurz vor 9 bin ich in Friedrichshafen. Weiter mit dem Rad. Ich hoffe, Überlingen noch vor der Sperrstunde zu erreichen, aber ich schaffe es nicht. 7 km vor dem Ziel, in Unteruhldingen, gehe ich zu Rämischs. Es gibt Tee und Spaghetti und ein bis in die Nacht dauerndes Palaver. Ich erfahre, auf der Rehmenhalde sei alles in Ordnung. Meine Schwiegereltern lebten jetzt auch auf dem Hügel. Aus ihrer Wohnung am See seien sie exmittiert worden, dort sei Besatzung eingezogen. Ich schlafe fabelhaft auf der großen grünen Couch im kleinen Wohnzimmer in einem mondän parfümierten Schlafsack. Mit Händen ist zu greifen, wie man in so reichen Gehäusen fern den Städten weiterleben wird, als sei nichts passiert.

Frühstück am 23. Juni 45 in der Morgensonne mit Frau Rämisch auf der Terrasse, den spiegelnden See vor, die Pracht des Gartens um uns. Gemächlich fahre ich und schiebe ich zur Rehmenhalde hinauf. Meine Schwiegermutter begrüßt mich. Gabrielchen liegt vor dem Haus im Wagen unter einem Schleier, Thomas kommt von Rothes herüber im roten Badeanzug, recht dünn, knallbraun, etwas verlegen, aber strahlend. Die Nachbarn rufen sich durch die Gärten zu, ich sei angekommen. Edith ist schon in der Stadt, Besorgungen zu machen. Ich fahre hinunter und finde sie vor dem Milchladen in der Warteschlange stehen, schön, aber schrecklich dünn. Ich lasse unseren Pfiff hören [Anfang der »Frühlingssonate«], sie schaut sich sofort um, sieht mich aber nicht. Ich wiederhole das Signal, da bemerkt sie mich, verläßt die Schlange. Ihre ersten Worte: Kommst du aus Amerika? Wir setzen uns auf eine Bank bei der Schiffslände und stellen uns nachher wieder zum Milchholen an. Gegen 11 Uhr betrete ich die Wohnung.

»Agathe, es schießt!«

Die Stelle findet sich unterm 30. November 1940. Eine Hausbesitzerin, bei der wir einquartiert waren, weckte ihr Dienstmädchen mit diesem Ruf, wenn die Flak nachts zu schießen begann. »Es schießt, das kommt von Italien«, sagte meine Mutter, da war ich vielleicht fünf Jahre alt. Auf unserem Hof und bei den Nachbarn Filgertshofer glaubte man, bei Südwind Artilleriegefechte von der Alpenfront zu hören. Im 1. Weltkrieg.

Dieses ferne Ballern, wie und wo es auch entstanden sein mag, markiert in meiner Erinnerung den frühesten Eindruck von Krieg.

Ich hätte einen noch früheren behalten können: der Vater verschwand am 1. August 1914, rückte ein als Leutnant der Reserve. Der gelernte Landwirt überließ einen großen Einödhof in Oberbayern der Mutter, die aus der Stadt kam, eines Bank- und Brauereidirektors jüngste Tochter (mit drei älteren Schwestern), hochmusikalisch: die meisten großen Altpartien hatte sie auf dem Theater gesungen.

Nun war sie über Nacht Bäuerin geworden, Gutsherrin, wenn man so will, und fürchtete, wir würden alle verhungern. Fünfzehn Personen mußten in Saat- und Erntezeiten jeden Tag satt werden. Hinter Stall und Scheune lag das ›Leutehaus‹, da wohnten die ›Knechte‹; die ›Mägde‹ im Dachgeschoß des Haupthauses. Das alles steht noch wie es stand vor 60 Jahren, nichts hat sich verändert; nur das Sträßchen einerseits ins Dorf Oberhausen, 3,5 km, andererseits nach Peißenberg, wo Kohle gewonnen wurde, etwa ebenso weit, ist jetzt asphaltiert. Im Peißenberger Bergwerk habe ich später einmal als ›Lehrhauer‹ in Ferien gearbeitet.

Für den an der Westfront mit Feldhaubitzen schießenden Vater führte die Mutter einen Arbeitskalender über die Kriegsjahre. Sie lernte ihren neuen Beruf rasch. Die bis zu ihrem 92. Jahr durchgehaltene Rigorosität mag sich damals entwickelt haben. Sie war, was man eine Natur nennt. Einer ihrer Enkel faßte den psychologischen Sachverhalt einmal in die Worte: »Oma las jeden Tag ein Buch, aber es nützte nichts.«

22. August 1915. Witterung: »Regen. Morgens Herr Bossert, Mama, Erich und Frau nach Peißenberg mit 2 Pferden. Die anderen

Roggen auf 209 fertig gemäht. Frau Hoy morgens Holz gemacht und die Körner umgeschaufelt.«

Mit »und Frau« meint sich die Mutter selbst, sie nennt sich in den Aufzeichnungen häufig in der 3. Person. Anfang 1915 hießen die meisten Dienstboten noch Hans, Joseph oder Martin. Bald darauf wurden sie eingezogen. Statt ihrer kamen Gefangene.

26. Oktober 1915. Witterung: »trüb, kalt, Ostwind. 10 Franzosen und Frau Lechner in den Kartoffeln. 45 Ztr.«

Oder Jahre später:

17. April 1918. Witterung: »etwas neblig, kein Regen. Morgens Magnier und Jean im Hof Mist verrieben. Botin Futter zum Schneiden gerichtet. Der Russe Stiefel gemacht und dazwischen beim Futterschneiden geholfen. Später Magnier und Botin Kunstdünger gestreut auf 196 und 243. Die Mädchen im Garten. Die Frau um 5 Uhr nach Peißenberg zu Besorgungen geradelt.«

Wir nahmen ein ›Kriegskind‹ an, Karl, er war ein paar Monate älter als ich, lebte zwei Jahre bei uns, war mein täglicher Spielkamerad. Ich habe nicht die leiseste Erinnerung an ihn. Wohl aber an seine Mutter. Sie war Geigerin, hatte ein furioses Wesen, dunkle Haare hingen ihr in die Stirn. Sie kam zuweilen, musizierte oben, wo der Flügel stand, im großen Eckzimmer mit dem riesigen grünen Kachelofen, Salon genannt. Die Mutter spielte auch gut Klavier. Vor allem aber kam die Geigerin, wie die meisten unserer Gäste, um sich satt zu essen in Kriegszeiten. Unmittelbare Erinnerung an Karls Mutter ist, daß sie im Geigenkasten, dort, wo man Kolophonium und Ersatzsaiten unterbringt, Eier mitnahm.

Eines Tages kam ein Trupp Ulanen vorbei. Sie hielten vor der Auffahrt. Die Frauen schleppten in Waschwannen Wasser hinunter, um die Pferde zu tränken. Die Reiter, die nicht absaßen, bekamen Gläser gereicht. Sie waren die ersten und einzigen Soldaten aus dem Ersten Weltkrieg, die als plastisches Erinnerungsbild vor mir stehen. Doch diese wenigen können die einzigen nicht gewesen sein.

Am 20. Oktober 1915 (Witterung: schön) schreibt die Mutter: »Franzosen in den Kartoffeln. 2. Feld angefangen. Nachmittags auch Frau Lechner. Nachm. 500 Soldaten bei einer Übung Wasser gefaßt, vom Leibregiment.«

Die Gäste, die Verwandtschaft wurden entweder in Peißenberg oder in Huglfing von der Bahn abgeholt. Wir hatten einen ›Landauer‹, blau ausgeschlagen, mit hohen roten Rädern und Messinglaternen. 1918 wurden uns die letzten Pferde weggenommen. Die Mutter war unbefangen genug, vor diesen herrschaftlichen Wagen Ochsen zu spannen und so nach Peißenberg zu fahren. Als der dortige Knappschaftsarzt, er hieß Utzschneider, die Familie war mit uns befreundet, diesem Gefährt zum erstenmal begegnete - er war zu Rad -, war er dermaßen verblüfft, daß er zwischen die Ochsen hineinfuhr und sich an der Deichsel verletzte.

Die Mutter war wenig gesonnen, auf irgend etwas Rücksicht zu nehmen. Im Winter zog sie mir der Kälte wegen eine Art Ku-Klux-Klan-Mütze über den Kopf. Sie war aus schwarzer Wolle, und nur für die Augen hatte sie Löcher. Glitt ich in diesem Aufzug auf dem hohen Bock des Einspänner-Schlittens neben der Mutter durch Peißenberg, dann liefen die Kinder zusammen und schrien: »Der Teifi kimmt, der Teifi kimmt!«

Von jenem Karl abgesehen, mit dem mich offenbar nichts verband, waren mein Umgang meine Puppen, unser immer eifersüchtiger Bernhardiner »Bari«, zu dem einer der Knechte namens Bronizius Sie sagte, während er die Mutter duzte: Du, Frau, geh her…, und das Babettel, das gleichaltrige blondzöpfige Kind des einzigen Nachbarn, der, im Gegensatz zu uns, ein richtiger Bauer war und seine Wirtschaft nur mit der eigenen Verwandtschaft betrieb.

Von Babettels Vater hieß es, er zähle sonntags nach der Messe im Schlafzimmer die Goldstücke, in eiserner Truhe gehortet. Ich habe ihn nie bei dieser Tätigkeit gesehen. Er gab im Krieg nicht Gold für Eisen. Die Inflation, die er nicht verstand, machte ihn zum tausendfachen Billionär. Als über Nacht die Rentenmark kam, war er so reich wie vorher, nur die Nullen waren am fiktiven Geld- und Goldwert weg, und das verstand er wiederum nicht. Er kam für kurze Zeit nach Haar in die Irrenanstalt und kehrte zurück als ein mächtiger Körper ohne Vernunft, verdämmernd.

Eigentlich hätte ich in Oberhausen in die Volksschule gehen müssen; sie sah mich aber nur ein halbes Jahr lang, Irene hieß die Lehrerin und roch gut. Dann wurde ich für diesen Schulweg durchs Hochmoor und über zwei Flüßchen, unser eigenes, die Eiach, in der wir badeten, und ein anderes bei Maxelried, die Aach, als zu schwach befunden.

Es gab dann immer ein ›Fräulein‹, das mich unterrichtete und gleichzeitig Hauswirtschaft erlernen wollte. Eine war besonders hübsch und vornehm, sie hieß Hagens, und ihr Vater war, wenn ich nicht irre, Reichsgerichtspräsident. Die anderen habe ich vergessen.

Wir waren weit und breit die einzigen Protestanten, aber ich ging mit Babettel hinauf nach St. Nikolaus, wo die Bäuerinnen aller umliegenden ›Ammerhöfe‹ den Rosenkranz herunterleierten, gegrüßtseistdumariavollergnadenderherristmitdirdubistgebenedeitunterdenweibernundgebenedeitistdiefruchtdeinesleibesjesuschristus … das sitzt noch nach 60 Jahren.

Die Großmutter, Mutter der Mutter, kam häufig aus München zu Besuch. Sie trug weitgebauschte seidene Kleider, an goldener Kette hing ein Lorgnon, der grünseidene Sonnenschirm hatte einen goldenen Griff.

Es ist nur ein paar Jahre her, da fuhr ich, eine nicht verlorene Zeit aufsuchend, an unserem Hof vorbei. Industrielle betreiben ihn jetzt als Hobby, aber nebenan sitzt immer noch die alte Familie. Das Babettel ist vor Jahrzehnten zu früh gestorben. Wir ergingen uns in Erinnerungen, und die heutige Altbäuerin sagte zu mir: »Ja woaßt, Erich, dei Großmuatta, des war a Frau, mei, war di fein.«

Es gibt ein Foto, darauf sind wir, Großmutter mit Sonnenschirm, das Babettel und ich, auf dem Weg zum ›Schweinegarten‹ zu sehen, einem künstlichen Sumpf am Fuß eines Hügels, in dem sich von März bis November ein paar Dutzend Schweine suhlten. Wir tragen lange Stöcke in der Hand als Waffe gegen den »bösen Pfau«, ein herrliches Tier, das die Neigung hatte, im Tiefflug Menschen anzugreifen, die in sein Revier, den Obstgarten, eindrangen, wo er von den Baumkronen herunter schrie.

So sah der Erste Weltkrieg für mich aus.

Am 22. Juni 1918, vier Monate vor seinem Ende, schrieb der Vater, inzwischen Hauptmann, von der Front:

»Lieber Erich! Wenn dieser Brief zu Dir kommt, bist Du schon 8 Jahre alt und ein großer Bube. Voriges Jahr kam ich zu diesem Tage nach Hause. Heute kann ich nicht fort, weil die Engländer noch nicht einsehen wollen, daß sie besiegt sind, und unsere Grenzen noch bewacht werden müssen. In einem Monat werde ich wahrscheinlich für einige Tage kommen. Dann bringe ich Dir ein Stück von einer englischen Granate mit, die jetzt jeden Tag zu uns herübergeschossen werden. Wir machen den Engländern aber auch schöne Geschenke, vorgestern nacht habe ich ihnen 600 so schöne lange Büchsen voll Kugeln hinübergeschickt. In einer halben Stunde war

das gemacht. Es war eine lustige Knallerei. Als dann die Antwort
kam, gingen wir alle in unseren tiefen Stollen 6 m unter der Erde.
Dort war es ganz sicher, die ganze Erde hat aber gezittert. Es ist gut,
daß Du schon alt genug bist, um Dich an diesen Krieg Dein ganzes
Leben zu erinnern. Laß Dir von Mutter nur immer erzählen, was
hier heraus alles geschieht. In den nächsten Monaten wird es wohl
viel zu erzählen und zum Behalten geben.
Mutter hat jetzt sehr viele Arbeit und Ärger mit dem Hofe. Du bist
jetzt groß genug, um ihr schon viel zu helfen. Mache ihr in Deinem
nächsten Lebensjahr möglichst wenig Verdruß, an Deinem nächsten
Geburtstag bin ich dann hoffentlich selbst wieder da, damit wir den
Tag recht fröhlich feiern können. Laß es Dir bis dahin recht gut ge-
hen, bleibe gesund und lerne möglichst viel und denke jeden Abend
an Deinen   *Vater.«*

Nach 4 Jahren Krieg und Alleinherrschaft wuchsen Arbeit und Ärger der Mutter über den Kopf. Draußen kam der Vater mit Ruhr ins
Lazarett. Den Hof Ende 1918 aufzugeben, war dennoch, rückblik-
kend beurteilt, schierer Wahnsinn. Doch so geschah es. Wohlstand,
ja fast Reichtum war von beiden Großvätern erworben worden; die
Elterngeneration in allen ihren Zweigen war Erbe; gegen die Ver-
armung wußte sie sich weder zu wehren noch neues Vermögen nach
der Inflation zu gewinnen.

Wir zogen in die nächste Kreisstadt, Weilheim, dort zunächst in
eine ›Villa‹. Als der Vater zurück und wieder bei Kräften war,
kaufte er ein kleines, verrottetes landwirtschaftliches Anwesen, und
dazu etliche Grundstücke an der Ammer und draußen im Moor.
Dieses Haus, an dessen Stelle sich heute der Parkplatz einer Fabrik
befindet - ich habe es 1959 verkauft -, wurde im Laufe der Jahre
wieder und wieder umgebaut und, nachdem es in der letzten
Kriegswoche von Bomben zerschlagen worden war, von mir wenigstens zur Hälfte und nahezu eigenhändig in den Jahren 1945/46
wieder aufgebaut.

Nur der unglaublichen Zähigkeit der Mutter, ihrer unverbrauchba-
ren Energie ist es zu verdanken, daß der Weilheimer Besitz, das eigene Dach über dem Kopf, der eigene Garten, die eigenen Felder
über den Zweiten Weltkrieg hinweg erhalten wurden. In den klei-
neren Verhältnissen fand sich der Vater nicht mehr zurecht. Er
klagte nie und sprach wenig. Er hatte die Leidenschaft, Pläne zu
zeichnen, vielleicht hätte er statt Landwirt Architekt werden sollen.

Er war ein großer, ungemein ansehnlicher Mann, aber er verhüllte sich selbst gleichsam in einem Schleier von scheuer Diskretion. Als er in Rußland fiel im 2. Krieg, war es nur, als ob ein Schatten von der Wand verschwände. Da war er 65 Jahre alt.

Es ist mir unmöglich, sein eigentliches Wesen, seine Noblesse, mit seinen politischen Überzeugungen und Handlungen in Einklang zu bringen. Bald nach dem Krieg, wir waren kaum in Weilheim seßhaft geworden, organisierte er mit dem später zu Hitler als »Reichsstatthalter« übergegangenen General Epp die »Einwohnerwehr«, außerdem »Bayern und Reich« und die »Technische Nothilfe«, die auch nur ein getarntes Militärunternehmen war. In unseren Scheunen auf den abgelegenen Feldern waren zwischen 1919 und 1923 Feldgeschütze und andere Waffen versteckt. Ludendorff sah ich in unserem Garten. Die Preis-Schießen in der nahen Schießstätte, in Wahrheit Volkswehr-Übungen, fanden in unserem Haus ihre gastfreundliche Fortsetzung. Die Haushaltsrechnungen beim Kaufmann und beim Metzger konnten manchmal nicht bezahlt werden.

Nach dem gescheiterten Hitler-Putsch von 1923, zu dem mein Vater, obschon er die »Nazis« verachtete, mit seiner »Einwohnerwehr« nachts auf Lastwagen nach München fuhr, und über den er »Endlich!« sagte, brach das alles mehr oder weniger zusammen. Ich aber war nun für sechs Jahre Weilheimer Realschüler und »Zeugwart« bei den vom Schulrektor geführten »Jungbayern«. Wir machten Geländespiele in 20 km Umkreis bis hinüber zum Starnberger See, und einmal empfing uns Bayerns Kronprinz Rupprecht.

Als Hitler nach seinem Putsch auf der Flucht in Murnau verhaftet und nach Weilheim, der zuständigen Kreisstadt, gebracht worden war, ließ Bezirksamtmann Faigl meinen Vater holen, denn er scheute sich, dem »Führer« allein gegenüberzutreten. Mein Vater nahm mich mit. So habe ich damals Hitler zum erstenmal gesehen, er machte mir weder bei dieser Gelegenheit noch später den geringsten Eindruck. Ich sah ihn noch dreimal: als Redner im Bürgerbräukeller, in München bei der Feldherrnhalle an dem Tag, als die Wehrpflicht wieder eingeführt wurde, und einmal beim Kaffeetrinken auf der Terrasse des »Hauses der Deutschen Kunst«.

Tante Bertha in München, unverheiratete Stiefschwester meines Vaters, die zwischen 1918 und 1926 eine für Tausende verschämter Neu-Armer wichtig gewordene »Mittelstandshilfe« organisierte, übertraf in ihrem Nationalgefühl meinen Vater noch bei weitem. Sie hielt sich die konservative »Augsburger Abendzeitung«, und als eine Art Hausheiliger verkehrte bei ihr der Münchner Verleger Lehmann (J. F. Lehmanns Verlag), der mit seinen Publikationen zur NS-Ideologie eine verhängnisvolle Rolle spielte. Bei ihm erschien zwischen 1921 und 1923 ein mehrbändiges Sammelwerk mit den Titeln: »Im Felde unbesiegt«, »Auf See unbesiegt«, »In der Luft unbesiegt«.

Dank der Beziehung zu Lehmann schenkte mir die Tante diese Bände druckfrisch. Das war, gemessen an ihrer Absicht, mich national aufzuladen, ein Fehler.

Dieselbe Tante schenkte mir, ich glaube sogar zur Konfirmation, den Briefwechsel zwischen Kaiser Wilhelm II. und Houston Stewart Chamberlain. Diese Texte waren für meine moralischen Vorstellungen insoweit richtungsweisend, als sie mich belehrten, daß sich Verlogenheit und moralisches Pathos nicht auszuschließen brauchen. Es ist aber doch wohl vor allem die Entdeckung, daß ehrenwerte und angesehene Erwachsene, unter ihnen mein Vater, einfach Selbstbetrüger waren, was den Ersten Weltkrieg und sein Ergebnis angeht, die ich als Ursache zu benennen vermag dafür, daß ich das deutsche Narrenspiel, das zunächst zu 1918, dann zu 1933, dann zu 1945 führte, nicht mitspielen wollte.

So blieb mir von Jugend an nichts übrig, als ein Leben in der Verweigerung zu führen. Dieses »es blieb mir nichts übrig« muß wörtlich verstanden werden. Ich hatte nie zwischen zwei Wegen zu wählen. Im Schoß einer solidarischen Mehrheit Sicherheit zu suchen, wäre mir nicht in den Sinn gekommen, und in Musils »Mann ohne Eigenschaften« erkannte ich immer einen Verwandten.

Hätten mich christliche Überzeugungen oder Marx davor bewahrt, mit dem großen Haufen zu ziehen, so wäre aus solchem Ansatz vielleicht etwas Positives zu machen gewesen, etwa ein Oppositioneller, der kämpft. Nichts dergleichen war mir zugeteilt. Unter dem Diktat purer, ich möchte sagen, naiver Vernunft brachte mir die Verweigerung nichts ein - nicht einmal in dem jeweiligen nationalen Bankrott die Befriedigung, ihn vorausgesehen zu haben; in deren Genuß wäre ich nur dann gekommen, wenn ich zuvor den Zweifel hätte besiegen müssen, die Sache könne vielleicht doch gut ausgehen. Auf Recht-haben ohne die Möglichkeit sich vorzustellen, eventuell doch unrecht zu haben, kann man sich nichts einbilden, und es besitzt eine solche zementierte Gewißheit auch keine Überzeugungskraft auf andere, die durch Zweifel gegangen sind. Es ist anzunehmen, daß niemand meine Kriegsaufzeichnungen lesen kann, ohne zu bemerken, daß sie naiven Charakters sind.

Die Verweigerung, mitzuspielen, zu der eine bündige Begründung ausblieb, eröffnete mir eine Karriere als schwarzes Schaf in der ratlosen Familie, in der ein pfälzischer Vetter als ein Linker galt, weil er, als einziger in der ganzen Verwandtschaft, Stresemann für einen guten Politiker hielt. Die Schule langweilte mich. Nur zwei meiner Lehrer trieben mir die Langeweile aus; der eine, Schalmann, Jude, gab in Oberprima Physik und Mathematik; der andere, Heusinger, Deutsch und Geschichte. Dieser gewann meine Sympathie u. a. durch den Ratschlag: »Schreiben Sie im Aufsatz, was Sie wollen, aber der letzte Satz muß beginnen: ›Möge Deutschland…‹«

Im ersten Münchner Schuljahr, in Obersekunda, fiel ich mangels Interesse durch, doch erlaubten die Eltern, daß ich nicht zu repetieren brauchte. Ich hatte das Glück, in einem ehemaligen Absolventen meiner Schule, dem Juden Heinrich Lamm, damals Medizinstudent und Amateur-Dirigent des »Jüdischen Kammerorchesters«, heute Arzt in den USA, meinen Lehrer (in allen Fächern) für ein Jahr Privatunterricht zu finden. Meistens musizierten wir zusammen, er war ein guter Flötist. Dennoch: was ich heute noch von Mathematik, Chemie, Physik weiß, verdanke ich ihm. In seinem Orchester spielte ich mit. Dafür bekam ich 1929 ein Dankschreiben. In Bayern ging der antisemitische Ungeist schon gewaltig um. Ich empfand den Brief als eine Art Orden.

Nach einem Jahr machte ich die Aufnahmeprüfung in meine alte Klasse, jetzt also in Oberprima, und bestand sie glatt zum nicht geringen Ärger vor allem des Direktors; ein Jahr später das Abitur dann wieder nur mit Ach und Krach. Um doch etwas Licht auf diesen Schüler zu werfen, lobt das Abiturzeugnis meine musikalische Aktivität an der Schule. Nun blieb gerade noch Zeit, knappe vier Jahre, um ein Diplom in Nationalökonomie zu ergattern, bevor Hitler kam; das Jura-Studium blieb auf der politischen Strecke.

Als er gekommen war, wollte ich das Land verlassen - nicht zuletzt deshalb, weil ich eine jüdische Freundin hatte, die bald darauf emigrierte. Schon mehrfach war ich für Wochen in Montagnola gewesen, dem Dorf über Lugano, wo Hermann Hesse lebte, und so auch wieder im Frühjahr 1933, unmittelbar nach dem Examen an der

Münchner Universität. Aus der Schweiz zurückkommend, schrieb ich den Eltern, ich wollte weg. Dieser Brief hat sich nicht gefunden, wohl aber die am 14. April 1933 geschriebenen Antworten von Vater und Mutter.

Der Vater:

»L. E., Dein Brief ist eine reine Festtagsunterhaltung für mich und deshalb sollst Du auch eine Osterfreude haben. Dein Vorschlag 2 ist Unsinn. Ich glaube gerne, daß Du es ein Jahr in der Schweiz aushalten kannst, wenn Du Geld genug hast. In der Schweiz hast Du neben den Hemmungen, die Dich hier am Arbeiten hindern, noch die Erschwerung als Ausländer. Es wird dort voraussichtlich gar nichts gearbeitet werden. Wenn Du durch Tatsachen belegte Vorschläge in anderem Sinne machen kannst, so läßt sich darüber reden. Wenn Dir die Juden in Palästina so imponieren, so mache es nach und gehe zum Arbeitsdienst. Die Arbeit in Palästina wird in der Hauptsache in New York gemacht.

Den Handel zwischen Juden und Regierung sollen die beiden miteinander ausmachen. Es ist gar kein Grund für Außenstehende sich damit zu befassen. Da Du die Juden für so besonders intelligent hältst, so brauchen sie Dich bestimmt nicht zu ihrer Unterstützung. Sie sind seit 2000 Jahren immer die Treppe hinaufgefallen und werden auch jetzt sich zu helfen wissen, besser als Du ihnen raten kannst. Nur Du wirst zum Schluß als der Dumme dastehen. Alle fünfeinhalb Millionen Arbeitslose werden einen Platz finden, nur Du wirst Hemmungen haben, eine Arbeit anzufangen aus Rücksicht auf alles Mögliche, was Dich nichts angeht, und Faulheit. Lerne in Deutschland arbeiten und sparen. Von beidem hast Du keine Ahnung. Beim Arbeitsdienst kannst Du es lernen, es ist aber wesentlich unangenehmer als in Lugano. So lange Du diese Möglichkeit hast und nicht benützen willst, habe ich keine Veranlassung Deine Bequemlichkeit zu unterstützen.   Gruß Vater«

Die Mutter [Text gekürzt]

»Weilheim, Karfreitag 33.

Lb. E., Vater setzte sich sofort nach Durchlesen Deines Briefes hin ohne mit mir ein Wort zu sprechen noch ich mit ihm, und schrieb diese Antwort, ich habe sie nun einige Stunden überlegt, von Neuem wie ich es in wirklich sehr lautlosen Nächten seit Jahren tue, abgesehen, daß mich der Gedanke immer begleitet, u. noch nichts ist mir eingefallen, weil dazu nämlich außer den Mitteln, über die wir nicht

verfügen, nicht nur der gute Wille unsererseits sondern auch Deiner-
seits gehört und davon haben wir noch nichts trotz allem ge-
merkt.
Es müssen leben und leben noch so viele Menschen, vielleicht von
mindestens Deiner Geisteshöhe in Deutschland, denen das heutige
Gesicht desselben nicht gefällt. Begüterte und begehrte Geistesgrö-
ßen können sich natürlich nach Lugano oder ins Ausland zurückzie-
hen und werden auch dort ihren Weg machen wie es bei Revolutio-
nen schon stets der Fall war. Wirklich innerlich Deutsche fanden
dann stets später den Weg zurück in die Heimat, um die anderen ist
es dann nicht schade, sie sollen draußen bleiben. Das schreibe ich,
obwohl ich nicht Hitlerin bin noch war, mir vieles nicht gefällt und
mir Papen von seinem Anbeginn schon immer der Liebste war. Ich
freue mich, daß er auch Deinen Beifall findet. …
Du bist noch zu jung, zu unbedeutend und zu faul, um als Nichts-
tuer in Lugano oder Montagnola, wo es Dich scheint's hinzieht, oder
sonstwo zu leben. So gut ich meinem Temperament Zügel anlegen
will mit 56 Jahren, so gut kannst Du einmal den Versuch mit 22 ma-
chen. …
Es wäre besser, statt jetzt in München ein Zimmer zu nehmen, Du
kommst gleich morgen mit Sack und Pack heraus. Versuche es we-
nigstens ein paar Wochen und ich will ganz gewiß schweigen. Du
kannst das obere Zimmer haben, das sehr hübsch geworden ist, und
kannst doch auch immer im Musikzimmer sein. Mit Schreibmaschi-
ne, Geige und Klavier wird es sich wohl aushalten lassen, wenn ich
Dich in Ruhe lasse. Also komme. D. Mutter«

Ich kam nicht, oder wenn, dann nur für Tage. Ich blieb in München. Was ich darstellte, würde man heute einen ausgeflippten Typ
nennen. Die Freundin, jetzt in San Francisco Repräsentantin einer
nach ihr benannten Heilmethode, die Atemtechnik und C. G.
Jungsche Erkenntnisse in eins bringt, war Stütze und Stab dieses
Lebens, bis sie nach Jugoslawien ging, im Sommer 1933, Deutschland für immer verlassend.
Im Winter 1933/34 verkroch ich mich in Ambach am Starnberger
See, wo ich im Landhaus der Großeltern viele strahlende Sommer
meiner Kindheit verbracht hatte. Gegen Bauern und Wirte verlor
ich beim Eisstockschießen auf dem See. Mit Waldemar Bonsels,
dem eben verwelkenden Bestseller-Autor, unterhielt ich mich zuweilen, am Ufer im Schnee spazierengehend.

Ich spielte Klavier und Geige und schrieb. Ein Manuskript mit dem reißerischen Titel »Romantische Versuche« (und mit eigenen Zeichnungen) ging an S. Fischer und kam mit einem höflichen Brief zurück. Ich schrieb damals wie Gottfried Keller, nur nicht so gut. Schreiben gelernt habe ich mit Briefen. Die allermeisten Adressaten waren weiblichen Geschlechts. Wenn ich sage, daß ich zwischen meinem 19. und meinem 26. Jahr fast 7000 Briefe geschrieben habe, dürfte es kaum übertrieben sein. Es sind Dokumente der Flucht in die Privatheit.

Am 13. April 1934 brach ich mit dem Fahrrad über Italien nach Jugoslawien auf. Zu jung, zu uninteressiert an allem, was nicht deutsch war, kehrte ich, die Negativform eines Nationalisten, zehn Monate später zurück, womit auch die Freundin als Lebensgefährtin verloren war.

Nun war in der Wand kein Loch mehr. Der Vater sagte, die allgemeine Wehrpflicht stehe bevor, mein Jahrgang werde noch erfaßt werden – das erwies sich später als unzutreffend –, wenn ich aber sofort freiwillig einen Ausbildungskurs von acht Wochen machte, würde ich mir zwei Jahre Militärdienst ersparen und könnte mir die Waffe aussuchen. Durch seine Verbindungen wurde ich im Spätwinter 1935 zur Nachrichten-Abteilung 7 in München eingezogen und trug zwei Monate lang die Uniform der »schwarzen Reichswehr«. Wer damals freiwillig diente, gehörte im allgemeinen zum sozialen Ausschuß. Einer mit Abitur und Studium kam selten vor, Ausschußware war ich desungeachtet auch. Ich wurde als sogenannter Unterführer-Anwärter entlassen, leider, denn das bedeutete, daß ich nach einem halben Jahr zu einem zweiten Kurs befohlen wurde, in die gleichen Baracken, die ich nach weiteren zwei Monaten im Bewährungsfalle als Unteroffizier verlassen hätte – militärisch gesehen eine fabelhafte Chance, den niedrigsten Dienst rasch hinter mich zu bringen, bei dem es dann später sechs Jahre blieb. Diesen Aufstieg vereitelte eine Arreststrafe von etlichen Tagen wegen Insubordination: in der Stube, in der wir acht oder neun waren, stank es; die anderen widersetzten sich meinem Vorschlag, die Fenster zu öffnen; ich wurde so wütend, daß ich einen vollen Kaffeebecher gegen ein Fenster schleuderte mit dem erstaunlichen Effekt, daß vier Doppelscheiben, also acht, als Scherben herabfielen. Der Unteroffizier vom Dienst erstattete Meldung.

Wohin die Dinge getrieben wären, wenn ich nicht im Winter 1936 auf einem Faschingsfest im Nymphenburger Schloß das Mädchen kennengelernt hätte, eine Bildhauerin, die nachher die Mutter unserer fünf Kinder wurde, ließe sich wahrscheinlich nicht trist genug ausmalen. So aber bestand nun triftiger Anlaß, Geld zu verdienen, und zwar in Berlin. Dort ging ich im Sommer 1936 von der Straße weg zum Personalchef des Scherl-Zeitungsverlages, der noch dem Deutschnationalen Hugenberg gehörte, also kein NS-Parteiverlag war, und sagte, ich brauchte eine Arbeit, egal welche, nur schreiben wollte ich nichts.

Meine Bewerbung war demnach ungewöhnlich, hatte aber vielleicht gerade deshalb Erfolg. Ich brauchte fürs erste nichts zu schreiben, sondern fing an, in dem riesigen Archiv Bilder zu ordnen, für 250 Mark im Monat, und entdeckte dann eine ›Marktlücke‹ für Zweitdruck-Serien über ›unpolitische‹ Themen. Erst stellte ich solche Serien aus dem Archiv zusammen und schrieb kurze Begleittexte dazu, dann durfte ich mit Fotografen herumreisen und neu produzieren: die Orgel in Weingarten, Holz statt Kork, Fischzucht im Bodensee, Zuckerindustrie, Maskenbildner am Werk (Modell: die Flickenschildt), eine Glashütte ... lauter solches Zeug, mit dem der Bilder-Seriendienst des Scherl-Verlages große Geschäfte machte und ich schließlich 600 Mark verdiente, worauf es ans Heiraten ging, 1938. Da war aber nun der Schwiegervater, bekannter Nationalökonom mit ehemaligen Schülern auf vielen Chefsesseln großer Unternehmen. Der sagte: bei Scherl wirst du nichts, und dem war nicht zu widersprechen. Eine Laufbahn in der Industrie durch Protektion, die ihm vorschwebte, war aber nicht das Rechte.

Der Zufall brachte mich in Verbindung mit einem anderen Druckunternehmen, einem ganzen Nest verschiedenster zusammengekaufter Verlage, darunter einem so würdigen wie Reimar-Hobbing. Ich machte dort Werbung und Vertrieb und fing an, das Verlegerhandwerk zu erlernen, indem ich es praktizierte. Riesige Druckanlagen verlangten Futter. Ribbentrop benutzte das Unternehmen und dessen einmalige drucktechnischen Künste, um ein hochgestochenes Propaganda-Organ, »Berlin-Rom-Tokio«, in zehn Farben und auf drei verschiedenen Papieren herstellen zu lassen.

Wahrscheinlich ist die Einberufung zum Heer für mich im richtigen Augenblick gekommen.

INHALT

AtV

Band 8039

Gerhard Schoenberner
Zeugen sagen aus

Berichte und Dokumente über die Judenverfolgung im »Dritten Reich«

445 Seiten
ISBN 3-7466-8039-5

Dieses Standardwerk zur Dokumentation des Holocaust, hier in einer revidierten Neuauflage, vereint siebzig Zeugenaussagen von Verfolgten, Verfolgern und Augenzeugen zu einem historisch und geographisch umfassenden Bericht von unerbittlicher Genauigkeit, der die inzwischen allgemein bekannten Fakten in konkrete Anschauung übersetzt. Die Berichte, Protokolle, Tagebücher und Briefe dokumentieren in einer chronologischen Montage von filmischer Dichte den sich steigernden Terror. Es entsteht ein vielstimmiger Chor, aus dem einzelne hervortreten, um für jene zu sprechen, die gewaltsam zum Schweigen gebracht wurden. So fügt sich ein historisches Panorama, das in seiner Konzentration und thematischen Breite ohne Beispiel ist.

AtV

Band 1545 Anthony Read /
David Fisher
Der Fall von Berlin

Aus dem Englischen von Herman W. Baadke,
Friedrich Baadke und Uwe Carls

748 Seiten
ISBN 3-7466-1545-3

Die beiden englischen Autoren schildern
– beginnend mit den Olympischen Spielen
1936 – die Jahre bis zum Kriegsausbruch in
Berlin und die Entbehrungen und Leiden
der Berliner während des Bombenkrieges.
Ihr Bericht gipfelt in der ausführlichen
Beschreibung der letzten Schlacht um die
Reichshauptstadt im April und Mai 1945.
Read und Fisher sichteten eine Vielzahl
bisher unveröffentlichter Memoiren, Tagebücher und Briefwechsel von Militärs und
Zivilpersonen.
Ein äußerst spannendes Standardwerk
zum Fall von Berlin und seiner Vorge-
schichte.

AtV

Band 1544

William L. Shirer
Berliner Tagebuch

Herausgegeben und aus dem Amerikanischen
von Jürgen Schebera

2 Bände in Kassette
Band I: Aufzeichnungen 1934–1941
Band II: Das Ende. 1944–1945
1035 Seiten
ISBN 3-7466-1544-5

Shirer vermittelte in den dreißiger Jahren als
Korrespondent Millionen Amerikanern das
Bild eines Europa, »das sich bereits in Agonie
befand und das, je mehr Monate und Jahre
ins Land gingen, unerbittlich dem Abgrund
von Krieg und Selbstzerstörung« entgegen-
trieb. Mit Faszination und mit Schrecken beobachtete er die Massenpsychologie des Fa-
schismus und die Affinitäten vieler Deutscher
zur national-sozialistischen Bewegung, über
deren verbrecherischen Charakter er sich
keine Illusionen machte. In seinem Tagebuch
notierte er, was er vor den Mikrofonen wegen der Zensur verschweigen mußte. »Tiefer
und brennender Haß auf alles, wofür der Nationalsozialismus steht«, schärfte seinen Blick
auf den Alltag in der Diktatur, die offiziellen
Repräsentanten des Dritten Reiches und das
Leben der kleinen Leute. Er prophezeite schon
im Sommer 1940 die globale Ausweitung des
Krieges und daß die Deutschen treu zu ihrem
Führer stehen werden bis zum Zusammenbruch.

AtV

Band 1397

Lore Walb
Ich, die Alte – Ich, die Junge

Konfrontation mit meinen Tagebüchern
1933–1945

370 Seiten
ISBN 3-7466-1397

Ein junges Mädchen, ergriffen von den
Parolen der Nationalsozialisten, fasziniert
von der Gestalt des Führers, schreibt Tagebuch. Ende der achtziger Jahre liest sie ihre
Aufzeichnungen neu. Erschüttert fragt
sich die alte Frau: Warum war ich eine
Mitläuferin? Wie konnte ich das Schicksal
der Juden übersehen?

»Was die Auseinandersetzungen der ehemaligen Journalistin ... so wertvoll macht,
ist nicht nur die Offenlegung der national-
sozialistischen Propagandamaschinerie.
Vielmehr interessiert die Konfrontation
eines Menschen mit seinem Gewissen –
generations- und zeitübergreifend.«

Hamburger Abendblatt

»Ein schmerzhaftes, aber letztlich heilsa-
mes Erinnern ... sage keiner, das ginge ihn
nichts an. Selbst Lesern, die sich fragen,
warum denn doch so viele Menschen an
den Sozialismus glaubten, kann dieses
sensible Buch ... ein ganzes Stück weiter-
helfen.« *Weimarer Kulturjournal*

A^{t}V

Band 5500

Victor Klemperer
Curriculum vitae

Erinnerungen 1881–1918

Herausgegeben von Walter Nowojski
Mit einem Nachwort von Michael Nerlich,
Anmerkungen und Register

2 Bände in Kassette
etwa 1380 Seiten
ISBN 3-7466-5500-5

Zwangsweise emeritiert, durch vielerlei Verbote in seiner wissenschaftlichen Arbeit gehindert, begann der Dresdner Romanist Victor Klemperer 1939 mit der Niederschrift seiner Autobiographie. In seinen Tagebüchern hat er mit dem Alltag der Judenverfolgung auch die entwürdigenden Umstände festgehalten, unter denen die »Vita« entstand: ein geschliffenes Zeit- und Sittenbild des deutschen Mittelstandes vor und nach der Jahrhundertwende, ohne Sentimentalität oder Bitterkeit.

»Das ist das schlechterdings Fabelhafte der Prosa-Existenz Victor Klemperers: seine unter gar allen Umständen gleichbleibende Genauigkeit, die sich oft genug auswächst zu einer Unerbittlichkeit gegen ihn selbst.«

*Martin Walser in seiner Laudatio auf
Victor Klemperer zur Verleihung des
Geschwister-Scholl-Preises 1995*

A*t*V

Band 7003

Günter Agde
Sachsenhausen bei Berlin
Speziallager Nr. 7
1945–1950

256 Seiten
ISBN 3-7466-7003-9

Manch Schuldigen, sehr viele Unschuldige traf am Ende des II. Weltkriegs in der sowjetischen Besatzungszone, der späteren DDR, ein schweres Schicksal: auf Jahre hinaus eingesperrt in eines der durch die Rote Armee geführten Speziallager, von der Öffentlichkeit isoliert, hungerten sie einem ungewissen Schicksal entgegen. Viele starben. Warum entstanden diese »Speziallager«, wie waren sie organisiert, wer gehörte zum Kreis der Inhaftierten? Dieses Buch gibt umfassend Auskunft: unbekannte Dokumente, anrührende Kassiber, Analysen, Berichte und Briefe bringen Licht in eines der dunkelsten und grausamsten Kapitel ostdeutscher Nachkriegsgeschichte.

AtV

Band 7004

Hans Biereigel
Mit der S-Bahn in die Hölle

Wahrheiten und Lügen
über das erste Nazi-KZ

256 Seiten
ISBN 3-7466-7004-7

Schon kurze Zeit nach der Machtüber-
nahme im Januar 1933 richteten die Nazis
in Oranienburg, vor den Toren der deutschen Hauptstadt, ihr erstes reguläres
Konzentrationslager ein. Es diente dazu,
Abgeordnete von SPD und KPD, Intellektuelle, jüdische und linke Prominente
mundtot zu machen und ihren Wider-
standswillen zu brechen. Was spielte sich
ab in diesem Lager? Als Gerhart Seger auf
abenteuerliche Weise die Flucht gelungen
und sein Buch veröffentlicht war, konnte
die Welt Bescheid wissen …

AtV

Band 1338

Franz J. Jürgens
»Wir waren ja eigentlich Deutsche«

Juden berichten von Emigration
und Rückkehr

248 Seiten
ISBN 3-7466-1338-8

Was kann deutsche Juden nach Jahren im
Exil dazu bewegen, wieder nach Deutschland zurückzukehren? Wie empfinden sie
eine solche Rückkehr? Wie begegnen sie
den Enttäuschungen? Was heißt es schließlich, nach vielen Jahren wieder die Mutter-
sprache zu sprechen?
Die in diesem Band porträtierten Menschen haben in vielen Jahrzehnten die
schmerzlichen Erfahrungen von Vertrei-
bung und Exil zu verarbeiten versucht. Im
Gespräch mit Franz J. Jürgens geben sie
freimütig Auskunft über das im Dritten
Reich Erlebte, über die Rettung, über ihre
Rückkehr.

A^tV

Band 1043

Dieter Noll
Die Abenteuer des
Werner Holt

Roman

544 Seiten
ISBN 3-7466-1043-5

Als »Remarque des Zweiten Weltkriegs«
wurde Dieter Noll von der Kritik gefeiert.
Er schildert den Weg junger Männer seiner
Generation, die, hungrig nach Abenteuern
und männlicher Bewährung, begeistert in
den Krieg zogen. Nach endlosen Nächten
der Erschöpfung, Angst am Flakgeschütz
und erniedrigendem Drill im Inferno der
Rückzugsschlachten erleben sie ihre völlige
Desillusionierung und den moralischen
Zusammenbruch.
Weltweit wurde dieser Klassiker der Anti-
Kriegsliteratur in über zwei Millionen
Exemplaren verkauft.

A*t*V

Band 1395

»Wir verreisen ...« in die Vernichtung

Briefe 1937–1944

Herausgegeben von Hanne Hiob und Gerd Koller

Eingeleitet und mit Erläuterungen von
Kurt Pätzold und Erika Schwarz

215 Seiten
ISBN 3-7466-1395-7

Die privaten Briefe, die in diesem einzigartigen Buch der Öffentlichkeit zugänglich gemacht werden, geben Einblick in den Alltag der jüdischen Bevölkerung im Dritten Reich. Das Buch ist eine wichtige Ergänzung zu den Tagebüchern Victor Klemperers, denn hier kommen die kleinen Leute zu Wort: jüdische Handwerker und Arbeiter, vor allem aber ihre Frauen. Dieser Briefwechsel ist ein erschütterndes Dokument, weil die hier Schreibenden sich nicht annähernd das Ausmaß dessen vorstellen können, was allmählich mit ihnen geschieht, geschweige denn, was sie erwartet – die »Reise« nach Theresienstadt und der sichere Tod in einem Konzentrationslager.

»Voll Ohnmacht, Beklommenheit und Trauer spürt man, wie sich die Schlinge um diese Menschen, die mit jedem Brief vertrauter werden, enger zusammenzieht. Es sind Dokumente von großer Ausdruckskraft!«

Die Zeit

AtV

Band 1419

Gerald L. Posner · John Ware
Mengele
Die Jagd auf den Todesengel

432 Seiten
ISBN 3-7466-1419-8

»Warum wurde Josef Mengele, der unbarmherzige Vollstrecker des Holocaust, nie gefaßt, nie vor Gericht gestellt und seiner gerechten Strafe zugeführt? Posner und Ware haben in jahrelanger Arbeit die Lebensstationen des neben Adolf Eichmann meistgesuchten Nazi-Verbrechers recherchiert; sie sichteten zahllose Dokumente, lasen Tagebücher und Briefe, sprachen mit Zeitzeugen, Angehörigen und Freunden Mengeles. So können sie in einer spannenden Biographie mit vielen O-Tönen nahezu lückenlos den Lebenslauf des Nazi-Verbrechers rekonstruieren und Einblicke in die Psyche des gejagten Massenmörders geben.«   *Spiegel spezial*

AtV

Band 7019

Margret Jäger
Siegfried Jäger
Gefährliche Erbschaften

Die schleichende Restauration rechten Denkens

216 Seiten
ISBN 3-7466-7019-5

»Ich sehe einen neuen Hitlerismus kommen«, notierte Victor Klemperer kurz nach dem Zusammenbruch des Naziregimes. Aus seinen Tagebüchern der Jahre 1933–1945 destillierte er sein Buch über die Sprache des Dritten Reiches, »LTI«, das er als »Erziehungsbuch« verstand, um der Fortdauer faschistischen Denkens und Handelns etwas entgegenzusetzen. Margret Jäger und Siegfried Jäger rekonstruieren Klemperers Sprach- und Gesellschaftskritik und versuchen, sie für die Gegenwart fruchtbar zu machen. Sie wenden Klemperers Methode zum einen auf die Sprache und Ideologie des heutigen Rechtsextremismus an und untersuchen darüber hinaus, ob und welche Elemente völkischen Denkens in die »Mitte« der Gesellschaft eingedrungen sind und dort Wirkung entfalten. Ihre Analysen beziehen sich auf aktuelle Textbeispiele und Illustrationen zentraler deutscher Zeitungen und Zeitschriften, auf Politikerreden jüngster Zeit und auf Alltagsinterviews. Eine fatale Erbschaft wird offensichtlich und eine schleichende Restauration rechts-konservativer Ideen unter links-liberalem Etikett.